HANGIL
GREAT BOOKS
107

국가권력의 이념사

프리드리히 마이네케 | 이광주 옮김

한길사

HANGIL
GREAT BOOKS
107

Friedrich Meinecke
Die Idee der Staatsräson

Translated by Lee Kwang-Joo

Published by Hangilsa Publishing Co., Ltd., Korea, 2010

마키아벨리(Niccoló Machiavelli, 1469 ~ 1527)

이탈리아의 정치사상가 마키아벨리와 함께 근대 국가이성의 이념사는 시작되었다.
마키아벨리가 제기한 근대 국가의 문제성은 권력으로서의 국가의 본질과 더불어
바로 인간이 맞서야 할 본질이었으며, 마이네케 또한
국가이성의 문제를 그러한 시각에서 인식했다.

프리드리히 마이네케 연구소

베를린 자유대학의 역사학과에서는 랑케 이후 독일 최고 역사가로서의
명성을 지니며, 초대 총장을 지낸 마이네케를 기념해
역사학연구소를 '프리드리히 마이네케 연구소'로 명명했다.

프리드리히 대왕(Friedrich 大王, 1712~86)

마키아벨리 이후 국가의 현실적 통치자로서 국가권력의
본질 또는 그 문제성을 둘러싸고 가장 심각한 갈등을 체험한 인물로
마이네케는 계몽 전제군주인
프로이센의 프리드리히 대왕을 꼽는다.

헤겔(Georg Wilhelm Friedrich Hegel, 1770 ~ 1831)

관념철학의 대성자인 헤겔은 이성적인 것은 현실적이며,
현실적인 것은 이성적인 것으로 인식함으로써
국가권력을 긍정적으로 인식했다.

HANGIL GREAT BOOKS 107

국가권력의 이념사

프리드리히 마이네케 | 이광주 옮김

한길사

국가권력의 이념사

· 차례

마이네케와 '국가권력'의 이념사

이광주 인제대 명예교수 · 서양사

1. 역사가 마이네케의 원체험

나치스 제3제국 치하에서 겪은 갖가지 체험과 패전의 시련으로 인해 전후 독일 지식사회는 일찍이 없었던 지적(知的) 전환을 필연적이며 당위적인 것으로 받아들여야 했다. 특히 역사학은 각별한 변혁을 겪지 않으면 안 되었다. 왜냐하면 역사학은 랑케 이래 여러 세대에 걸쳐 독일 내셔널리즘과 깊은 유대관계를 맺으며, 권력국가를 지향하기 위한 국민의식의 주요한 교육력으로 기능했기 때문이다. 그리하여 민족의 정신적 재생을 위한 전제로, 패전의 폐허에서 널리 주창된 이른바 '과거로부터의 결별'은 바로 종래 역사관을 극복 · 수정하는 것을 의미했으니, 그 또한 당연히 정통사학에 대한 치열한 비판을 야기했던 것이다.

이렇듯 전환기적인 과제와 맞선 독일 사학에서 프리드리히 마이네케(Friedrich Meinecke, 1862~1954)는 역사학계를 넘어 지식사회 전반에 걸쳐 주목을 받았다. 랑케 이후 현대 독일 사학의 지도적 위치에 있었다는 이유뿐만 아니었다. 지난날 역사왜곡이 그치지 않고 아카데미즘에 '충실한' 역사가 가운데 적지 않은 인사들이 나치스 체제의 실상을 올바르게 인식하지 못했던 1930년대에, 일찍부터 히틀러의 권력 장악을 독일의 '더할 나위 없이 불행한 날'의 시작으로 단죄하고, 갖은 박해에도 시종일관 제3국에 저항한 이 '노투사'에 대한 국민적 존경과도 관련이 있었다.

마이네케는 "어떠한 역사적 위기 뒤에도 과거에서 새로운 의미를 발견하는 것이 살아남은 자의 의무"라고 했는데, 전후 늙은 몸에 매질을 하며 재빨리 써낸『독일의 비극』(*Deutsche Katastrophe*, 1946)에서는 제3제국이라는 '짐승 같은 현실'이 연유된 근대 독일 역사를, 독일 국민성의 퇴화현상과 관련해 추적하고 논고하고 반성했다. 한편 논문「랑케와 부르크하르트」(Ranke Und Burckhardt, 1947)를 통해서는 자신과 독일 역사학을 인도하던 별 랑케 사학과 결별을 선언한다.

마이네케는 제1차 세계대전 직후에도 현실세계와 역사가적 대결을 결연히 했는데,『근대사에서의 국가이성의 이념』(이하『국가권력의 이념사』〔1924〕)은 그 악전고투의 결산이다.

『국가권력의 이념사』는 근대 이후 유럽에서 전개된 정치권력과 윤리의 역학관계에 관한 이념사적인 저술이다. 권력과 윤리문제는 마이네케가 역사가로 입신한 이래 면면히 이어진 가장 관심 있는 주제 가운데 하나였다.

마이네케는 베를린에서 보수적인 프로테스탄트의 정통파적인 분위기에서 자랐다. 조부는 프리드리히 대왕의 치세에서 살았으며, 부친은 나폴레옹에 항전한 해방전쟁을 체험한 세대였다. 마이네케는 칸트, 괴테, W. 폰 훔볼트로 대표되는 19세기 초기의 이상주의적 정신세계에 대한 외경이 자신의 부조(父祖)와 같은 '영원한 세대'에서 비롯되었다고 술회했다. 그 '영원한 세대'에 대한 귀속감 같은 심정이었지만 그 자신은 비스마르크의 통일 창업세대에 더 가까이 있었다.

베를린 대학 시절의 스승은 드로이젠(Johann Gustav Droysen, 1808~84)과 트라이치케(Heinrich Treitschke, 1834~96)였다. 당시 그는 민족의 통일교육을 역설하고 이끈 트라이치케에 대해 깊은 경의를 표시했다. 제국 창건시대의 국민적 · 자유주의적인 역사가들과 마이네케의 관계는 이처럼 직접적이었다. 현대 역사가 카를로 안토니(Carlo

Antoni)는 말한다.

　역사가로서의 마이네케에게는 활동 시초부터 마키아벨리가 자리
잡고 있었으며 비스마르크적 역사학의 문하생인 마이네케는 바로 국
가이성(Staatsräson)에 우월성을 부여하고 있었다. 그의 문제는 칸트
나 훔볼트와 같이 개인의 자유는 어떻게 보장되는가 하는 데 있는 것
이 아니라, 새롭고 발랄한 힘의 도입으로 국가권력이 어떻게 확보되
는가 하는 것이었다.

　마이네케는 프로이센 학파와 더불어 비스마르크의 창업을 '신성한
재산'으로 찬양했던 것이다.

　젊은 시절 개인의 자유보다 국가권력에 더 기울었던 마이네케의 이
같은 입장은, 그의 역사인식에 대한 주조음이기도 했다. 즉 1906년에
발표한 『독일 흥기의 시대』에서는 "정치적이라기보다 오히려 윤리적"
이라는 이유에서 슈타인의 개혁사상을 비판했다. 최초의 주저로 이름
높은 『세계시민주의와 국민국가』(*Weltbürgertum und Nationalstaat*,
1904)에서는 초국가적 공동체를 지향했다며 훔볼트를 비판했다.

　마이네케에 의하면 훔볼트의 그러한 태도는 비정치적일 뿐만 아니라
역사사상의 한계를 드러내는 것으로 보았다. 왜냐하면 마이네케에게 국
가란 역사적 삶의 최대 창조물인 동시에 개체성(個體性, *Individualität*)
이라는 역사적 기본이념과 표리를 이루며 생성·발전하는 것으로 인식
되었던 것이다. 이러한 마이네케의 사유는 독일 역사주의(Historismus)
의 세례를 받고 성장한 그와 동시대 국민적 자유주의자들의 공통된 입
장이기도 했다. 이상과 같은 역사주의적인 국가관으로 인해 그는 이념
과 현실, 국가와 개인, 권력과 윤리의 조화 또는 균형에 대한 낙관적 견
해를 갖게 된다.

　마이네케의 낙관주의는 세계적 강대국을 넘보는 빌헬름 체제에서,
비스마르크 제국의 구조적 모순이 점차 드러나기 시작하면서 약간의

두려움을 잉태했으나 크게 변하지는 않았다. 물론 제1차 세계대전 당시 마이네케를 포함한 소수 자유주의적 개혁파는 국가의 진로에 관해 다수를 차지한 보수파와는 생각을 달리했다. 세기말적 위기의식이 마이네케 위에도 감돌았다. 슈펭글러의 『서구의 몰락』이 가져다준 충격이 말해주듯, 제1차 세계대전은 서유럽의 지식사회에 서구문명의 몰락이라는 위기의식을 한층 고조시켰다.

그러나 마이네케에게 이 위기의식은 무엇보다 독일 제국의 문제성에 대한 불안감으로 드러난다. 그에게는 국가야말로 자기 존재의 근거가 아니었던가. 그는 1910년 이후 신문에 연이어 정치논설을 발표하는 한편, 국민주의와 사회주의를 결합한 나우만(Joseph Friedrich Nauman, 1860~1919)에게 접근했다. 또 지우(知友)인 막스 베버, 트뢸치(Ernst Troeltsch, 1865~1923) 등과 더불어 현실정치에 대해 깊은 관심을 나타낸다. 제1차 세계대전을 전후해 정치와 윤리문제가 이들의 공통 주제로 부각된다.

자신을 동포의 '정치적 교사'로 자각한 사회학자 베버는 『직업으로서의 정치』(1919)에서 국가를 "합법적인 물리적 강제력을 독점하기를 스스로—효과적으로—요구하는 공동사회"로 정의하고, 정치의 권력지향성을 강조한다. 그에 따르면 "정치 즉 수단으로서의 권력 및 강제력과 관계를 맺는 자는" "모든 강제력 속에 잠재한 악마적인 힘과 관계를 맺는다." 이렇듯 베버는 정치와 윤리를 엄밀히 구별했던 것이다.

트뢸치는 종교사회학의 과제로 정치와 윤리문제를 되풀이해 논했다. 그에 의하면 정치와 도덕적 종교는 서로 대립되는 양대 세력이며, 사회를 조직하고 옹호하고 확대하는 기술로서의 정치는, 물리적 강제력을 수반하는 권력 형태를 의미한다. 그리하여 정신적·인격적인 관계 위에 성립되는 보편적인 종교와는 대립된다. 대립의 해결책으로 트뢸치는 '정치와 종교의 타협'을 요구했다.

그러면 역사가 마이네케는 어떠했던가. 『국가권력의 이념사』를 통해 그는 이 주제에 뛰어들었다.

2. '빛과 어둠'의 국가이성은 국가행동의 원리

지난날 마이네케는 국가를 역사적 삶의 최대 창조물로, 진정한 '정신적인' 창조로 생각하고, 권력과 윤리의 조화에 대한 낙관적 견해를 지녔다. 그가 이념과 현실의 종합을 '유럽 정신사의 근원적 문제'라고 지칭하면서 그 과제를 오랜 시일에 걸쳐 다루어왔던 것도—첫 번째 주저인 『세계시민주의와 국민국가』는 그에 대한 확신에서 구상되었다—이러한 낙관적인 확신에서 비롯되었다.

그러나 제1차 세계대전과 패전 뒤의 혁명과 독일 제국의 붕괴를 본그는 자신의 입장에 수정을 가해야 했다. "세계대전의 파국은 갖가지결과와 더불어 역사적 사고를 불가피하게 새로운 길로 이끌고 있다"고그는 『국가권력의 이념사』의 마지막 장에서 토로했다. 그러므로 『국가권력의 이념사』는 무엇보다 마이네케가 행한 자기비판의 저술로 읽혀야 할 것이다.

마이네케는 동시대의 대다수 독일 지식인과 마찬가지로 제1차 세계대전을 처음에는 강국 독일을 위해 불가피하고도 당위적인 것으로 받아들였다. 전쟁을 수행하는 조국의 도덕성을 의심하지 않았던 것이다. 그러나 패전을 계기로 비스마르크 제국 창건기의 '현실정책'에 대한 회의와 더불어 특히 국가권력의 자연적 암흑에 눈을 뜨게 되었다.

권력과 윤리는 과연 조화를 이룰 수 있을까, 그렇지 않으면 영영 대립되고 모순될 수밖에 없을까. 역사적일 뿐만 아니라 철학적이기도 한국가이성의 문제가 이제 마이네케를 사로잡았다. 그 문제는 베버나 트뢸치와는 달리, 마이네케에게는 서로 모순되고 타협되고 혹은 조화되는 등 다양한 모습을 드러내는 역사적 위상의 끈질긴 규명을 통해 인식된다. 그는 말한다. "국가이성에 의한 행동 내부에는 원초적 과정과 도덕적 과정이 점차 혼합해가는 무수한 단계가 있다." 『국가권력의 이념사』는 그 변화무쌍한 단계에 대한 추적과 검증의 보고서이다. 그러므로그것은 마키아벨리즘과 반(反)마키아벨리즘의 역사이기도 하다.

이 저작의 구성을 살펴보자. 첫째, 마키아벨리에서 비롯되어 대체로 17세기 중엽에 이르는 절대주의의 생성기, 둘째, 17세기 중엽 이후부터 프랑스 혁명까지의 절대주의 성숙기, 셋째, 프랑스 혁명 이후에서 비스마르크의 몰락에 이르는 근대 국민국가의 생성기 등으로 크게 나뉜다. 그 시대에 국가이성의 문제를 대표한 많은 사상가들과 현실 정치가들이 망라된다. 그들 중 특히 마키아벨리, 프리드리히 대왕, 헤겔 등이 주요한 인물로 다루어진다.

『국가권력의 이념사』는 단순한 국가권력의 연대기적인 저술이 아님은 물론이다. 이 저서를 그러한 성격의 저술들과 명확히 구별짓고 있는 것은 국가권력의 이념적이면서도 리얼한, 리얼하면서도 이념적인 그 이중성을 냉철한 역사적 분석을 통해 응시하는 마이네케의 마이스터다운 역사의식과 이념사적 방법론이다. 국가권력의 역사를 추적하는 데서 마이네케는 정치지도자나 사상가들의 권력관이나 권력의지 및 행위를 단지 도덕과 관련을 지어 다루는 정치사학의 테두리에 머무르지 않는다.

마이네케는 전통적 정치사학과 구별 짓는 이념사(Ideengeschichte)에 대한 입장을 이렇게 밝힌다. "이념사는 일반사의 본질적이며 불가결한 한 부분으로 취급되어야 한다. 사색하는 인간이 역사적 체험에서 무엇을 형성했는가, 또 그것을 어떻게 정신적으로 극복했는가, 그것에서 어떠한 이념적 귀결을 얻었는가를. 말하자면 삶의 기본적인 것으로 향하고 있는 여러 정신 속에 사상(事象)의 핵심이 반영되어 있는 모습을 서술하는 것이 이념사이다."

이상과 같은 이념사적 규명으로 국가이성의 역사는 단순한 국가권력사가 아닌, 인간 삶의 가장 필연적이며 당위적인 문제로, 역사인식의 마스터키로 인식되고 규명되었다.

마이네케는 역사적 추적에 앞서 국가이성의 본질에 관해 먼저 숱한 논의를 거듭한다.

'국가이성'이란 무엇인가. "국가행동의 원리, 국가의 운동법칙이다.

그것은 정치가에게 국가를 건전하고 강력하게 유지하기 위해 해야 할 일들을 알려준다." 이와 같이 '국가행동의 원리'를 뜻하는 국가이성은 마이네케에 따르면, 스스로 "자연으로 향하는 측면과 정신으로 향하는 측면", 바꾸어 말하면 권력충동에 의한 행동(Kratos)과 도덕적 책임 (Ethos)의 양면성을 지닌다.

이렇듯 "빛과 어둠 사이를 끊임없이 동요하는" 국가이성의 문제적 이중성은 특히 정치가에게서 두드러지게 나타나며, 국가가 처한 상황이나 발전단계에 따라서 불투명하며 이질적이다. 분명한 것은 어쩌면 서로 모순되는 그 이중성이 "하나가 되어 국가를 형성하고 발전시키며 역사를 창조한다"는 사실이다.

이상과 같은 논의에서 우리는 지난날 그처럼 국가권력의 필연성과 우월성을 생각하고, 국가의 이념(윤리)과 현실(권력)의 종합을 확신해 마지않았던 마이네케가 회의적으로 변모하는 모습을 본다.

3. 마키아벨리에서 프리드리히 대왕, 헤겔까지

근대 이후 유럽의 지도적 정치가와 국가 사상가들의 정치와 윤리의 역학관계를 논한 본론에 들어가면서 마이네케는 마키아벨리를 첫 번째 인물로 등장시킨다. 마키아벨리와 함께 근대 국가이성의 이념사는 시작되었다. 마이네케에 따르면 마키아벨리는 "국가이성의 본질을 철저하게 규명하고자" 했다. 이 근대 최초의 정치 리얼리스트는 '덕성' (Virtu)이라는 개념으로 국가이성의 본질을 밝히고자 했다. '덕성'은 윤리성과 함께 본질적으로는 '위대한 정치적·군사적 업적' 특히 국가건설과 발전을 위한 영웅적 행위와 힘을 표명하고자 하는 '지배자의 덕성'을 의미한다. 마키아벨리에게 '덕성'은 '국가 즉 인간 창조의 지고 과제인 정치생활의 원천'으로 인식되었다. 종교나 도덕은 이 '덕성'에 의해 국가 목적의 수단으로 격하된다.

마이네케에 따르면 『군주론』을 쓴 저자가 지닌 독자성은 국가이성이 도달하는 '높고 낮은 곳을 두루 측정한' 사실에 있다. 그리하여 마키아벨리가 제기한 근대 국가의 문제성은 권력으로서의 국가의 본질과 더불어 바로 인간이 맞서야 할 본질이었으며, 마이네케 또한 국가이성의 문제를 그러한 시각에서 인식했으므로 마키아벨리를 높이 평가했던 것이다. 마이네케가 마키아벨리즘을 당시 이탈리아의 정치·사회적 맥락에서 이해했음은 말할 필요조차 없다.

마키아벨리 이후 국가의 현실적 통치자로서 국가권력의 본질 또는 문제성을 둘러싸고 가장 심각한 갈등을 체험한 인물로 마이네케는 프리드리히 대왕을 지적한다.

병정왕(兵丁王)으로 불린 부왕(父王)의 속박에서 탈출을 시도하고, 『반마키아벨리즘』을 쓴 왕태자, 볼테르의 친구인 상수시(Sanssouci)의 철학왕, 스스로를 '국가 제1의 머슴'이라고 지칭한 18세기의 대표적 계몽전제군주. 그의 내부에는 계몽사상에서 유래되는 인도적 국가관과 강권국가를 지향하는 권력의지가 함께 자리하고 있었다. 이러한 이중성에서 우위를 차지한 것은 결국 권력국가사상이었다. 지난날의 반마키아벨리스트를 크게 변모시킨 것은 통치자로서 자신이 체험하고 책임지지 않을 수 없었던 프로이센의 역사적 상황이었다.

왕 프리드리히에게 왕조란 국가를 위해 조직되어야 하는 것이며, 그 존재 의미는 국가통치의 중심인물을 만들어내고 제공하는 데 있다. 모든 통치자는 자기 자신의 소명으로 인해 철저히 권력지향적인 인간으로 교육받아야 한다. 프리드리히는 강력한 왕조적 국가의식을 지니고 프로이센의 발전에 방해되거나 그와 무관한 모든 비합리적인 요소를 배제했다. 융커(지주 귀족층)를 포함한 중세 이래 전통적 사회세력을 배제한 것도 이 목적의 일환이었던 것이다. '국가 제1의 머슴'이라는 신념도 국가이성을 위해 철저히 계산된 절대적 관리국가에서 스스로 만든 합리화의 소산이었다.

제1부와 제2부에서는, 마키아벨리 이후 프리드리히 대왕에 이르는 유럽 절대주의 시대의 마키아벨리즘과 반마키아벨리즘의 흐름을, 그밖

에 리슐리외(Armand Jean du Plessis Richelieu, 1585~1642)를 비롯한 이탈리아, 프랑스 및 독일의 여러 현실 정치가와 사상가들을 망라하고 있다. 제3부에서는 독일에서, 이상주의와 역사주의의 복합적인 관련 아래 중층으로 전개된 권력과 윤리의 관계를 헤겔, 피히테, 랑케, 트라이치케 등의 사상가들을 통해 조명한다.

4. 독일 역사학의 새 이정표

마이네케에 따르면, 권력 지향적인 국가이성의 이념은 300여 개의 소영방(小領邦)으로 분립된 독일의 정치적 상황에서는 외래적인 사상이다. 독일에서 독자적인 권력국가사상은 헤겔에게서 비롯된다. 역사 발전 속에서 이성의 자기실현을 확신한 헤겔에게 '이성적인 것은 현실적이며, 현실적인 것은 이성적'이었다. 이 유명한 명제를 내건 헤겔에게 권력과 윤리의 대립은 있을 수 없는 것으로 인식되었고, 현실의 국가는 바로 이성의 국가를 의미했다. 그는 국가를 '도덕적 실체'로서 확신했던 것이다. 이와 같은 헤겔에게서 마이네케는 '이성에 의한 마키아벨리즘의 승인'을 보았으며, 이 관념론자가 독일의 국가(권력)숭배사상에 분명히 나쁜 영향을 끼쳤음을 비판한다.

헤겔과 더불어 랑케 또한 권력국가의 이상화에 적잖게 기여했다. "생존하고 있는 모든 것은 자기 자신 속에 고유의 이념을 지니고 있다"는 랑케의 역사주의는 국민국가의 존재를 높이 평가하는 한편 마침내 국가의 특수성과 함께 권력행사마저 '최고의 법칙'으로 주장하게 되었다. 그리하여 랑케에게 국가는 '현실적·정치적인 실체'로 인식되었으며 '인간정신의 창조물'인 동시에 '신의 사상'(Gottes-Gedanke)으로 찬양되었다.

헤겔과 랑케 이후 독일 사상가들에게 강요된 국가이성은 모든 것을 개체화하는 역사주의에 의해 확인되고 타당성을 요구했으며 마침내 이상화되었다. 원래 이방(異邦)의 사상이었던 국가이성의 이념이 독일에 뿌리내리기 위해서는 역사주의라는 지극히 독일적인 사고가 전제되고 수반되어야 했던 것이다.

독일에서 권력국가의 숭배는 프로이센의 정론적(政論的) 역사가인 트라이치케에 이르러 절정에 달한다. 그는 말한다. "국가의 본질은 첫째도 권력이며 둘째도 권력, 셋째도 권력이다." 마이네케는 트라이치케를 근대 내셔널리즘이 지닌 전반적 맥락에서 논한다. 마이네케는 이 책 마지막 장에서 국가이성의 이념사를 "마키아벨리즘에서 내셔널리즘으로"라고 명명할 수도 있으리라고 논의하고 있다. 국가이성의 근대사적인 전개를 논술하면서 그는 근대사의 일반적인 현상으로서 내셔널리즘 문제와 맺고 있는 관련을 무엇보다 주시했던 것이다.

이러한 인식 배경에 제1차 세계대전을 전후한 독일 내셔널리즘의 문제가 깔려 있음은 말할 필요도 없다. 트라이치케를 변명이라도 하듯이 마이네케는 트라이치케의 권력국가 숭배는 "내셔널리즘의 포괄적 연구를 통해서만 비로소" 이해될 수 있다고 본다. 마이네케에게 국가이성의 문제는 언제나 사회적 · 경제적 · 기술적인 상황이 초래한 권력수단에 좌우된 것으로 인식되었다. 근대국가의 권력정책의 인식에는 군국주의, 내셔널리즘, 자본주의를 비롯한 근대문명 전체의 모든 문제가 함께 상기되어야 한다는 것이다.

제1차 세계대전 이전까지만 해도 마이네케는 국가에서 크라토스와 에토스의 바람직한 조화를 의심치 않았다. 그리하여 스스로 '유럽 정신사의 근원적 문제'라고 말한 이념과 현실의 조화를 이룩하는 과제에 학문적 생애를 바쳐왔던 것이다. 대전을 체험하고 나서 그는 다음과 같이 실토하지 않을 수 없게 되었다. "국가는 죄를 범하지 않을 수 없는 듯이 보인다." 이러한 비통한 자각 아래 그는 국가이성의 역사를 '권력의 데모니'(Dämonie der Macht)의 역사로 서술해야 했다.

마키아벨리에 대한 마이네케의 논의가 '덕성'의 개념을 축으로 해서 이루어졌다면 『국가권력의 이념사』는 권력의 데모니를 기본개념으로 해서 서술되었다고 할 수 있을 것이다. 마이네케는 국가권력을 결코 부르크하르트와 같이 '그 자체 악'(an sich böse)으로는 보지 않는다. 권력은 '단지 악으로의 유혹자'에 지나지 않는 것이다. 권력에서는 "신과 악마가 손을 잡고 있다"고 그는 말한다. 이제 마이네케는 권력과 윤리의 견딜 수 없는 영원한 갈등을 인식하지 않을 수 없게 된 것이다. "국가는 죄를 범하지 않을 수 없는 듯이 보인다." 이러한 전제 때문에 『국가권력의 이념사』는 '마키아벨리즘의 역사'이며, 저자의 강한 도덕적 의지 덕분에 마키아벨리즘을 정신적으로 극복한 역사이기도 하다.

마이네케는 마키아벨리즘을 극복하는 데 과연 성공했던가. 특히 서론과 마지막 장에서 저자는 정치문제에 대해 현실적으로 급박한 관심을 표명했다. 그는 책의 맺음말에서 우리가 할 마지막 일을 '국가이성의 한계'를 제대로 인식하고 '순수한 관조적 역사의 한계를 넘는 일'이라고 강조했다.

마이네케 저작집의 편집자이며 『국가권력의 이념사』 해설을 쓴 발터 호퍼(Walther Hofer)는 이 책을 이렇게 평했다. "그 시대에 대해 정신사적으로 깊은 의미를 지닌 대결의 책이다." 권력의 불길한 악마적 성격을 비로소 파헤치고, 독일에서 권력숭배의 전통을 적발하고자 한 이 저서는 독일 역사학과 정치학의 새로운 이정표가 되었다. 그리고 독일 내셔널리즘의 궤도수정에 일조해야 했지만 현실은 그렇지 못했다. 『국가권력의 이념사』가 출간되자마자 찬반 논의가 거세게 일어났다.

외우(畏友)였던 트뢸치──이 책은 그에게 바쳐졌다──와 베버는 이미 작고하고 없었으며, 일찍부터 마이네케의 저서를 높이 평가했던 크로체(Benedetto Croce, 1866~1952)는 국가권력에 대한 마이네케의 이론에 애매모호한 이중성이 있다며 비판했다. 그런데 흥미로운 사실은 이 저작에 대한 비난자가 대체로 훗날 제3제국의 열렬한 지지자가 되었다는 사실이다. 대표적인 인물로 우리는 카를 슈미트와 율리우스 빈더를 들 수 있다.

마이네케의 이 명저가 국가이성의 문제를 논함에 대체로 대외관계의 측면만 논했다는 점을 역자는 아쉬움으로 지적하고 싶으며, '외정(外

政)의 우위'라는 지난날 독일 사학의 한계에서 마이네케도 벗어나지 못했음을 또한 지적하고 싶다.

마이네케의 사학에 대한 평가는 1981년에 출간된 『오늘날의 프리드리히 마이네케』(Friedrich Meinecke Heute)에도 반영되었듯이, 근대 독일 역사학에 끼친 업적을 높이 사고 있다. 그러나 역사주의적 입장이었던 그의 전통사학의 한계 또한 지적되어야 할 것이다. 어떻든 마이네케의 사학은 이제 사학사(史學史)의 한 장으로 다룰 수밖에 없을 것이다. 끝으로 1952년 마이네케 탄생 90주년을 기념해 특집을 마련한 『역사잡지』(Historische Zeitschrift)에 기고한 빌터 게츠의 글을 인용하면서 해제를 맺고자 한다.

20세기 전반의 독일 역사학은 마이네케에게서 가장 창조적인 대표자를 발견했을 뿐만 아니라 근대 역사학의 기초를 철저하게 규명하고 근대 정신생활과의 연관을 확립한 것까지 발견했다. 마이네케는 독일의 흥륭과 붕괴에 이르는 수십 년의 운명을 고지(告知)하고자 했다. 다른 사람들이 절망할 때 그는 어떠한 고난에도 불구하고 미래를 획득한다. 마이네케와 더불어 50년 이상 살아온 사람은, 대전(大戰) 때 걱정하고 아무리 암담한 시대라 하더라도 흔들리지 않고 희망을 지녔던 사람은 긍지와 감사의 마음을 갖고 그로부터 신뢰할 만한 국민적 지도자를 볼 것이다.

편집자의 서문

발터 호퍼(Walther Hofer)

1

프리드리히 마이네케는 베를린 과학 아카데미에 초빙되고 나서 얼마 뒤, 아카데미의 관례에 따라 자신의 연구계획을 보고하게 되었다. 이 때—1915년이었다—그는 저명한 동료학자들 앞에서 두 가지 기본 테마에 관해 이야기했다. 바로 "르네상스 이래 권력정치의 본질과 정신의 변화를 이해하는 일, 그리고 우리가 가진 근대적 역사인식의 성립을 추적하는 일"[1]이었다. 당시 마이네케는 이 두 가지 테마를 『정치와 역사인식』에서 더 높은 통일로 융합하고자 생각하고 있었다. 그 경우 양자를 '통일하는 유대'는 역사적 · 정치적 삶에서 개체적인 것을 마키아벨리적인 감각 속에서 찾는 것으로 생각했다. 그런데 곧이어 "근대적인 정치에서 근대적 역사감각에 이르는 도정(道程)을 지나치게 간단히 생각했음"을 인식하게 되었다.[2]

---

1) 『프로이센 왕립 과학 아카데미 보고』(Sitzungsbericht der Königlich Preußischen Akademie der Wissenschaften), 제2권, 베를린, 1915, 496쪽.
2) 『스트라스부르-프라이부르크-베를린 1901~19, 프리드리히 마이네케의 회상 』(Straßburg-Freiburg-Berlin 1901~19, Erinnerungen von Friedrich Meinecke), 슈투트가르트, 1949, 191쪽.

처음에 그는 마키아벨리로부터 로앙(Rohan)을 거쳐 랑케에 이르는 큰 줄기를 생각했으나 세월이 지남에 따라 그것으로는 근대적인 역사감각의 성립사의 옆길을 포착한 데 불과하며, 역사감각이란 국가의 이해(利害)에 관한 정치학설보다 정신적·세계관적 변화라는 비정치적 영역에 깊이 뿌리내리고 있음을 인식하게 되었다. 두 가지 테마는 다시 분리되었다. 한편에서는 『국가권력의 이념사』가 성립되고 다른 한편에서는 『역사주의의 성립』이 싹튼 것이다.

제1차 세계대전 후 몇 년 동안 명확한 형태를 취하기에 이른 이 책의 역사적·철학적인 출발점은 자연히 마키아벨리와 그의 사상에 있었다. '미(美)란 세계의 한복판에 선 권력정치의 중대한 문제'다. 이것을 마이네케는 1905년 최초의 이탈리아 여행에서 이미 파악했다. 그는 이 여행에서 피렌체의 산타 크로체 교회에 선 저 위대하고 문제적인 이탈리아인의 기념비를 보았던 것이다.[3] 그 후 마키아벨리의 강력한 정신은 마이네케를 사로잡았다. 여러 세미나나 저술을 통해 그는 이 피렌체인의 정치이론과 정치철학을 철저히 파악했다. 곧이어 어느 때부터인가 윤리와 정치의 관계가 관심의 전면에 나타나게 된다.

'권력의 마력'이 처음 그에게 의식된 것은 제1차 세계대전 중이었다. 『국가권력의 이념사』는 이 체험 없이는 생각할 수 없다. 그러나 이 책의 발전사적인 핵심사상은 전쟁 전으로 거슬러 올라간다. 그것은 개체이념으로서, 마이네케의 『세계시민주의와 국민국가』라는 최초의 방대한 이념사적 저술에서 이미 근대적 역사의식의 핵심을 이루는 것으로서 인식되었다. 그러므로 마이네케의 이념사적 저술 3부작은 분명히 하나의 기본 테마로 환원된다. 이 3부작은 저마다 고전적인 교향악──현대 독일의 역사서술에서 유일한 역사적·정치적·철학적인 사색과 탐구의 교향악──의 한 악장인 듯 생각된다.

그러나 주제적으로는 동일한 뿌리에, 통일적인 것처럼 보인다고 하

---

3) 앞의 책, 43쪽.

더라도 각 저술을 지배하고 있는 분위기는 전혀 다르다. 화려할 만큼 찬연히 빛나며, 낙관적인 삶의 기대가 뒷받침하고 있는 것이 첫 번째 역저인 『세계시민주의와 국민국가』라면, 비극적이면서도 영웅적이고 불협화음에 충만하면서도 자기주장의 의지로 가득 차 있는 것이 『국가권력의 이념사』다. 그리고 맑은, 아니 죽음 앞의 빛과도 같은 광명을 지닌 만년의 지혜로운 역저가 제3의 저술인 『역사주의의 성립』이다. 거기에는 불가지론(不可知論)과 체념의 색채도 섞여 있다.

이 모든 역저는 독일의 역사서술에서 완벽한 학문적 언어, 예술적 업적일 뿐만 아니라 역사적 삶을 이해하고자 하는 강인한 정신적 싸움의 표현이며, 최근 독일 역사의 세 가지 서로 다른 발전단계의 뛰어난 정신의 표현이기도 하다. 그중에서도 『국가권력의 이념사』보다 그 세계관적 투쟁을 증언하고 증명하는 것은 없다. 이 책은 오랜 세월에 걸친 한 감동적인 연구가의 생활을 통해 형성되었다기보다 전투로 얻은 것으로서 그간의 심각한 변화가 이 역저의 구상뿐만 아니라 인식에까지 영향을 미치고 있는 것이다.

정신사적·철학적인 기도가 마이네케의 이념사적인 3부작을 더 높이 통합적으로 끌어올리는 유일한 계기는 아니다. 그 방법, 즉 특수이념사적 방법 또한 통합된 정신적 유대가 되었다. 그 방법은 『세계시민주의와 국민국가』가 출간되었을 때 이미 크게 주목을 받았고, 3대 저작의 첫 번째 저술인 이 역저의 확고한 성공을 결정지었다. 그러면 그 방법이란 무엇인가. 『국가권력의 이념사』에 대한 한 권위 있는 비평에 따르면 마이네케의 이념사는 "역사적 방법의 귀중한 순화와 역사적 인식의 비할 바 없는 심화"를 이룩한 것으로 일컬어지고 있다.[4]

그 이념사에서 새로운 것이란 무엇인가. 그것을 이해하기 위해 우리는, 마이네케가 그 새로운 방법을 언급하고 있는 다음 말에 귀를 기울

---

4) 프란츠 슈나벨(Franz Schnabel)의 『국가권력의 이념사』(*Idee der Staatsräson*)에 대한 비평, 『정치적 잡지』(*Zeitschrift für Politik*), 제14호(1924), 461쪽 이하.

이는 것이 가장 좋을 것이다. 하나는 『세계시민주의와 국민국가』의 서문이며, 또 하나는 『국가권력의 이념사』 서문이다. 거기에는 지금 문제 삼고 있는 점이 모두 언급되어 있다.

이 책은 다음과 같은 견해에 근거해 씌어졌다. 독일의 역사연구는 방법론적 작업의 귀중한 전통을 포기하지 않고 국가생활, 문화생활의 갖가지 큰 힘과 함께 자유로이 활동하고 접촉하는 곳으로 높여져야 한다. 또 독일의 역사연구는 독자적인 본질과 목적을 해치는 일 없이, 더 대담하게 철학과 정치에 파묻혀도 좋을 것이다. 아니 그렇게 함으로써 비로소 세계적인 동시에 국민적이라는 본래의 본질을 전개할 수 있을 것이다.

또 그는 자신의 저술에서 탐구한 이념 자체의 본질에 관해서는 다음과 같이 말한다. "그러므로 이것은 결코 거대한 그림자이거나 회색 이론이 아니라 그 시대의 본질적인 것을 표명할 사명을 지닌 인간의 생생한 혈통 속에 스며든 사물의 생명인 것이다." 앞의 문장에 관해서는 베네데토 크로체가 저서 『역사서술의 이론과 역사』에서 "그것은 현대의 철학이며 그야말로 새로운 철학과 역사기술의 한 시기를 여는 것이다" 라고 명확하게 단정을 지었다.[5]

그 새로운 방법으로 마이네케가 겨냥하고 있는 점은 두 가지이다. 이념사가 일반사의 불가결한 구성의 한 부분임을 사실로써 검증해 보이는 일이며 그와 동시에 철학 및 정치와 관련시킴으로써 새롭고 풍요롭게 하는 일, 전 문화적·실증주의적 경향으로 인해 빠져 있던 길드적

---

5) 베네데토 크로체(Benedetto Croce), 『역사서술의 이론과 역사 및 정치철학의 고찰』(*Theorie und Geschichte der Historiographie und Betrachtungen zur Philosophie der Politik*, 『철학저작 전집』[*Gesammelte Philosophische Schriften*], 제1기 제4권 수록, 튀빙겐, 1930), 260쪽.

정체성에서 역사서술을 구출하는 것이다. 이 문제는 근본적으로는 마이네케 자신이 지난날 '유럽 정신사의 근원적 문제'라고 지칭한 것, 즉 이념과 현실의 양자를 결부시키는 일을 말하는 것이다.[6]

랑케의 저술은 이 근원적 문제를 해결하기 위한 아주 위대한 시도 가운데 하나였다고 마이네케는 생각하고 있다. 마이네케 자신은 그 본성으로 인해 랑케보다 강하게 "이념—즉 추상적인 공식이 아니라 생동하는 갖가지 정신적인 힘—에서 현실로 나아가고, 개개 인격이 짊어지고 형성하는 이념을 역사적 삶의 캔버스로 보는" 것이 되었다. 1893년 『역사잡지』에 실린 게를라흐(Gerlach, 1795~1877)에 관한 마이네케의 글은 그가 "길드적인 영역을 탈피해 비로소 정치적 현실을 이념사적 원리로 해석하고자 한 최초의 논문"[7]이었다.

앞에서 언급한 베를린 과학 아카데미에서 행한 연설에서 마이네케는 보이엔(Boyen, 1771~1848) 프로이센의 번성, 독일 국민국가 사상의 성립 등에 관한 이제까지의 과제를 언급하면서 "인격과 이념이 나에게는 역사적 삶의 가장 중요한 담당자로 이해되었다"고 고백하고 있다. 연구자로서 그의 관심은 '점차 인격에서 이념으로' 마이네케를 인도했으며 그는 지난날 정치사로부터의 결별에 명확한 형태를 부여했다. 그는 이러한 변화를 만년에 회고하면서 "이야기식 역사학에서 문제사적인 역사학으로의 전환"이라고 부르고 있다.[8]

마이네케는 이 특수이념사적 방법과 인식에 따르는 위험을 충분히 자각하고 있었다. 그러므로 스스로 그것을 '위험하지 않지 않은 길'이

---

6) 이 점에 관해서는 특히 1936년에 있었던 레오폴트 폰 랑케(Leopold von Ranke)에 관한 강연도 참조할 것. 이 강연은 『역사주의의 성립』(*Die Entstehung des Historismus*, 뮌헨 및 베를린, 1936)에 부록으로 수록되어 있다. 같은 책, 632쪽 이하.

7) 프리드리히 마이네케(Friedrich Meinecke), 『체험 1862~1901』(*Erlebtes 1862~ 1901*), 라이프치히, 1941, 176쪽.

8) 교수 재직 50주년 기념식에 즈음한 인사말. 『베를린 자유학생 잡지』(*Zeitschrift der freien Studenten Berlins*), 제5권, 제11호(1951), 2쪽.

라고 말했던 것이다. 그가 기회 있을 때마다 강조한 것은 그러한 관찰 방법이 "정치적 · 사회적 · 경제적인 생활의 즉물적(卽物的)이고 냉엄한 필연성과 강제력을 전면에 내세우는, 더욱 현실주의적인 관찰방법으로" 보충될 필요가 있다는 것이었다. 사실 그의 연구방향은 항상 이념을 더욱 광범하고 보편적인 테두리 안에서 규명할 뿐만 아니라 "더욱 생생한 역사적 현실과의 더욱 밀접한 관련 속에서 규명하는 데" 있었던 것이다.[9] 이것은 『국가권력의 이념사』에서 훌륭하게 달성되었다. 즉 역사성이 희박한 순수한 정신성의 분위기에서 이념을 보는 것이 아니라, 현실의 갖가지 힘과의 극히 일정한 관련 속에서, 또 역사적 삶에서 위대한 인격과의 극히 일정한 움직임 속에서 보는 것을 의미한다.

"일면성에 빠질 위험이나 현실의 역사적 삶을 퇴색하게 만들 위험"이 없지 않다는 비평이 때때로 마이네케에게 날아든다. 그러한 일은 결코 없으며, 특히 이 책은 그러한 위험에서 확실히 해방되어 있다고 할 것이다. 하인리히 폰 슈르비크는 마이네케에 관한 훌륭한 에세이 한 구절에서 "정신과 도덕의 역사적 세계에 관한 이 사색적 관찰자이며 분석자"는 "야수적(野獸的) 그대로의 현실"을 충분히는 처리하지는 못하고 있다고 말한다.[10] 이 말은 유감스럽게도 널리 퍼지고 있는 판단에 따른 것이다. 이러한 비난만큼 부당한 것은 없다고 생각된다. 진실은 오히려 이와는 정반대이다.

그 시대 독일의 역사가 중에서 마이네케만큼 이 '야수적 현실'을 정신적으로 처리할 수 있었던 사람은 없었다. 아니 '야수적 현실'을 경험하면서 마이네케는 이념사의 대가로서 정신적으로 대처했다고 말하는

9) 『프로이센 왕립 과학 아카데미 보고』(*Rede vor der Preußischen Akademie der Wissenschaften*), 앞의 잡지, 496쪽 이하.

10) 하인리히 리터 폰 슈르비크(Heinrich Ritter von Srbik), 『독일 휴머니즘에서 현대에 이르는 역사와 정신』(*Geist und Geschichte vom deutschen Humanismus bis zur Gegenwart*), 제2권, 뮌헨, 1951, 291쪽; 『역사잡지』(*Historische Zeitschrift*), 제175권, 55쪽 이하에 수록된 '나의 비판' 참조.

편이 타당할 것이다. 1918년 이후에 자기의 역사상(歷史像)을 곧바로 역사적 필연으로 인식된 갖가지 새로운 역사적 힘과 그처럼 래디컬한 방법으로 동화시킨 독일의 역사가가 과연 있었던가. 역사적 사건을 진정 정신적으로 소화한 몇 안 되는 역저의 하나였던 『국가권력의 이념사』가 당시 독일 역사서술의 작업 전반에 대해 아무런 영향도 미치지 못했다는 것은 바로 두 대전(大戰) 간 독일의 역사적 사유(思惟)의 비극, 좀 약하게 표현한다면 태만이 아니었던가.

또 예를 들어 국가사회주의라든가 전체주의 국가 등의 '야수적 현실'에 대해 이 '섬세한 정신'의 소유자 마이네케가 '더욱 현실주의적'이라고 자칭하는 많은 역사가들과는 얼마나 다른 태도를 취했던가. 국민적 전통 아래 태어난 독일의 역사가들 중에서 지극히 심오한 이념세계의 선구자인 마이네케 이상으로 이 '야수적 그대로의 현실' 세계에 대한 정치적 이해와 정치적 선견지명을 증명할 수 있었던 사람은 아무도 없었다고 분명히 말할 수 있으리라.[11]

2

마이네케의 독특한 역할과 두 대전 간 독일의 역사기술 안에서 『국가권력의 이념사』를 읽은 독자적 위치는 어떻게 해명될 것인가. 이것은 제1차 세계대전을 체험함으로써 촉진되고 심화된 마이네케의 역사철학적 · 세계관적인 변화로 해명된다. 이 변화는 또 내적 필연에 의해 정치이론과 정치철학의 변화로 이어졌다. 세계관적인 범주로 표현한다면 "전쟁 전의 객관적인 이상주의와 역사철학적 낙관주의에서 비극적인

---

11) 이 점에 관해서는 나의 저서, 『철학과 정치 간의 역사, 근대적 역사사상 문제의 연구』(*Geschichte zwischen Philosophie und Politik, Studien zur Problematik des modernen Geschichtsdenkens*, 바젤 및 슈투트가르트, 1956), 71쪽 이하에 수록한, 「정치사상가로서의 프리드리히 마이네케」(Friedrich Meinecke als politischer Denker) 참조.

역사관에 결부된 자각적인 이원론적 이상주의로 변화했다"고 할 수 있다. 마이네케의 길은 랑케에게서 나와 이제 부르크하르트에 이른다. 독일의 한 역사가가 지난 이 정신적 도정은 금세기 전반 독일사가 걸어온 상징으로도 생각된다.

사실 마이네케는 랑케와 부르크하르트 사이의 역사사상가로서 자리를 차지하며, 그렇다고 독창성이 손상되는 일은 결코 없다. 권력 본질의 문제—『국가권력의 이념사』가 내포한 중심문제이다—를 규명할 경우 부르크하르트의 정신이 마이네케를 지배했던 것이다. 전쟁 전 동일철학적(identitätsphilosophisch) 역사관이나 국가관은 랑케나 헤겔이 뒷받침하였다. 마이네케에 의하면 이것은 역사적 삶의 진정한 심연(深淵)을 잘못 인식케 하는 것이었다. 이 전쟁 전의 역사관과 국가관은 독일국가 및 프로이센 전제주의의 붕괴와 함께 소리를 내며 무너져버렸다. 독일 군국주의의 파국, 정치혁명, 정신적 배척 등 전쟁의 결과가 초래한 압력으로 마이네케의 역사적 세계는 내부 붕괴를 면치 못했던 것이다.

그러나 그가 역사관·세계관의 붕괴를 눈앞에 마주하며 최면술에 걸린 듯이 망연자실하지 않았음은 이후 정치적·역사적 사유의 전개에서 결정적이었다. 그는 부서진 파편 조각들을 다시 한 번 모아 붙이고자 하지는 않았다. 그러한 일들이 부질없는 모자이크식 처리에 지나지 않음을 잘 알고 있었기 때문이다. 그의 연령과 근본적으로 보수적인 태도에 비추어볼 때 전적으로 경탄할 만큼 철저하게 과거를 청산하기에 이르렀던 것이다. 그는 뒷날 랑케의 보수적인 기본태도에 관해 다음과 같이 쓰고 있다. "살아 있는 역사가라면 누구나 정신적 이상을 지닐 것이다. 그가 보는 역사도 언제나 어느 정도 이상 색채를 띤 것이 되리라. 그는 또한 자기 이상의 몰락에도 견딜 만한 마음가짐도 지녀야 하는 것이다."12)

이러한 세계관적·역사철학적 변화가 정치이론과 정치철학 자체에 초래한 결과로 들어가기 전에, 한 가지 사실을 잘 살펴보아야 할 것이다. 독일과 서유럽 간의 정신적 · 문화적 대립이라는 문제다. 이 대립을 간단히 특징짓기란 쉽지 않다. 서유럽의 발전에서는 계몽사상이, 독일 사상에서는 낭만주의가 유력하고, 지배적인 정신의 효모(酵母)가 되었다는 사실을 일단 지적할 수 있을 것이다. 제1차 세계대전을 통해 유럽 정신생활의 구조에서 두드러진 거대한 균열에 당황한 마이네케는 18세기에서 19세기로의 전환을 유럽 정신사의 신경통적 측면으로 인식하기에 이르렀던 것이다.

『국가권력의 이념사』나 『역사주의의 성립』도 결국 독일과 서유럽 간의 이러한 현실적 · 정신적 대립이 낳은 문제의 주변을 돌고 있다. 이 경우 분명히, 만년의 역저인 『역사주의의 성립』에서는 유럽에 공통적인 것, 서양에 공통적인 것을 더욱 강하게 살피고자 하나, 마이네케는 독일인의 낭만주의적 · 역사적 사유방법과 서유럽인의 자연법적 · 이성주의적 사상세계를 대립시킨다. 다시 말해, 한편에 역사주의와 이상주의, 다른 한편에 실증주의와 이성주의를 대치시킨 것이다. 물론 이것은 지극히 다양한 사상세계가 지닌 지배적 경향으로 생각되고 있는 데 지나지 않지만.

마이네케 이외에도 역시 1800년경을 '코페르니쿠스적 전환'의 시점으로 인식하고 있는 역사사상가가 존재한다. 그중에도 에른스트 트뢸

---

12) 『역사에 관한 잠언과 소론』(*Aphorismen und Skizzen zur Geschite*), 제2판, 라이프치히, 1942, 147쪽. 마이네케의 변화에 관한 상세한 기술은 나의 저서, 『역사서술과 세계관. 프리드리히 마이네케의 저술에 관해』(*Geschichtschreibung und Weltanschauung, Gedanken zum Werk Friedrich Meineckes*, 뮌헨, 1950)에 있다. 또 『국가권력의 이념사』(*Idee der Staatsräson*)의 역사 이론적인 보충은 무엇보다 「역사에서의 인과성과 가치」(Kausalitäten und Werte in der Geschichte)라는 논문에서 해결할 수 있으며 마이네케는 이것을 자신의 '역사학'이라고 말하고 있다. 이 글은 뒤에 『창조적 거울. 독일의 역사서술과 역사관의 연구』(*Schaffender Spiegel, Studien zur deutschen Geschichtschreibung und Geschichtsauffassung*, 슈투트가르트, 1948)에 수록되었다.

치는 만년에 마이네케와 긴밀히 정신적 작업을 한 사람이었다. 그는 점차 이 문제를 자기의 역사적·철학적 성찰의 중심문제로 삼기에 이르렀으며, 마침내 '독일정신과 서유럽'이라는 주제가 그의 문화철학 전체의 중심을 차지하게 되었다. 이러한 인식은 독일의 역사상·국가상에 관한 근본적인 재검토 가운데 중요한 키포인트가 되었다. 그러한 전망을 통해 독일의 역사적·정치적 사유를 위한 세계관적인 배양토양으로서 낭만주의적·이상주의적인 사상세계가 재검토의 중심문제가 되지 않으면 안 된다고 일컬어졌던 것이다.

두 사상가의 이러한 인식이 소중하게 이해되지 않았음은 바람직하지 못한 숙명이라고 할 것이다. 두 연구자가 의도한 바는, 독일 정신의 자기비판과 자기인식을 이용하지 않고, 다시 말해 서유럽의 합리적인 역사관·국가관을 독일 고유의 역사적 전통으로 정화하고, 가치 있는 것과 가치 없는 것과의 선별수단으로 이용하지 않고, 결국 특수 독일적인 본질의 일면적인 면만 제시함으로써 역사적·정치적 사유에서 국민적 특성의 더욱 부자유스러운 관점에 도달하기에 이르렀던 것이다.

그런데 또 우리는, 앞에서 대략 말한 것과 같은 세계관적인 변화에서 정치철학에 초래된 결과가 무엇이었던가를 묻지 않을 수 없다. 이제 마이네케의 역사인식에서, 역사적 현실에서 이상적 내용이 거의 상실되고, 정신과 자연, 가치와 인과성, 당위와 존재, 문화와 권력 간의 모순·불일치가 두드러지게 표면화된 결과, 자연주의가 이상주의적인 역사관 깊숙이 침투했으므로 그로 인해 정치의 개념도 근저에서 변화되지 않을 수 없었다. 이러한 배경 아래 새로운 역사이론이 형성되었음을 생각하지 않을 수 없다. 이때 이러한 정신적 과정이 역사가에게 한편에서는 유력한 역사이론과의 비판적 대결, 다른 한편에서는 구체적인 정치적 상황——물론 이것은 항상 역사적으로 생성된 것이다——과의 비판적 대결이라는 형태로 행해짐은 다시 말할 필요도 없다.

그러나 이 새로운 정치철학, 특히 『국가권력의 이념사』에 표명된 정치철학은 어느 기성의 국가를 도그마화하거나 찬미함으로써 결정되는

것이 아니라—헤겔, 랑케, 트라이치케, 그리고 초기의 마이네케까지
도, 개인적인 차이는 있다 하더라도, 프로이센의 군국주의적 군주제에
대해 도그마화하거나 찬미를 했다—권력의 본질에 관해 전적으로 새
로이 고찰함으로써 특징지어진다.

이 새로운 고찰방법은 마이네케에게는 무엇보다 지금 열거한 세 사
람의 철학자·역사가와의 비판적 대립이라는 형태로 실현된다. 비판한
다는 것과 자기의 입장을 획득한다는 것은 내면적으로 긴밀한 관련이
있는 것으로 보인다. 그러므로 마이네케를 비판한 글을 통해 이들은 그
의 정치철학과 그 변화를 가장 제대로 밝힐 수 있다고 할 것이다.

분명히 마이네케는 헤겔이 말한 현실적인 것과 이성적인 것과의 동
일성보다, 랑케의 '현실적·정신적인 것'이라는 말을 언제나 써왔다. 이
개념이 얼마만큼 헤겔을 반대하는 랑케를 표현한 것인지, 반대로 얼마
만큼 랑케 안의 헤겔을 드러낸 것인지 말하기는 어렵다. 그러나 랑케의
역사관과 국가관에 전형적인 이 개념이 마이네케로부터 사라지고 역사
적 삶은 빛과 어둠, 이념과 권력, 정신적인 것과 원시적인 것으로 분열
된다. 이처럼 변모된 역사적 세계에서는 권력 자체가 정신적 존재이기
도 하다는 랑케의 말도 더는 절대적 지위를 차지하지 못하게 된다. 오
히려 마이네케는 역사적 세계에 대해 국가와 국가권력의 본질에 대한
자연적이고 생물학적인, 아니 동물적인 요소를 강조한다.

"인간의 삶이나 기계적이고 생물학적인 인과관계의 자연적 측면, 밤
의 측면이라는 사실"이 그 존재를 강하게 주장하기 시작하고, 그것이
역사적·정치적 사유나 연구에서 배려되어야 함을 요구하기 시작한다.
랑케에게서처럼 국가는 이제 '신의 사상'(Gedanken Gottes)이 아니라
자연과 정신 사이를 때로는 한편으로 때로는 다른 편으로 동요시키는
분열적 존재이며 '양서류'(兩棲類)인 것이다. 역사적 관찰자에게는 국
가나 민족의 발전 속에 '도덕적 에너지'나 '정신적인 힘'뿐만 아니라 자
연적 필연성이나 생물학적 법칙이 드러나기도 한다.

랑케는 열강의 투쟁을 보고 대단히 감동해 그 투쟁이 끝내는 충만한

광명으로 정화되리라고 생각했으나 마이네케는 강대국들의 권력정치를 생생한 모습으로 우리에게 제시하기를 두려워하지 않는다. 이러한 변화에도 마이네케는 국가의 역사적 개성에 관한 랑케의 위대한 인식을 의심치 않았다. 마이네케도 국가를 역사적 삶의 초개인적인 통일성으로 이해한다. 역사주의의 탐구자인 마이네케가 근대정신의 거대한 성과의 하나로 굳게 믿은 사상인 것이다.

'이성(理性)의 간지(奸智)'라는 헤겔의 교설에 대한 마이네케의 입장은 다음과 같다. 모든 삶의 경험, 역사의 경험은 선악 사이에 불길한 내면적 연관이 있음을 증명하고 있다―여기가 데모니(Dämonie)라는 개념이 생겨나는 논리적 장(場)이다―그러나 거기에서 보여야 하는 것은 이성의 간지보다 이성의 무력일 것이다. 확실히 역사에서는 권력정치나 전쟁도 창조적 효과를 가져올 수 있으며 때로는 악에서 선이, 원초적인 것에서 정신적인 것이 생겨날 때도 있다.

그러나 이러한 사실을 이상화하는 것은 일체 피해야 한다. 헤겔이 역사적 현실을 이해하는 관점을 교시한 역사철학적 낙관주의는 독일에서 정치적 사유에 결정적으로 악영향을 미쳤다고 마이네케는 생각한다. 사람들이 극단적인 권력정치까지 경솔하게 받아들이기를 배우고 도덕적 영역 밖에 있는 사실을 그릇되게 이상화하고, 또 성급하게 도덕화함으로써 도덕적 감각은 더욱 둔화되었다.

헤겔의 정치철학은 너무나 오랫동안 심각하고 진지한 정치윤리문제를 덮어버렸다고 마이네케는 말하고 있는 것이다. 그리하여 역사적 인식과 윤리적 요청은 종래보다 더욱 날카롭게 대립한다. 헤겔의 경우 현실국가가 이성적이므로 윤리적 국가이기도 하다는 명제에 의해 양자는 동일한 것이었으며, 랑케의 경우 이 규범의 이원론은 아직 역사철학적인 낙관주의로 덮여 있다.

마이네케는 역사철학적 비판주의에 이르러 비로소 역사적 삶과 정치적 행위의 비극적 이율배반을 완전히 의식했다. 역사적 인식은 부정하기 어렵다―"국가는 죄를 범하지 않을 수 없는 것으로 생각된다." 그러나 윤리적 요청 또한 동일하게 반박하기 어렵다— "국가는 인위적인 것이어야 하며 보편적인 도덕법칙과 조화를 이루어야 한다." 역사적 경험과 도덕적 요청은 서로 대립되어 일치할 수 없다. 이것이 바로 마이네케의 역사적·정치적 사유가 점차 강해진, 모든 역사는 동시에 비극이라는 고통스러운 근본적 통찰이 생겨나는 근원이 되는 것이다.[13]

국가의 본질은 권력 자체이다— "국가의 본질은 첫째도 권력, 둘째도 권력, 셋째도 권력이다"—라는 트라이치케의 견해에 대해 마이네케는, 권력은 분명히 국가존재의 가장 근원적이고 불가결하며, 지속적 요소이기는 하나 결코 그것을 유일하다고 할 수 없음을 생각해야 한다고 말한다. 권력은 단순한 폭력에 의해서가 아니라 그보다 깊은 기초가 주어져야 한다. 트라이치케는 국가에서 권력이라는 요인을 찬미하고 지나치게 중요시함으로써, 또 순수 권력적인 요소를 성급하게 정신화하고 윤리화함으로써, 국가의 근본문제를 조잡한 것으로 바꿔버렸다.

제1차 세계대전이 끝난 뒤 수년에 걸친, 마이네케의 트라이치케 비판에는 아직 영국의 공격에 대한 방위라는 색채가 농후하나, 국가사회주의를 체험한 뒤 트라이치케에 대한 비판은 한층 격렬해졌다. 그런데 애초에 마이네케의 이러한 견해를 공공연히 말하는 것은 허용되지 않았다. 그러나 그는 동시에 히틀러와 트라이치케가 지닌 정치이론 간의 본질적 구별이 어디에 있는가를 명확히 한다. 분명히 트라이치케와 나치스의 국가관에는 심각한 차이가 있다. 다른 한편 그가 권력을 그릇되게 이상화하며 미친 광범위한 영향으로 인해 시민적·아카데미적인 계층에 속한 사람들 사이에서 저 망상이론의 정신적 개척자가 되었다.

제2차 세계대전이 한창일 때 마이네케는 트라이치케를 회상하며 다

---

13) 마이네케의 역사관의 비극적인 의의에 관해서는 특히 『역사적 감각과 역사의 의미에 관해』(*Vom geschichtlichen Sinn und vom Sinn der Geschichte*) 및 『역사에 관한 잠언과 소론』에 수록된 그의 만년의 역사철학적 논문 참조. 여기와 앞의 몇 군데에서 나는 마이네케의 저작에 관한 이전의 논문에서 내용과 표현을 빌렸다.

음과 같은 문장을 남겼다. "트라이치케는 독일 시민계급의 권력정치적 사유를 앙양하고 마지막에는 극단으로 높인 과정에서 가장 강력한 효모의 하나로 생각된다. 그렇게 생각됨은 전적으로 당연한 일이다."[14] 또 권력을 목적으로 한다는, 지난날 역사에 나타난 어떤 국가도 하지 않았던 일을 감히 수행한 '제3제국'이 붕괴된 뒤에는 트라이치케를 회고하면서 다음과 같이 쓰고 있다. "그러나 권력이란 한 민족이 생존하기 위한 물질적 요구에 대한 봉사가 아니라, 인류 최고의 정신적·영적인 가치, 즉 문화와 종교에 대해 보일 수 있는 봉사를 통해서만 정당화된다."[15]

헤겔이나 랑케와 벌인 대결에서도, 마이네케의 지칠 줄 모르는 정신은 『국가권력의 이념사』에 드러난 여러 가지 명제에 그치지 않았다. 『국가권력의 이념사』가 간행된 후 죽음에 이르기까지 30년, 그는 또 자신과 이 두 위대한 사상가와의 관계 및 자신의 시대와 이 두 사람과의 관계에 관해 때때로 언급하고 있다. 여기서도 전체주의 국가와 전쟁을 체험한 덕분에 그의 비판적 통찰은 더욱더 날카롭다. 마이네케에게 랑케는 언제나 역사를 이해하는 데서 스승이었다. 그러나 1947년 마이네케는 "이 14년의 세월"에 관해 "우리에게, 또 우리 이후의 역사연구자에게는 랑케보다 부르크하르트가 결국 더 중요한 존재가 되지 않을까"라는 물음을 제기하고 있다.[16]

그리고 다시 한번 그는 그간의 많은 활동의 경험에 근거하여 랑케의 정치철학에 대해 근본적으로 비판했다. 그 비판에 관해 지금 상세히 언급하는 것은 적절치 않다. 그러나 『국가권력의 이념사』에 포함된 비판적 대결이 뒤에는 더욱 거듭되어 행해졌음을 이 책의 독자들에게 지적하는 것이 부당하다고는 여기지 않는다. 역시 자세히 언급하지는 않겠

---

14) 『스트라스부르-프라이부르크-베를린』, 201쪽.
15) 『독일의 비극』(*Die deutsche Katastrophe*), 비스바덴 및 취리히, 1946, 161쪽.
16) 『역사에 관한 잠언과 소론』, 144쪽.

지만 헤겔의 경우도 마찬가지이다.

3

마이네케가 쓴 『국가권력의 이념사』는 마키아벨리즘의 역사이며 동시에 마키아벨리즘을 정신적으로 극복하려는 역사이기도 하다. 이 시도는 유럽의 긴 대결의 역사에서 가장 탁월한 사람들에 비추어, 혹은 알피니스트 마이네케가 즐겨 쓴 표현에 의하면 '능선과 산정 주행(山頂走行)'이라는 형태로 표현되고 있는 것이다.

마이네케의 저작은 새로운 마키아벨리 반대론인가. 종래와 같은 정치적 · 도덕적 논술의 하나라는 의미라면 분명히 그렇지 않다. 사실에 따른 냉정한 역사적 재고조사라는 의미라면 아마도 그럴 것이다. 단지 이 역사적 재고조사에 의해, 마키아벨리즘적 동향의 역사적 죄책감이 다방면에서 밝혀짐은 물론이거니와 그 역사적 필연성에 대한 통찰도 주어진다. 그리하여 마키아벨리와 강한 영향력을 지닌 그의 정신과 마이네케의 대결은 '비극적 죄책감'이라는 개념의 낙인 아래 수행된다.

그러나 마이네케의 저술은 더 깊은 의미에서 '반헤겔'(Anti-Hegel)적으로 생각된다. 그 까닭은, 이 책의 제3부를 이 역작 전체의 핵심으로 보아야 하지만, 이 제3부에 이르면 "그대의 것과도 관련이 있다!"(Tua res agitur!)는 것이 전적으로 명확해지기 때문이다. 우리는 앞서 마이네케가 헤겔 비판의 중점을 어디에 두었는가를 보았다. 그것은 정치와 윤리 관계의 진정한 문제를 덮어버렸던 헤겔의 일원론이었다.

마이네케는, 『국가권력의 이념사』에 대한 한 헤겔주의자—법철학자 율리우스 빈더였다—의 비평[17]에 대한 반박문(1929)에서 헤겔 비판

---

17) 율리우스 빈더(Julius Binder), 『국가이성과 도의』(*Staatsraison und Sittlichkeit*, 『독일철학회 특별호』[*Sonderhefte der Deutschen Philosophischen Gesellschaft*], 제3호, 베를린, 1929).

의 핵심을 명백히 제시하고 있다. 국가는 윤리적 존재로서, 그 행위가 법과 도덕을 침해하는 일은 결코 있을 수 없다는 견해를 드러내는 데 대표자였던 이 헤겔주의자에 대해, 마이네케는 아주 날카롭게 회답했다.

"국가라는 것이 곧 윤리적 존재였던 일도 없었으며 지금도 그렇지 않다. 트라이치케도 명백히 인정하듯이 국가는 전적으로 자연적이고 원시적인 기반 위에 서 있는 것으로서, 이 기반은 국가를 존엄하게 만들려는 모든 노력에 되풀이해 침투된다. 이 냉엄한 인식 앞에 모든 동일철학은 퇴색된 것으로 바뀌는 듯 보인다."[18]

정치가가 국가의 역사적 과제를 해결하기 위해서는 도덕 한계를 넘어서더라도 도의적으로 정당화된다고 생각해도 좋을 경우에도 의무의 갈등이 존재하는 것이다. "헤겔의 이론은 이러한 갈등이 없다고 믿는 소수의 기분을 완화시킬 수 있을지는 몰라도 대다수 일반적인 도의감은 그러한 변증법으로는 진정되지 않을 것이다. 가령 이 도의감이 더욱 예민하게 판단을 내린다면, 국가의 필요에 이끌리어 정치가가 보편적인 도덕률을 위배했음을, 서로 충돌하는 두 윤리적 의무 사이에서 내린 하나의 결단, 비극적 죄책감이 따른 하나의 비극적인 모험으로 볼 것이다."

마이네케는 또 '민족의 역사적·법적 현상으로서의' 국가는, 그 국민의 생존과 활동의 권리를 역사와 이성의 법정 앞에 입증할 수 있는 한, 항상 도의적으로 정당화된다는 이 헤겔주의자의 생각에도 반대한다. 마이네케는 '역사와 이성의 법정'이라는 것이 지극히 불확실하고 의심스러운 곳으로서, 때와 장소가 바뀌면 전혀 다른 판결을 내린다고 말한다. 그리고 이 법정은, 만사를 은폐하는 데 편리하고 쉬운 응급수단이 될 것이다. "이 법정이 유효하기 위해 결여될 수 없는 보편타당하다는 기준은 단지 헤겔적으로 생각하고 요청하는 철학자들의 안중에 있는 데 불과하다. 독일 철학은 역사적 삶이 현실에 존재하는 분열이건 이율

---

18) 마이네케의 반론은 『역사잡지』, 제140호(1929)에 실려 있다. 565쪽 이하.

배반이건, 어떠한 사유의 필연성을 포함하지 않는 요청에 의해 다리를 걸 뿐이다. 그러므로 나는 역사기술의 목적을 위해서는 독일 철학이 도움이 되지 않는다고 생각한다."

마이네케는 사실 '헤겔-르네상스'에 대해 회의적인 태도를 취하고, 역사적·실증적 과학에 대해 '헤겔-르네상스'가 도움이 되리라고는 별로 기대하지 않는다. 다가오는 사태에 대한 예언자적 통찰을 지니며 그는 (1929년에!) 헤겔적 국가개념의 아름다운 이상상(理想像) 때문에 국가 현실에 대한 냉정한 인식이 그릇되고, "이해되기 위해 적나라한 모습을 보여주기를 원하고 있는" 사태의 진상이 다시 애매해지는 일이 없기를 경고했다. 여기에서 마이네케는 '헤겔적 일원론의 영향과 반민주주의적이고 반자유주의적인 권위주의를 지닌 국가 이데올로기와의 관련을 날카롭게 파헤치고 있는 것이다.

마이네케는 전부터 예측한 파국이 밀려온 뒤 "헤겔로부터 그 역사가 비롯된 독일의 권력국가 사상은 히틀러에 이르러 가장 불길한 죄악의 앙양과 가혹함을 체험하게 되었다"고 쓰고 있다.[19] 사실 앞에서 언급한 헤겔주의 법철학자는, 마이네케를 비판한 5년 뒤에는 새로운 총통(總統) 국가를 위해 국가철학적인 변명에 힘을 쏟았다.[20] 또 마이네케의 '도덕적 이원론'을 배척하고, 그에 대해 국가의 구체적·절대적 윤리성을 역설하거나 구체적 상황의 규범성이나 비규범성을 문제시한 역사가 오토 베스트팔과 법학자인 카를 슈미트 등도 반자유주의적인 총통국가의 정신적 선구자가 되었다.[21]

---

19) 『독일의 비극』, 28쪽.
20) 율리우스 빈더, 『독일 민족국가, 역사와 현대에서의 법과 국가』(*Der deutsche Volksstaat, Recht und Staat in Geschichte und Gegenwart*), 튀빙겐, 1934.
21) 오토 베스트팔(Otto Westphal), 『비스마르크의 적, 독일 반대당의 정신적 기초 1848~1918』(*Feinde Bismarcks, Geistige Grundlagen der deutschen Opposition 1848~1918*), 뮌헨 및 베를린, 1930. 특히 240쪽 이하. 카를 슈미트(Carl Schmitt), 『국가이성의 이성 비평』(*Rezension der Idee der*

슈미트나 베스트팔은 뒷날 발터 프랑크나 크리스토프 슈테딩 등과 같이 국가사회주의의 이데올로그가 되었으며 그들은 마이네케의 『국가권력의 이념사』를 바이마르 · 주네브 · 베르사유 · 로카르노 등의 개념에 표시되는 바와 같은 정치적 입장의 한 국가철학적 의사표시로 간주했다.[22] 그에 의해 여러 정치적 문제와 관련하여 마이네케의 입장에 대해 당시 결정적인 의혹이 제기되었던 것이다. 여기에서 이 문제는, 마이네케 저술의 이해를 도모하는 한에서만 우리의 관심을 이끈다. 사실 이 책의 서론과 결론은 특히 그 시대를 움직이고 마이네케 자신을 움직였던 긴급한 현실적 정치문제라는 인상을 강하게 띠고 있다.

베르사유라는 개념으로써 표시되고 있는 국면에 관한 마이네케의 태도는, 시대와 더불어 큰 차이가 없지 않으나 이 점에 관해서는 지금 여기서 상세히 언급하지 않겠다. 단지 극히 간략하게 스케치를 해볼 수는 있을 것이다. 1919년에 맺어진 강화조약의 가혹성에 대해 마이네케가 반대했음은 물론이다. 그러면서도 그는 그 역사적 필연성을 이해하고자 부단히 노력했다. 지극히 가혹한 여러 조건을 평화적으로 개정하고자 한 것이 그의 외교적 구상의 핵심이었다. 마이네케는 분명히 바이마르 시대의 다른 역사가들처럼, 전쟁책임 문제를 둘러싼 논의에 정신적으로나 정치적으로 한 번도 관여한 일이 없었다.

『국가권력의 이념사』의 저자가 그 책을 저술했을 때, 유럽과 세계의 정치적 전개에 대한 이미지는, 지극히 어두운 색채를 띠고 있었다. 앵글로색슨 제국의 헤게모니, 즉 앵글로색슨의 평화냐, 그렇지 않으면

Staatsräson), 『사회과학 · 사회정치학 잡지』(*Archiv für Sozialwissenschaft und Sozialpolitik*), 제56권 수록. 226쪽 이하.

22) 슈미트는 뒷날 마이네케에 대한 비판을 논문집 『바이마르 · 주네브 · 베르사유와의 투쟁에서의 여러 명제와 개념 1923~39』(*Positionen und Begriffe im Kampf mit Weimar-Genf-Versailles 1923~39*, 함부르크, 1939)에 수록했다. 45쪽 이하. 베스트팔은 마이네케의 정치철학과 역사학을 "로카르노의 선(線)——로카르노는 단지 외교적 · 정치적인 지명이 아니라 보편적 · 정신사적 지명으로 이해되고 있다——"과 동일시한다. 같은 책, 240쪽.

'프랑스의 대륙 제패의 천벌'이냐 하는 양자택일이 유럽에 주어졌다고 마이네케는 생각했다. 공산주의라는 위험, 강대한 볼셰비키 러시아가 유럽을 위험에 처하게 할 가능성을 마이네케는 명확히 의식했으나,『국가권력의 이념사』는 정치적으로나 정신적으로 서방과의 대결을 주제로 하고 있다. 물론 이것은 독일을 위한 변명이 아니라 독일과 서방의 정신적 통합이라는 차원 높은 목표를 지니는 것이었지만.

국제연맹의 이념에 대한 마이네케의 심정에는 희망과 회의가 뒤섞여 있었다. 국가를 초월한 법정으로서 국제연맹이라는 이념 자체는 국민적 권력국가 사상의 비대화에 관한 그의 연구로 미루어 내적 필연성을 지닌 것이었다. 그러나 마이네케는 정치적으로 대단한 리얼리스트였으므로 그런 방법에 뒤따르게 마련인 어려움을 간과하지 않았으며, 주네브의 여러 기관이 지나치게 전승국의 이익만을 대변하는 장소가 되고 있음을 느끼지 않을 수 없었다. 한편 그는 정치적 관념론자가 아니었으므로 이러한 최초의 탐색적 시도로부터 바로 최종적이고 결정적인 구제를 기대하지 않았으며, 그 희망이 배반되었을 때 곧바로 이 시도를 전면적으로 단죄하지도 않았다.

그와는 반대로 마이네케는 바이마르의 배후에 민주주의적이고 자유주의적인 독일공화국이라는, 그로서는 역사적으로 불가피하다고 생각한 시대의 배후에 아예 숨어버렸다. 그의 모든 정치적 노력은 이 신생 국가를 그 많은 반대자들에게 단지 이성적으로 가까이 할 수 있게 할 뿐만 아니라, 감정적으로도 뿌리를 내리게 만들었다.

그러면 마이네케의 정치철학은 어느 정도까지 '로카르노의 선'에 따르고 있었을까. 이러한 표현방법 속에는 문제를 단순화하는 요인이 있다는 점을 인식해둔다면, 마이네케가 독일의 역사적·정치적 사유의 수정(修正)을 서유럽적 사유와의 종합이라는 방향에서 진지하게 문제시한 한에서, 저 세계관적인 반대자의 관점이 정당했다고 할 것이다. 그러나 마이네케에게 이 특수한 독일적인 발전의 곡절선(曲折線)이 전적으로 서유럽적 사유에 기울어졌음을 의미하지는 않았다. 어떤 독일적인 전통이나 특성을 포기하지 않고서는 물론 불가능하다고 생각되는 보편적이고 유럽적인 정신의 내부로 돌아감을 의미했다.

그러나 독일적 역사 사유·국가 사유와 서유럽적인 그것과의 종합이 바람직하다는 것은, 독일의 반자유주의적·국가주의적 인물들과 그러한 종합의 가능성은 이 방향과는 동일하지 않은 국민 보수파에 의해서도 부정되었다.[23]

헤겔에 대한 마이네케의 비판이 헤겔의 국가철학을 신봉하는 사람들을 자극한 것은 아주 당연한 일이었다. 그런데 헤겔주의자들의 반격은, 단지 국가이성에 관한 마이네케 이론에 대한 반박뿐만 아니라 그들이 반자유주의적인 한에서 바이마르 민주주의에 대한 거부도 목적으로 한 것이었다. 그 까닭은 이들 반대자들에게서는 마이네케야말로 뒷날 형태화되었듯이 "공화주의적 체제의 가장 대표적인 역사가"였기 때문이다. 그리하여 『국가이성의 이념』이 정치적 세계관의 싸움터에서 차지하는 정신적 위치, 또 바이마르 공화국에서 누리는 지위는 명백히 정해져 있다. 독일 정치이론에서 결정적이 된 상황은 권력의 '데모니'라는 마이네케의 인식이 일반에게 받아들여지지 않았다는 사실이다.

무제한의 권력국가 사상이나 권력과 윤리성의 일치라는 헤겔의 명제 신봉자들은, 마이네케가 단순한 이상주의 말기의 자유주의적 교수로서 "권력을 단순히 두려워하고 있다"[24]고 보았다. 헤겔주의와 권위주의

---

23) 두 번째 방향에 관해서는 예를 들어 슈르비크의 『국가권력의 이념사』에 대한 비평, 『오스트리아 역사연구소 논집』(*Mitteilungen des österreichischen Instituts für Geschichtsforschung*), 제40권 (1925), 356쪽 이하 ; 리터 (Gerhard Ritter)의 비평, 『학문 및 청년 교육신론』(*Neue Jahrbücher für Wissenschaft und Jugendbildung*), 제1권 (1925), 101쪽 이하 ; 옹켄 (Hermann Oncken)의 비평, 『독일문학신문』(*Deutsche Literatur-Zeitung*) 속편, 제3호(1926). 특히 1304쪽 이하 참조.

24) 이것은 『생성하는 민족』(*Volk im Werden*, 1935), 323쪽 이하 크리크(Ernst Krieck)의 말이다. 그는 또 『국가권력의 이념사』의 저자에 관해 다음과 같이 말한다. "그는 권력과 시민도덕 사이에서 흔들리며 동요하고 그 결과 모든 시

적 · 반자유주의적 이데올로기와의 친근성은 20년대에는 명백해진다(우리가 헤겔주의와 마르크스주의와의 관계를 일단 여기서 도외시한다면). 마이네케는 일찍부터 이러한 사실을 인식하고 있었다. 이것은 그를 비판한 헤겔주의자들의 훗날 태도에 비추어보아도 증명된다.

그러나 베네데토 크로체의 경우는 전혀 다르다. 이 위대한 이탈리아 철학자는 당연히 순수한 헤겔주의자로 간주되며, 마이네케도 그렇게 생각하고 있었다. 그러나 크로체에게 헤겔주의는 정신적 자유의 우위 아래 놓여 있었으므로 그는 정치적으로는 자유주의자일 수 있었던 것이다. 이에 반해 독일 헤겔주의는 국가 윤리성의 우위 아래 있었으므로 대개는 정치적으로 권위주의적이며 반자유주의적이었다. 크로체 또한 마이네케의 정치와 윤리의 이원론을 배제하는 동시에 국가이성의 문제성에 관한 마이네케의 모든 견해를 배척했다.[25]

물론 꼭 같은 농도로 지속된 것은 아니나, 약 10년에 걸친 양자의 정신적 대결에서 이 두 연구자는——마이네케가 언젠가 친한 독일 역사가에게 보낸 편지에 썼듯이——"두 사람의 세계상에서 화해하기 어려운 점"을 여러 번 확인했던 것이다. 마이네케는 이어서 쓰고 있다. "이러한 헤겔주의가 갱신되면 사람들은 세계상의 심연을 그릇되게 보게 된다."

민 말기적, 이상주의 말기인, 즉 에피고넨적으로서, 그리고 아주 비창조적인 알쏭달쏭한 곳에 주저앉는다."

25) 특히 크로체가 『평론 · 문학 · 역사 · 철학 잡지』(*La Critica, Rivista di letteratura, storia e filosofia*) 제23권에 실은 『국가권력의 이념사』 비판을 참조할 것. 같은 잡지 118쪽 이하. "마이네케가 그곳에 끌리었노라고 고백하고 있는 '정신'과 '자연'의 '이원론'을 포기하는 일, 순수정치 또는 순수한 실리성까지 정신의 활동형태로 생각하는 일, 그리고 이것이 배덕적(背德的)인 것임을 부정하고(프랑스적 또는 라틴적 이론에 반해) 또 이것이 도덕적 또는 초도덕적인 것임을 부정하는(게르만적 이론에 반해)……것이 필요하다." 이 두 사상가의 철학적 대립관계에 관해서는 나의 저서, 『역사기술과 세계관』(*Geschichtschreibung und Weltanschauung*), 389쪽 이하 참조.

『국가권력의 이념사』는 마키아벨리의 반대론이거니와, 특히 헤겔에 대한 반대의 책이라고 앞에서 말했다. 또한 '권력의 데모니'에 관한 책이라고 부를 수도 있을 것이다. '데모니'란 '이성의 간계'에 대한 진정한 반대개념이다. 그러면 마이네케의 정치적·역사적 사유에서 '데모니'란 무엇인가.

권력의 진정한 본질을 깊이 인식하고자 노력한 마이네케는 우선 데모니라는 개념에 부딪쳤다. 전쟁을 체험한 다음 바뀐 그의 세계상과 역사상 속에서 이 개념은 마침내 마이네케에게 중심적 위치를 차지하게 된다. 데모니라는 개념에 의해 마이네케는 그가 바로 국가이성의 본질에 관해 분명히 한 것처럼, 역사적 삶에서는 정신과 자연 간에 불가사의한 관계가 이루어지고 있어 '그 속에서 신과 악마가 손잡고 있는' 많은 것이 존재한다는 인식을 표현한 것이다.

'이성의 간지'가 악에서 원치 않은 채 선을 낳게 한다면, '데모니'는 선에서 뜻밖에 악을 낳게 한다. 마이네케는 뒷날 이렇게 쓰고 있다.

선과 악이 얽혀 있고 매듭지어진 일이 때때로 있다는 것은 악마적 사실이다. 역사 속에서 메피스토는 단지 악을 원하면서 선을 낳는다는 역할을 다할──그것이라면 사람들은 아마도 변신론(辯神論) 자체로 만족할 수 있으리라──뿐만이 아니다. 메피스토는 본래 선을 원하는 자의 계획을 수포로 돌리고 그것이 정말 악으로 변하게끔 그 사람의 마음과 몸을 인도한다. ……그러므로 세계사는 지극히 비극적인, 아니 거의 악마적인 성격을 띠게 된다.[26]

그는 언젠가 르네상스의 문화적 개화와 그 가공할 만한 정치적·사회적 전개 및 부대(附帶) 상황과의 관계를 악마적이라고 칭한 적이 있다. 독일의 역사적 사유는 헤겔이 일원론의 감화 아래 권력의 창조적

---

26) 『역사에 관한 잠언과 소론』, 123~124쪽.

작용, 특히 문화에 관한 창조적 작용을 강조했으며, 마이네케는 근대의 극단적 권력정치의 파괴적 귀결을 드러내고자 노력했다. 권력의 데모니란, 권력이 그 스스로 쌓아올린 것을 자신의 가장 심부(深部)의 본질로 해서 파괴하는 일이 있음을 말하며, 권력이 형성자·질서 부여자로부터 파괴자로 전환됨을 말한다.

이상과 같은 생각을 지녔음에도 마이네케는 권력 자체가 악이라는 결론을 끄집어내지는 않는다. "권력은 단지 악으로의 유혹자일 뿐이다."[27] 랑케는 권력 자체에 정신적인 것이 나타난다고 생각한 반면 부르크하르트는 권력 자체가 악이라는 입장을 취했다. 마이네케는 권력의 본질을 선도 악도 아닌, 윤리와는 관련이 없는 자연적인 것으로 규정지음으로써 그 양자를 넘어섰다. 바꾸어 말하면 랑케와 부르크하르트의 배후로 거슬러 올라갔다.

권력 지향 욕구를 마이네케는 "원인간적(原人間的)인, 아니 동물적인 충동"으로 인식했다. "그것은 외적 제약에 부딪치기 전까지는 맹목적으로 그 주변에 손을 뻗치는 충동이다." 권력 충동은 기아나 애정과 더불어 인간의 가장 강하고 원초적인 기동력이다. 인간은 마지막에 권력 자체를, 그리고 권력에서 자기 자신과 자기의 높여진 존재를 쾌감으로써 향수한다. 권력을 손에 넣은 자는 그것을 악용하고 법과 도덕에 의해 그어진 한계를 넓히고자 하는 끊임없는 유혹에 빠진다. "이것을 권력에 덮인 저주라고 말할 수 있으리라. 이 저주는 결코 피할 수 없다."

4

1924년에 출간된 『국가권력의 이념사』는 독일의 역사학·정치학의 발전사에서 하나의 이정표라고 할 수 있다. 그러나 그 정신적 토대가 마련되지 못했으므로 실제로는 그러한 역할을 다하지 못했다. 당시 많

---

27) 『스트라스부르-프라이부르크-베를린』, 194쪽.

은 사람들은 이 유쾌하지는 않으나—곧이어 명백해지듯이—예언자적인 충언자(忠言者)의 경고에 귀를 기울이지 않았던 것이다. 오늘날 돌이켜 보면 마이네케는 마치 황야에서 홀로 부르짖는 자와도 같았다. 그의 철저한 사유의 전환은 거의 한 사람의 계승자도 찾아볼 수 없었다. 독일의 역사가들은 '전쟁책임의 기만'을 논고함을 고귀한 국민적 과제로 생각하고, 이때 새로운 정치적·사회적 힘이 미래를 형성할 것인가 하는 점을 간과했다. 그들은 "전적으로 종래 가치평가를 고집하고, 분명히 새 시대의 모든 문제에는 눈을 감아버렸던 것이다."[28]

마이네케의 『국가권력의 이념사』가 이러한 정신적 분위기 속에서 진정 미래상을 제시한 많지 않은 역작 가운데 하나—가령 전문적 역사 저술의 내부에서 유일한 것이라고는 하지 않더라도—였음은 오늘에 이르러서는 다 아는 사실이다. 나치스 독일에서, 또 나치스 독일에 의해 야기된 제2차 세계대전에서의 권력국가 사상의 과도한 앙양이라는 무서운 체험은, 겨우 마이네케가 "역사적 삶의 어두운 악마적 심연"이라고 부른 것에 많은 사람들의 눈을 뜨게 했다. 그리하여 마이네케의 역저는 이제 독일 역사학·정치학의 역사에서 진정 그에 알맞은 위치를 차지할 수 있게 되었다. 그것은 도덕설교적 논문이라는 의미가 아니라 냉철한 역사적 분석에 기초해 권력의 악마를 처음으로 백일하에 드러낸 저작이라는 위치 때문이다.[29]

---

28) 한스 헤르츠펠트(Hans Herzfeld), 「바이마르 시대의 독일 역사서술에서의 국가와 국민」(Staat und Nation in der deutschen Geschichtsschreibung der Weimarer Zeit), (『진리·정의·자유』[Veritas, Iustitia, Libertas]지 별쇄. 베를린 자유대학 및 독일 정치고등학교에서 뉴욕의 컬럼비아 대학 200년제에 기고한 축하기념논문), 콜로키움 간(刊) 베를린, 134쪽.

29) 이 점에 관해서는 특히 루트비히 데히오(Ludwig Dehio), 『프리드리히 마이네케, 위기에서의 역사학』(Friedrich Meinecke, Der Historiker in der Krise, 베를린 자유대학 출판 콜로키움 간(刊) 베를린, 1953); 한스 로트펠스(Hans Rothfels), 『프리드리히 마이네케, 그 학문적 주저(主著)의 회고』(Friedrich Meinecke, Ein Rückblick auf sein wissenschaftliches Lebenswerk, 같은 곳,

이 책이 거듭된 3판의 마지막이 1929년 출간된 것임은 우연이 아니다. 경고자의 소리는 그 뒤 얼마 안 가 30년대의 점차 높아진 국가주의를 소리 높여 짖어대는 대중의 소음 속에서 들려오지 않게 된 것이다. 나치스의 권력자 자신도 이 '추밀고문관적 정치학자'의 불유쾌한 정치철학 따위에는 어떠한 가치도 인정하지 않았다. 사실 1933년 이후 마이네케는 정론가(政論家)·교육자로서의 영향력을 날로 박탈당했다.[30]

그런데 1945년 이후부터는 급속하게 마이네케의 이름이, 다시 독일의 역사적 사유의 정신적인 새 방향 정립 노력의 중심에 서게 되었다. 그의『독일의 비극』은 일찍이 이루어져야 했을, 종래 독일적 역사상(歷史像)의 수정 작업의 출발점이 된 것이다. 기댈 곳을 상실한 많은 청년들이 새로운 역사적·정치적 가치와 이상을 대망하기에 이 고령의 역사가는 그들의 정신적 지도자가 되었다.

그간 그의 저작은 대체로 매진되었다.『독일의 비극』이나 역사철학

1954); 프란츠 슈나벨,「프리드리히 마이네케를 애도함」(Nachruf auf Friedrich Meinecke,『바이에른 과학 아카데미 연보』[Jahrbuch der Bayerischen Akademie der Wissenschaften], 1954 수록); 게르하르트 리터,『독일 역사학의 현상과 장래의 과제』(Gegenwärtige Lage und Zukunftsauf-gaben deutscher Geschichtswissenschaft), 제107권, 1950, 17쪽; ――,『20세기에서의 독일 역사학』(Deutsche Geschichtswissenschaft im 20. Jahrhundert,『학문 및 교육에서의 역사』[Geschichte in Wissenschaft und Unterricht], 제1권, 1950, 94쪽) 등 참조.

30) 마이네케와 나치의 역사 이데올로기의 대결에 관해서는 특히 크리스토프 슈테딩(Christoph Steding),『독일 제국과 유럽 문화의 질환』(Das Reich und die Krankheit der europäischen Kultur), 베를린, 1935; 게르하르트 슈뢰더(Gerhard Schröder),『정치교육의 힘으로서의 역사서술』(Geschichtsschreibung als politische Erziehungsmacht), 베를린, 1939; 발터 프랑크(Walter Frank),『싸우는 학문』(Kämpfende Wissenschaft, 함부르크, 1934; ――,「길드와 국민」(Zunft und Nation,『역사잡지』제153권, 1936); ――,「전시하의 독일 역사학」(Die deutschen Geisteswissenschaften im Kriege, 같은 잡지, 제163권, 1941) 등 참조. 프랑크에 대한 마이네케의 비판은 같은 잡지, 제152권(1935) 101쪽 이하. 또 슈뢰더에 대한 슈르비크의 비판은 같은 잡지, 제162권(1940), 353쪽 이하 참조.

적 논문, 그 밖의 작은 저작들은 몇 판을 거듭했지만, 큰 역저들은 순식간에 매진된 『역사주의의 성립』 전후판을 제외하면 두 번 다시 신판이 나오지 않았다. 특히 『국가권력의 이념사』는 사실상 20년 이상이나 서적시장에서 자취를 감추었다. 그러므로 우리는 마이네케의 저술들을 새로이 간행할 경우 바로 이 책의 신판부터 시작하는 것이 가장 유효하고 의미가 있다고 생각했다.

책을 편집하는 데 편집자가 의거한 여러 가지 원칙은 이 책이 지닌 고유한 사정으로 해서 자연히 나온 것이다. 명백한 원본이 있으므로 문헌학적 · 비판적 개정은 불필요했다. 제1차 세계대전 당시의 프로파간다, 베르사유 평화조약, 루르 분쟁 등의 영향에서 오는 영국이나 프랑스에 대한 적의(敵意) 등 현대사적인 몇몇 제약에도 불구하고 우리 편집자들은 1929년의 마지막 판을 거의 그대로 신판으로 내기로 결정했다. 약간 손을 보고 보충한 곳은 모두 마이네케가 분명히 개정판을 고려해 자가용본(自家用本)에 손을 본 메모에 의거했다. 편집자가 자유로이 볼 수 있었던 마이네케의 유고(遺稿) 자체는 아주 방대했으나, 거기에도 『국가권력의 이념사』 신판에 직접적으로 이용될 수 있는 지시나 언급은 전혀 없었다.

이념사의 여러 역저는 시론적인 양식인 까닭에 마이네케 자신도 마지막까지, 한 저술이 어떤 최종적 형태를 취해야 할지 그 문제를 때로 고심했다. 『국가권력의 이념사』의 경우 이러한 형태의 결정에다 어려운 사정이 더해졌다. 그것은 이 저서가—저자 자신의 표현에 의하면—작업 중에 '축을 둘러싸고 일회전'한 다음, 그 위에 '국가 이해(利害)에 관한 이론'에서 '국가이성의 일반적 문제'로 일회전했기 때문이다.

그리하여 마이네케에게는 이 책의 '서론'에서도 언급하고 있는 문제, 즉 이 책의 당초 구상에서 어느 정도 인계하면 좋을까 하는 문제가 일어났다. 한때 그는 원래 이 책에 포함되었던 발케니에르(Valckenier)와 빌펠트(Bielfeld)에 관한 장과 함께 결국 이 책에 첨가된 쿠르틸(Courtilz)과 루세(Rousset)에 관한 장까지 제외할까 생각하기도 했다.

1924년 1월 30일에 남긴 메모는 다음과 같다. "이들 군소 예언자에 관한 여러 장(章)을 국가이성의 위대한 대표자들과 나란히함은 별로 적당하지 않다." 이 네 개의 작은 장은 『17 · 18세기에서 국가 이해에 관한 이론을 위해』라는 표제로 따로 출판할 마음이 있었던 것이다. 그 러한 생각이 왜 변했는지 이유는 분명치 않으나 결국 발케니에르와 빌 펠트에 관한 장만이 따로 출판되었다.[31] 마이네케는 이 책의 세 가지 판 어디에서든 이 기준을 그대로 지키고 있으므로 우리도 이 책의 형태 를 바꾸지 않았다.

마이네케 스스로도 알고 있었듯이 형식상의 결함에도 불구하고 『국 가권력의 이념사』가 독일 역사서술의 고전적 역작임은 너무나 명백하 다. 후진(後進) 중의 누가, 가령 선의라 하더라도 이에 감히 손을 댈 것 인가. 그에 더해 마이네케 자신도, 자기 자신의 저술이 그때그때 색채 를 띠고, 그것이 만들어졌을 때의 역사적 분위기를 유지하고 있음을 항상 존중했다. 그에게는 그것이 자신의 연구를 때때로 '최신의 입장' 으로 끌어들인다는 자연스러운 학자의 노력 그 자체보다 중요했던 것 이다.

이로 미루어보더라도 마이네케가 자신의 역작에 대해서도 훌륭한 분 별력을 함께 지니고 있었음을 알 수 있다. 그의 역작은 단지 학문적으 로 제1급의 업적일 뿐만 아니라 정신적으로도 그 시대에 대한 뜻깊은 대결의 저서이기도 하므로, 조금만 손을 댄다 하더라도 그 내용이 전부 상실되고 말 것이다.

---

31) 빌펠트(Bielfeld)에 관한 장은 「정치교사로서의 빌펠트」(Bielfeld als Lehrer der Staatskunst)라는 표제로서 『공법잡지』(*Zeitschrift für öffentliches Recht*), 제7호(빈, 1927), 473쪽에 발표되었다. 발케니에르(Valckenier)에 관한 장은 「국가이해에 관한 페트루스 발케니에르의 이론」(Petrus Valckeniers Lehre von den Interessen der Staaten)이라는 표제로 게오르크 폰 벨로(Georg von Below)를 위한 기념논문집 『정치와 역사』(*Aus Politik und Geschichte*, 베를린, 1928), 146쪽 이하에 수록되어 있다.

우리 편집자들은 이 서문을 덧붙이는 일조차 깊이 생각한 뒤에야 결정했다. 꼭 서문을 첨가해야 한다는 결론에 도달한 것은 이 책의 성립 과정이나 정신적 배경, 마이네케의 모든 역저 중 이 책이 차지하는 위치, 독일의 역사서술에 대해 지니는 이 책의 의의 등에 관해 얼마만큼이라도 부기(附記)해두면 특히 젊은 세대들이 마이네케의 저작들에 쉽게 다가갈 수 있으리라고 생각했기 때문이다.

끝으로 프리드리히 마이네케의 신판 저작집의 첫 권을 내는 데 협력하고 도와준 모든 이에게 감사의 말씀을 드리지 않을 수 없다. 조교들 및 학문적 조력을 주신 이들에게, 특히 이 책의 인쇄자금을 제공해 큰 도움을 준 '베를린 자유대학 학우, 후원자 에른스트-로이터 협회'에 깊은 감사를 표한다.

서론 | 국가이성의 본질

국가이성(國家理性, Staatsräson)이란 국가행동의 기본원칙, 국가의 운동원리다. 그것은 건전하고 강력한 국가를 유지하기 위해 정치가가 해야 할 일을 말하는 것이다. 그런데 충분한 국가의 힘이란 국가가 어떠한 방법으로든 성장할 수 있는 경우에만 유지되는 유기적 형성체이므로, 이 힘의 성장 과정이나 목표를 국가이성이 원하는 대로 선택할 수 있는 것은 아니다. 즉 모든 국가에서 보편타당하게 동일한 형태로 정할 수 있는 것도 아니다. 국가는 또한 독자적인 생활이념을 지닌 개체적 형성체이며, 이러한 개체적 형성체에서 그런 종류의 보편적 법칙들은 독특한 구조와 고유한 환경에 의해 한정되기 때문이다.

국가의 '이성'은 자기 자신과 그 환경을 인식하고, 그 위에서 행동의 원칙들을 창조한다. 이들 원칙은 언제나 개체적인 동시에 일반적이고 전혀 변함이 없는 동시에 가변적인 성격을 지니고 있어 국가 자체와 환경의 변화에 따라서 거침없이 변하는 한편, 모든 국가의 영속적인 생활의 여러 법칙에 일치해야 함과 동시에 개체적인 국가의 영속적 구조에도 일치하지 않을 수 없는 것이다.

이렇듯 언제나 존재와 생성으로부터 인식에 의해 매개된 당위와 필연이 파생된다. 정치가가 자기 인식의 정당성을 확신한다면, 스스로 내세운 목표에 도달하기 위해서는 그 인식에 따라 행동해야 한다. 목표에 이르는 과정을 선택할 때에는 국가나 환경의 특수한 상황에 의해 일정한 제약을 받는다. 엄밀히 말하면 목표에 이르는 단 하나의 길만이, 다시 말하면 그 순간 가능한 한 최선의 길만이 항상 문제가 될 수 있다고 할 것이다. 각 국가에는 각 순간에 행동의 이상적인 선(線), 즉 하나의 이상적인 국가이성이 존재한다. 그것을 인식하는 것이야말로 행동을 과제로 하는 정치가 혹은 회고를 과제로 하는 역사가의 치열한 노력인 것이다. 국가행동에 관한 모든 역사적인 가치판단이란, 그 국가의 진정한 국가이성의 비밀을 발견하고자 하는 시도이다.

정치가는 무엇이 진정한 국가이성인가를 모색하는 한에서만 선택할 수 있을 것이다. 그러나 때로 이러한 선택은 처음부터 행해지지 않는 것이 많으며, 이익에 따르는 유일하고 좁은 길 때문에 행위자는 앞뒤를 가리지 않고 그 궤도 속으로 진입하게 된다. 국가이성은 국가의 필요라는 심오하고 중대한 개념이 된다. 그러므로 개체적 국가의 독특한 생활이념은 갖가지 원인과 결과의 깊은 관련 속에서 전개되지 않을 수 없다. 자유롭고 독립된 생활이란 국가에서 국가이성이 명하는 여러 법칙에 따름을 의미하는 것이다.

존재와 당위, 인과관계와 이념, 자유와 필연, 일반적인 것과 개체적인 것. 그렇듯 격렬하게 움직이는 갖가지 근대철학의 문제 속에 우리는 서 있는 것이다. 역사가에게는 직관적 이해가 긴요하며 자기 문제의 배후에서 일어나는 윤리적이거나 형이상학적인 문제는 반드시 철학자에게 위임해야 하므로, 역사가는 이상의 문제에 대해서는 단지 다음과 같이 말할 수 있을 뿐이다.

국가이성에 의한 모든 행위 중에서 제일 먼저 나타나는 것은 엄밀하고도 완벽한 인과관계로서, 그 위에 그것은 역사적 삶에서만 볼 수 있는 명백하고 분명한 모습으로 나타난다. 국가의 자기 유지 및 발전의 불가항력적인 동기로 인해 정치가는 개체적이면서 일반적인 성격을 띤 행동을 하게 된다. 즉 그 순간의 상황에 대응하는, 그러므로 결코 두 번 다시 되풀이되지 않는, 전적으로 유일하고도 독자적인 목표를 모색한다. 그런 경우 현행의 보편적인 도덕법칙이나 실정법에 때때로 배반하는 한에서 개체적인 성격을 띤다.

한편 모든 국가에 공통되는 영속적 근본충동이 행동을 낳는 한 그 행동은 일반적 성격을 띠는 것이다. 국가이성에 의한 행위 중 개체적인 어떤 것은 이렇듯 일반적 원리로부터 돌출된 필연적인 결과이다. 역사적 삶의 그치지 않는 다양성, 특히 자기 생존을 위해 싸우는 한 국가의 불안정한 상황은, 꼭 같이 불안정한 여러 국가에서는 일반적 충동의 지극히 미미한 변화나 개체화를 초래하게 마련이기 때문이다. 그러므로 국가이성에 의한 행동 중에서 개체적인 것과 일반적인 것은 적어도 사상(事象)의 보편적인 인과관계에서 마찰 없이 순응하게 되는 것이다.

그러나 국가이성에 의한 행동이 그 자신에게 형성시키는 특수한 인과관계는 목적연관인 동시에 가치연관이다. 바꾸어 말하면 합목적적인 관계이다. 정치가는 일정한 목표와 가치를 실현하고자 한다. 그 목표와 가치는 어떤 종류인가. 또 무엇에서 유래되는가. 사람들은 그것을 분석하고 그 기원을 찾고자 노력했으며, 그리하여 애초에 갖가지 어려움에 부딪친다. 국가 및 국가에 포함된 국민공동체의 복지야말로 가치와 목표이며, 권력, 권력 주장, 권력 확대는 다름 아닌 그것을 위해 절대 요구되어야 할 불가결의 수단이다. 이러한 수단은 필요하다면—적어도 대다수 의견과 되풀이된 숱한 실천에 따르면—도덕이나 실정법을 고려하지 않아도 요구되어야 할 절대적인 것이다.

그럴 경우 부딪치는 문제는 그와 같은 무시가 얼마나 허용되느냐 하는 것이며, 그에 관한 견해는 당연히 분분했고 지금도 그러하다. 국가에 필요한 권력은 절대, 즉 어떠한 수단으로든 획득되어야 한다는 명제는 한 무리의 사람들이 강력히 주장했다. 또 어떤 사람들은 그에 대해 이의를 제기한다. 여기에서 우리가 애초에 지녔던 국가이성에 의해 단순하고 인과적으로 완전한 행동 상(像)을 도덕적 가치판단이 복잡하게 만든다.

국가복지라는 가치 이외에도 동일하게 절대성을 요구하는, 차원이 높은 가치가 있다. 그중에서 문제가 되는 것은 도덕률과 법이념이다. 국가의 복지, 그것은 단지 권력뿐만 아니라 윤리적이고 법적인 가치에 의해서도 전적으로 보장되며, 도덕적이고 법적인 가치가 밑바닥에서 흔들리게 되면 권력 또한 위협을 받는다. 그러므로 도덕이나 법 자체에 대한 존경, 다시 말해 순수 이성적인 동기 및 국가의 안전보장에 대해 지불되는 충분한 고려가—이러한 고려에서는 이상적인 생각이 실용적·공리적인 생각과 쉽게 혼합되게 마련이며—정치가를 움직여 권력획득의 노력이나 그에 필요한 수단의 선택을 제한시키기에 이른다.

정치가가 국가의 복지를 고려해, 즉 국가이성으로 인해 그것을 제한한다면 과연 그는 어느 정도 공리적 관점에 따르고, 또 어느 정도 이상적인 관점에 따르고 있느냐 하는 아주 애매한 문제가 생긴다. 이 경우 양자 간의 경계는 어디에 있는 것일까. 그러한 경계를 세우는 일은 순수하게 논리적으로 가능하다고 사람들은 생각할는지 모른다. 그러나 구체적인 역사적 현실에서는 그렇게 명확히 경계를 그을 수 없다. 이 경우 개인적 행동의 밑바닥까지는 인식할 수 없다.

그렇다면 역사가에게 남겨진 것은, 이러저러한 동기가 지배적이라고 추측해서 말하는 것 이외에는 없다고 할 것이다. 이러한 추측은 저마다 사료(史料)의 상태나 행동하는 인격의 본질에 관한 우리의 지식에 따라서 어느 정도 타당성을 지닌다. 공리적 동기와 이상적 동기가 병존해 작용할 수 있는 유사한 행동의 상황 여하에 따라서 어느 동기가 또 어느 정도까지 자기를 규제했는가를 진정으로 자기 자신에게 묻는 사람이 있다면, 그러한 사람은 대체로 이 두 가지 동기를 더 이상 명백히 구별할 수 없는, 즉 그것들이 식별되지 않을 만큼 내적으로 융합되고 있음을 자인하지 않을 수 없을 것이다.

그러한 경우를 냉정하게 음미하며 윤리적인 행동의 유익성과 합목적성이 인식된 뒤 비로소 윤리적 움직임이 일어난다. 그렇다면 이상적 동기는 공리적 동기의 태내에서 생겨나는 것이다. 그렇게 되면 그것은 자기 자신에게는 체험되고, 타인의 경우에는 추측되고 직관적으로는 이해된다고 하더라도 명확하게는 분석할 수 없는 과정이라고 할 수 있을 것이다. 윤리적 감각이나 동기, 윤리적으로 무관심한 감각이나 동기 사이에는 때때로 이행과 전이(轉移)라는 분명치 못한 지대가 가로놓여 있는 경우가 많으며, 그 위에 어쩌면 모든 공간 자체가 이 불투명한 지대에 의해 점유될 염려도 없지 않다.

이제까지 우리가 논한 것은 이상적 동기와 공리적 동기와의 일치된 압력 아래, 정치가가 법이나 관습의 한계를 엄중히 지켜, 권력획득의 노력을 억제하는 경우에 관해서였다. 이와는 반대로 정치가가 그 결의와 행위에서 권력의 목적을 법이나 관습 위에 두고, 전적으로 투철하게 오직 국가이성의 뜻을 받들어 행동할 경우에는 어떻게 될까. 그렇게 되면 동일하고 애매한 문제가 다시 생기고 감각 · 의욕 · 사유 · 행동에서 동일하고 불투명한 중간지대가 다시 드러난다.

그의 행동의 동기가 되는 것은 정말 도덕적 가치로서 이해된 국가의 복지, 그에게 맡겨진 국가의 존립 · 미래 및 생활조건에 관한 불안과 두려움뿐이었던가. 이 경우 단지 견해를 달리하는 도덕적 의무의 갈등만이 있을 뿐일까. 도덕 이외 여러 동기의 침입은 없는 것일까. 권력획득의 노력은, 그것이 외부 울타리에 부딪칠 때까지는 멋대로 맹목적으로 손을 뻗치는 비인간적, 아니 동물적인 충동임에 틀림없다. 적어도 사람들에게 이 충동은 생활과 번영을 위해 직접 필요한 것에 한정되지 않고, 사람들은 권력 자체를 즐기고, 또 권력 속에서 자기 자신 및 자기의 인격이 높아짐을 즐긴다.[1]

권세욕은 기아나 사랑과 더불어 인간의 가장 격렬하고 가장 원초적인, 가장 활발한 충동이다. 그 위에 단순한 육체적 욕구의 만족을 넘어서 인간이라는 종족으로 하여금 역사적 삶에 눈을 뜨게 한 충동이다. 태고의 전제군주 및 지배계급은 공포와 전율로 얼룩진 포악한 권력의 단합을 행했으며, 그렇게 하지 않았더라면 국가를 창조하고 개인을 초

---

1) 피어칸트(Vierkandt), 『사회학설』(Gesellschaftslehre), 290쪽 참조.

월한 거대한 과제를 위해 인류를 교화하는 일은 이루어지지 않았을 것이기 때문이다. 물론 권력의 단합만으로는 그것은 실현되지 않았을 것이다. 지극히 포악하고 원초적이라 하더라도, 정신적·도덕적인 가치이념이 이 과제의 실현에 함께 작용해야 했기 때문이다.[2]

힘(Kratos)과 도덕(Ethos)이 하나가 되어 국가를 세우고 역사를 창출한다. 그러나 이 양자의 상호관계는 발전의 각 단계나 특히 정치가의 행동에서는 지극히 불투명하고 또 문제가 된다. 다시 한 번 묻지만 정치가의 행위 속에 단순한 권력충동, 즉 지배하고자 하는 욕망과 야심은 어느 정도 들어 있는가. 또 권력충동은 정치가에 맡겨진 전체 복지에 관한 윤리적 고려에 의해 어느 정도까지 규제되는가. 이에 대해서는 분별과 생활감정에 뿌리내린 총괄적인 회답만을 그때그때 할 수 있을 뿐이다.

힘과 도덕, 권력충동에 의한 행동과 윤리적 책임에 의한 행동 사이에는 국가생활의 높은 곳에 하나의 다리, 즉 국가이성이 합목적적이면서 유익하고, 행복을 가져다주는 것, 그 존재의 최고 상태를 그때그때 실현하기 위해 국가가 해야 할 배려가 존재한다. 이 점에 오랫동안 충분히 평가되지 않았던 역사적일 뿐만 아니라 철학적이기도 한 국가이성의 중요한 의의가 있다. 바로 이 다리에서 우리는 인간생활에서 존재와 당위, 인과관계와 이상, 자연과 정신의 공존이 감추고 있는 무서운, 갖가지 심각한 어려움을 뚜렷하게 식별하기 때문이다. 국가이성은 최고의 이중성과 분별을 지닌 행동의 원칙이며, 자연 지향의 일면과 정신 지향의 일면을 지니고 있다. 말하자면 자연적인 것과 정신적인 것이 그속에서 내적으로 융합되는 중간지대를 지니고 있다.

---

2) 이제까지 실증주의적 경향의 연구는 이에 대해 전혀 충분한 이해를 표시하지 못했다. 피어칸트의 「원시종교에서의 성스러운 것」(Das Heilige in den primitiven Religionen, 『디오스쿠렌』〔*Dioskuren*〕 제1권) 참조. 그는 종교 영역에 대해 이 논문에서 새로운 길을 개척하고 미개 여러 민족 간에 현실적인 종교 감각의 존재를 논증한다.

자연을 지향하는 것은 국가이성에 의한 행동의, 권력충동에 자진해 따르는 측면이다. 결코 완전히 말살할 수 없고, 또 우리가 인정한 바와 같이 그것이 없다면 국가도 결코 성립하지 못했으리라고 생각되는 원초적 힘이 여기에서 작용하므로 사람들은 권력충동에 따르고 또 따르지 않을 수 없다. 그런데 정치가란 국가에서 권력의 필요성을 본능적으로 느끼며 동시에 권력을 향한 개인적 충동이 맥박치고, 또 맥박치고 있음이 틀림없는 피와 살이 있는 인간인 것이다. 왜냐하면 강인한 신경과 의지를 지닌 인간의 개인적 복합성이 이처럼 가미되지 않는다면 국가에 불가결한 권력은 도저히 손에 넣을 수 없기 때문이다.

이제까지 언급한 모든 것은 인과적으로 생물학적인 영역에 속한다. 국가의 주변 세계에서 유래되고 '국가의 필연성'으로 일컬어지는, 즉 국가가 그 권력의 내적·외적 위협에 부딪쳤을 때, 아주 특수한 방위수단이나 투쟁수단을 취하지 않을 수 없게 만드는 긴박한 상태를 진정으로 초래하는 직접적 행동동기는 이 영역에 존재한다. 이러한 경우 오늘날 그런 행동은 '불가피하게'라고 규정되는 것이 상례이다. 뿐만 아니라 행동하는 사람 자신이 항상 절대적이며 불가피한, 철석 같은 필연성으로 파악하고 또 더없이 깊이 명심하는 고도의 인과적 필연성은 국가이성에 의한 행동의 가장 내면적 본질에 속한다.

그러나 이 인과적 과정은 우리가 말한 것같이 또 언제나 동시에 목적에 의해 규정된 과정, 즉 목적론적 과정이기도 하다. 우리가 국가이성의 이러한 측면으로 향할 때 가치의 세계가 빛나고 원초적 힘의 세계가 물러난다. 국가이성의 이 측면이 가능한 한 최고의 형태로까지 높아질 때 권력은 더이상 권력 자체를 위해 추구되지 않고, 전적으로 공공의 복지, 민족공동체의 물질적·도덕적 혹은 정신적 건전함이라는 목적을 위한 불가결한 수단으로만 추구된다. 지극히 도덕적인 목적, 그러나 이러한 목적을 실현하는 수단은 그 경우에도 거칠고 원초적이다. 그리스도교적으로 말하면 죄에 의해 지배되고 있으며, 남용되기 쉽다.

그럼에도 '국가의 불가피성'으로 인해 법이나 관습을 손상시키는 것도 부득이하다고 믿는 정치가는 주관적 확신에 따라 그에게 맡겨진 국가복지를 우선 염두에 두었을 경우, 자기 양심의 법정에 서서 자신이 행한 일이 도덕적으로 정당하다고 자부할 것이다. 그만큼 가치의 세계는 문제가 있는 행동의 가장 내면적인 밑바닥까지 숭상하면서 조명할 수 있다. 그럼에도 이 행동은 여전히 문제가 되고 틀림없이 분열적이다. 사정이 어떻든, 동기가 무엇이건, 관습이나 법의 침범은 어디까지나 도덕적 오점이며 힘과의 공존에서 정신의 패배를 의미하기 때문이다. 이와같이 국가이성에 의한 행동은 빛과 어둠 사이를 끊임없이 오간다.

이 길의 중간지대는 그야말로 빛과 어둠에 의해 동시에 지배되고 있다. 국가이성은 특히 정치행동에서 고도의 합리성과 합목적성을 요구하기 때문이다. 그것은 정치가에 대해, 그가 합리성과 합목적성을 위해 자기 도야를 하고 인간적인 자기 개혁, 즉 자기 자신을 규제하고 자기의 격정이나 개인적 성향을 억제해 국가복지의 객관적 과제에 전적으로 전념할 것을 요구한다. 정치가는 국가의 객관적 이해를 지극히 냉철하고 합리적으로 찾아내고 감정적인 잡다함에서 해방되도록 노력해야 한다. 비스마르크가 말했듯이 증오나 복수는 정치에서 좋지 않은 진언자(進言者)이기 때문이다. 국가이성은 자연적인 것이 정신적인 것으로 결연히 승화되기를, 한층 더 높은 과제로서 이타적(利他的)인 자기 헌신이라는 각별히 도덕적인 행위의 결과를 요구한다.

우리가 유의했듯, 원초적인 권력충동이 이미 정치가의 혈통 속에 흐르고 있음이 틀림없을 것이므로, 또 그러한 권력충동이 없다면 그 행동의 결과를 비방하게 마련인 것이니, 감정적 동기를 배제하는 것은 결코 완전히 성공하지 못할 것이며 또 성공할 리도 없다. 국가의 객관적 욕구가 그것을 필요로 하는 곳에서만 자신의 마음 속에서 권력충동을 작용시키라고 정치가에게 요구하는 것은 어렵지 않다.

그러나 국가 및 정치가에게 무엇이 필요치 않은 권력이며 무엇이 필요불가결한 권력인가. 나아가 구체적 개개의 경우에 어떻게 논리적으로 또 객관적으로 명백히 제한할 것인가. 승리자가 영토를 합병할 경우 필요불가결한 현실정책적 필요성을 권력획득의 기쁨에서 구별한다는 것은 아주 어렵다.

예를 들어 리슐리외(Richelieu, 1585~1642)가 국내의 적에 대해, 비스마르크가 하리 폰 아르님(Harry von Arnim, 1824~81)에게 가한 가혹함을 보자. 거기에서 우리는 준엄한 국가의 필요성을 복수와 세력 다툼이라는 개인적 동기에서 명백히 구별할 수 있을까. 다시 여기에 충동과 이성, 국가이성에 의한 행동의 자연적인 것과 정신적인 것 사이에, 이론적 분석에서나 실제 응용에서도 박명(薄明)에서 돌출될 수 없는 저 불투명한 중간지대가 나타난다. 우리가 여기에서 국가의 '이성'이라고 부르는 것은, 철학이 내면생활의 힘을 서로 구분하는 경우 일반적으로 보는 윤리적인 것에까지 성장하는 고도의 이성 개념과 곧 일치한다. 국가의 이성이 국민의 정신적·도덕적인 전체 복지를 함께 포괄할 때, 그것은 그와 같은 개념으로 높여지고 윤리적 내용도 지닐는지 모른다.

한편 새로운 동기들, 즉 심정의 한층 더 따뜻하고 깊은 움직임, 내면적인 앙양이 가미되지 않고 그것은 불가능하다. 그러기 위해서는 따뜻함과 냉혹함이 행동자의 심정 속에서 독특한 방식으로 혼합되어야 한다. 우리가 본 것같이 국가이성은 바다의 차가운 온도가 필요하기 때문이다. 세계사의 위대한 정치가들에게 국가이성은 고도의 전개를 보이거니와, 그 높이에서 비로소 정신과 심정이 지닌 힘의 강한 긴장과 결합에 도달할 수 있다. 그러나 국가이성은 자기에게 가장 고유한 바다의 냉기라는 요소로 돌아가고자 하며, 스스로를 국가의 단순 명백한 이기적 이해로 한정 짓고 이러한 이해를 계산하고자 하는 자연적 충동을 지니고 있다.

국가의 이해는 동시에 어떠한 형태이건 지배자의 이해와 융합된다. 그러므로 국가이성은 항상 윤리적으로 적용되지 않는 단순한 공리적 도구가 되거나,[3] 지혜에서 다시 단순한 현명함으로 떨어지고, 깊이 숨겨진 격정과 에고이즘을 충족시키고자 표면에 있는 격정을 억제하는 위험에 언제나 직면해 있는 것이다. 국가이성은 국가의 단순한 기술이 되기 쉽고 또 역사적으로 보면 본래 그러한 것이다. 그러나 단순한 기술은 자연적인 영역에서 아직 구별되지 않는다. 개미, 꿀벌, 둥지를 만드는 조류 등도 기술을 지니고 있다.

우리 연구는 되풀이해 같은 지점으로 되돌아오는 정원의 미로를 헤매는 것과 비슷하다. 입구 쪽에 시선을 돌리면서 다시 한 번 몸가짐을 새롭게 해 문제를 파악하고자 하면 우리는 그러한 경우에 부딪치게 될 것이다.

정신은 자연에서 갑자기 본질적으로 서로 다른 힘으로 나타나는 것일까. 그렇지 않으면 자연 자체가 눈에 띄지 않는 변화를 거쳐 내면적 연속성을 유지하면서, 우리가 정신이라고 부르는 것으로 발전하는 것일까. 우리는 세계상(世界像)을 이원적으로 파악해야 할 것인가. 아니면 일원적으로 파악해야 할 것인가.

사상의 천공(天空)에서 구성되고 요구되는 옛 철학보다 강하게 생활과 역사의 경험에 포화(飽和)되고 있는 근대의 철학적 사유는 이 문제로 인해 수없이 상처를 받아왔다. 순수한 논리주의의 결과는 경험에 의해, 또 단순한 경험주의의 결과는 논리적·인식론적 의식에 의해 회의적으로 생각되기 쉽기 때문이다. 그러므로 근대 철학적 사유가 지니는 두 가지 주무기인 논리적-개념적 방법과 경험적-귀납적 방법은 궁극적으로는 서로 다른 방향을 취한다.

그런데 역사가는, 적어도 사건의 단순한 기술과 인과적 연결로는 충분히 자기의 과제가 해결되었다고 생각하지 않는 역사가는 끊임없이 그러한 문제에 끌려든다. 철학자들이 주는 해답에도 만족할 수 없다.

---

3) "정치에서 인간은 하나의 수단이며 가장 혜택을 받은 경우에도 그 자신의 복지를 위한 하나의 수단에 불과하다." 슈프랑거(Spranger), 『삶의 여러 형태』(*Lebensformen*) 제2판, 192쪽.

어느 해답에서도, 제대로 그것을 해명해주는 해답에 대해서조차 결함을, 다시 말해 전혀 해명되지 않거나 단지 형식적 해명에 불과한 미지의 것을 보기 때문이다. 역사가 또한 그 자신의 인식수단으로는 충분히 목적지에 도달하지 못한다. 철학과 역사가 사용하는 송곳은 비교적 심층을 뚫기는 하나 사물의 원시암층에 부딪치면 꺾여버린다.

역사가가 성취할 수 있는 최고의 업적은 명확히 재현(再現)하기를 기대하고 있는 역사적 세계의 특수한 삶의 과정을, 그 과정의 배후와 그 속에 작용하는 더욱 고차적이며 더욱 보편적인 힘 속에서 드러나게 하고, 구체적인 것을 '영원한 모습 아래'(sub specie aeterni) 보이는 것이다. 그러나 그 본질에서 또 구체적 현실의 관계에서, 더욱 고차적이며 영원한 것 자체를 최종적으로 규정짓는 일은 역사가에게는 불가능하다.

그리하여 역사가는 단지 역사적 삶에서 눈앞에 보는 것은 과연 통일적이기는 하나 동시에 양극적인 세계, 즉 그것이 우리에게 현존하기 위해서는 양극을 필요로 하는 세계라고 말할 수 있을 뿐이다. 자연과 정신, 법칙적 인과관계와 창조적 자발성이라는 양극적이며 결합하기 어려운, 날카롭고 명백히 대립되어 그 사이에 놓여 있는 역사적 삶은—가령 양극에서 전적으로 동일한 힘에 의해 규정되지는 않는다고 하더라도—항상 그 양극에서 동시에 규정된다.

만약 역사가가 지난 수세기 동안 그리스도교적인 도덕적 전통과 일치하는 자연과 정신과의 관계에 대한 저 소박한 이원적 견해에 만족할 수 있었다면 그의 과제는 쉽다고 할 수 있을 것이다. 그렇게 되면 역사가는 그의 입장을 명백히 이성의 진영에 서서, 적과 동지를 명확하게 구별할 수 있는 군(軍)의 보도원으로서 빛과 어둠, 죄와 은총, 이성과 감각세계의 투쟁을 서술하는 것 외에는 할 일이 없을 것이다. 대체로 역사란 이러한 의미에서 쓰였으며 오늘날에도 이러한 역사가 널리 기술되고 있다. 모든 교훈적 역사나 경향적인 역사도 이에 속한다. 단지 그 경우 무엇이 이성이며 빛이냐 하는 것에 대해 경향이나 의견이 서로 다를 뿐이다. 그러나 과학적 역사는 이 조잡한 이원론을 극복하며 성장했다. 그런데 그것마저 이원론 일반을 넘어서지는 못했다. 자연과 정신의 양극성은 되풀이되며 집요하게 고개를 쳐들기 때문이다.

그런데 동시에 자연과 정신은 싸움터에서 만난 적과 동지와 같이 쉽게 구별될 수 있는 것이 아니라 때때로 내면적으로 융합되어 있다는 경험이 사람의 마음을 깊이 움직이고, 가끔 격렬하게 흔드는 미묘한 경험도 과학적 역사에 붙어다니고 있다.

역사가의 심오한 사색을 자극하고 그로 하여금 끊임없이 세계상을 이원적으로 구성해야 하느냐 혹은 일원적으로 구성해야 하느냐 하는 문제 앞에 서지 않을 수 없게 하는 것은 바로 원초적인 것과 이념적인 것 간의 박명(薄明) 속에 놓인 중간지대이다.[4] 어떻든 원초적인 것과 이념적인 것 간의 모든 확연한 줄거리와 추이를 파악하는 것이 역사가의 과제이다.

양극성의 기적과 수수께끼는 일반적인 원인과 결과의 메커니즘적 관련에서 완결된 삶의 통일, 즉 완성태(完成態, Entelechie)* 혹은 역사가가 그의 영역에 관해 표현하는 데, 역사적 개체성이 출현하는 곳에서 비롯된다. 이 역사적 개체성의 내부에서는 자발적으로 나타나는 지배적 이념이 여러 부분을 하나의 전체로 결합하고, 인과관계를 이용하는 동시에 더욱더 지배하면서 자기 자신을 실현하고자 노력한다.

인과관계는 그 경우에도 이념에 의해 결코 전적으로 지배되지 않으며, 그에 저항하고 유기체의 모든 섬유, 모든 동맥을 가득 채운다. 대체로 유기체는 이러한 인과관계가 없이는 전혀 있을 수 없으나 그것만으

---

4) 우리는 오늘날 여러 면에서 이 문제에 부딪치고 있다. 지멜(Simmel)에 관해서는, 예를 들어 트뢸치(Troeltsch)의 『역사주의와 그 문제』(*Der Historismus und seine Probleme*), 제1권, 590쪽. 대체로 피어칸트, 『근대 세계상에서의 이원론』(*Der Dualismus im modernen Weltbild*), 1923 참조.

* 엔텔레키. 아리스토텔레스가 쓴 용어(entelecheia)로 '완전히 된다' 함을 의미하며 단순한 가능성으로 부여된 것을 실현시킴을 말한다.

로도 있을 수 없으니, 적어도 우리에게는 이해될 수 없다고 할 것이다. 자연의 유기체나 완성태가 역사의 유기체나 완성태에 대해 지니는 관계가 무엇이냐 하는 어렵고도 애매한 문제는 일단 접어두자. 여기에서 우리가 전적으로 논의하고 있는 대상은 이들 역사적 형성체 중 가장 중요하고 가장 생명력이 있는 것, 즉 국가이기 때문이다. 국가이성이란 국가의 삶의 이념이며 그 완성태이다. 어둠에서 빛으로 높여지는 국가이성의 발전과정을 다시 한 번 살펴보자.

국가이성의 기원은 두 가지 원천으로 귀착될 수 있다. 지배자의 개인적 권력충동과, 그에 대한 대가를 받음으로써 기꺼이 지배받고 자기 자신의 잠재된 권력충동 및 생활충동에 의해 지배자의 충동까지 동시에 조장하는 피지배 민중의 욕구가 그것이다. 이때 지배자와 피지배자는 공통의 유대와 공동체를 지향하는 인간적인 근본욕구를 통해 얽히게 된다. 그런데 일단 획득된 한 민족을 지배하기 위한 권력이 유지되기 위해서는 그것이 옹호되어야 한다. 이것이 권력의 본질이기도 하다.

권력은 일단 획득되면 조직화되어야 한다. 일단 조직화되면 독립된 강대한 것, 사람들이 그것을 위해 마음을 쓰고 봉사하고 특히 그것을 요구하고 획득하는 데 노력한 당사자가 앞장서서 봉사해야 하는 초개인적인 것이 된다. 지배자는 스스로 권력의 하인으로 변질된다. 권력의 목적은 개인적 방종을 제한하기 시작한다. 즉 국가이성의 탄생을 고하는 것이다.

맹목적인 지배는 권력의 본질이지만, 현실에서 앞뒤를 가리지 않는 권력의 맹목적 지배는 극히 예외임이 정당하게 지적되어왔다.[5] 맹목적으로 남용되는 권력은 자기 자신을 파멸시키므로 스스로를 보존하고 발전시키기 위해서는 합목적적인 규칙이나 규범이 따라야 한다. 조심성과 힘은 권력 사용에서 하나가 되어야 한다.

---

5) 피어칸트, 『권력관계와 권력도덕』(*Machtverhältnis und Machtmoral*), 1916, 8쪽.

이렇듯 우리가 앞에서 특징지은 국가이성의 본질에서 저 공리적인 중간지대는 원초적인 권력충동의 자연적 맹목성이나 무제한성에 끊임 없이 위협받고 흔들린다. 한편에서는 지배자가 가장 합목적적인 행동의 진로로 권하는 것을 어떻든 통찰함으로써, 즉 지배자를 향해 '그대는 수중에 있는 국가권력을 유지하기 위해 그처럼 행동해야 하며, 목적에 이르는 다른 길이 없으므로 그처럼 행동해도 무방하다'고 호소하는 '국가의 필연성'을 확신함으로써 끊임없이 그 순간이 조립되고 형성된다. 이렇듯 초개인적 완성태는 형성되거니와, 그것은 행동자를 그 자신을 초월해 인도하면서도 언제나 개인적 충동이나 이해에 의해 배양되고 규정된다.

이것은 피지배자에 대한 지배자의 관계에 이미 나타나 있다. 거기에서는 피지배자의 특정한 이익공동체가 곧바로 형성되고, 그 공동체는 무엇보다 지배자의 권력충동을 억제하는 데도 이바지한다. 권력조직 전체의 존재는 동시에 피지배자에게 의존하므로, 즉 성과를 기대하고 능력이 있는 충족한 민중이 바로 권력의 원천이므로 지배자는 피지배자의 이익에 어떠한 형태로든 봉사해야 하기 때문이다.

그러나 지배자는 보통 지배체계나 그와 함께 그 자신의 지배적 지위, 개인적 권력이해가 허용하는 범위 내에서만 피지배자에게 봉사할 수 있으며 또 봉사할 것이다. 국가이성은 권력충동으로 인해 어떻게든 일반의 욕구를 만족시키고자 하나 권력충동은 이 만족을 다시 일정한 한계 속으로 되돌린다.

일단 창출된 초개인적인 완전체는 큰 의의를 지니고 더욱 고차적인 가치를 지향한다. 사람들은 개인적인 삶을 뛰어넘어 우뚝 솟은 높은 사물에 봉사하고, 더 이상 홀로 자기 자신에게만 봉사하지 않는다. 더욱 숭고한 여러 가지 형태에 대한 결정(結晶)이 시작되는 결정적 시점이다. 즉 애초에는 단지 필요하고 유익하다고 생각된 것이 아름답고 선한 것으로 느껴지기 시작하지만, 마침내 국가가 삶의 최고 재보(財寶)를 증진하기 위한 도덕적 시설로 나타나며, 한 국민의 충동적인 삶의 의지나 권력의지가 국민 속에 영원한 가치의 상징을 보는, 윤리적으로 이해된 국민사상으로 옮겨지는 결정적인 시점인 것이다.

이렇듯 지배자의 국가이성은 눈에 띄지 않는 추이에서 승화되어 힘과 도덕 사이를 맺는 연쇄가 된다. 이와 같은 추이, 즉 자연적 충동이 이렇듯 이념으로 발전함을 충분한 감각으로써 추구하는 역사가는— 우리 중 소수는 물론 그것을 했거니와—언제나 삶의 막연한 수수께끼에 괴로워하고 극도의 문제적 분위기에 빠진다. 그러면 역사가는 때때로 현기증을 느낀 것처럼 되고 자신이 가는 길의 난간을 붙잡고자 한다. 바로 이러한 경우 역사가는 독자적 세계관이 필요해진다.

이들 추이를 자기 보존이라는 목적을 가진 교묘한 적으로 설명하거나, 정신적·도덕적인 이데올로기 속 이익조직의 상층구조를 보는 실증주의의 성급한 회답에 역사가는 만족해야 할 것인가. 단순히 유익한 것, 필요한 것은 동물 및 동물집단의 고정된 기술을 결코 넘을 수 없을 것이다. 미와 선은 단순히 유익한 것에서 도출될 수 없다. 미와 선은 인간의 자주적인 자질, 즉 단순히 자연적인 것을 정신화하고, 단순히 유익한 것을 도덕화하고자 하는 자발적인 충동에서 연유된다.

미와 선은 그 전개에서 인간의 한층 낮은 충동이나 자질과 인과적으로는 대단히 밀접하게, 아니 분명 불가분하게 밀접히 결부되어 있을지 모른다. 그러나 그것은 단순한 인과관계에 주목하는 실증주의보다 더욱 깊이 통찰하는 내면적 삶의 체험에서 독자적인 것·근원적인 것으로서 차원이 낮은 충동이나 자질과는 명백히 대조를 이룬다. 그런데 인간의 저차원의 자질과 고차원의 자질, 자연과 정신의 인과적 결합 및 본질적 차이가 어떻게 공존할 수 있느냐 하는 것이야말로 삶의 어두운 비밀이라고 할 수 있을 것이다.

정신적인 것과 도덕적인 것은 언제나 인간의 봉사나 헌신을 요구하는, 더욱 고차적 권력에 대한 신앙에 감긴다. 국가이성의 이념사는 그것을 명백히 할 것이다. 동시에 그 역사는 또한 인간이 영원히 자연에 구속됨을, 즉 국가이성의 원초적인 원동력의 되풀이되는 반전(反轉)도 제시해야 할 것이다.

사실 인간적 창조의 모든 형상은 자연과 정신의 양극성을 나타내며, 그 형상에서 '문화'라고 불리는 것은 원래 어떠한 순간에도 자연적인 것, 즉 윤리의 요구와 상반되는 '죄악의 왕국'이 되는 자연적인 것에 빠질 위험이 있다. 그러나 이와 같은 자연적인 것으로의 역전이 단지 그 조직의 담당자인 인간의 개인적 약점에서 유래되는 것이 아니라, 조직 자체의 구조나 삶의 욕구에 의해서도 일어난다는 사실이다.

이러한 상황에 따라 국가는 바람직하지는 않으나, 그밖의 모든 문화 조직과는 구별된다. 교회에서 일반단체에 이르기까지, 다른 어떠한 합법적인 공동체나 단체도 그 체제의 이상적인 규범이 예외 없이 타당하기를 요구한다. 이들 규범에 해가 가해지면 개별적 인간은 단체의 정신에 위배해 죄를 범하게 되지만, 단체정신 자체는 그로 인해 더럽혀지는 것이 아니라 결백하며 깨끗하다.

그런데 국가이성은 도덕이나 법의 침범, 국가이성에 불가피하게 생각되는 전쟁, 사람들이 모든 법적 형식을 마련해 그 속에 전쟁을 감싸 숨기려고 함에도 불구하고 문화의 규범을 파괴해 자연상태가 돌발함을 의미하는 전쟁 수단에 의해서 끊임없이 더럽혀지지 않을 수 없음은 바로 국가이성의 본질과 정신에 속한다.

국가란 죄를 범하지 않을 수 없는 것으로 생각된다. 물론 도덕적 감각은 이런 변칙에 대해 재삼 저항을 시도한다. 그러나 역사적으로 그것은 헛된 일이었다. 국가는 모든 다른 공동체를 보호하고 조성하면서 포괄는 동시에 가장 풍요하고 가장 다양한 문화 내용도 포괄함으로써, 그 본질의 순수함에 의해 다른 모든 공동체의 모범이어야 하는 인간 공동체이기에 그것이 철저하게 윤리화할 수 없다는 사실은 세계사의 가장 두렵고 가장 가슴 아픈 사실이다.

습관이 되면서 감각이 둔해지는데다, 인류가 뛰어넘을 수 없는 장벽에 맞서고 있다는 명백한 느낌 때문에 사람들은 그러한 상태를 견디게 된다. 그러나 역사의식은 철학적 · 종교적 의식과 마찬가지로 이러한 상태를 불평하면서 감수해서는 안 된다. 역사연구는 그 자체 행동의 즉각적 규범이나 이상을 세움으로써 문화에 봉사할 수는 없다. 오히려 순수한 관조(觀照)라는 이상, 진실이라는 가치를 따른다.

만약 역사연구가 스스로를 직접 선과 미의 하인이 되고자 한다면 그 연구는 진실의 가치를 위태롭게 하고, 경향적 역사로 떨어질 것이다. 그러나 간접적으로는 변함이 없다. 대체로 삶의 모든 정신적 가치는 무엇보다 단호하게 전적으로 자기 자신만을 실현하고자 노력함으로써 서로 가장 깊고 풍요로운 작용을 미치기 때문이다. 우리가 시도하고자 하는 국가이성의 문제에 관한 역사적 고찰은 교훈적 의도로부터 완전히 해방되어야 한다. 그렇다고 뒤에 도덕적 작용에 결코 결여되지는 않을 것이다.

그리하여 다시 한 번, 이제까지보다 더욱 확고하게, 바로 법의 감시자인 국가가 다른 공동체와 같이 법과 도덕의 절대적 타당성을 근거로 하고 있음에도 그 타당성을 왜 자기의 행위에서 관철할 수 없는가를 명백히 할 필요가 있다.

권력은 국가의 본질에 속한다. 권력이 없다면 국가는 법을 보호하고 국민 공동체를 옹호하고 증진하는 과제를 다할 수 없다. 다른 모든 공동체도 자유로이 발전하고 인간의 동물적 성격을 억압하기 위해서는 국가권력을 필요로 한다. 국가만이 이 권력을, 물질적·정신적인 수단을 포괄하는 충분한 넓이로써 소유한다. 그런데 다른 모든 공동체는 권력의 행사에 의존하고는 있으나, 본질적으로는 독자적인 물리적 권력을 소유하는 것을 과제로 하지 않으며, 또 그에 적합하지도 않으므로 그들 공동체는 또한 권력의 유혹에서 어디까지나 자유롭다.

슐로서(Schlosser, 1776~1861)나 부르크하르트가 생각한 것과 같이 권력은 '그 자체 악'(an sich böse)이 아니라 자연적인 것이며 선악에 대해서도 중립적이다. 그런데 권력을 장악하고 있는 자는 그것을 남용하고 법이나 도덕이 내세우는 한계를 넘어서 팽창하고자 하는 끊임없는 도덕적 유혹에 빠진다. 이것은 국가이성에 의한 행동을 규명했을 때 우리가 충분히 보아왔다. 그것을 우리는 권력을 뒤덮고 있는 저주라고 부를 수 있을 것이다. 이러한 저주는 결국 피할 수 없다. 그러므로 국가는 다른 어떤 공동체보다 더욱 원초적이며 자연적인 수단을 필요로 하므로, 국가는 자기를 철저하게 도덕화하는 것이 다른 공동체보다 어렵다.

그러나 그 밖의 공동체가 이처럼 철저하게 도덕화하는 것은 그들 공동체의 실천이 완전히 순수해짐을 의미하는 것이 결코 아니라 오히려 그 규범이나 행동의 원리가 전적으로 순수함을 의미할 뿐이다. 왜 국가는 적어도 그 규범이나 운동법칙의 그러한 순수함에 도달할 수 없는 것일까. 가령 실천은 어디까지나 불순한 것이라 하더라도, 왜 적어도 국가생활의 청결한 이론이 존재하지 않는 것일까.

사람들은 국가를 철저하게 도덕률과 법의 명령 아래 두는 그러한 청결한 이론을 분명히 되풀이해서 제시해보았으나, 이미 말한 바와 같이 그것은 결국 역사적 성과를 거둘 수 없었던 것이다. 국가행동의 이론을 국가 고유의 역사적 본질에서 얻고자 하는 사람은—그러한 시도 역시 없지 않았으며—얼핏 보아 어떤 강제력이 국가로 하여 법이나 도덕을 초월케 하는, 국가이성에 의한 행동의 나약한 점에 다시 직면한다. 그 나약한 점은 국가행동에서 밖을 향해 존재하는 것이지 내부를 향한 것은 아니다.

국가의 내부에서 국가이성은 법이나 도덕과 언제나 조화를 이룰 수 있다. 다른 어떤 권력도 국가권력이 그것을 행하는 것을 방해하지 않으므로 그것은 가능하며 관철될 수 있다. 물론 항상 그런 것은 아니다. 그것은 단지 역사적 발전의 한 결과에 지나지 않는다. 국가권력은 국내에서의 모든 물리적 힘을 그 수중에 규합하지 않았던 한에서, 즉 국내 경쟁세력 또는 반대세력과 대결하지 않으면 안 되었던 점에서, 그들 세력을 불법수단이나 비도덕적 수단으로써 극복하고자 해왔을 뿐만 아니라, 국가권력이 말한 바에 따르면 부득이 그렇게 할 수밖에 없는 상태였다.

그런데 혁명이라면 모두 이러한 경쟁세력 또는 반대세력과 싸워 굴복시켜야 하므로 오늘날에도 되풀이되고 있다. 단지 차이를 말한다면, 더욱 섬세한 도덕적 감각이 그 시도를 향해 작용하고 예외 입법의 형태가 그런 상태에서 국가가 필요로 하는 비상권력수단의 합법화를 가능하게 한다는 사실이다. 어떻든 국가가 부여하는 법에 스스로 복종하고 솔선수범함으로써 국내에서 시민적 덕성을 함양하는 것은 또한 국가의 독자적 이익이기도 하다.

도덕 · 법 · 권력은 이렇듯 국가 내부에서는 서로 균형을 이루며 작용할 수 있다. 그러나 다른 국가에 대한 관계에서는 그렇게 할 수가 없다. 법을 보호할 수 있으며 또 보호하고자 하는 마음가짐이 있는 권력이 존재하는 경우에만 법은 유지될 수 있다. 그렇지 않으면 국가가 저마다 원하는 대로 권리를 멋대로 행사할 수 있는 권력수단으로써 전취(戰取)하고자 하는 자연상태가 생기게 마련이다.

"국가 위에서 판결을 내리고 힘으로 그것을 강행할 수 있는 어떠한 법관도 존재하지 않는다"고 헤겔은 말했다. 가령 이러한 법관이 있다고 하더라도 어떠한 법전에 따라 판결을 내려야 할지 모를 것이다. 서로 싸우는 제국 간 이해관계는 대체로 일반에게 받아들여진 법규를 따르는 것을 무시하기 때문이다. 그리하여 국가 상호간에 원초적인 권력 발동을 위한 문이 열려, 권력충동의 모든 도덕적 유혹은 더 자유로운 활동의 여지를 얻게 된다. 그러나 국가이성은 이제 이러한 상태에서 다시 그 내면적 이중성과 분열성을 나타낸다. 국가이성은 스스로 고삐를 늦추어주는 바로 그 원초적인 힘을 두려워하지 않으면 안 되기 때문이다.

국가이성이 적절하게 행사되는 곳에서 더욱 자유로이 해방된 권력은 합법적 방법으로는 확보되지 않는 국가의 갖가지 생활의 필요를 어김없이 관철하기 위한 단순한 수단이어야 한다. 그러나 이 수단도 일단 법적 굴레로부터 해방되면 어리석게 목적이 되고 국가로 하여금 그것이 필요로 하는 한계를 벗어나게 하는 위험이 있다. 그 경우 무절제한 권력정책이 생기고 비합리적인 것이 합리적인 것을 압도하기에 이른다.

우리가 규명한 바와 같이, 국가이성의 이른바 핵심적인 중간지대를 형성하는 단순한 기술적 공리성은 반드시 권력의 원초적 충동을 방지할 만한 충분한 힘을 갖는 것은 아니다. 그러나 기술적 공리성은 국가이성이 최고의 형태에 도달하는 경우 자연스럽게 그 위에 부가되는 윤리적 이념에 비하면 그것을 억제할 힘이 있을 것이다.

지난날까지는 공리성과 도덕성의 동기가 함께 작용하면서 국가 상호 간의 생활에서 어떻든 국제법이라는 분명치 않은 조직과 현대의 국제연맹이라는 적어도 그와 동일하게 애매한 조직 이상의 것을 창출하지 못했다. 그리고 국제법이나 국제연맹의 존재에도 불구하고 자기 위에 어떠한 법정도 더욱 강력한 것도 두려워할 필요가 없는, 그러한 국가의 무절제한 권력정책이 오늘날까지 여전히 행해지는 것이다.

분명히 몇 세기 동안 권력정책의 본질이나 정신에 그 밖의 변화도 연이어 일어났으며, 그 원인을 도덕적 이념의 영향에—가령 그것만이 아니라 하더라도—돌릴 수 있다. 그러나 권력정책과 그 가장 중요한 수단인 전쟁을 순화하고 인도주의화하려는 시도에서 이룩된 모든 것도, 문명의 다른 해로운 작용 즉 생활의 합리화나 기술화의 진전으로 다시 상쇄되지 않을까 하는 의문이 제기된다. 이 의문에 대한 해답은, 국가이성의 이념의 발전과정을 밝힌 뒤 비로소 말할 수 있는 모든 사상(事象)과 같이, 우리가 논의할 마지막 부분에 속하게 될 것이다.

이제 국가이성으로 하여금 제국이 상호 공동생활에서 법이나 윤리를 초월하게 하는 저 강제력을 여기에서 더욱 상세히 생각해보아야 할 것이다. 우리가 말한 것처럼 이 경우 국가는 그가 원하는 대로의 법과 생존의 요구를 자신의 손으로 창출해야 한다. 다른 국가는 그것을 그 국가에 부여하지 않으며, 또 판결하고 중재하는 국가권력은 여러 국가 위에 하나도 존재하지 않기 때문이다.

그런데 왜 국가의 충분한 이해(利害) 자체는 윤리적 동기와 더불어 작용하면서 여러 국가로 하여금 서로 유대하게 하거나, 나아가서 그 권력정책의 방법에 한계를 가하거나 법과 도의를 엄수하게 하고, 또 국제법이나 국제연맹의 제도를 완성시킴으로써 만족할 만큼 효능을 발휘할 수 있도록 하지 못하는 것일까. 그것은 모든 국가가 다른 나라를 신뢰하지 않는 까닭이며, 어느 국가도 타국에 관해 그 국가가 모든 경우에 예외 없이 체결한 제한을 엄수하리라고 기대할 수 없고, 경우에 따라서는 다시 본래의 이기주의를 따를 것이라고 서로 깊이 믿고 있기 때문이다.

국가가 자신의 안녕에 관해 두려움과 불안을 지닌 나머지, 앞장서서 바람직하지 못한 습관에 역행하고 그것이 성공을 거둔다면 그로 인해 모처럼의 기도도 다시 흔들리게 되고 윤리적 정치의 믿음은 파괴될 것이다. 가령 자기 나라의 외교정책을 윤리적으로 비난의 여지가 없는 수단으로써 수행하고자 하는 의도가 있는 경우라 할지라도, 역시 다른 나라는 결코 그렇게 하지 않으리라고 경계하지 않을 수 없다. 그러한 일이 일어날 경우 '배암의 길은 배암'이라는 격언에 따라서 곧바로 자기 자신도 도덕률을 지킬 필요가 없다고 생각하고, 이어서 저 낡은, 아주 오랜 옛날부터 있었던 권모술수가 또다시 개시될 것이다.

국가라는 생체(生體)가 개혁되기 어려운 것이라고 하는 깊은 확신은 본능적인 것으로까지 거슬러 오르고 역사적 경험에 의해 실증되어왔으므로 이 비관주의적 확신이야말로 어떠한 개혁도 일견 불가능하게 하는 것이라 할 것이다. 이상주의자는 개혁을 되풀이해서 요구하며 또 그것이 가능하다고 말할 것이다. 책임 있게 행동하는 정치가는 이상주의자인 경우조차 전체에 대한 자기의 책임에 눌려 재삼 개혁의 가능성을 의심하고, 그러한 의심에 알맞은 행동방법을 취하지 않을 수 없게 될 것이다.

여기에서 다시 우리는 법이나 도의의 멍에에서 벗어나는 '국가의 필요'는 윤리적 측면과 동시에 원초적인 측면을 지니며, 국가란 윤리적 세계와 자연적 세계에 동시에 서식하는 양서류(兩棲類)임을 시인하게 된다. 어떠한 사람도, 어떠한 인간 형성체도 이러한 양서류임에 틀림이 없다. 그러나 그 국가는 자연적 충동의 어떠한 남용도——적어도 그것이 법률을 침범하는 한——처벌한다. 그러면서도 국가 자체는 한편에서는 자연적 충동을 행사하는 동시에 남용하지 않을 수 없도록 강요받고 있는 것이다.

* * *

우리는 국가이성이 가진 문제성의 본질을 그것이 오늘날의 관점에 비치는 모습대로 논의하고자 했다. 만약 우리가 올바르게 인식했다면 그 이념은 역사적 변화에서 극히 멀리 있기는 하나, 역사적 변화 속에서 제일 먼저 작용하는 것이다. 즉 그것은 인간의 손에서 만들어진 모든 국가의 시간을 초월한 동반자 겸 지도자이며, 새로이 성립되는 모든 국가에 비화되고 혁명에 의해 권력자의 인물과 방식에 변화가 생길 경우 동일한 국가 내부에서도 낡은 지배자로부터 새로운 지배자에게 옮겨지는 불꽃이다.

어떤 형태이건 도처에서 국가이성에 의한 지배가 행해지고, 국가이성에 의한 행동에 숨겨진 문제와 대립된다. 행동의 내용은 변화하나 그 행태, 즉 법칙은 영구불변으로 끊임없이 반복된다. 국가이성은 그 자체속에 자연적 요인과 가치적 요인을 결합하고 있으므로 두 요인 간의 관계는 끊임없이 변화한다. 때로는 한편의, 때로는 다른 편의 요인이 지배적이 된다.

그런데 그것 또한 단지 시간을 초월한 추이에 불과한 것일까. 혹은 거기에도 유기적 발전이 존재하는 것일까. 도대체 국가통치는 어느 정도까지 초시간적이며 어느 정도까지 가변적이며 발전 가능한 것일까 하고 역사적 감각은 의문을 제기한다. 우리는, 우리가 알고 있는 한 이제까지 제기된 적 없는 이 문제를 극히 함축성이 있는 것으로 생각하나, 보편적이며 총괄적인 해답을 요구받더라도 대단히 어렵다고 생각한다. 그러나 개개의 문화공동체 및 여러 민족의 국가 발전에 개체적인 것과 일회적인 것에서 보편적인 것과 반복되는 것을 구별하기 위한 발견의 수단으로 이 물음이 쓰인다면 상당히 가치 있는 역할을 할 수 있을 것이다.

거기에 바로 생겨나는 것은 국가통치 및 국가이성의 초시간적 핵심과 역사적으로 변화하는 성과 간의 중대한 관계이다. 국가의 이기주의, 권력유지나 자기 유지의 충동, 즉 국가이해는 초시간적이며 일반적인 것으로서, 국가의 특수한 구조나 국가가 다른 여러 국가의 한복판에 있는 상황으로 인해 생기는 구체적인 국가이해는 가변적이며 일회적·개별적이다.

국가에 대한 이해 중에서도 비교적 크게 변화하는 것과 비교적 작게 변화하는 것이 있다. 약간의 국가에 대한 이해는 개개 민족이 지상의 그 장소에 살고 있는 한 불변으로 간주되어야 할 만큼 민족성이나 지리적 위치와 밀접한 관련이 있다. 이러한 사실은 저 카이사르 시대로부터 현대에 이르기까지 갈리아인과 게르만인 간에 행해지고 있는 라인 국경지대를 둘러싼 투쟁으로 말할 수 있다.

지리적 위치나 민족성에 따라 규정된 또 다른 이해는 때때로 내적이고 외적인 변동이 그것을 환기시키는 경우 비로소 작용할 수 있다. 예를 들어 중세에는 아직도 선잠 상태를 벗어나지 못한 영국 민족의 해상권에 대한 이해나 1871년 이후 독일 민족의 세계 경제적 팽창에서 엿볼 수 있는 것과 같다.

또 다른 이해는 전적으로 지리적 위치에서 생겨난 듯하며, 연이어 같은 지역을 지배하는 그때그때의 민족과 국가로 옮겨간다. 그리하여 아드리아 해의 북방, 동방 및 서방을 지배하는 국가 간에 아드리아 해의 지배권을 둘러싼 분쟁이 예로부터 되풀이되고, 유고슬라비아가 오스트리아·헝가리 및 옛날 베네치아 공화국을 위협한 합스부르크 왕조의 역할을 차지하기에 이르렀던 것이다.

수세기에 걸쳐 작용하고, 많든 적든 필연적인 여러 국가의 이러한 근본 이해나 경향 외에, 또 어떤 상태에서는 갖가지로 흩어지고 다른 상태에서는 다시 응집되는 수은구(水銀球)와 같이 급속히 변화에 빠지기 쉽고 끊임없는 변화에 노출되고 있는, 국가이해 및 경향도 있다. 제국 간의 우호관계나 적대관계란 더욱 항구적인 근본이해가 조금도 작용하지 않는 경우 대체로 절대성을 띠지 않는다.

예를 들어 적을 정치적으로 파멸시킴으로써, 이때 지원해준 동맹자가 지나치게 강대해지거나 또 동시에 적으로 변하는 것을 두려워할 필요 없이 어느 정도까지 일정한 권력 목표를 위해 싸우는 상대의 적을 약화시키는 것이 적당할까.

적국들 간에도 때때로 극도로 긴장된 순간에 숨겨진 이익공동체가 감추어진 용수철과 같이 갖가지 힘의 움직임을 함께 규제한다. 같은 종류의 뿌리에서 생긴 문화나 종교의 정신적 힘과 더불어 작용하면서 서구 여러 민족의 공동체 생활을 구성하고 있는 것은 무엇보다 이 이익공동체이다. 그런데 이 공동체 생활은 그 속에서 개개 민족의 에고이즘이 공동사상보다 언제나 강하고, 또 동맹자 간 우호관계와 적대관계가 항상 교차되고 혼합되어 있다. 그러므로 이 성질은 어떤 공동체와도 다르다.

어떻든 이 서구의 공동체 생활은 모든 성원에 공통된 근본이해를 낳을 만큼 충분히 강력하며, 이러한 근본적인 이해는 한편에서는 성원의 이기주의적인 특수이해와 지극히 다양하고 변하기 쉬운 방법으로써 융합되어 내면적 결합을 이룬다. 갖가지 사건의 폭풍 속 저울이 불안정하게 상하로 흔들릴 때 생기는 것은, 특히 권력관계가 더욱 안정되고 항구성을 지니도록 원하는 공통된 희망, 즉 우호관계와 적대관계에 의해 서로 맺어진 서구 제국 내에서 권력의 '균형'을 요구하는 공통된 바람이다.

이러한 '균형'의 이상은 만인에 의해 열렬히 신봉되기는 하나, 어느 국가로부터도 숨쉴 여유와 발전가능성이 있어 이기적으로 해석된다. 그 결과 이 균형도 거의 실현되지 않고 반드시 무너진다.

영원히 파괴되어, 영원히 회전되는 창조가 생겨나고
그리고 어떤 숨겨진 계율이 변화의 놀이를 인도한다.

공동체와 이기주의, 전쟁과 평화, 죽음과 삶, 불협화와 조화를 내적으로 결합시키는 이 계율은 그 형이상학적인 깊은 곳까지는 결코 인식할 수 없으나 그 전경(前景)은 국가이성의 특질을 띠고 있다. 그런데 이렇게 변천을 하면서 한편으로는 변하지 않는 특이한 권력 이해를 형성하고 또 의식적으로 함양함으로써, 개별적인 국가의 국가이성은 비로소 완벽한 모습을 취하고 개체화되기에 이른다. 이렇게 해서 국가이성은 국가 자체에 개체적 인상을 새겨준다.

일정한 내면적 생활법칙이 외계의 여러 부분을 끌어들이거나 혹은 끊어버리고 또 외계로부터 끌어들인 부분을 독특하게 결합함으로써 개체성이 형성된다. 국가이성의 근원에서 개체적인 제국이 형성되는 것이다. 그러므로 국가이성에 관한 이론은 바로 역사와 국가학 일반을 해결하는 열쇠가 되는 학문이다.

근대 역사학은 국가학보다 지난날 더욱 풍요롭게 국가이성 이론을 사용했다. 국가학은 때때로 구체적이며 개체적인 국가 대신 이상적이며 규범적인 최선의 국가를 지향하는, 낡은 절대화적 방법의 영향 아래 있다. 역사상 인류의 개체적 형성체, 동시에 초시간적 핵심, 개체적 형성체의 생활법칙에서 일반적인 것, 그 연관에서 보편적인 것을 파악하는 것은 근대 역사주의의 본질이며 과제이다.

그리하여 이제 국가이성의 이념과 근대 역사주의 간에 중요한 관련이 생긴다. 즉 국가이성에 의한 행동은 근대 역사주의가 그 길을 개척하도록 도왔던 것이다. 국가에 관한 사유가 아직 최선의 국가라는 자연법적인 관념에 묻혀 있었던 시대에, 국가이성에 의한 행동은 어느 정도 실제적 역사를 연구함을 역설하고 있었다.

국가에 관한 사유는 국가의 갖가지 개체적 현상상태를 시간을 초월해 타당한 척도에 따라 판단했다. 그러나 그때 궁극적으로 주도적이었던 것은 다름 아닌 최선의 국가에 관한 문제인 데 반해, 행동하는 정치가는 최선의 국가 일반이 아니라 전적으로 그 시대 현실에 존재했던 국가의 사상(事象)에만 유의했다. 정치가는 자기 자신의 행동을 지배한 것과 같은 국가이성의 법칙이 이웃 국민의 행동방법까지 지배하고 있으며, 단지 그것이 국가의 특수사정에 의해 한정되고 개체화되는 데 불과하다고 상정하지 않으면 안 되었다.

국가통치가 진보한 경우 그와 함께 국가의 이 운동법칙을 발견하기 위해, 그 특수사정을 탐색하는 것이 한 번쯤 정치가에게 노력의 목표가 되지 않을 수 없었다. 그러므로 국가이성에 의한 행동은 근대의 역사적 인식에는 이미 낯익은 관찰이나 인식에 비교적 빨리 도달했다. 그런데 17세기 이래 국정에 친히 관련된 사람들에 의해, 국정의 실제적인 보조학문으로 배양된 정치기술 속에 국가이성이 확산됨으로써 근대의 역사적 인식은 소득이 있었던 것이다.

* * *

이제까지 우리 연구의 실마리는 정치와 도덕의 관계에 관한 문제와 정치와 역사, 즉 국가이성과 역사주의의 이념 사이에 어떤 관련이 있는지 확인한다는 두 가지 요점에 집약되었다. 그와 더불어 시간을 초월한 요소와 시대사적 요소의 공존과 내적 융합을 지닌 국정의 변천을 규명하는 과제가 생겼다. 이 과제의 전면적 해답은 다른 논자에게 맡기고, 우리는 우선 최초의 두 가지 문제를 제기한다. 이 둘 사이에는 상호작용이 있음이 미리 추측되므로, 근대사의 수세기에 걸쳐 두 가지 문제를 병행해 규명하는 것이 정당하다고 생각된다. 이 경우 중점이 때로는 한쪽 문제에, 때로는 다른 문제에 주어질 것이다.

수많은 소재를 규제하기 위해 우리는 취사선택을 하는 데 만족하리라. 국가이성과 국가이해의 역사를 남김없이 서술하고자 하는 것은 일정한 역사적 입장에서 일반적인 정치사를 시도 하는 것을 의미할 것이다. 그러한 역사에서는 행동하는 정치가가 지배적일 것이며, 카를 5세, 리슐리외, 크롬웰, 프리드리히 대왕, 나폴레옹 및 비스마르크의 위대한 정치체계가 서술되어야 할 것이다. 또 그들 정치체계 간의 연쇄도 등한시해서는 안 될 것이다. 또 국가이성은 여러 시대, 여러 문화에서 갖가지 힘으로 작용했으므로 그러한 면도 더욱 철저하게 규명되어야 할 것이다. 국가이성은 다른 시대, 다른 문제에서는 때때로 역사적 삶의 불변상태를 초래한 데 비해, 서구의 근대 수세기에서는 왜 그처럼 거대한 조형력(造形力)을 지니고 유동 상태에 있었던 것일까.

그 경우 합리적으로 통치된 강대국[6]이 그 정신적 근원에서 명백히 드러날 것이다. 그러나 국가이성의 이념 자체는 의식적으로 파악되는 경우보다 역사적 성과 속에서 자주 나타날 것이다. 행동자들을 인도하는 이념에 관한 그들의 특색 있는 고백도 없는 것은 아니나, 그들은 대체로 그 이념과 철저한 사상적 대결을 해야 한다고는 생각지 않았다.

그에 반해 국가이성의 이념의 역사를 쓴다는 것은 국가이성의 사상적 침투와 파악을 여러 시대의 변천에서 규명하는 것을 의미한다. 지난날에는 극히 드물게 시도된 이 과제를 사람들은 정치이론의 역사 자체를 일반사와는 별로 관련이 없는, 서로 계기(繼起)되는 일련의 학설로, 그리스도교의 교의사(敎義史)와 같이 취급하는 것이 관례였다.

이렇듯 퇴색되고 천박한 방법은 오늘날 더 이상 우리를 만족시킬 수 없다. 이념사는 일반사의 본질적이며 필수적인 부분으로 취급되어야 한다. 생각하는 인간이 역사적 체험에서 무엇을 형성했던가, 또 그것을 정신적으로 어떻게 극복했던가, 그로부터 어떠한 이념적 귀결을 도출했던가를. 말하자면 삶의 본질적인 것을 향한 정신 중 사상(事象)의 핵심이 반영된 모습을 서술하는 것이 이념사이다.

그렇다고 하여 그것은 결코 단순한 그림자이거나 회색이론이 아니라, 그 시대의 본질적인 것을 표현하는 것을 과제로 하는 인간의 산 혈

---

6) 트뢸치, 『역사주의』(*Historismus*), 제1권, 720쪽 참조.

통 속에 섭취된 사물들의 생생한 혈액인 것이다. 그 시대의 체험에서 생긴 중요한 사상가의 이데올로기는 마치 몇백 송이 장미에서 얻어지는 한 방울의 장미유와 같은 것이다. 체험된 것을 이념으로 바꿈으로써 인간은 체험된 것의 중압에서 구제되고 삶을 구성하는 새로운 힘을 창조한다. 이념이란 인간이 도달할 수 있는 최고의 지점이며 인간의 탐구정신과 창조력이 결합해 모든 업적을 이루는 절정이다. 이념은 그 자체를 위해, 또 그 작용으로 인해 보편사적 고찰에 상응한다.

이미 헤르더(Herder, 1744~1803)는 사상의 역사는 "행위의 역사를 해명하는 열쇠"라고 말했다.[7] 역사적 삶을 인도하는 이념은 물론 단지 위대한 사상과 정신의 일터에서만 생기는 것이 아니라 오히려 더욱 넓고 깊은 기원을 지닌다. 그러나 이념은 이 일터에서 농축되고 때때로 거기에서 사물의 진전이나 인간행동에 영향을 미치는 형태를 취한다.

이와 같이 생각함으로써 이들이 이 책에서 제시하는 중요하거나 독특한 여러 이론이 정선된 것을 국가이성의 이념사로 내세우는 용기가 우리에게 주어진다. 만약 국가이성에 직면한 근대정신의 깊은 동향이나 역사적 삶에 각별히 강한 영향을 미친 사상가나 교설자(敎說者)가 차례차례 등장하도록 선택하고 논술하는 데 성공한다면, 그것은 그러한 이념사라고 할 수 있을 것이다.

우리가 보건대, 선택된 사상가들 모두 저마다의 시대를 대표한다. 동시에 역사적 삶에 강한 영향을 미친 인물로는 마키아벨리, 프리드리히 대왕과 헤겔이 뛰어났다고 할 것이다. 그러므로 국가이성의 이념과 갖가지 세계관 및 정신적 사유방법과의 갈등이나 이러한 갈등의 결과를, 근대사의 수세기를 통해 규명하는 것이야말로 이 책의 주제이다.

우리가 서술해야 할 것은 비극적인 과정, 극복하기 어려운 운명의 힘에 그치지 않고 반복되었던 투쟁이다. 국가이성의 붉은, 때때로 선혈처

---

7) 『인도 촉진을 위한 편지』(*Briefe zu Beförderung der Humanität*), 제5집, 58쪽.

럼 검붉은 실낱은 역사라는 직물에 다채로운 실낱을 수놓아 도처에서 분간할 수 있다. 우리는 마지막으로 여기에서 규명된 여러 가지 문제를 선택하게 된 개인적 동기에 관해 또한 고백하고자 한다. 그 동기가 나의 저서 『세계시민주의와 국민국가』에서 논의된 것에서 발생했음을 두 저서의 독자는 간과하지 않을 것이다.

　제1차 세계대전 최초의 수년간, 심상치 않은 심각한 흥분에 사로잡히기는 했으나 아직 희망에 차 있던 분위기에서 국정과 역사관 간의 관련성을 밝히고 국가이해에 관한 이론이 근대 역사주의의 앞선 단계임을 논증하는 계획을 세웠다.[8] 그런데 이어서 독일 붕괴라는 격심한 동요에 의해 국가이성의 본래 중심문제가 점차 무서운 모습을 드러냈다. 역사적 분위기가 돌변했던 것이다. 풍설에 시달린 수목이 본래 성장의 선에서 어느 정도 어긋나지 않을 수 없는 지경에 이른다 하더라도 그것을 비난할 수는 없다. 이 책에 대해서도 가령 그러한 일이 있다고 하더라도 자연히 그렇게 된 것이며, 고의적이 아님이 대체로 명백한 한 역시 많은 이의 양해를 바라고자 한다.

---

8) 『역사잡지』, 제123권에 게재된 프랑스에서의 국가이해에 관한 리슐리외의 논문은 본래 이 책의 서두로 생각했다. 그것은 또 전적으로 이 목적을 위한 것이었다.

제1부 절대주의 형성의 시대

제1장 마키아벨리

우리는 "어떠한 형태이건 도처에서 국가이성에 의한 지배가 행해진 다"고 말했다. 국가이성은 이념적이고 현실적인 갖가지 장애에 의해 흐려지고 방해를 받는 일이 있을는지 몰라도 통치의 혈관 속에 전해지는 것이다. 그런데 국가이성은 일정한 발전 단계, 즉 국가가 그 장애물을 배제하고 다른 생명력을 향해 자기 자신의 절대적인 생존권을 충분히 관철할 만큼 강력해진 경우 비로소 원리나 이념으로 파악된다.

지금 이 과정을 보편사적으로 서술한다면, 모든 문화를 비교·대조하면서 포괄해야 할 것이며, 우선 고대세계에서 국가이성의 이념이나 그 이념과 고대정신의 대결을 각별히 논해야 할 것이다. 고대 자유도시 국가나 군주국도 국가이성의 여러 가지 문제를 안고 있었으며, 그것을 명확히 표현하고자 하는 시도로 가득했기 때문이다.

투키디데스(Thucydides, 기원전 460년경~기원전 400년경)가 『역사』의 제5권(제85장 이하)에서 서술하고 있는 아테네인과 멜로스인과의 대담에서, 국가이성과 권력정책의 가혹성이나 냉정함이 간결하게 교설로 정리되어 있다. 에우리피데스(Euripides, 기원전 484년경~기원전 406년경)는 『페니키아의 여인』에서 에테오클레스(Eteokles)의 입을 빌려 말한다. "부득이 부정을 범해야 한다면 통치를 위해 범하는 것이 가능할 것이다. 그렇지 않으면 도덕적 행동을 취해야 할 것이다."

아리스토텔레스는 『정치학』 제5권에서, 합리적으로 생각된 전제군주의 통치방법 중 한 가지를 그렸다. 키케로(Cicero, 기원전 106~기원전 43)는 『의무론』 제3권에서, 국가의 이익과 도덕 간의 갈등을 스토아적 윤리의 의미에서 논의하면서, 개탄을 금할 수 없는 듯 이렇게 확인했다. "국가이익이라는 명분 아래 때때로 범죄가 행해진다."(제11장)

타키투스(Tacitus, 56년경~120년경)의 뛰어난 역사서는 전적으로 국가이성의 이념에 의해 관철되고 있다. 그가 『연대기』의 제14권에서, 카시우스로 하여금 이야기하게 만든 다음과 같은 말이 그것을 증언한다고 할 수 있다. "본보기로 주는 큰 벌은 언제나 불공평하게 마련이다. 그러나 그것은 개인에게는 불이익이라 하더라도 공공(公共)의 이익으로써 보상받는다."

훗날 리비우스, 아리스토텔레스 및 크세노폰에게 배운 마키아벨리에게서는 아직 그렇지는 않았으나, 유스투스 립시우스(Justus Lipsius)가 1574년 타키투스의 저서를 새로이 간행한 이래, 이 로마의 역사가는 국가이성의 위대한 교사가 되었다. 이어서 1세기 전체를 통해 타키투스를 정치적으로 이용하는 타키투스주의자들의 문헌이 널리 유포되었다.[1]

유스투스 립시우스 자신은 정치학 교본(『특히 군주에 관한 정치학 혹은 국가학』 제6권, 1589)을 전적으로 고대의 격언, 특히 타키투스로부터 수집했다. 그리하여 오늘날에도 가치가 있는 국가이성에 관한 고대

---

1) 보칼리니는 이러한 타키투스주의자의 예로 훗날 우리에게 도움이 될 것이다. 타키투스를 높이 평가하고 있는 표현으로서 『정치연구서지』(*Bibliographia politica*, 1642년판, 233쪽) 중, 가브리엘 노데(Gabriel Naudés)의 다음과 같은 말을 다시 실어도 좋을 것이다. "그러나 타키투스는 모든 군주나 주권자와 같이, 오케스트라에 앉거나 혹은 오히려 놀랍게도 정치적 어려움을 처리하는 무대장치 속에 자기의 자리를 마련해 그의 위대한 덕성으로써, 모든 인간적 한계를 넘어서 앉아 있으므로, 나는 그를 대하지 않고, 오히려 웅변과 같은 침묵을 갖고 신과도 같이 위경하는 편이 더욱 현명하다고 생각한다." 타키투스주의자에 관해서는 같은 책 247쪽 참조; 토파닌(Toffanin), 『마키아벨리와 타키투스주의』(*Machiavelli e il Tacitismo*), 1921(지극히 정신적이며 학문적인 저술이나, 마키아벨리에 대한 타키투스의 의의를 과대평가하고 있다).

적 사유의 보고(寶庫)를 제공했다. 그런데 고대에는 국가이성을 표현하는 핵심적인 표어를 만들지는 않았다고 하더라도 때때로 키케로에게서 '국가의 이성'(ratio reipublicae)이라는 말이, 또 플로루스(Florus, 2세기)로부터는 '국가의 이성과 이익'(ratio et utilitas reipublicae)이라는 말이 보인다.[2]

다신교와 삶의 가치의 현세성은 고대 국가이성의 모체였다. 삶의 최고가치란 도시국가의 융성기에서는 국가 자체였다. 거기에서 윤리와 국가 윤리는 조화를 이루고, 정치와 도덕 간에는 어떠한 갈등도 존재하지 않았다. 뿐만 아니라 국가의 힘이 자유로이 지배하는 것을 계율로써 제한하고자 한 보편적 종교도 전혀 없었다. 당시 국민적 종교는 영웅주의를 찬미함으로써 국가가 지닌 힘의 자유로운 지배를 비호했다.

도시국가가 내부적으로 해체되기 시작했을 때, 영웅적 이상은 국가 내 권력획득을 지향하는 개인, 즉 플라톤이 『고르기아스』의 칼리클레스를 통해 묘사한, 앞뒤를 가리지 않는 권력인간이라는 새로운 삶의 형태로 비약했다.[3] 대체로 고대 국가에서는 그것이 인간의 의식에 오른 한에서는 개인적인 것으로 머물고, 상황에 강요를 당해 부득이 취해진 그때그때 권력자의 행동방법을 시인하기는 했다. 그러나 그때그때 권력자를 향해서도 전적이라고는 할 수 없지만 독립된 초개인적 국가개성이라는 이념으로까지 철저하게 높여진 일은 없었던 것 같다.[4]

---

2) 「키케로에서부터 플란크스에게 보내는 편지」(Cicero ad Plancum) 1의 10, 『사서집』(ad fam. epist) 16에, "원로원을 기대하지 말라. 그대 자신이 원로원이 되어라. 국가이성이 그대를 인도하는 곳이면 어디라도 따르라." 플로루스(Florus), 제1권, 제8장은 로마의 7인의 왕에 관해 "국가의 이성과 이익의 요청에 따라서 각 왕의 기질도 달랐다"고 말하고 있다.
3) 멘첼(Menzel)의 『칼리클레스』(Kallikles, 1923) 및 플라톤 시대의 그리스 국가 윤리에 관한 베르너 예거(Werner Jaeger)의 시사성 짙은 1924년의 베를린 대학 강연 참조.
4) 케르스트(Kaerst), 『고대에서의 군주제의 발전과 이론적 기초 부여에 관한 연구』(Studien zur Entwicklung und theoret. Begründung der Monarchie im Altertum), 10~11쪽.

고대 국가이성에 관해서는 그 뒤, 그리스도교가 "정의가 멀리 밀려났을 때 왕국은 절도단 이외 무엇일까"[5)]라는 아우구스티누스의 말에 따라 결론을 짓고, 근본을 부정하는 최종판결을 내렸다. 이 새롭고 보편적인 종교는 동시에 보편적 도덕률을 세워 국가 또한 그에 복종하게 만들고 개인에게는 전적으로 내세적 가치를 소중히 할 것을 명했다. 모든 현세적 가치와 그와 함께 권력정책이나 국가이성의 개척자로서 가지는 영웅주의까지 배제했다. 이어 중세에는 게르만의 법사상이 그리스도교 윤리와 결부되어 국가를 억압했다. 물론 중세에도 국가는 존재했으나 그것은 지상(至上)의 것으로는 생각되지 않았다.

법은 국가의 상위에 놓이고, 국가는 법을 실현하기 위한 수단이었다. "정치 혹은 국가이성은 중세에서는 대체로 가치로 인정되지 않았다." 물론 실천은 이러한 이데올로기와는 자연 별개였다. "중세의 법이론이나 법제이론의 범위 내에서는 그것을 받아들이지 않았던 정치적 요구가 미개의 길을 배척했다."[6)]

중세 후기에 이르러 이 미개의 궤도는 조정되기 시작했다. 교회와 교황권에 대한 투쟁에서, 프리드리히 2세나 프랑스의 필리프 4세와 같은 위대한 통치자의 의식적인 권력정책이 강화되었다. 독일 황제 카를 4세와 프랑스의 왕 루이 11세는 국내를 지향한 한층 합리적이고 여러 면에서 주저없는 통치술의 실례를 보여준다. 뿐만 아니라 교회 자체도 내부의 변화, 교황권에 세속적·정치적 이해가 점차 침투한 사실, 종교회의 시대의 때때로 지극히 공리주의적인 사상의 움직임 및 교황의 재정제도의 합리적 발달 등에 의해 새로운 국정(國政)의 정신을 준비했다.

그렇다 하더라도 이처럼 새로운 국정에 대한 강력한 동기는 역시 국

---

5) 『신국론』(*De civitate*), 제4권 제4장. 이 말을 올바르게 이해하기 위해서는 베른하임(Bernheim)의 『중립의 시대란』(*Mittelalterliche Zeitanschauungen usw.*), 제1장 37쪽 참조.

6) 케른(F. Kern), 「중세에서의 법과 법제」(Recht und Verfassung im Mittelalter), 『역사잡지』, 제120권, 제57호 및 제63~64호. 이것은 기초적 논문이다.

민국가 형성의 개시와 비교적 큰 영방군주(領邦君主)가 봉건적 방법에 의해 긁어모은 그 영토를 비봉건적 방법, 즉 국가적 방법이나 적합한 수단에 의해 확보하고자 한 점에 있었다. 중세의 '그리스도교 세계' (corpus christianum)라는 보편적 이념은 그 후 국민적이고 개별적인 새로운 의지의 핵심에 의해 무너졌다. .

중세 후기사상은 이상적인 자연법과 실정법 간의 구별을 설정하고, 그에 미쳤던 압력을 감소시켰다. "이후 국가권력은 실정법의 상위에, 자연법의 하위에 선다. 그러므로 국가의 압력을 면하게 된 것은 이제 중요하지 않은 개별적인 사법(私法)이 아니라 자연법의 대원칙이었다."[7]

이제 도처에서 새로운 국가의 필연성에 대한 원칙적인 고백이 과감히 행해진다. 네덜란드 백작을 섬긴 성직자로서, 14세기에 『국가의 행정 및 군주의 운명에 관해』를 저술한 라이덴은, 군주는 개개의 도시 또는 개개의 인물에게 부여한 특권이 '국가의 이익'을 손상할 경우에는 빼앗아야 한다는 명제(命題)를 주장했다.[8] 제르송(Jean Gerson, 1363~1429)은 1404년, 더욱 일반적으로 이렇게 말했다. "만약 법이 평화유지의 목적──중세 최고의 국가 목적이었다──과 모순이 될 경우 그 법은 이 목적에 의해 해석되거나 전적으로 철폐되어야 할 것이다. '필연성은 법을 지니지 않으'므로."[9]

부르군트 공의 가신(家臣)이었던 신학박사 프티(Jean Petit)는 더 대담했다. 그는 1408년 3월 파리에서 행한 아주 궤변적인 장광설에서, 그의 군주가 오를레앙 공 루이를 교사시킨 행위를 변호했다. "기사들 사

---

7) 케른, 앞의 책, 74쪽.

8) 벨로(von Below), 『영토와 도시』(Territorium und Stadt), 190쪽; 빌페르트 (H. Wilfert), 『필립 폰 라이덴』(Philipp von Leiden), 1925.

9) 플라츠호프(Platzhoff), 『16세기에서의 공권(公權)의 살인 권능에 관한 이론』 (Die Theorie von der Mordbefugnis der Obrigkeit im 16. Jahrhundert), 27 쪽: 거기에는 또 다른 증언이 있다. 기르케(Gierke), 『알투지우스』(Althusius), 279쪽; 베촐트(von Bezold), 『중세와 르네상스에서』(Aus Mittelalter und Renaissance), 257~258쪽 이하(폰타노에 관해) 참조.

이에 맺어진 약속이나 맹약의 이행이 군주와 국가에 해를 끼칠 두려움이 있을 경우에는 그것을 지켜서는 안 될 것이다. 뿐만 아니라 그 이행은 자연법이나 신의 법에도 어긋날 것이다."[10]

중세 후기의 자료나 저술가들을 체계적으로 연구하면 이러한 목소리는 더 찾아볼 수 있을 것이며 중세의 제한이 점차 완화되어가는 모습이 밝혀질 것이다. 그러나 그로부터 대규모의 논설은 아직 나타나지 않았다.

그럼에도 그리스도교적 · 게르만적 중세는 근대 서구에 크나큰 영향을 끼친 유산을 남겼다. 즉 국가이성과 도덕, 법과의 상극에 대한 더욱 날카롭고 더욱 간절함 감정이며, 가차없는 국가이성은 본래 죄악이다. 다시 말해 신과 신의 규범에 배반된 죄악이며, 옛날 좋은 법의 신성불가침에 어긋나는 죄악이라는 되풀이해 일어나는 감정이다. 고대에도 이 국가이성의 죄악을 잘 알고 비판했으나, 깊은 고뇌를 지닌 것은 아니었다. 삶의 다양한 가치를 내세우는 고대 현세주의는 국가이성의 행동을 일정한 냉철함을 지니고 관찰하고, 또 그것을 자연적이며 규제할 수 없는 힘에서 흘러나온 산물로 간주함을 허용했던 것이다.

고대의 죄의식은 아직 소박했으며, 그리스도교가 갈라놓은 천국과 지옥의 심연으로 공포나 불안을 느끼지는 않았다. 교의적(敎義的)인 그리스도교의 이원적 세계상은 그 뒤 비교의적(非敎義的)이 되는 그리

---

10) 두에-다르크(Douet-D'Arcq) 간행, 『몽스트를레의 연대기』(*La chronique de Monstrelet*), 제1권, 1857, 215~216쪽(제1부 제39장); 같은 책, 제2권 417쪽(제1부 제113장)에는 "이러한 주장은, 모든 국가 및 각 국왕 혹은 군후(君侯) 등을 타도하는 데 관련된다"라는 파리 신학자들의 주장을 부정하는 판정이 있다. 그러나 콘스탄츠 공회의는 장 프티의 전제군주를 감히 처벌하고자 하지는 않았다. 베촐트, 『중세와 르네상스에서』, 274쪽. 장 프티에 관해서는 카르텔리에리(O. Cartellieri), 『부르군트 대제후의 역사에 부쳐서』(*Beiträge zur Geschichte der herzöge von Burgund V.*), 하이델베르크 아카데미, 1914; 코비유(A. Coville), 『장 프티, 15세기 초의 군주 살해의 문제』(*Jean Petit. La Question du Tyrannicide au commencement du XVe siècle*), 파리, 1932도 참조.

스도교의 여러 시대에도 깊은 영향을 미치고, 고대에는 볼 수 없었던 비극성을 국가이성의 문제에 부여했다. 그러므로 그 인물과 더불어 근대 서구에서 국가이성 이념사의 막이 올랐다. 그 인물에 의해 저 마키아벨리즘이라는 명칭이 생겨났다. 그 인물은 지옥의 공포를 모른 채 고대의 소박함을 지니고 국가이성의 본질을 철저하게 생각하고자 생애의 과제에 착수할 수 있었으므로 그가 이교도일 수밖에 없음은 역사적 필연이었다.

니콜로 마키아벨리는 이를 실행한 최초의 인물이었다. 여기서 중요한 것은 사상(事象) 자체이지 그에 관한 말이 아니다. 마키아벨리에게 말은 아직 결여되었다. 마키아벨리는 국가이성에 관한 사상을 그때까지도 한마디의 표어로 압축하지 않았다. 다른 경우에는 힘차고 내용이 풍부한 표어를 좋아해 많이 만들었으나, 자기의 마음을 메운 최고 이념에 대해서는 사상 자체가 자명한 것으로 생각되고 그에 대해 확신이 전적으로 가득 차 있었으니 말로 표현할 필요를 느끼지는 않았던 것이다.

예를 들면 사람들은 그가 국가의 궁극적 목적에 관해 스스로 견해를 밝히지 않는 것을 유감으로 생각하고, 그 결과 그가 반대로 전혀 생각한 적이 없다고 결론지었다.[11] 그런데 우리가 곧 볼 수 있듯이, 마키아벨리는 전적으로 명확한 국가의 지상목적에 생애를 바쳤다. 게다가 그의 정치적 사색은 국가이성에 대한 끊임없는 사색이었다. 전적으로 독자적이며 거대하면서 감동적인 상황, 즉 정치적 붕괴와 정신적 혁신의 만남이 마키아벨리의 사상세계를 낳았다.

이탈리아는 15세기에 서로 분수를 지키는 나폴리, 교황령, 피렌체, 밀라노 및 베네치아의 5개국 체제에 의해 국민적 독립을 향유했다. 마키아벨리의 함축성 있는 말(『군주론』 제20장)에 의하면 "어느 정도 균

---

11) 하이어(Heyer), 『마키아벨리즘』(*Der Machiavellismus*), 1918, 29쪽; 슈미트 (A. Schmidt), 『마키아벨리와 현대의 일반국가론』(*Machiavelli und die allgemeine Staatslehre der Gegenwart*), 1907, 104쪽.

형을 지키고" 있었다. 이탈리아는 르네상스 문화의 현실주의적 요소에 의해 배양되고, 직접적으로는 당시 대두되던 상주 공사관의 설립에 촉진되어 확고한 규칙에 따라 처리하는 국정(國政)이 형성되었다. 그런데 그 국정은 '분할하며 통치하라'(divide et impera)는 근본원리에서 절정에 달하고 모든 사물을 냉철하게 관찰함을 역설하고, 내부의 종교적·도덕적 장애를 쉽고 소박하게 극복했다. 그러나 비교적 단순하고 기계적인 운영과 유의과정을 취했다.[12]

1494년 이래 프랑스와 스페인의 침입, 나폴리와 밀라노의 몰락, 피렌체 정치체제의 급격한 변혁, 특히 전(全) 아페닌 반도에 대한 외국의 강압을 통해 이탈리아를 휩쓴 파국이, 마키아벨리에게서 드러난 저 열정적인 힘이나 깊이, 예리함을 성숙시켰던 것이다. 마키아벨리는 1512년까지 피렌체 공화국의 서기관에서 외교관으로, 이탈리아 국정의 성과를 남김없이 체득하고 재빨리 그에 관한 자신의 독창적 사상을 형성하기 시작했다.

이들 사상은 공화국과 그에게 그해 같이 찾아온 파국적 운명을 통해 나타났다. 이후 실각자로 때로는 추방자였던 마키아벨리가 다시 부상하기 위해서는 새로운 권력자로 복위한 메디치가의 총애를 얻는 데 주력해야 했다. 이렇게 하여 마키아벨리의 개인적·이기주의적 이익과 종래의 공화주의적인 자유의 이상이나 도시국가의 이상 간에 분열이 생겼던 것이다.

그가 이 분열을 그때부터 내면적으로 견디고 해소하고자 노력한 데서 그의 위대함을 엿볼 수 있다. 그의 소박하고 분명한 이기주의의 어두움, 그러나 결코 바람직하지 못한 기반 위에 서 있는 공화제와 군주

---

12) 계산적이며 합리적인 새로운 정신이, 동시에 또 경제생활 특히 베네치아 및 피렌체 양 상업국의 경제생활에서 나타난 경위에 관해서는 브렌타노(L. Brentano), 『근대자본주의의 기원』(Die Anfänge des modernen Kapitalismus, 1916)이 말해준다. 베촐트, 앞의 책, 255~256쪽 참조.

제와의 관계 및 군주제의 새로운 사상이 나타났다. 그런데 이 사상의 내부에서 순수하거나 불순하거나 혹은 숭고하거나 추악하거나를 가리지 않는, 갖가지 요소가 혼합된 국가이성의 본질 전체를 가차 없이 반영하게 되었다. 마키아벨리가 1513년 이래 군주를 논한 소책자와 『로마사 논고』를 저술했을 때 그는 생산적인 학자가 때때로 최고의 업적을 낳는 40대 초였다.

우리가 말한 것처럼 정신적 혁신도 그에게 협력을 해야 했다. 마키아벨리는 물론 르네상스 운동의 모든 내용을 흡수하지는 않았으며, 그 운동과 종교적 · 사변적 철학적인 요구를 함께하지도 않았다. 또 르네상스 운동의 예술적 정신에 대해 무의식적으로 만족하고 그 빛을 받기는 했으나 르네상스의 예술적 지향을 각별히 높이 평가하지는 않았다. 그의 정열은 국가에 대해, 즉 국가의 형태 · 기능과 생활조건을 규명하고 계산하는 데로 향했으며, 이탈리아 르네상스 문화의 합리적이고 경험적이며 계산하는 요소에서 최고의 완성을 보았다.

그런데 정치적인 권력문제에 대한 단순히 냉철한 감각만으로는 충분히 정신적 혁신을 의미하지는 않았을 것이다. 그 감각을 뒷받침해야 했으며, 재생의 이상이 생겨날 수 있었던 비약과 신념의 힘은 마키아벨리가 그 이상에 관여하는 한에서는 고대에 기원을 둔 것이었다.

고대는 마키아벨리는 물론, 르네상스의 저 많은 인문주의자들에게서와 같이, 단지 생기 있는 수사학 교사들의 열정을 수반한 학문적이고 문학적인 부흥만은 아니었다. 고대 영웅이나 사상가에 대한 그의 열광에도 어느 정도는 고전주의적인 종속과 무비판이 나타나고 있다. 그러나 대체로 고대인 자체가 이탈리아에서 결코 소멸되지 않은 혈연과 전통 아래 마키아벨리 속에서 소생했던 것이다.

마키아벨리는 때로 교회와 그리스도교에 대해 풍자와 비판을 섞어가며 외면적인 존경을 표하고 그리스도교의 사상세계에서도 영향을 받았다. 그럼에도 그 핵심에서는 그리스도교야말로 인간을 비굴하게 만들고 비남성적이고 나약하게 만든다는 널리 알려진 격심한 비난을 퍼부은(『로마사 논고』 제2부 제2장) 이교도였다. 그는 낭만적 그리움을 지닌 채 고대의 삶의 힘에서 오는 위대함과 아름다움을 바라보았고, 고대 생활의 '세속적 명예'(mondana gloria)의 이상을 보았다. 그는 영혼의 위대함과 육체의 강건함이 그 속에서 결합해 영웅을 창조한, 본연의 자연적 인간의 감정적·정신적인 힘에 다시 활력을 넣고자 했다.

그러므로 그는 일면적으로 정신화되고 감각적·자연적 충동의 가치를 인정하지 않는 그리스도교의 이원론적 윤리와 결별을 선언하고, 이 그리스도교 윤리에서 선악의 구별에 관한 일정한 주요개념만은 유지했다. 그러나 주요한 점에서는 가차 없이 결연한 태도로 자연의 소리에 따른 새로운 자연주의적 윤리를 요구했다. 이러한 자연주의적 윤리를 따르는 자야말로 어떠한 비난도 받지 않는다고 했던 그는, 언젠가 한창 진지한 일을 하고 있을 때 자기의 경솔한 사랑의 모험을 변호하기 위해 말했다. "자연 또한 실로 변화에 가득 차 있지 않은가."[13]

그러한 자연주의는 자칫 삶의 가치에 해롭지도 않고 무난한 다신교를 초래하기 쉽다. 그런데 마키아벨리는 비너스의 제단에 즐겨 희생을 바쳤음에도 자기 삶의 최고 가치를 '덕성'(virtù)이라고 칭한 것에 집중했다. 그것은 역시 고대와 인문주의의 전통에서 계승된 것이지만, 전적으로 개성적으로 감지되고 형성된 지극히 풍요로운 개념이었다. 그런데 이 개념은 윤리적 성격을 포함하고 있었으나 자연의 손에 의해 인간의 태내에 심어진 동적인 것, 바꾸어 말하면 위대한 정치적·군사적인 업적, 융성하는 국가, 특히 공화국의 건설과 활력을 위한 영웅적인 행위와 힘을 나타내고자 하는 것이었다.[14] 그는 공화국—그 이상은 마키아벨리에게는 위대한 공화정 시대의 로마였다—속에 '덕성'을 낳는

---

13) 「베토리에게 보낸 편지」(An Vettori), 1515년 1월 31일자. 알비지(Alvisi) 엮음, 『마키아벨리 서간집』(Lettere di Mach.).
14) 필자의 제의로 저술된 마이어(E.W. Mayers)의 역저 『마키아벨리의 역사관과 덕성의 개념』(Machiavellis Geschichtsauffassung und sein Begriff virtù), 1912 참조.

가상 혜택 받은 조건을 보았기 때문이다. 그러므로 '덕성'은 시민의 덕성과 지배자의 덕성을 포괄하고, 위대한 국가 창건자나 국가 지도자의 예지, 활력 및 명예감과 함께 공동체의 희생적인 헌신까지 포함했다.

그러나 국가 창건자나 지도자가 지녀야 했던 '덕성'이야말로 고차적인 서열의 '덕성'으로, 제일 앞선 것으로 생각되었다. 마키아벨리의 견해에 의하면 그것은 평범한 인간의 조잡하고 빈약한 소재에서 합목적적인 '처리'를 거쳐 시민적 특성의 의미에서 말하는 '덕성', 말하자면 제2급 '덕성'으로서, 그리고 자연의 신선하고 부패되지 않은 국민성의 기초 위에서만 지속하는 것으로서 증류하고 추출한 것은 이 지배자의 덕성이었기 때문이다.

이렇듯 '덕성'을 근원적인 덕성과 파생적인 덕성으로 구별한 것은 마키아벨리의 정치적 목표를 전체적으로 이해하는 데 중요한 의의를 지닌다. 이러한 구분은 그가 공화국 본래의 자연적이며 파기하기 어려운 덕성을 결코 무비판적으로 믿고 있지는 않았음을, 그가 공화국을 아래에서, 즉 광범위한 민주주의의 입장보다 위에서, 즉 지배자의 입장에서 보았음을 말해주기 때문이다. "'광장'과 '궁전'에서 사람들의 생각은 다르다"(『로마사 논고』 제2부 제47장)는 당시 속담은 마키아벨리의 마음에 들었다.

그가 공화국마저 개개인의 위대한 군주적 성격의 소유자나 조직자의 힘이 없이는 생겨날 수 없었을 것이라고 생각한 한에서 그의 공화주의적 이상은 처음부터 군주주의적 색채를 띠고 있었다. 덧붙여 그는 폴리비오스(Polybios, 기원전 200년경~기원전 118년경)로부터 모든 국가의 운명은 순환을 거듭하며 공화국의 융성에는 쇠퇴와 몰락이 필연적으로 이어진다는 이설(理說)에 감명을 받고 있었다. 그러므로 몰락에 처한 국가에서 상실된 '덕성'의 양(量)을 다시 창출하고, 그 공화국을 부흥시키기 위해서는 한 개인의 창조적 '덕성'이, 즉 '왕의 권력'(mano regia), '준왕권'(準王權, podestà quasi regia)(『로마사 논고』 제1부 제18장, 제55장)이 국가를 그 수중에 장악해 새로이 활력을 불어넣는 것 말고 어떠한 수단도 없다고 보았다. 뿐만 아니라 부패가 극에 달해 더 이상 재생 능력이 없는 공화국에서 군주제야말로 아직도 유일한 정체(政體)라고 생각했다.

마키아벨리의 '덕성'이란 개념은 공화주의적 경향과 군주주의적 경향 간에 내적인 가교를 맺고 그것에 의해 그는 지조를 잃지 않고 피렌체 공화국의 몰락 뒤에는 메디치가의 공국에 기대를 걸었다. 그리고 메디치가를 위해 『군주론』을 저술할 수 있었다. 이 가교에 의해 그 직후 『로마사 논고』에서 공화주의적 실을 다시 짜고 공화정과 군주정을 저울질할 수 있었다.

그런데 현세를 기쁨으로 여기는 르네상스 정신에서 태어난 마키아벨리의 독자적 '덕성'의 윤리는, 또 일반적인 그리스도교적, 이른바 자연도덕에 대한 그의 관계 때문에 지난날에도 여러 번 논의의 대상이 되었다. 이로 인해 마키아벨리를 되풀이해 비난한 발단이 된 관계가 밝혀지기 시작했다. 우리는 그가 선악의 구별에 관한 그리스도교적 도덕의 주요개념을 지녔다고 말했다. 악한 행위를 권했을 경우 그는 그 행위에서 악하다는 빈사(賓辭)를 결코 제거하거나 위선적으로 꾸미고자 하지 않았다. 또 '덕성'이라는 그의 이상 속에 도덕적으로 나쁜 형태의 특질을 직접 넣고자 하지도 않았다.

자신의 동포인 시민을 살해하고 친구를 배반하고 성실 · 경건 · 신앙을 지니지 않음은 역시 '덕성'이라고 말할 수 없으며, 그로 인해 지배권을 손에 넣을 수는 있어도 명성을 얻을 수는 없다고 『군주론』 중 아가토클레스(Agathokles, 기원전 361 ~ 기원전 289)를 논한 제8장에서 말하고 있다. 그리고 마키아벨리는 그와 같이 행동하는 아가토클레스 속에 진정한 '덕성'과 '정신의 위대함'(grandezza dell'animo), 즉 뛰어난 지배자의 특성을 인정했다. 그러므로 마키아벨리의 '덕성'이 가진 윤리적 국면은 독립된 세계와도 같이 일반적인 도덕국면과 병존하고 있던 것이다.

그런데 그것은 그에게 국가, 즉 인간적 창조의 지상과제인 '정치생활'(vivere politico)의 생명의 원천이있으므로 한층 고차원적인 세계였다. 그에게 그것은 한층 고차원적인 세계였으므로 목적을 이루기 위해서는 일반의 도덕적 세계에 간섭하고 침해하는 일도 서슴지 않았던 것이다. 그럼에도 이러한 침해나 위반, 그리스도교적 의미에서 말하는 이들 '죄'는 그의 판단에 따르면 비도덕적이었으며, 결코 그 자체로는 '덕성'이 될 수 없었다. 그러나 우리가 이어서 더 명백히 관찰한 데 따르면 그 침해와 위반은 결국 '덕성'의 결과로 생겨날 수 있었던 것이다.

우리는 우선 마키아벨리의 '덕성'론, 그 비관주의와 이상주의, 기계론적 요소와 생명론적 요소의 주목할 만한 결합을 더욱 명백히 하자. 그는 『로마사 논고』(제1부 제4장)에서 인간은 '필연성'에 쫓기지 않을 경우에는 자진해서 선(善)을 행하지 않는다고 말한다. 그는 이어서 기아와 빈곤은 인간을 근면하게 하고, 법률은 선하게 한다고 말한다. 법률 위반에 가해진 형벌에 의해 정의는 인식되었다. 그리하여 마키아벨리에게서 도덕적 선과 정의는 바로 국가 강권에 의해 창출되고 또 창출될 수 있는 가치였다. 그에게 국가는 얼마나 높이 평가되고 개개인은 얼마나 낮게 평가되었던가! 그러나 이러한 경직된 실증주의적 인과관계를 그는 '덕성'의 정열, 즉 위대한 인간의 창조적 힘에 대한 신앙으로써 불타게 했다.

이들 위대한 인간은 그들 자신의 '덕성'과 그들이 부여한 지혜로운 질서에 의해, 인간의 평균수준까지 새로이 파생된 '덕성'으로 높일 수 있었다. 하지만 세계는 언제나 변치 않으며 모든 사상(事象)은 반복되고 '덕성'도 세계에서 무제한의 양으로 존재하는 것이 아니라 세계 속에서 여기저기 옮기고, 때로는 이 민족 때로는 저 민족이 우선적 담당자로 채택된다는 마키아벨리의 생각은 기계적이며 숙명론적이었다.

헤겔은 3세기 뒤에 세계정신이 때에 따라서 세계에서의 그의 사업의 지도를 위탁하는 '세계사적 여러 민족'에 관한 이론 속에 숙명론적 요소를 숭고한 진보와 상승의 철학 속에 삽입했다. 그러나 마키아벨리는 단지 고대에서만 소수민족이 특별한 양의 '덕성'에 대한 혜택을 받았으며, 근래에 이르러 많은 국민에게 분할되었다고 체념적으로 확인하는 데 만족했다. 두 세기의 유사성과 이질성은 이렇듯 동시에 명백히 나타난다.

이 두 사상가의 탁월한 안목은 살아온 정치적 세계의 붕괴에서 세계 사적인 힘과 업적의 원천, 담당자에게로 향했다. 즉 헤겔은 계몽주의의 세기가 일찍부터 낳은 낙천적인 진보의 신념을 품었다. 한편 마키아벨리는 그리스도교적 현세 멸시에 의해 예로부터 배양되고, 르네상스의 삶의 앙양도 파괴할 수 없었던 역사적 삶의 영원한 동질성에 대한 낡은 신념을 지니고 있었던 것이다. 그러나 르네상스의 삶의 앙양은 인간 세속성의 붕괴 및 멸시 아래서도 기세가 꺾이지 않고, 새로운 '덕성'을 대망할 만큼 충분히 강했다. 왜냐하면 마키아벨리에게서 '덕성'의 전개와 창조는 국가의 이상적 목적, 바로 자명한 목적이 아니었던가. 만약 그것이 아직도 가능하다면 몰락에 놓인 그의 민족이나 국가를, 재생시키는 일이야말로—그에 대한 믿음과 호의가 그의 마음속에서 거래되었다—그의 생애의 사상이었다. 그러나 이 새로운 정치적 이상주의에는 국가이성의 본질에 내재한 어려운 문제성이 붙어다니고 있었다. 이제 우리는 우리 본래의 과제에 접근한다.

중세적 · 그리스도교적 삶의 이상의 도덕적 · 종교적인 통합이나 유대에 틈이 벌어졌을 때 곧바로 동일한 통일성과 완결성을 지닌 새로운 세속적 이상주의를 수립하는 것은 물론 불가능한 것이었다. 왜냐하면 중세의 억압에서 해방된 정신이 일시에 너무나 많은 삶의 영역으로 넓혀진 까닭에, 그로부터 세속화된 세계가 다시 균형이 잡힌 통일체로 이해되고 포괄될 수 있는 어떤 두드러진 점을 곧바로 발견할 수 없었기 때문이다. 사람들은 때로는 여기에서 때로는 저기에서 발견자이며, 그때마다 발견된 것에 정열적이고 또 때로 지나치게 열중해 마음을 빼앗김으로써 새로운 체험과 삶의 종래 가치 사이의 모순이나 갈등을 제거하지 못했다.

그러한 발견자의 일면적인 정열은 특히 마키아벨리에게 특징적이었다. 그는 자신이 다른 때에 이미 생각하고 말한 것이 자취를 감출 만큼 그때그때 자기의 목표로 돌진했다. 주저하지 않고 때로는 과거의 광신적인 태도로, 극단적이거나 때로는 지극히 두려운 귀결을 그가 발견한 진리에서 꺼냈다. 그 경우 언제나 그 귀결이 자기의 다른 확신에 미치는 반응을 검토하지 않았다. 그는 또 실험적인 발견자로서 모든 이해관계자—가령 그것이 군주이건 군주의 적이건 가리지 않고—를 위해, '강한 약제'(藥劑) 혹은 '일반적인 규칙'을 찾기 위해 입장의 변화와 정치적 투쟁의 극히 잡다한 이해에 대한 적응을 사랑했다. 그러므로 그의 시시각각의 처방은 때로 일정한 정도의 상대주의임을 '감안해' 이해해야 한다. 마키아벨리 정신의 이러한 경향도 명심해야 할 것이다.

마키아벨리가 극복하지 않고 또 극복하고자 노력하지도 않았던 사상 세계에서 가장 격심한 불협화음은 그가 새로이 발견한 '덕성' 및 '덕성'에 의해 활력이 주어진 국가의 윤리적 영역과 종교나 도덕의 낡은 영역 간에 존재했다. 본질적으로는 자연적이고 다이내믹한 개념인 마키아벨리의 '덕성'은 일종의 '야성'까지 즐겨 포함했음을 부정할 수 없다. 그것은 아마도—순전히 르네상스적 사상에 뿌리박고 있어서—조정될 수 없는 자연의 힘에 그치지 않고 '규제된 덕성', 즉 합리적·합목적적으로 인도된 지배자의 힘과 시민의 덕성으로 높여져야 하는 것이었다.

국가의 '규제된 덕성'은 당연히 종교와 도덕까지 국가를 유지하는 기능으로서 높이 평가했다. 마키아벨리는 특히 종교, 물론 인간을 용감하게 하고 긍지를 갖게 하는 종교—그는 그것을 희망했다—의 불가결함에 관해 간절한 견해를 토로한 바 있다(『로마사 논고』 제1부 제11장, 제12장). 그는 언젠가 '종교·법률·군제'를 동시에 언급하면서, 국가의 세 가지 근본 지주라고 이름을 지었다(같은 책, 제2부의 서문). 그러나 이때 종교와 도덕은 그 독자적 가치의 서열에서, '덕성'에 의해 활력이 주어진 국가의 목적을 위한 단순한 수단으로 떨어졌다. 그러므로 그는 일보 그릇되면 지극히 위험한 충고를 했던 것이다. 그 충고는 이후 수세기 동안 대단히 무서운 영향을 끼치고, 정치가를 자극해 "사람은 오류와 기만이 섞인 종교도 지지해야 한다. 현명하면 할수록 그렇게 해야 한다"(『로마사 논고』 제1부 제12장)는 경건치 못하고도 불성실한 회의론에 빠지도록 만들었다.

그렇게 생각한 자는 더 이상 종교적인 근거를 지니지 못했다. 믿음직하지 못한 허위 종교까지 합목적적인 것으로 볼 수 있고, 도덕적 선이 동시에 공포와 습성의 산물로 생각된 경우 과연 삶에서 최후의 내면적 근거는 어디에 있는 것일까. 이러한 신성(神性)을 빼앗긴 자연 속 인간이 자연이 가진 모든 운명의 힘과 투쟁하기 위해서는 오직 그와, 자연이 그에게 부여한 힘만이 의지할 곳이었다. 마키아벨리도 자신의 상태를 그렇게 느꼈다.

그가 그러한 상태를 극복하고자 노력한 모습은 진실로 감동적이며 힘찼다. 저편에는 '운명', 이편에는 '덕성', 이와 같이 그는 그것을 파악했다. 『군주론』(제25장)에서 그는 많은 사람들은 오늘날 우리가 체험한 운명의 타격이나 예기치 않았던 변혁에 직면해 어떠한 지혜도 운명에 맞서서는 어찌할 바를 모르며, 사람들은 운명의 지배에 몸을 맡길 수밖에 없다는 생각을 지니고 있다고 말했다. 마키아벨리는 그 자신도 때때로 암담한 기분에 빠져 그렇게 느꼈음을 시인했다. 그런데 그는 어떠한 기분에 빠지는 것은 '덕성'이 결여된 까닭이라고 생각했다.

궐기하라. 그리고 운명의 격류에 맞서서 제방과 운하를 쌓아올려야 한다. 그렇게 하면 어떠한 흐름도 막을 수 있으리라. 운명은 우리가 하는 행동의 절반을 지배하는 데 불과하며, 다른 절반 혹은 그것보다 약간 적은 것만을 우리의 손에 맡겼다. "인간이 '덕성'을 약간 지니고 있는 경우 운명은 뜻대로 맹위를 떨친다. 운명은 끊임없이 변화하므로 공화국이나 군주국도 자주 변화한다. 공화국이나 군주국은 항상 변화해 마침내 언젠가 고대를 사랑하는 인물이 등장해 운명을 규제하기에 이를 것이다. 그렇게 되면 운명은 그가 다했던 것만큼 위세를 떨치지 못하리라."(『로마사 논고』 제2부 제30장)

내가 욕구하는 여인처럼 운명을 정복해야 한다. 대담하고 난폭한 사람들이 냉정한 사람들보다 성공할 것이다. 그러나 그 대담성은 최고의 지혜나 타산과 결합되어 있어야 한다. 어떠한 운명의 상태도 그에 적응할 특수한 방법을 요구하기 때문이다. 마키아벨리는 이 문제에 관해 깊은 명상에 잠겼다. 그 까닭은 실로 이 문제에 '덕성'과 인간의 힘과 한계가 동시에 나타나기 때문이다. 행동하는 개인은 확실히 그의 천성에서 탈피할 수 없다.

그는 본성이 명하는 대로 행동한다. 행동하는 개인의 성격에 의해 그 개인에게 지시된 동일한 방법이 저마다의 운명에 따라서, 그 개인에게 오늘은 행복을 낳고 내일은 불행을 낳는다 함은 이상과 같은 상황에서 유래하는 것이다(『로마사 논고』 제3부 제9장). 그러한 통찰은 한편으로는 그릇되어 숙명론을 초래하기 쉽다. 그러나 이러한 모든 구상이나 의혹은 탄력성 있는 활의 켕기는 힘에도 비유할 만한 작용을 마키아벨리에게 미쳤다. 그는 온 힘을 다해 그 화살을 당겼던 것이다.

적은 서로 그 무기의 사용법을 배운다. '덕성'은 '운명'을 격퇴할 사명을 지니고 있다. '운명'은 농간을 부린다. '덕성'도 부득이한 경우 농간을 부려도 좋다. 솔직히 표현하면 이것이 바로 마키아벨리즘, 즉 국가행동에서는 국가에 필요한 권력을 획득하고, 혹은 견지할 필요가 있을 경우에는 부당한 수단도 정당화된다는, 저 악명 높은 교설의 내면적·정신적 기원이다. 이제 스스로를 악마적인 자연의 힘으로 자각해, 이에는 이로 복수함은 초월적인 하늘의 빛 모두를 빼앗기고, 악마적인 자연의 폭력에 홀로 전쟁터에 남겨진 인간인 것이다.

마키아벨리의 생각에 운명을 제어하기 위해 '덕성'은 모든 무기를 쥘 만큼 충분한 내면적 권리를 지니고 있었다. 이때 어렵지 않게 인식되는 것은, 전경(前景)에서 이원론적 인상을 주는 이 교설이 그 배경과 본질적 핵심에서는, 모든 활력을 자연의 힘에 속하게 만드는 소박한 일원론에서 출발하고 있다는 것이다. 그런데 이 교설이야말로 마키아벨리가 국가이성의 본질에 관해 행한 발견의 전제가 된다.

그러한 발견을 하기 위해 그가 '덕성'과 '운명'과의 투쟁설과 동일하게, 명확하고 철저하게 생각하고 응용한 또 하나의 다른 교설이 부가되어야 했다. '필요'(necessità)에 관한 교설이다. '덕성' '운명' '필요'야말로 마키아벨리가 저서에서 놋쇠의 울림과도 같이 몇 번이나 높이 울렸던 세 가지 단어이다. 또 국가에 대한 군사적·권력정책적 요구의 전체를 결합시킨, '적당한 무기'라는 그가 자주 쓰는 말은, 그가 얼마나 풍부한 경험이나 사상을 종합하는 기술을 체득하고 있었는가를, 얼마나 그의 정신의 호화로운 건물이 단순하지만 힘찬 소수의 기초 위에 서 있었던가를 말해준다.

그에게 '덕성'과 '필요'의 관계는, 거의 근대철학에서 가치의 영역과 그 가치를 실현하는 수단이나 가능성을 부여하는 인과관계 영역과의 관계와도 같았다. '덕성'이 국가를 창건하고 유지하고, 그에게 정신과 의의를 부여하는 인간의 생생한 힘이라면, '필요'는 인과적 구속이며, 무기력한 대중을 '덕성'이 원한 형태로 인도하기 위한 수단이었다. 마키아벨리가 도덕의 기원을 '필연성'으로 귀착시켰음은 이미 본 것과 같다.

『로마사 논고』(제3부 제12장)에서는 다음과 같이 말하고 있다. 인간 행위에서 '필요'가 얼마나 유익하며, 인간의 행위가 '필요'에 의해 어떠한 명성을 얻기에 이르렀던가에 대해서는 이미 우리가 몇 번이나 논의한 바 있다. 또 몇몇 도덕철학자들의 저술에서 쓰인 것과 같이 인간을 숭고하게 하는 가장 중요한 두 가지 도구인 인간의 손과 언어는 '필요'에 의해 강요된 것이 아닌 경우에는 완전히 기능을 발휘하거나, 인간의 과업을 그 높이에까지 이르게 하지 않았을 것이다. 고대의 장군들은 이러한 필요의 덕성을 인식하고 병사들을 싸우지 않을 수 없는 상태에 이르도록 만들면서, 그 '덕성'에 의해 병사들의 마음에 과감히 싸우는 용기를 부여했다.

"나와 더불어 가자"라고 리비우스를 읽으면서(제4장, 28) 한 민족 지도자가 포위된 부하들에게 호소한다. "제군들은 궁극적이며 최대의 무기인 덕성에서는 적과 비등하나 필요에서는 뛰어나다." 마키아벨리는 이 말을 기뻐했다. 더 많은 '필요'가 있는 곳에는 더 많은 '덕성'이 있다고 그는 분명히 말했다(『로마사 논고』 제1부 제1장). 또 이성이 우리로 하여금 그것을 알게 할 만큼 강하지 않은 많은 사물에는 '필요'가 우리를 인도한다(같은 책, 제1부 제6장). 그리고 그는 '규제된 덕성'의 개념과 동등한 것으로서, 국가에서 제1급의 인적 자원을 낳는 것으로서 '법에 의해 규제된 필요'라는 동일하게 특징 있는 개념을 함께 설정했다(같은 책, 제1부 제1장). 그러므로 삶의 자연적인 힘에 언제나 따르는 것이 필요하나 동시에 힘을 조정할 필요가 있다.

××주의라는 별로 바람직하지 않은 수단을 취한다면 사람들은 마키아벨리의 체계를 자연주의, 주의주의(主意主義) 및 합리주의의 세 가지 화음이라고 부를 수 있을 것이다. 그러나 '필요'의 축복에 대한 그의 보편사적으로 심화된 신념이 없었더라면, 그 신념이 그에게 준 내면적 앙양이 없었더라면 마키아벨리는 역시 사람들이 '필요', 즉 국가의 필요의 저주라고 부를 수 있는 것으로서의 마키아벨리즘을 그렇게 단호한 결의와 확신을 지니고 세상에 고지하지는 않았을 것이다.

그것을 위해서는 그의 본질적인 또 하나의 특징인, 인습에 전혀 구애되지 않는 동시에 어떠한 심연 앞에서도 비틀거리지 않는 철저한 사유 방법이 부가되어야 했다. 아마도 그의 동시대인들도 일찍부터 도덕적 심연에도 비틀거리지 않고 모든 부정(不淨) 속을 태연히 넘나들기에 익숙했을 것이다. 생활에서 도덕적 감각이 일반적으로 둔해지는 일이 없었더라면, 즉 식스투스 4세 이래 여러 교황이나 알렉산더 6세가 무서운 자식 체사레 보르자(Cesar Borgia, 1475~1507)와 더불어 보여준 예가 없었더라면, 마키아벨리도 정치에서 비도덕적 수단을 사용하기 위해 그의 새로운 사상이 필요로 한 것과 같은 환경에는 부딪치지 않았을 것이다.

또 그의 사상이 새로웠던 것은 내용면이 아니라, 그가 감히 그 사상을 표명하고 세계관적으로 심화된 체계로 쌓아올린 것이다. 그때까지만 해도 이론은 주저하면서 실천을 추종한 데 지나지 않았기 때문이다. 예를 들어 나폴리 궁정에서의 폰타노(Pontano, 1426~1503)와 같이, 새로운 국가통치의 암흑면의 광경을 눈앞에서 본 인문주의자들은 공공 복지를 위해서는 간계나 기만도 허용할 수 있었으나, 곧 이어서 역시 고전적인 미사여구에 찬 정상적인 군주학의 서(書)라는 정석에 다시 빠져들었다.[15] 마키아벨리는 다음과 같이 말한다.

그런데 나는 실제로 유익한 것을 주고자 하므로 사람들이 사물에 관해 상상하는 것보다 사태의 현실적 진상을 추구하는 편이 더욱 타당하다고 생각했다. 많은 사람들은 지금까지 한 번도 본 일이 없고, 혹은 현실로 존재하는 것으로 인정치 않았던 공화국이나 군주국을 멋대로 마음에 그려왔다. 사람이 어떻게 살고 있는가 하는 것과, 어떻게 살아야 하는가 하는 것의 차이는 지극히 크기 때문이다. 즉 그 차이는 행해져야 할 일을 위해 실제로 행해지고 있는 일을 하지 않는 자가 자신을 유지하기보다 자신의 몰락을 초래할 만큼 크다고 하겠다. 즉 어떠한 상태에서건 선량함을 자신의 사명으로 여기는 자는 선량하지 않은 사람들 사이에서는 몰락하지 않을 수 없다. 그러므로 자기를 보위하고자 하는 군주에게서는 선량하지 않는 것도 배우고, 그것을 필요에 따라 사용하거나 혹은 사용하지 않거나 하는 것이 필요하다.

마키아벨리가 수세기 동안 개척자적 역할을 했던 순수 무전제의 경험론이라는 새로운 방법론적 원리를 『군주론』의 서문이 아니라 비교적 뒷부분, 즉 제15장에서 비로소 전개한 사실은 중요하다. 그 저작은 저술이 진행되면서 성장했기 때문이다. 우리가 논증하고자 한 바와 같

---

15) 브누아(Benoist), 「마키아벨리 이전의 이탈리아 국가」(L'Etat italien avant Machiavelli, 『양 세계(兩世界) 평론』(*Revue des deux mondes*), 1907년 5월 1일자, 182쪽; 플라츠호프, 앞의 책, 28쪽 참조.

이[16] 제15장은 『군주론』의 원형에 수록되지 않고 아마 가필을 계획했을 때 삽입한 것으로 생각된다. 피렌체 미술의 사실주의와 일맥상통한 새 원리는 이전부터 그가 사용해온 것이었다. 그리하여 『군주론』을 집필하면서 마키아벨리는 갑자기 자기가 새로운 길을 걷고 있음을 의식하게 되었다. 그의 생애에서 절정인 동시에 유럽 정신사의 전환점이라고 할 수 있을 것이다.

정신사는 이 경우 국가사(國家史)와 직접 관련이 있었다. 두 역사를 휩쓴, 말하자면 천둥과 같은 것이었다. 정치가 자신에게는 별로 새로운 것이 교시되지 않았다고 하더라도 그들이 교시되었음은 어떻든 참신한 일이었다. 역사적 경향은 그것을 원리로 파악함으로써 비로소 충분한 충격을 받아 이념으로 불리며 높여지기 때문이다.

그러나 새로운 과학적 방법의 적응 및 역사적 삶에 대한 가공할 만한 작용은 사람들의 마음을 뒤흔들 만했다. 군주로서는 선량할 수 없는 것도 배워야 한다고, 모든 인간적 삶을 지배하고 억제하는 '필요'는 요구한다. 사람들이 정치상의 도덕률을 단지 사실로서 위배한 데 불과한가, 혹은 이후 가능하게 되고 더욱 자주 나타나듯이 피할 수 없는 '필연성'으로써 자기의 정당함을 증명할 수 있었던가 하는 문제는 본질적으로 별개였다.

전자의 경우 도덕률은 그 절대적인 신성함 자체에서는 어디까지나 초경험적인 필연성으로서 손상되지 않았다. 그런데 이제 이 초경험적 필연성은 경험적인 필연성으로 인해 파괴되어 악이 선의 곁에 자리를 획득하고, 거기에서는 악이 이제 선으로 행세하거나 적어도 선을 유지하기 위한 불가결한 수단으로 행세했던 것이다.

그리스도교 윤리에 의해 원칙적으로 억제되었던 죄가 부분적으로 승

---

16) 『정치고전』(*Klassiker der Politik*), 제8권, 『마키아벨리, '군주론' 기타』(*Machiavelli, Der Fürst usw.*) 서론, 32쪽 이하. 샤보(Chabods)의 반론(『로마학 잡지』[*Archivum Romanicum*], 제11권, 1927)은 납득하기 어렵다.

리를 쟁취하고, 악마가 신의 나라에 침입했다. 근대문화의 전적인 분열, 즉 근대문화가 괴롭힘을 당한 초경험적 · 경험적, 또 절대적 · 상대적인 가치 척도의 이원론이 시작된 것이다.

그런데 근대국가는 이제 진정으로 그 가장 내면적인 삶의 충동에 의해 자기를 구속한 정신적 굴레에서 탈피해 세속적 · 자주적 권력으로서, 중세에는 도저히 생각할 수 없었던 합리적 조직이라는, 그 뒤 세기를 거듭할수록 점차 높아진 기적적인 업적을 이룩할 수 있었다. 그러나 근대국가는 처음부터 얼마나 만연된 내적 모순을 지니며 그 상승을 시작했던가. 근대국가도 그 존립의 기초로서 종교 · 도덕과 법 없이는 있을 수 없었으나, 국가가 자기 보전을 요구할 경우에는 그것들을 파손한다는 나쁜 예를 스스로 보였다.

"마키아벨리는?" 하고 사람들은 물을 것이다. 도대체 근대국가가 지니지 않을 수 없었던 이러한 모순이나 나쁜 작용을 느끼지 않았던 것인가. 마키아벨리는 모순을 느낄 수 없었다. '필요'에 관한 확고한 교설이 그에게 그 심연을 숨겼던지, 혹은 적어도 그가 믿었던 대로 그에게 다리를 놓아주었기 때문이다. 경우에 따라서는 군주에게 강요해 선량하지 않도록 한 것 같은 힘이 인간을 도덕적이 되도록 강요했다. 단지 필요에서만 인간은 선한 행동을 하기 때문이다(『군주론』 제23장).

그러므로 필요는 상처를 내는 동시에 상처를 치유하는 창(槍)과 같은 것이었다. 그것은 하여간 국가에 '덕성'만이 존재하면 필요한 도덕이나 종교도 또 국가에 주어지고, 다른 한편에서는 자체 결함이 감추어지도록 배려하는 인과적 메커니즘이었다. 이렇듯 '운명'에 대한 '덕성'의 투쟁에 관한 교설과 '필요'에 관한 교설은 군주가 부당한 수단을 사용하는 것을 내면적으로 정당화하고, 또 마키아벨리에 의하면, 그것을 해롭지 않게 하기 위해 서로 긴밀하게 혼합되고 있는 것이다. 마키아벨리는 어디까지나, 종교 · 도덕 및 법의 보편타당성을 무조건 고집했다.

『군주론』 중 가장 부아가 나며, 가장 악명 높은 장(章), 군주 특히 신

군주는 계약위반을 시인해 국가를 유지하기 위해 때때로 "성실·연민·인간성·종교에 반해 행동할 수밖에 없게 된다"고 한 제18장에서조차 마키아벨리는 군주는 가능하면 선의 길을 멀리 해서는 안 되며, 부득이한 상태에서는 악에도 동의함을 이해해야 한다고 강조했다. 그 경우 물론 "군주는 성실이나 정직 등 바람직한 도덕성을 모두 지닐 필요는 없으나, 꼭 그것을 갖고 있듯이 보여야 한다. 언제나 행사된다면 해롭지만, 갖고 있듯이 보인다면 유익하기 때문이다"라는 마키아벨리의 악명 높은 충고는 정말 좋지 않았다. 그는 그에 의해 옥좌 위 위선적인 악인을 정당화했던 것이다.

내면의 도덕적 태도가 힘과 결부되기만 하면 그러한 태도까지 군주에게 요구하고, 국가의 필요에 따라서는 국가이해와 개인도덕 간의 갈등을 스스로 짊어지고, 그럼으로써 비극적인 희생을 지불한다는 것은 마키아벨리의 목적이나 주요 사상과 완전히 일치했을 것이다. 그러나 뒷날 프리드리히 대왕에 의해 주어진 문제의 이러한 해결은 그 시대나 마키아벨리의 모든 사유방법에서는 아직 할 수 없는 일이었을 것이다. 내면적 갈등, 굴절, 비극적 문제에서 사유는 셰익스피어와 더불어 비로소 일어나는 세련된 근대적인 심리적 태도를 전제로 한다. 당시 정신은 모든 삶의 영역을 통하는 직선적인 길을 뚫는 것을 즐겼다. 그러므로 마키아벨리는 그리스도교 윤리의 직선적인 길을 나름대로 전적으로 동일하게 직선적인, 전적으로 국가이익의 목표를 향해 합리적으로 지향된 길로 보았고, 극단적인 귀결이 주는 그 특유의 기쁨으로 그 길을 주도면밀하게 계산했던 것이다.

그러나 그가 『군주론』에서 의도하고 있는 것은 진정 국가의 이익이었던가. 그것은 그가 그 은고(恩顧)를 필요로 하고 저 무서운 체사레 보르자가 추천한 방법으로, 새 군주국을 건립하기 위해 그 저서를 헌정한 메디치가를 위한 단순한 기도서에 불과하지 않느냐고 사람들은 마키아벨리에 대해 재삼 이의를 제기한다. 우리는 다른 부분에서 이러한 견해가 지나치게 편협함을 논증하고자 했다.[17] 마키아벨리로 하여금 그 책을 집필하게 한 저 개인적이며 현실정치적인 동기는 부정할 수 없으나, 그 속에는 처음부터 그의 국가철학과 야만인 손에서 해방된 이탈리아를 보고자 하는 소망도 섞여 있었다.

잔학과 불신을 합리적으로 행한 보르자는 과연 당시의 상황에서 실제로 필요한 권력정책 수단의 모범으로 간주되었다. 그러나 이탈리아에서 새로운 군주의 이상적이며 최고 모범은 위대한 민족적 해방자이며 건국자인 모세(Moses), 키루스(Cyrus), 테세우스(Theseus), 로물루스(Romulus)로 간주되었다. 『군주론』 전체는 첫 장부터 그릇되어 때때로 비유기적인 부록으로 생각된 마지막 장에 이르기까지, 통일된 근본사상에서 출발해 '운명'에 대한 '덕성'의 투쟁이라는 대주제를 기초로 하고 있다.

분명히 『군주론』은 기술적인 여러 장에서 마키아벨리가 단지 군주의 개인적 이익에 대해서만 듣는 귀와 보는 눈을 지닌 데 불과하다는 인상을 불러일으키기 쉽다. 이 점에서 그는 그때그때 '증명을 요하는 논제'를 일면적으로 고립시켜 지나치게 강조하는 스스로의 열정에 따랐다. 그러나 『군주론』을 『로마사 논고』나 그 밖의 모든 저술과 하나로 묶어 전체로서 보면 이러한 인상은 사라진다. 그리고 몰락에 처한 한 민족을 전제군주의 '덕성'과 '필요'에 의해 강요된 모든 수단의 지레의 힘에 의해 국가의 새로운 덕과 힘을 향해 재생시키는 것이 마키아벨리 본래의 가장 내면적 사상으로 생각되는 것이다.

국가이성의 본질에 대한 이 최초의 발견자가 국가이성이 도달하는 높은 곳이나 심연까지 남김없이 측정했음은 마키아벨리의 독자적이고 역사적인 강점이었다. 그는 인간의 야수성에까지 통한 그 심연을 잘 인식하고 있었다. "그러므로 야수를 인간과 동일하고 올바르게 사용하는 것을 이해하는 것이 군주에게는 필요하다."(『군주론』 제18장) 그는 이때 우리가 본 것과 같이, 그 철저한 사상가적 정열에 휩쓸려 스스로 야

---

17) 이미 언급한 『정치고전』, 제8권의 서론.

수성의 올바른 행사가 필요로 한 것보다 더욱 깊이 야수성의 혼탁 속으로 빠졌다.

그는 또 예를 들어, 위험한 이웃 나라로부터 위협받은 공화국을 침략 정책의 길로 이끄는 국가의 필요 속에, 순수한 객관적 필요뿐만 아니라, 권력에 대한 충동이나 욕망이 숨겨져 있음을 알고 있었다. "타국에게 받는 괴로움에서 침략의 야망과 필요가 공화국에 생겨난다."(『로마사 논고』 제2부 제19장)[18] 그러나 그는 노골적인 무신경의 권력욕, 즉 '추한 지배욕'(같은 책, 제3부 제8장)을 경멸하고 언제나 국가이성의 저 공리적인 중간지대로 상승했다.

그는 다음과 같이 충고했다. "획득할 수 있는 것만을 욕구하기 위해 냉철한 머리를 지녀라. 승리 뒤에도 오만하지 말고 오히려 그대가 강한 적과 맞설 경우에는 시기적절하고 협조적인 강화를 체결하라."(같은 책, 제2부 제27장) "또 말로 위협이나 모욕을 주어 적을 자극하지 말라. 위협은 적을 더 신중하게 하고, 모욕은 적의 증오를 높인다."(같은 책, 제2부 제26장) "이득도 없이 증오를 초래함은 사료 없는 일이며, 별로 현명한 일이 아니다."(같은 책, 제3부 제23장) "어떠한 사정이 있더라도 그대의 지배체계를 결코 민중의 끊임없는 증오 위에 쌓아 올려서는 안 된다. 오히려 유력한 자들의 노여움을 불러일으켜도 좋다. 왜냐하면 그들은 소수이며 그래서 더 빨리 규제될 수 있기 때문이다." 또 그는 "유력한 자를 절망시키지 않고, 국민을 만족시키는" 합리적으로 균형이 잡힌 방법을 권했다(『군주론』 제19장).

정치적 공리주의는 동시에 상대주의이기도 했다. 그는 역설했다. "오늘날 민중은 군대 이상으로 중요하므로 그들을 고려할 필요가 있다. 그러나 당시 로마 황제들은 민중보다 병사들에게 마음을 쓰지 않으면 안

---

18) 『군주론』(Principe), 제3장의 다음 구절도 참조. "대체로 획득하고자 하는 욕망은 지극히 자연스럽고 일반적이므로, 사람은 그의 능력이 허용하는 것을 행할 때에는 언제나 칭찬받을 만하며 비난받아서는 안 될 것이다."

되었다. 병사는 당시 민중보다 능력이 있었다."(『군주론』 제19장) "사방을 위압하는 성곽은 때에 따라서 유용하기도 하고 그렇지 않기도 하나, 민중의 증오를 받지 않는 것이야말로 언제나 최상의 성곽이다."(같은 책, 제20장) 그러나 어떠한 사물에도 항상 독자적이고 특수한 재해가 숨겨져 있는 법이다(『로마사 논고』, 제3부 제11장).

국가이성에 의한 모든 행동은 스스로 그곳에서 움직이는 불안과 변동 및 분열적 작용의 영역을 의식해야 한다. "어떠한 국가도 언제나 정확한 결정을 내릴 수 있으리라고 생각해서는 안 된다. 결정은 의심스러운 것임을 명심하라. 사람들이 다른 재해에 빠지지 않고는 한 재해로부터 면치 못함은 사물의 질서이므로. 그러나 지혜란 재해의 질을 평가하고 비교적 작은 악을 선으로 파악하는 데 있다."(『군주론』 제21장)

우리가 본 것과 같이 마키아벨리는 상대주의를 특히 국가형태에 적용했다. 군주정의 방향을 취한 『군주론』과 공화정의 색채를 지닌 『로마사 논고』 사이의 대립은 단순히 피상적인 것에 지나지 않는다. 국민 속에 맥박치고 있는 '덕성'의 정도에 따라 군주정 혹은 공화정이 적당한가가 결정되었다. 그러므로 마키아벨리가 불안정한 시대에 대해 군주정의 전제군주를 요구하고 그것을 국가의 필요로 보았음은 필연적인 귀결이었다. 그가 한 요구의 양도적(兩刀的) 성격, 바꾸어 말하면 그는 뛰어난 기교로써 군주의 수중에 놓인 군주정의 모든 권력수단이 순수한 개인적 권력욕으로 인해 자칫 남용되기 쉬운 가능성을 충분히 알고 있었다. 이 문제에 관해 『군주론』에서 그가 언급하지 않은 것은 당연한 일로 납득된다.

그러나 그는 『로마사 논고』에서는(제2부 제2장) 사적(私的) 복지에 대한 공공복지의 우위 및 그와 더불어 모든 국가 위세의 전제가 오직 공화국에서만 보장되어 있음을 숨김없이 말했다. 그는 때때로 빠지곤 했던 열정적 과장병으로써, 군주가 지배하는 도시국가에 대해, '군주가 이익을 고려해 행하는 일은 대체로 그 도시국가에 해롭고, 또 도시를 위해 군주가 행하는 일은 군주 자신에게 해롭다' [19]는 명제를 만들기에 이르렀다.

그러나 그 자신은 곧 그 극단적인 생각을 완화해 동양 지배자의 야만스러운 타입에 서유럽의 군주상을 대조시키고, 후자가 만약 인간적이고 정상적이라면, 자기에게 복종하는 여러 도시를 동일하게 사랑하고, 그 도시들을 옛 질서대로 두리라고 말했다. 그 경우 사람들이 보는 것과 같이 국가이성이 국가 내부의 생활에서는 비교적 보수적으로 관대한 태도를 취하고자 한 것도 마키아벨리의 국가이성의 본질에 속한다.[20] 그러나 그가 직접 위협을 받은 권력을 확보하기 위해 가차 없는 간섭까지 배제한 일은 없었다.

실제로 그의 정치적 구상의 수평선상에 "자기의 '덕성'에 의하건 질서, 즉 일반적 개혁의 '덕성'에 의하건" 몰락에 놓인 국가에 새 생명을 불어넣을 국가의 위대한 재생자라는 이상상(理想像)이 나타났다. 그러나 그가 출발점으로 삼은, 시대의 실제적 요구나 가능성은 직접적인 국내 저항의 극복, 즉 반란을 직접·간접으로, 또 합리적인 동시에 철저하게 제압하는 데 한정되었다. 후세의 균형 잡힌 절대주의의 모든 목표는 마키아벨리 시대나 그 자신에게는 아직 멀리 떨어져 있었다. 마키아벨리즘은 그 목표에 이르는 길을 분명히 개척은 했으나, 아직 그 자신은 목표를 목격하지는 못했다.

우리가 이어서 보듯이, 17세기에 국가이성의 주요 제목을 이루게 된 실정법(實定法)에 대한 국가이성의 우위도 마키아벨리에게는 아직 어떠한 역할도 하지 않았다. 반대로 현행법에 대한 원칙적 존중은 그가

---

19) 그는 그것에 관해서는 크세노폰의 논문 「전제정치론」(de turannide)을 읽도록 권했다. 이는 『전 국가학 잡지』(Staatswissenschaften), 제44권, 제40호에 수록된 엘링거(Ellinger), 「마키아벨리의 국가론의 고전적 자료」(Antike Quellen der Staatslehre Machiavellis)가 제시한 바에 의하면 크세노폰이 서술한 것으로 여겨지는 『히에론』(Hieron)의 대화이다.

20) 『군주론』, 제3장 중 다음과 같은 조언을 참조. "동일한 언어를 지닌 새로운 피정복국에서는 법이나 조세를 바꾸어서는 안 된다."

말하는 합리적 군주의 본질에 속했다. "인간이 오랫동안 그 아래에서 생활해온 법률이나 예로부터의 제도 및 관습을 타파하는 순간이야말로 국가를 상실하기 시작하는 시각임을 군주는 명심해야 한다."(『로마사 논고』 제3부 제5장)

이상 모든 것은 그의 시대의 테두리 내에서는 사실 한정된 목표밖에 지닐 수 없었으나, 전 국민의 공공복지를 생생하게 느낄 수 있었던 국가이성의 윤리적 높이에 마키아벨리가 서 있음을 말해준다. 마침내 국가이성에 의한 행동에서 가능한 한 최고의 윤리적 파토스로까지 스스로를 높일 수 있었던 것이다. 가령 윤리적 감정은 사람들이 조국을 구할 수 있다면 개인적 굴욕이나 오명도 거침없이 받아들인다는 점에 있다. 때로 그는 냉철한 공리주의와 더불어 그 점을 보였다. "보기에는 겁이 많고 손실로 여겨지나 핵심에서는 행복과 이득을 의미하는 결단을 하도록 대중을 설득함은 언제나 쉽지 않을 것이다."(『로마사 논고』 제1부 제53장)

그런데 그의 국가이성의 높이와 깊이를 매우 깊이 결부시킨 것은 『로마사 논고』의 결말(제3부 제41장)에 보이는 다음과 같은 말이다. 그리고 그것은 제1차 세계대전 중 한 위대한 독일 정치가의 귀에 메아리치지 않을 수 없었던 것이다. "사람은 '체면불구하고' 조국을 구할 때가 있다." "조국의 안전이 문제가 되었을 때에는 어떤 사상(事象)이 정당한지, 온건한지 잔인한지, 칭찬을 할지 비난을 할지를 고려할 필요가 없다. 어떠한 고려도 미루고 반드시 조국의 생명을 구하고 자유를 지킬 결의에 전폭적으로 따라야 한다."

＊　＊　＊

마키아벨리가 그의 사상세계 일부로만 역사적 삶에 영향을 끼칠 수 있었다는 사실은 위대한 사상가와 공통된 그의 운명이었다. 분명히 그는 경험과 역사 위에 정치를 쌓아올리고자 한 새로운 방법—그 방법은 일거에 종래 스콜라적·인문주의적 방법을 제거한 것이 아니라, 거의 2세기 동안 그 방법들과 혼합되어, 말하자면 그 사이를 우여곡절 끝에 지나가야 했음에도—에 의해 강력하고 끊임없이 영향을 미쳤다. 그러나 그가 품은 '덕성'의 이상은 곧 퇴색되었다. 그 이상의 모체를 이룬 르네상스의 이교적 삶의 감정이 '로마의 약탈'에 이어진 시대에 유지될 수 없었기 때문이다.

그와 더불어 그가 세운 국가통치의 윤리적 목표인 재생의 이념도 빛을 잃었다. 분명히 사람들은 마키아벨리의 공화정의 이상에 주목했으나, 그것을 갖가지로 오해했다. 예를 들어, "마키아벨리는 『군주론』에서 가식이 없는 묘사로 전제정치의 가면을 벗기고 그가 제시하는 독에 대해 경고하고자 했다"라는 견해가 일찍부터 나타났다.[21] 그 뒤 대체로 사람들은 그를 군주의 독을 조합하는 자로 보고 공공연히 비난하면서도 남몰래 이용했다. 거기에는 우리가 본 바와 같이 마키아벨리 자신이 그때그때의 문제를 일면적으로 고립시킨 방법을 취했으므로, 그 점에서 책임의 일단은 그에게도 있다. 그러나 정치적 재생의 이념은 당시 민중이나 군주의 능력과 의욕을 뛰어넘는 것으로, 그로 인해 그 이념은 붕괴되었다.

거기에서 비롯된 종교적 가치를 둘러싼 투쟁은 인간의 더욱 높은 영혼의 힘을 요구했으나, 마키아벨리의 고대—이교적 국가 이상주의는 반종교개혁 시대의 사람들에게 이해되지 않았으며, 르네상스의 세속적 정신을 스스로 전한 자유사상가에게도 이해되지 않았다. 그런데 그의 국가통치의 고대—이교적인 현실주의는 충분히 이해되었다. 바로 이 점에서, 과연 정신적 형성은 소박하게 작용하는 단순한 삶의 힘에 무엇을 부가할 수 있을까 하는 것이 분명해졌다. 정신적 구성은 이전에 이미 존재한 마키아벨리즘을 충분히 고찰하고 완결되고 세련된 체계로

---

21) 1532년의 기운타판 『군주론』 중에 이미 그것이 보인다. 버드판(1891)의 서문 가운데 버드(Burd)의 말. 36쪽.

조성함으로써 그에 발랄한 영향을 미쳤다.

격한 독성과 동시에 치유적 작용이 있던 도처의 야생식물은 말하자면 재배되고 개량되어 그 작용을 몇 배로 증대시켰다. 정치생활이란 시종 그러한 면모를 드러내고, 제시했으리라는 곧바로 납득할 만한 자명한 이치는, 그의 교설 속에서는 몰락을 원치 않는 군주는 여우 중의 여우여야 한다는 저 '필요'의 힘과 결합했다. 이 '필요'에서 사람들은 또 막연하나마─그야말로 두고두고 영향을 끼친 마키아벨리의 유일한 윤리적 요소였다─도덕적 양심에 대한 비도덕적 정치를 위한 한층 높은 변명을 감지했다.

그때 한편에서는 모든 종파의, 새로이 활기를 띤 그리스도교적 양심이 그에 저항해, 이제 우리가 서술해야 할 마키아벨리를 둘러싼 정신적 투쟁이 비롯되었던 것이다. 그의 국가이성론 속에 포함된 역사적·정치적으로 개체화되는 국가 고찰의 풍요로운 씨앗을 그 뒤 전개에서 고찰할 필요가 있을 경우, 우리는 다시 한 번 마키아벨리로 돌아가야 할 것이다. 그러므로 여기에서는 단지 그의 교설의 유포 및 '국가이성'이라는 표어의 요약에서 가장 중요한 외면적인 사실만을 지적하는 데 그치고자 한다.

『군주론』은 처음에 사본(寫本)으로 유포되었다. 1532년에 블라도가 로마에서 처음으로 인쇄를 기도하고 그에 이어 헤아릴 수 없이 많은 인쇄가 나타났다.[22] 블라도는 또 1531년『로마사 논고』의 초판을 인쇄했는데 그것도 마찬가지로 판을 거듭했다. 1552년 처음 공간(公刊)된 로마의『금서』리스트에 마키아벨리의 모든 저서를 실었다. 다음 해에는 재빨리『군주론』의 라틴어 초역이 바젤에서 나왔다. 그가 지은 저서의 유포는 막을 수 없었던 것이다.

---

22) 게르버(Gerber), 『니콜로 마키아벨리, 그의 저작의 사본판 및 번역』(*Niccolò Machiavelli, die Handschriften, Ausgaben und Übersetzungen seiner Werke*), 1912.

'국가이성'이라는 표어는 16세기 20년대 이래 서서히 전파되었다. 마키아벨리와 정신적으로 친했던 구이차르디니(Guicciardini, 1483~1540)는 '국가의 이성과 이익'에 관해 말했지만, 그가 과연 그에 대해 명확한 개념을 제시하고자 했는지는 의심스러운 수준이었다.[23] 사람들은 1525년 익명의 각서에서 '국가이성'에 관한 명확한 교설을 제시하는 최초의 증거를 찾았다고 한다. 그러나 그것은 그릇된 것이었다.[24]

---

23) 「피렌체의 제도에 관한 대화(1523년과 27년간의)」(Dialog über die Verfassung von Florenz[zwischen 1523 u. 1527]), 『미간행 저작집』(Opere inedite), 제 2권, 212쪽; 바르크하우젠(Barkhausen), 『구이차르디니의 정치이론』(Fr. Guicciardinis politische Theorien usw.), 1908, 89쪽. 구이차르디니는 여기에서 도시를 약체화하기 위해 피사의 포로는 하나도 남김없이 죽이라고 권했다. 그것은 분명히 그리스도교적 사상은 아니나, '국가이성과 이익'이 그것을 요구한다고 말했다.

24) 라만스키(Lamansky)는 『베네치아 국가의 기밀』(Secrets d'Etat de Venise), 1884, 529~533쪽에서 베네치아 박물관장 바로치 소유의 17세기 혹은 18세기의 사본에서 "군주들이 그들의 적의 지지자의 생명을 죽일 수 있음"이라는 표제를 단 익명의 날짜 없는 한 단편을 내놓았다. 거기에서는, 프랑스 왕 편인 페라라의 에르콜레 공(公)의 행동에 반대하는 카를 5세의 장군 페스카라 후작(1525년 사망)의 이른바 음모와 관련해, 이 음모에 관한 에르콜레 공의 항고가 근거 있는가 하는 여부가, 또 어느 정도까지 근거 있는가 하는 문제가 연구되고 있다.

그때 상세히 논의된 것은 "정치적 고려, 혹은 우리가 그렇게 부르고자 하는 국가이성"은 군주가 그 '국가'의 유지 혹은 확대를 무엇보다 높이 평가함을 필연적으로 수반하고 있다는 것이며, "또 여기에서 그 목적을 지니고 작용하는 모든 것이 국가이성으로서 불리게 되는 것이다. 그러나 이 고려는 국가에 대한 봉사·치안 및 지배의 영속성 이외의 무엇에도 구속되지 않고, 법을 해석하고, 습관을 고치고, 풍속을 바꾸고, 마치 심판관과도 유사하게 처리하는 것이다." 페스카라의 음모 자체는 실책할 수 없으며, 또 그러한 개개의 음모는, 죄없는 많은 자를 살육하는 전쟁만큼 악하지도 않으며 파괴적이지도 않다. 에르콜레 공은 단지, 페스카라가 이탈리아인으로서, 또 혈연자로서, 자기에 대해 그와 같이 기사도를 벗어난 행동을 한 데 대해 호소할 이유를 지닌 데 불과하다."

플라츠호프, 『16세기에서의 공권의 살인권능에 관한 이론』(31쪽)이 추측하고 있듯이, 이 문서가 동시대인들에게, 그러므로 예를 들면 늦어도 1525년에, 페스카라의 주변에서 이루어진 것이라면, 우리는 여기에서 '국가이성'에 관한 그 밖의 증거가 발견되지 않는 한 17세기에 '국가이성'에 관해 이탈리아의 저술가들이, 대주교이며 인문주의자인 카사(Casa, 1503~56)가 기존 표어의 존재를 16세기 중엽에 확인했음을 알고 있었다는 사실이 고집될 것이다.[25]

어떤 사정에서 그런 일이 일어났던가, 그에 관해 카사가 무엇이라고 해야 했던가 하는 점은 교시하는 바가 크다. 1547년 피아첸차가 황제의 손에 함락되었다. 황제는 그곳을 계속 손에 넣고 사위인 파르마의 옥타비오 파르네제 공에게 돌려주지 않았다. 베네치아에서 교황사절로 옥타비아 공의 조부인 교황 파울 3세를 섬기고 있던 델라 카사가 교묘한

완성된 이론의 최초의 중요한 증거를 갖게 될 것이다. 그러나 이 문서에 바로 이어서 '국가이성'이 언급되기까지 20년 이상이나 간격이 있으며, 1589년 보테로와 더불어 시작되는 '국가이성'의 이론적 규명까지는 더욱 수십 년이 헤아려진다.

나는 이 문서는 이 이론적 규명을 이미 전제로 하고 있다는 확고한 인상을 갖는다. 실증법에 대한 '국가이성'의 관계, '심판관'으로서의 국가이성의 파악, 국가이성의 정확한 정의를 내리고자 하는 노력, '전쟁의 이성과 국가의 이성'과의 구별 혹은 병치 등은 암미라토 이래 '국가이성'의 문헌(그에 관해서는 제5장 참조) 속에서 재삼 논의된 개개의 특징인 것이다. 한 사상가가 이미 1525년에, 1600년경에 유포된 문제를 모두 알고 있었으리라고는 믿어지지 않는다.

또 그 문서에는, 직접적 동시대사적인 색채가 결여되어 있다. 그것은 오히려 문학적 성격을 띠고 있다. 페스카라 사건은, 뒤에 파루타나 보칼리니(그도 한 번 페스카라 사건을 논했다)가 과거의 사건을 모델로서 취급함을 즐겨한 동일한 방법으로서, 하나의 모델처럼 논의되고 있다.

또 마지막으로, 그 문서의 서두는 저자가 그 제목에 관해 이미 이전에 논한 일이 있었노라고 지적하고 있다—요컨대 그것은 분명히 1600년경 국정에 관해 쓴 거의 헤아릴 수 없는 정치적 저작 중에서 한 사람의 비교적 긴 정치논문에서 발췌된 한 단편이다—에르콜레 공에 대한 페스카라의 음모에 관해서는 그 밖에는 이제까지 알려진 것은 없다. 플라츠호프가 의지한 시대의 뛰어난 전문가 브로쉬는 익명의 필자에 대해서는 의심하라고 권고했다.

25) 키아라몬티(Chiaramonti), 『국가이성론』(Della ragione di stato), 1635, 10쪽; 페라리(Ferrari), 『국가이성의 역사』(Hist. de la raison d'état), 서문 6쪽 참조.

말로써 황제 카를 5세에게 피아첸차를 돌려달라고 청한 것은 그에 이어지는 수년간의 어느 해에 일어났으리라.[26]

국가이성이 그것을 허용하지 않는다는 이의(異議)가 제기될 것이다. 그러나 그것은 그리스도교적·인간적 의견도 아니다. 마치 공정성이나 성실은 사람들이 나들이할 때에는 입지 않는 보잘것없는 일상복에 지나지 않는 것과 같다. 이성은 인생의 중대사에서도 지배해야 한다. 특히 국사(國事)에서 이성에 반하는 행동을 취하는 자는 자연이나 신에 거역해 행동하는 자이다. 국가를 인도하는 이성이 다른 어떠한 법률도 경시해 오직 이득만을 원한다면 폭군과 국왕, 인간과 동물의 차이는 어디에서 찾을 것인가. 오늘날 사람들은 '이익'을 '국가이성'이라고 부르고 있다. 그러므로 이에 따라 두 가지 종류의 이성이 만들어지고 있다. 하나는, 그에 '국가이성'이라는 이름을 부여해 국가의 지도를 맡기고 있는 약탈과 악덕을 지향하는 사악·허위 방종한 이성이며, 다른 하나는 사람들이 국가주권에서 추방해 재판사건의 해결에 국한하는 공정·정직·확고한 이성이다.

이제 카사는 이 혐오할 만한 교설의 의미에서는 오늘날 도저히 행동할 수 없음을 황제에게 명심시키고자 했다.

황제와 교황 간 피아첸차 분쟁문제에서 실은 모든 마키아벨리즘적 권모술수가 쌍방 간에 경합되었다. 옥타비오의 부친, 피에르 루이지 파르네제는 1547년 밀라노 황제 대리인의 음모로 살해되었다. 그런데 파르네제가는 복수심에서 황제에 대해 흉악무도한 음모를 꾸몄다. 그것을 교황 외교사절의 독자적이며 현명한 국가이성이 이 적절한 웅변 속에 감추어버렸다. 그러나 인간의 사유나 행동 속에 생겨난 간격 전체가 그의 말의 희미한 배경 속에 제시되어 있는 것이다.

---

26) 1707년판의 『델라 카사 저작집』(*Opere della Casa's*), 제2권, 125쪽 이하.

제2장 프랑스 최초의 마키아벨리 반대자 장티에와 보댕

만약 마키아벨리즘의 역사를 마키아벨리를 둘러싼 문헌상 분쟁의 역사에 결부시키고자 한다면, 그리하여 18세기에 요한 프리드리히 크리스트(Johann Friedrich Christ, 1700~56)가 주목할 만한 마키아벨리에 관한 저서(『니콜로 마키아벨리론』 3권, 할레, 1731)에서 개척하고, 이어서 몰(R. v. Mohl, 1799~1875)이 『국가학의 역사 및 문헌』의 제3권에서, 빌라리가 마키아벨리에 관한 저서 제2권에서, 버드가 간행한 『군주론』(1891)에서 취한 길을 새삼 걸을 수도 있을 것이다.

그렇게 하면 결국 한 무리의 3류 및 4류 사상가들과 관련을 맺지 않을 수 없게 된다. 확실히 역사에 대해 마키아벨리가 내린 판단의 역사는 역사적·정치적 사유의 변천에서 일반사의 한 단편을 의미한 것이지만, 마키아벨리가 독자적 개성을 지니고 제기하는 특수한 여러 가지 문제에 지나치게 구애되어, 이전 세기 간의 기이하고 가식적인 해석을 때로는 귀찮게 일일이 논의하지 않으면 안 될 것이다. 그러므로 마키아벨리의 개성에 구애받지 않도록 연구를 진행시키고, 그 대신 마키아벨리에게서 두드러진 정신의 영향을 추구하는 것이야말로 실로 풍요롭고 보람 있는 일이라고 할 것이다.

마키아벨리의 교설은 검에 비유될 수 있는데, 그 검은 서구적 인간의 체내에 깊숙이 박혀 그들은 비명을 지르고 당황했다. 거기에서는 단지 자연적 · 도덕적 감각에 피가 날 정도로 상처를 입었을 뿐만 아니라, 모든 교회나 종파의 그리스도교적 심정, 따라서 인간과 모든 민족의 더할 바 없이 강력한 통일 유대, 그들 속에 군림하는 최고의 정신적 권력이 치명적인 위협을 받았음을 느끼지 않을 수 없었으므로 바로 그러한 감이 강했다.

에른스트 트뢸치가 그리스도 교회에 관한 사회이론에서 제시한 것처럼 교회윤리는 중세 가톨릭적인 것이나 근대 프로테스탄트적인 것도 속된 국가통치가 스며들 수 있는 특정한 입구와 여지를 제공하고 있었음을—가톨릭적 윤리는 상대적 가치가 있는 자연법을 인정하고, 현세의 자연적 의무나 책임을 시인함으로써, 한편 루터는 악인에 의해 가장 강력히 행사되기 위해 관헌의 손에 검을 쥐게 한 직업윤리에 의해서, 칼뱅은 감각적 충동의 합리적인 합목적성 및 훈련에서 파생된 정신에 의해서—그릇 인식해서는 안 된다.

이 틈의 내부에서 정치적 인간이 어느 정도 자유로이 움직일 수 있게 되었다고는 하나 좁은 한계가 있었다. 모든 정치는 결국 최고의 종교적 목표에 봉사해야 하기 때문이다. 그런데 이러한 봉사가 이제 마키아벨리에 의해 가장 심각한 위기를 맞았다.

게다가 그 밖에 삶의 힘이 희미한 본능적 반응에 의해 마키아벨리에게 저항했다. 마키아벨리즘이 충분한 범위에 걸쳐, 어떠한 장애도 받지 않고 국가생활을 지배한 경우 어떠한 현존의 상태도, 어떠한 법도, 어떠한 생활의 이해도 근본에서 문제시되었다. 정치적 합목적성은 일단 유사시에는 어떠한 울타리도 넘는다는 마키아벨리즘에 내재된 사상은 부식성을 지닌 독으로 생각되었다. 주위를 의식해 마키아벨리즘적 행동을 취한 사람들까지 다른 사람들마저 그러한 행동을 취하고 또 만인이 그렇게 생각하는 것을 원치 않았다.

그들은 이 위험한 이성이, 나야말로 그것을 쓸 자격이 있노라고 생각한 극소수가 비교적(秘敎的) 비밀에 그치기를 원하든, 혹은 이 교설에 더욱 해롭지 않고 불쾌하지 않은 모습을 부여해, 감추어진 모습 아래 스스로는 훌륭한 양심을 지니는 동시에 대중의 양심을 보호해 보편적 도덕을 유지할 수 있도록 원하든 그 어느 쪽이 될 수밖에 없었다. 마키아벨리즘을 주목하는 데는 이렇듯 두 가지 다른 방법이 전개되었다. 한편의 사람들은 그것을 흉악한 적으로 간주해 저돌적으로 대항했다. 또 다른 한편은 외형상으로는 그와 싸웠으나 실제로는 남몰래 차용했다.

이상 우리는 그 유형을 대강 특징지었다. 여기에서 문제시되고 있는 동기나 삶의 다양성은 각별하다. 그 문제는 더욱 진지하게 마키아벨리즘과 맞서 각자 삶의 심연을 자극하는 성질을 지닌다. 그런데 행동을 능사로 하는 정치가는 누구나 이제까지 자기는 마키아벨리의 교설을 사용하고자 하는가 어떤가, 쓴다면 어느 범위 안에서인가 하는 문제에 당면하게 되었다. 이 문제의 역사를 사람들이 이용하고자 한다면 이용할 수 있는 예는 헤아릴 수 없이 풍부하다. 우리에게 중요한 것은 여러 동기의, 특히 풍요하며 명확한 결함을 제시하는 여러 현상을 도출하는 것이었다.

이때 우리에게 가장 흥미로운 대상은 마키아벨리즘과 반마키아벨리즘이 그의 내부에서 서로 밀접하게 접촉될 사상가나 정치가일 것이다. 왜냐하면 그들은 스스로 분열을 드러내면서 마키아벨리즘에 의해 역사적 삶 속에 들어온 비극적인 분열성, 즉 마키아벨리즘에 내재한 독과 치유력의 나눌 수 없는 운명적 결합을 반영하고 있기 때문이다. 그런데 또 마키아벨리즘에 대해 단순하면서도 불굴의 생각으로 싸운 소박한 사람들도, 아무리 엄밀한 선택을 하더라도 특이한 배경을 반영하고 있는 한 취급하는 것이 당연할 것이다. 수세기 동안 추린 이들 개개의 경우는 그 의의와 강력함에서 과대평가가 있을 수 없는 거대한 역사적 전 과정의 상징으로서 도움이 된다.

우리의 길은 처음에는 종교전쟁의 프랑스에, 저 위그노파 인노첸츠 장티에(Innozenz Gentillet)에게 이른다. 장티에는 1576년에 익명으로 『왕국 혹은 다른 군주국을 잘 통치하고 평화롭게 유지하는 방법에 관한 논고, 군주를 옹호할 회의 · 종교 · 경찰의 세 편에 나누어—피렌체인 니콜로 마키아벨리에 대한 반론』이라는 표제의 저서를 간행했다. 그는 이 책을 앙리 2세와 카트린 드 메디치 사이에서 태어난 네 아들 중 막내인 프랑수아 드 알랑송 공에게 헌정했다.

공의 세 형 프랑수아 2세, 샤를 9세 및 앙리 3세는 내리막길의 비운을 짊어지면서 연이어 왕위에 올랐다. 프랑수아 드 알랑송은 위그노는 아니었으나 그의 모친의 정적이며, 5년 뒤에는 네덜란드인의 반란 지휘를 교섭받자 감히 그것을 받아들일 정도로 야망이 있는 자였다. 당시 왕위계승자였던 그에게 장티에는 15년 전부터 프랑스를 휩쓴, 새롭고 이교적인 전제정치를 종식하고 옛날 프랑스의 독자성을 다시 부활시켜 주기를 간절히 희망했던 것이다. 그런데 그는 이국적인 전제주의라는 말로 프랑스에서는 이탈리아인 및 이탈리아화된 프랑스인들의 전제정치, 즉 카트린 드 메디치와 그녀의 궁정에 사는 이들에게 쓰이고 유포되어 훌륭한 프랑스 국민을 송두리째 부패시킬 염려가 있는 마키아벨리의 악랄한 새 교설을 이해하고 있었다.

앙리 2세의 죽음(1559) 이래 비로소 마키아벨리의 이름과 명성은 프랑스 국내에 알려지게 되었다. 그로부터 처음으로 이 나라는 이탈리아풍으로 피렌체풍으로 통치되었다. 마키아벨리의 여러 저서가 15년 이래 기도서가 마을의 사제의 손에 쥐어진 것처럼 궁정인의 손에 쥐어졌음은 널리 알려진 사실이다. 1577년 마키아벨리 저서의 라틴어 역자는 왕비 카트린이야말로 마키아벨리의 독을 프랑스에 전파하기 위한 악마의 도구였다고 죄를 그녀에게 뒤집어 씌웠다.[1]

이 책은 같은 연대에 씌어진 위그노의 반전제주의자 투쟁문서처럼 자식과 부친이, 형제가 서로 싸운 시민전쟁이나 종교전쟁의 흥분된 심

---

1) 이러한 주장을 한 것은 이 라틴어 역자로서, 크리스트(Christ)의 『니콜로 마키아벨리론』(De N. Machiavello), 1731, 33쪽 수록을 음미하지 않고 여러 번 씌어진 인용에 기초를 두어 사람들이 가정한 것처럼 장티에 자신은 아니다. 그것은 1577년에 헌정된 편지에서도 제시되어 있다.

정의 전율이 구석구석까지 침투되고 있다. 그것은 바로 1572년 바르텔미의 밤에 대한 분노의 정신적 결산이다. 장티에는 사건의 기원을 궁극적으로는 마키아벨리의 교설에 돌렸다.[2] 그의 생각은 전적으로 정당하지는 않았으나 그렇다고 아주 부당한 것도 아니었다. 카트린 드 메디치가 1572년 이전에 마키아벨리를 연구했는지 어떤지는 분명하지 않다.[3]

여인다운 사소한 정열과 약점이 강하게 물든 그녀의 정치는 앞서 마키아벨리가 군주를 위해 세운 엄격하고 철저한 합리성을 지닌 관념에 결코 합치된 것은 아니었다. 그녀는 그가 태어난 고향 땅에서 마키아벨리와 같은 공기를 마시며 태연하게 군주에게 살인권이 있음을 확인했다. 그녀는 바르텔미의 밤을 미리 음모한 것이 아니라 자식인 샤를 4세에 대한 영향을 두려워한 나머지 갑자기 불안이 고조되어 그 같은 일을 저질렀던 것이다.

그녀를 움직인 것은 단순히 여인다운 지배욕과 복수욕이 아니었다. 종교적 광신에 휩쓸리지는 않았다 하더라도 젊은 왕을 그 속박 아래 끌어들이기 시작한 콜리니(Coligny, 1519~72) 아래서 프랑스를 새롭고 무모한 길로 몰고 가고자 한 모든 정치제도와 싸웠던 것이다. 비열한 개인적 동기가 그녀의 마음에서 우위를 차지했는지는 몰라도 그것은 막연하나마 국가이성의 억압적인 동기와 불가분 관계가 있었다. 이것이야말로 국가의 순수한 권력 유지의 권리가 밑바닥의 모든 악령 간에 맺을 수 있었던 저주할 만한 친분을 말해주는 극히 무서운 예 가운데 하나라고 할 것이다.

이런 경우 직접 그에 휩쓸려 격앙된 적은 어느 정도 국가이성이 작용하고 어느 정도 격정이 작용했는가를 객관적으로는 구별하지 않고, 단

---

2) 나쁜 이탈리아의 영향, 특히 마키아벨리에 의해 좋은 옛 프랑스적 기질이 부식됨을 본 편협한 자국 문화 옹호주의의 민위(conmon view)를 말하는 그 밖의 증거는 라테리(Rathéry)의 『프랑스 문학에 끼친 이탈리아의 영향』(*Influence de l'Italie sur les lettres françaises*, 1853), 129쪽 이하에서 볼 수 있다.

3) 플라츠호프, 『16세기에서의 관헌의 살인 권능에 관한 여러 이론』, 62~63쪽.

한 마디 비명을 지르고 그 행위의 죄스럽고 유일한 동기를 호소하는 것이 상례이다. 그런데 주목할 것은 장티에는—위그노로서는 그럴싸하지만—그 행위와 시민전쟁의 궁핍의 책임을 종교적 광신으로 돌리지 않고 마키아벨리즘의 무신론적이며 반도덕적인 정치에 돌렸다.

그는 논했다.[4]

마키아벨리는 신하들 간에 불화의 씨를 뿌리도록 권한다. 다른 나라 사람들이 우리 사이에 씨를 뿌린 교황파와 위그노 간의 불화 이외에 프랑스에서 일어난 불행의 원인은 어디에 있는 걸까. 그 책임은 종교의 차이에 있는 것이 아니다. 종교의 차이라면 논쟁이나 협의에 의해 취급되었을 것이기 때문이다. 마키아벨리를 존경한 교황파는 사실 교황파가 아니라 그들의 스승과 마찬가지로 신이나 악마를 조금도 유의하지 않는 무신론자인 것이다.

그런데 이 위그노가 종교적 대립의 과격함이나 의의 전반을 약화시키고자 했다면,[5] 그들은 스스로 의식하지 않고 정치적 합목적성의 법칙에 따라서 행동하지 않았을까. 그들 당파는 국민 가운데 약한 소수에 불과했으므로, '정치가'의 정파 내에서 결집되고 있던 온건한 가톨릭 신도 사이에서 신뢰와 호의를 얻은 경우에만 자기 세력의 신장을 기대할 수 있었기 때문이다. 그 저서가 프랑수아 드 알랑송 공에게 헌정된 사실이 그것을 시사한다. 이 책이 햇빛을 본 바로 그해, 1576년에는 정치가와 위그노의 접촉이 각별히 긴밀했다.

사람들이 뜻하지 않게 국가이성에 좌우되고 격분하면서 그 원칙에서 멀어짐은, 국가이성에 의한 행동에서의 특수한 사실이며, 역사에서 되

---

4) 534쪽, 542쪽도 참조.
5) 그 점에 관해서는 특히 149쪽 이하 참조. "가톨릭교나 신교도 꼭같이 그리스도교로 이해되어야 할 것이다. 차이는 겨우 두세 가지가 있을 뿐이다."

풀이해서 일어나는 현상이다. 의식이란 단지 불완전하게 자기 자신 삶의 내면적 조직에 침투되게 마련이다. 정치란 특수한 삶의 영역으로서, 그 내면의 순수한 합목적성에 따르는 행동이야말로 자연적이며 유기적임을 장티에는 결코 받아들이지 않았을 것이다.

그가 인정한 것은 인간 행위가 따를 수 있으며, 국가행위도 따라야 하는 세 가지 종류의 입법, 예를 들어 마키아벨리의 충고에 따라서 피정복국 주민들을 그 나라로부터 추방하는 것을 금하는 자연법, 그리스도교의 여러 규정과 실정법, 특히 개별적 국가의 기본법뿐이었다. 그가 군주의 '절대적 권력'이라고 칭한 것도 이들 세 가지 입법의 한계에 머무를 수밖에 없다.[6] 그러므로 군주는 살리카 법전이나 3신분을 철폐하거나, 왕관으로써 맺어지고 있는 국가들을 멀리해서는 안 된다. 그런데 장티에는 '절대적 권력'을 광범위하게 확대하고자 하는 마음이 있었으므로 군주에게는 신하의 동의가 없어도 전쟁이나 증세를 할 권리가 있다고 말했다. 그러나 그는 일반적으로 '시민적 권력'이라고 부른 것에 따라서 행동하는 편이 더욱 바람직하다고 말했다.

이 시민적 권력은 이성·법·공평에 의해 제한된다. 그가 또 군주의 권력은 민중에서 위탁된 것이라고 생각했음을 부언한다면 우리는 결론적으로, 그것은 프랑스 왕권의 절대주의적 경향을 시인하면서도 갖가지 신분법이나 영향력에 의해 그것을 제한하고자 한, 철저하지도 완전하지도 못한 시도였음을 알게 된다. 그러나 마키아벨리즘이 요구한 권력의 자유로운 움직임은 장티에에게는 전율할 만한 것이었다.

만약 마키아벨리에 대한 장티에의 논쟁을 단지 그 논의의 내면적 힘이라는 점에서만 헤아리고자 한다면 극히 가치가 없는 일로 생각될 것이다. 전적으로 그것은 오만하고 말이 많은 오해 투성이였다. 장티에는 『군주론』과 『로마사 논고』만을 알 뿐이었다. 그중에서 일련의 문장을 끄집어내 도마 위에서 산산조각을 낸다.

---

6) 47쪽 이하 참조.

그 경우 말을 억지로 끌어다 붙여서 때때로 그 문장에는 없던 더욱 일반적인 의미를 부여하고, 그 시대의 폐습에 따라서 그것을 부정하는 데 닥치는 대로 고전 및 근대의 문헌에서 빌린 권위 있는 견해나, 수다스러운 필요 없는 말들에 의존했다. 그리스도교적 도덕 및 자연적 도덕은 분명히 그에게는 실정법과 더불어 갖가지 정치적인 것을 판단하는 유일한 척도로 생각되었다.

모든 권력관계는 도덕관계로 재해석되고 도덕적 규정과 현실세계 간의 모든 차질은, '성실이야말로 장구한 생명을 지닌다' '잔인한 폭군의 장기적 지배는 있을 수 없으며 신은 성실하지 않은 자에게는 반드시 형벌을 내리고 그것도 대개는 이 세상에서이다' 등등의 문구로 감추어졌다. 군주는 사랑받기보다 두렵게 하라고 한 마키아벨리의 견해를, 장티에는 두렵게 하는 동시에 사랑받는다는 두 가지 일을 실현하는 일만큼 쉬운 일은 없다는 진부한 말로 반박했다. 그리고 사람을 살해하는 군주는 피해자의 유산을 아이들에게 주는 것이 좋다는 마키아벨리의 현명한 충고에 대해 훌륭한 인간은 항상 명예나 생명을 재산보다 높이 평가하리라고 말했다.[7]

그러나 이 판단 속에는 일찍이 장티에가 논의한 약점이나 삶에 대해 부자연스럽고 서먹서먹한 태도에도 불구하고, 그의 반마키아벨리 투쟁을 역사적으로 주목할 만한 것으로 만들고 있는 원인이 나타나 있다. 두 가지 삶이 여기서 불과 물처럼 서로 맞섰다. 반기를 휘날리며 궐기한 것은 단지 경건한 위그노뿐만 아니라 특히 기사적으로 살고 생각한 프랑스인이었다. 그들은 군주의 저주스럽고 냉혹한 이해타산만으로 국가가 지배될 경우, 자기의 세계 전체와 삶의 태도, 즉 자기가 속한 신분의 풍속·명예·이해와 옛날법이나 특권을 향수하는 모든 평화스러운 안전이 위협받음을 분명히 알고 있었다.

이때 잊어서는 안 되는 것은 위그노 운동은 일찍이 60년대 초 신분

---

7) 앞의 책, 383쪽.

적·귀족주의적인 이해와 동맹을 맺고 있었다는 사실이다. 이제 분명히 신성동맹을 맺은 가톨릭의 반대 진영에서도 신분사상이 활발해지고, 그로 인해 양파(兩派)에 대한 왕권의 관계가 지극히 불안하고 분열되었으므로 갖가지 대립이 얽혔다. 카트린 드 메디치와 그 자식들의 운명이 말해주듯이, 그것은 마키아벨리에 의해 제시된 길에 의거해 격한 절대주의를 부흥시키기에는 내면적으로 너무 약하고 지나치게 분파나 당파에 좌우되었다.

그러나 절대주의 경향은 그 몇 해 동안의 피비린내나는 혼란 속에서도 결코 사라지지 않았다. 위그노의 반전제주의자 오트만(Hotman, 1524~90)과 모르네(Du Plessis Mornay, 1549~1623)는 깊은 역사적 본능에서 프랑스의 절대주의 이념에 반대해 아수라와 같은 투쟁을 전개했다. 장티에는 군주의 '절대적 권력'을 시인했음에도 그들의 전우로 간주되었다.

그는 소박하고 발랄한 삶의 감정을 지니고 귀족적·신분적 세계를 비호하면서, 그런 경우 동시에 깊은 본능을 갖고 마키아벨리즘 속에서 가장 심술궂은 적을 발견했다. 마키아벨리가 국왕의 무제한적인 강권이야말로 인간의 극심한 부패를 규제하는 유일한 수단이라고 공언했을 때(『로마사 논고』 제1부 제55장), 그는 다름 아닌 나폴리, 교회국가, 로마니아, 롬바르디아의 귀족 성주들을 진정한 정치상태에서도 최악의 적이라고 말했다.

이에 대해 장티에는 말했다.

그것은 이탈리아에 대해서는 타당할는지 모르나 알프스의 이쪽 제국에는 전혀 해당되지 않는다. 프랑스나 그 이웃 제국에서 강력히 법을 옹호하고 그에 복종토록 하게 하는 것은 실로 귀족적이다. 귀족은 마키아벨리가 염두에 둔 정치상태, 즉 전제국가에 대해서만은 사실 위험한 존재일는지 모른다. 그 증거로 우리나라 영주들은 전제국가에 대해서는 예로부터 격렬하게 반대했다. 오늘날 전래되고 있는 마키아벨리스트에게는 대단히 재미없는 일일는지 모르나…….

프랑스는 귀족에 대한 고등법원의 대항 압력이 없다면 해체되었으리라는 마키아벨리의 판단(『로마사 논고』제3부 제1장)에 장티에는 분개했다. "프랑스는 고등법원이 존재하지 않았던 이전에도 꼭 같이 빛나는 통치의 모습을 보여주었다. 아니, 더욱 빛나게 더욱 훌륭하게 통치되었다." 프랑스에 새 법정과 재판관의 지위가 있는 까닭은 무엇인가 하고 장티에는 의문을 제기한다. 재판관이 많으면 많을수록 소송이나 쟁점이 많은 법이다. 군주는 또 절대로 거창한 나라의 보배를 몸에 지녀서는 안 된다. 그렇게 되면 고의로 적을 만들고 싸움을 유발하는 원인을 만들 뿐이다. 결코 상실될 염려가 없는 군주의 진정한 부(富)란 곧 신하라는 부이다.[8] 그는 거의 모든 것에 걸쳐 군주제의 내면적 권력 신장의 앞길을 가로막았음을 사람들은 간과하지 않는다. 도처에서 그는 이러한 권력신장이 마키아벨리의 이념에 뒷받침되고 있음을 알아차렸다.

마키아벨리의 방법에 의한 군주의 대외 권력정책·전쟁정책·침략정책에 반대해 그는 도덕적·종교적으로 진부한 말을 퍼붓고 부질없이 그것을 남용했다. 단지 한 번만, 진부한 언사 중에서도 특색 있는 고백을 한 일이 있다.[9] "특히 이국 땅에서 벌어진 대외전쟁에 관한 한 그 전쟁들은 그다지 나쁘지는 않을 것이다. 그것은 유사시를 대비해 항상 훈련받은 병력을 확보하게 된다. 프랑스 국민들처럼 만약 신민(臣民)이 호전적 자질을 지니고 있거나, 또는 자칫 자기들까지 싸우게 되는 경우에는 특히 유의해야 한다."

내란을 없애기 위한 수단으로서 대외전쟁, 바르텔미의 밤과 더불어 그림자가 사라진 콜리니의 정치강령 중에 이미 그와 비슷한 사상이 움트고 있었다. 그것은 장티에가 여기에서 원치 않으면서 행한 국가이성

---

8) 앞의 책, 633쪽 이하, 564쪽 이하 참조.
9) 같은 책, 267쪽.

의 정신에 대한 제2의 양보가 아니었을까. 우리는 또 하나 다른 역사적 동기, 그로부터 마키아벨리즘에 대한 가장 격렬한 혐오의 감정이 흘러나온 동기를 추측해도 좋을 것이다. 그것은 또한 그의 체내에 맥박치고 있던 기사적 · 프랑스적인 혈통이었으며, 그대로 몰락하기에는 참을 수 없는 기사직(騎士職)을 향한 기호였다. 가령 그가 지나치게 싸움을 좋아하지만, 프랑스 귀족에게 학문에 대한 기호와 그 정도는 아니더라도 순수한 계보를 자랑하는 긍지를 희망했다고 하더라도, 이러한 인문주의적인 요구 또한 그의 본질을 조금도 바꾸지 못했다.

전통적 · 특권적인 생활을 즐기면서, 교회적 · 종교적 힘에 구속되는 것은 그런 대로 기쁨과 헌신으로써 견딜 수 있었으나, 마키아벨리즘이 초래하고자 한 전제주의 국가의 새로운 속박에는 막연한 분노로 저항했던 것은 그가 정말로 중세적 인간이었던 까닭이다. 그리스도 교도도, 기사도 국가이성이라는 냉혹한 괴물에 관해 아무것도 알고자 하지 않았던 것이다.

* * *

장티에가 서서를 출간한 1576년에 그보다 위대한 프랑스인 장 보댕(Jean Bodin, 1530~96)은 최초의 『국가론』 프랑스판을 들고 등장했다. 지난날 마키아벨리에게서와 같이 거대한 정치적 동요의 풍부한 결과가 나타나고 있었다. 국가권력을 둘러싼 내란과 전쟁에 몰두한 동일한 프랑스 세계가 동시에 마키아벨리에 대한 전혀 다른 두 개의 대답을 낳게 한 것이다. 그 하나는 과거로부터 연유한 것이며, 다른 하나는 생성되고 있는 미래로부터 연유한 것이다.

장티에에게, 일어나고 있는 근대국가 속에 포함된 독에 대해 항의한 것은 낡은 삶의 힘이었다. 근대국가 자체의 기반에서 그 독을 정화한다는 것은 생각할 수 있었을까. 국가이성의 이념 속에 존재한 모든 건설적 · 창조적인 힘을 강력히 긍정하는 한편 파괴적 · 부패적 요소를 배제할 수 없었을까. 그러기 위해서는 물론 마키아벨리와는 전혀 다른 출발점에서 이 문제에 대처해야 했다. 권력의 욕망 위에서 그것을 행해서는 안 되었다. 그렇지 않으면 여러 번 현실생활 가운데 법이나 관습을 파괴하는 정치행동의 강제적 동기 속에 틀어박혀, 이들 동기를 불충분한 논리적 수단으로써 제한할 수는 있었을 테지만 완전히 배제하는 것은 불가능했을 것이다. 오히려 사람들은 법이념의 기반 위에서 근대국가의 본질을 파악하고자 노력해야 했다.

근대국가의 법이 충분한 테두리에서 인식되고 보장된 경우에는 그것에 의해 또 국가를 중세 세계나 봉건사회의 구속에서 해방할 수 있었다. 근대국가가 자기 자신에 의지하고 자유로운 공기와 자율성을 지니고 있을 때—반드시 그렇게 되어야 한다—또한 법을 위태롭게 하는 작용에 대해 면역성이 될 수 있었던 것이다. 왜냐하면 그것은 법치국이어야 했으므로, 이러한 시도를 원리적으로 행하고 가장 높은 정신력과 가장 강한 사적 작용으로써 수행한 것은 보댕의 공적이었다. 그의 업적을 마키아벨리와 전면적으로 대조할 때 비로소 완전한 역사의 빛 속에 나타나게 된다. 근대국가 이념의 가장 활동적인 두 개척자가 그 이념에 이르는 전혀 다른 길을 연 사실이야말로 실로 중대하다고 할 것이다.

보댕은 국가의 이해를 교회의 지배나 신앙적 열정에서 해방하고자 한 내란기 프랑스에서 근대 국가이성의 본질적 대변자인 '정치가'의 당파에 속한다. 국가를 그 자체에서 움직인다, 이것이야말로 보댕이 엄밀한 법학적 수단을 갖고 섬긴 경향이 아니었던가. 그는 지상(至上)의 국가권력의 법적인 여러 특징을 설정하고, 그것에 의해 분명히, 그 이전에는 일찍이 막연하게 고려되기는 했으나 아직도 그처럼 명백하게 남김없이 충실한 내용으로는 인정되지 않았던 주권이라는 획기적인 개념을 발견한 것이다. 주권이란 '한 국가의 절대적 영속적인 권력', 혹은 같은 저서의 라틴어판 기술에 의하면 '시민과 예속된 영민(領民) 속에서 최고이자 법에 구속받지 않는 힘'이다.

'주권'은 다시 정의되었다. "어떠한 권력에도 어떠한 책임에도 어떠한 시대에도 제약을 받지 않는다." 그러므로 그것은 어떠한 다른 권력에도 의존하지 않는 영구적인, 어떠한 위탁에도 근거하지 않는, 법의 구속도 받지 않는 지고(至高)의 신민에 대한 독자적인 권력이다.

보댕은 국가 안에서 최고 권력이라는 문제를, 국가의 최고 권력이라는 문제에서 아직 구별되지 않았다.[10] 그로부터 결과적으로 일어나는 특수한 문제는 우리 고찰의 테두리 밖에 속한다. 그러나 두 문제의 이러한 혼합은 국가의 정신적 본질을 대표한 여러 기관에서 아직도 완전히는 분리되지 않았던 그 시대의 구체적 사유의 특징을 말해준다.

마키아벨리는 보댕에 비하면 더욱 그러한 구별을 하지 못했다. 양자의 관심 대상은 국가권력의 개인적 담당자를 향해 있었다. 두 사람 모두 그것을 열병에 시달리는 시대를 치유하기 위해 무제한의 권한을 의사에게 주고자 하는, 그 시대의 가장 심각한 욕구라고 느꼈다. 그들 사상이 끼친 광범위한 영향은 근대국가 및 국가의 정신적 본질의 이념을 창출하는 것을 도왔으나, 그 직접적인 의도는 치유수단으로서 군주주의적 절대주의를 뿌리내리게 하는 데 목적이 있었다.

보댕은 여러 번 논의 대상이 된 "군주는 법에 의해 구속받지 않는다"는 옛 로마의 명제를 새로운 주권 개념의 관련 속에 넣음으로써, 그 개념에 마키아벨리라 할지라도 만족했으리라고 생각되는 새로운 충격을 주었다. 그는 어느 고대인의 말을 인용해 배의 키가 키잡이에게 맡겨져 있듯이 법률이 군주의 생각에 좌우됨은 공정할 뿐더러 필요하기도 하다고 말했다. 키는 하늘이나 위치의 여러 상황에 따라서 마음대로 조종할 수 없다면 소용이 없다.[11]

---

10) 옐리네크(Jellinek), 『국가총론』(*Staatslehre*, 제2판), 443쪽 참조.
11) 제1부 제8장(내가 사용한 1601년의 라틴어판의 144쪽). 이미 소크라테스나 플라톤도 국가 지도자에 대해 키잡이의 비유를 사용해, 사람들은 유일한 전문가인 키잡이에게 복종해야 한다고 했다. 케르스트, 『고대에서의 군주정 발전

그에 따라 보댕은 암암리에 국가이성의 중심사상, 즉 자유와 속박, 다시 말해 수단의 선택에서 갖는 자유, 국가복지라는 목적을 위한 속박, 또 환경의 형편에 따른 구속이나, 그에 대한 병존 및 내면적 융합을 나타냈던 것이다. 특히 관심의 대상이던 군주제에서, 이상과 같은 현상으로 인해 군주는 신민의 참정권에 의해 제약을 받아서는 안 된다는 귀결이 도출되었다.

"만약 국왕이 집회나 민중이 결의한 법에 의해 구속된다면 그 권력과 왕명은 장차 헛되이 되고 말 것이다."[12] 보댕은 영국 의회가 지니고 있던 세제(稅制) 협찬권을 신민에게 인정하더라도 주권과 일치할 수 있으리라고 생각했다. 그러나 이들 권리는 현실의 왕에 대해서는 하등 절대적 구속력을 지니는 것이 아니었다. "의회를 소집할 수 없을 만큼 국가에 절박한 위기가 닥칠 경우 국민의 찬성을 기다릴 필요가 없다. 문제는 국민복지에 관한 것이며, 보댕의 신에 이어서 국왕의 총명에 의존하는 것이다."[13] 그러므로 이처럼 관습을 타파하는 국가의 합리적 필요성을 언급하고 있다.

그런데 보댕의 이론에서 특수하며 다음 시대에 설득력과 성과를 높인 것은 다음과 같은 점이었다. 그의 이론은 단지 주관적 해석에 의해 아무렇게나 생각될 수 있는 국가 및 민족의 복지라는 목적에 따라 기초가 이루어졌을 뿐만 아니라, 법적 · 논리적 논의에 의해 굳어 있었다. 어느 부분에선가 그는 주장했다. 어떤 권력에도, 법의 권력에도 복종하지 않음은 주권의 본질에 속한다. 어느 누구도 자기 자신을 법에 의해 의무를 지을 수는 없다.[14] 주권은 불가분이라는 사실도 주권의 본질에 속한다. "왕권이 분할되고 개방된다면 명분을 잃거니와, 그와 더불어

에 관한 연구』(*Studien zur Entwicklung der Monarchie im Altertum*), 27쪽.

12) 앞의 책, 140쪽.

13) 같은 책, 142쪽; 이에 관해서는 한케(Hancke), 『보댕』(*Bodin*), 82~83쪽 참조.

14) 앞의 책, 134쪽; 한케, 『보댕』, 26쪽 참조.

제왕의 권리를 신민과 나누어 갖는다면 몰락에 이르게 된다."[15]

다음 장에서 볼 테지만[16] 주권의 불가분성에 관한 이 이론은, 보댕이 국가주권을 아직도 국가 최고기관의 지고 절대의 모든 권리로부터 구별하지 않았으므로 자칫 그릇된, 역사적 근거가 없는 귀결에 이용될 수 있었다. 이때 중요한 것은 그 이론 중에서 단지 이론적 문제만이 문제시된 것은 아니었음을 인식하는 일이다. 중세적 발전에 의해, 최근에는 내란의 파괴작용에 의해 분열된 국권(國權)의 여러 부분을 통일적으로, 해체하기 어렵게 다시 총괄하고자 하는, 근대의 국가생활, 특히 당시 프랑스의 국가생활의 성숙된 욕구에서 출발한 것이었다. 통일되고 불가분인 국가의지가 없다면 통일적인 국가이성도 존재하지 않는다.

국가이성의 이념은 보댕의 체계에서는, 법학적 구조 전체라는 점에서 보면 지배적 지위를 차지하는 것은 아님에도 역시 그 체계의 배경에서 그에게 자명한 주도적 이념의 역할을 지닌다. 그것이 특별히 제시한 것은 국가 이론에 관한 사유가 최선의 국가란 무엇이냐 하는 문제에 의해 얽매였던 속박을 그가 완화한 점이다.

국가이성에 의한 사유는 그러한 속박에서 탈피해 시종일관 관철되고, 끝내는 "절대적으로 최선의 국가란 존재하지 않는다. 개별적인 국가가 있을 뿐, 어떠한 국가도 그 자신의 전제에 따라서—보편적 규범에 의해서가 아니라—자기 자신이 생존의 길을 걷지 않으면 안 된다"는 인식에 도달하지 않을 수 없었다. 그런데 보댕은 이러한 궁극적인 귀결을 아직도 끄집어낸 것이 아니며, 또 이상국가를 둘러싼 문제도 전적으로 부정한 것은 아니다. 그러나 그는 국가의 개체적 성격에 관한 더 촉박하고, 더욱 풍요로운 문제 앞에서 그를 결국 후퇴시켰던 것이다.

각국의 상태와 힘과 성격, 그들 국가의 병환의 원인들을 관찰하는

---

15) 제1부 제10장, 234쪽.
16) 푸펜도르프를 논한 장에서.

것이야말로, 훌륭하고 현명하게 지도받아야 할, 그들 국가의 첫째 법이어야 한다. ……도저히 바꿀 수 없는 각국의 상태를 평가할 수 없다면 무엇이 최선의 국가인가를 인식하는 것만으로 충분치 않다. 국가의 개혁 대신 붕괴를 초래할 위험이 있는 경우, 최악의 국가라 할지라도 국가를 전혀 보존하지 않는 것보다는 낫다. 불치의 병으로 인해 생명을 끊는 약을 찾기보다는 중환자를 적당한 식이요법으로 생명만이라도 보존하는 것이 바람직하다.[17]

이러한 관점은 법이나 관습의 변경에 대해서도 적용될 것이다. 다른 나라의 법을 대치되는 이성(理性)에 따라서 인도된 국가에 옮기고자 한 사람들은 중대한 과오를 범한 것이다. 최선의 법이라 하더라도 새롭다는 이유만으로 다른 여러 법을 경시한다면 부패의 근원이 되기 쉽다. 특히 어떤 이익을 바란 나머지 국가의 진정한 기초시설이 흔들려서는 안 된다.

보댕은 그 기초시설이 가능한 한 불변이기를 원했다. 그러나 국가이성의 탄력적인 지속성과 운동을 항상 통일하는 정신에 전적으로 지배되어 다음과 같이 부언했다. 제1의, 최고의 법은 언제나 민족의 복지이므로 반드시 타당한 것은 아니다. "그러므로 어떠한 법이라도, 어떤 필요에 부딪친 경우라도 바꿀 수 없을 만큼 신성한 것은 아니다."

보댕은 그것을 플루타르크가 리산드로스의 생애(『영웅전』 제14장)에서 말한 다음과 같은 국가이성에 의한 고대 행동의 전형적인 예를 들어 확인했다. 테라메네스가 아테나이의 긴 성벽을 파괴시키자 테미스토클레스의 업적을 훼손한다는 비난을 받았다. 그때 그는 말했다. "나는 결코 테미스토클레스에 반대하는 행동을 취하지 않는다. 테미스토클레스는 시민 복지를 위해 성벽을 쌓아올렸지만, 우리 역시 시민 복지를 위해 허무는 것이다." 동일한 '이성'이, 즉 '민중의 복지'가 테미스토클레

---

17) 앞의 책, 제4부 제3장(664~665쪽 이하).

스와 마찬가지로 테라메네스를 인도했다고 보댕은 말했다.

마키아벨리는 말했다. 군주는 다른 방도가 없을 때 '위신이 손상되더라도' 국가를 구출할 용기를 지녀야 한다. 보댕도 명예감에서 유래된 비합리적인 장애를 극복하고, 성공이야말로 정치가가 행할 행동의 핵심이라는 결의를 희구했다. "국가 복지와 결부되기만 하면 수치스럽게 생각될 것은 하나도 없다."[18] 적에 대해 저항할 힘을 지녔을 경우 용감하게 행사해야 함은 그에게는 자명한 일이거니와, 그만큼 힘이 없는 자가 자기보다 강한 자에 대한 임기응변의 태도를 취해 복종함은 하등 불명예스러운 일이 아니라고 그는 생각했다. 그리하여 단지 명예만을 위해 절망적인 투쟁을 기도하는 것을 그는 어리석은 행위로 생각했다.[19]

승리가 약속하는 이익이 패배에 의해 초래될 손실보다 크지 않을 경우에도 결코 싸워서는 안 된다고 그는 강조했다. 현실적인 것, 유일한 것을 이해하는 이 감각이 동시에 국가에 대한 권력의 불가결성을 그에게 가르쳤던 것이다. 그러나 끝없는 야심에 불타는 권력정책 및 침략정책에 대해서는 지극히 신랄하게 비난했다.

그는 말하기를 아우구스투스와 같은 모범적 지배자는 부득이한 전쟁을 주저하지 않았으나, 다른 점에서는 허용되는 한 양심적으로 평화를 유지했다. 보댕은 피정복자를 절망으로 모는 것처럼 권력을 가혹하게 남용하는 것을 범죄행위로 판단하고, 권력을 이성적으로 적절하고 관대하게 사용할 것을 권했다.[20] 이 모든 합리적인 견해에 따라서 보댕은 편협하고 과격한 애국주의적 발작을 면하지는 못했다고 하더라도,[21] 중요한 점에서 그의 국가이성은 평화와 법치국가를 축복하는 시민적·공리적 내용을 지니고 있었다.

---

18) 제5부 제5장(891쪽).
19) 같은 부분. 이하의 논의에 관해서는 쇼비레(Chauviré), 『보댕』(Bodin), 279쪽 이하 참조.
20) 제5부 제6장, 908쪽.
21) 이에 관해서는 쇼비레, 앞의 책, 463쪽 참조.

우리가 보는 한 보댕은 아직 '국가이성'이라는 표어는 쓰지 않았으나, 특수한 '지배의 이성' 혹은 '통치의 이성'이라는 개념을 만들었다. 그런데 보댕에 의하면 아무도 말한 바 없는 이 어휘는 'Status' 즉 국가형태로부터 명백히 구별되어야 한다고 한다.[22] 예를 들어 어느 국가는 순수한 군주국이면서 국가의 관직·형벌 및 보수의 균등한 배분에 의해, 민주주의적 행정원리('민중의 통치')를 행할 수 있다. 마찬가지로 귀족주의적 형태의 국가권력을 지닌 국가도 신민을 관직에 앉히는 방법에 따라서 민주주의적 방법 또는 귀족주의적 방법에 의해 다스려질 수 있다.

보댕은 카눌레야법 이전의 아주 오랜 로마를 지칭해 귀족주의적 통치에 의해 완화된 민주주의 국가로 보았다. 그런데 이 '통치의 이성' 혹은 '지배의 이성'은 결국 우리가 생각하는 것처럼 국가이성이라는 아주 포괄적인 개념과 동일한 것은 아니었다. 그러나 국가이성의 한 부분, 즉 부분적 작용을 개념적으로 확정하고, 국가이성에 의해 움직여진 국가생활의 내용을 동일 국가생활의 움직이지 않는 고정된 형식에서 구별하는 것은 순수 법학적 사상에 기초한 특징 있는 시도였다.

보댕은 또한 국가 생활의 개체적 고찰이라는 길로 나아가 국가 형태나 법률들과 민족의 개체적 성격 간의 관련을 규명한다는 크고 풍요로운 과제와 맞섰다.[23] 어느 국가론자도 그 문제를 취급하지 않았다고 자랑스럽게 말했다. 그러나 그의 의도가 실현되면서 역사적 사유가 그 과제를 해명할 만큼 충분히 유연성을 지니지 못하고 또 풍부하지도 못하다는 것이 밝혀졌다. 그는 여러 민족이나 국가형태의 차이를 조잡한 지리적 차이 및 기후적 차이에 귀결시킨 데 지나지 않았다. 어떻든 보댕은 그를 통해 몽테스키외의 선구자가 되었다.

그런데 개체적 방법에 의한 이 모든 인식도 국가생활의 일반적 규범

---

22) 제2부 제2장, 295쪽; 제7장, 365쪽; 한케, 『보댕』, 44쪽 참조.
23) 제5부 제1장, 767쪽, 771쪽.

이나 절대적 규범을 찾고, 유동적이며 변천하는 국가의 모든 과제의 한복판에서 확고한 법적·도덕적인 거점을 찾는 보댕의 욕구를 근본적으로 흔들지는 않는다. 위에서 말한 보댕의 최고 목표인, 국가에서 '윤리성'을 항상 유지하는 것이야말로 오직 권력 장악의 가장 손쉬운 목표로 전념하기 위해 그 순간순간에 상대화하며 전력을 다했던 마키아벨리로부터 보댕이 한층 달리 구별되는 이유라고 할 것이다. 마키아벨리는 개개의 국가 및 국가로 발전하고 있는 권력 담당자의 삶의 충동이나 그 법칙만을 본 데 지나지 않았다.

그런데 보댕은 그러한 삶의 충동이나 법칙 위에 영원불변의 파괴하기 어려운 관련이 덮여 있음을 보았던 것이다. 그가 자기완결의 주권적 국가의지를 중세적 생활의 여러 구속에서 해방시켰음은 전적으로 이 국가의지를 더욱 고차적인 주권 아래 귀속시키기 위해서였다고 할 것이다. 주권적 국권에 관한 그의 명제에 보편적이고 절대적인 법의 기초를 부여하는 데에는 그것이 필요했다.

통일적·주권적인 국가의지에는 모든 것을 굳건히 취합하고, 제한하는 통일적·주권적인 세계 의지가 합치되어야 했다. 그러한 세계 의지가 없다면 대체로 주권적인 국가의지는 방종에 빠지고, 그로 인해 진정한 법의 파기로 퇴화될 위험이 있다. 그는 진심으로 동의하며 세네카의 말을 인용했다. "카이사르에게는 모든 것이 허용된다. 바로 그 까닭에 아무것도 허용되지 않는다."

이렇듯 보댕은 신성불가침으로 지켜져야 할 신과 자연의 계율 속에는 모든 법의 상호조화를 이루는 최고의 이중기원이 존재한다는, 예로부터 전승되고 일반적으로 알려진 이념을 내세웠다. 그 자체로는 분명히 독창적이었거니와 어느 새로운 사상과 낡은 사상과의 결합, 즉 주권적 국가의지를 주권적 세계 의지 속에 편입하게 한 것도 실로 독자적이며 중요한 일이었다. 말할 것도 없이 이 세계 의지는 전적으로 양심을 의무로 하는 정신적 힘으로 작용할 수 있었던 것에 지나지 않는다. 그리하여 보댕의 체계 속에 대담하고 거대한 긴장이 들어온다. 그러므로 군주는 법에 구애받지 않는다는 명제는 결코 어떠한 법칙에도 구속받지 않는다는 의미는 아니다. "모든 인간은 신의 법과 동시에 자연의 법에 의해 속박당하고 있다."

그는 신의 법이나 자연의 법과 일치되지 않는 '분할된 이성을 지닌' 모든 민족에 공통된 법 또한 구속력을 지닌다고 부언했다.[24] 이어서 국가의지의 울타리로서 신의 법이나 자연의 법에 실제로 중점을 두게 되었다. "신 스스로—군주도 바로 그의 호흡하는 산 모상(模像)이거니와—자연의 영속적 법에 의해 세운 울타리는 군주라 할지라도 움직여서는 안 된다."[25] 그러므로 군주는 "자연에 부끄러운 일, 부정한 일"을 행해서는 안 된다. 훌륭한 행동을 한다 함은 자연의 형평에 따라서 행동함을 말한다. 아리스티데스가 데미스토클레스의 유익하나 수치스러운 충고를 거절했으므로, 보댕은 후자에 대해 전자를 정당하다고 본다.

군주는 특히 성실을 제일로 하고, 신민과 맺은 것이건 외국과 맺은 것이건 계약은 양심적으로 이행하고, 도둑에 대해서도 신의를 지켜야 한다. "성실이야말로 정의 전체의 유일한 기초이다. 단지 국가뿐만 아니라 모든 인간사회도 성실에 의해 맺어지고 있다." 자신도 그 약속에 의해 구속된다. 군주는 국가에서 성실이나 법의 증인이며 징벌자이므로, 그것이 해로운 결과를 초래하는 경우라도 그만큼 더욱 성실과 신념을 견지해야 한다. 보댕이 국제법을 논한 장(『선전광화법론』제5부 제6장)에서 언급한, 정치에서의 계약 파기나 무성실의 수많은 실례를 그는 순법적으로 도덕적으로 판단하고, 여기에서는 국가이성에 대한 변명의 여지를 조금도 인정하지 않았다.

그럼에도 그가 르네상스 군주들의 정치를 살펴보았을 때는 막시밀리안 1세를 희생해 샤를 8세와 루이 12세를 부당하게도 이상화하고, 프랑수아 1세와 터키 사이의 악명 높은 동맹을 다른 군주나 국가의 선례

---

24) 제1부 제8장, 132쪽.
25) 같은 책, 161쪽.

를 들어 변녕함으로써 프랑스인적 애국주의를 자기의 정의감과 일치시킬 수 있었다. 또 그는 절대적인 계약 이행에 법적 근거나 도덕적 근거를 지닌 약간의 예외를 만들지 않을 수 없었다. 서약 파괴자에 대해서는 성실을 지킬 필요가 없음은 물론 자명했다.

이어서 "범죄를 저지르지 않고는 지킬 수 없거나, 무신앙을 범하지 않고는 성서에 의해 확증되지 않는 수치스러운 계약"[26]은 예외로 했다. 국가이성의 갖가지 변명 중에서 국가가 파국에 처할 위험이 있을 경우, 의무로부터 면제된다는 변명마저 결코 법적으로 생각하고자 하지 않았음에도 그는 부언한다. "그때 약속한 것이 부당하거나 성취될 수 없는 상태만 아니라면……." 끝으로 그는 명확하지 않고 애매하게 만들어진 계약도 성실을 이익 위에 놓는 의무로부터 제외하고 있는 듯 보인다.[27]

그러나 보댕은 이들 예외를 대단히 엄밀한 법적 지향에서 정식화(定式化)하고자 한 것 같다. 그럼에도 그 예외는 얼마든지 범위를 넓힐 수 있으며, 의식적 혹은 무의식적으로 국가 이익에 의해 좌우된 해석자에게 실마리를 준다. 그런데 우리가 그로부터 인용한 "국가의 행복과 관련만 있다면 수치스럽게 생각되지 않는다"는 말은 그가 원한 것보다 광범위하게 적용할 수 있었다. 근대 법치국이라는 이념은 보댕에게 적잖은 명확성과 예리함을 부각시켰다. 그가 국가에서의 권력 요구를 주권론에 의해 법치국가 속에 모범적으로 편입하는 데 성공하기는 했다.

이어 국가권력 자체를 법적·도덕적으로 구속하는 것은 결국 마키아벨리즘의 모든 은신처를 차단할 수 있었던 이념적 요구를 통해서만 가능했다. 그런데 그 시대와 당대 정치가들의 정신은 법이나 성실을 이익에 우선하는 마음가짐이 아니었다. 권력국가는 마키아벨리 이래 의식

---

26) 앞의 책, 928쪽.
27) 같은 책, 933쪽. 그는 만약 말의 애매함이 제거되어, 정해진 계약이 지극히 명백하고, 조금도 의심할 여지가 없는 것으로 될 수 있다면, 가령 아무리 큰 것이라 하더라도 모든 이익에 대해 성실히 맞서야 한다고 생각하는 사람들을 칭찬하고 있다.

해 파악된 이념인 동시에 역사적 현실이었거니와, 법치국가는 보댕에 의해 비로소 의식적으로 파악된 이념이 되었다. 보댕이 마키아벨리를 비난한 말, "가장 경솔하고 가장 악랄한 인간"[28]은 이러한 이념만으로는 아직 극복되지 않았다.

---

28) 제6부 제4장, 1086쪽; 보드리야르(Baudrillart), 『보댕』(Bodin), 225쪽; 쇼비레, 『보댕』, 276쪽에는 마키아벨리에 대한 보댕의 통렬한 통찰이 계속 열거되어 있다.

제3장 보테로와 보칼리니

16세기에서 17세기에 걸친 과도기의 모든 사유방법에서는 개개 국가에서 국가 이해(利害)의 개별적인 차이를 연구하는 것보다 국가이성론에서 보편타당한 측면을 쌓아올리는 편이 더욱 긴급했다. 이탈리아 국가통치 이론가의 저 흥미로운 일파를 생각하면 그간의 상황은 명백하다. 그 파의 저명한 기수가 된 인물은 보테로(Botero, 1540~1617), 파루타(Paruta, 1540~98), 아미라토(Ammirato, 1531~1601), 보칼리니(Boccalini, 1556~1613)이다.

그러나 국정에 관한 가장 보편적 교설도 사람들이 그것을 자기들의 시대와 자기 나라의 특수상태에 응용한 까닭에, 일찍부터 그것이 생겨난 터의 색채를 띠게 되고, 뜻과는 달리 전적으로 구체적인 국가이해와 국민적 이해의 자화상이 되었음은 당연할 결과였다.

이들 이탈리아인들의 국가통치는 확실히 특수한 상태였다. 당시 밀라노와 나폴리는 스페인 지배 아래서 완전한 자유는 누리지 못했으나 그렇다고 자유를 완전히 구속받고 있었던 것은 아니었다. 베네치아, 피렌체 및 로마에서 사람들은 외국인이 침입하기 이전 옛 이탈리아의 자유시대를 잊지 못해 회구의 정(情)을 갖고 당시를 회상했다. 얼마 뒤 그러한 날이 돌아올 가능성이 전혀 보이지 않았으므로 어느 정도 자진해 현재 세력관계에 교묘히 순응했다. 또 프랑스 국내의 내란 종식과 앙리 4세의 왕국 건설에 의해 스페인에 대한 유럽의 강력한 반대세력이 대두되었을 때에는 재빨리 그것을 기뻐하지 않을 수 없었다. 그리하여 사람들은 이탈리아의 소국들, 특히 세상의 찬탄을 받고 국민적 자부를 지니며 이제 사랑의 대상이 된 베네치아 공화국에 허용된 정치적 독립의 흔적을 의식하고 향유했던 것이다.

베네치아는 자국 권력의 물질적 기반의 결함을 보충하는 데서, 현명하고 때로는 유연하고 때로는 엄격한 통치방법을 지닌, 철저하게 배려된 합리적 체계를 갖춘 국가의 모범적 예였다. 그것은 자연, 즉 드러난 폭력에 대한 정신의 승리로 생각되었다. 사자의 역할이 충분치 못한 경우에는 여우의 역할을 다하라고 한 마키아벨리의 경고와 다름없이, 권력의 쇠몽둥이를 내려치기 위한 지극히 강한 쇳덩이 받침을 찾은 뒤 비로소 그 쇠몽둥이를 내리쳤던 이 나라의 국가이성에 의해 그들 이탈리아인의 정치적 사유가 단련되었던 것이다.

그런데 사람들은 또 스페인 세력의 침투 이래, 이탈리아에서 누린 장기간에 걸친 평화의 혜택에 둔감한 것도 아니었다. 특히 베네치아에서 지혜롭게 행사된 독자적 균형정책이나 대담한 모험정책의 포기도 저마다 평화의 은혜에 기여했노라며 자위했던 것이다. 고귀하고 지혜로운 베네치아인 파루타의 의견이었다.

『정치론』(1599)은 그가 죽은 뒤 출판되었다. 그가 규명한 것은, 교황 레오 10세가 이탈리아로부터 이방인을 축출하기 위해 카를 5세와 손을 잡고 프랑스에 대항하고자 결의한 일, 그것은 칭찬할 일인가 혹은 비난할 일인가 하는 문제였다. 그 정책은 목표에서는 대단히 훌륭하고 칭찬할 만하지만, 약한 토대 위에 선 '고귀하고 장려한 건물'이라는 결론에 이르렀다. 가능한 한 유혈의 참혹함을 보지 않고 권력획득의 목적에 도달하기 위해서는 기다리고 균형을 유지하고, 때로는 동맹관계를 바꾸며 유리한 순간을 기다리는 것, 그 점에서 그는 자유를 유지하는 이탈리아 여러 나라의 방책을 보았다.

피렌체에서 생활한 아미라토도 『코르넬리우스·타키투스론』(1594)

에서 자기의 국경에 만족하라는 말만큼 군주에게 충언은 없다고 말했다. 그는 베네치아가 이탈리아 전체를 지배하고자 한다는 혐의를 받게 된 까닭에, 지난날 자유를 상실해버렸다는 사실을 상기시키며 경고했다. 펠리페 2세의 무적함대에서 스스로 체험한 지 얼마 안 된 권력정책 신장의 예까지 그는 비판의 도마 위에 올렸다. 스페인은 그에 의해 독일 국내에 정치적 저항을 불러일으키고 터키의 위기는 그간에 증대되었다고 말한다.

이들 정치가의 생각에는 강대국에 대한 두려움, 큰 것은 단념해도 중간 정도의 권력 목표나 균형 상태의 유지에는 언제나 긴장하는 보수적 정신이 일관되어 있다. 그들 중에서도 가장 보수적 인물은 제수이트의 문하(門下)인 사제 보테로였다.

그는 추기경 보로메오의 비서로 밀라노에서, 사보이 공을 섬긴 로마에서, 사보이 공자의 교육 담당으로 마드리드에서, 마지막으로 교양 있는 한객(閑客)으로 파리에서 남유럽 및 서유럽의 정치세계를 철저하게 배웠다. 널리 애독된 그의 저서들, 특히『국가이성론』(1589)에 의해 정치적 일파를 이루고, 그의 사상은 추종자들을 낳았다.[1] 그는 궁정풍의, 정치적 관심을 지닌 민중이 쉽게 소화할 수 있고, 그러면서도 풍미가 듬뿍 담긴 음식을 찾는 사람들의 욕구를 충분히 메워주었다.

마키아벨리를 기준으로 삼는다면 보테로는 범상한 두뇌의 소유자라

---

1) 지금은 잊힌 평범한 사상가가 지닌 문헌의 진정한 분묘(墳墓)가 여기 다시 펼쳐진다. 그 문헌들에 관해서는 페라리의 저서들, 대단한 다독의 산물로 재치가 반짝이고 있으나, 약간 산만하고 말이 지나친 감이 없지 않은『국가이성의 역사』, 1860년과『이탈리아의 정치학자에 관한 강의』(Corso sugli scrittori politici italiani), 1862년(많은 미간의 문서도 그에 의해 논의되었다) 및 카발리(Cavalli)의『이스티투토 · 베네토 회상록』(Memor. del R. Istituto Veneto) 17 중의『이탈리아에서의 정치학』(La scienza politica in Italia), 1872년 참조. 전반적으로는 고타인(Gothein)의「근대국가 및 사회」(Staat und Gesellschaft der neueren Zeit, 힌네베르크,『현대문화』[Kultur der Gegenwart]) 및 이 책의 제5장 참조.

할 수 있다. 마키아벨리와 같이 모난 구석이 없었으므로 마키아벨리의 견유주의(犬儒主義)나 비교회적 성격에 대한 온건한 해독제로써, 그는 반종교개혁기의 가톨릭적이고 맹신적 궁정의 마음에 들게 되었다. 그렇다고 이때 사람들이 마키아벨리의 처방에 유익한 점을 전부 버릴 필요는 없었다.

보테로의 학설 체계는 르네상스 양식에서 생겨난 풍부한 장식을 갖춘 제수이트 교회를 표현하고 있으며, 그의 문체는 위엄·온화·엄격함을 올바르게 융화하고 있는 설교사의 교훈적인 톤을 풍긴다. 지식과 정치적 경험의 보고를 통해 누구에게나 베풀고, 베네치아의 공화주의적 독립의 찬미자를 충족시킴과 동시에, 세계의 강국인 스페인이나 교회의 편까지 만족시켰다. 그 시대의 지극한 미술애호로 인해 사람들은 그 '감미로운 조화'를 찬미하고, 가톨릭 군주들은 그의 저서를 왕위계승자에게 추천했다.[2]

저서의 서두에서 보테로는 마키아벨리즘적인 뜻에서 악평이 자자했던 '국가이성'이라는 새로운 표어의 독을 제거해 해롭지 않은 의미를 부여하고자 했다. 그는 정의한다. '국가이성'이란 "국가를 세우고 유지하며, 강대하게 하는 데 적합한 수단을 인식하는 것이다." 그런데 국가를 확대하는 것과 유지하는 것 중 어느 편이 더 큰 업적이냐고 묻는다면 후자라고 대답하지 않을 수 없을 것이다. 사람들은 힘을 통해 획득하고 지혜를 통해 유지하기 때문이다. 강력한 힘은 많은 사람들이 행사할 수 있으나 지혜란 극히 소수에 한정된다. 또 대·중·소 국가 중 어느 것이 가장 영속성을 지니고 있느냐고 묻는다면 답은 '중' 국가이리라. 소국은 대국의 권력 확대욕으로 인해 극히 위협받고 있으며, 대국은 이웃 나라의 시기나 내부의 퇴폐에 많이 드러나 있다. "절약을 극단적으로 행한 나라들은 사치로 인해 붕괴되었다." 스파르타는 지배를 확

---

2) 칼데리니(Calderini), 『보테로의 국가이성론 서론』(*Discorsi sopra la ragion di stato del Signor Botero*), 신판, 1609.

산했을 때 비로소 몰락했다.

보테로는 중간 정도의 나라가 더 많은 지속성을 지닌 예로 특히 베네치아를 칭찬했다. 그러나 유감스럽게도 중간 정도의 국가는 스스로 만족하는 것이 아니라 강대해지기를 희망한다. 그렇게 되었을 때 베네치아의 이전 판도확장의 시도가 보여주듯이 그 국가들은 위기에 놓이게 될 것이다. 강대국 스페인에 대해 보테로는 베네치아의 자유를 침해하지 말라고 교묘하게 경고했다.

"얻는 것이 아주 많고 그 위에 승리가 확실한 경우가 아니라면 강력한 공화국과 국교 단절의 행동을 취해서는 안 된다. 그들 공화국 내 자유에 대한 사랑은 그것을 근절하는 것이 거의 불가능할 만큼 뿌리가 강하고 깊다. 군주의 기도나 계획은 그들 군주와 더불어 소멸된다. 그러나 자유도시의 사상이나 협의는 불멸에 가깝다."

마키아벨리로부터 빌린 이 생각에 의하면[3] 합스부르크가가 칭찬의 대상이 되었다. 합스부르크가 군주들의 위대함은 뛰어난 경건함 덕택이었다. 그는 또 역설하기를, "특히 교회와 단절해서는 안 된다. 만약 그런 일을 저지르게 되면 반드시 신앙이 없는 것으로 간주되고, 결국 아무 도움도 되지 않을 것이다." 밀라노·피렌체·나폴리·베네치아는 로마 교황과의 싸움에서 지불한 희생만 헛되고 이익이 없었던 것이다.

스페인의 전제가 기초를 쌓은 교회의 이해와 현실정치의 이해 간의 일치는 보테로가 주장한 '국가이성'론의 핵심이기도 했다. 교회와 발을 맞추어라, 그러면 반드시 잘되리라. 그것이 그 이론이 갖는 의미이다.[4] 그는 무엇이건 추밀원에서 논의하기 전에 윤리평의회에서 먼저 훌륭한

---

3) 『군주론』, 제5장. "그러나 이들 공화국에서는 더 큰 생활, 더 큰 증오, 더 강한 복수의 욕구가 있다. 고대 자유의 추억을 그대로 두지 않으며, 그렇게 둘 수는 없다."

4) 보테로가 주장한 가톨릭적 근본 이해관계를 단순한 정략(政略)으로 폄하하려는 레비의 헛된 시도에 대해서는 『이탈리아 역사잡지』(*Rivista stor. Ital.*, 1927), 350쪽에 나오는 기롱의 해당 설명을 참조하라.

신학박사들과 상의하라고 군주에게 충고했다.

그럼에도 보테로는 세속적 지혜와 경건이 완전히는 일치되지 않음을 알 만큼 세상물정에도 통하고 경험도 풍부했다. 진정한 국가이성의 본질에 대단히 온건하면서도 중용적인 해석을 내렸다. 그것을 교회나 도덕의 욕구에 적합하게 했다고는 하나, 역시 그가 사물을 직시한 경우에는 전적으로 마키아벨리가 역설했듯이 모든 정치행위의 견고한 핵심의 결정(結晶)은 군주 혹은 국가의 자기 중심적 이해라는 사실을 인정하지 않을 수 없었다.

"어떠한 고려라 할지라도 군주의 사고에서는 이익이야말로 배제하는 것임을 확실한 일로 생각하라. 우호관계·혈연관계·동맹관계, 어떠한 유대도 그것이 상대가 그 밑바닥에서 이익을 갖지 않는 한 결코 신뢰해서는 안 된다."

저서의 부록에서 보테로는 최종적으로 국가이성과 이익이 본질적으로 동일한 것임을 솔직히 시인했다.

"군주는 자기에게 이익을 가져다주는 것에 따라 우호관계 또는 적대관계를 결정한다. 원래 맛이 없지만 요리사가 가하는 조미료에 따라서 맛있게 되는 음식과 같이, 군주는 이렇다 할 기호가 없는데도, 이득이 정신과 정서를 조리하는 데 따라서 이쪽이나 저쪽으로 기울어진다. 결국 '국가이성'은 '이해의 이성'과 다를 바가 없기 때문이다."[5]

보테로가 더 깊이 생각했더라면 그처럼 역설한 국가이해와 교회적 의무 간의 조화로 인해 곤혹스럽지 않을 수 없었을 것이며, 그 시대의 사유에서 성숙되지 않았던 세계관의 문제들 속에 휩쓸렸을 것이다. 모든 시대의 현실정치가가 그러했듯이 그도 그것을 피해, 말하자면 이 제단(祭壇)에 저 제단을 맞서게 했듯이 신의 법에 모순되는 어떤 국가이성도 세우지 않도록 군주에게 충고하는 것으로 만족했다. 저서의 끝에

---

5) 『저자의 국가이성론에 가해진 보충』(*Aggiunte fatte alla sua ragion di stato*), 베네치아, 1606, 67~68쪽.

서는 근대 이해정치 일반에 대해 비판을 가했다.

그는 기술했다. 오늘날 군주 공동의 대규모 기도는 더 이상 성립될 수 없다. 이해의 차이가 그들을 지나치게 나누어놓았기 때문이다. 그러나 지난날 십자군의 영웅적 시대에는 신의 영광이라는 이해로도 사람들은 결속할 수 있었다. 그리스 황제들은 십자군 참가자를 방해했다. 그 결과는 어떠했던가. 야만인들은 첫째 우리 유럽인을 아시아에서 내쫓고, 이어 그리스인이 굴복했다. "이것이야말로 근대정치의 결실이다."

뒤에 나온 저서에서 그는 프랑스의 몰락도 같은 원인에서 찾았다. 프랑스인이 터키인이나 위그노와 우호관계를 맺었기 때문에 신앙은 쇠퇴되었다. "만약 사람들이 모든 사물을 비이성적이며 동물적인 '국가이성'에 돌리면 정신을 맺는 유대 및 민족의 신앙상의 결합은 흐트러진다."[6]

보테로의 이론은 정치적인 가톨릭의 청죄사제(聽罪司祭)에게는 훌륭한 기도서 구실을 했다. 사람들은 자기의 이해를 신의 영광에 예속시키고자 하고—그것이 반드시 일치한 것은 아니었지만—자기의 이해와 신의 영광 간의 조화를 말하고, 끝으로 만약 그것이 문제일 경우 스스로 빈축을 사는 몸짓을 하거나 때로는 개탄하면서 다른 모든 생존세력에 대한 자기 이해의 승리를 확인했다. 이러한 변절이나 모순은 반종교개혁기 궁정의 정치적 행위를 명백히 반영한 것이었다. 로마 교황의 한 사람인 우르바노 8세도 그에 이은 시대의 궁정에, 국가이익을 교회 위에 놓고, 구스타프 아돌프와 투쟁하고 있는 가톨릭 강국에 매달리는 유혹적인 선례를 주었다.

단지 교회적 전통뿐만 아니라 인문주의적 전통도 보테로가 철저히 현실적 감각을 지니고 그 위에 순수경험에 비추어 그의 이론을 완성하는 것을 가로막았다. 그는 국가이성의 문제나 수단을 폭넓게 고대 저술

---

6) 『세계의 여러 관계』(*Le relazioni universali*), 1595, 제2장 제8절. 이에 관해서는 다음을 참조.

가에게서 빌리고, 그 문제나 수단이 그의 시대상황에 적용될 것인가 하는 물음을 스스로 제기하고자 하지 않았다.[7] 물론 그보다 뛰어난 사람, 마키아벨리나 보댕의 방법도 그와 조금도 다름이 없었다.

이 고루한 인문주의적 방법은 고대에 바쳐진 외경에 뿌리를 두고 있었을 뿐만 아니라, 역사적 현상 및 그 현상 속에 나타난 국가형태나 생활형태를 동질적인, 그리고 끊임없이 회귀하는 것으로 본, 예로부터 독단론적인 역사관에도 근거를 두고 있었다. 보테로는 정치적 총명의 최고 최선의 원천으로서 결국 자기의 경험도, 동시대인에 의해 만들어진 정보도 아닌 역사를 들 수 있었던 것이다. "역사야말로 세계의 삶 전체를 포함하고 있다."

그처럼 보테로와 동시대인들은 옛날이나 지금의 역사를 유일한 실례로 생각하고 거기서 국정의 보편타당한 확률을 끌어냈다. 그 경우 사람들은 대단히 상대적인 경험까지 소박하게 보편화했다. 그럼에도 사람들이 생활했던 현실 국가세계 내부의 개체적 차이에 대한 관심도 결코 없어지지는 않았다. 베네치아 보고서의 필자들은 군주에게 그러한 차이를 보고하기 위해 노력했다. 보테로는 『세계의 관계』라는 표제로 1595년에 발간한 대규모 구상을 갖춘 국가론에 의해 동일한 욕구를 충족시키고자 했다.[8]

그는 이 저서에서 비교적 강력한 군주의 권세나 부의 원인에 관해서도 논의하겠노라고 약속했으나 결국 순통계적 시대적인 점에 머물고, 대체로 정치체제 · 재정 · 군제 및 인접 군주와의 관계에 관한 기술에 만족했다. 그는 갖가지 정치체제나 정치적 이해를 더욱 날카롭게 특징짓는 데에는 아직 이르지 못했던 것이다.

'국가이성'론의 연구에 종사한 이들 중 가장 중요한 인물인 보칼리니

---

7) 특히 외적을 방지하는 수단에 관한 『국가이성론』의 제6장 참조.
8) 해당 저서 중 미간의 제5부는 조다가(Giodaga), 『보테로전』(*Biographie Boteros*), 1895, 제3권 중에서 간행한 것이다.

도 아직 그것을 특징짓지는 못했다. 그러나 그는 그의 정치사상을 불태운 인격적 생명의 정열에 의해 이들 중 두각을 나타냈다. 그가 논한 문제나 그가 준 해답은 보테로나 동료들과 별 차이는 없었다. 그러나 문제나 해답이 후자에서는 천박해지고 피상적 인습에 빠진 데 반해, 보칼리니에게서는 진정한 체험이 되었으며, 그 위에서 역사적 내용을 충분히 전개했다.

진정한 르네상스 및 마키아벨리의 정신은 그에게서 다시 소생했으며 연이어 발전해 불안에 격해진 바로크 정신이 되었다. 그는 특히 신랄한 기지를 일삼는 조롱자, 모두의 약점을 간파해 일체의 인간성을 가차 없이 폭로한 야유와 풍자의 대가로 동시대인들에게 영향을 미쳤다. 그런데 그가 죽은 뒤 오랜 세월이 지나 세상에 알려진 유고(遺稿)에서 그의 깊은 사상의 배경이 후세인들에게 제시되었다.

로레토 태생의 보칼리니[9]는 법학 교육을 받았다. 또 문학에 흥미를 지니고 있었으며 생애의 중요 부분을 로마에서, 교회국가의 여러 분야 장관으로 지냈다. 그곳에서 그는 추밀관들의 총애를 받고 카피톨 시정부의 최고재판소에서 재판관으로 활약했다.[10] 그때 그는 베네벤트의 귀족과 반목했다. 로마에서는 반스페인파에 속하고, 교황 파울 5세의 베네치아에 대한 대규모 교회정책적 투쟁에서는 후자 편에 섰다. 대리인으로서 베네치아를 위해 일하고 베네치아 편의 위대한 투사이며 그와

---

9) 메스티카(Mestica, 1878), 실린가르디(Silingardi, 1883, 나는 읽을 수 없었으나), 베네두치(Beneducci, 1896) 및 『이탈리아 역사자료』(*arch. stor. ital.*)에서 갈레오티(Galeotti)의 비교적 새로운 특수연구; 벨로니(Belloni), 『이탈리아 문학사』(*Storia letteraria d'Italia*) 제7권과 『근대어연구 총서』(*Stötzner im Archiv für Studium der neueren Sprachen*) 제103권에서 슈테츠너의 보칼리니론 참조. 토파닌, 『마키아벨리와 타키투스주의』, 192쪽 이하에서 보칼리니의 평가는 잘못된 것으로 생각된다. 『이탈리아의 저작가』(*Scrittori d'Italia*) 중 그의 『파르나스 통신』(*Ragguagli di Parnaso*) 신판(바리, 1910~12, 제2권).

10) 『정치의 균형』(*Bilancia politica*), 제1권, 66쪽 참조.

정신적으로 친근했던 사르피(Paolo Sarpi, 1552～1623)와 교류했다.

스페인은 이 총명하고 두려움을 모르는 사나이에게서 위험한 적의 냄새를 맡고 한 번은 국가의 요직에 오를 수 있다는 미끼로 그의 마음을 사로잡고자 했다. 보칼리니는 제의를 단호히 거부했다. 로마에서 종교재판소의 혐의를 받고 끝내 거기에도 있을 수 없게 되자 1612년 베네치아로 옮겼다. 그곳에서 수년 전 로마에서 만든 저작이나 착수에 들어간 저작 중 가장 유명하게 만든 것, 즉 파르나스 산상(山上)의 아폴로 왕국의 해학적 보고문 2백 건으로 이루어진 『파르나스 통신』(1612～13)을 재빨리 세상에 내놓았다.

이들 보고문에서는 과거와 현재의 인간과 사물이 파르나스 현자(賢者)들의 비판 대상이 되고 아폴로가 판결을 내리고 있다. 그보다 작은 규모의 저서 『정치적 시금석』에도 비슷한 카무플라주적 표현법을 사용했다. 스페인의 정치를 신랄하게 규탄했으므로 사본(寫本)으로 겨우 유포될 수 있었다. 확실한 근거로 확인된 것은 아니나 소문에 의하면 보칼리니는 스페인에 매수된 암살자에 의해[11] 1613년 11월 26일 처참한 죽음을 당했다. 『정치적 시금석』은 1615년에 인쇄되어 세상에 나왔다.[12] 그가 남긴 최대 저서인 타키투스에 관한 주석은 1678년에 비로소 『정치의 균형』이라는 표제로 발간되기에 이르렀다.[13]

---

11) 암살자가 모래주머니로 그를 살해했다는 소문은 15일간 열병을 앓은 뒤에 죽었다는 문서보고에 의해 부정되거니와, 그의 자식은 독살을 믿었다. 갈레오티. 앞의 책, 123쪽, 127쪽.

12) 흥미로운 것은 이미 1616년에 네덜란드 연방에 헌정된 암니콜라(G. Amnicola, Chr. 베졸트?) 독일어 역이 나왔다. 그 역자의 서문은 다음과 같다. "요즘 스페인 세력이 특히 독일에 침입하고자 하는 사실에 비추어 스페인의 본질을 폭로한 이 논고를 번역했다." 1617년에는 『파르나스 통신』의 초역이 독일어로 간행되었다. 슈테츠너, 앞의 책, 137쪽 참조.

13) 제3권본, 제2권은 루트 두메이(Lud Dumay)에 의해, 제3권은 그레고리오 레티(Gregorio Leti)에 의해 간행되어 『파르나스 통신』에서 발췌 및 『비교의 시금석』(Pietra del paragone)의 복간 이외에 보칼리니의 약간의 편지가 포함되어 있다. 그런데 이들 편지는 레티 자신의 지적에 의하면, 반드시 모두 보칼

보칼리니는 시민관에 따라 국가생활 전반에 관한 충격적인 영상을 만들어냈다. 르네상스기에도 벌써 정치생활 가운데 가장 두려운 윤리적 퇴폐가 보였다. 동시에 그것은 힘과 아름다움, 내면적 약동에 가득 찬 하나의 인간 전형, 마키아벨리가 고지(告知)하고 그 영상이 행동에 전념하는 군주 · 정치가 · 군사령관의 얼굴에도 갖가지로 반영된 저 '덕성'의 이상(理想)의 출현이기도 했다. 그런데 보칼리니는 자기가 가장 죄업이 깊은 세기를 살고 있다고 느꼈으므로 역사의 증인에 의하면, 그의 '세기'의 얼굴이나 몸을 추악하게 한 것과 같은 혐오할 만한 역병(疫病)이 모든 시대에 일찍부터 만연되고 있었다는 사실로는 별로 위안이 되지 않았다.

보칼리니가 타키투스에 관한 주석서에 숱하게 삽입한 로마 및 교회 국가의 공적 생활 속에서 습득한 갖가지 이미지는 청렴한 동시대인의 증언으로서 사료적 가치를 지니고 있다. 두려울 만큼 야만화된 사법 및 행정, 가난한 자나 무고한 백성들이 보호받지 못하는 상태, 감옥에서 남몰래 매장되는 살인, 고관대작의 식탁에서의 독물[14] 등을 제시했다. 간첩이나 밀고에 의해, 또 미소 속에 숨겨진 위선이나 사기에 의해 구석구석 독화(毒化)된 분위기를 풍기고 있다.

그가 아는 한 이탈리아와 스페인 제후의 궁정이나 통치기구의 중심 실상도 그보다 낫지는 않았다. 귀족의 엄격한 훈육과 그가 지나치게 이상화한 공화주의적 덕성을 지닌, 그가 사랑하는 베네치아만이, 말하자면 그의 조국은 황량한 사막 속에서 오아시스와 같이 생각되었다.

리니의 펜에 의한 것이 아니라 간행자에 의해 많이 가필되었다. 처음의 두 권은 대단히 불충분한 것으로서, 프로테스탄트주의의 의미에서 논조가 완화되어 있다. 1667년과 1677년의 구판이라는 것을 나는 못 보았다. 현존하는 사본에 관해서는 갈레오티의 앞의 책, 131쪽 참조.
14) 이에 관해서는 세탈라(Settala), 『국가이성론』(Della ragion di stato), 27쪽 참조. "군주에게는 독약이 거래 속에 있으며, 어떠한 장소도, 어떠한 친척관계도, 어떠한 친구관계도 안전하지 않다."

그런데 르네상스와 보칼리니의 시대 간 거리는 우리가 그와 마키아벨리의 각 시대의 해악에 대한 현실적 관계를 서로 비교해보았을 때만 비로소 뚜렷해진다. 마키아벨리는 주변에서 공공정신이 아주 부패한 상태를 보았다며 개척자의 용기까지 상실하는 일은 결코 없었다. 쇠퇴한 공동체의 공공조직의 재생이라는 이념이야말로 그를 움직인 근본사상이었다. 이 이념을 관철하기 위해서는 도덕적 퇴폐에 빠진 당시의 시대가 제공한 가장 무서운 수단을 취하는 일도 서슴지 않았다.

한편 마키아벨리는 그 점에서 시대의 아들이었으며, 수단을 선택하는 데서는 도덕적으로 불감증이었다. 반면 궁극적 목표에서는 최고의 도덕주의자였다. 그에 반해 보칼리니는 국정 수단에 대해서는 높은 도덕적 기민함을 보인다. 그는 반종교개혁 개시 이래 일반적 사유의 미미한 진보를 그런 대로 제시하고는 있다. 대신 수단의 악성에도 불구하고 그 그림자에 어디까지나 굳건한 신념의 힘이 잠재했던 저 마키아벨리의 철저한 급진주의는 이제 조금도 지니지 않는다.

그는 격심한 절망 끝에 모든 것을 단념하고 진부한 도덕적 교육에 의한 세계 개혁의 이념에 신랄한 조소를 퍼부었다. 그의 생각에 의하면 이제 민중은 더 이상 새로운 법을 만드는 따위에 의해서는 개선되지 않는다. 세상은 궁정이나 군주의 예에 따르게 마련이므로 궁정과 군주의 방종이 감소될 경우에만 사태는 개선될 수 있으리라. "군주의 행동을 잘 관찰하면 신의 인내도 끝내는 없어지고 정당한 형벌이 세계 위에 내려지지 않을까 나는 생각한다."[15]

사람들은 오늘날 보는 바와 같은 악의 세계를 수수방관해 그때 불어오는 바람의 방향에 따라 돛대를 달 것임이 틀림없다. 군주들의 악업에 저항한들 무슨 이익이 있을 것인가. 그는 민중에게 악한 지배자라도 꾹 참도록 권했다. 통치를 억지로 바꾸어본들 무슨 소용이 있으랴.

---

15) 『정치의 균형』, 제1권, 121쪽, 479쪽; 『파르나스 통신』, 제1권, 284쪽(전 세계의 일반적 개혁에 관해 논한 항목).

일종의 숙명론적인 체념이 이러한 감정을 통해 마키아벨리 시대 이래 지속되는 주목할 만큼 광범위한 정치적·정신적 변화들이 반짝인다. 마키아벨리는 자유롭고 대담하게 그 시대의 거물들을 관찰하고, 개인적으로 접촉했을 경우 공손한 태도를 지녔음에도 그들과 동등한 정신적·사회적 레벨에 있는 것으로 느꼈다고 우리는 말할 수 있을 것이다. 그의 내부에 있던 공화주의적 정신은 아직 생생해 세계 도처에서 군주주의적 세력의 대두에 의해서도 완전히 몰리지는 않았다.

보칼리니도 자유롭고 대담한 공화주의적 감정을 지니고 있었다. 그가 베네치아에서 마지막으로 찾아낸 공화주의의 피난처를, 그야말로 그 주변 전체를 제후의 도적들 소굴에 둘러싸인 도피처로 생각하고, 극히 예리한 사상을 후세를 위한 원고인 타키투스 주석에 담았다. 또 그의 공화주의적 지향은 태어나면서 지닌 것이라기보다는 후천적으로 획득한 것으로, 여러 궁정 상태에 대한 절망의 표현으로 궁정 분위기 속에 감돌았던 취향과 섞여 있었다.

보칼리니는 이들 궁정이 지향하는 바를 바라보며 지대한 관심을 갖고 제후·대신·정신(廷臣) 간의 음모나 간계를 추궁하는 조소나 야유가 섞인 충고를 했던 것이다. 이 충고야말로 그 자신이 그러한 세계와 밀접히 관련되고 그로부터 완전히 도피될 수 없었다는 사실을 보여주는 것이다. 그에게 왕후의 세계 자체는 '독특한 인간들'로 다른 세계보다 훨씬 위에 존재하는 것으로 생각되었다. 그들 생활의 중심이며 운명의 힘으로서 그 무서운 위세와 힘, 그 충동과 격정은 헤아릴 수 없는 것이기는 하나 등한시할 수는 없다.

궁정풍의 제후국이 육종(肉腫)처럼 딴딴해지고 인간의 감각까지 구속하기에 이르렀음은 마키아벨리 이후 세기의 로마 민족 세계의 역사적 과정이었다. 이 과정은 보테로나 발자크와 같은 유의 공순한 정신문학(廷臣文學)에서보다, 예를 들어 보칼리니와 같이 자유롭고 반항적 인간이 그 시대정신의 굴레에 크게 복종했다는 사실에 더욱 명백하고 감동적으로 반영된다.

그런데 그것은 결과적으로, 그 시대 군주제 국가의 동향이 그 내부 제후들이 궁정세계의 해로운 연기 속에 쌓인 듯 그에게 보였다. 마키아 벨리도 군주제 국가의 정치를 규명할 때 국가 자체보다 개인적으로 행동하는 제후에 주목했다. 그들의 행동은 잔인한 사실성(事實性)의 밝고 날카로운 빛을 띠고 나타났다.

그로부터 발전된 궁정풍의 절대주의적 군주제는 도덕적 퇴폐로 인해 역사적으로 새로운 것임을 보칼리니는 인식했다. 파르나스의 이야기 중 하나에서[16] 그는 왜 성실이 세상에서 소멸되었는지를 연구했다. 군주들은 가신(家臣)이나 신하들의 불충을 개탄하나 가신이나 신하들은 이에 대해 이렇게 답한다. 자기들은 불충한 마음이 아니라 절망에서 옛날의 성실에 등을 돌렸다. 군주들은 성실을 남용해 그것을 단순한 강제적 의무와 예속적 지향으로 탈바꿈하게 했다. 자기들은 더 이상 군주에게 학대받고 격하되기를 원치 않으며 '자유로운 통치'에 대한 동경에 불타고 있다고 말한다. 이는 그의 시대에 절대주의가 봉건적 과거의 낡은 도덕적 유대를 파괴했다는 비난이 퍼부어졌음을 의미한다고 할 수 있을 것이다. 장티에가 표현한 그 논조가 여기에 다시 메아리치고 있다. 르네상스 이래 발전한 군주와 민중 간의 새로운 관계는 보칼리니에게는 그야말로 철저하게 비도덕적으로 보였던 것이다.

보칼리니는 끊임없이 군주들에게 호소했다. "당신들 마음에서 개인적 격정을 제거하십시오. 공정하고 정당하게 통치하도록 개인적 이해나 야심에 의해서가 아니라 일반의 복지라는 인도(引導)의 별을 따라 통치되는 공화국을 당신들의 모범으로 삼으십시오." 그러나 자신에게는 사물은 개선될 수 있다는 신념이 결여되어 있었다. 군주의 개인적 이해나 그들의 행위에 비도덕적 수단을 국가나 민중의 공공적 일반적인 이해로부터 과연 명백히 구별할 수 있었을 것인가. 보칼리니는 솔직하게 말했다. "이해가 군주의 혀를 움직이며 정당성이나 공공복지에 대

---

16) 『파르나스 통신』, 제1권, 95쪽.

한 사랑은 그러지 못한다."[17]

그런데 이 도덕적 논조에 근거가 있게 하기 위해 그는 당연히 이해와 공공복지 간의 구별을 개개의 경우 명백히 세우고 그러한 구별의 가능성을 논증하도록 해야 했다. 그러나 그는 그렇게 하지 않았으며 할 수도 없었다. 그는 증오의 대상이 된 군주의 지배수단 속에 단지 부패한 지향뿐만 아니라 굳건한 강제성도 작용하고, 국가생활이나 민중생활에 그와 같은 지배수단이 전혀 없을 수 없음을 느낄 만큼 예리하기도 했다. 곧이어 "이해야말로 바로 폭군 정신의, 또 폭군이 아닌 군주 정신의 진정한 폭군이다"[18]라고 인정할 수 있었다. 또 다른 부분에서는 이렇게도 말한다. 군주는 사람들을 움직여 그들의 피로써 자기를 지키게 하기 위해 교묘한 수단을 써왔다. 즉 사람들을 따르게 하기 위해 그들 사이에 증오와 불화의 씨를 뿌린다.

이러한 관계에 대한 호소에 대답해 아폴로는 말했다. "유감스럽게도 그것은 필요한 재난이다. 군주는 뛰어난 '분할정책'의 확률로써 안전한 지배를 할 수 있을 뿐이므로 민중이 하는 대로 방치하면 그야말로 더욱 심한 분열이 일어날 것이다. 그 죄는 군주의 악한 본성에 있는 것이 아니라 반란을 즐기며 변덕스러운 민중의 본성에 있다."[19]

이렇게 하여 군주 영혼의 심연을 관찰하고 부정이나 불의가 지배욕과 사물의 필연성의 혼합에서 생겨나고, 그것이 필연적으로 비도덕적으로 존재하고 활동하며 민중의 운명을 규정짓게 되는 그 심연의 내부까지 간파하고자 하는 것이야말로 보칼리니의 노력, 아니 그의 개인적 정열이 되었다. 그는 어느 부분에서 '마음의 깊이', 즉 군주의 최대의 힘과 덕성——이 양자는 'virtù'라는 번역하기 어려운 말로 표현되거니

---

17) 『정치의 균형』, 제1권, 85쪽.
18) 같은 책, 제1권, 91쪽.
19) 『파르나스 통신』, 제2권, 211쪽. 제2권, 90쪽, 139~140쪽; 『정치의 균형』, 제1권, 137쪽; 제2권, 146쪽 참조.

와——이며, 티베리우스의 명성을 쌓아올린 영혼의 깊은 어두움에 관해 말하고 있다.[20]

그처럼 무서울 만큼 분열적인 현상을 목격하면서 그의 인상도 때로 분열적이 되고 서로 모순됨은 당연하다. 때로는 맹목적·악마적인 탐욕만을 보고, 또 때로는 이러한 탐욕을 밝혀내고 합리화하는 사물의 필연성을 본다.

"한 군주의 영혼 속에 야심이 끼어들면 그의 인간의 보호자, 즉 지상에서 신의 대변자로부터 악마로 변한다고 나는 솔직히 말하지 않을 수 없다. 만약 대단히 범죄적인 개인이 전율을 느끼면서 살인을 범한다고 한다면 진정된 심정으로 수천이나 되는 살인을 범하는 군주란 도대체 어떠한 정신의 소유자일까."[21] 그런데 다시 이렇게도 쓰어진다. "군주를 구속할 수 없음은 가축의 무리가 목자(牧者)를 묶을 수 없는 것과 같다. 이해와 지도 밖에 어떠한 속박 수단도 군주에게는 존재하지 않기 때문이다."[22]

보칼리니는 군주의 정신에 대해 극히 공명하게, 그들 생활의 높고 깊은 곳을 동시에 파악하고자 노력했다. "중간 정도의 행복한 상태로 태어난 자는 고생이나 가난을 참고 견딜 수 있으나, 군주는 고초를 겪고, 선악 다 같이 가장 나쁜 일들을 체험하게끔 강요되고 있다."[23]

단지 군주뿐만 아니라 지도적 정치가의 정치행위 속에서도 존재하며 행위자 자신을 삼켜버리는 악마적인 것을 보칼리니는 힘차게 표현할 수 있었다. "국가의 이해는 그야말로 악타이온의 개와도 같다. 그 개는 주인의 창자를 찢는다. 지옥이라 할지라도 지배하고자 하는 정열에 불탄 마음을 위협할 수 있는 무서움은 지니지 않는다. 정치적 인간은 국

---

20) 『정치의 균형』, 제2권, 90쪽.
21) 같은 책, 제1권, 281쪽, 376~377쪽.
22) 같은 책, 제1권, 186쪽.
23) 같은 책, 제1권, 154쪽.

가 속에 자기를 주장하고 유지하는 필요야말로 모든 것에 앞선다는 준칙을 명심하고, 지상이나 천국의 다른 가치를 짓밟는다. 지배의 그리움은 성수(聖水)라도 그것을 정화할 수 없는 마신이다." 그의 말은 불안에 몸을 가누지 못하고 정열이나 격정에 움직인 바로크 예술가의 조상(彫像)을 상기시킨다. 한편 마키아벨리 속에는 지난날 미켈란젤로의 준엄한 행위를 잉태하나 침착하게 자기를 다스리는 인물이 반영되고 있었다.

이러한 교설의 귀결을 향해 논지를 더 진전시키기 전에 우리는 보칼리니의 눈과 국가 이해에 대한 관심의 내면적 동기에 한 번 주목해보자. 여기에서는 그 자신이 마치 악타이온과 같은 처지에 빠지고, 그 자신이 죽이고자 한 그 사슴으로 탈바꿈한 느낌이 없지 않다. 그는 전적으로 엄숙한 도덕적 감정을 갖고 국가 이해 앞에 전율했으며, 그러한 전율에 도취되어 그 악마적 세계를 정신적으로 함께 체험함을 위대하고 숭고한 것으로 생각했다. "위대한 군주의 행동 속에 들어감은 영혼의 위대성이나 정신의 아름다움을 보여주는 징조이고 칭찬할 만한 호기심이다."[24]

세계사에 대한 그의 모든 관심은 이 '통치의 비책'에 집중되었다. 과연 그는 뛰어난 감각으로써 역사 기술은 인간 자신과 더불어 일어났다고 말했다. 그러나 권력자의 비밀스런 생활을 꿰뚫어보기 위해 안경을 발명한 '정치사가 중의 왕자'인 타키투스가 처음 행한 역사 기술만이 진정 가치가 있는 것으로 그는 생각했다. 무식한 자는 역사에서 진기한 일들을 기뻐할는지 모른다. 리비우스는 전투·정복·승리의 기술을 기뻐하는 사람들을 대상으로 삼는다.

그러나 역사로부터 정치론의 꿀을 마시고자 하는 자는 타키투스에게 의지해야 할 것이다. 그는 또 미사여구로 장식된 웅변가류의 역사 기술을 경멸하고 타키투스와 비슷했던 구이차르디니를 칭찬했다. 그러나

---

24) 같은 책, 제1권, 430쪽.

군주의 정치에 관해 실제로 정보에 통하고 알고 있다는 이유로, 정치적인 실무가의 형식을 갖추지 못한 유치한 수기(手記)도 그와 못지않게 칭찬했다. 갖가지 행위를 서술하기 위해서는 우선 권력자나 국가의 해부도를 보여주는 것이 언제나 필요하다.[25]

팔목하고 기대할 만한 의의 있는 구상이었으나, 그렇다고 그것을 근대 정치적 역사 기술의 의도와 동일시할 수는 없다. 후자는 권력가의 정신에서 정치적 결의의 남모를 성립뿐만 아니라 그들에 의해 환기된 힘이나 그 영향의 상황, 즉 정치권력이 민중생활 속에서 할 수 있는 일, 그리고 그것이 의미하는 일들의 모든 양상을 전개하고자 원한다. 그런데 보칼리니는 타키투스가 정치의 '기술'과 '식견'을 보여주는 데 대해, 리비우스는 단지 정치의 '힘'만을 묘사하고 있을 뿐이라 하여 경시하는 말투를 쓰고 있다. 피비린내나는 약탈행위와 전 세계의 퇴폐로 장식된 로마사 전체는 결국 어떤 장점을 지니고 있는 것일까. 오! 그대들 부당하게 찬미된 로마인들이여, 신은 그대들에게 합당한 벌로 티베리우스의 압제를 내리셨다.

반종교개혁의 이 이탈리아인 속에, 권력을 행사하는 기교의 작용에 대한 큰 기쁨과 권력의 작용에 대한 문화인 특유의 도덕적 혐오가 결합된 모습은 아주 교훈적이라고 할 것이다. 사람들은 르네상스의 모든 모순을 자기 속에 포괄 계승하고, 거슬러 올라가 마키아벨리의 특성까지 밝히는 것을 돕는 그 심성을 인식해야 한다. 정신문화와 권력은 근대와는 전혀 다른 관련에서 대립되었으며, 그 정신문화는 근대문화와는 다른 목표를 지녔다. '권력 자체는 악'이라는 것을 사람들은 혐오로써 감지했지만, 그 권력에도 당시 일반적으로 이해되고 평가된 바 있는 문화, 즉 인간 정신의 힘·기교·예리함이 어느 정도 발견되었다. '군주의 이해'를 밝히면서, 그것들을 추체험(追體驗)함은 높은 문화이상,

---

25) 주요한 사실은 『정치의 균형』에 합본된 타키투스의 아그리콜라 주석 서문. 『정치의 균형』, 제1권, 334쪽, 347쪽; 『파르나스 통신』, 제2권, 249쪽.

'영혼의 위대성과 정신의 아름다움'이라고 생각했다.

이것은 거기에 정신적 청량제를 찾는 개성이 강한 사상가들에게 하나의 과제이다. 그 높여진 자기를 향수하는 데 만족한 르네상스의 독특한 개인주의가 거기에서 보인다. 우리가 앞에서 본 것처럼 보칼리니는 실제적·정치적 목표를 위해 이미 이룩된 정치적 이해를 이용하거나, 또 군주의 악랄한 행위를 폭로함으로써 세계 전체를 격심한 분노에 빠지게 하거나, 적의를 품게 하고자 하는 따위의 생각은 추호도 하지 않았다. 그는 혁명적 영향을 주기는 했으나 자신은 결코 혁명가는 아니었다.

보칼리니는 정치적으로는 혁명적이지 않은 마키아벨리에게서와 같이 개혁적 분위기를 지닌 데 불과한, 르네상스와 프랑스 및 폴란드에서의 칼뱅주의에 의해 풍요해진 신분적 이념을 출발점으로 하는, 유럽 혁명정신의 발달 속 한복판에 있었을 뿐이다. 그 제후국에서는 신분적 이념이 소멸되었으므로 이탈리아는 그에 대한 어떠한 기반도 제공하지 않았다. 이 나라는 단지 자유로운 사색을 허용한 데 그치고 자유로이 행동하는 것은 용서하지 않았다.

보칼리니의 정치적 체념에 대한 이러한 환경의 영향은 그가 행한 논술에서도 명백하다. 타키투스가 조립해둔 안경이 모든 사람 손에 들어가면 과연 군주나 궁정에 관한 진상이 전 국민에게 알려지게 될 것인가. 보칼리니는 그 당시 이미 시장의 하역 인부들이 '국가이성'에 관해 부질없이 잡담하는 것을 비웃기는 했으나,[26] 그러한 일들은 그에게는 상류층 스포츠가 일반화되기 시작하면서 결국 우스꽝스럽고, 별로 위험이 없는 것에 지나지 않았던 것과 동일하게 생각되었다. 그런데 실제

---

26) 『파르나스 통신』, 제1권, 315쪽; 『정치의 균형』, 제3권, 81쪽. 또 1625쪽에 '국가이성'에 관해서 쓴 추콜리(Zuccoli) 또한, 당시 이발사나 장인들이 선술집에서 '국가이성'에 관해 논의의 꽃을 피웠음을 증언하고 있다. 『국가이성론』, 가르메르스(J. Garmers)의 라틴어 역, 1663년판의 2쪽.

로 타키투스의 안경을 많은 사람이 갖게 되었을 때 그것은 군주에게 위험한 것이 되었다. 군주가 대중을 쉽게 지배하기 위해서는 어떻게든 그들의 무지가 극히 필요했는데, 상황이 이렇게 되고 보니 대중은 반항적이 되기 일쑤였던 것이다.

이러한 사정은 보칼리니도 충분히 통찰하고, 타키투스가 분명하게도 그 안경을 사람을 골라 군주의 비서관이나 고문관들에게만 준 사실, 즉 군주가 자기에게 해로운 정치적 저술을 억압함은 보편적인 국가 이익을 위함이라고 설명했다.[27] 그러나 이러한 저술은 그 자신에게 기쁨이었으며, 그는 사실 자유정신의 소유자였으므로 있는 그대로의 정치적 사실에 대해 정밀한 고찰을 할 수 있는 권리를 제한할 생각은 조금도 없었다. 보테로의 정의가 '국가이성'의 본질을 감추는 데 사용한 '금박'을 보칼리니는 경멸하고 비웃었다.[28]

재미있는 파르나스의 한 장면에서는[29] 모스크바 대후(大侯)의 신하들이 마치 가축 같은 생활을 하고 읽고 쓰지도 못한다고 대후가 비난받고 있다.

그에 대해 대후는 다음과 같이 대답한다.

자유학예가 다른 곳에서 무서운 불길을 댕겼음을 보아왔으므로 나는 나의 대공국에서는 그처럼 해로운 잡초는 뿌리를 내리지 못하도록 마음먹었다. 만약 네덜란드인이나 폴란드인이 옛날 그대로 단순무지한 상태에 머물고, 순결한 마음이 그리스나 라틴의 언어·예술의 해로운 병균에 감염되지 않았더라면 그들은 옛 종교나 그처럼 많은 군주를 없애지 않고 솔론, 플라톤과 아리스토텔레스도 미처 생각

---

27) 『아그리콜라의 주석』(*Kommentar zu Agricola*), 13쪽; 『파르나스 통신』, 제2권, 249쪽.
28) 『파르나스 통신』, 제2권, 290쪽.
29) 『정치적 시금석』(『정치의 균형』, 제3권, 186쪽).

하지 못한 훌륭한 공화국을 건설했을 것이다.

파르나스 산상에 모인 사람들은 이러한 생각에 놀라움을 금치 못했으나, 군주 몇몇은 모스크바 대공에게 찬성했다. 그런데 우르비노 공은 자유학예를 포기해야 한다면 나라를 버리는 것이 낫겠다고 말한다. 다른 부분에서 기술(記述)되기를, 바보 같은 사람들이 모인 곳에서는 왕국과 군주가 존재하고, 문학이나 위대한 신이 있는 곳에서는 공화국이 존재한다. 학문에 의해 사람들은 군주의 권력이 어떠한 한계를 지니고 있는가를 탐구하는 것을 배우고, 학문에 의해 군주의 권력을 억제하고 그것을 국가로부터 축출할 수단을 찾는다.

사람들은 네덜란드 공화국에서 일어난 반란이 성공한 사실이 얼마나 강하게 보칼리니의 마음속에 들어 있던가를 볼 수 있다. 그리고 그에게 공화국은 그 내부에서 공공복지가 사적 이해 위에 서고, 법이 절대 지상의 힘을 지니고 지배한 국가로서 생각되었음이 상기된다. 동시에 그는 공화국을 예외가 없는 것은 아니나, 자연적 본질로 인한 자급자족과 평화정책의 국가라고 믿었다. 자유와 거대한 권력은 조화되지 않는다고 생각했다. 그렇듯 그는 공화국 속에 자기의 완전한 문화이성과 국가이상이 실현된 모습을 보았다. "인간에게 진정한 조국은 자유도시이다." 30)

그러나 그것은 적어도 보칼리니 개인에게는 그 실현을 위해 사람들이 생명을 바치고자 원하는 프로파간다적 이상은 아니었다. 유럽의 군주들이 독일 및 네덜란드의 공화국에서 연유한 자유라는 전염성의 이념은 군주제적 이해의 동맹을 맺고자 시도한들 타도하기 어려우며, 더욱이 용병군으로서는 도저히 타도할 수 없는 것임 31)을 스스로 명심하지 않을 수 없다.

---

30) 『정치의 균형』, 제1권, 495쪽; 제1권, 339쪽, 342쪽, 349쪽, 402쪽 참조.
31) 『파르나스 통신』, 제2권, 17쪽 이하.

그는 활기찬 파르나스의 장면을 묘사하고 있지만,[32] 언젠가 자유로운 이탈리아를 보고 싶다는 강한 희망이 지난날 마키아벨리의 가슴 속에 불탄 것과 같이 보칼리니의 영혼 속에서 불붙었다고 하더라도, 그에게는 역시 먼 앞날의 꿈에 지나지 않았다. 그는 당대에 대해서는 어떠한 희망도 품을 수 없었다. 제후들의 악한 세계에도 도처에 공화주의적 정신의 피난처가 존재한다는 것만으로 그는 만족했다. 그럼에도 그와 같이 교양이 있는 정신을 위한 그러한 피난처는 단지 엄밀한 귀족정치적 지배를 지닌 공공조직으로서만 그 기능을 발휘하고 필요한 평화와 안정성을 주었음은 분명했다. 교양이 없고 방종한 대중이 지배하는 민주정치에 대해서 그는 몸서리쳤다.[33]

이렇듯 그의 관심과 이상은 독특하게 얽혀 있었다. 그가 정치적 인식에 정열을 바친 것은 스스로 혐오하면서도 그것을 이해했을 때 그 마음이 열광에 가득 찬 세계였다. 도덕적으로 반발을 느끼게 한 것이야말로

---

32) 여기에서 선취되고 있는 1815년의 '신성동맹'은 아이러니컬하게도 제후들이 공화제를 반대해 상호원조를 서로 열심히 보증하나, 마음속에는 저마다 갖는 이해에 따라서 행동할 심산이라는 사실로 종결된다.

33) 민주주의 및 대중의 지배를 논한 중요한 부분은 『정치의 균형』, 제1권, 48쪽, 186쪽, 337~338쪽, 340쪽이다. "이처럼 교묘하고 우아한 국가의 창건자가 여러 도구의 발명자나 제작자처럼 사람들에 앞서서 모든 사람들 사이에서 자기 홀로 조용한 생각을 갖고, 그리고 법의 준수로써 다스려지는 민주정치를 형성하는 놀랄 만한 기풍을 찾을 수 있었던 것은 단지 독일인뿐이었다"고 그는 말한다. 독일공화국이라는 말로써 그는 때때로 동시에 네덜란드 공화국의 의미도 포함시키고 있다.

독일인에 관해 그가 토론한 또 하나의 사소한 농담을 여기에 드는 것도 무의미하지는 않을 것이다. 즉 독일인은 무미건조한 것을 규정한, 여러 민족을 위한 하나의 보편법을 가정함을 거부한다. 그들은 말하기를 그대들 다른 나라의 민중은 군주의 예속 아래 살고 있으나, 우리는 우리의 자유를 갖고 있다. 그 증거로 우리는 술을 마실 수 있지 않은가. 만약 우리가 항상 취하지 않고 멀쩡하다면 우리도 그대들과 같이 성실치 않고 교활하리라.

그리고 야심에 불탄 자들마저 그들의 악한 기도를, 그대들의 나라에서처럼 감추어주지는 못할 것이다. 강한 포도주는 마시면 몸을 투명하게 하는 힘이 있다. 『파르나스 통신』, 제2권, 123쪽 이하.

지적으로 그의 마음을 이끌었다. 보칼리니는 비정치적 지향을 지닌 날카롭고 심오한 정치사상가가 되었다. 르네상스와 반종교개혁의 분위기에서만 가능했으리라고 믿는 그러한 정치적 입장은 현대인에게는 대단히 낯설고 기이한 느낌을 준다.

보칼리니는 자기가 언제나 두 개의 세계, 즉 가상 세계와 '본질'의 세계 사이를 왔다갔다했음을 느꼈다. 그것을 문제시하지 않고 어쩔 수 없는 사실, 기지에 찬 주석을 붙여야 하지만 개인적으로 하등 마음을 쓸 필요가 없는 사실로 느꼈다. 이 가상 세계는 불가피했으며, 실제 세계에 존재하는 이상이 손댈 수 없는 것으로서, 이 가상의 악한 세계는 또 자연적 세계가 아니었던가. 큰 고기가 작은 고기를 삼키고 약자가 강자에 의해 지배됨은 모든 생존하는 것 사이의 법칙이 아니었던가.[34]

도대체 카토(Cato, 기원전 234~기원전 149)의 이상주의적 공론(空論)에서 무엇이 생겨났던가. 그대는 비둘기를 위해 음악을 연주하고 있다. 이렇듯 보칼리니는 카토에 대해 부르짖고 있다. 결코 그대를 위해서나 또 공공(公共)을 위해서도 무엇 하나 이룩하지 못했다. 보칼리니의 '타인에 대한 평가'는 어디까지나 사람은 순풍에 돛을 달아야 한다는 것이었으며, 동시에 그렇게 행동한 사람들을 경멸했다.

그런데 보칼리니가 공화주의적 이상에 관해 선동하기를 단념한 것은 단순히 현실적 인간의 융통성과 철학적 체념뿐만 아니라 섬세한 역사적·정치적인 감정에서 기인되기도 했다. 그는 말한다.

사람은 베네치아에서 생생한 것들을 책이나 인간에게서 배우는 것이 아니라 모유와 더불어 흡수했으리라. 베네치아의 법률은 옮기기

---

34) 베네두치, 『보칼리니』(Boccalini), 102쪽에서는 다윈, 스펜서를 상기시키는 이 자연주의적 어조에 주의하고 있다. 베네두치는 같은 비유를 인용한 스피노자(『신학정치론』[Tractatus theologicopoliticus], 제16장)도 상기시킬 수 있었을 것이다.

어려운 공화국의 완만한 성장을 이루며 늦게 열매를 맺는 나무와 같다. 피렌체가 좋은 예이거니와, 성급한 자유는 자칫 새로운 압정(壓政)이 되기 쉽다. 좋은 법률은 그대로 다른 나라에 옮겨지지 않는다. 그 법률은 그에 따라야 하는 사람들의 정신, 즉 '천분'(genio)에 일치되어야 한다.[35]

그는 부질없는 법의 남발이나 '통치의 열광'을 혐오했다. 교회국가의 행정장관으로서·실천적 경험에 비추어 그는 상쇄되는 많은 규정의 우둔함과 유해함에 시달려 통치에 관여하는 법률가나 저술가들에게 호감을 갖지 않는다. "철학자가 통치해야 한다 함은 우스꽝스럽기 짝이 없다. 군주의 철학자, 진정한 '학자'란 바로 자신의, 다른 군주들의 이해·속령(屬領)·재정력을 소상히 알고 있는 궁정의 실무자를 말한다." 결국 그는 진실하고 최고인 통치술은 이론적으로나 실제적으로 학습될 수 없는 천분(天分)의 것, 즉 신의 선물로 생각했다.[36]

이러한 모든 사고는 보칼리니가 결코 두뇌로 이것저것 생각하는 유의 서적의 인간이 아니라 최고 지적 문화와 더불어 생생한 현실의식을 갖춘 중용의 인물이었음을 새삼 뒷받침해준다. 즉 그가 즐겨 쓴 말을 빌리면, 인간으로서 '산 서적'——정치적 업적에서 철학의 멸시자인 동시에 학문의 정치적인 혁명 영향을 의식하고, 귀족정치의 숭배자이면서 한편 친구인 파올로 사르피와 같이 진정한 고귀함이란 혈통에 있는 것이 아니라 두뇌에 있음을 자랑으로 여기고 있는, 그는 그러한 인물이었다. 그의 내부에서는 모든 것이 생동감이 넘치고 본질적으로 공존해 작동한다.

모든 회의나 풍자에도 불구하고 보칼리니는 결코 아이러니한 세계

---

35) 『파르나스 통신』, 제1권, 143쪽 이하; 『정치의 균형』, 제1권, 182~183쪽.
36) 『정치의 균형』, 제1권, 390쪽; 제2권, 211쪽; 『파르나스 통신』, 제1권, 150쪽, 246쪽.

속에 놓인 듯한 기분에 빠지지 않았다. 오히려 르네상스 정신을 충실히 지켜 마음 놓고 그 본능에 따르는 소박한 본성을 잃지 않았다. 그의 통찰은 모두 직관적으로 생겨나고 그 인문주의적 교양에 의해 풍요로워졌으나, 그러한 교양에서 맹목적으로 이어받은 것은 아니다. 만약 그가 체계적 두뇌의 소유자였다면 군주나 국가의 이해(利害)에 관한 광범위한 이론 창시자가 되었을 것이다. 왜냐하면 모든 것이 그에게는 이미 그러한 방향으로 진전되었으며, 우리가 본 바와 같이 국가 이해라는 악마와 맞서서는 도저히 스스로 편안할 수 없었기 때문이다. 그의 정신적 전체성을 최초로 습득하기 위해 곁에 두었던 실〔糸〕을 우리는 이제 다시 들어낼 것이다.

이미 우리는 보칼리니가 군주의 이해정책의 순도덕적 판단과, 그러한 이해정책은 국가의 안전 및 자기보존이라는 벗어나기 어려운 강제력에 복종하는 것이라는 사이에서 동요되고 있었음을 보았다. "군주는 자기 정신의 의지가 아니라 필요에 따라 행동하므로 스스로 증오하고 혐오하는 일도 하지 않을 수 없다." 그리고 이러한 입장은 그의 사유의 주요한 귀결이며, 거기에 이르기 위해서는 언제나 자세를 새롭게 하여 싸워야만 했다.

그는 말을 잇는다.[37] "펠리페 2세가 돈 카를로스(Don Carlos, 1545~68)를 살해하게 한 것[38]은 카를로스의 악한 성질을 벌하기 위해서가 아니라, 국가와 생활의 평안을 위해 영국 · 프랑스 · 이탈리아 및 스페인의 적국이 된 돈 카를로스를 이용하는 것을 방지하기 위함이었음을 나는 잘 알고 있다." 또 다른 부분에서는 이렇게 말한다.[39] "군주가 혈연을 살해함으로써 지배를 안전하게 한다면 야만행위일 것이다. 그러나

---

37) 『정치의 균형』, 제1권, 202쪽.
38) 여기에 근거는 없으나, 동시대 사람들은 대체로 그렇게 믿었다. 플라츠호프, 『16세기에서의 관헌의 살인권능에 관한 이론』, 76쪽.
39) 『정치의 균형』, 제1권, 472쪽.

그 경우 사람들은 필연성을 개탄할 수 있을 따름이다. 왕통의 싹이 지나치게 많은 것은 바람직하지 못하며 쓸모없는 가지를 둘셋 제거함은 생각보다 별로 죄 많은 소행이 아니며, 때로는 민중에 대한 군주의 '애정'을 의미한다."

이 무서운 말은 마키아벨리 이래 2세기도 극복하지 못한 시대의 야만성에서만 설명될 수 있는 것은 아니다. 선악의 행위와 영향을 지닌 세계란 명백하게 구분되지 않는다. 근대적 상대주의를 연상시키는 실로 놀랄 만한 고찰은 그가 냉정히 기술한 관찰로부터 연유된 것이다.

그는 말한다.[40]

몸에서 나쁜 액체와 함께 생명에 필요한 액체도 제거하지 않는 약제가 별로 없는 것과 마찬가지로 재해를 초래하지 않는 질서란 한 국가의 통치에서 희귀하다. 반대로 군주가 국내의 질서로부터 큰 이익을 손에 넣는 일도 때로 일어나는 현상이다. 로마는 유능하고 강한 시민으로 인해 최악의 적보다 더 큰 피해를 입었다. 훌륭한 학문이나 인쇄술의 발명은 유익하면서도 해롭다. 진정한 종교에 반대해 독일에서 출판된 저술에는 군주에 반항한 극히 혁명적인 내용을 담은 책, '민중을 공공연한 반역으로 몰고 가는 나팔과 북'도 포함되어 있다.

'진정한 종교'! 보칼리니는 카를 5세가 페스트원(源)이라고도 할 루터, 그 사람에 대해서는 전혀 손을 쓰지 않고 그의 저서를 불사른 데 만족한 것을 유감으로 여겼다. 카를 5세는 그의 친구인 파올로 사르피가 교황청의 정치적 간섭에 반대해 기도한 투쟁을 지원하고, 교황의 갖가지 불순한 음모를 가차없이 탄핵했음에도 사르피의 프로테스탄트 교의에 대해서는 공감을 표시하지 않았다. 대체로 이탈리아에서는 종교에 관한 한 이전보다 현 상태가 호전되었노라고 만족스럽게 말했다. 그렇

40) 같은 책, 2쪽, 468쪽; 『아그리콜라에 관한 주석』, 5쪽, 12쪽.

다고 그에게 진정한 종교적 지향이 있었다고 추측해서는 안 된다.

보칼리니는 정치적 목적을 위한 종교의 남용을 비난했거니와, 종교에 관한 그의 평가 자체는 정치적 목적에 의해 채색된다. 그는 민중에게서 종교는 말에 고삐가 있는 것과 같은 관계로 인식했다. 즉 신의 법에 대한 복종이 없으면 인간의 법에 대한 복종도 없으리라. 그러므로 종교는 수백만 가축의 무리를 돌보기 위한 통치수단, 즉 국가 이해와 다름이 없었다. 국가 안에서 종교적 통일도 국가이익으로 간주되었다.

그에 의하면 민중은 자기들과 다른 종교를 지닌 군주를 사랑할 수 없으며 증오하지 않을 수 없다. 국가 내에 두 개의 종교가 있으면 두 원수(元首)가 존재한다. 앞에서 말한 파르나스 산상의 장면에서 그는 종교적 관용에 관해 나라를 망하게 할 우려가 있는 이론을 세웠다 하여 보댕에게 화형(火刑)을 선고했다.[41]

그것으로 그가 재현한 것은 시대의 '여론'이었다. 오직 주목할 점은 그가 진술한 것은 종교적 광신이 아니라 가혹한 '국가이성'이었다는 사실이다. 또 이 점에서도 그는 실제로 있었던 그대로를 재현하는 데 지나지 않는다. 국가는 신민의 복종을 위태롭게 하는 일 없이 국내에서 종교적 이론(異論)에 견딜 만큼 충분히 강력해졌을 때 비로소 관대해질 수 있다. 상비군 창건은 이러한 관용에 대한 가장 중요한 지렛대가 되었다. 그런데 보칼리니는 당시 신앙상의 문제 전체를 이해론(利害論)의 범주 속에 집어넣어 역사적 삶을 왜곡했다.

그는 감히 주장했다. "카를 5세의 거대한 권력에 대한 두려움이야말로 현재 이단(異端)의 진정한 원인이다."[42] 질이 나쁜 군주는 국가이익을 위해 루터나 칼뱅의 사교(邪敎)를 지원했다. 믿음이 없는 당대 정치가는 민중을 분열시키기 위해 '분할지배'의 수법을 종교에도 적용했다. 고대인에게는 아직 신의 이해(利害)를 국가 이해와 혼동하는 따위 신

---

41) 『파르나스 통신』, 제1권, 225쪽 이하.
42) 『정치의 균형』, 제1권, 475쪽, 434~435쪽; 제2권, 225쪽; 제3권 148쪽 참조.

성모독은 없었는데, 이들 문장 속에서 과장과 진실을 구별하는 것은 부질없는 일이라 할 것이다.

그럼에도 카를 5세에 대한 권력투쟁과 프로테스탄티즘의 운명에 관련된 탁견은 날카롭고 빛나는 인식으로 감동을 준다. 그리고 30년전쟁의 발발에 앞선 무서운 분위기와 긴박한 상태의 전모가 그의 말 속에 생생하다. "그러나 근대의 이단이 국가이익이 되었으므로 그것은 이제 논의나 지령에 여념이 없는 종교회의에 의해 결정되지 않고 무장한 군대의 손에 결정된다."

보칼리니는 결국 정열적인 이탈리아인과 마키아벨리의 순수한 후예로 이단보다 스페인 지배에 더욱 압력을 느꼈다. 그리하여 스페인 지배를 분노에 차서 증오했다. 아마도 그러한 기분으로 인해서만도 그의 정치적 자질이면 이룩했을, 또 근대 역사가가 그에게 즐겨 기대한 혁혁하고도 냉철한 연구를 스페인의 이해(利害)의 광범위하게 나뉜 체계에 가함을 방해받았던 것이다. 그러한 이유로 그는 약간 조잡한 색채를 띠고 여러 나라에서 스페인인의 잔인한 통치방법의 대강을 그리는 데 그쳤을 뿐이었다. 보칼리니는 말한다.

"스페인인은 공략한 국가를 유지하는 기술을 프랑스인보다 더 잘 알고 있다. 그들은 새로운 국가를 유지하기 위한 중추신경인 잔인성을 갖추고 있다."

"어느 새로운 국가의 가장 신분이 높은 영주들을 탄압하는 일, 그 국가의 모든 왕족을 전적으로 근절하는 일, 그 자유를 다시 쟁취할 만한 힘도 정신도 지니지 못하도록 민중을 억압하는 일이야말로 스페인인의 18번이다."[43]

프랑스의 지배는 급성 열병과 같고, 스페인의 지배는 체내에 파고 든 결핵과 같다. 이때 스페인인은 그들의 지배방법을 설정해, 시칠리아에

---

43) 『정치의 균형』, 제1권, 28쪽, 117쪽, 134쪽, 142쪽, 356쪽, 407쪽; 제2권, 73쪽; 『파르나스 통신』, 제2권, 187쪽 참조.

서는 오만으로 임하고, 나폴리에서는 그보다 덜하고, 밀라노에서는 교만이 덜하고, 뿐만 아니라 플랑드르에서는 현재 친절한 태도를 취하게 되었다. 이상과 같은 현상은 전적으로 그들에게 복종하는 사람들의 '겁먹은' 정도에 비례한다. 그리고 그가 스페인인도 네덜란드에서 "세계는 오직 한결같이 살고자 원하며, 결코 스페인적으로 살고자 원하는 것"이 아님을 경험했다고 말했을 때 실로 놀라움의 부르짖음에 가까웠다.

그는 고대 로마와 스페인의 재배방법을 비교해 사소한 정치적 위안을 얻었다. 그는 "스페인은 다행히 모든 종속민족으로 하여금 로마의 공민권에 익숙케 하는 기술을 이해했던 로마인을 모방하지는 않았다"고 말한다. 그러나 그의 냉철한 감각은 한층 야만적인 지배체계도 한 군주의 이해에 의해서뿐만 아니라 지배민족 전체의 이해에 의해 쌓였음을 잘 알고 있었다. "나는 펠리페 2세 서거 때 로마에서 들은 대화를 생각하게 된다"고 그는 언젠가 말했다.

"어떤 사람들의 기대는 그 후사가 어리고, 그 위에 펠리페 2세로부터 가혹한 취급을 당한 귀족들의 불만이 있으므로 사태는 험악해지리라는 것이었다. 그런데 또 어떤 사람들은—결국 이들이 이겼지만—이렇게 말했다. 아니, 피지배국에서 고위직에 있는 스페인인의 이해는 그들 왕권의 위세와 밀접하게 결부되어 있는데, 무엇 때문에 즐겨 내란을 일으켜 자기 자신에게 불행의 문을 여는 우를 범할 것인가."

유럽의 균형 메커니즘, 즉 과도한 개별적 권력에 위협받은 모든 국가의 이익공동체가 보인 자율적 작용에 대한 통찰은 널리 알려진 바와 같이, 이탈리아의 운명을 둘러싼 스페인과 프랑스 간의 대대적인 권력투쟁에 의해 발전했다. 베네치아인들 사이에서 그것이 맥박치듯이, 당연히 보칼리니도 그러한 통찰을 지녔다. 유럽의 균형론은 분명히 국가이성 및 국가이해에 관한 교설의 한 단장(斷章)이며, 권력으로 이 교설과의 관련에서만 논의되어야 할 성격이라 할 수 있으리라.

이 경우에도 역시 보칼리니는 나중의 합리주의적 역사서술에서 지배적이 되고, 또 이미 르네상스 정신, 특히 그에 의해 창출된 이해론(利害

論)의 정신에 근거한 영향이 있다. 그는 실제로 환경의 힘에 의해 우연히 목적에 일치될 수 있었던 작용이 생겨난 데 지나지 않았을 경우에도 이러한 목적에 좌우된 의식적 행동을 가정했다. 여기에서 지휘하는 손이 작용하는 듯한 외관에 오도되어 그것이 실제로 작용하고 있다고 가정하기에 이르렀다.

이렇듯 보칼리니는 스페인의 모든 적에게 활로를 열어준 네덜란드의 반란을 균형정책의 의식적 소행, 즉 이탈리아 전체가 스페인의 전리품이 됨을 바라지 않았던 모든 군주의 음모에 돌렸던 것이다.[44] 그 군주들이야말로 그의 생각으로는 이제 '이탈리아의 유일한 구원'이 된 네덜란드의 반란을 일으킨 바로 그 위인들이었다. 보칼리니는 프랑스의 이해도 순수하고 조화로운 균형정책에 모두 흡수되지 않았음을 명백히 알고 있었음에도 한결같이 동정과 희망으로써 프랑스와 앙리 4세를 바라볼 뿐 어찌할 수 없었다. 그뿐만 아니라 이탈리아의 일반적 자유를 위해서는 밀라노가 스페인보다 프랑스의 수중에 있는 편이 더욱 위험할 것이다. 프랑스와 영토적으로 결부됨으로써 밀라노는 전 아펜니노 반도에 대해 프랑스인이 탐을 내는 계기가 될지 모른다고 생각할 정도였다.

이탈리아가 견뎌야 했던 운명과 보칼리니의 역사적 환경에서 그의 주의가 제국(諸國)의 대외적 행동보다 국내로 더 향해진 사실은 충분히 설명된다. 국내에서 지배자와 피지배자, 권력과 자유의 관계, 궁정풍의 공국과 귀족주의적 공화국이라는 반대 명제, 각국의 '국가 기밀'들이 질식할 듯한 공기 속에서 자유를 갈망한 이 사상가의 영혼의 밑바닥을 뒤흔든 문제였다. 그가 국가이성, 국내적·대외적 이해의 전체상을 적어도 스케치풍으로 구성할 수 있었던 것은 단지 한 나라, 터키였다.

이 나라에서는 그리스도교적 민중생활로부터 떨어진 아주 다른 종류

---

44) 『정치의 균형』, 1권, 474쪽.

의 국가조직이 존재했다. 이 국가조직은 단지 유럽 지평선에 뜬 뇌운(雷雲)으로서 그의 권력정책적 폭발을 보였기 때문이 아니라 그 이상으로 놀랄 만한 내부구조에 의해 정치적 관심이 있는 사람들의 주의를 끌었다. 루터는 터키인의 훌륭한 통치에 관해 칭찬을 할 수 있었다.[45]

르네상스의 정치적 사유가 항상 요구한 것이 터키에서 실현되어 있는 듯이 보였다. 왜냐하면 터키는 용의주도한 건축기사의 의식적인 예술작품, 나사가 감긴 시계와 같이 인간의 잡다한 종속이나 힘, 성격을 자기의 용수철이나 수레바퀴로 이용한 국가기구이기 때문이다. 경건하지 못한 보댕도, 저주할 만한 마키아벨리도 읽지 않았는데도 이 터키인은 완벽한 정치가라고 보칼리니는 감탄한다.[46]

이들 극히 야만스러운 군주 및 훌륭한 학문의 공공연한 적대자들은 그럼에도 더없이 명백히 세상의 통치를 알고 있으며, 정말 교묘한 '국가이성'을 행사할 줄 알았다. 그리스도 교도의 자제 중에서 새로 모집되어 당시 침략적인 이슬람의 돌격대를 형성하고 있던 터키 보병의 유명한 예를 들어 보칼리니는 그것을 쉽게 설명했다.

그들 중 유능한 자라도 결코 사령관의 지위를 차지할 수는 없다. 그까닭은 고위 관직을 위한 양성원의 대상이 되고 교육받는 소수의 그리스도 교도의 자제가 별로 세력이 없고, 그들 서로 결합관계에 의해 최고 권력자에겐 하등 해를 끼치지 않게 되어 있는데, 그 돌격대원들을 사령관으로 하면 그들이 많은 보병 사이에서 지나치게 세력을 지닐까봐 두렵기 때문이다.

보칼리니는 이슬람의 모든 체계가 지극히 경건하지 못하고 교활한 정치적 배려에 뿌리를 둔 것으로 생각했다. 금주는 근엄한 병사를 만들고, 다처주의는 후사가 지나치게 많아 유산층(有産層)을 더욱 낮은 수

---

45) 『그리스도교적 귀족에게 고함』(*Im Christl. Adel*), 바이마르판, 제6권, 459쪽.
46) 『파르나스 통신』, 제1권, 107쪽; 제2권, 237쪽, 271쪽; 『정치의 균형』, 제1권, 377쪽 참조.

준으로 떨어뜨리고, 흉악한 숙명론은 만용을 낳는다. 이미 회교사원이 세워진 토지는 돌려주지 말라는 규정이 새로 정복한 국가를 맹목적으로 지키게 만든다. 술탄이 새로운 한 치의 땅이라도 정복하지 않았을 경우 새 회교사원을 건설해서는 안 된다는 금령은 그들을 선동해 전쟁을 일으키게 한다. 군주의 기분을 상하게 한 채 죽은 사람들의 영혼은 허공에서 헤맨다는 가르침이 최대 노예근성을 기른다. 부녀자의 종교적 태만은 이슬람의 창시자에게서 남성의 근행(勤行)만이 중대사였음을 말해준다.

대외정책 및 전쟁 수행의 수단도 꼭 같이 고려되고 있다. 터키인은 대국이기는 하나 내적 단합이 없고, 완전히 그것을 파멸 공략할 수 있는 나라에 대해서는 철저히 파멸전을 편다. 한편 그들 나라 자체가 강하다거나 서로 동맹을 맺은 까닭에 그렇게 순식간에 공략할 수 없는 나라에 대해서는 단기전을 감행한다. 그럴 경우 약간의 땅을 물려받는 것으로 만족한다. 그리고 전쟁이 장기화함으로써 적의 군사력이 강화될 가능성이 있음을 알고 있다.

한편 황제에 대한 몇 차례의 싸움에서는 독일이나 헝가리 국민을 호전적으로 만들지 않기 위해 일시에 많은 것이 아니라 약간을 빼앗는다. 그러나 확고히 점령하는 것이야말로 정복자의 최선의 방법이므로 터키인은 단지 가볍게 빼앗을 뿐이다. 비대해지려는 자는 일시에 많이 먹지 말고 아주 조금씩 씹어 먹어야 한다. 새로 공략한 나라를 유지하는 것은 적잖이 성가신 사업인데, 특히 그들 국가에 호전적이며 신앙이 다른 주민이 살고 있고 강력한 군주가 남아 있어 잃은 것을 다시 탈환할 가능성이 있는 경우가 그러하다.

그 위에 터키인은 그것을 파멸하면 다른 강대한 주권자의 질투를 초래할 두려움이 있는 군주에 대해서는 단기전을 행하는 습성이 있다. 레판토 부근에서 해상권을 상실한 키프로스 섬의 싸움에서 그들은 나라의 손실에 의한 그리스도교 제국의 동맹 위험을 몸소 체험했기 때문이다. 폴란드나 모스크바와 같이 별로 풍요롭지 못한 나라에 대해서는 손을 대지 않으나, 이탈리아로 가는 길을 손에 넣기 위해 프리아울을 얻는 데는 온 힘을 쏟는다.

여기에는 당시 로마, 베네치아 및 피렌체에서 세상일에 능숙한 상인·성직자·저술가들이 주고받는 셀 수 없이 많은 정치적 대화의 골수라고 할 만한 것이 언급되어 있다. 구전으로 전해진 동양의 소식은 이어서 그 대화 속에서 날카로운 해석이 가해지고, 그 뒤 더욱 고찰되어 여기에서 보칼리니가 부여하는 바와 같은 관련 속에 들어오게 되었으리라.[47] 예를 들어 터키에 관한 베네치아의 보고서가 요구하는 것과 같은 사료가치는 거기서는 문제가 되지 않는다. 가능한 한 많이 목적의식이 있는 이성(理性)을 역사적 현장 속에 인정하고자 하는, 앞서 특징지은 저 경향을 명백히 증명하는 발랄한 양식화적(樣式化的) 고찰이다.

그런데 우리 과제에서 이 추론은 극히 교훈적이다. 보칼리니는 야유와 찬탄과 혐오를 섞어가면서 그의 국가이성론의 마지막 극단적 귀결을 도출해 그 시대의 군주들에게 모범을 보여주고 있기 때문이다. 잘 보아라—하며 그는 군주들에게 말한다—거기 악마의 연약(煉藥) 기술에 관해서는 모두를 능가하는 당신들의 스승이 있지 않은가. 신성을 모독하고 인간성을 모욕하는 메커니즘은 야만인에 의해 세워진 것으로 문화에 관해서는 전혀 아는 것이 없다. 그러므로 '국가이성', 즉 르네상스의 군주국가는 그의 완전함에 이르기 위해서는 어떠한 문화도 필요로 하지 않는다.

군주국가는—이러한 결론은 보칼리니가 의식적으로 도출한 것이 아닐는지 모르나 그의 마음속에 맥박치고 그의 모든 사상세계로부터 힘차게 튀어나오고 있다—단지 문화를 지니지 않을 뿐더러 반문화적이기도 하다. 보칼리니가 이어서 진정 르네상스인답게 자기는 그러한 메두사의 머리로 인해 마법에 걸려 있었노라 느끼고, 군주국가의 힘과 거

---

47) 비슷한 설명은 캄파넬라(Campanella), 『스페인 군주제론』(*Diskurs von der spanischen Monarchie*), 제23장 등에도 있다.

대함 및 운명의 강제력을 지각할 수 있었음은 우리가 본 바와 같다.

생성하는 근대국가에서 내적 불신앙과 비도덕성, 시대의 문화이성에 대해 완전히 분열된 관계, 그 관계에서 불만적인 것이나 모욕적인 것, 그 삶에서 동기의 불가피한 것과 불가항력적인 것, 다시 말해 근대국가에서 인간적 정열, 인간적 이성 및 초인간적 운명의 합리적이면서 비합리적인, 이 모든 조직은 보칼리니에게 당시 어느 사상가보다 이처럼 깊고 고통스럽게 느껴진 적은 없었다. 그가 동시대인의 생생한 감각을 통해 역사적 발전의 암흑적 측면을 우리에게 비로소 밝혀준 점에 우선 그의 역사적 의의가 존재한다. 그의 풍자와 신랄하고 노기를 띤 과장에 대해서는 약간 헤아려야 함에도 우리는 그렇게 말할 수 있으리라.

보칼리니는 개혁자나 혁명가로 태어나지 않았으며 권력과 자유와 문화의 현실적인, 한층 고차적인 것으로 통하는 종합을 발견하지도 못했다. 그 자신의 회의주의가 거의 적합하지 않았던 것과 더불어 시대의 가능성도 그만큼 성숙되지 않았다. 권력과 자유가 조화를 이루기 어려운 것으로 생각한 까닭에 자유의 열정을 품고 귀족주의적 도시국가의 조용한 생활 속으로 도피했다.

그런데 이 도시국가는 역사적 미래에 혜택을 못 받고 있었다. 군주국가와 전적으로 동일하게 일종의 기계적이며 비양심적인[48] 균형정책과 이해정책을 근거로 한 것이기는 했으나, 그럼에도 당시의 유기적인 활기와 토착성을 포함하고 있었다. 그의 사유의 지평선 훨씬 저쪽에서 보면 민중은 군주의 굴레를 언제까지나 견디며 복종하지는 않으리라는 예감이 희미하게나마 떠오르고 있다. 그런데 그는 군주를 받들지 않게 된 민중도 언젠가는 군주의 '국가이성'의 모든 죄를 이어받으리라는 것을 전혀 예감하지 않았다.

그런데 우리 문제에 대한 보칼리니의 불멸의 역사적 의의는 그가 이

---

48) 예를 들어 베네치아에서 살인의 실제에 관해서 플라츠호프, 『16세기에서의 관헌의 살인 권능에 관한 이론』, 13쪽 이하, 32쪽 이하를 참조.

문제를 그 무서운 분열성에서 처음 관찰했다는 점이다. 보칼리니가 체험을 통해 그것을 충분히 날카롭게 파악하고 국가이성에 의한 행동의 자연적 필연성과 불가피성을 시인하기 위해서는, 이탈리아인이며 마키아벨리의 후예여야 했다. 동시에 그것과 결부되었던 모든 죄를 직접 감지하기 위해서는 반종교개혁의 아들이어야 했다. 이 죄는 마키아벨리에게는 감지되지 않았던 것이며 그 반대자들도 대체로 국가이성의 자연적 필연성을 이해하지 않았다.

도덕적 판단을 현실주의적 인식과 결합시킬 수 있었던 까닭에 보칼리니는 근대 역사주의에서 아주 주목할 존재가 되어 있다. 근대 역사주의도 도덕적 가치 세계와 현실 세계를 끊임없이 포괄하고자 하여 일면적으로 도덕화하거나 일면적으로 자연화하기를 원치 않는다. 이제— 헤겔에게서 비롯되는 이 과정을 우리는 뒷장에서 규명해야 할 것이다 —내부의 다리, 즉 이 분열의 내적 타개책을 탐구한다.

보칼리니가 개인적 욕구에 대해 발견한 해결책은 영속적 의의를 지니기에는 지나치게 르네상스적이며, 지나치게 본능적이고 개체적이었다. 그는 심연을 관찰함으로써 만들어진 정신적 향락으로 자위했다. 그러나 역사적 삶의 문제 중 최대는 그 자체 무시간적이며 그 해결의 시도는 시대사적으로 변천하는 상대적인 것으로 머무는 성격을 갖추고 있다. 대신 그 문제들은 해결의 시도로부터 흘러나오는 개체적인 삶의 숨결에 의해 메워진다.

제4장 캄파넬라

보칼리니의 사상에는 특히 이탈리아에서 반종교개혁 기간 동안 정신적 인간이 계속해서 빠졌던 나쁜 상태가 반영되었다. 자기를 둘러싼 역사적 세계의 어느 현상에 마음을 기대야 할 것인가. 트리엔트의 종교회의에 의해 혁신된 교회는 복음전도의 운동이나 자유파의 움직임이 가차 없이 억압된 이래, 이제 대다수 사람들에게는 신성불가침의 가치로 간주되었으나, 보칼리니와 같은 사람의 마음속에는 내면적인 종교적 열정의 흔적은 전혀 남아 있지 않았다.

열렬한 삶의 감정이나 인식충동에서 내용이 풍부한, 신에 충만한 세계상을 만들고, 우주의 법칙을 자유로이 탐구하고자 노력한 사람은 브루노(Bruno, 1548~1600)와 같이 화형(火刑)에 처해지든가 갈릴레이나 캄파넬라(Campanella, 1568~1639)와 같이 투옥되는 험한 일을 당했다.

그런데 당시 국가생활이 사람을 괴롭히는 문제를 얼마나 과시하고, 정치적 이상을 찾는 사상의 상황이 얼마나 만족스럽지 못했던가는 보칼리니의 예에서 보았다. 1세기 전, 1세기 뒤 상황은 나아지고 있었다. 마키아벨리는 자국민의 불행 속에서도 그의 민족의 정치적 재생을 위해 활약할 수 있었다. 1세기 뒤 기초가 잡힌 절대주의 국가는 이미 계몽주의 운동 최초의 빛에 의해 조명되고 사람들은 국가를 위해 새로운 목표를 생각할 수 있었다. 그런데 르네상스와 절대주의 절정기는 혼란스럽고 음울한 구름에 덮인 과도기였다. 이때 대륙의 군주제 국가들은 그 국가구조나 외적 국경도 미완성인 채, 내외의 적에 대해 불충분한 권력수단으로 힘겨운 싸움을 계속하면서 전혀 재미없고, 때로 혐오스러운 광경을 드러냈다.

그들 국가의 삶의 이상은 '국가이성', 바꾸어 말하면 크고 작은 수단을 가리지 않고 무조건, 그리고 동시에 현명한 지도에 의해 권력을 손에 넣고자 하는 노력이었다. 이것이 성공한 경우에도 그것은 아직 대단히 한정되고 의심스러웠으므로 그 성공은 군주가 무력한 까닭에 취하지 않을 수 없었던 비열하고 불순한 수단을 감추어버릴 수는 없었다. 국가는 아직 내면적 고귀함을 지니지 않았으며, '국가이성'은 국가의 권력획득 노력을 관념적으로 받아들이기커녕 '불가피한 치부'로 생각했다. 이것은 보칼리니와 같이 성실한 사람들에 의해서는 풍자적으로 정체가 폭로되고, 보테로와 같이 그다지 성실치 못한 사람들에 의해서는 수다스럽게 감추어졌다.

이탈리아인들이 자국 군주의 궁정이나 그들을 지배하고 억압한 펠리페 2세의 군주국에서 목격한 것, 교황당의 군주국에 관해 들은 것은 사람들을 감동시켜 정치적 이상주의를 점화하는 데 알맞지는 않았다. 우리가 '국가이성' 학파에서 보았고, 앞으로도 보게 될 것처럼 그것은 지성을 자극해 국가통치의 모든 비밀을 날카롭게 탐색하게 하는 데 적합한 데 지나지 않았다.

보칼리는 이러한 탐색의 와중에서 그가 살았던 추악한 세계 전체의 전반적 개혁을 부르짖었으며, 그 외침은 당시 독일 국내에까지 들렸다.[1] 그러나 국가생활의 머리나 손발을 이렇게 개혁하는 것이 어느 날

---

1) 전 세계의 전반적 개혁에 관한 그의 풍자(『파르나스 통신』, 제1권, 258쪽 이하, 제1, 백인대 77번)는 장미십자단의 역사에서 한 역할을 하고 있다. 요한 발렌틴 안드레(Joh. Val. Andreä)는 반 농담 반 진실의 의미를 지닌 책, 『칭찬할 만

실현될 것인가. 그 자신 국가생활에서 실증한 바와 같이 이기적이며 비도덕적인 '국가이성'은 확고한 자연법칙과 같이 귀족이나 신하들의 행동을 규정하고 있었다.

'국가이성'의 이 불길한 심연을 인식해, 보칼리니처럼 이 심연의 몹시 놀랍고도 매혹적인 관조에 만족할 수 없었던 자, 실제로 실천력을 지니고 절망에서 더 개량된 사회 상태를 향해 노력한 자, 이러한 사람에게는 어느 방향을 지향하건 절망하며 도망갈 길, '치명적 도약'만이 있을 뿐이었다. 칼라브리아 태생의 도미니크회 수도사로 시인, 철학자 겸 세계개혁자인 위대한 캄파넬라의 경우도 그러했다.

그의 정치적 · 사회적 활동은 '국가이성'에 대한 끊임없는 투쟁이며, 그야말로 '국가이성'에서 도피하고 자신의 수단으로써 극복하고, 그럼으로써 인류를 그로부터 구제하기 위한 치명적인 도약의 연속이었다. 이 뼈저린 광경은 그 시대에 대한 외적이고 정치적인 사건에 대한 정확한 서술 이상으로 그 시대 내면의 본질을 깊이 밝혀준다. 그 시대에 부여된 내적 운명의 울타리가 나타나 있기 때문이다.

캄파넬라 생애의 주요한 사건을 간단히 일별하는 것으로도 이들 문제에 관한 최초의 착상을 얻을 수 있으리라.

1568년 스틸로에서 태어난 캄파넬라는 어려서 도미니크 교단에 들어가 스콜라 철학자와 아리스토텔레스의 권위를 타파하고, 사물의 본질을 자기 이성의 기만적 추론이 아니라 자연에 대한 충실한 관찰을 통해 탐구하라는 요구를 내세운 대담한 철학적 사상가 겸 연구자가 되었다.

한 장미십자단의 우애의 전통』(*Fama fraternitatis des löblichen Ordens des Rosenkreuzes*, 1614)—현존한다고 말하는 교단을 그 나름대로 신비화하고, 그럼으로써 그 종류의 교단을 세우고자 한 시도를 선동한 서적—의 서두에 보칼리니의 일반적 개혁의 베졸트 역을 넣었다.

구라우에르(Guhrauer), 『요아힘 융기우스』(*Joachim Jungius*), 60쪽; 베게만 (Begemann), 『안드레와 장미십자단』(*J.V. Andreae und die Rosenkreuzer*), 『메니우스 협회 월보』(*Monatshefte der Comeniusgesellschaft*), 제18호 참조.

그의 정신 속에는 너무나 많은 정열·충동 및 옛 시대 사유방법의 찌꺼기가 소용돌이치고 있었으므로 물론 그 태도를 철저하게 관철할 수는 없었다. 그러나 비할 바 없이 순수한 동기에 의해, 특히 시인이었던 까닭에 그는 유일한 자연과 위로부터 이 자연을 가득 채우고 있는 신성을 직관하기에 이르도록 스스로를 높였다.

강한 감성에 충동된 그 치열한 의욕은 스스로 명상해 파악한 우주의 조화가 인간의 삶 속에서도 실현됨을 보고자 접근하고, 이에 이르러 이 세계의 지양으로 인해 상처를 입는다. 그 고향을 지목해 유럽에서 가장 위대한 정신력이 깃든 곳이라고 한 열정적이며 자랑스러운 남이탈리아인으로서, 캄파넬라는 가혹한 폭력, 즉 잔인한 경제·사회적 압제와 착취의 체제인 스페인 지배를 극히 증오했다.

그런데 그는 주변의 사회생활에서 여러 부분의 내적 관련의 결여, 지도적 이성의 결여 및 전적으로 근원적인 격렬함을 지닌 이기심에 의한 무제한의 지배를 느꼈다. 지고(至高)한 것에 대한 열화 같은 욕망이 이 세계의 갖가지 장애와 그처럼 크게 부딪친 적은 없었다. "나는 날개를 붙들어 매면서 별빛에 이르고자 노력한다."

그런데 그 자신의 마음속에도 결코 완전히 극복되지 않았던 장애가 가로놓여 있었다. 그의 시대의 가장 음산하고 가장 반동적인 힘, 미신·점성술·현학 취미·광신주의·과대망상증이 그의 본질의 일부를 지배했다. 그 위에 남국적 감성은 그가 16세기 마지막 수년 동안 틀림없이 형성했을 사회개혁과 국가개혁의 공상적 이념 속에도 스며들었다. 당시 그가 교회의 교의 및 조직에서 내면적으로 얼마만큼 해방되었던가, 증인들이 말한 바와 같이 실제로 신을 자연과 전적으로 같은 것으로 생각하고 그리스도교를 순전히 인간이 만든 것으로서 생각했는지 그 여부를 우리는 감히 결정지으려고 하지는 않는다.[2]

---

2) 아마빌레(Amabile)의 양대 저작 『토마소 캄파넬라. 그 음모·소송 및 처형』 (*Fra Tommaso Campanella: La sua congiura, i suoi processi e la sua*

그는 혁명가였다. 세계를 뒤흔든 대사건이나 예언자적 역할을 암시한 점성술의 계산에 움직인 그는 1599년 9월 칼라브리아에서 반기를 들었고, 그로 인해 터키인의 지원도 마다하지 않았다. 이 봉기는 새싹 속에서 진압되었으므로 그는 스페인인의 감옥과 고문의 고통을 맛보아야 했다.

캄파넬라의 한 친구는 심문 때 말하기를 캄파넬라는 '공동으로' 생활하는 국가를 세우고자 했다. 또 그는 인간의 생식(生殖)을 조직화해 우성만 태어나도록 하기를 생각하고 있다고 했다.[3] 그것이 바로 캄파넬라가 1602년 나폴리의 옥사에서 붓을 들고, 자신은 유토피아라기보다는 추구할 만하고 실현가능한 미래상이라고 말한— 그 증거로 그는 생애 마지막까지 그 희망을 버리지 않았다— '태양의 나라'에 관한 유명한 유토피아의 두 가지 근본사상이다.

태양의 나라란 이기주의를 원칙적으로 불가능하게 하고 국민 모두가 일할 의무를 가지며, 개개인의 재능에 적합한 합리적 분업을 실현하는 공산주의적 공동체이다. 그런데 이와 같은 공동체에서는 개개 혼인이 폐지되고 남녀의 교합은 육체적으로 서로 적합한 개체의 선택에 의해

---

pazzia), 제3권(1880~82)과 『나폴리, 로마 및 파리의 저택에서의 토마소 캄파넬라와 페르디난드 2세』(*Fra Tommaso Campanella ne' castelli di Napoli, in Roma ed in Parigi*, 『빈 아카데미의 철학·역사학회 보고』[*Sitzungsberichte der phil.-hist*], 제159권, 1908); 『르네상스 초기의 개혁자 캄파넬라』(*Campanella, ein Reformer der ausgehenden Renaissance*), 1909; 『캄파넬라에 대한 프로테스탄트 학자의 논쟁』(*Protestant gelehrte Polemik gegen Camp.*), 1909; 『캄파넬라의 저술의 생성에 관해』(*über die Genese der Schriften Campanellas*), 게르게우(Jurjew), 1911, 그리고 블란쉬(Blanchet)의 통찰 깊은 역저 『캄파넬라』(*Campanella*), 1920 참조. 아마빌레의 『토마소 캄파넬라. 그 음모·소송 및 처형』, 제3권, 421쪽 이하에서 소송의 개요.
그 밖에 요약되고 있는 증언 중 캄파넬라 자신이 그 저서 속에서 말한 사상에 의해 어떤 형태이건 확인되는 것만은 절대로 믿을 수 있다고 나는 생각한다. 그러나 증인들이 말하듯, 캄파넬라가 이교적·자연주의적 견해를 표명했다는 것도 과연 있을 수 있으리라.
3) 아마빌레, 『토마소 캄파넬라. 그 음모·소송 및 처형』, 제3권, 439쪽.

지배됨으로써 계획적인 우생학(優生學)을 실시한다. 또 위로부터 1인인 최고위 성직자 군주를 수령으로 추대하는 가장 교양 있는 사람들과 가장 현명한 사람들이 모든 일을 통괄하는 신정(神政)이 행해진다.

그가 스페인인 포로와 이교 신앙의 죄과에 의한 피고로 태양의 나라에 관한 책을 저술하기 이전, 뿐만 아니라 반란을 일으키기 전에는, 후에 그가 싸운 권력자를 찬미하고 그들의 권력 신장을 위해 신중한 견해를 준 책, 『이탈리아 제후에 대한 정치론』 및 『스페인 군주제』를 썼다.[4] 두 저서에 공통된 근본사상은 다음과 같다.

반자치적인 국가 위에 일부분 직접적이고 간접적으로 행사된 스페인의 세계지배는 종교적이기는 하나 정치적으로도 강력한 교황의 세계지배에 의해 완화되고 높여진다면 신의 뜻에 따르는 것이며, 민족들에게 구제를 가져다주고 황금시대를 도입하리라는 것이다. 그는 기도가 좌절되었을 경우 그 저서들이 증거로써 제출될 수 있도록 한편으로는 교활한 타산을 가지고 그것을 썼던 것이다. 그러므로 그는 고발자들을 향해 열심히 그것을 내세우고 있다.

그렇다고는 하나 그가 그것을 쓴 것은 단순한 타산에서만은 아니다. 태양의 나라의 사상과 명백히 합치되는 것도 내포되어 있다. 그는 그의 가장 깊은 내면세계와 그를 구속한 외부 세계에서 이중의, 그러나 연결된 생활을 계속 살았던 것이다.

27년이라는 긴 세월 동안 캄파넬라는 스페인의 감옥에서 신음했다.

---

4) 이 책에서 사용하는 『이탈리아 제후에 대한 정치론』은 가르칠리(Garzilli)의 1848년판이다. 안코나(Ancona)에 의한 『토마소 캄파넬라 선집』(Opere di T.C. scelte)의 1854년 판은 가장 짧은 형태의 것을 복간하고 있다. 『스페인 군주제』(Monarchia hispanica)는 처음에는 캄파넬라의 독일 친구들의 손에 의해 알선되어, 독일에 보칼리니를 소개한 같은 인물인 튀빙겐 교수 베졸트의 번역에 의해 1620년과 1623년에 간행되었다. 라틴어 텍스트는(아마도 독일어판의 중역?) 1640년에 나타나고, 이탈리아어 텍스트는 안코나 판의 『캄파넬라 선집』에 수록되어 있다. 둘 다 캄파넬라가 옥중에서 처음 수년 동안 준 형태로서 알려진 데 지나지 않다.

자연의 힘에 중만한 야생적 천재가 스페인인에 의해 내던져진 무서운 지하 감옥에서 날카로운 눈을 빛내면서 정좌한 채 저서를 써나가고, 코카서스의 거신(巨神) 프로메테우스와도 같이 쇠사슬에 묶여 신음하는 모습[5]은 실로 음산하다. 그가 저술한 것은 철학적 저작만이 아니었다. 가톨릭 교회와 가톨릭 신앙의 명예와 이익을 위한 저서도 썼다. 가톨릭 세계는 이러한 무기를 철저하게 무로 돌리는 것은 원하지 않았다.

1626년에 스페인인들은 캄파넬라를 로마에 인도했는데 그곳에서 처음에는 관대한 구금상태에 놓였다. 육체적 기력은 상실되었으나 정신적으로는 의기양양해 집필을 계속했다. 스페인인들이 새 혐의를 씌워 이 인물을 체포하고자 했을 때 1634년 당시의 교황 우르바노 8세는 그에게 도피를 권했다. 마지막으로 그는 프랑스에서 피난처를 찾고 숨을 거둔 1639년까지 머물렀다. 그는 프랑스 혁명으로 세상에 널리 알려진 자코뱅(도미니크회)의 승원에 기거했다.

로마 시대 최후의 몇 해, 그리고 프랑스 체제기에 『스페인 군주제』의 앞서의 말을 취소하고 리슐리외 및 상승하는 프랑스의 별에 경의를 표한, 한 계열의 정치저술이 햇빛을 보았다. 그리스도교의 모든 희망을 채우고 마지막에는 그리스도교 세계의 한복판에 태양의 나라, 헬리아카의 거리를 건설할 '기적의 아들', 훗날의 루이 14세인 도팡의 탄생(1638)에 대한 목가(牧歌)로 이들 저서를 덮었다.[6]

이는 주목할 만한 수수께끼와 같은 생활 상태이다. 세계는 두 개의 중심을 지닌다. 즉 태양 속에는 따뜻함과 사랑이, 지상에는 냉담함과 증오가 있노라고 캄파넬라는 말했다. 그의 생활은 두 세계의 싸움터가 되었다. 고뇌에 사로잡혔던 세월 동안 마음으로는 삶의 마신(魔神), 신

---

5) Ego tanquam prometheus in Caucaso detimnor. 아마빌레, 『나폴리, 로마 및 파리의 저택에서의 토마소 캄파넬라』, 제2권, 57쪽에 수록된 「스키오피우스에게 보낸 편지」(An Scioppiu), 1607년 6월 1일자.
6) 1639년에 인쇄되어 출판. 아마빌레, 『나폴리, 로마 및 파리의 저택에서의 토마소 캄파넬라』, 제2권, 347쪽 이하에 수록되어 있다.

에 대한 절망, 광기와 자살의 시름과 싸웠다. 동시에 사로잡힌 상태에서도 자유의 몸이었을 때와 같이 태양의 이상을 실현하고자 지상의 권력과 싸웠다. 그러나 그는 권력에 대해 진지하고 공공연하게 투쟁을 한 것이 아니라 권력을 섬김으로써 언제나 새로운 몸가짐으로 그것을 자기를 위해 사용하고자 노력했다. 오늘은 이 정치권력에, 내일은 저 정치권력에 처방을 쓸 수 있었고, 최후의 말이나 본래 목표를 모든 순간에 표명하지는 않았다.

그가 구성하고 널리 퍼뜨린 정치적 가능성은 그에게는 목적을 위한 수단이었으며, 한 번 주어진 지상의 권력에 대한 적응, 즉 그를 내면 깊숙이에서 움직이고 있던 덮개였다. 한편 그것은 단순히 덮개나 가면이 아니라 더 나은 정치적 세계를 구성하기 위한 어떤 이념을 내포하고 있었다. 그의 전 생애를 일관해 흐르는 이 구성의 연속성은 그 이념들이 최고의 목적에 이르는 준비와 같은 길을 개척하는 데 지나지 않는 경우조차 진지하게 취급하지 않을 수 없게 한다. 그러나 비교적(秘敎的) 경향과 공교적(公敎的) 경향, 진지하고 내면적인 경향과 단지 기회주의적인 데 불과한 경향 또는 위선적 경향은 그처럼 거친 움직임을 나타내면서 병존하고 혼합된 상태로써 그야말로 무서운 작용을 한다.[7]

고귀하며 위대한 정신은 여기에서 자연의 궤도로부터 밖으로 던져지고 조직은 왜곡되고 변형되어버렸다. 이러한 정신은 더 이상 충분한 내면적 진리나 통일에는 이르지 못한다. 이미 어느 정도 보칼리니의 운명이기도 했거니와, 프로테스탄트적 공감을 감추지 않을 수 없었던 위대한 베네치아의 성모 마리아 하인회(下人會)의 수도사, 사르피의 운명이기도 했다. "나는 가면을 쓰고 있다"라고 사르피는 말했다. "그것은

---

7) 도렌(A. Doren), 『천년 평화설론자 및 유토피아 사상가로서의 캄파넬라』 (*Camp. als Chiliast und Utopist*, 『문화사-보편사. W. 괴츠 기념논문집』 [*Kultur-und Universalgeschichte, Festschrift für W. Goetz*], 1927, 255쪽) 는 캄파넬라의 예언자적 심리를 강조하고 있다는 점은 정당하나, 나의 캄파넬라관에 관한 서술은 그릇되었다.

부득이한 일이다. 이러한 가면을 걸치지 않으면 이탈리아에서는 누구도 안전하게 살 수 없기 때문이다."[8]

칸파넬라가 "권력을 지니지 않는 현자(賢者)가 마음속에서 남몰래 다른 사상을 품고 있음에도 부득이 우자(愚者)와 같이 말하고 행동하고 생활하게끔 되었다"[9]고 했을 때, 그는 시에서 가면을 벗었다. 사르피에 비하면 칸파넬라는 적대되는 세계로부터 더욱 격렬하게 박해를 당했기 때문이 아니라, 이 세계 자체를 사상의 마력 아래 놓고 자기가 세운 계획의 기관으로 만들고자 했다. 그러므로 그 세계의 압박을 받아 그는 사르피보다 부자연스러운 굴종이나 전향을 하지 않으면 안 되었다. 그러한 경우에도 그는 가톨릭적 체제와 스페인적 체제의 정신적 굴레에서 완전히 탈피하지 못했다.

칸파넬라는 로마 민족의 반종교개혁의 가장 참혹한 희생을 구현했으며, 동시에 반종교개혁의 가장 활동적인 봉사자, 개척자의 한 사람이 되었다. 갈릴레이나 과학 탐구의 자유를 옹호해 스페인과 교황청에 체포된 그 같은 사나이가 로마 교황청이 훌륭히 사용할 수 있는 이교도에 대한 투쟁의 무기를 단련했던 것이다. 그의 의견이 교황 그레고리우스 15세로 하여금 포교의 추기경 회의를 개설하는 동기의 일단을 만들었다고 세상에서는 추측했는데, 있을 수 있는 일이었다.[10]

독일에서 가장 열렬한 개종자이며 이교도 박해자의 한 사람인 스키오피우스(Scioppius)는 칸파넬라의 사랑에 가득 찬 말을 경청하고 그로부터 여러 가지를 배웠다. 그런데 칸파넬라는 단순히 로마에 대한 타산적 추종에서 이교도 증오를 선동한 것이 아니라 그 또한 그러한 증오를 느꼈을 것이다. 이단에 대한 투쟁에 봉사케 할 목적으로 저술한 그

---

8) 라인(Rein), 『파올로 사르피와 프로테스탄트』(*Paolo Sarpi und die Protestanten*), 1904, 205쪽.
9) 아마빌레, 『나폴리, 로마 및 파리의 저택에서의 토마소 칸파넬라』, 제2권, 167쪽. 동서에는 또 비슷한 증언이 있다.
10) 카바살라(kvačala), 『칸파넬라』(*Campanella*), 137~138쪽.

동일한 책에서 자기 이전의 죄와 현재의 가톨릭 정통신앙을 체험적 진실에 찬 감동적인 말로써 고백했다.[11]

그렇기는 하나 그 경우에도 그는 전적으로 이교적 정신은 아니었다고 하더라도 그야말로 간신히 그리스도교적 숨결이 맥박치는 자연종교, 이성종교의 정신을 담은 태양의 나라의 이상에 등을 돌리는 일은 없었다.[12] 때문에 그는 인간사상사에서 지금까지 풀지 못한 수수께끼를 던진 셈이다.

만약 캄파넬라를 우리가 논한 문제와 관련해 생각한다면 그의 분열성은 쉽게 이해될 것이다. 왜냐하면 이미 말한 바와 같이 캄파넬라의 경우는 동시에 '국가이성'의 역사 속에 들어가기 때문이다.[13] 마키아벨리즘은 스스로의 출발점으로써 발전한 '국가이성'을 통해, 근대 민족의 역사적 삶 속에 두 번 다시 메워질 수 없는 간격을 던졌다. 그와 마찬가지로 캄파넬라도 정신적으로 그 간격 속에 깊이 빠진 그 인간의 삶 속

---

11) 1617~18년에 된 『4부로 나뉜 서적 · 상기되어야 할 일들』(*Volumen quadri-partitum: Quod reminiscentur etc.*), 카바살라, 『토마소 캄파넬라와 페르디난드 2세』(*Th. Camp. u. Ferdinand II.*), 32쪽 이하에서 죄의 고백이 행해지고 있다. "나는 간계와 비방에 의해 그대의 교회를 어지럽히는 조롱자이기는 하나, 자비심에는 따르며······. 주여, 나를 사울르스로부터 파울르스가 되게 하소서." 불란쉬(앞의 책, 92쪽)는 이 고백이 있음에도 불구하고 캄파넬라가 다시 선량한 가톨릭 교도가 되었다고는 생각하지 않는다. 그러나 불란쉬 자신도, 102쪽 이하, 487쪽에서는 가톨릭의 근대주의자—머리로는 도그마를 부정해도 내면적으로는 교회로부터 떠나지 않는—의 심리를 인용하고 있다. 황홀상태로 들어가기 쉬운 캄파넬라의 성격으로 인해 일시적 후회와 회오는 충분히 있을 수 있다.

12) 카바살라(앞의 책, 12쪽)는 1607년 6월 1일의 스키오피우스에게 보낸 캄파넬라의 한 편지에서 다음과 같은 말을 인용하고 있거니와, 그것을 읽으면 캄파넬라는 어디까지나 이교도임을 고백한 인물로 생각될 것이다. "가령 내가 그리스도 교도가 아니더라도, 역시 철학자로서 자연스러운 방법으로써 신을 사랑하고 있다." 그러나 이 말은 오역이다. 즉 원문은 다음과 같다. "가령 내가 그리스도 교도는 아니더라도 철학자와 같이 천분(天分)이 신을 사랑한다." 아마빌레, 『나폴리, 로마 및 파리 저택에서의 토마소 캄파넬라』, 제2권, 62쪽.

13) 이러한 문제는 블랑쉐에 의해 겨우 473쪽과 521쪽에 언급되었다.

에서 분열을 초래하기에 이르렀던 것이다. 보칼리니가 피하기 어려운 힘을 앞에 두고 서 있다는 느낌으로써, 이러한 간격에 도전한 모습은 우리가 앞에서 본 바와 같다. 그 간격에 대한 캄파넬라의 관계에 관해 우리가 시사한 바를 상세히 살펴보자.

캄파넬라는 자기의 혁명 기도를 스페인의 주제에 관한 저서로 은폐하고, 그 저서를 진지하고 실제로 이용할 수 있는 내용으로 채웠다. 그 내용은 오늘은 스페인에, 내일은 프랑스에, 언제나 동시에 교황의 세계 지배를 섬긴다는 캄파넬라의 모든 전술을 사람들은 그의 '국가이성'으로 파악할 수 있다. 세계를 점차 자기 궤도에 끌어들이기 위해 태양의 나라의 창조자에게는 그 밖의 길이 없었던 것이다.

그는 스스로 동경해 마지않았던 '권력·예지·사랑'의 삼자동맹을 이룩하기 위해 자기가 갖고 있던 '권력을 수반하지 않는 예지'에 필요한 권력을 가한다는 필생의 문제에 당면하고 있는 듯 느꼈다. 그 시대에 현존하는 현실적이며 정치적인 힘을 계산에 넣어 이용하고, 자기의 태양의 나라의 건설이 요구한 그 방향으로 나아가고자 노력하지 않을 수 없었다.

그는 마키아벨리가 역설한 그대로 행동해야 했는데, 그것이 현세·가혹·이기주의의 교설이며 인류를 조화·결합시키는 대신 증오와 적대관계 속에 분열시켰다고 하여 마키아벨리의 교설을 증오하지 않을 수 없었다. 그의 정치생활은 그와 조금도 다름이 없는 경로를 밟았다. 지금 우리가 보여주듯이 어느 동시대인보다도 더욱 깊이 반마키아벨리즘의 자세를 취한 캄파넬라 역시 반은 의식적이고 반은 무의식적으로 '국가이성'이 때로는 투쟁의 대상으로, 때로는 스스로의 무기로 정책의 원천의 중심이 될 만큼 사고나 행동 속에 마키아벨리즘을 받아들이고 있었다.

마키아벨리에게 반대함으로써 캄파넬라의 정치적 사유는 발전했다. 되풀이해 그는 마키아벨리에게 공격의 화살을 퍼부었다. 1605년에 집필되고 1631년에 로마에서, 1636년에 파리에서 인쇄한[14] 주저의 하나인 『개가를 올린 무신론』은 반마키아벨리즘이라는 표제를 달아도 좋다고 말했다. 그가 마키아벨리를 반드시 전면적으로 이해하지 않고 국가 건설이나 국가의 시민적 특성의 재생에 향해진 마키아벨리가 가진 궁극의 적극적 목표를 인식치 않았음은, 그러한 인식을 근대 역사관이 비로소 능히 할 수 있었던 것으로 보아 자명한 일이었다.

그러나 마키아벨리의 특정한 근본 입장이나, 교설의 실제적 작용에 대해 캄파넬라는 비교적 옛 시대에 마키아벨리즘에 반대해 언급된 것 중 가장 중요시되는 이의(異議)를 내놓을 수 있었다. 물론 그러한 이의는 그에게서 볼 수 있는 조잡한 것들이나 난폭한 신학자풍의 비방과는 구별해야 할 것이다. 또한 교회적 논의의 인습적인 전경(前景)을, 마키아벨리에 반항한 극히 개인적인 인생경향의 배경과도 구별해야 한다.

우선 그 전경에서 시작해야 할 것이다. 이 경우 문제가 되는 것은 보테로나 추종자들에 의해 심히 규탄되고 쟁점이 되기는 했으나, 캄파넬라가 더욱 강조한 당시의 가장 중요한 현상 가운데 하나였다. 마키아벨리즘은 신앙상의 지향을 해체해 반종교개혁의 모든 성과를 위태롭게 만들었다. 종교를 정치적 지배의 한 수단, 즉 불가결하나 첫째 공리적으로 취급된 권력의 원천으로 바꾸었기 때문이다. 물론 교회적 지향을 지닌 모든 정치가는 제일 먼저 이단의 군주들에게 마키아벨리즘의 죄를 돌려 그것을 비난하고 그들에게 종교적 동기가 있음을 인정하기를 거부했다.

캄파넬라도 예외는 아니었다. 그러나 그는 다른 사람들보다 깊이 관찰하고 가톨릭계 군주의 지향도 비판의 저울질을 했다. 사람들은 이들 군주의 내면적으로 종교적인 지향을 얼마만큼 신뢰할 수 있었을까. 그들의 권력 이해 체계가 로마 교회의 체계와 더 이상 불가분하게 맺어져 있지 않는 경우에도 그들이 그러한 지향을 지키리라는 보장이 있었을

---

14) 아마빌레, 『나폴리, 로마 및 파리의 저택에서의 토마소 캄파넬라』, 제1권, 414쪽; 카바살라, 『캄파넬라』, 92쪽 참조.

까. 이 지극히 어려운 문제는 근내의 역사가라 할지라도 개개의 경우 극히 드물게만 있었노라고 대답할 수 있을 것이며, 캄파넬라는 더없이 깊은 회의적 태도로 감히 언급했던 것이다.

그가 가톨릭의 열광자 스키오피우스에게 쓴 "그것이 유익한 경우 이 외에는 아무도 성서나 코란, 복음서나 루터 및 교황을 믿지 않는다"[15] 든가 "거의 모든 군주는 마키아벨리즘적 정치가이며, 종교를 단순히 지배의 수단으로 쓰고 있는 데 지나지 않는다"라는가 하는 판단 속에는 고의로 억제된 자유사상이 희미하게나마 번쩍인다. 그는 특히 독일에서는 종교에 대한 권리 이해의 승리를 확인해야 한다고 생각한다. 그곳에서는 '그 땅의 종교는 통치자의 종교에 의해 결정된다'(cujus regio eius religio)는 원칙*이 지배하고 있기 때문이다.

교황이건 루터이건 독일 제후는 전적으로 정치적 이유에서 믿는다. 그들이 개종하는 경우 신하들도 따라야 한다. 마치 종교가 장화나 모자인 것처럼![16] 아우구스부르크 종교화의(宗敎和議)의 어려운 협상을 이끌어낸 역사적 원인을 그는 오인했던 것이다. 그러나 날카로운 본능으로 이 화의의 영향이 종교상의 무관심주의에 도움이 되었음을 그는 인식했다.

캄파넬라는 정치가, 마키아벨리스트, 자유사상가라는 말을 단숨에 병행해 사용함을 즐겼다. '정치가'란 프랑스에서는 위그노 전쟁 이래, 국민적 · 국가적 이해에 기초해 신앙고백을 여기저기에서 제한하도록 경고한 가톨릭적이며 애국적인 위정자의 당파를 의미했다. 자유사상가

---

15) 「스키오피우스에게 보낸 편지」, 1607년 6월 1일자; 아마빌레, 앞의 책, 제2권, 58쪽.

 * 독일에서 신 · 구 두 파의 대립을 조종하기 위해 소집된 아우크스부르크 종교화의(1555)에서는 '그 땅의 종교는 통치자의 종교에 의해 결정된다'는 원칙이 세워져 독일의 연방교회제를 확인했다.

16) 『제국민의 군주제』(Le monarchie delle nationi, 1635); 아마빌레, 앞의 책, 제2권 310쪽.

란 처음에는 서양에서 도그마로부터 해방되고 자유정신을 지닌 경향의 사람들만을 말했다. 이 두 가지 명칭은 더욱 확대되어 사실 그 세기의 전환기에는 종교적으로는 얼핏 보아 더 지근하고 냉정한 현실 정치가에 대해서도 '막연히' 쓰였다.

특히 네덜란드에서는 올덴바르네헬트(Oldenbarneveldt, 1547~1619)가 지도한, 부유하고 교양 있는 도시귀족의 연방당(連邦黨)이 자유사상파라는 비난을 감수하지 않으면 안 되었다.[17] 이 당파에 존재했던 관용과 회의(懷疑)의 경향이야말로 저 거대한 유럽의 계몽주의운동의 가장 중요한 전 단계가 되었던 것이다. 그런데 이들 서구 '정치가'의 지향에는 대체로 국가이성·관용·회의라는 이념의 흐름이 합류해 있었다. 많은 국가나 보칼리니와 같이 계몽된 정치사상가에게서도 여전히 불관용, 즉 피지배 민중의 종교적 획일성의 유지가 확고한 국가의 필요로 간주되었거니와, 이미 종교전쟁 시대의 절정에서 국가의 이해에 따라 종교적으로 관용되고자 하는 새로운 전환이 나타난 것이다.

캄파넬라는 나폴리의 스페인 감옥에서 유럽의 정신생활이나 국가생활에서 일어난 이 변화를 예민하게 알아차렸다. "정치가는 종교가 여럿 있으므로 어느 것도 진정한 종교가 아니며, 모두 인간의 유익한 발명품이라고 생각한다"[18]고 그는 『개가를 올린 무신론』에서 기술하고 있다. 마치 선술집 주인이 술에 섞었기 때문에 순수한 술이 있을 수 없다는 듯이. 분명히 권력자들의 정신에는 종파가 많은 것이 여러 가지 만족을 흡수하는 데 도움을 주고 있다.[19]

그런데 그가 공공연히 옹호하고 그것을 옹호함으로써 자기 자신을 박해자의 손에서 지키고자 기도한, 진실한 로마 가톨릭교의 단일성의

---

17) 블로크(Blok), 『네덜란드의 역사』(*Geschichte der Niederlande*), 제3권, 380~381쪽, 481쪽.
18) 같은 책, 94쪽.
19) 1630년 로마에서 쓰어진 『개가를 올린 무신론』(*Atheismus triumphatus*)의 서문.

배후에는 가장 개인적인 갖가지 이상이 감추어져 있었나. 그의 철학은 종교 속에 들어 있는 깊은 자연적인 것, 동물도 포함해 모든 생물에 특정한 방법으로 고유한 것, 특히 인간의 신적이며 자연적인 혜택을 보았으므로[20] 종교의 공리주의적 파악이나 비방은 그를 격분시켰다. 그런데 종교의 단일성을 요구한 것은 그가 그것으로써 세계를 포괄하고 자기의 철학에 독창적 특색을 부여한 크고 강한 단일성의 욕구에서였다.

그의 철학과 자연고찰의 근본사상 가운데 하나는 모든 사물과 개인이 이중운동을 지닌다는 것, 즉 한편에서는 전체를 지향해 나아간다는 데[21] 있었다. 그런데 캄파넬라는 마키아벨리가 단 하나의 자기 중심운동만을 알고 있었을 뿐이라고 생각해 마키아벨리를 증오했다. 캄파넬라는 마키아벨리를 신의 노여움의 저울이라고 부르고, 그를 향해 호소했다.

> 그대, 전체보다 부분을 사랑하고, 스스로를 인류 이상으로 망상한 사나이, 그대 어리석은 현자여.[22]

"사람들이 전체보다는 부분을, 인간 종족이나 세계 혹은 신보다 자기 자신을 더 많이 평가함은 우리 반그리스도교적 세기가 '국가이성'이라고 부르고 있는 정치적 이성의 총체이다." 인간은 치즈 속의 구더기와

---

20) "그리고 나는 종교 자체가 자연의 계획에 의해, 모든 존재에 독특한 방법으로 존재함을 보였다. 그리고 동물에서는 하나의 방법으로서, 그러나 인간에서는 더욱더 진실한 방법으로, 그리스도교에서는 초자연적인 방법으로 완전한 것이 존재함을 보였다"(『개가를 올린 무신론』, 277쪽). 또 해당 저서의 서문 및 앞에 든 1607년 6월 1일에 스키오피우스에게 보낸 편지 중의 아래 구절도 참조하라. "종교는 신에 의해 우리에게 주어진 자연적 덕이다."

21) 빈델반트(Windelband), 『근세 철학사』(*Geschichte der neueren Philosophie*) 제3판, 제1권, 85쪽.

22) 고타인, 『토마소 캄파넬라(Th. Campanella, 『문화사 잡지』[*Zeitschr. f. Kulturgeschichte*]) 제1권, 81쪽, 1894.

도 같이 치즈 이외에는 아무것도 없는 것으로 생각한다.[23]

마키아벨리는 생각한다. 인간은 전적으로 권력이나 지배에 대한 충동에 따라 일을 한다고. 감각이 보는 외부의 것만을 알 뿐 인간은 자기 마음대로 인간적 사물을 인도하는 것으로 믿고, 인간의 교활함을 법의 기초로 삼는다. 그리고 시대에 적응하도록, 즉 운명에 따르도록 권고한다.

운명이란 도대체 무엇인가. "운명이란 원인의 연쇄에 지나지 않는다."[24] 대단히 훌륭한 말이며, 캄파넬라는 분명히 그것을 결코 순전히 기계론적인 의미에서 말하지는 않았다. 만약 그렇다면 자신은 쉽게 마키아벨리즘에 빠져들었을 것이다. 원인의 연쇄를 그는 '제일 원인'인 신에 이어진 것으로 보고 모든 것에, 물론 정치적 사유에도 그것이 언제나 사물과 사상(事象)의 총체성과 신의 내부에 있는 그 궁극적 원천을 생각하도록 요구했다.

"만약 하나의 원인도 우리를 지배하고 있지 않다면 마키아벨리여, 그대는 우리에게 그럴듯한 말을 한 것이 되리라. 그러나 우리가 모든 원인을 생각하지 않을 때 우리의 원인은 무너지므로 그대는 그릇 생각하고 있다. 그러므로 그대의 문하생들도 남김없이 무너질 것이다."

마키아벨리에게는 일어나고 있는 모든 것을 생성케 하기 위해 하늘과 땅이 함께 작용하는 거대한 세계 연관이라는 것이 그야말로 낯설다. 그런데 이러한 세계 연관을 모르는 자는 위태로운 기반 위에 서게 마련이다. 캄파넬라는 역사적 과정의 거대한 신비적 직관으로 스스로를 높였다. 이러한 직관 속에서 인간의 행위란 불투명한 빛에 조명된 우주적인 생명 사상(事象)의 작은 단편같이 보이는 데 지나지 않는다. 인간 단독으로 국가를 인도하는 것이 아니라 눈에 보이지 않는 원인과 인간이 예지(豫知)할 수 없는 숨은 기회가 작용하고 있다는 것이다. "우리

---

23) 앞에 든 「스키오피우스에게 보낸 편지」, 1607년 6월 1일자.
24) 『개가를 올린 무신론』, 229쪽.

가 지상의 극장에 들어서 있는 동안은 거대한 자연적 물체뿐만 아니라 인간적 · 정치적 물체도 극복하기 어려운 동시에 서로 모순되는 원인에 의해 지배되고 있다."[25]

그러므로 캄파넬라는 작은 이기주의에 큰 세계주의를 대치시켰거니와, 다른 한편 반마키아벨리즘의 명확한 논의도 간과하지 않았다. 정치적 행동에서 비도덕은 어디까지나 작용을 지속하고, 사회생활의 모든 밑바닥을 침식한다. 그런 경우에도 과연 어머니와 아이들, 인간과 인간이 공동생활을 할 수 있을 것인가. 그런데 마키아벨리는 육(肉), 즉 동물의 현명함만을 알고 있어, 권력과 지배를 최고의 재물로 보고 있다. 보테로, 마리아나(Mariana, 1536~1624)[26] 및 그 밖의 교회적 국가사상가와도 같이 캄파넬라는 종교가 정치의 진정한 영혼이어야 한다고 요구했다.

마키아벨리 교설의 개개의 오해나 조잡함을 무시하고 캄파넬라 자신의 교설을 덮고 있는 중세적 사유의 층까지 벗겨버리고, 캄파넬라의 말을 빌리면, 르네상스 이래 두 가지 "극복하기 어려운 동시에 서로 모순되는 원인"처럼 발전한 근대의 세계 · 인생 및 국가 사유의 두 가지 큰 가능성이라는 주목할 만한 대립이 남게 된다. 마키아벨리는 갖가지 개체적인 생활통일체의 경험적 고찰로부터 출발해, 오직 정치 행위의 전제나 요구를 인식하고자 하는 과제에 집중했다. 그리하여 '필요' 즉 도덕률까지 타파하는 정치행위에서 권력이해의 강제력까지 발견한 것이다.

그럼으로써 마키아벨리 그는 모든 비정치적 장애로부터 정치적 국면을 해방했지만, 그에 의해 인간 생활 전체에서 이율배반과 상극을 환기

---

25) 1632년의 『정치평론』(Discorso politico); 아마빌레, 앞의 책, 제2권, 188쪽, 212쪽.
26) 마리아나도 역시 마키아벨리즘로부터 사상을 빌렸음을 더닝(Dunning)은 지적하고 있다. 『루터로부터 몽테스키외에 이르는 정치이론의 역사』(A history of political theories from Luther to Montesquieu), 1905, 74~75쪽.

하기에 이르렀다. 그런데 그 자신은 완고하게도 전적으로 자기의 목표만을 보고 비정치적 문제에는 귀를 막아버렸으므로 더욱 그 이율배반이나 상극을 개의치 않았다. 그야말로 웅대한 일면성이라고 할 것이다. 왜냐하면 당초 이 일면성에 의해 모든 삶의 영역이 중세적 통일문화가 해체된 뒤 점차 그 자치와 활동의 여유를 얻고, 그렇게 예감하지 않았던 업적을 올리기까지 번성하고, 그와 함께 한편에서는 생활공동체 전체를 위협해 근대 인류의 문제가 된 생활 영역 서로 간의 투쟁의 발단이 되었기 때문이다.

그러므로 정치는 인간생활의 전체성에서 해방되어서는 안 된다는 캄파넬라의 반대 요구는 깊은 이유를 지니고 있었다. 삶의 어느 부분적 영역도 '영원한 모습 아래', 그리고 우주적인 연관에서 보고 취급되어야 한다는 그의 사상은 전적으로 위대하며 풍요로웠다. 물론 어느 편인가 하면 비코, 헤르더, 괴테 및 헤겔 이후에 본 바와 같은 천재적 예감이며, 아직 중세적·보편주의적 사상에서 결정적으로는 해방되지 않았으나, 자신의 태양의 나라에 묘사한 인간 사회의 이상상(理想像)도 중세적이며 근대적인 두 얼굴을 지니고 자연화되고 중세적인 신정(神政)을 표현하고 있었다.

그 이상상의 선두에 선 사제 군주권은 교회국가와 최고 중재재판소에 대한 요구를 지닌 바로 교황권의 반영이며, 결국 '왕권'과 '교권'의 통일이라는 아우구스티누스의 '위대한 사제'의 이상상에 귀결된다. 그 위에 교권제도적인, 승려풍이기도 한 총명한 정신이 태양의 나라의 환상적인 제도를 통해 성(性)에 관한 규정 속에 침투되었던 것이다. 그 규정들은 감각적이면서 동시에 금욕적인 승려적 환상에 기원을 둔다. 그러나 태양의 나라에서 지배자들의 교권제도는 계급적 구별에 기초한 것이 아니라 지식과 능력 및 전체를 구성하는 모든 성원의 근원적인 동등권 위에 세워지고 있었다.

과학과 노동의 동맹, 즉 합리적 지식에 의해 규제된 노동과 모든 사람을 서로 전체에 결부시키는 노동의무라는 어김없는 근대사상이 여기

나타나고 있다. 태양의 나라는 그의 유도피아적 분식(粉飾) 아래, 권력 국가의 이념에 대해 현실적인 공동체 국가의 이념을 대치시켰다. 이 두 가지 이념은 이후 서구인들의 생활을 움직여온 것이다.

이제 문제가 되는 것은 '국가이성'의 이기주의로부터 벗어나 태양의 나라의 사회적 연대성으로 통하는 사실상의 길을 제시하는 일이다. 캄파넬라가 그의 시대의 정치적 권력관계를 태양의 나라 그 자체는 아니나—그 자신도 그처럼 공상적으로 생각하지는 않았다—이미 가능한 전 단계로 형성하고자 한 소재로 보았음은 우리가 앞에서 시사한 바와 같다. 그런데 이때 그가 격분하면서 싸운 마키아벨리즘이라는 흉악한 적이 처음부터 그 자신을 지배하고, 또 계속 지배한다는 사태가 일어났던 것이다.[27]

캄파넬라의 정치적 저술 중 1601년에 씌어진『정치잠언』이 그 뒤 일 년 만에 묘사한 태양의 나라의 이상에 가장 가까운 것이리라.[28] 거기에는 예를 들어 사제왕국의 찬미, 국가의 가장 현명한 사람들 손에 의해 기도되는 재능의 합리적 선택의 사상, 위로는 왕위에 이르기까지 관직 세습의 부인 등을 볼 수 있다. 또 사람들은 그 속에서 '국가이성'에 대한 진부한 욕설도 찾아본다. 그러나 가장 극단적인 마키아벨리즘이 그와 다채로운 혼합을 이루고 있는 것도 발견한다. 예를 들어『군주론』에서 직접 흡수되고 있는 다음과 같은 문장이 그것이다.

"새 국가를 손에 넣는 자는 수뇌진을 경질하고 법을 고치고 요새를 튼튼히 하고 왕통을 단절시키거나 이식해야 한다. 그 위에 그 모든 일을 승리의 날에 한꺼번에 병사와 사령관의 손에 의해, 그리고 그 이름

---

27) 이 점에 관해 상세한 고찰을 하고 있지는 않으나, 일찍이 지적한 것에 코발레우스키(Kovalewsky),『보테로와 캄파넬라』(*Botero et Campanella*,『국제사회학협회 연보』〔*Annales d'Institut international de sociologie III*〕, 제3권, 1897)가 있다.
28)『저작집』(*Opere*, 안코나 감수), 제2권, 11쪽 이하. 성립 시기에 관해서는 아마빌레,『토마소 캄파넬라. 그 음모 소송 및 처형』, 제3권, 656쪽 참조.

에 따라 행하라. 그런데 선행은 한꺼번이 아니라 승리 뒤 서서히 자기의 손에 의해, 자기의 이름에 의해 보여주어야 한다."

국가를 방어하기 위해서는 사람들이 두려워하는 권력 간의 불화와 증오를 길러야 한다. 스페인인이 터키인과 페르시아인 사이에서, 경쟁 상대인 프랑스 귀족과의 사이에서 행한 것처럼. 뿐만 아니라 '자연적 정치'에 모순되는 종교도 유지될 필요는 없다. 안식일에 싸움을 원치 않았던 유대인이 패배를 맛보았을 때, 마카바이오스(Makkabaios)는 "필요할 때에는 언제나 싸워야 한다"고 역설했던 것이다.

캄파넬라가 국가이성의 이기주의와 싸운 경우 세계주의적 지향은 국가이성 자체가 인류의 생활에서 되풀이되는 세계적 현상인 것에 대한, 마지못한 얼마간의 이해를 그로부터 빼앗았을 것이다. 그의 최초의 정치저술 가운데 하나이며 반란을 일으키기 전에 씌어진 『이탈리아의 정치 및 군주론』에는 이미 이러한 통찰이 작용하고 있었다. 고대 바빌론에서 시작되어 세계 전체에 걸친, 선악이야 어떻든 거대한 문화창조물로 그는 병제(兵制), 천문학, 전제주의, 자유롭고 기계적인 기술과 더불어 놀랍게도 '국가이성'도 들고 있다. 그는 군주들의 한계를 모르는 권력충동까지 깊이 이해하고, 그것을 형이상학적인 것에서 귀결시키고자 했다. "이러한 충동은 무한한 신에서 도출되고, 그러므로 무한한 것에서만 진정될 수 있다."[29]

정치적 이해의 움직임을 계산하라고 마키아벨리에 의해 역설된 술책을 캄파넬라는 처음부터 능수능란하게 다루었다. 균형정책이 무엇을 의미하는지를 알고 유럽이 한편에서는 합스부르크가와 터키, 다른 한편에서는 합스부르크가와 프랑스라는 세계적 대립의 이중 긴장상태에 빠지고 있었음을 보았다. 예를 들어 그는 다음과 같이 말한다.

이탈리아의 제후는 현재 스페인이 프랑스와 균형을 유지하게 하도록 시도하고 있으나, 만약 스페인이 약해지고 프랑스가 강대해질 경우 그

---

29) 『이탈리아의 정치 및 군주론』, 2쪽, 4쪽. 다음 문장도 이 책에서 인용된다.

반대 현상이 일어날 것이다. 가정하자면 오스트리아 왕실이 독일에서 이교도를, 헝가리나 지중해상에서 터키인을 적으로 만들지 않는다면 스페인에 대항하는 이탈리아의 제후는 성공하지 못했을 것이다. 그러므로 어떤 사람들은 터키인의 지배를 오스트리아 왕실에 대한 유익한 울타리로 생각했다. 그렇지 않다면 오스트리아 왕실은 유럽 전체를 지배할 것이다.

이러한 이해정책 및 균형정책을 그는 이제 원리적으로 극복하고자 했다. 여러 번에 걸친 유럽의 전쟁과 분열로 터키인의 세력 팽창이 가능해졌다. 카를 5세가 만약 대불전쟁(對佛戰爭)을 취하지 않았더라면 터키 왕국의 대부분을 공략했을 테지만, 프랑스의 질투와 이탈리아인의 두려움이 그를 방해했다. 뱀이 쥐와 싸우면 매가 와서 양쪽을 삼킨다. 지난날 '국가이성'에 따르고 서로 균형을 유지하고자 노력한 고대 동방의 약소국들은 아시리아에 병합되고, 동시에 그리스의 알렉산드로스의 후예들은 로마가 삼켰다. 알렉산드로스 대왕이 그리스인의 지배자가 되어 야만인을 정복할 수 있었던 것은 그리스인에게 행복하지 않았을까. 그렇지 않았다면 야만인에게 정복되었을 테니.

그러므로 '국가이성'은 '위험천만의 술책'을 역설하는 것이다. 그의 부정적 판단을 이해하기 위해 사람들은 캄파넬라가 남이탈리아인으로서 유럽 정세를 판단했다는 사실도 상기해야 한다. 그는 직접 그 주변에, 한편으로는 이탈리아 제후들의 약소한 상태를, 다른 한편에서는 스페인의 세계를 포괄하는 힘을 보았다. 스페인인에 대한 증오에도 불구하고 그의 모든 상상력에서 나타난 역사적 세력을 이해하는 감각은 더욱 강한 생명력을 어디에 구해야 하는가 하는 문제에 의해 흔들리는 일이 없었다. 그는 눈앞의 터키 세력이 어두운 구름처럼 한 걸음 한 걸음 다가오는 것을 보았다.

남이탈리아의 연안 지방은 터키 함대나 해적 앞에 전율하고, 헝가리로부터 갑자기 밀어닥치는 터키의 대군을 방어하기 위해 당시 엄청난 괴로움을 안고 있었다. 지난날의 레판토 해전이 보여주듯 지중해에서는 스페인의 힘만이 어느 정도 적절한 방위력을 부여했을 뿐이었다. 이 때 캄파넬라는 보칼리니와 마찬가지로 터키의 국가체제나 군제(軍制)를 지배하고 있던 악마 같은 합리주의 양상에 매료되어, 대체로 사람들이 그 합리주의로부터 빌려쓸 수 있으리라고 여겨지는 통치기술을 혐오와 함께 큰 관심을 갖고 배웠던 것이다. 캄파넬라는 유럽의 세계사적 동향을 알렉산드로스 대왕 시대의 그리스 정세와 비교하기에 이르렀다.

보편적 사고방식과 역사철학에서, 그리스도교적 · 보편주의적 전통에서, 또 희귀한 점성신앙과 다가오는 사상(事象)의 성서에 의한 예언이나 전조에 대한 믿음에서, 지난날 모든 것을 스페인과 교황권 아래 그리스도교의 단합에 의지한 캄파넬라의 심중에 일종의 운명애(運命愛)가 생겨났다. 세계는 이제 스페인의 지배하에 놓일 것이라는 운명은 그에게는 피할 수 없는 것으로 생각되었다. 동시에 그는 이 운명을 이용해 스페인의 세계 지배를 태양의 나라의 전 단계로 이용하고자 했다. 이 숭고한 계산과 더불어 비열한 개인적 타산도 한몫 끼었음은 우리가 이미 본 바와 같다. 스페인의 군주제를 논한 그의 주목할 만한 저술의 성립을 이렇게 생각해도 좋으리라.

그 책은 세계 군주제의 국가이성 및 이해론(利害論)을 다루고 있다. 이해론이 요구하는 것은 당위적인 것, 또 목적으로 간주되는 것에 관한 그의 사상을 최종적으로 구성하기에 앞서 현존하는 것을 우선 명백히 인식하고자 하는 귀납적이며 경험적인 두뇌이다. 그런데 캄파넬라는 마키아벨리로부터 충분히 배웠음에도 그러한 두뇌의 소유자는 아니었다. 그는 자신이 탐구적 · 연구적인 정신의 소유자라기보다 창조적 · 구성적인 정신의 소유자라고 생각했다. 자기 속에 누마(Numa, 기원전 715~기원전 673)나 리쿠르고스(Lykurgos, ?~?)의 자질을 느끼고, 세계를 이성에 따라 구성하고자 했다.

그러나 그의 관심은 극히 보편적이며 상상력은 지극히 생산적이었으므로 국가생활이나 민족생활에 관한 지극히 풍요로운 이미지를 품고,

또 사소한 지식의 단편이라도 때로는 천재적으로 이용하는 기술을 알고 있었다. 물론 그에게는 약간 인위적으로 고려되고 사소한 수단으로 국가생활을 구성하고자 하는 유치한 합리주의에 의해 사람들에게 이상한 느낌을 주는 일이 때로 있기도 하다. 그의 처방은 자칫 사막 속에서 어떻게 하면 사자를 잡을 수 있을까 하는 저 농담 같은 의견을 상기시킨다.[30]

아주 색다른 이 책에 일관된 가장 깊고 현저한 사상은 다음과 같다고 할 수 있을 것이다. 즉 지배국민에 의해 담당된 세계군주제는 그 국민의 민족적 힘만으로는 영구히 지탱할 수 없는 것으로, 예속된 민족을 합리적으로 남김없이 이용하는 동시에 만족시키고 전체의 존속에 관심을 지니게 해야 한다는 사상이다. 훌륭히 조직된 세계군주제는 지배의 근원적 핵심을 어떤 형태이건 느슨하게 하고, 부가된 요소들을 혼합하고 그 요소들 자체를 그것에 의해 다시 변화시키고 상호동화시킴으로써 민족을 어느 정도 혼합하고 세계 제국을 뒷받침하는 사회적 공동성을 창출해야 한다. 알렉산드로스의 군주제 및 로마 제국에서 그러한 과정이 나타났다.

캄파넬라는 로마인의 예[31]와 시대의 인상을 통해 그 사상에 도달했다. 그는 민족성이 내적으로 뛰어나다고 확신한 이탈리아인으로, 스페인 지배를 참고 견뎌 나가기 위해서는 전체 통치에 이탈리아 민족도 참여시키도록 부심하지 않을 수 없었다. 현명하게도 스페인 지배체제의 가장 허약한 점, 즉 미흡하면서도 쇠퇴된 민족의 힘, 인구 감퇴와 농경

---

30) 한 가지 예로 충분하리라. 네덜란드인을 굴복시키기 위해 그가 준 의견은 이러하다. 스페인의 사령관이 속임수를 써서 네덜란드인 쪽에 넘어가 그들 사이에서 신망을 얻고, 트로이를 앞에 둔 시농의 예에 따라 부대를 스페인에 데리고 오면 된다 운운(제27장). 비슷한 의견은, 스페인 군주제를 논한 방대한 저서에 앞선, 이어 후자에 편입된 소책자 『벨기에 공략론』(De Belgio subigendo)에서 이미 볼 수 있다. 카바살라, 『캄파넬라』, 15쪽 참조.
31) 그는 『정치잠언』(Aforismi politici), 제44에서도 로마인을 예로 들고 있다.

의 쇠퇴도 인식했다. 마지막으로 터키인과 그 보병제도(步兵制度)에 이민족의 혈통을 자민족의 혈통에 옮기는 방편을 보았다. 당초 우생학상의 문제가 얼마나 그의 관심의 대상이었던가는 그의 태양의 나라에 미루어보아도 알 수 있다. 그리하여 그는 인구문제를 강조하기에 이르렀다.

이러한 태도는 마키아벨리와는 아직 거리가 멀었으나, 이제 미약하나마 국민생활에서 민중의 의의가 증대되고 있음을 시사하는 것이라 할 것이다. 그가 말한 개개의 방편은 대개 무리하고 비현실적인데, 역사적 현실에서 군이 찾는다면 펠리페 2세 치하의 스페인에서 무어인을 추방한 나쁜 예를 인용할 수밖에 없을 것이다.

끝으로 캄파넬라는 이교(異教) 및 다른 종류의 통치형태를 지닌 피정복국의 주민들을 데려와서 노예로 봉사하게 하고, 그 아이들에게 세례를 받게 하고, 새로운 세계로 옮겨야 한다는 교설을 품을 만큼 극단으로 치달았다. 이때 그는 스페인인들에게 그 식민 조직을 전적으로 바꾸고, 신세계에서 금은보다 민족이라는 보물을 수집하라는, 현명하지만 실행이 어려운 충고를 했다. 그리고 스페인인이 이탈리아인, 프랑스인, 네덜란드인과 혼인하는 것을 장려하기 위한 연구소를 만들어야 했다. 그 경우 그는 당시 번성했던 자국 교회의 연구회 시설과 교단 시설을 생각하고 있었다.

목표는 국민의 자손들에게 통일된 초국민적 정신을 침투시키는 일이다. 농민이나 장인을 얻기 위해 인도인을 스페인에 이민시키고, 스페인인과 어깨를 나란히 하여 이탈리아인이 고위직에 앉기 위해서는 이탈리아인을 스페인이나 스페인인에 지배된 다른 나라에 이주시켜야 한다. 스페인의 배타성은 대체로 완화되고, 스페인 지배는 도처에서 국민의 특성에 더욱 적합해지고, 또 말할 필요도 없이 분할 지배의 정책에 의해 신중히 스스로를 방어해야 한다. 이 경우 그는 다시 마키아벨리로부터 많은 것을 배우게 되었다.

캄파넬라는 태양의 나라의 전 단계로 스페인의 세계군주제를 이용하고자 생각했으므로 단순한 권력조직 이상이 되지 않을 수 없었다. 이때 이어지는 세계사적 회상으로 그의 정치적 상상력은 풍부해졌다. 오스트리아의 대공(大公)들에게 그는 언젠가 다음과 같이 글을 썼다. "알렉산드로스나 세계의 군주제를 손에 넣고자 시도한 모든 자는 동시에 놀랄 만한 새 교설(教說)과 새 기술로 세계를 꼭 획득하고자 기도했다."[32] 그러므로 군국(軍國) 스페인은 문화국이 되어야 한다. 국가이성 및 인간이성의 문화연구에 봉사해야 할 분업에 의해. 즉 스페인인은 더욱 민족의 혼합체 속에서 지배적인 군인계층의 기능을 자기들을 위해 확보하고, 그 전투능력을 함양하고, 동시에 예술이나 학문에도 숙달되어야 한다.

그에 반해 이미 예속된 민족과 예속될 수 있는 민족은 전적으로 예술과 학문에 종사하는 동시에 그에 성공을 거두고 만족해 아무런 해도 끼치지 않도록 되어야 한다. "아테네 신 팔라스(Pallas)는 칼리오페와 마르스를 동시에 정복했다. 그 까닭은 그녀가 전자의 예술과 후자의 무기를 동시에 조작하기 때문이다."(29장) 이것은 세계군주제의 이해에 근거한 생각으로 아마도 무장 해제된 독일에 저술상 위안을 허용하고자 하는, 오늘날 세계를 지배하고 있는 민족의 어떤 관념을 상기시키리라.

캄파넬라는 동시에 근대 민족생활 속에서 군국주의와 학문의 결합으로 실현될 수 있는 것에 관해 뛰어난 예감을 갖고 있었다. 그는 스페인은 지리학과 천문학의 대규모 연구를 시작해, 네덜란드와 독일의 수학자에 의해 성좌를, 바다의 깊이와 흐름과 모든 항로의 항행의 가부를 조사 연구시킬 것을 요구했다. 다른 방편보다 그쪽이 스페인의 군주제를 위해 도움이 되기 때문이다(제32장). 그의 최고 이상은 합리적 권력국가가 아니라 철학자와 관념적인 관심이 지배하고, 사회적 공동체와 정의에 입각한 순수한 문화국가가 아니었던가.

---

32) 카바살라, 『캄파넬라와 페르디난드 2세』, 37쪽.

그의 뜻에 의하면 합리적 권력국가란 문화국가를 준비해야 하는 것이었다. 각별히 말로 표현은 하지 않았으나 그의 모든 사상으로 미루어 추측할 수 있었던 이 사상도 장차 발전 경향의 뛰어난 예감으로, 그의 업적으로 생각할 수 있을 것이다. 그러나 캄파넬라는 궁극적으로 모든 것을 시계 조작으로 바꾸고자 한 원시적인 합리주의의 테두리를 스페인 세계군주제의 권력에 관해 묘사한 형상 속에서도, 태양의 나라에 관해 묘사한 형상 속에서도 포기하지 않았다.

그를 스페인 군주제의 품 안에, 증오할 '국가이성'이라는 사상의 도정(道程) 속으로 데리고 간 것은 동서양 간 거대한 민족투쟁의 흥분과 불안이었을까. 그는 동양이 주는 위협의 위험을 지나치게 평가했으므로 이 점에서도 엄청난 환상가였다. 그리스도교 군주가 서로 손을 잡고 터키를 공략하기 위해 지금이야말로 스페인과 교황을 받들어 궐기하지 않는다면, 터키인이 지배자가 되고 제권(帝權)과 교권은 유럽에서 새로운 세계로 옮겨지리라고 경고했다.

또 다른 부분에서 유대 왕국이 아시리아의 손에 함락된 것과 마찬가지로 분명하게 그리스도교 세계는 터키인의 수중에 돌아갈 것이라고, 의연한 예언자의 눈으로 예언했다. "필연적인 '국가이성'에서, 신학적 전조에서, 또 자연적 유사성에서 유사한 것에 관해서는 비슷한 판단을 내린다. 그리고 분명히 정치가들도 그렇게 믿고 있다"고 그는 야유 섞인 어조로 덧붙이고 있다.[33]

캄파넬라가 순전히 스페인의 세계군주제를 위해서가 아니라 스페인·로마 교황의 세계군주제를 위해 구상을 마련했음은 주목할 만하다. 세속적 생활의 지도적인 것, 권력·예지 및 사랑이 깔려 있는 태양의 나라의 사제 군주권은, 캄파넬라의 견해에 따르면 스페인이 교황권에 대해 취할 관계를 준비해야 할 것이었다. 그런데 우리가 이미 본 바와 같이 그와는 반대로 태양의 나라의 환상 중에는 사제적 강권과 세속

---

33) 『이탈리아의 정치 및 군주론』, 11쪽; 『스페인 군주제』, 제30장 참조.

적 강권과의 관계에 관한 낡은 중세적 · 교회적 견해가 그대로 반영되어 있다. 국교회를 국가의 영향 아래 두고자 하는 펠리페 2세의 경향과는 반대로 캄파넬라는, 국가에서 교회의 완전한 독립성과 나아가 세속적 권력이 교황의 권위 아래 종속되고 교황에게도 세속적 권력을 요구했다.

그와 더불어 이미 이탈리아의 군주들에게 준『이탈리아의 정치 및 군주론』이나 그보다 뒤의 저술들에서 되풀이해 그가 즐겨 쓴 이념은 가톨릭의 민족동맹을 만들어 그 평의회가 교황을 의장으로 추대했다. 또 로마에서 열릴 다수결에서 모든 것을 결정하고, 교황 일인에 복종하는 군사력에 의해 가톨릭적 유럽을 혹은 적어도 이탈리아를 통치하고자 하는 것이었다.[34]

바로크 시대 이 칼리브리아 수도사의 감각이나 공상 속에 중세적 · 근대적인 사상과 희망, 공교적(公敎的) · 비교적(秘敎的) 사상과 희망, 이상주의적 · 기회주의적 사상과 희망, 세계사적 · 세계인간적 그리고 지방적 · 토착적 사상과 희망이 서로 결부된 모습은 실로 괄목할 만한 광경이다. 인류를 마키아벨리즘의 재해로부터 구제하고자 한 인류의 개신자에게 나폴리 왕국이야말로 세계의 중심이었다.[35]

그는 억압된 동포들 속에서 인류를 구제하고자 했으나, 그를 위해서는 저 증오할 '국가이성'의 무기밖에는 방책을 몰랐다. 뿐만 아니라 그는 세파에 시달리면서 무기를 더 교묘하게, 태연히 사용하는 것을 배웠다. 그는 로마에서 정치적 세계, 특히 프랑스의 공사관과 접촉하게 되

---

34) 카바살라,『캄파넬라』, 105쪽, 107쪽, 113쪽; 아마빌레,『나폴리, 로마 및 파리의 저택에서의 캄파넬라』, 제2권, 86쪽, 171쪽. 그 밖의 여러 곳.

35) 특히 아마빌레의 앞의 책, 제2권, 168쪽 이하에 수록된 이탈리아의 고뇌에 관해 프랑스, 스페인 및 로마 교황에게 보낸 경고를 참조. 거기에서 그는 전 세기의 세계사를, 나폴리를 둘러싼 투쟁을 중심으로 배열하고 있다. 아마빌레, 앞의 책, 제2권, 312쪽, 340쪽에서의『제국민의 군주제』(1635) 중 논술도 참조.

었다. 그가 로마와 이탈리아에서 피신한(1634) 뒤 프랑스에서 쓴 최후 10년간의 정치적 저술은 정치적 처방의 소박함을 별로 나타내지 않으나, 대신 세계와 국가에 관한 많은 지식, 실제적인 통찰과 교활함을 보여준다.

그가 리슐리외의 정책 분위기를 체험했던 것은 헛되지 않았다. 리슐리외가 어떠한 이유에 근거해, 또 어느 정도 이 뛰어난 망명가인 그를 존경하고 비호했는지, 그를 단순히 그의 나라의 학자들로부터 뜨거운 환영을 받은 철학자로 보았는지, 또 갖가지 공상벽이 있음에도 정치적 통찰을 지닌 두뇌의 소유자로 대접했는지는 여전히 수수께끼이다. 어떻든 당시 미간(未刊)인 채였던 이 시대의 정치 논문들은 리슐리외와 그를 둘러싼 사람들에게 읽혀지기 위해 씌어진 듯한 인상을 준다.[36]

우선 정치적 저술들이 반영하는 사태의 변화를 들어보자.

1620년 그의 『스페인 군주제』가 애초에 기고되고 나서 23년 뒤에 세상에 알려지게 되었을 때 결코 밝지는 않았다. 30년전쟁 최초의 몇 해 동안 합스부르크가의 모든 세력은 여전히 무적(無敵)의 상향선을 따르고 있었기 때문이다. 그러므로 스페인·가톨릭 세계지배의 모든 가능성의 미혹적 미래상이 나타나고, 저자가 스페인 감옥에 투옥되어 있음이 알려졌을 때 동시대인들에게 놀라움 혹은 감동을 불러일으키는 강렬한 영향을 주었던 것이다. 그것이 의미하는 지극한 충격을 추체험하

---

36) 캄파넬라가 로마로부터 '백발의 존하(尊下)'로 불린 조제프 신부에게 편지를 썼음은 아마빌레, 앞의 책, 제1권, 501쪽이 논증한다. 캄파넬라에 대한 리슐리외의 관계에 관해서는, 같은 책, 제2권, 20쪽, 25쪽, 48쪽, 99쪽, 110~111쪽 참조. 거기에는 또 리슐리외가 이탈리아 문제에 관해서는 캄파넬라의 의견을 들었다는 크리스토프 폰 포르스트너의 증언도 수록되어 있다.
연금지급이 곧이어 정체된 사실은 그의 인물됨에 대해 리슐리외가 적잖이 관심을 지녔다는 이야기의 반증이 된다. 캄파넬라가 프랑스의 정치에 기여하거나 기여하고자 노력한 정치적 공적을 말해주는 증거는, 카바살라, 『캄파넬라와 페르디난드 2세』, 45쪽 이하에 의해 전해진, 프랑스의 재상(宰相)과 서기에게 보낸 1635년의 그의 편지이다. 이 편지는 승원(僧院) 내에서 벌어진 스페인의 선동에 관해 비밀보고를 하고 있다.

기 위해서는 당시 독일 독자들의 정신 속에 몸을 두어야 한다. 이 시끄러운 논제는 그후 10년 동안은 아예 자취를 감췄고, 합스부르크가의 모든 세력은 아직 붕괴되지 않았다고는 하나 여러 가지 점에서 심각한 위협이었다.

1628년 이래 만투아의 계승전쟁과 더불어 사태는 전환되고 있었다. 프랑스는 다시 알프스를 넘어 군대를 투입하고, 이에 스페인에 대한 예로부터의 투쟁이 새로 전개되었다. 그런데 자신의 최정예부대 일부를 이탈리아에 투입한 황제는 이어진 몇 해 동안 위대한 스웨덴의 이교도 군주를 위해 겨우 독일에서 거둔 승리의 결실을 상실하고, 스웨덴과 독일의 프로테스탄트와 프랑스 간에 주요한 동맹과 이익공동체가 성립되고, 그것이 마치 모든 신앙적 이상에 대한 '국가이성'의 마취적 승리와 같은 영향을 끼치지 않을 수 없었다. 1634년 뇌르들링겐에서 스웨덴이 패배한 뒤, 프랑스가 궐기해 합스부르크가가 재기하고자 하는 위협을 전력을 다해 막으려고 한 바로 그 시점이었다.

이 모든 사건에 대해 캄파넬라는 쉴 새 없이 추구하고 해명했지만 그는 언제나 자기를 비호한 사람들의 이해의 영향을 받았다. 1626년부터 34년까지 생활한 우르바노 8세 치하의 로마는 반스페인적 분위기였고, 르네상스 시대 교황들의 전례에 따라 그 조카에게 나라를 만들어주기 위해 우르바노 8세가 나폴리를 욕심내고 있었음은 널리 알려진 사실이었다.

캄파넬라는 이러한 희망의 친족 등용주의적 부분을 간과하고, 만약 현재 가톨릭 세계의 갈등 속에서 위태롭게 터키인의 먹이로 화하고 있는 듯한 나폴리가 교황의 손에 맡겨진다면 축복할 일이었다. 그 까닭은 교황의 소유는 그리스도 교도의 공유물이기 때문이라고 1628년에 언명했다.[37] 차차 몸소 프랑스의 국가이성의 입장에서 생각하게 된 그 이후

---

37) 아마빌레, 앞의 책, 제2권, 170쪽의 경고; 교황의 계획에 관해서는 아마빌레의 같은 책, 제1권, 277쪽 이하 참조.

로도 그는 그 생각을 고집했다. 그 배경에는 언제나 강력한 세속적 힘으로써 세계적인 사제군주국을 만들고자 하는 목표가 있었다.[38]

그런데 스페인의 권세의 내적 상황은 그에 대해 얼마나 다른 모습을 드러냈던가.『스페인 군주제』의 맨 처음 기고와 프랑스적 경향을 띠며 그와 대조를 이루는 1635년 『국민의 군주제』 사이에는 37년이라는 세월이 가로놓여 있었다.[39] 뒤의 저서에서 캄파넬라는 고백하기를, "지난날 나는 스페인을 지목하며 메시아의 하인이라고 말했다"고 했다. 이제 그는 전과 같은 깊은 감동은 지니지 않는다고 하더라도 분명히 그의 희망을 프랑스로 바꾸었다. 왜냐하면 지난날의 희망과 이때 희망의 배후에는 심정이 아니라 타산적인 공상이 있었으므로.

이전에는 스페인의 권력수단이나 장래성을 지나치게 평가하는 경향이 있었으나, 한편 날카로운 증오의 눈초리로 당시 스페인의 국가생활에서 약간의 약점을 눈치 채기도 했다. 그는 이제 스페인 몰락의 원인에 대해서 가차없는 비판을 자유로이 구사해, 경향적 왜곡을 섞기는 하나, 대체로 역사적 사유에 대한 '국가이성'의 풍요로운 영향을 말하는 통찰력으로써 파악할 수 있었다.

그의 주요한 주제는 스페인 권세의 놀랄 만한 거대한 형성체가 자기 힘에 의해서가 아니라 행운과 기회를 통해 혼인과 상속으로 합쳐진 것

---

38) 교황의 신정(神政)이라는 논제에 관한 캄파넬라의 두 주요저서 중, 청년기의 저작(아마빌레에 의하면 1594년경에 성립)『그리스도의 군주론』(De Monarchia Christianorum)은 흩어져 없어지고 또 하나의『멕시코 군주제』(Monarchia Mexiae, 1650년에 집필, 1633년에 간행)는 겨우 소수 부수만 보존되어 있으므로, 우리의 눈에 띄지 않게 되었다(아마빌레, 앞의 책, 제1권, 335쪽 이하, 508쪽 이하: 카바살라, 앞의 책, 101쪽 이하에서의 내용 목차; 페라리,『이탈리아 정치학자에 관한 강의』, 557쪽: 랑게(Lange),『국제주의의 역사』(Histoire de l'internationalisme), 제1권, 390쪽 참조). 캄파넬라는 그의 기본사상을 언제나 되풀이했으므로, 우리의 연구는『멕시코 군주제』 알기를 일단 단념해도 무방할 것이다.
39) 아마빌레, 앞의 책, 제2권, 299쪽 이하.

이며, 외국의 비스페인적 힘에 의해 정점에 달했다는 것이었나. 한 세기 이전 그 융성에 도움이 된 화기(火器)·콤파스·인쇄술의 발명은 스페인인에 의한 것은 아니었다. 그들의 기사나 포수는 이탈리아인과 플랑드르인이었으며, 걸출한 장군은 대체로 이탈리아인과 더불어 프랑스인이거나 벨기에인이었다.

스페인은 머리가 셋인 괴물이다. 첫 번째 머리는 본질의 머리, 즉 로마·독일의 제권(帝權)이고 두 번째 머리는 현존의 머리, 즉 본래 스페인을 의미한다. 세 번째 머리는 진정한 '힘'의 머리, 즉 모든 전쟁술과 평화술의 자질을 지닌 총명한 인재를 갖춘 나폴리이다. 자기 힘을 지니지 않고 절정에 달한 것은 또 급속히 붕괴될 것이다. 스페인은 호우로 인해 범람하고, 한때는 거세게 흐르나 얼마 안 가서는 조용해지는 급류와 같은 것이다. 스페인·합스부르크가 모든 권세의 개별적 부분은 서로 멀리 떨어져 있고, 주네브, 벨틀린 및 된키르헨과 같은 연결된 사슬에 의해 맺어지고 있어, 만약 이 연쇄가 흩어져 떨어지면 전체가 무너지고 말 것이다.

특히 스페인의 지배가 증대됨에 따라 사람과 힘이 더욱 감퇴되어갔다. 인구문제에 대한 캄파넬라의 감각은 우리가 이미 아는 바 있거니와, 그는 가장 숙명적인 이 점에 관심을 집중했다. 스페인은 스페인 이외 자신의 영유지에서 피를 흘렸다. 이탈리아, 아메리카 및 아프리카 등으로 나가는 스페인인은 두 번 다시 돌아오지 않는다. 그런데 그곳에서 사제나 승려는 독신자의 대집단을 구성했다. 그는 인구가 8백만에서 4백만 정도까지 감소되었다고 약간 과장했다.[40]

유대인과 무어인이 추방된 뒤 이들 민족이 경작하던 밭은 황폐해졌다. 그들은 지배하고 있는 나라의 인구도 감소시킨다. 스페인 노예를 낳

---

40) 보아소나드에 의하면(라비스 랑보[Lavisse-Rambaud], 『세계사』[Histoire générale] 제5권, 676쪽 수록) 인구 수는 800만 명을 넘었던 것이 반세기 동안 600만 명으로 감소되었다.

지 않기 위해 아이를 낳는 것을 두려워하기 때문이다. 로마인이 그들의 세계 제국에서 이해하고 캄파넬라가 스페인인에 대해 이전에 충고한 일, 즉 이방인을 스페인화하는 일은 그들로서는 이해되지 않았다.

그런데 이러한 일이 근대 서유럽 세계에서 과연 가능할까. 그리스도 교적 중세에서 전 국민의 특수한 발전에 의한 그들의 집합상태는 이러한 합병을 이루기에는 이미 너무 견고해지지 않았던가 하는 큰 문제를 캄파넬라도 아직 제기하지 않았다. 이런 종류의 가능성은 역사주의가 싹트기 전에는 인간의 본성은 변하지 않는 것으로 생각되었으므로, 대체로 시간을 초월한 절대적인 의미에서 취급되었다.

"그들은 스페인화하는 것을 이해하지 않고 재보(財寶)를 축적할 줄도 모른다."

이 힘찬 관용구 속에 그는 스페인 세계의 가장 본질적인 약점을 요약하고자 했다. 또 스페인의 경제적 어려움과 태만에 그가 가한 비판의 절정은 아시리아에서 베네치아에 이르는 모든 강국과는 달리 스페인은 스스로를 위해 국부(國富)를 축적하지 않았다는 비난이었다. 사람들은 확실히 분명하고 간단한 개별적 징후를 지목해 도덕적 관점에서 역설함으로써만 뒤얽힌 과정을 분명히 알 수 있었다. 어떻든 캄파넬라는 은을 적재한 스페인 선대(船隊)의 재보가 스페인을 막힘없이 지나 이웃 제국에, 적대 민족에게도 흘러갔다는 주목할 만한 경제적 증상을 인과적 이해로써 관찰했다. 그는 말하기를, 스페인에서는 모두 왕의 황금에만 기대어 생활하려 하고, 농경이나 상업은 도외시한다고 했다.

그러므로 그가 지난날 증오와 환상적 감각이 뒤섞인 채 묘사하고, 국민의 모듬 냄비를 만들고자 한 스페인의 세계군주제는 성공하지 않았다. 그리하여 이번에는 프랑스의 세계군주제로 하여금 스페인을 대신해, 그가 스페인의 군주제를 위해 보여준 동일한 길을 걷게 하고자 했을까. 그런데 주목할 것은 캄파넬라는 그렇게는 생각하지 않았다는 점이다. 그의 세계주의적 이상은 확고부동하기는 했으나, 처음부터 바랐던 것처럼 특히 교황의 사제왕국에 의해 실현되어야 했다. 이제 그가 생각하기에 프랑스는 제권(帝權)을 떠맡고, 그리스도 敎도의 지배적 민족으로서 스페인에 대신할 사명을 지녔다고는 하나, 국민의 독자적 생활을 보호하는 형태에서였다.

그는 "국민을 해방하고 프랑스 전체를 통일하는 일"[41]이야말로 현안이라는 전형적인 말을 토로했다. 그의 눈앞에서 세계주의의 안개가 일순 걷히고, 근대적 민족생활의 가장 강한 두 경향을 자각하거나 예감했던 것이다. 그중 하나는 국민의 형성에 대한 지향이며, 다른 하나는 중앙집권적 국가의 형성에 대한 지향이었다.

그가 고국에 대한 스페인의 이방지배를 프랑스의 그것과 대치하고자 생각하지 않았음은 명백하다. 그는 프랑스인에게 바로 말했다.

"프랑스인은 유럽의 지배자로 가장 적합한 국민이기는 하나 또한 가장 적합하지 않기도 하다. 당신들은 승리하고 정복하는 것을 각별히 잘 알고 있으나, 곧바로 정복한 것을 상실한다. 그러므로 달리 행하는 것이 좋으리라. 그대들 자신의 힘에 의지해 혼자서 승리를 거두어야 하나, 승리의 성과를 확보하기 위해서는 스위스인이나 이탈리아인을 끌어들여야 한다. 세계는 굳게 단합된 제국에 의해 언제나 정복되었으며, 그러한 견고한 단합은 프랑스인에게는 이탈리아의 공략보다 높은 가치이다.[42] 그러므로 그대들은 이탈리아로 진격할 때 높이 든 그대들의 깃발에 '이탈리아의 자유'라는 표어를 쓰기 바란다. 당신들은 우선 나폴리에 대한 해방에 착수하고, 나폴리와 시칠리아는 교황에게 맡겨야 한다. 그러면 교황은 아비뇽을 양보하리라."

---

41) 아마빌레, 앞의 책, 제2권, 346쪽.
42) 아마빌레, 앞의 책, 제2권, 336쪽. "그런데 여기서 충고할 일은 프랑스 왕에게서 전 프랑스의 통일을 이루는 일이 이탈리아의 왕국과 공국을 예속시키는 것보다 유리하다는 사실이다. 그 이유는 첫째로 자기 집에 있는 것이 밖에 있는 것보다 깊이 파악될 수 있으며, 두 번째로 프랑스가 통일되면 그것만으로 세계를 정복하기에 족하기 때문이다. 또 이것은 더욱 '하나'의 힘에 의해 통일된 지배에 적합하다."

이 같은 망상과 같은 의견은 재빨리 지나치기로 하자. 프랑스와 스페인 간에 일어난 대규모 투쟁이 불러일으킨 이탈리아에서 국민정신이 일으킨 경련의 표현이라고 해야 할 것이다.

비슷한 기도는 이탈리아 다른 곳에서도 행해지고 있었다.[43] 환상과 현실정책은 캄파넬라나 그의 시대에 급속히 혼합되었다. 뿐만 아니라, 프랑스인은 그들의 대열에, 그들에게 충언하고 그 결함을 지적해줄 '현명한 철학자'를 수행하라고 한 그의 소박한 제의는, 캄파넬라가 추천하고 리슐리외와 루이 14세가 성공을 거둔 가장 유효하고 가장 괄목할 만한 수단 가운데 하나와 관련된다. '정신적 싸움' 혹은 '문학적 싸움', 즉 프랑스의 프로파간다에 봉사하는 문학가와 설교자를 공모하는 일이며, 사제적·세속적 신분에 속한 지식계층을 계획적으로 손에 넣는 일이었다. "인간의 정신을 소유하는 자는 제국을 소유한다."[44]

'국가이성'의 전개에서 새 단계에 이르기 위해 여기에서 모든 것이 함께 작용하도록 유념해야 한다. 국정의 원초적·외면적 수단이나 목표가 가령 완전치는 않다고 하더라도 집약적·중심적인 수단이나 목표와 대치된다. 나폴리와 아비뇽 교환의 제의는 당시로서는 실현되지 않으리라고 생각되었으나 대단히 중요한 의의를 지니고 있었다. 프리드리히 대왕은 그 의의를 1세기 뒤, 국경지대의 한 마을이 거기에서 60마일 떨어진 후국(侯國)보다 명백히 가치가 있노라고 말했다.

크게 보면 리슐리외의 정책은 핵심지대의 경지정리와 좋은 국경지대의 획득을 샤를 8세의 되풀이된 모험보다 더 중점을 두었으므로 그에 따라서 행동했다. 그것이야말로 통일된 프랑스가 할 수 있으리라고 캄파넬라가 생각한 '하나의 힘'이었다. 프랑스 내의 혼란, 즉 리슐리외와 황태후, 황제(皇弟) 오를레앙의 가스통 공 및 대귀족들과의 갈등을 캄파넬라의 정치적 통찰력은 결코 프랑스의 약점으로는 보지 않고, 군

---

43) 아마빌레, 앞의 책, 제1권, 286쪽의 주(註).
44) 앞의 책, 342쪽.

주제의 심화된 중앙집권화에 대한 강한 추진력으로 보았던 것이다. "그것은 '보복의 이유'가 될 것이다. 지방에서 지사들의 지위를 타파하고, 프랑스 내 권력의 장애를 제거하는 가능성을 부여하기 때문이다"라고 그는 말하고 있다.[45]

그는 귀족과 민중 간의 갈등이 궁극적으로는 국가에 새 힘을 부여한 고대 로마를 상기한 것이다. 마키아벨리도 이미 그렇게 생각했다. 그러므로 리슐리외는 그가 살았던 시대의 가장 심오한 철학 사상가 중 한 사람이, 그것도 이방인이 자기의 국민정치적 생애의 사업을 완전히 파악했음을 자랑해도 좋을 것이다.

마키아벨리의 반대자인 만년의 캄파넬라는 생애 황혼기에 이르러 리슐리외 속에서 그를 내면적으로 무장 해제시킨 형태의 국가이성과 마주쳤다. 그 자신은 애초부터 여러 번 마키아벨리즘에 빠지는 폐단을 범하고, 그에 의해 '국가이성'의 강제력을 몸소 체험했다. 그러나 '국가이성'이 선악을 동시에 내포하고, 때로는 위대하고도 숭고하게, 때로는 추악하고 비열하게 구현될 수 있음을 지난날에는 결코 인정하지 않았다. 혹은 단지 희미하게 원칙적으로 인정하고자 한 데 지나지 않았다. 지금도 그것을 인정하지 않는다. 리슐리외는 마키아벨리로부터 배울 바가 있다는 것도 인정하고자 하지 않았다.

이 몇 세기의 수치감으로 미루어보면 확실히 파렴치한 실행자만이 마키아벨리를 공공연히 찬미할 뿐이다. 그리고 원칙을 존중하고 도의적 감각을 지닌 사람은 나환자의 손처럼 마키아벨리의 손을 기피했다. 캄파넬라에게 남겨진 약간 진부한 길은 수단, 즉 마키아벨리가 가르친 비열한 이기주의를 숭고하게도 조국과 인류를 위해 스스로 희생한 리슐리외에게서 전개되고 있는 국가이상주의로부터 구별하는 것 이외에는 없었다. 1632년의 대화에서 "마키아벨리스트" 하고, 한 현명한 베네

---

45) 아마빌레, 앞의 책, 제2권, 185쪽 이하에 있는 베네치아인, 스페인인 및 프랑스인 간의 『정치논의』(*Discorso politico*, 1632).

치아인이 말하게 했다.

"이 추기관이 지금 나타내고 있는 이러한 정신의 숭고성은 이해되지 않는다. 그들은 중요한 것보다 사소한 것을 높이 평가하고, 세계 전체보다 자기 자신만을 높이 평가한다."[46]

캄파넬라는 바로 본질적 차이를 넘어서 리슐리외에게 있는 친근한 것, 즉 사물에 대한 불 같은 정열, 자기의 자아를 전체에, 인류의 큰 사건에 바치는 성격을 느꼈다. 이 공산주의적 세계개혁자는 동시에 그에게 태양국가로의 길을 열어줄 프랑스 절대주의의 창건자에게 심복했다. 훗날 비스마르크에 대한 라살(Lassalle, 1825~64)의 관계를 상기시킨다. 그런데 캄파넬라의 눈이 시대적 사유의 덮개에 의해 흐려지지 않았더라면 그는 분명히 마키아벨리에게서도 뛰어난 국가이상주의를 발견할 수 있었을 것이다.

여기서 또다시 마키아벨리에게는 개별적인 것을 이해하는 간계는 있으나 인류의 '거대한 숙명'을 이해하기 위한 현명함은 없다는 의견을 고집했다. "그는 또한 종교의 힘도 모른다." 그런데 가령 그때 그대가 십자가에 못이 박힌다 하더라도 종교는 세계에 대해 승리를 얻을 수 있는 힘을 준다.[47] 지난날 스페인인의 가장 무서운 고문을 받은 이 사나이는 종교의 힘을 믿고, 스스로 고뇌하면서도 승리를 거두는 메시아를 생각했다.

그러나 캄파넬라가 일반적인 '국가이성'에 비해 높이 평가한 리슐리외의 정책 중에 그가 진정한 정치에 대해 '종교가 정치의 영혼이어야 한다'는 요구는 과연 실현되어 있었을까. 리슐리외와 유럽의 프로테스탄트 세계의 중간에 존재하고 그에 의해 널리 장려된 이익공동체와 그것은 어떻게 합치되었을까. 합스부르크가 깃발의 주변에 운집한 한에서 가톨릭 세계는 프랑스의 이와 같은 폭악한 마키아벨리즘을 규탄하

---

46) 아마빌레, 앞의 책, 제2권, 199쪽.
47) 『제국민의 군주제』, 앞의 책에서는 제2권, 322쪽.

지 않았을까.

캄파넬라가 그에 대해 준 회답은 찌푸린 얼굴과 비슷했다. 공격이야 말로 최선의 방어라는 명제에 따라 스페인인이나 오스트리아인에게, 그들은 종교를 배신했으므로 신에게 이교도를 떠맡는 벌을 받게 되었다. "그것이 국가에 이로운 한에서 그들은 교황이나 신앙에 따른다."[48]

우리가 회상하기에 그는 독일의 프로테스탄트 제후에 관해서도 같은 주장을 했다. 구스타프 아돌프가 침공한 책임은 프랑스가 아니라 황제가 짊어져야 한다. 황제는 만투아의 계승전쟁에서 스페인인을 지지하기 위해 제국을 무방비상태로 두어 프로테스탄트의 먹이가 되게 했다. 그런데 프랑스는 이교도로서가 아니라 국가의 공통적인 화를 뿌리치기 위한 강력한 수단으로 스웨덴 왕을 이용했다. 이처럼 전쟁에서도 말·낙타·코끼리와 같이 영리하지는 않으나 쓸모 있는 동물을 이용하라.

다윗(David, 재위는 기원전 1070~기원전 971)은 사울(Saul, 재위는 기원전 1025~기원전 10)에 대한 두려움에서 가트의 왕을 섬기고, 마키바이오스인은 '국가이성에 의해' 그 밖의 적에 대항하는 안티오코스(Antiochos, 재위는 기원전 280~기원전 261)와 데메트리오스(Demetrios, 기원전 336~기원전 283)를 섬겼다. 프랑수아 1세는 터키인을 이용하고, 카를 5세는 이교도가 로마를 더럽혔을 때 그들을 이용했다. 위그노는 최근 라 로셸에서 스페인인의 지지를 받았다.[49]

어떤 감정으로 캄파넬라는 이처럼 심술궂은 변증법을 썼을까. 그는 물론 상투적인 매문업자(賣文業者)도, 무의식적인 위선의 말투로써 판단의 저울을 태우기를 예사로 하는 맹목적인 애국자도 아니었다. 사태의 필연적 추세에 따라야 한다고 믿고, 정치와 도덕 간의 갈등을 철학자나 신학자의 논의에 맡기는 행동을 능사로 하는 정치가도 아니었다. 그렇다고 우리는 그에게 근대적 감수성이 있다거나, 생애를 통해 마키

---

48) 『제국민의 군주제』, 앞의 책에서는 제2권, 311쪽.
49) 앞의 책, 제2권, 326~327쪽 및 1632년의 『정치논의』, 제2권, 208쪽.

아벨리즘의 악마에 대해 싸움을 계속한 이 철학자의 심정 속에 자기 사유의 분열에서 기인한 강렬한 고통이 있었으리라 추측하지는 않는다.

당시 사상가의 소박함이란 대단했다. 얼마나 그가 몽유병자와 비슷하지만 헤매지 않고, 밤낮 방황병자와 같이 심열을 의식하지 않고, 현기증이 날 듯한 이상(理想)으로 가는 길을 찾았는가를 이해하기 위해서는 가슴 속에 품고 있던 혁혁한 천년태평론적인 이상, 외면적으로는 고려해야 했으나 내면적으로 완전히 파괴하지 않았던 대조적인 시대의 세력, 끝으로 그의 생애의 피로에 지친 운명을 결부해서 관찰해야 한다. 그 시대의 사람들은 원초적 확신으로 인생을 살고, 그들 사상의 최종적 귀결이나 모든 삶의 힘에 있는 숨은 문제성은 아직 고민하지 않았다.

햄릿형은 그 시대에도 생겨났으나, 당시 사람들에 의해서는 근대인이 이해하는 것과 동일하게는 거의 이해되지 않았다. 그 시대가 낳은 힘찬 이념이 사유와 의지의 원초적인 힘에서 생겨나고, 이제 그 자체가 자연의 힘과도 같이 서로 부딪치고, 그리고 이념에 물든 인간이 그것에 때문에 본능적 확신이 거세되지 않았음은 르네상스, 종교개혁과 반종교개혁의 그 시대 전체가 지닌 훌륭한 점이며, 주목할 점이었다.

'국가이성'은 이들 이념 중 가장 강력한 것, 내면에서 그에 거역한 사람까지 스스로 궤도로부터 벗어나게 하고, 스스로 확신을 갖고 그 걸음을 인도할 수 있었던 가장 강력한 것 가운데 하나였다. 그런데 캄파넬라가 특이한 형태로 표현한 이 시대의 종교적 이념도 마찬가지로 진정으로 강렬한 것이었다. 이들 이념이 더불어 존재했듯이 사람도 굳게 결정(結晶)된 존재였다.

제5장 이탈리아와 독일에서 국가이성론의 확산

우리가 본 바와 같이 17세기 처음 수십 년간 이탈리아 시장의 짐꾼들이나 주점의 장인들은 '국가이성'에 관해 논의를 벌였다. 이러한 사실에는 '광장'에서 정담(政談)이나 변증법적 토론을 즐기는 이탈리아인의 성격이 나타나 있다. 그러나 거기에는 명백히 더욱 깊은 경과가 부각되어 있었다. 반종교개혁의 시대는 분명히 삶을 세속화하기 시작한 르네상스 정신에 대한 거대한, 그러나 결코 완전히 승리를 거두었다고는 할 수 없는 반동을 의미한다.

인간의 사고방식은 다시 교회가 관장한 피안적(彼岸的) 가치들을 존경하도록 되돌려졌다. 그럼에도 르네상스가 발견한 새로운 현세적 가치는 여전히 생생했다. 현세적 가치는 확실히 뒷전에 밀리기는 했으나, 드러난 모습이 불유쾌했을 경우에는 때로 은폐되든가, 혹은 모호해질 뿐이어서 덮개 밑에서 여전히 작용을 지속할 수 있었다. 마키아벨리즘을 모호하게 한 것은 보테로의 '국가이성'론이었다.

마키아벨리는 이제 극악한 이교도로 간주되었지만 궁정이나 정치가의 실천은 그의 발자취를 따랐던 것이다. 물론 전면적인 것은 아니었다. 교회나 종교에 대해 그가 보인 순전히 공리적이며 내면적으로 믿음이 결여된 관계는 적어도 새로운 신앙의 정열로 가득한 사람들의 의식에는 견딜 수 없는 것이었기 때문이다. 교회의 권위는 엄연히 견지된 도그마나 지배체제에서 비롯되었을 뿐만 아니라, 세속적 생활 전체를 포괄해 신의 계율을 자연법과 얼핏 보기에 조화롭게, 명백히 결합된 도덕론이나 선론(善論, Güterlehre)에도 근거했으므로, 그러한 그리스도교적·자연법적인 윤리나 선론과 마키아벨리의 선론 및 통치술은 자연주의와의 가차 없는 갈등도 불가피한 것으로 재삼 조정될 수밖에 없었다. 그리하여 사람들은 마키아벨리의 궤도를 밀고 나간 현실정치의 요구, 거짓·사기·불신을 탄핵하는 설교단이나 참회 의자의 훈계 사이에서 끌려 다니는 듯 느꼈다.

우리가 이미 보테로의 범례에서 본 것처럼 정화되고 사람들은 해독된 '좋은' 국가이성을 세움으로써 그것을 극복했다. 17세기 처음 3,40년 동안 '국가이성'에 관해 이탈리아에서 씌어진 많은 책은 이러한 과제에 대한 뜨거운 관심을 증명하는 것이다. 새로운 활기를 띤 종래 교회적 세계관의 이상과 대두하는 근대국가 간의 격렬한 긴장이 거기에 반영되어 있다.

마키아벨리즘의 교설이 특히 아미라토나 보칼리니의 방식으로 시도되던 많은 타키투스 주석 속에서 시도되고, 그 위에 때로 적나라하게 표현된 데 대해[1] '국가이성'의 이론가들은 대체로 '부정'하고 '사악한 국가이성'에 대립되는 '좋은 국가이성'의 가능성과 유익성을 논증하고자 했다. 그러나 국가이성이라는 말이 일반적 용어법에서 의미하는 것은 군주는 부당하더라도 모든 수단을 동원해 자신의 이해(利害)에 따라도 된다는 악한 교설임을 그들도 인정하지 않을 수 없었다.[2]

이들 저술가 중 누구도 강하고 지속적인 영향을 남기지 않았으며, 누

---

1) 그에 관해서는 페라리, 『이탈리아의 정치학자에 관한 강의』, 438쪽 이하 및 토파닌, 『마키아벨리와 타키투스주의자』 참조.
2) 팔라초(Palazzo), 9쪽 및 177쪽; 프라케타(Frachetta), 『통치 및 국가의 세미나』(Il seminario de'governi etc.), 81쪽. 그는 선악 두 종류의 국가이성을 구별하지 않고 '진(眞)·위(僞)의 시민적 및 정치적 사려'를 구별해 후자를 '국가이성'과 동일시했다; 세탈라, 11쪽; 키아라몬티, 13쪽.

구 하나 비범하다고 할 만큼 뛰어난 것도 없고, 보칼리니와 캄파넬라와 같이 윤리적 영혼과 정치적 영혼과의 상극 때문에 한층 심오한 문제로 인도될 만큼 윤리적이면서도 강하게 정치적인 영혼을 함께 지닌 자는 없었다. 우리는 이미 보테로나 파루타, 그리고 아미라토에서 그러했듯 이 그들의 특징을 개관적으로 평가하는 것만으로도 족하다. 기초가 되 는 것은 다음과 같은 저서이다.

치로 스폰토네(Ciro Spontone, 1552~1610)의 『국가통치론 12권』 (1599), 지롤라모 프라케타(Girolamo Frachetta, 1558~1620)의 『군 주론』(1599), 『국가 및 전쟁론』(1600), 『통치 및 국가의 세미나』 (1617)('국가이성'에 관한 그의 저서를 우리는 볼 수 없었다), 안토니 오 팔라초(Antonio Palazzo, 1600년경)의 『정치 및 진정한 국가이성 론』(1606), 피에트로 안드레아 카노니에로(Pietro Andrea Canonhiero, 17세기)의 『정치 및 국가이성 서설』(1614), 페데리코 보나벤투라 (Federico Bonaventura, 1555~1602)의 『국가이성론』(1623), 루도비 코 추콜리(Ludovico Zuccoli, 1568~1630)의 『국가이성론』(1625년경 출판된 이탈리아어 원전을 함부르크의 요한 가르머스가 독일어로 번 역, 1663), 가브리엘 치나노(Gabriel Zinano, 17세기)의 『국가이성론』 (제12판, 1626), 로도비코 세탈라(Lodovico Settala, 1552~1633)의 『국가이성론』(1627), 시피오네 카라몬티(Scipione Chiaramonti, 1565~1652)의 『국가이성론』(1635)이다.[3]

---

3) 이들 저서와 다른 유사한 저서는 앞에 인용한 페라리와 카발리의 저서에서도 논의되고 있다. 또 그 외에 유감스럽게도 미간이기는 하나, 가치 있는 쿤켈의 킬 대학 학위논문(1922)에서도 취급되어 있다. 이 학위논문은 주로 세기의 독 일의 국가이성 문헌을 연구하고 있다. 그 원고를 이용할 수 있었던 것을 필자 는 크게 감사한다. 독일의 국가이성 문헌을 취급하고 있는 부분은 베를린 국립 도서관과 다른 약간의 도서관에 타이프라이터의 복사로 소장되어 있다. 최근 베네데토 크로체도 훌륭한 논문 「17세기 이탈리아 사상」(Il pensiero Italiano nel Seicento, 『비판』[La Critica], 제24권 제3호, 1926)에서 '국가이성'의 저 자들을 취급하고 있다.

사람들은 좋은 '국가이성'에 논리적으로나 윤리적으로 만족할 만큼 정확한 정의를 내리고자 부단히 노력했다. 스콜라적 사색이나 인문주의적 관심은 그 과제를 알맞은 대상으로 하여, 그것을 둘러싸고 광범위하고 끈기 있게 추구했다. 그 개념에서 사람들은 지난날 숭배한 고대를 얼마간 넘어섰다고는 하나 역시 고대에 뿌리박고, 고대의 무수한 예를 통해 논증될 수 있었던 근대적 성과를 지녔다.

"그리스어나 라틴어는 우리의 이 아름다운 말을 부러워할는지 모른다"고 울비노 공의 고문인 보나벤투라는 말했다(앞의 책, 664쪽). 그는 국가이성이라는 말을 열심히 예찬하고, 그 대저(大著) 전부를 그 말을 정의한 것에 바칠 정도였다. 그러나 고대의 지팡이가 없이 사람들은 그 길을 감히 걷지 않았다. 특히 그러한 지팡이를 제공한 것은 아리스토텔레스의 『정치학』 제5권으로서, 제국(諸國)에서 혁명의 원인이나 정사(政事) 유지의 수단을 논하고, 마키아벨리가 일찍이 이동한 전제군주의 현실정책 서술 속에 '나쁜' 국가이성도 반영했다.

또 사람들은 플라톤·투키디데스·플루타르코스, 특히 타키투스의 티베리우스사(史)에서 논제에 대한 판단과 사실을 수없이 받아들였다. 근대사에서 인용한 것을 훨씬 능가했다. 사람들이 이들 문헌에서 자기 시대의 요구가 맥박치고 있음을 강하게 느꼈다고 하더라도, 역시 실제 정치가의 저작이라기보다 사색을 일삼는 학자의 저서였다.

그 말은 새로웠으나 그 사물은 지극히 낡은 것으로서, 국가 자체와 마찬가지로 올바르게 인식되었다. "나는 추론하기를" 하고 카라몬티는 말했다. "한 사람 또는 많은 사람이 지배함에 따라서 좋은 '국가이성'이 좋은 통치자와 더불어 생겨났다."(앞의 책, 489쪽) 만약 사람이 성 토마스의 말에 따라 "도움이 되는 일보다 지배하는 일"을 원한다면 나쁜 국가이성은 지나친 지배욕에 뿌리를 박고 있는 것이다. 자기애(自己愛)는 공동체에 대한 사랑보다 빨리 생겼으므로 나쁜 국가이성은 좋은 국가이성보다 오래되었으며, 분명히 빈번하게 볼 수 있다고 한다.

이처럼 좋은 '국가이성'의 본질은 무엇이었던가. 우리는 카라몬티가 구별한 이성(ragione)이라는 말의 열 가지 서로 다른 의미와 동일하게 사람들이 사용한 국가(stato)라는 말의 다양한 의미를 논하고자 하지 않는다. 이때 단지 주의하고자 하는 것은, 'stato'라는 말이 이전보다 큰 내용을 지니고 채워지기 시작해 더 이상 지배자의 단순한 권력장치가 아니라, 아미라토(카라몬티, 앞의 책, 421쪽)가 말한 바와 같이 '지배·권위·통치 및 주권' 일반을 의미하게 되었다는 것이다.

점차 '국가이성'은 국정으로 파악되었다. 좋은 국가이성이란 공공의 복지와 행복을 지향하며 도덕적·종교적으로 허용된 수단을 통한 것이며, 나쁜 국가이성이란 지배자의 특수한 개인적 이익을 지향하는, 허용되지 않는 수단을 통한 것으로 생각되었다. 이러한 국정에 특유한 점은 위대한 정신력이나 총명과 경험을 지닌 인간에게만 알려진 '감추어진 것, 일반적이 아닌 것'(보나벤투라, 앞의 책, 38쪽)이었다.

국가이성이란 지도·형성·수정·총괄의 기능을 지닌 '훌륭한 덕성'이며, 신의 규율이나 도덕률에 복종하면서도 법률을 초월하는 권위를 지니고, 또 '경우에 따라서는 법을 바꾸는 필연'이나 성문법, 일반적인 방책에서도 벗어나는 '필요'를 내포한다. 이러한 보나벤투라의 명제에 대해서는 아미라토가 길을 열었다. 이때 그는 '국가이성'이란 "공공복지를 위해서나 더 크고 더 보편적인 이성을 위해 일반적 이성에 위배하는 것"이라고 정의를 내렸다.[4]

카노니에로가 국가이성을 통한 행동에서 동시에 일어나리라고 생각되는 네 가지 사항을 열거한 것(앞의 책, 574쪽)은 매우 적절했다. 첫째, 다른 방책으로는 행동할 수 없는 필연성, 둘째, 다른 법의 위반, 셋째, 공공의 이익, 넷째, 자기가 하는 일에 대해 오직 하나, '국가이성' 이외 다른 이유를 들 수 없는 일이다. 카노니에로는 정의했다. "국가이성이란 공공복지를 위해 보통법을 필연적으로 일탈하는 것이다."

그런데 사람들이 논리적·법학적 사유에 의해 파악할 수 있는 표지

---

4) 『코르넬리우스 타키투스론』(*Discorsi sopra Cornelio Tacito*), 1594, 231쪽.

를 넘어 초개인적인 것, 아니 신비적인 것을 '국가이성'에서 느끼기 시작했음은 흥미로운 일이다. 팔라초가 '국가이성'에서 통일적이며 지속적인 생명의 이성적 영혼을 느꼈음(앞의 책, 28쪽)은 아직 스콜라적·인문주의적으로 교육받은 시대에서 근대적 역사 사유의 최초의 숨결과도 같은 것이며, 국가의 정신적 개성에 관한 최초의 예감이라고도 할 것이다.

보나벤투라는 그것을 더욱 깊이 파헤쳤다. 그는 '국가이성'에 아리스토텔레스의 이른바 '권위적인 것', '진정한 군주', '군주 중의 군주 및 군주 본래의 진정한 법', '정치세계의 보편적인 정신'을 발견했다. "국가이성보다 판단하기 어려운 것은 없다."(앞의 책, 586쪽 이하) 셰익스피어도 몇 해 전에 국가 영혼의 신비를 발견한 사실을 우리는 상기할 수 있다. 「트로일로스와 크레시다」(제3막 제3장)에서 율리시스는 말했다.

국가의 영혼 속에는 (어떠한 보도도 감히 낄 수 없는) 일종의 비밀이 있어, 그것이 글이나 말로는 표현할 수 없는 신성 작용을 한다.

셰익스피어는 '국가이성'이라는 새로 유행하고 있는 논의에 관해 들은 바가 있었을까. 어떻든 그는 '정치가'—사람들은 실제 정치와 '국가이성'에 숙달한 자를 그렇게 불렀거니와—에 관해 어느 정도 알고 있었다.[5] 거대하고 강력한 삶의 원리를 좇는 이 치열한 감정으로 평범한 이탈리아의 저술가들조차 감동적이다. 그들 가운데 한 사람인 미란둘라(Mirandula)는 『국가론』에서 극단적으로 신의 독자적 국가이성을

---

5) 『햄릿』(*Hamlet*, 제5막 제2장) 및 『심벨린』(*Cymbeline*, 제2막 제4장); 존 (John), 『통계학사』(*Geschichte der Statistik*), 10~11쪽 참조. 나의 동료인 알로이스 브란들은 영국에서 생활한 이탈리아인들이 이 새 교설을 영국에서 유포했음은 아주 당연하다고 생각하고 있다.

창출했다.[6]

그런데 보나벤투라가 그때그때 갖가지 국가이성에서 여러 가지 국가형태를 도출한 것은 특히 훌륭한 업적이었다. 그는 국가형태가 아니라 반대로 '국가이성'이 먼저 존재하고, 원인이 되는 것으로 보았다. 그런데 '국가이성'이 정체(政體)에서 분화되었다는 인식에 의해 사람들은 아리스토텔레스가 개척한 길에 다시 도달하고, 그가 세운 세 가지 좋은 정체와 세 가지 나쁜 정체의 도식을 국가이성의 문제를 위해 이용할 수 있었다.

그것을 제일 먼저 시도한 인물은 안코나의 루도비코 추콜리로, 산 마리노의 비정치적 전원시[7]에 대한 그의 감격도 그 논제에 관해 극히 짧기는 하나 의미가 깊은 저술을 하는 것을 가로막지 않았다. 그는 국가이성이란 일정한 정체를 형성하고 유지하기 위한 수단을 인식하고 행사함을 의미한다는 간단명료한—물론 협소하지만—관점을 발견했다. '국가이성'으로 행동한다 함은 사람들이 갖고자 하는 실체와 형태에 상응하는 일을 행함을 말한다. 그러므로 군주제, 참주제, 그리고 그 밖의 정체의 특수한 '국가이성'이 존재한다는 것이다.

그런데 그가 아미라토에 반대해 말한 바에 따르면 국가이성이 갖가지 법에 모순됨은 국가이성의 진정한 본질은 아니다. 그러한 사태는 우발적으로, 특히 나쁜 정체에서 일어나기 쉽다. 그에 반해 좋은 정체에서 법과 국가이성은 조화를 이룬다고 한다. 대체로 좋은 정체의 국가이성은 좋고 훌륭하며, 국가이성이 나쁘다 함은 단지 나쁜 정체에만 타당하다. 물론 곧 그는 탄식하면서 다음과 같이 부언했다.

"좋은 국가는 극히 드물며, 일반적으로 행해지는 국가이성은 거의 도

---

6) 페라리, 『이탈리아의 정치학에 관한 강의』, 395쪽. 미란들라의 저작은 볼 수 없었다.

7) 페라리, 『이탈리아의 정치학에 관한 강의』, 510쪽 이하 참조. 추콜리의 의의는 크로체의 앞의 논문 158쪽에서 특히 강조하고 있지만, 국가이성의 문제에 관해서는 나와 다른 근본적 입장이다.

덕적으로 나쁘다. 사람들은 법과 국가이성 간의 불협화음이 그다지 크지 않은 국가라면 찬양해야 한다."

보나벤투라와 마찬가지로 추콜리도 국가이성을 개성화해 생각하기 시작한 것은 주목할 만하다. 그리하여 그는 아리스토텔레스의 방식에 따라서 생각할 수 있는 여섯 가지 국가이성의 형태를 구별했다. 뿐만 아니라 국가이성은 예를 들어 프랑스와 스페인의 군주제, 스위스와 네덜란드의 공화제라는 정체에서 개체적 이질성에 주목해야 함도 역설했다.

일반적 감정을 억제하거나, 완전히 개체적으로 권력 목표에 정신을 집중함으로서 성립되는 국가이성에 의한 행동의 독자적 활기와 그 내적 위대함도 느끼고 있었다. 그에 따르면 "지배의 개별적 형태가 요구하는" 것에 따르는 행동은 페리클레스나 로렌초 메디치와 같은 비범하게 현명하고 총명한 인물들이 할 일이었다.[8]

보나벤투라의 직관과 추콜리의 날카로운 사상이 결부되었다면 더욱 풍요롭고 더 역사적인 국가이성론이 생겨났을 것이다. 그런데 추콜리의 추종자이며 고희가 지난 밀라노의 의사 겸 철학자인 루도비코 세탈라는 추콜리보다 2년 뒤 붓을 들어 그를 가끔 표절해, 추콜리의 사상을 엷게 넓힘으로써 무미건조한 도식론으로 만들었다. 이 도식론은 동시대인들에게 크나큰 감명을 주었다.

세탈라는 6개의 큰 장을 통해 군주제, 귀족제, '진정한 공화제'(공공 정치라고도 불렀다), 참주제, 과두제, 군중정치(아리스토텔레스의 범례에 따라 그는 '민주제'라고 불렀다) 등 여섯 종류의 국가이성을 전개했다. 그리하여 6개의 색다른 기구를 마련하고 그 내부에서 유형적인

---

8) "더욱 우리는 다음과 같이 부언한다. 모든 장애를—자연적인 것이건 정신적인 것이건 습관적인 것이건—제거해 전적으로 지배의 개별적 형태가 요구하는 데 따라 행동하기 위해 자기를 굳게 하고자 하는 욕망은 현명과 식견에서 남달리 뛰어난 인물들이 품게 되는 것이다. 예를 들어, 지난날의 아테네에서는 페리클레스, 피렌체에서는 로렌초 메디치가 그러한 인물로 생각된다." 46쪽.

행동양식이나 통치수단을 모자이크풍으로 대개는 고대 사료에 따라 관련시켰다.

여기에서 느껴지는 것은 전적으로 교실의 공기이다. 중요한 문제는 누가 키를 잡고 있는가, 법이 지배하고 있는가, 그렇지 않으면 자의(恣意)가 지배하고 있는가이다. 그는 '국가이성'의 본래 목표를 대부분의 경우와는 달리 공공복지가 아니라 국가 지배자인 사람들의 복지로 인식하고자 했다. 그러므로 그는 국가이성의 두 가지 방책을 완전히 구별했다. 바로 통치자의 개인적 안전을 지향하는 것, 현존하는 국가 상태를 유지하는 것이다.

국가이성의 과제는 이처럼 협소하게 한정하는 데, 즉 권력자와 그들을 뒷받침하는 정체(政體)의 직접적 안정을 이렇듯 소심하게 걱정하는 데 있으며, 또한 국가의 내적 미숙상태가 국가권력이나 권위의 자명성이 여전히 실현되지 못한 상태가 반영되고 있다. 추콜리나 세탈라의 선배들이 강조한 공공의 복지, 즉 공통의 복지라는 목표는 구체적으로 내용이 충분히 고려된 충실한 과제라기보다 전통적이고 윤리적인 공허한 언어이다.

국가이성이 그 경계의 눈을 향함은 우선 국내의 적이나 불순한 생각을 품고 있는 자들의 야심, 강대한 권력을 장악한 대신들, 신하가 품은 자유를 향한 사랑에 대해서이다. 예를 들어 스폰토네의 국가론에는 잔인한 가혹성으로 추구해야 할 음모에 관한 장이 큰 자리를 차지했다. 세탈라는 도편추방(陶片追放)마저 좋은 공화정에 천거해도 좋은 것으로 생각했다(앞의 책, 162쪽). 그의 안목은 근본적으로 이탈리아 소도시 국가의 시야를 벗어나지 못했다. 이제 그 도시국가는 권력자의 조용한 생활과 편안한 권력의 향수만을 얻고자 했으나 아직 조금도 확신할 수 없었다.

또 예를 들어 우르비노인 보나벤투라가 작은 조국을 찬미해 나의 조국은 좋은 '국가이성'에서 모범적이며, 공적이 있는 사람들을 도처에서 초빙해 산업·예술·학문에 마음을 쓰고, 진정한 요새란 신민의 마음임을 명심하고 위압적인 성벽을 부수고 있다(앞의 책, 630쪽)고 말했을 때에는 바람직한 경향도 나타난다. 그런데 국내 복지정책에 대해 세탈라가 때때로 특징적으로 충고할 때는 오직 불만의 원천을 방지하고, 권력자를 위해 유쾌한 분위기를 만들고자 하는 총명함에서 나온 것에 불과했다.

예를 들어 귀족이 국민에게 공공의 수익을 국가의 복지에 소요함을 납득시키기 위해서는 공공건물을 보호하고, 병원이나 아카데미를 세우고, 교회·교량·항만을 건설해야 했으며, 부유한 시민과 이국의 왕족과 결혼을 허용해서는 안 되었다(앞의 책, 126쪽 이하). 이때 그가 염두에 두었던 것은 베네치아의 모습이었다.

세탈라가 체계적 완전성으로 묘사한 민주주의적 국가이성의 모습은 아주 생기 없이 끝났다. 고대 문헌에서 얻은 지식이 주로 그 모습의 내용이 되었기 때문이다. 그러나 이때 그에게서나 다른 이들에게서도 우리가 이미 보칼리니에게서 인정한 기조, 즉 민중에 대한 공포 섞인 경멸감이 나타나 있다. 그 시대의 정치적 심리상태를 충분히 이해하기 위해서는 그 분위기도 알고 있어야 한다. 포악한 민중이 가진 힘이 해방되는 것에 대한 두려움은 국가이성에 관한 그들의 사색을 밑바닥에서 동시에 배양하고 있는 듯한 인상을 종종 주기 때문이다. 사람들은 군주제 국가나 귀족제 국가에서 특히 민중을 다스림을 보았던 것이다. 사회적 본능, 즉 안녕과 질서를 찾는 보수적인 욕구는 이들 학식 있는 이론가나 정신(廷臣)에서는 특수한 정치가적 감각보다 때로 더 강하게 발전되고 있었다.

그러한 사실은 사람들이 대체로 대외적인 권력정책이나 침략정책에 관해서는 별로 알고자 하지 않았던 데서도 나타난다. 단지 카라몬티만이 강대하고 탐욕스러운 군주의 이웃 나라가 군주를 굴복시키든가, 혹은 굴복되든가 하는 절박한 상태에 이르렀을 경우 타국의 영토를 엿보는 것은 정당하다고 말했다(앞의 책, 73쪽). 마키아벨리를 단호히 부정하고 계약 이행의 필요성을 말하기는 했으나, 이 경우에도 다시 카라몬티는 보나벤투라와 더불어(앞의 책 629쪽), 국가 존망의 위기는 계약 이행의 의무를 면하게 한다는 예외를 부가했다(앞의 책, 159쪽).

그럼에도 사람들은 그릇되고 나쁜 국가이성을 본보기로 보일 필요가 있다는 구실 아래 마키아벨리즘적 처방을 논할 수 있었다. 또 치나노는 마키아벨리를 증오했음에도 적을 향해서는 허용되는 간계나 기만을 상세히 표현하는 데 몰두했다. 그가 궤변을 토하면서 논증하고자 한 바에 의하면 유디트의 행위도 결코 허위는 아니었으며(앞의 책, 39쪽 이하), 라반에 대한 야곱의 교활함도 시인했다(앞의 책, 99쪽). 왜냐하면 널리 펼쳐진 그리스도교 도덕의 방패 배후에는 갖가지 모략이 궤변을 토하며 숨겨져 있었기 때문이다. 마키아벨리즘이 흘리는 피의 진한 한 방울은 역시 이들 열정적 이탈리아인에게 특유한 것이었다.[9] 예를 들어 세탈라는 덕망 있는 군주에게 속임수를 쓰는 것도 주저함 없이 허용했다. 이처럼 사람들은 금단의 열매에 추파를 보냈던 것이다.

바로크 시대 이들 이탈리아인들에게서도 가끔—아마도 스페인의 삶의 이상에 의해서였던지—우리가 앞서 마키아벨리즘에 대한 반응을 장티에의 예로 밝혔던, 기사적 감정의 엷은 숨결이 나타났다. 가령 마키아벨리는 기만적이라 하더라도 모든 수단을 동원해 전쟁에서 승리를 거두는 것을 찬양하고 시인했다. 그런데 프라케타는 '간계로 승리함'은 진정한 용기와 모순되고 승자의 명성을 낮추는 것이므로 진정한 군사적 현명함과는 일치되지 않는다고 말했다. 물론 그 역시 전쟁에서 술책을 허용되는 것으로 생각하고, 전술과 단순한 사기 사이에 한계를 지으려고는 하지 않았다.[10]

마키아벨리에 대해 가장 큰 노여움을 불러일으킨 것은 언제나 그의 불신심(不信心)이었다. 그리고 종교라 하더라도 일종의 순공리적 종교

---

9) 이에 대한 증거는 페라리, 『이탈리아의 정치학자에 관한 강의』, 389쪽 이하에 있다.
10) 『통치 및 국가의 세미나』, 89~90쪽.

의 존중과 결부된 점이야말로 종교에 대한 가장 흉악한 암살계획으로 간주되었다. 그로 인해 종교는 왕좌로부터 전락하고, 초지상적 종류의 최고가치와 자기 목적에서 현세적 목적을 위한 단순한 수단으로 바뀌었다.

종교는 절대적 진리가치, 자기 본래의 핵심을 상실했다. 허위 종교는 마키아벨리의 교설이 분명히 역설한 바에 의하면, 경우에 따라 진정한 종교와 조금도 다름없이 실제적 도움을 줄 수 있었기 때문이다. 거짓 종교는 직접 무신론으로 통한다고 세탈라는 말했다(앞의 책, 184쪽).

사람들은 모든 가치혁명, 즉 마키아벨리즘에서 밀어닥친 삶의 전면적 세속화를 완전히 감지했던 것이다. 카라몬티는 말했다(앞의 책, 467쪽). "마키아벨리의 교설은 결과적으로 군주 숭배가 되고, 사람들은 군주권을 모든 행동의 기준, 모든 공정과 도덕적 선의 원천으로 생각하고 그에게 신의 속성을 부여한다. 그러므로 새로이 발견된 국가이성의 가치는 종래 가치의 서열을 흔들어서는 안 되었다"고 카노니에로는 말했다(앞의 책, 589쪽).

"국가이성은 모든 법의 상위에 놓이나 교회 권세에는 종속된다. 마치 신체가 영혼에, 육체가 정신에 종속되는 것과 같다. 교회의 권세에 거역하는 행동을 취함은 신에게 거역하는 행동이다."

있는 그대로의 정치적 현실, 마키아벨리즘이 널리 성공을 거두면서 행해졌다는 사실에 대해 사람들은 종래 그리스도교적 위안, 다시 말해 신은 때때로 부정을 죄에 대한 형벌로 허용하고, 내세에 처벌하리라는 위안을 대치시켰다(앞의 책, 22쪽; 카라몬티, 378쪽). 한편 적절히 이해된 좋은 국가이성의 입장에서도 사람들은 가차 없는 이기주의의 문제 있는 이용, 그 시험성을 논증하고자 했다.

카라몬티는 말한다(앞의 책, 373쪽). "프랑수아 1세가 카를 5세에 대항해 터키인과 동맹을 체결한 것은 좋지 못한 결과로 끝났다. 그것이 부도덕했음은 논외로 하더라도 나라를 흔들어 놓을 종교적 분열은 왕이 국가 이익을 위해 그리스도교 세계의 무서운 적에게 우의(友誼)를 구했다고 하는 관찰에 적잖은 원인이 있있으므로 그 동맹은 결국 유익하지 않았다."

카라몬티에 의하면 이 국민이 종래 이교도의 열렬한 적이었던 까닭에 그들 사이에서 영향은 아주 좋지 않았다. 보테로가 이러한 견해를 이미 말했음을 우리는 기억한다. 그 견해는 분명히 가톨릭적 정책의 진부한 변명이 되었던 것이다.

이들 일군의 사상가들에게서도 국가에서 종교적 통일이나 새로운 종파의 배척이 좋은 국가이성의 자명한 요구였음은 더 이상 말할 필요도 없다. 종교적·교회적 동기와 국가적·공리적 동기는 그때도 일정하게 융화되고 있었다. "누구나 자기의 신을 자기의 방식에 따라서 만들어낼 수 있다"고 말한 카노니에로는 종교적 개인주의의 무제한의 해체작용을 올바르게 간파했다. 모든 습속과 생활방식은 변화의 와중에 말려들어 법의 권위와 마침내 군주의 권위도 멸시될 것이다(앞의 책, 607쪽).

그는 독일 농민전쟁과 재세례파(再洗禮派)에서 시작되는 16세기 혁명운동을 상기했다. 이들 혁명운동은 역사적으로 대두하라는 예감을 줄 수 있었던 것이다. 카노니에로, 치나노, 노(老)세탈라의 저작에서는 이교도에 대한 증오가 가혹하고 가차없이 들려온다. 오직 카라몬티만이—주목할 사실은 그는 이들 저술가 중 가장 후대의 사람이었으나—증오를 어느 정도 완화했다.

"군주의 정치적 이해를 오해하여 이단이 확산된 까닭에 가톨릭교도에게 큰 피해를 주거나, 내란의 위험 없이 도저히 근절될 수 없으나, 사람들은 그것을 비교적 작은 악으로 허용하지 않으면 안 된다. 그러나 앙리 4세가 행한 것처럼 가톨릭교를 가능한 한 조성할 필요가 있다." (앞의 책, 43쪽)

그것들은 탁상의 지식과 국가의 실제적 지식을 이처럼 혼합하여 도출되는, 아마도 시대의 평균적 사고의 특징을 말해주는 사상일 것이다. 그러나 근대 국정을 다시 서구의 종교적·도덕적 전통과 일치시키고자 하는 그 사상들의 강한 정열의 배후에는 그들이 간신히 극복한 남모를 회의가 있었다. 카라몬티는 저서의 맺는말에서(486쪽), 사람들은 나쁜 국가이성의 실천자를 방해할 수 없으며, 또 나쁜 국가이성은 '통치 본성의 작용'이라고 믿는 사람들도 방해할 수 없다고 했다.

* * *

'국가이성'에 관한 이탈리아의 문헌은 세기 최초의 수십 년간은 끝이 없는 듯 보였으나, 17세기 후반에 이르러서는 아주 감소하고, 늦게 나타나 별로 중요하지 않은 듯 보인 데 불과했음은 대단히 기이한 인상을 준다. 분명히 사람들은 그러한 문헌이 식상하고 이제 충분히 알게 되어 더 이상 새롭게 말할 것이란 없었던 것이다. 확고한 사상세계가 만들어졌다. 그 사상세계로부터 새로운 문제에 이르는 길은 단지 새로운 내용, 풍부한 체험이 사유를 더욱더 몰아세울 경우에만 발견되었을 것이다. 그러나 그러한 체험이 결여되어 있었다.

이탈리아에서도 정신적으로 함께 체험된 30년전쟁의 거대한 긴장상태가 종식되었다는 사실, 스페인이 이탈리아인을 정신없이 피곤하게 만들었던 그 권력의 절정에서 전락하고, 이탈리아와 더불어 세계적 사건의 단순한 대상이 되었다는 사실, 이탈리아의 대내적 국가생활도 인습에 머물렀다는 사실──이것이 정치적 정신이 이완된 내적 이유일 것이다. 그러나 그간에 '국가이성'의 씨앗은 그것을 필요로 한 다른 여러 나라에 뿌려지고, 그들 나라는 신선한 감수성으로 그 종자를 받아들였다.

만약 우리가 그 나라들에 실제적으로 가장 도움이 되고, 또 역사적으로 가장 유효한 사상을 '국가이성'의 이념 전체에서 도출하고자 한다면 '공공복지'의 요구나 필요는 신의 율법이나 자연법을 범해서는 안 된다. 그러나 실정법과 국가에 의해 주어진 법이라면 범해도 무관하다는 사상이었다. 황제의 것은 황제에게, 신의 것은 신에게 돌려준, 말하자면 중세정신과 근대 국가정신 간의 타협이었다. 그 뒤 그것은 국가생활, 특히 내부적 국가생활의 지도이념이 되었나. 그런데 제국 상호 세력 싸움에서 여전히 신의 율법이나 자연법의 울타리가 계약 파기나 비열한 수단에 의해 유린되었다고 하더라도, 또 그러한 일이 국내에서의 반항적이며 거슬리는 신민에 대해서도 자주 행해졌다고 하더라도, 그것은 역시 극소수만이 마키아벨리적 의미에서 원리적으로 시인하고자 한 야생적 실천에 지나지 않았다.

그런데 낡은 실정법을 파괴하기 위한 수단으로 이해된 국가이성은 말하자면 충분히 손이 간 유용식물, 현실적인 원리, 충분한 확신과 훌륭한 양심으로서 그 이후 쓰어진 근대국가의 무기가 되었다. 이 무기가 없었던들 근대국가는 신분적·특권적인 세력을 결코 제압하지 못했을 것이다. 국가이성은 헤아릴 수 없는 의의를 지니게 되었다.

이후 절대주의는 신분제 국가의 낡은 법이념에 새로운 법이념을 대항시킬 수 있었던 것이다. 항상 생성되고 있는 법이 기성법에 대항했다. 날로 '공공복지'는 새로운 법으로 변경하기를 요구하고 관철하기에 이르렀기 때문이다. 국가이성은 견고하면서도 약한 소재를 더욱 부드럽고 형성하기 쉬운 것으로 만든 수단이었다. 사회와 국가제도는 중세 동안 얼마나 완만하고 끈기 있게 발전을 지속했던가.

이제 그 제도들을 더욱 급속히 활성화시킨 긴박한 힘이 생겼다. 급속하다고 한들 아직 그 이상의 충동적 혁명을 일으킨 이념이 부가된 세기와 프랑스 혁명 이후만큼 급속하지는 않았으나, 중세사와 근대사의 내적 성격 간에 더욱 깊은 구획을 만들 만큼 급속했다. 그리하여 국가이성의 이념은 사람들이 근대사라고 부르는 가장 중요한 표지와 효모가 되었다.

종교와 도덕, 그리고 법은 마키아벨리가 크게 위협한 세 가지 힘이었다. 그 후 마키아벨리즘은 오늘날에 이르기까지 실질적으로는 이 세 가지 힘을 더욱 약화시키고 파헤칠 수는 있었으나, 이론적으로는 '국가이성'의 문헌에 반영된 사상운동에서 적어도 종교와 도덕은 국가이성에 그 주권을 주장했으며, 오직 법에만 돌파구가 만들어진 데 불과했다.

그러나 지극히 보수적인 법의 영역이 단지 사실 위에서 뿐만 아니라 이념적으로도, 즉 인간의 규범이나 가치 관념에서도 사물의 흐름 속으로 끌려들어갔다는 것이야말로 큰 역사적 영향을 지닌 것이었다.

이탈리아에서는 독일이나 프랑스보다 영향력이 적었다. 우리는 프랑스에 대해서는 보댕에 관해 앞에서 언급된 것을 상기하거니와, 그 나라의 특수한 발전에 관해서는 특별히 논해야 할 것이다. 국가이성은 실정법보다 우위에 선다는 이론가의 교설은 이탈리아에서는 원래 이렇다 할 새로운 것을 말한 것이 아니라 단지 현존 상태를 확인하는 데 지나지 않았다. 이탈리아에서는 고대의 국가이성의 정신이 넘쳐 군주를 법의 구속에서 해방한 로마법이 아직도 생명을 지니고 있었으며, 게다가 봉건제도가 일찍이 몰락하고, 강압적으로 부당한 수단에 호소하는 도시 전제군주나 제후의 조기 등장이 로마법을 관습법이나 특권에서 기인한 법은 굳은 껍질——독일에서 근대국가의 흥륭을 방해한 굳은 껍질——을 생겨나지 않게 했기 때문이다.

낡은 법이나 관습으로 남아 있었던 것은 마키아벨리와 같은 인물에게서는 그것을 될 수 있는 대로 존중하도록 그의 국가이성에 충고를 줄 수 있었을 만큼 위험이 없는 것으로 생각되었다. 그런데 독일에서 국가이성에 관한 새로운 교설은 그러한 껍질을 부숴버릴 쇠망치를 제후들에게 제공했다. 껍질을 부수기 위해서는 이미 16세기에 실현된 로마법의 계승보다 이 교설이 효과적이었다. 로마법의 계승이 절대주의의 확립에 대해 지닌 의의는 때로 과대평가되고 있다.[11] 17세기에 비로소 절대주의는 실현되었으며, 또 17세기 내내 독일에서도 국가이성에 관한 문헌이 성했다.

우리는 이론의 힘을 결코 과대평가하지는 않는다. 독일의 영방국가(領邦國家)에서 절대주의의 흥륭은 첫째, 30년전쟁의 놀랄 만한 영향과 경험, 국가에서 조직화되고 중앙집권화된 권력에 대한 요구에 뿌리

---

11) 폰 벨로, 『로마법 계승의 여러 원인』(1905), 55~56쪽.

를 두고 있다. 신분제 국가와 더불어 영방의 관습이나 영방의 법에 포함된 불가침의 낡고 좋은 법이라는 이념도, 30년전쟁이 국가를 무방비 상태로 방치했으므로 그 전쟁으로 파멸되었다. 그런데 상비군이라는 새로운 군대를 만들고, 그에 대항하는 신분이나 낡은 법의 저항을 제압하기 위해 제후의 권력의지는 국가이성, 즉 '공공의 복지'라는 새로운 법이념에 도움을 요청하고, 그에 의해 내면적으로 자기를 정당화하고 높일 수 있었다.

대선제후*의 정치적 유서를 읽어보자. 또 그 직속 감독관청이 제방(諸邦)의 반항적 법이나 특권에 대해 침해한 경위를 따라가 보자. 그러면 도처에서 이 새로운 이념의 숨결을 느끼리라. 라벤스부르크인 하인리히 보스(Heinrich Voss, 17세기)라는 이름 아래 씌어진, 헤르만 콘링(Hermann Conring, 1606~81)의 국가이성에 관한 1651년 헬름슈테트 대학 학위논문은 이 선제후에게 헌정된 것이다.[12] 이 선제후에 속한 가장 교양 있는 정치가 중 한 사람으로, 1663년 이래 레겐스부르크 제국의회에서 선제후의 대리인이었던 재치 있는 고트프리트 폰 예나(Gottfried von Jena, 1620~1703)는 이전에 프랑크푸르트 대학 교수로 '국가이성'에 관해 24개의 논문을 썼다. 논문들은 그 뒤 열띤 수요의 소리가 일어나자 『오랫동안 요망된 국가이성에 관한 단장』으로 집대성되어 1667년에 간행되었다.

---

* 독일 국왕을 선거하는 권리를 지닌 제후를 선제후(Kurfürst)라 하여 13세기 이후에서 17세기 이전까지 마인츠, 쾰른, 트리르의 3대 주교와 라이니 궁중백(宮中伯), 작센 공 브란덴부르크 변경백(邊境伯) 베멘 왕 등 7선제후가 존재했다. 대선제후라 함은 브란덴부르크 선제후(1640~88)를 말하며, 그는 브란덴부르크-프로이센의 기초를 확립했다.

12) 문하생의 이름을 쓰고 있는 이 시대의 학위논문은 보통 스승이 쓰는 것이다. 베졸트, 『정치학』(Politicorum), 제2권(1618), 876쪽의 예가 그것을 말해준다. 콘링도 사실 그 제자들을 널리 합작에 참가시켰다. 그러므로 그는 "나의 것이면서, 나의 것이 아니다"라고 말할 수 있었다. 폰 묄러(v. Möller), 『헤르만 콘링』(H. Conring), 105쪽.

그런데 이들 문헌은 수십 년 전부터 햇빛을 보게 되어 절대군주들을 위한 기반을 닦았다. 믿음에 열중한 군주가 발렌슈타인(Wallenstein, 1583~1634)을 살해하게 한 것은 실증법도 더 높은 국가의 필요에 양보해야 한다는 이념의 지배 없이는 생각할 수 없을 것이다. 이러한 관계는 최근 슈르비크(Srbik, 1878~1951)에 의해 논증되었다.[13] 군주의 살인권능에 관한 교설은 16세기에 유포되었으나 독일에서는 특징적으로 이제까지 찬동되거나 적용되지 못해[14] 이국적인 불성실의 표현으로 생각되고 있었다.

황제 페르디난트 2세가 살해명령을 시달했을 때, 그가 따른 법적 확신을 만들기 위해서는 외래 이념을 강력히 계승하고 국가이성의 문제에 관해 사전에 더욱 포괄적으로 고찰했어야 했다. 이때 취해진 조치를 추적하는 것은 극히 교훈적이다. 그 경우 사람들은 보테로, 아미라토 및 그 일파가 가톨릭 세계에 확산시켰던 교설의 정신에 따라 행동했기 때문이다.

사람들은 한편으로는 황제군의 반역적 지휘관에 대해서는 긴박한 상태에서 정규적 법조치를 고려하지 않아도 좋은 권능이 있는 것으로 생각했으나, 군다케르 폰 리히텐슈타인(Gundaker von Liechtenstein, 1590~1658)의 의견이 말하듯이 '정의', 즉 신의 율법이나 자연법 일반을 도외시할 권능은 없다고 생각했다.[15] 피고에게 심문은 하지 않았

---

13) 폰 슈르비크, 『발렌슈타인의 최후』(*Wallensteins Ende*), 87~88쪽.

14) 플라츠호프, 『살인권능론』(*Mordbefugnis*), 44쪽.

15) 우리는 이 과정에 관한 해명을 슈르비크(앞의 책, 98쪽)에 의거하고 있는데, 그는 다음과 같이 착각하고 있다. 여기에서 문제시되는 국가이성론은 과연 "국가의 살인권능을 시인하나 그것은 군주를 관념적인 법과 실정법의 구속에서 해방하는 것은 아니다"라는 것이다. 그런데 이처럼 불가피한 경우에 허용된 실정법에서의 해방이야말로 그 이론의 핵심이었다.
리히텐슈타인이 지닌 의견의 주요 부분은 다음과 같다. "어떠한 일에서도 신에 거역하는 행동을 취해서는 안 된다. 그러나 '정의가 허용된다면 그렇게 실행되어야 한다.' '극단적 악에는 극단적 수단이 강구되어야 한다.' 그리고 '국

으나 리히텐슈타인에 의하면 "양심적이며 법에 충분히 근거를 지닌" 회의에 의해 심의된 비밀심문이 행해졌다.

보테로가 요구했듯이 참회청문승인 라모르마이니(Lamormaini, 1570~1648)도 심문을 받았다. 이에 비로소 황제는 양심으로써 1634년 1월 24일 발렌슈타인과 연루자들을 달리 방도가 없으면 '유죄가 확인된 죄인'으로서 살해할 명령을 내렸던 것이다. 게르만 세계에서 발렌슈타인의 살해는 로만 세계에서 바르텔미 학살과 같은데, 국가이성의 구름을 뚫고 번쩍인 천둥 중에서도 가장 강렬하고 요란했다. 게르만 세계와 로만 세계가 얼마나 밀접히 관련되고, 특히 당시 독일에 끼친 이탈리아의 영향이 얼마나 강렬했는가는 보테로나 아미라토에 의해 뿌리내린 이탈리아 국가이성에 관한 문헌에서 가지로 뻗어 나온 독일 국가이성의 문헌이 말해준다.

발단은 제실고문관 보르니츠(Bornitz, 1560년경~1625)가 1604년 진정한 국가이성과 허위의 국가이성의 구별에 관해 표명한 견해를 제외하면, 요절한 알트도르프 대학 교수인 클라프마리우스(Clapmarius, 1574~1611)의 것으로서, 그의 저서 『국가의 비책에 관한 6권』(1605)에 의해서이다.[16] 그에 이어 다작가이며 천박한 튀빙겐 대학의 법학교

가의 지위를 위해서'는 신에 거역하지 않는 일은 무엇이든 행해야 한다." 슈르비크, 앞의 책, 75~76쪽.

사람들은 제실(帝室)고문관 에페렌(v. Efferen)의 저서 『국가이성 혹은 군주의 우상에 관한 정치적 소책자』(*Manuale politicum de ratione status seu idolo principum*, 1630)에 이러한 견해의 전거를 찾을 수 있으리라고 추측할는지 모른다. 그러나 이 엄격히 가톨릭적 · 윤리적으로 세워진 교설은 '진정한' 국가이성에 대한 실증법의 엄수까지 요구하고 있다.

16) 그에 관해서는 헤겔스(Hegels)의 본 대학 학위논문(1918) 참조. 렌츠(G. Lenz)의 「국가이성론에 관해」(Lehre von der Staatsräson, 『공법학 잡지』 속편, 제9호, 261쪽 이하)는 클라프마리우스(Clapmars)나 베졸트에 대한 그릇된 해석 위에, 독일의 국가이성론, '통치의 비책'론이 이탈리아의 영향을 거의 받지 않고 황제에 대한 제신분의 투쟁수단으로 나타난 것이며, 황제의 이해가 이 교설을 극복하기를 요구한 것임을 제시하고자 한다. 그러나 클라프마

수 크리스토프 베졸트(Christoph Besold, 1577~1638),[17] 지난날 캄파넬라를 방문했고 뒤에 묌펠가르트의 관방장관이 된 크리스토프 폰 포르스트너(Christoph von Forstner, 1598~1667), 제실고문관 폰 에페렌(Von Efferen, 17세기)이 1630년에 이 논제를 취급한 저작에서였다.

1630년부터 관심은 증대되었다. 라인킹(Reinking, 1590~1664), 뵈클러(Böcler, 1611~72), 콘링 등 저명한 학자의 이름이 이 문헌에 나타난다. 특히 '석상(石像)의 히폴리투스'(Hippolithus a Lapide)라는 필명으로 1640년 직후[18] 국가이성의 본질에 관한 일반적인 1장으로 『로만-게르만 제국에서의 국가이성론』을 시작한 보기슬라프 켐니츠(Bogislav Chemnitz, 1605~78)의 지극히 반합스부르크적인 소책자도 그중 하나에 속한다.

30년전쟁의 마지막 수년 동안 '국가이성'은 20, 30년 전 이탈리아에서 시장이나 길거리에서 나누는 대화의 주제가 되었듯이 '세기의 수수께끼'가 되고, 사람들은 그에 관해 마치 새 유행병에 대해서라도 이야기를 나누듯 놀라움과 노여움, 숨겨진 두려움의 심정으로 마음을 털어놓았다. 리스트(Rist, 1607~67)는 외과의사인 한 인물을 빌려, '국가이성'을 1646년에 무대에 상정시키고, 크리스토프 폰 그림멜스하우젠(Christoph von Grimmelshausen, 1620년 이전~76)의 저서에서도 국가이성에 관한 움직임이 들려온다.

리우스의 교설은 대체로 모든 국가와 모든 지배자에 관한 것이며, 황제도 이 새 교설을 이용했음은 앞에서 말한 바와 같다.

17) 크리스토프 베졸트의 『정치학』, 제2권(1618)에서 행정과 국정을 논한다. 책의 제5장은 클라프마리우스의 『국가의 비책에 관해』(de arcanis rerum publicarum)를 취급한다. 베졸트의 『국가 비책론』(Discursus de arcanis rerum publ., 1644년 클라프마리우스의 엘체비르판에 부가되었다)은 이 장과 같다.

18) 실제로 간행된 해에 관해서는 아직 정설이 없으나, 그에 관해서는 『정치고전』, 1922(세베리누스 폰 몬참바노[Severinus von Monzambano]), 제3권의 브레슬라우(H. Breßlau)의 서문 중 19쪽 참조.

1650년경부터 이 문헌의 흐름은 더욱 확산되어 세기말까지 계속되었다. 군주의 절대주의 개선행진에 반주한 것은 교양 있는 독일의 여론이었다. 주로 법학자와 더불어 신학자나 교사로부터 그러한 여론이 나왔다. 절대주의가 대강 목표를 달성했을 때, 즉 18세기가 시작되면서 그 열정은 진정되고, 18세기 중반이 되면서 논제는 유행에서 퇴색되었다. 사상(事象)이 현실에서 자취를 감추어서가 아니라 자명한 것이 되었기 때문이다. 국가에 관심을 지닌 교양 있는 일반인들이 그간 계몽주의운동에서 유래한 새로운 이념에 관심을 갖기 시작했다.

우리가 이탈리아의 문헌 가운데 주목한 것에 비하면 독일의 문헌에서는 본질적으로 새롭고 중요한 사상은 찾을 수 없다. 처음부터 로만 민족의 이국 산물, 즉 사람들이 그 중압을 피할 수 없어 독일의 요구에 적용시키고자 했으나, 다른 한편 불신이나 불안을 안고 고찰할 수 있는 교설로 간주되었다. 가부장적 영방국가의 전통은 프로테스탄트 국가이건 가톨릭 국가이건 고집과 평온한 생활, 낡은 법의 유지, 교회에 대한 공권(公權)의 후견적 배려, 정의의 보호를 국가의 주요 목적으로 한다. 또 그것은 군주귀감 문헌, 특히 바이트 루드비히 폰 제켄도르프(Veit Ludwig von Seckendorff, 1626~92)의 한 저작에 표현되어 있거니와, 오직 그리스도교적 군주의 전통적 의무와 법만 알고, 새로이 만들어져야 할 법이나 그들에 의해 새로이 획득되어야 할 권력은 전혀 몰랐다.

그와 같은 의미의 독일 표현이 없었던 '국가이성'이라는 개념 속에는 사람들이 막연히 느끼고 주목한, 촉진적인 것, 새로운 형상을 부여하는 것이 존재했다. 이제 사람들은 그 개념을 하나의 법개념으로 취하여, 순전히 독일적인 방법으로 동화시켰다. 이를 실행한 인물은 클라프마리우스로, 이때 그는 '국가이성'을 '통치권'으로 파악했다.

통치권이란 '공공의 복지'를 위해 '일반적 혹은 보통의 법'을 무시하는 권능을 군주에게 부여하는 것이다. 그는 아미라토와 관련해, 전적으로 독일적인 전통적 감각으로 말하기를, 이 권능은 '특권'으로도 불릴 수 있다고 한다. 이러한 권능을 위법하면 범죄가 되거니와, 그는 그 확고한 한계를 한편으로는 종교 속에, 다른 한편으로는 '신앙 혹은 염치' 속에서 보고, 부도덕한 마키아벨리즘, 즉 그가 이탈리아인의 '나쁜 국가이성'과 동일시한 '지배의 파렴치'를 비난했다. 그러나 그는 정치가는 다름 아닌 범법행위를 할 때 때로 정당한 행위를 하는 경우가 있다는 강한 감수성을 지니고 있었다.[19] 그는 기만까지 국정의 불가결한 수단으로 허용했다.

그는 '통치권'에서 '국가의 비책' 일반, 즉 통치권을 관철하기 위한 수단과 방법을 다음과 같이 나누었다. 하나는 '통치의 비책', 즉 정치체제에 따라 분화되는 수단이며,[20] 다른 하나는 '지배의 비책', 즉 그때그때 지배자의 유지를 지향하고 동시에 정치체제에 따라서 분화된 수단[21]이며, 덧붙여 양자의 경계는 모호하다고 하지 않을 수 없었다(제3권 제1장).

언제나 그러하듯 이 경우에도 우리의 관심 대상은 단순히 논리적인 노력이 아니라 역사적으로 생명이 있는 것으로서, 이러한 개념이 어떻게 분기(分岐)되었는지 그 이상 세세한 구분은 더 언급하고 싶지는 않다. 그러나 대단히 생명이 있는 것이 타키투스로부터 도출된 '통치 혹은 자율의 환상'에 관한 클라프마리우스의 교설 속에 존재했다. 교설에 의하면 신민에게는 그들로부터 현실의 권리와 자유를 박탈하는 데 대한 보상을 권리나 자유의 환상으로 주어야 한다. 그러한 환상은 '공허

---

19) "국가에는 때때로 법에 반해 어떤 일이 행해지고, 그러면서 정당하게 행해질 때가 있다"(『공법의 결정』[Conclusiones de jure publico] 명제164). 1644년의 『국가 비책론』의 엘체비르판, 49쪽. 『공법의 결정』은 클라프마리우스의 『국가 비책론』을 준비하기 위한 저작이다.

20) 그러므로 보나벤투라, 추콜리 및 세탈라, 그에 상응하는 교설의 원천은 클라프마리우스에게 있었다고 추측할 수도 있다. 브레슬라우, 앞의 책, 17쪽도 참조.

21) 『공법의 결정』에서 클라프마리우스는 '지배의 비책'을 '국가이성'과 동일시하고, 그것을 "공공의 복지를 위해 도입된, 지배를 유지하기 위한 정당한 비밀의 특권"으로 정의하고 있다. 1644년 엘체비르판, 17쪽.

한 권리'이기는 하나 정치적으로는 아주 유익하고 불가결한 것으로 존재한다.[22] 그에 대한 모범적인 예는 베네치아의 귀족공화국에서 일견 군주와 같은 총독의 지위와 로마 제정기 원로원의 지위였다. 17세기 독일이 낳은 최대의 예는 절대주의화하는 군후(君侯)가 신분제 정체를 무력화하는 동시에 표면적으로는 보존한 방법이었다.

클라프마리우스의 저서는 널리 읽히고, 가끔 판을 거듭하면서 모방되었다. '통치의 비책과 환상'에 관해 고찰함으로써 정치적 기교, 합리성, 합목적성 등 눈에 띄지 않으나 효과적이고 교묘한 술책에 대한 감각이 세련되었다. 이들 문헌이 실제 정치가에 의해서도 열심히 읽히고 감명을 주며, 17세기의 독특한 목적을 의식한 냉정하고 분별력 있는 분위기를 마련하는 데 본질적으로 공헌했음은 시인되리라.

예를 들어 클라프마리우스의 후계자 가운데 한 사람인 네덜란드 법학자 코르비누스(Corvinus)는 1644년 클라프마리우스의 저서 엘체비르판의 서문으로 쓴[23] 「국정비책론」에서 귀족제도적 공화국의 지도자들에게 "민중으로 하여금 그들 자신이 갖고 있지 않은 것을 지니고 있다고 믿게 하는" 그러한 수단을 사용할 것을 권했다. 예를 들어 관공서에서 선거를 할 때, 도시귀족들은 선거권을 행사하도록 형벌로 강요되나, 하층시민들은 그렇지 않다는 듯이 되면 그들은 반드시 생업에 열중하고, 국사를 도시귀족에게 기꺼이 맡길 것이다.

민중에 대한 군주제의 '비책'으로 코르비누스는 군주제에 대해서 권한을 부여하는 법률을, 그것이 민중의 동의에 기초를 두고 있듯이 보이게 만들 것을 권했다. 또 귀족에 대한 군주제의 '비책'으로 고위 관직을 장기간에 걸쳐 주지 않도록, 만약 준다면 군주에게 전적으로 복종하고

---

22) 마키아벨리(『로마사 논고』〔*Discorsi*〕, 제1부, 제25장)도 제도 개혁에서는 낡은 제도의 환상을 유지하기를 권했다. 물론 그것은 낡은 국가를 개혁하는 자에 대해서만 모든 것을 일신해야 한다고 생각한 전제정치의 창시자에 대해서는 아니었다.
23) 헤겔스, 앞의 책, 27~28쪽 참조.

있으나 별로 유능하지 못한 자에게만 주든가, 군인보다 출신이 천한 법률가에게 주라고 지시했다. 그리고 왕통(王統)의 핏줄을 이은 자는 누구 하나 살해하지 않는다는 것이 군주제의 '비책'이다. 그를 통해 군주는 '그의 옆구리를 드러내고' 자신의 생명을 위태롭게 할 것이므로.

코르비누스는 군주가 민중이 자신을 경솔하게 비방할 때 고의로 벌주지 않고, 진정한 비방자들을 명심하고 경계하는 점에서 군주제의 '환상'을 보았다. "특히 질투를 견디어내는 것이 군주의 제일가는 통치술이다." 코르비누스에게 최선의 '이성'이란 신민이 정치 상황에 불만을 품지 않도록 유념하는 절도 있는 통치를 의미했다. 그에 따르면 더 큰 일을 달성하기 위해서는 사소한 일에 관대해야 한다. 대체로 사람은 자기가 알게 된 것을 전부 말할 필요는 없으며, 또 본 것 중 어떤 일은 못 본 체해야 한다. "왜냐하면 인간의 생활이란 결국 기만과 허위이기 때문이다." 이렇게 해서 이 합리적이며 온건하고 신중한 통치술도 결국 깊은 인간 멸시에서 나왔던 것이다.

이러한 문헌은 첫째 절대주의에 봉사했지만, 애초에 전적으로 절대주의에 봉사하고자 한 것은 결코 아니었다. 클라프마리우스가 처음 대표하고 세탈라가 완성시킨 어떠한 정체도 저마다 독자적 국가이성을 지닌다는 사상은 완전히 반절대주의적인 목적을 위해서라도 국가이성이 가진 이념을 작동함을 허용했다. 그것을 가장 강력한 법으로 실현한 인물은 보기슬라프 켐니츠로, 그가 '석상의 히폴리투스'라는 필명으로 쓴 저작에서였다. 거기에서 그 시대의 사유를 일면적 열정으로 즐겨 형성한 일반화적 이론의 모든 논리적 수단이 스웨덴의 반황제 투쟁을 지원하고, 가능한 한 합스부르크가를 제국에서 근절하고자 하는 아주 개인적인 정치목적을 위해 봉사하게 되었다.

그가 믿었듯이 제국이 군주제가 아니라 귀족제임이 적절히 입증될 때 사람들은 '국가이성', 즉 자기의 정치생활이나 행동의 원칙과 규범도 정확히 산출할 수 있을 것이며, 켐니츠에게는 '통치의 환상'에 관한 클라프마리우스의 교설을 제국에 적용하는 것이 자기가 정립한 독일 국가이성의 여섯 가지 원칙 중 가장 중요한 것으로서 생각했던 것이다. 그 교설이란 "주권의 환상은 군주를 위해 유보되어야 하나 권능은 국가에 의해 유지되어야 한다"는 것이다.

그런데 켐니츠의 입장의 독자적인 점, 그리고 시대사적으로도 중요한 점은 제국에서 군주제적 사상에 대한 그의 적대관계가 방종한 자유나 국가 해체의 정신에서 유래한 것이 아니라 국가이성의 엄밀하고 집중적인 사고방식과 전적으로 결합될 수 있었다는 것이다. 그만큼 끈기있게 국가 행동이 불가피한 필연성에 따르는 행동이라는 사상을 중심에 세운 사람도 거의 없었다.

그도 때로 말했듯이, 과연 이 국가행동은 한편으로는 신의 율법과, 다른 한편으로는 성실·정의 및 자연적 품위라는 두 개의 한계로 구속되었다. 그 외 모든 것, 현행법에 대해서도 구속이 되는 것은 전혀 아니었다. 거기에서 켐니츠는 '국가의 필요'를 보고, 클라프마리우스가 한 것처럼 세네카가 말한 "필요는 인간의 허약함의 강한 보호자인 법을 모두 파괴한다"는 사실을 인용했다. 또 클라프마리우스가 말한 "그 경우 필요는 허용되지 않는 것까지, 때로 평등한 권리를 줄 만큼 힘과 위엄을 지닌다"[24]고 한 것을 부가했다.

뿐만 아니라 법을 배제하는 것을 '필요'가 아니라, 국가의 명백한 이익이 권할 경우라도 '공공의 복지가 최고 법칙이다'라는 원칙이 존중되어야 한다고 말했다. 그에 따라서 켐니츠는 긴급한 경우에만 보통법을 지키지 않아도 좋다는 것을 일반적으로 고집한 독일에서 국가이성론의 다른 대다수의 대표보다 앞섰다. 켐니츠는 또 아주 엄격하게 사적 이해에 대한 국가 이해의 우위를 주장했다. "개인의 계약보다 공공의 이익이 우선되어야 한다." 절대주의적 군후(君侯)는 이 제국 내 귀족정의 옹호자가 마련해준 유효한 도움에 감사해야 할 것이다.

켐니츠가 대변한 제국 내 귀족정적 힘은 결국 모두 형성되고 있던 군

---

24) 1647년판 18쪽; 클라프마리우스, 앞의 책, 160쪽 참조.

주국이며, 황제의 군주주의적 권리를 수중에 넣기 위해 쥐어뜯은 데 지나지 않는다는 것을 생각한다면 표면상의 모순은 해소된다.[25] 황제와 제후 사이에서 국가이성이라는 노획물을 둘러싸고 경주가 벌어지고, 베스트팔렌 강화에 의해—이 강화는 영방주권을 강력하게 인정하고, 주권의 내용을 엄밀하게 결정하지 않았다는 바로 그 점에 의해 영방주권을 더욱 강하게 만들었다—제후에게 유리한 결정이 내려졌다. 그런데 주목할 사실은 국가이성의 이론가 중에는 사멸되고 있는 신분제 국가를 아직 옹호하고, 제후에게 영방제 신분의 의견을 듣고, 국민의 사랑으로 그 지배를 확보할 것을 권한 자가 있었다는 사실이다. 『명군론』(名君論, 제2판, 1655)을 쓴 요한 테오도르 슈프렝거(Johann Theodor Sprenger, 17세기)였다.

그 밖의 사람들은 우리가 이미 알고 있는 사유과정을 이것저것 혼합하거나, 교사풍(敎師風)이라든가 양심적인 정의나 분류, 또 건전한 시민도덕이라든가 하는 독일적 특질로 되풀이하고 있었다. 그런데 국가이성·법·도덕 및 종교 간의 이러한 신중한 조정 시도가 한창일 때, 독일 특유의 철저함이 벌써 고립되어 고개를 들었다. 이 철저함은 윤리적인 것에 뿌리를 두고 있는 까닭에 기꺼이 모든 원리를 극단에까지 밀고 나아가, 그 가공할 귀결을 가차 없이 묘사한다.

그 일을 행한 인물은 지금은 완전히 기억에서 잊혀진 정치평론가 외팅겐후(侯)의 궁정고문관 케슬러(Kessler, 17세기)이다. 그는 조잡하긴 하지만 주목할 만한 저서 『덮개를 벗겨 정치적 기만에서 정화된, 명군의 국가이성의 빛 및 무한하고 광대하며 헤아릴 수 없는 그 통치』(뉘른베르크, 1678)에서였다.[26] 가장 약소한 제후를 섬긴 이 정신(廷臣)

---

25) 켐니츠는 과연 제국 내에서의 완전한 주권을 제후가 아니라 제국 의회에 부여하고자 원했으나, 동시에 제후를 위해 요구한 권리에 의해 그 주권을 공허한 것으로 만들었다. 베버(Weber)의 「석상의 히폴리투스」(Hippol. a Lapide)(『역사잡지』, 제29권, 300쪽 이하) 참조.

이 독일의 홉스가 되고, 가장 삭은 국가 존재 속에서도 '일정치 않은' 국가이성이라는 세계원리를, 빈틈없는 눈으로 찾았다는 사실이야말로 진정한 독일적 현상이었다. 사실 지배가 허약할수록 더욱 지배에서 '국가이성의 입장'도 확대되지 않을 수 없다고 그는 생각했다(앞의 책, 46쪽).

그가 속한 엄격한 루터파의 사상세계가 새로운 국정이나 가차없는 국가의 필요 등 극히 세속적인 본질과 결부되지 않을 수 없었다는 양상이야말로 독특하기도 하고, 일반사적 교훈에 차 있다. 그것은 당시 내세적 삶의 목표로부터 현세적 삶의 목표로 이행하는 가혹한 과도기에 가끔 일어났듯이, 조잡하고 허약한 갖가지 논증의 연쇄를 통해 이루어졌다. 특히 신 스스로가 국가이성의 '지도자'로 높여지고, 인간의 본성 자체와 더불어 시작된 이 국가이성이 신의 뜻에 알맞은, 충분히 격이 있는 것으로 설명됨으로써 행해졌다(앞의 책, 38쪽).

루터가 강조한 신이 품은 뜻의 절대적 신비성과 전능에 대한 신앙에서 무엇이건 도출할 수 있었다. 케슬러는 행동을 일삼는 정치가는 만사가 자기 뜻대로인 양 자유로워야 하지만, 그럼에도 자신의 행복이건 불행이건 결국 신의 도구에 지나지 않는다는 데 대해 충분히 깊은 감정을 지니고 있었다. '국가 지배자'의 기도는 인간의 생각으로는 때때로 몰염치하고 이해하기 어려울지 모르나, 잘 생각해보면 그것은 "상위의 힘에 좌우되고 인도된 것으로, 결국 그 자체에서는 최대치의 사료분별을 필연적으로 수반하고 있다."(앞의 책, 486쪽)

그런데 마치 철이 자석에 끌리는 것과 같이 사람들은 이 절묘한 기술과 작동을 자진해서 따라야 하는 것으로 생각했다. 더욱이 케슬러는 신이 천사의 무리 속에서 개개의 통치를 위해 임명한 것으로 생각되는 '국가의 천사'에 관해 공상적으로 고찰하기에 이르렀다. 동시에 많은

---

26) 쿤켈(Kunkel)의 저작이 나의 주의를 끌었지만, 이 책에 관해서는 그와 약간 견해를 달리한다.

악령과 세력이 천사들을 방해할 수도 있으리라고 했다(앞의 책, 506쪽 이하).

케슬러는 마키아벨리도 이러한 악령으로 생각하고, 순진무구한 '국가이성'은 만족을 모르는 욕구와 마키아벨리풍 국정이나 간계에 의해 흐려진다고 생각했다(앞의 책, 291쪽). 물론 군주가 단지 외면적일 뿐만 아니라 내면적으로도 진지하게 고려해야 할 종교에 대한 마키아벨리의 태도는 당연히 그를 분격시켰다.

그러나 국가이성이 신의 뜻에 따른다는 케슬러의 신념은 그에게 '국가이성'은 신의 가르침이나 종교의 지배하에 놓여 있다는 명제와 그에 모순되는 다른 명제, 즉 "어느 정도 정신적이고 신적인 사항은 이 널리 지배하는 세속신이나 '국가이성'의 계율로부터 물론 해방되지 않고" 공공의 복지를 위해 그 진로를 약간은 방해받는다(앞의 책, 223쪽)는 명제와 동렬에 놓임을 허용했다. 그러므로 설교자는 관헌의 죄과를 비난하는 의무를 포기해서는 안 되지만, 국가의 불법이 문제가 될 경우 관헌의 권위를 유지하는 방식, 즉 '아주 떼어놓는 방법으로' 의무를 다해야 한다고 일컬어졌다(앞의 책, 213쪽).

여기서 이해되는 것은 케슬러가 이전에는 이론이 대단히 존중한 자연법의 한계를 늦추는 일을 비로소 단행할 수 있었다는 것이다. 만약 그가 위대한 사상가였다면 몇 걸음 더 나아가 자연법의 전통적 사상체계를 뒤집어놓을 수도 있었을 것이다. 자연법으로 불리는 것은 절대 고정된 것이 아니라 '때때로 가변적으로 보이는'(앞의 책, 230쪽), 바꾸어 말하면 시민생활의 요구나 합목적성에 의해 광범위하게 제한됨을 그는 올바르게 인식했기 때문이다.

예를 들어 그에 따르면, 자연법이 인간의 개인적 자유를 요구하는 한 노예제는 분명히 자연법과 모순되지만, 패배한 적을 살해하는 종래 풍습과 비교하면 더욱 적은 악을 의미했으므로 일반 민중의 복지를 위해 국가이성에 근거해 도입된 것이었다(앞의 책, 228쪽).[27] 그리고 그는 '국가이성'의 본질을 언제나 두 개의 악 중에서 더 작은 악을 선택하는 기술에서 보았다. 그는 정치가 지닌 필연성, 즉 그 외 방법으로는 행동하지 않는 '현명한 국가의 지배자'에 대한 거부할 수 없는 엄연한 필연성을 단호한 결의로 역설했다. 국민 전체가 멸망하기보다는 한 사람이 죽는 편이 낫다. 그러므로 군주는 위급할 때, 예를 들어 위험한 반란에 즈음해서는 "공공의 복지를 위해, 때로는 무고한 백성마저 용납하지 않는 권능을 지닌다."(앞의 책, 253쪽)

국가 지배자는 그처럼 당연히 권능을 지닌다기보다 '사실 자체에 의해' 부득이하게 자신의 국가를 위해 양심을 거역하면서까지, 그러나 양심을 해치지는 아니하고 '속임수로써, 혹은 감추어서' 불법적인 (simulatione vel dissimulatione) 일을 하거나, 허용하거나, 더 명백히 말하면 세상의 풍조에 순응하도록 강요된다. 그러므로 선악은 통치자에게는 필요에 따라 어느 정도 국가 지배자의 구속받지 않는 권능과 재량 속에 있다.

가령 통치자가 천사라 하더라도 공공의 복지를 위해서는 때로 선을 단념해야 할 것이다(앞의 책, 256쪽). 도덕과 마찬가지로 법이나 인간의 생명과 재산도 이 국가이성이라는 리바이어던*이 삼켜버릴 가능성이 없지 않았다. "필요에 강요당해서, 혹은 공공의 복지를 위해 신민의 생명 재산을 마음대로 처분하는" 국가의 '지고(至高)의 지배권'은 대단한 힘을 지니고 있다(앞의 책, 280쪽)는 케슬러의 교설은 홉스마저 능

---

27) 그는 이로써 "노예제의 실시는 문화의 구제행위이다"라고 한 트라이치케 (Treitschke)의 의견을 선취했다. 「사회주의와 그 보호자」(Die Einführung der Sklaverei)(「독일의 투쟁의 10년」[Zehn Jahre deutscher Kämpfe], 『선집』[Auswahl], 100쪽).

* 리바이어던(Leviathan): 물에 사는 괴물로(「욥기」, 3: 8), 홉스는 저서 『리바이어던』에서 사회계약설의 입장에서 절대주의를 이론화하고 주권을 절대시하면서 국가를 거대한 괴물인 '리바이어던'으로 간주했다.

가했다.[28] 케슬러는 침략전쟁을 경계했을 뿐만 아니라, 또 주목할 것으로는 중간 정도 규모의 국가가 복합적 조직을 지니고 더 큰 죄로 더럽혀진 강대국보다 확고한 국가사상을 시행하는 데 더 적합하다고 생각했다(앞의 책, 307쪽).

그러나 그 역시 자국의 안전을 위해서라면 지나치게 거대하고 위협적이 되고 있는 이웃 나라의 '손발을 비틀어 짜는 것'을 허용하는 데 주저하지 않았다. 뿐만 아니라 일단 유사시에는 신의 계율이나 모든 국제법에 위배되더라도 그러한 국가 내에서 폭동을 일으키는 일이 감행되어도 된다고 말했다(앞의 책, 266쪽 이하).

그런데 이 모든 것을 통해 케슬러가 분명히 하고자 했던 '순수한' 국가이성과 마키아벨리즘 간의 분계선이 다시 제거될 수도 있는 두려움이 있었다. 양자 간의 구별은 그에게서는 다음과 같은 점에 국한되었다. 하나는 마키아벨리의 악명 높은 술책 중에서 약간은 허용되지만 반드시 전부는 아니라는 점, 또 하나는 그것을 군주 자신의 사적 이익이 아닌 단지 '보편적 유익성을 지닌 국가이성'을 위해서만 허용한다는 점이다. 그러나 다름 아닌 국가이성을 철저하게 생각하는 정력적 사상가들이 마키아벨리가 발견한 위험한 심연 가까이에 거듭해 빠져들었음은 이미 경험이 입증한다.

우리는 그것을 캄파넬라에게서 보았다. 그가 나폴리의 감옥에서 신음하고 있을 때 독일인 쇼페(Schoppe, 1576~1649), 즉 스키오피우스는 그의 말에 귀를 기울여 어떻게 하면 증오스러운 이단을 극복할 수 있을 것인가를 그로부터 배웠다. 동시에 마키아벨리의 저주와 저주되어야 할 술책을 정당하고 신중히 취급하는 일도 배운 것 같다. 스키오피우스는 소책자 『정치교육』(1622)에서[29] 마키아벨리의 본질을, 그것

---

28) 신민의 생활에 관한 홉스의 좀더 작은 요구에 관해서는 이 책, 제2부 제1장 참조.
29) 스키오피우스에 관한 코발레크(Kowallek)의 특수연구(『독일사 연구』

을 칭찬하거나 혹은 공공연히 권하기 위해서가 아니라 전제군주가 자기의 목적을 실현하기 위해서는 어떻게 행동해야 되는가를 보여주기 위해 있는 그대로 서술해 이탈리아인들이 행하고 있던 책략을 교묘히 전개했다. 이때 그는 이탈리아인들이 이미 널리 이용한 아리스토텔레스의 『정치학』 제5권 중, 전제군주의 실천에 관한 서술뿐만 아니라 같은 방법이 사용된 토마스 아퀴나스의 아리스토텔레스 『정치학』 주석도 인용할 수 있었다.

스키오피우스는 다음과 같이 부언했다. 만약 사람이 진지한 마음으로 이것을 읽는다면, 그에 상응하는 행동에 유혹될 위험은 조금도 없다. 이것은 물론 '변론의 가정적 방법'이므로. 이러한 류의 '그 같이'의 철학으로부터 그는 더욱 균형을 유지하면서 다음과 같이 관철했다.

사람은 바로 각 교설의 한계를 엄격히 지켜야 한다. 정치가는 신학자와는 다르게 말해야 한다. 만약 정치가가 권력을 열망하는 전제군주에게 진정한 경건이나 덕성이 아니라, 그러한 외관을 취하기를 권할 경우 신학자는 물론 전제군주를 칭찬해서는 안 되지만, 정치가를 비난함도 어리석고 세상 물정에 어둡다고 할 것이다. 신하의 애정을 불러일으키는 것은 군주의 덕성 자체가 아니라 군주가 그러한 덕성을 갖고 있다는 평판이며, 또 신하의 증오를 유발하는 것은 군주의 악덕 자체가 아니라 그러한 악덕이 있다는 평판이다.

정치가는 또—우리는 스키오피우스가 더 마키아벨리에게 접근함을 보는데—바람직한 최선의 국가가 아니라 일반적으로 존재하는 것과 같은 현실의 국가에 관해 논할 경우 비난받는 일은 없다. 만약 정치가가 현실의 국가가 엄격한 법이나 종교에 의해 통치된다고 주장한다면

〔Forsch. z. deutschen Geschichte〕제11권, 460쪽)에서는 그 저작이 불충분하게 평가되고 있다. 그에 비하면 자네(Janet)의 『정치학사』(Hist. de la science politique) 제4판, 제1권, 553쪽 이하, 그리고 딜타이(Dilthey), 『저작집』(Schriften), 제2권, 269쪽이 더 정당한 평가를 하고 있다.

그릇된 일을 가르치게 될 것이다. 일상적 경험은 그 반대를 보여준다. 단지 정치가는 폭력 · 간계 · 불성실에 찬 이 현실 국가를 칭찬해서는 안 되는 것이다.

30년전쟁 시대의 정치를 논한 많은 참회청문승은 이들 교설을 틀림 없이 믿음이 깊은 척 눈살을 찌푸리면서 읽었으리라. 그러나 헤르만 콘링은 1663년에 스키오피우스의 소책자를 새로 간행하고, 또 마키아벨리의 『군주론』의 주석[30]을 쓰고 그것을 1660년에 프랑스의 정치가 위고 드 리온(Hugo de Lionne)에게 헌정했다. 이 주석은 원칙적으로는 스키오피우스와 같은 방법을 따르고 있다. 즉 현실에 있는 그대로의 정치를 연구하는 방법이다. 그 까닭은 시민의 진정한 행복을 추구하는 국가에 충언하기 위해서가 아니라 그 충언들이 '세계에서 수없이 볼 수 있는' 국가에 유익하기 때문이었다.

물론 이때 그는 현실주의와 도덕주의 사이를 전전하고 때로는 신 · 성서 및 자연법에 비추어 죄를 범하지 않고도 국가를 통치하는 일이 실제 가능하리라고 단언한다. 또 공정한 군주에게서도 위급한 상태 아래서는 때로 약속된 신의를 파괴하는 일이 타당치 못한 일이 아님을 시인하지 않을 수 없었다. 그리고 그가 마키아벨리의 충고에 때로 적절하게 비판한 것은 의식적으로 공리적인 입장에서 나온 것이지 도덕적 입장에서 나온 것은 아니었다.

클라프마리우스, 쳄니츠 및 케슬러에게 제시된 국가이성 문제의 평균적 취급에 비해, 스키오피우스와 콘링이 행한 이상과 같은 방법의 큰 차이에 주목해야 할 것이다. 전자는 법칙정립적이며, 후자는 경험론적이며 현실주의적이었다. 그러나 후자의 경우 경험론적 방법이 유일하게 정당한 것이 아니라 법칙정립적 방법과 마찬가지로 가능하며 정당

---

30) 『헤르만 콘링의 정치적 주석을 단 니콜로 마키아벨리의 군주론』(*Nic. Machia-velli Princeps cum animadversionibus politicis Hermanni Conringii*), 나는 1686년판을 사용했다.

한 방법으로 쓰일 정도였다.

있는 그대로의 현실 국가에 관한 교설은 이처럼 있어야 할 국가의 교설과 더불어 나타났다. 후자는 콘링 자신이 풍요롭게 육성한 것이었다. 그들은 이러한 방법과 가치척도의 이원론으로 이상적 국가를 버리고 단지 현실의 국가만을 탐구한 마키아벨리로부터 새삼스럽게 구별되었다. '국가이성'의 학파와 같은 계율자들은 분명히 현실에 있는 나쁜 국가에 대해서도 가끔 통찰을 가했으나, 하나의 규범을 주고, 신의 율법 및 자연법과 조화하는 국가이성의 법칙을 논증하고자 노력하기를 원칙적으로 고집했다.

여기에 부각되는 것은 절대화적 사유방법과 상대화적 사유방법이라는 오늘날에도 해결되지 않은 큰 대립이다. 절대화적 사유방법은 가령 그것이 경험적 소재로 충만하고 현실에 양보한다고 해도 결국 자연의 법칙과 이성의 명령 간에 궁극적으로 존재하는 조화에 관해 종래 자연법적 전통에 따라서 일반에 구속력이 있는 보편적 명제를 찾고자 했다.

한편, 나쁜 국가의 생활과정이나 합목적성을 자체적으로 탐구하고 상대적 권능을 논증하는 것이 허용된다고 생각한 상대화적 사유방법은 자연의 법칙과 이성의 명령과의 조화를 파괴했다. 아니, 당시 더욱 철저하고 대담했더라면 파괴했을 것이다. 마키아벨리는 그에 대해 악마적 용기를 발휘했지만, 반종교개혁의 시대는 근대적 상대주의로 가는 이 최초의 씨앗을 다시 억눌러버렸다. 이제 씨앗은 서서히, 철저하지 못한 형태로 다시 솟아나고 있다.

그러나 국가이성에 관한 일반 문헌도 종래 자연법적 · 스토아적 · 그리스도교적 세계사상의 개혁, 즉 가치의 상대화에 자신도 모르게 종사했다. 그것은 국가 교회 및 종교가 극히 자연 그대로 조화되고 있는 것으로 믿도록 했다. 이들 사상가 중 아무도 종교가 없는 국가는 요구하지 않으며, 그들 중 많은 이들은 아직 종교전쟁 시대의 지극히 독실한 종교심을 나타냈다. 그리고 다 같이 종교 속에서 국가의 불가결한 기초를 보았다.

군켈(Gunkel, 1862~1932)이 날카롭게 관찰했듯이 그때 종교가 자신을 위해 보호되어야 한다는 사상은 거의 모든 사람들에게 퇴색했다. 성서 애용은 더욱 드물어졌다. 종교는 '통치 도구'로 변했다. 국가의 특수한 독자적 가치는 이러한 국가이성의 숭배를 통해 종래 인간생활의 절대적이고 보편적 가치와 더불어 서서히 높아졌다.

30년전쟁의 종식은 신앙의 피곤에 지친 평화를 의미했다. 그와 동시에 국가이성에 관한 종래의 문제, 즉 국가에서 종교적 통일은 필요한가, 혹은 관용은 허용되는가 하는 문제에도 새로운 전환을 부여했다. 종교적 통일이 바람직하다 함은 거의 모두 확신한 바이다. 그것도 종교적 논거보다 정치적 논거에 의해서였다. 통일의 이상은 바야흐로 종교적 영역에서 정치적 영역으로 옮겨졌기 때문이다. 실제 열망된 것은 신앙에서 통일을 위해 보장된 국가 속 통일로, 이제는 신앙에서의 전 그리스도교 세계의 통일이 아니었다.

케슬러의 의견에 의하면, 사람은 분명히 그리스도교 세계의 통일을 희망할 수 있으나 더 이상 기대할 수는 없다. 케슬러가 말하기를(앞의 책, 116쪽) "우리는 오늘날 그리스도 교회에서 종교상 군주정이 아니라 다양한 세속적 관헌이 현재 신으로, 신의 말과 같은 규범이나 척도에 따라서 주권을 행사하는 권능을 지니고 있기 때문이다." 그러므로 그에게는 '지배자의 종교가 그 영지의 종교를 결정한다'는 명제는 단지 역사적 타협이나 독일 국법의 단순한 규정으로서가 아니라 국가이성의 보편타당한 요구로 생각되었다.

그러나 종교를 정치적으로 취급하는 것은 여전히 교의적(教義的)으로 구속된 사람들을 점차 관용적이고 방만한 심정으로 만들었다. "왜냐하면 변경할 수 없는 것은" 하고 케슬러는 대단히 주목할 만한 말을 하고 있다. "분명히 '국가이성을 위해' 그만큼 더 책임지고 불문에 부칠 수 있으며, 또 그렇게 해야 하기 때문이다(앞의 책, 203쪽). 그런 까닭으로 그는 결코 양심을 억압해서는 안 된다"고 역설했다.

물론 이 경우 융통성 있는 예외를 만들어, 고의로 말하자면 신에 반항해 우상숭배에 빠지는 죄를 의식적으로 범하는 자에 대해서는 체형(體刑)이나 사형으로 단호하게 대처할 수 있으며, 또 침례교파와 같이 독신적 교의를 지닌 교파는 '최고 국가이성으로 하여' 근절해도 된다고 했다(앞의 책, 120쪽 및 146쪽). 그러나 그 밖에 다른 점에서는 영락하고 황폐한 나라의 지배자는 마음을 편히 하고, 갖가지 종교를 받아들이고 허용해도 좋다고 했다. 가령 그와 같은 생각이 다른 사람들을 추방하고자 하더라도 그들의 개종을 촉진할 수는 없을 것이다(앞의 책, 136쪽).

엄밀하게 보면 국가이성은 불관용에서 관용으로 이행하는 가운데 겨우 중간단계에 도달한 것이다. 교의적으로 속박된 사고방식과 신앙을 달리하는 사람들에 대한 정치적 불신은, 다 같이 그러한 사람들의 공민권을 제한하는 요구에 협력했다. 케슬러는 이 점에서도 가장 극단적이었으며, 그들을 모든 관직과 정통신자와의 혼인에서 배제하고자 하는 등 형법상 냉대하기를 원했다. 대체로 독일에서는 이처럼 제한된 관용 체제 위에 실제로 통치가 행해지고 있었다. 그러므로 이론가들은 결코 실천에 선행하지 않았다.

무엇이 그들을 그렇게 촉진했던가. 그들의 국가이념은 개인의 권리나 요구에 관해서는 아직 아무것도 모르고, 또 이념의 정점은 사적 복지보다 국가의 복지를 무조건 높이 평가하는 데 있었다. 이러한 새 국가사상의 일면적 위대함이 없었던들, 신분적 권리를 억압해 국내에서 불가결의 권력수단을 국가에 만들어주는 정신력은 결여되었을 것이다. 이 과제는 독일의 영방권력에는 절실하고도 명백했으므로 그 권력에 수반되는 이론가들의 사유가 왜 대외적 권력정책 문제보다 이 과제에 더 밀착했는가를 알 수 있다.

이 경우 주목을 끈 것은 결국 계약 이행의 문제이며, 그것은 보통 '필요'는 예외를 허용한다는 식으로 회답되었다. 이러한 문제에서 케슬러 같은 인물도 완전히 극복하지 못한, 무력을 통한 권력 확장에 대한 두려움이 있다는 것은, 그들의 새로운 국가적 활력을 언제나 강한 윤리적 · 법적 근본 취지가 밑바닥에서 규정하고 제한했다는 사실이다. 게다가 30년전쟁 뒤 독일인은 평화가 필요했다. 이러한 책들을 저술하면서도 국가이성의 구체적 과제에 관해 충분한 견해를 지니지 않았던 것은 특히 피치자들로서 통치자는 아니었다. 그러나 이제 독일의 피치자들도 국가이성의 지배를 이해하기 시작했음은 분명히 주목할 만한 일이었다.

그들이 형성한 홍륭도상의 군주정 국가의 형상에는 아직 불투명한 안개가 씌워져 있었다. 그들 중 몇몇은 신민의 의향을 듣기 위해 조직화된 스파이 제도를 군주정적 국가이성의 요구로 생각했다. 혹은 다른 자들은 신민 상호 간에 교묘히 불신의 씨앗을 뿌리고 '분할지배'를 하도록 권했다.[31] 이러한 처방은 특히 대신들과 대치되는 군주에게 권했다. 이 경우 사람들은 당시 루이 14세가 콜베르와 르텔리에의 두 대신의 가문을 서로 반목하게 해 어부지리를 취했음을 상기한다.

그 저자들은 또 이탈리아의 문헌이나 고전에서 발췌한 세상사에 어두운 교사풍의 국가이성의 충고도 아끼지 않았다. 그것은 당시 독일국가에서 몽상적 생활이상과 현실적 생활이상 사이를 끊임없이 모색하는 것이었다. 그들이 장차 상속권의 원칙 엄수를 옹호하고, 군주 자제들 간의 국토분할을 국가이성에 대한 위반이라고 말했을 때,[32] 또 군주의 혼인까지 국가이익의 법칙 아래 두고 군주에게 더욱 중요한 결정은 추밀원이 아니라 지극히 개인적인 판단에 따라서 행하기를 권했을 때, 그들은 독일 국가의 가장 강하고 가장 효과적인 몇몇 원칙을 말했던 것이다. 그들이 권하고 또 훗날 프리드리히 빌헬름 1세가 프로이센에서

---

31) 이 두 가지 충고는 예를 들어 슈프랑거(Spranger), 『명군론』(Bonus princeps), 58쪽 이하에 있다. 그러나 앞의 160쪽에서 말했듯이 그는 절대주의적 지향에서 이 말을 한 것은 아니었다.

32) 예를 들어 크리스토프 베졸트, 『정치학』 2권(1618), 714쪽의 "군주제는 결코 분할되어서는 안 된다는 세습제 통치의 비결에 관해 말한다"고 하는 언급을 참조.

실현시킨 관방정치는 실제 대선제후 시대에 약간의 맹아를 지니고 있었다.

케슬러는 개개의 영방이나 영지에서 특권 귀족층을 희생하면서 통일체를 만드는 것이 권력 증대에서 특히 중요한 수단이라고 말하여, 또다시 가장 굳건히 시대의 거대한 국가적 경향의 맥박을 파악했다(앞의 책, 333쪽).

사적 복지에 대한 국가 복지의 우위, 그것이 그들 교설의 견고하고 역사적으로 풍요로운 결실의 핵심이었다. 이 국가의 복지는 아직은 섬세하고 정신적인 문화적 과제를 포함하지 않고, 법이나 종교의 함양이라는 낡은 과제 및 권력 확보나 경제 보호라는 새로운 과제에 국한되어 있었다. '공공의 복지'라는 개념은 아직 고정적이며 보편적인 것을 지니고 있어 민족의 내적 생명을 간과하는 점이 없지 않았다. 민족 자체가 신분적·신앙적 한계에 만족하는 한 그것은 또한 불가피했다. 그런데 이들 한계 중에서 어떤 것은 의식적으로, 어떤 것은 무의식적으로 독일 영방군주의 국가이성에 의해 완화되었다.

그처럼 국가이성론은 당시 독일 국가생활에서 가장 현실적인 경향과 일치했다. 그럼으로써 국가이성론은 격심한 저항에 부딪치고, 모든 종류의 분개나 고통을 초래했음은 이미 우리가 말한 바와 같다. 가장 주목할 만한 반발은 분명히 밝은 생명력의 진영에서가 아니라, 바야흐로 대두되고 있던 새로운 생명력, 희미하게나마 싹트고 있던 계몽주의 시대의 진영에서 나온 것이었다. 인도주의적이며 평화주의적인 세계시민주의가, 국가이성의 지배에 대해 오늘날까지 가하고 있는 절망적인 비판의 최초의 소리는 30년전쟁 뒤에 재빨리 울려 퍼졌다.

독일인은 아니었으나, 독일의 문화생활에 친근했던 아모스 코메니우스(Amos Comenius, 1592~1670)는 모든 국가적인 것을 무시하는 새롭고 전적으로 인간적인 삶의 이상의 견지에서 국가이성에 관해 다음과 같은 판단을 내렸다. "사람들은 국가이성을 자기의 이익에 도움이 되는 것은 상대방의 계약이나 약속 중 고려하지 않고 무엇이든 하는 자의(恣意)로 해석하고 있다. 만약 그것이 허용되면 인간 간의 성실이나 신뢰는 상실될 것이다. ……그때 정의가 지배되는 것이 아니라 폭력이나 간계가 지배할 것이다."[33]

또 독일 민족도 이 새로운 국가이성에 전혀 만족하지 않았다. 국가이성을 논해 그것을 마키아벨리즘의 부정(不淨)에서 정화하고자 한 이론가들은 겨우 긍정을 우러러보는 교양 있는 독일의 사회층을 대표하는 데 지나지 않았다. 민족적 분위기는 국가이성의 심연을 본능적으로 느끼고 있었으므로 정화된 국가이성을 믿으려고 하지 않고 풍자문학 속으로 도피했다.

구스타프 프라이타크(Gustav Freytag, 1816~95)가『독일의 과거상』에서 17세기 독일 민족의 고뇌시대와 30년전쟁 뒤 그들의 무기력이나 정체상태를 구체적으로 밝힌 가장 인상 깊은 부분 중 하나로 1666년경의 '국가이성'에 대한 신랄한 풍자가 있다.[34] 유능한 젊은 군주 고문관이 밀실로 끌어려들어와 있다. 그 밀실에는 '국가의 비밀', 즉 국가의 외투나 국가의 가면, 국가의 안경이나 눈을 못 뜨게 하는 분말 등이 있어 그것을 써가며 사람들은 일을 한다.

신분에 대항하거나, 신하로 인해 기꺼이 기부시키거나, 혹은 그릇된 교설을 구실삼아 누군가를 저택에서 몰아내고자 할 때에는 '민중의 복지', '공공의 복지', '종교의 보호' 등으로 명칭을 붙인, 아름답게 가장자리를 달고는 있으나 속은 닳아서 끊어진 국가의 외투를 사용한다. 매일 사용해 닳아서 끊어진 외투는 선의(善意)라 말하고, 그것을 입혀 신

---

33)『필요한 일사(一事)』(*Unum necessarium*), 1668(1724년판, 163~164쪽 참조). 또 랑게의『국제주의의 역사』(*Histoire de l'internationalisme*), 제1권 (1919), 487~488쪽 참조.

34) 그는 그것을 위해『군주의 우상』(*Idolum principum etc.*, 1678)이라는 책을 이용했으나(제3권 제7장), 이 책은 쿤켈이 확인한 바에 의하면,『현대풍 술책가』(*Alamodischer Politicus etc.*, 함부르크, 1666)라는 저서가 요약된 복사에 불과하다. 보칼리니를 원본으로 하고 있음 또한 명백하다. 다른 동일한 풍자는 쿤켈에 의해 논의되어 있다.

하늘에게 견딜 수 없는 새 부담을 부과하고, 부역으로 칙취하고, 불필요한 전쟁을 시작한다. 갖가지 국가의 안경을 썩워 모기를 코끼리라고 과장해 주장하고, 혹은 군주의 사소한 자비를 지극히 큰 은혜라고 주장한다. 군주는 고문관들이 지나치게 성가신 일을 말하지 않고 큰 호리병박을 삼키도록 그들의 목을 철제기구로 확대한다.

끝으로 열쇠 매듭으로 만들어진 둥근 공은—날카로운 바늘을 지니고 있고 내부의 불도 뜨겁게 달구어져 보는 사람의 눈에서 눈물을 짜내거니와—마키아벨리의 『군주론』을 의미한다. 군주는 '정치의 비밀을 위해' 그것도 입수했으나, 순종하는 신하를 거느리고 또 군주로서 자기의 이름을 공공연히 더럽힘을 원치 않으므로 당분간 쓰지 않았다. 물론 고문관들도 파렴치하게 실속을 차린다는 사적인 '국가이성'을 행사한다. 그들 중 누군가는 상비군을 위한 자금을 조달하기 위해 부부간의 교접에 과세할 것도 제의하고 있다.

누가 이와 같이 무서운 희화(戱畵)로 당시 독일 제후들의 국정의 실제를 감히 판단할 것인가. 또 이론가들의 연마된 교설도 본질을 완전히는 반영하지 않는다. 양자는 다 같이 양 극단을 나타내고 있어 그 사이를 독일 영방국가의 현실생활은, 우리가 그 행동에서 아는 바와 같이 동요한 것이다. 영방국가 활동의 도덕적 정당화는—이 정당화에 대해 동시대인 일부, 특히 영방국가로 인해 자기들 특권의 향수를 방해받은 사람 일부가 이론을 제기했으나—대체로 근대 연구에 의해 영방국가에 주어졌다.

독일의 국가생활은 내리막길을 따르지 않고 서서히 오르막길이 되었으며, 17세기 말의 국가형성 활동은 18세기 독일 정신 흥륭의 전제 가운데 하나가 된다. 그런데 국가이성에 의한 행동이 항상 도처에 드러내는 도덕적 유혹은 바로 그 시대에 많이 존재했다. 관료가 섬긴 국내적·대외적 권력획득이라는 과제는 훨씬 급속히 증대된 데 반해 헌신적 국가사상을 지닌 관료층은 겨우 성립된 데 불과하기 때문이다. 그러나 관료의 국가사상 교육에는 국가이성론도 기여하고 있다.

제6장 리슐리외의 프랑스에서의 국가이성론

1. 발단과 1624년의 『논고』

국가이성에 관한 교설은 근대국가뿐만 아니라 근대 역사적 정신까지 풍요롭게 하고, 그로부터 나뉜 국가이해론(國家利害論)을 통해 근대 역사주의의 중요한 전 단계를 낳았다. 우리는 그에 대한 씨앗을 특히 보칼리니와 캄파넬라에게서 관찰했으며, 여기에서 다시 한 번 일반적인 고찰 및 모든 운동의 출발점, 즉 마키아벨리에게 되돌아가야 할 것이다.

보테로 이래 형성된 국가이성론은 우리가 본 것처럼 여전히 강력하게 일반적 국가론에 속박되었다. 일반적 국가론은 아리스토텔레스의 모범을 따라 개별적 정체(政體)의 본질을 연구했다. 그때 국가의 갖가지 개성적 현상형태를 시간을 초월해 타당한 기준에 따라 판단하고, 궁극적으로 최선의 국가를 묻는 문제에 의해 좌우되었다. 이에 반해 국가이해론이 문제시한 것은 결코 최선의 국가 일반이 아니라, 전적으로 현실적이며 개체적인 국가였다.

그런데 국가이해론은 제국이 어떻게 행동하는가, 그로부터 무엇이 기대되는가를 규명하고자 국가의 참뜻을 추구하는 것이었다. 그러한 추구는 개별적인 각국의 행동 방식을 규정하는 특수한 법칙이 발견되고, 각국의 다양한 정치 행동의 다채로운 변화 속에서 불변적인 것, 항상 되풀이되는 것이 확인되었을 때에만 성취될 수 있었다. 그러므로 본래 장기를 두는 사람이나 타인의 장기를 흥미롭게 관찰함으로써 교훈을 얻고자 하는 사람의 순전히 실제적인 문제였다.

사람들의 최대 관심사였던 국가의 크나큰 독자적 이해(利害)는 필연적으로 다른 국가의 이해, 즉 특수하면서 불변인 운동법칙을 인식하고 그에 적응하도록 강요했다. 그럼으로써 사람들은 반사적으로 자기의 이해까지 더 깊이 이해함을 배우고, 그 이해를 소박한 본능이나 저돌적인 욕구의 단계로부터 반성적 의식이나 순화된 합리적 의지의 단계로 높였다.

사람들은 경쟁상대의 내적 동기를 계산하고자 노력함으로써 자기 행동의 규칙까지 더 계산하고, 그 규칙을 격정이나 순간적 충동으로 인해 흐리게 하지 않고, 더 철저하게 적용하는 데 숙달했다. 그리하여 국가 행동은 진정한 국정이 될 수 있었던 것이다. 그때 교시(敎示)할 수 있는 국정을 형성하는 경향은 물론 최선의 국가라는 비역사적 이상을 추구한 일반적 국가론의 방법으로 거슬러 올라갈 수 있었다. 사람들은 최선의 국정도 물을 수 있었던 것이며, 또 정치행동에서 개개의 경험 원칙이나 행동 규칙의 덩어리에서 가장 도움이 되는 것을 요약해 모든 국가에 적용할 수 있는 규약 법전과 국정의 교본을 만들 수 있었다.

이러한 경향은 비교적 빠른 시대, 즉 16세기나 17세기 초에는 뒤의 시대보다 강했다. 그 이유는 아주 명백하다. 근대인의 자각적인 경험적 의식은 낡은 도그마의 정신과 교차되어 성장했다. 그러므로 사람들은 정치적 행동이 경험적 소재까지 당분간 지극히 도그마화되고 도식화된 정신으로 파악했던 것이다. 그리하여 국정에 관한 일반적 교설이 어떻게 점차 국가의 특수한 이해에 관한 교설 앞에 밀려가는가를 관찰하는 것은 정신사적으로 대단히 매력이 있다.

물론 이 두 교설에 대한 노력은 오늘날과 같이 당시에도 확연히 구별될 수 없었으며, 마찬가지로 어느 한편의 교설을 정당화하는 것이 다른 한편에 있는 교설의 성낭화를 내면적으로 배세하는 것은 아니다. 확실히 국정의 모든 개별적 차이의 극히 정확한 이해 위에 서서, 변화하는 것 속에서 변치 않는 것을 구하고, 개별적인 것 속에서 일반적인 것을 추구하는 일반적 국정론이라는 것이 생각되리라. 반대로 국가에 대한 특수 이해의 연구도 그 이해 속에서 일반적인 것이 개별적인 것과 어떠한 관계에 있는가, 또 불변하는 것이 변화하는 것과 어떠한 관계에 있는가 하는 문제에 처음부터 직면하지 않을 수 없었다. 이 경우에도 특히 비교적 빠른 시대에는 성급하게 일반화하거나 사물을 지나치게 단순화하는 위험이 있었다.

그러나 추구된 목적에 따라서 이러한 위험은 어느 정도 막을 수 있었다. 예를 들어, 한 국가의 항구적 이해를 인식하고자 했을 때 그릇 생각하는 과오를 실제로 피하기 위해서는 그 이해를 지나치게 고정된 불변의 것으로 규정짓지 않게 경계하지 않으면 안 되었다. 모든 것을 과도하게 이론화하는 것은 이 경우에는 경쟁 상대에 대해 그릇되게 평가하게 하는 동시에, 상대에 대한 자기의 태도를 그릇되게 하는 착오의 기초가 될 위험이 있었다. 그 시대의 일반적 역사관은 고대 인문주의적 견해에 규제되어 있었으므로 고대 전통을 근대적 국가생활에도 변함없이 타당한 모범으로 보고 인간 사상(事象)의 영원한 순환 아니 반복을 믿고, 그 역사관이 만난 역사적 삶에서 이 모든 개성적인 것, 새롭고 독특한 것 속에 오직 유형적으로 일반적인 것의 예증만을 볼 수밖에 없었다.

한편 실제 목적에 의해 이루어진 다른 국가의 관찰은 항상 되풀이되는 신선한 경험의 샘에서 퍼내었으므로 그들 국가에서 개성적인 것에 더욱 접근할 수 있었다. 그 경우 개성적인 것과 항상 결부된 유형적인 것을 간과하지는 않았다. 분명히 이러한 독자적 이해와 경험에 의해 풍요로워진 인식방법도 자신의 한계와 오류의 원천을 지니고 있었다. 그것은 사물의 경험적·공리적 연구의 모든 장점과 함께 모든 단점도 지니고 있었던 것이다.

이러한 인식방법은 실제로는 더 이상 효능이 없어졌을 때 중단되었으므로 생생하게 관찰된 개개의 특질을 유기적으로 조직하고 결합할 필요를 반드시 느끼지는 않았다. 그 결과 일반적 국가론과 같은 단계에서 내적이고 사상적이고 형식적인 완성에는 도달하지 않았다. 특정한 국가에 직접 도움이 되도록 행사되고, 예를 들어 정론적(政論的) 작용으로 파급되기에 이르렀을 경우 당연히 경향적 성격을 지녔다. 그 경우 상대의 동기는 무자비하게 폭로되었을 뿐만 아니라 중상되고 희화화(戲畵化)되었으나, 자기의 동기는 일부는 숨겨지고 일부는 이상화되었음은 두말할 필요도 없다.

그러나 이러한 은폐와 윤색은 여기에서 우리에게 주어지는 갖가지 상(像)을 떠올려보면 쉽게 벗겨진다. 또 은폐나 윤색은 때로 자신도 모르게 자기 고백이 된다. 그러므로 그것은 현명한 사람들이 쓴 고찰방법은 그 시대의 정치적·정신적 교육과 동시에 국가 생활의 역사적 인식에 대해 오늘날에도 지니고 있는 가치를 본질적으로는 해치는 것은 아니다.

보고를 보내는 외교관이야말로 국가이해론의 실제 대변자였다. 만약 외교관이 과제를 더 중대한 것으로 이해한다면 그는 사건이나 이룩된 일들을 보고하고, 인물의 성격 묘사를 하거나, 또 다른 제국의 세력에 관한 통계적 자료를 수집하는 데 만족할 수 없으며, 그 시대의 사상(事象)이나 의도, 가능성을 하나의 공통분모 위에 놓고자 노력하지 않을 수 없었다. 그러므로 새 교설의 기원은 근대 외교의 발단, 즉 근대 외교에서 고전적인 마키아벨리의 시대로까지 거슬러 올라간다. 르네상스는 이 경우에도 근대 정신의 향토임이 증명된다.

정치기구의 숨겨진 의도를 인식하고, 행동하는 자의 가장 강하고 주도적인 동기를 도출하고자 한 그 활력과 예민함에서 어느 누구도 마키아벨리를 능가하지 못한다. 그러나 그가 능히 그 심중을 간파한 행동가들은 아직 일반적으로 국가 개성이 아니라 '국가'(stato)를 수중에 지닌 사람들의 개성이며, 이 '국가'란 마키아벨리에게는 우선 권력기구를 의미했다. 그는 이미 국가의 내부구조를 통찰하고 또 그 '덕성'(virtù) 을 통해 국내 국민적 활력과 대외적 정치권력과의 관련도 관찰하고자 했다.

그 깊은 통찰에도 불구하고, 역시 권력정책적 사상(事象)의 배경이나 전제를 냉정히 고려하고자 했을 때에는 소멸시키고, 개개 정치가의 행동에서 합목적성을 판단한다는 더욱 용이한, 게다가 그의 마음을 이끄는 과제로 만족했다. 이것은 그가 지닌 인식의 한계였다.

그와 관련된 또 하나의 한계는 그가 자기의 교훈적인 경향에 따라서 모든 정치적 행동 중에서 단지 유형적이며 일반적인 것만을 끄집어내고, 법칙, 즉 어떠한 군주에 대해서도, 또 정치적 세계의 다채로운 만화경(萬華鏡) 속에서 모든 경우에 대해서도 적용할 수 있는 확고하고 명백한 원칙을 설정하고자 한 일이다. 이때 그도 모든 인간적 사물은 되풀이된다는 저 역사관에 여전히 지배되고 있었다. 그런데 그가 그러한 유형화된 교훈적 의도로 서술한 일은 후세에게는 때로 개성적인 것과 유형적인 것이 불가분하고 명백하게 융합되는 진정한 역사적 고찰의 매력을 느끼게 한다.

그런데 마키아벨리가 사색하는 근대인에게 주는 주목할 만한 매력은 다음과 같은 사정에서 유래된다. 즉 그의 사상에는 가끔 비밀스러운 추진력이 내재하고, 그 힘이 사상을 자기 자신을 넘어서서 밖으로 이끌어 나간 결과, 마키아벨리는 직접 주고자 한 것보다 더 많은 것을 준다는 사정이 그것이다. 실제로 마키아벨리는 대단히 명백하고 투명하게 국가의 항구적 이해도 일찍 취급할 수 있었다. 그는 이탈리아에서 비교적 큰 5개국의 5두정치가 샤를 8세의 침입 전에 지니고 있었던, 또 지닐 수밖에 없었던 공통된 정치적 이해의 유대를 교묘하고 간결하게 특징 지었다.

"이들 권력자에게는 아직 두 가지 큰 걱정이 있었다. 하나는 외국인이 군대를 이끌고 이탈리아에 침입하지 않을까 하는 것이며, 또 하나는 자기들 중 누군가가 영토를 확대하지 않을까 하는 것이었다."(『군주

론』, 제11장)

이 경우 사람들은 재빨리 이 체제가 단명함을, 즉 그것이 단지 한 부분만이라도 충격이 가해졌을 때 급속히 붕괴하지 않을 수 없는 필연성을 막연히 예감한다.[1]

또 여기에서 사람들은 인식의 원천이 되기에 이른 직접적이고도 비극적 체험도 감지한다. 이탈리아 5두정치가 붕괴하고 이탈리아 제국의 정치적 이해가 유럽적 권력관계로 불가피하게 편성배열되자 이탈리아의 정치가는 이후 아주 넓은 관계와 아주 좁은 관계를 언제나 병행해서 연구하지 않을 수 없게 되었다. 이렇게 하여 베네치아 보고서의 관찰법이 발전했다. 이 관찰법은 베네치아에서 고려되어야 했던 직접적인 개개의 사실을 우선 취급하고, 일반적으로 구성적인 고찰을 하는 일로 회귀했다.

그러나 그 관찰법은 사람들이 말했듯이 "정치운동이란 국가가 깊이 뿌리내린 갖가지 생활력에서 생겨난다"는 것을 묵시적으로 전제하고, 16세기 중엽 이래 다음과 같은 통찰을 명백히 정식화하는 데까지 높였다. 즉 초개인적 '국가이해'는 한편의 국가를 결합하고 다른 한편의 국가를 분리하는 개개의 국가 행동을 지배한다는 것이다.[2]

이때 마키아벨리에게서와 마찬가지로 이 관찰방법에서도 모든 특수한 '국가이해'는 사람들이 16세기 중반 이래 '국가이성'이라고 칭한 것,

---

1) 마이어, 『마키아벨리의 역사관과 덕성의 개념』, 37쪽. 갖가지 정치적 입장에 몸을 둔 마키아벨리의 재능을 논한 부분을 참조. 「마키아벨리에게 보낸 베토리의 편지」, 1513년 7월 12자(알비시, 『마키아벨리 서간집』)도 여기에서 지적해야 할 것이다. 이 서간집에서 그는 당시 이탈리아에서 작용한 각 세력의 특수한 이해를 찾아내어 그것을 정의하고자 했다.
2) 안드레아스(Andreas), 『베네치아의 보고서와 르네상스 문화에 대한 그 관계』(*Die venezianischen Relationen und ihr Verhältnis zur Kultur der Renaissance*), 58쪽 이하. 거기에서는 또 다음 사항에 관한 논증도 있다. 그가 확인한 바에 의하면, 그들 보고서 중에서 '국가이성'라는 표현은 1567년에 처음 나타났다.

즉 각국은 자기 이익이라는 이기주의를 위해 움직이고, 다른 일체의 동기를 가차 없이 침묵시킨다는 일반법칙이 생겨난다. 그런데 이 경우 '국가이성'은 단지 충분히 이해된 이익, 즉 단순하고 탐욕스러운 본능에서 정화된 합리적 이익만을 의미한다는 것이 암암리에 본질적인 전제로 간주되고 있다.

사람들은 군주의 은총이 '국가이성'에 의해 지지될 때 비로소 은총을 믿는다. 예를 들어 교황이 '애정'과 '국가이성' 간의 분열에 빠질 때 사람들은 그것을 확인한다. 그러나 '이성이건 필요이건' 그 이해에 의해 서로 의지하는 두 국가는 서로의 호의가 결여되었을 경우에도 결합되어 있으리라는 것은 의심하지 않는다. 또 이들 이해의 작용은 변치 않는 일면과 변하는 일면을 동시에 지니고 있음이 이미 인식되었다. 예를 들어 사보이 공의 정책은 그 우호관계에서는 나날이 변하나 바로 그 까닭에 "모든 경우에서 국가의 독자적 법칙을 통해 통치"하기를 노력했음이 명백히 이해된 경우와 같다.

그러나 보고서라는 것은 어느 특정한 개개의 나라에서 특정한 상황에 관해서만 그때그때 보고해야 하는 것이므로, 이러한 목적 때문에 풍요로운 고찰에도 한계가 주어졌다. 그 고찰은 곳곳에 전제된 이들 국가이해의 포괄적인 체계적 연구로 높여질 수는 없었다. 더욱이 국가이해의 유럽적 관련의 전체 서술로 높여질 수 없었음은 두말할 필요도 없다.

그같이 체계적인 연구에 대한 최초의 시도는 우리가 알고 있는 한 리슐리외의 프랑스에서 처음 행해졌다.

그는 신시대의 경험적 정신을 새로운 단계에 도달하게 만들었다. 개개 특수한 충동을 일반적이고 포괄적으로 이해하고자 하는 관심이 눈뜨고 있었음은 이들 국가 자체도 발전의 더 높은 단계로 오르기 시작하고, 그들 국가가 더욱 두드러지게 분화되어 국민적인 독자적 생활을 형성하기 시작했음—근대국가 생활에서 가장 중대한 전환의 하나!—을 의미하는 것이었다.

새로운 의식이 근대적 국정의 고전적 발상지인 이탈리아가 아니라 프랑스에서 생겨났음을 이해할 수 있다. 이탈리아는 정치사상가에게 소국이나 소권력자를 관찰할 훌륭한 소재를 제공했다. 소국이나 소권력자는 인간적 격정이나 약점을 엿보고 이용하는 점에서 교묘한 기술로 겨우 파멸을 면하는 것이 습성이었다. 그러므로 이탈리아에서는 '통치 비책'이라는 일반적 계획서, 즉 일종의 실제적·정치적 심리학을 제공하는 경향이 생겼던 것이다.

현실의 열강 정책이나 통치 수단에 대한 모든 관심에도 불구하고 대국의 고뇌와 운명과 더불어 사는 것이 줄 수 있는 충동, 즉 단순한 인간지(人間知)의 응용을 넘어서 국정의 주관적 측면뿐만 아니라 국가생활의 객관적 관련을 파악하는 충동이 결여되어 있었다. 그러나 프랑스는 위그노 전쟁이라는 가혹한 경험을 통해 이러한 이해의 소규모 작용에서 벗어났다. 정치적 사고를 풍요롭게 하고, 해체에 놓인 국가에 대해 새로운 정신적 유대를 탐구하는 데 이르게 한 것은 다름 아닌 국민의 심각한 종교적·정치적 분열이었다. 그러한 대규모 유대 가운데 하나는 우리가 본 것처럼 국가권력의 절대성과 통일성에 대한 보댕의 교설이었다. 이러한 유대야말로 당파의 광신에 의해 흐려졌던 프랑스의 진정한 전체적 이해를 인식하는 것이 될 수 있었다.

신앙상의 분열이라는 문제에서 곧 유럽에서 프랑스의 권력과 독립이라는 극히 정치적인 문제가 생겨났다. 낡은 교회를 옹호하는 가차 없는 투쟁은 프랑스 국가를 스페인의 팔 속에 던지고, 대(對)스페인 투쟁에서만 성취될 수 있었던 모든 권력 목표를 단념하게 했기 때문이다. 1562년 이래 이러한 사실을 인식해 우선 위그노에 대해 종교적 관용을 인정함으로써 국내 평화를 회복하는 데 모든 것을 걸고, 또─이 점에서 위그노와 쉽게 합류하면서─반스페인 정치전선을 편 '정치가'의 당파가 일어났다. 근대 관용사상의 현실정책적 뿌리는 여기에 뚜렷하게 나타난다. 국가를 타국의 영향에서 지키고 그 힘을 밖으로 발휘할 수 있게 하기 위해 프랑스의 진정한 이해가 관용이기를 강요했던 것이다.

사람들이 얼마간 왜곡해 '선취된 배외주의'라고 부른 '정치가'의 이들 이념[3]은, 그에 이어진 수십 년 동안 마치 인도(引導)의 별처럼 내란의 구름 위에서 빛났다. 이들 이념은 앙리 4세의 왕정과 체제 아래에서 실현되었다. 왕의 죽음으로 프랑스는 다시 합리적인 이해정치의 궤도로부터 후퇴했다. 그러나 '정치가'의 전통은 여전히 명맥을 유지하고, 앙리 4세에 의해 착수되었으나 그가 죽자 중단된 사업을 다시 프랑스가 내세워 우세한 스페인의 위협에 대항해 자국을 지키고자 한 순간에 다시 눈을 뜬 것이다.

프랑스의 사려 깊은 정치가들은 20년대 초에 섭정정치의 내부적 혼란이나, 왕비로서 섭정을 겸한 마리 및 루이 13세 수석고문관의 스페인에 대한 나약한 태도로 인해 뒤집어쓴 유럽 세력의 손실을 통감했다. 스페인은 밀라노로부터 벨틀린을 넘어 그라우뷘덴의 산길과 오스트리아의 상부 라인 지방을 지나 네덜란드로 통하는 육교를 건설하고자 했다. 스페인은 독일 황제와 손을 잡고 서부 독일을 지배하고, 또 사람들이 상상하듯 황제의 정치를 조종하고, 그럼으로써 상부 라인에서 스페인의 항구적인 영토의 확정과 네덜란드 공화국의 철저한 굴복이 조만간 초래될 상황을 맞았다.

동시에 1623년 여름 이래 영국의 왕위계승자 찰스와 스페인 공주의 혼인에 관한 교섭은 아직 현안상태였다. 혼인이 성립되면 영국도 당분간은 스페인 체제와 맺어질 것이었다. 프랑스가 이러한 쇠사슬에서 벗어날 절호의 기회로 생각되었다. 또 앙리 4세가 여러 당파의 국내 평화 덕분에 국력을 다시 밖으로 향하게 할 수 있게 되었듯이, 이제 정부가 반도(叛徒) 위그노와 1622년에 체결한 몽펠리에의 강화를 통해 국내 분열을 다시 조정하고, 밖으로 향한 새로운 세력 발전의 가능성이 만들어지는 듯 보였다.

이상이 갖가지 성격과 사정에 따라 프랑스에 가장 중요한『그리스도

---

3) 드크루(De Crue),『성 바르텔미 이후 정치가의 당파』(*Le parti des Politiques au lendemain de la Saint-Barthélemy*, 1892), 253쪽 참조.

교 세계의 군주 및 국가에 관한 논고』라는 저작이 성립했을 때의 정세였다.

저작에는 두 가지 판이 있다. 최초의 판은 1623년에서 1624년으로 옮길 때 성립되었으며, 제2판의 편찬은 약간 증보되고 약간은 생략되었다. 그 성립은 1624년 3월 말 혹은 4월 첫 주간으로 어느 정도 명확히 단정된다.[4] 그것은 리슐리외가 1624년 4월 24일 국왕고문회의에 들어

---

4) 최초의 판은 『국가평론 혹은 국가론 집성』(*Le Mercure d'Estat ou Recueil de divers d'Estat*, 1635)이라는 편찬서 속에 293쪽에서 400쪽까지 재록되고 그 뒤 케버(Kaeber), 『16세기에서 18세기 중엽에 이르는 정론(政論) 문헌에서의 유럽 균형의 이념』(*Die Idee des europäischen Gleichgewichts in der publizistischen Literatur vom 16. bis zur Mitte des 18. Jahrhunderts*, 1907, 34쪽)이 그 논제와 관련해 간단히 논급하고 있다. 케버는 해당서를 1620년 혹은 1622년의 것으로 보나 그것은 잘못이다. 비교적 확실한 상한(上限)은 1623년 8월에 행해진 교황 우르바누스 8세의 선거를 언급하고 있는 점으로 보아도 분명하다. 398쪽에는 영국과 스페인 간의 혼인 교섭은 미결정이기는 하나, 이미 지장이 생겼다고 말하고 있다.
교섭은 영국 황태자가 1623년 10월 초, 마드리드로부터 영국으로 돌아왔을 때, 사실상 좌절되었다. 하한(下限)은 345쪽에 1623~24년에 로마에서 행해진 벨틀린 문제에 관한 교섭이 언급되어 있는 것으로 보아 아마도 분명하리라. 필자는 1624년의 3월 초에 프랑스 사절 실레리(Sillery)의 독단적 양보에 의해 일어난 프랑스에서 불리한 전환은 아직 모르는 듯하다(첼러[Zeller], 『리슐리외와 루이 13세의 각료 1621~24』[*Richelieu et les ministres de Louis XIII*, 1621~24], 272쪽).
제2판은 『프랑스 평론』(*Mercure françois*), 제10호(1625), 16쪽에서 94쪽에 걸쳐 재록되고, 거기서는 1624년 초에 간행된 것으로 언급되어 있다. 61쪽에는 (독일 사정에 관한 비교적 긴 보유(補遺) 속에서) 바이에른 공(公)이 '13개월 전에' 팔츠 선거후의 직함이 부여되었다고 씌어 있다. 1623년 2월 25일에 수여된 것이다. 저자는 거기에서 영국과 스페인 간의 혼인교섭 추이에 관해 깊은 관심을 가지고 있다. 그러므로 저자는 1624년 4월 초에 통고된 영국에 의한 이 교섭의 최종적 결렬을 아직 모른다(랑케, 『영국사』[*Engl. Geschichte*], 제2권, 159쪽).
제2판의 두 번째의 전재(轉載)는 『전쟁 및 외교사건에 관한 정치적 논고 15년 사』(*Recueil de quelques discours politiques, escrits sur diverses occurences des affaires et Guerres Estrangeres depuis quinze ans en ça*, 1632, 161쪽 이하)에 있다.

간 직전에 해당된다. 사람들은 그 저작을 다름 아닌 리슐리외 측근의
보좌역 조제프 신부의 펜으로 씌어진 것으로 여겼으나,[5] 그가 필자일
지도 모른다는 가능성 이상은 종래 논증되지 않았다.

분명히 이 저서의 필자는 정치적으로 훌륭하게 교육을 받은 인물이
며, 또 그 저서도 리슐리외라는 상승하고 있는 별과 친근하건 소원하건

---

5) 드두브르(Dedouvres)의 『논객 조제프 신부(1623~26)』(Le père Joseph
   Polémiste[1623~26], 1895)는 많은 노력을 기울이기는 했으나, 딜레탕트한
   책에서(43~82쪽) 그 시대의 많은 필자 불명의 소책자나 문제의 『논고』
   (Discours, 그것을 그는 제2판에서 알고 있는 데 불과하나)의 필자가 조제프
   신부의 전기 작가 파니에(Faniez)나 큐켈하우스(Kükelhaus)와 같은 아주 탁
   월한 두 연구자의 날카로운 반대를 받았다(『역사논총』[Revue des questions
   historiques]), 제60권, 442쪽 이하 및 『역사잡지』, 제79권, 327쪽 이하 수록).
   사실 드두브르가 『논고』의 필자를 조제프 신부라고 말하고 있는 논거의 대부분
   도 아주 막연하고 불확실한 성격을 띠고 있다. 그러나 『논고』와 의심할 바 없이
   조제프 신부의 펜에 의한 제작 사이에서 문체와 용어를 비교하고 있는 것은 주
   목할 만하다. 물론 그 비교도 결정적 증거는 없다.
   또 그는 해당 『논고』가 파니에가 『조제프 신부와 리슐리외』(Le père Joseph et
   Richelieu, 제2권, 467쪽 이하)에서 밝힌 1617년의 조제프 신부의 『회상록』
   (Mémoire)과 친근한 관계를 지니고 있음을 인용하고 있다. 파니에는 (『역사논
   총』, 제60권, 479쪽) 이 내용에서 드러난 사상적인 친근성을 정면으로 부정했
   다. 내용상 사상적인 친근성은 존재치 않으나, 독특하게 딱딱한 동시에 인상
   깊은 문체는 두 저작의 특징이다. 물론 그것은 당시의 프랑스 문학의 많은 작
   품에도 해당된다.
   한편 조제프 신부의 필자설에 반대해 다음과 같이 주장할 수 있으리라. 즉 조
   제프 신부의 『투르시아드』(Turciade)가 합스부르크가의 적과 자기 편에게 내
   린 판단은, 드두브르에 의해 앞의 책 61~62쪽에 인용되어 있거니와, 그것은
   『논고』의 그것에 대응하는 판단 속에는 볼 수 없는 가톨릭적 색채를 띠고 있다.
   그러나 그것은 아마도 당시 상황이나 정치목적에 대한 순응에서 설명되리라.
   리슐리외의 열성적 정론상의 보좌 판칸(Fancan)이 이 『논고』의 필자인가 아닌
   가 하는 것도 더 생각되어야 한다. 그러나 저서의 성격은 판칸과 다르다. 판칸
   은 독일통인 데 비해 『논고』는 제1판에서 꼭 같이 독일 사정에 관해 구태의연
   한 것을 쓰고 있는 데 지나지 않는다. 그 위에 『논고』에는 아노토(Hanotaux)
   (『리슐리외』, 제2권, 제2장, 468쪽)가 판칸의 모든 저작의 특징을 나타내는 것
   으로 제시한 위그노적 냄새가 결여되어 있다. 끝으로 큐켈하우스가 찾아낸 판
   칸의 저서 목록 속에도(『역사 계간지』[Histor. Vierteljahrsschrift], 제2권, 22
   쪽 이하) 『논고』에 관해서는 전혀 언급이 없다.

어떻든 관련되어 있다. 지난날의 '정치가', 지금의 자칭 '훌륭한 프랑스인'은 국민적인 프랑스의 이념이 뤼네의 스페인의 가톨릭적 경향에 대한 반동으로 다시 눈을 뜬 그 시대의 한 묶음 소책자 가운데 하나이다.

이 저작이 성립된 것으로 생각되는 같은 주간에 조제프 신부는 이미 리슐리외 곁에 체류하고 있었으며, 또 리슐리외는 국왕을 명예와 위대함의 정치의 편으로 하고, 당시 각료들의 약체정치와 싸움으로써 스스로 대각(臺閣)으로의 길을 열고자 노력하고 있었다.[6] 그러나 이 경우에도 단지 리슐리외 주위의 세계만이 문제가 되는 것은 아니다. 저자는 또 레디기에르 원수와도 접촉한 것으로 생각된다. 왜냐하면 몽펠리에의 강화를 중재한 이 왕년의 프로테스탄트도 앙리 4세의 정책을 다시 채택하기를 촉진했기 때문이다. 특히 우리의 관심이 되는 저작의 필자와 전적으로 동일하게 벨틀린을 둘러싼 투쟁과 이탈리아 군주들과의 긴밀한 제휴를 촉진했다.[7]

그러나 우리는 여기에서 이 저작이 당시 프랑스 정치에 대해 지닌 시대사적 의의를 문제시할 필요는 없다. 유럽 국가의 생활력이 이 시대의 눈에 어떻게 비쳤는가, 또 생활력은 더 깊은 역사적·정치적 인식을 위해 무엇을 할 수 있었는가를 전적으로 이 저서를 통해 관찰하면 되는 것이다.

이 업적은 결코 사소한 것이 아니었으며, 또 저서의 형식상의 결함으로 인해 손상되는 것도 아니다. 문체의 딱딱함은 당시 프랑스 산문의 특징으로 보아 불가피한 것으로 생각된다. 그러나 사람을 감동시키는 점에서는 당시 독일의 정치평론 문체보다 뛰어났다. 이 저서는 역사적

---

6) 첼러, 앞의 책, 267쪽의 1623년 11월 28일자 베네치아 사절의 보고; 드두브르, 앞의 책, 45쪽 참조.

7) 레디기에르(Lesdiguières)는 1623년 중 주로 궁정에 체재하고, 그곳에서 자신의 정책을 위해 활동했다. 사보이어와 공동으로 제노바의 정복을 시도한다는 당시 레디기에르가 즐겨 말한 것도 『논고』 중에 (『선집』[Recueil], 314쪽) 시사되고 있다. 두파이야르(Dufayard), 『레디기에르』, 527쪽 및 532쪽 이하.

사실이나 비유가 풍부하게 삽입되고, 그 위에 어느 부분에서도 조잡한 소재나 사소한 사실에 구애되지 않고 모든 역사적 실가지를 직접적인 정치 목적을 위해 긴밀하게 총괄하고 있다.

역사적 지식은 이 저자에게는 정치적 사고와 행동의 전제이다. "사람들이 국사에서 줄 수 있는 최선의 충고는" 하고 저서는 시작된다. "국가 자체에 관한 특수한 지식을 기초로 하고 있다." 국가는 그 자체로 무엇인가, 국가는 다른 국가에 대한 관계에서 무엇인가, 국가는 어떻게 통치되고 있는가, 군주와 신하와의 관계는 어떠한가, 국가는 외국에 대해 어떻게 행동하는가를 사람들은 알아야 한다.

여기에 프랑스사 반세기의 쓰라린 경험이 나타나 있고, 나라 안팎에는 좋은 일이건 나쁜 일이건 피할 수 없는 확실한 대응이 존재하는 것으로서, 국내의 극히 사소한 혼란이라도 그 나라에 대한 외국의 태도에 영향을 끼치고, 또 모든 국내 체제의 강화는 그 나라가 병적 경련상태에 있었던 동안 그 나라의 대외적 지위에 생긴 손해를 보충하는 과제로 통하기 때문이다.

세계의 모든 군주는 전적으로 자기 이해에 의해 좌우되고, 자기 행동에 대한 자극을 그 이웃 나라의 행운이나 불행에서 얻는 까닭에 약세이고 본국에서 존경받지 못하는 군주는 본국에서 복종과 존경을 받는 군주보다 이웃 나라나 동맹국에서 더욱 경시됨은 의심할 여지가 없다.

뿐만 아니라 최근 앙리 3세의 암담한 시대에 프랑스는 자국의 예로부터의 동맹국이나 우방에서도 냉대를 당했지만, 앙리 4세가 국내에서 승리한 뒤에는 곧바로 오스트리아 왕조를 제외한 거의 모든 유럽 제국이 프랑스에 접근하고 프랑스와 손을 잡고 오스트리아에 대한 균형을 수립하고자 했다. 프랑스의 신체는 고맙게도 건장하며, 국내의 혼란을 다행히 제거한 뒤, 이제 다시 외세에 대해 자국의 지위를 재건할 때가 찾아왔다. 외국에 대해 무엇을 두려워하고, 무엇을 바라야 하는가를 알기 위해서는 이제 그 외국을 배울 필요가 있다.

유럽의 여러 국가는 오직 프랑스의 특수한 이해라는 관점으로써만 고찰되고 특징지어져야 하며, 유럽만이 시계(視界)이다. 그리하여 『논고』의 필자는 스페인의 해외세력권을 그의 고찰로부터는 명백히 배제했다. 여기에서 나타나는 것은 이런 종류의 모든 시도에서 역시 관찰되는 것이지만, 실제 정치적 목적이 고찰의 시야를 항상 국한하지 않을 수 없었다는 사실이다. 대신에 그는 시야 내부에서 드러나는 모든 특징적 현상을 부각시키기 위해 예리하게 통찰했다. 그에 관해서는 약간만 음미해도 충분하리라.

특히 유럽에서 스페인의 세력, 갖가지 중심 세력권이나 부차적 세력권, 그 보조수단이나 통치원칙 및 통치방법이 대단히 간결하고 명확히 묘사되어 있다. 첫째로 스페인의 세력에, 즉 남유럽과 서유럽에 걸친 지리적 위치, 쇠사슬로 연결되어 합스부르크가의 독일이나 동유럽의 영지(領地)와 손을 맞잡고 그 사이에 끼어 있는 제국을 포위하고자 하는 위협을 주는 그 양상에 일반적 전망이 행해져 있다. 그러한 지리적 위치는 아직도 미완성의 하천망이나 운하망, 즉 그것은 결합을 방해하는 중간의 장애를 모두 배제하고자 하지 않을 수 없음을 상기시킨다.

특히 그때 "산에서 산으로 연이어 뚫고 나가는 터널이나 평탄한 길과 같은" 벨틀린의 의의가 명백해진다. 이러한 전체상에서 중심을 이루는 국가 스페인이 입체적으로 부상된다. "마치 주위에 명령을 내리기 위해 일어선 기사와 같이" 주위를 둘러싼, 험준한 천연 요새를 이루고 있는 피레네 성벽의 배후에 있는 나라 스페인, 귀족이 백년 전에 정치권력을 상실한 이래 완성되고 통일된, 그 자체로 균형이 잡힌 나라 스페인, 인구는 많지 않으면서 이웃 나라를 압제 아래 두기 위해 강한 힘으로 긴장시킬 수 있는 스페인이 우뚝 솟아 있는 것이다.

이어서 이들 이웃 나라들을 지배하는 여러 가지 방법이 상세히 논의된다. 그 방법은 스페인 수비대가 있는 성채와 어느 정도 높은 지위에 있는 스페인 관리 또는 친스페인 관리들이 실시하지만, 나폴리에서는 시칠리아와는 전혀 달리 통치되고, 또 밀라노에서도 달리 통치된다. 나폴리 주민도 시칠리아 주민도 민감하고 자칫 격해지기 쉬우나, 소란스럽고 변덕이 심한 나폴리는 스페인의 압제에 따라 엄한 규율이 유지되어야 한다.

스페인의 압제는 역사의 경험에 의하면 그것이 가능한, 유일한 것이다. 그러므로 나폴리에서는 단지 강제로 복종을 얻는 데 비해, 지난날 스스로 스페인 왕관에 굴복한 시칠리아에서는 자발적인 복종을 기대했다. 따라서 온건한 태도로 임하고 종래 자유와 특권을 존중해 다시는 화해하기 어려운 사람들의 심정을 자극하지 않으려 한다. 밀라노에서는 이 두 가지 방법 가운데 중간을 취한다. 롬바르디의 사람들은 어느 편인가 하면 거칠고 둔하므로 그들에게 질서를 부여하는 것은 비교적 쉽다. 밀라노는 다른 모든 영지에 대한 스페인의 열쇠라고 할 수 있는 나라이며, 독일, 프랑슈 콩테 및 플랑드르에 대한 스페인 군대의 집결지인 제노바 항이 있으므로, 나폴리보다 쉽게 스페인의 손이 미치는 곳에 있었다.

그런데 제노바는 또 이탈리아인에게 본질적으로 공통된 스페인에 대한 증오를 꼭 같이 지녔음에도 스페인의 돈줄로서의 기능 때문에 스페인의 이해와 결부되어 있다. 밀라노가 없다면 스페인은 나폴리를 유지할 수 없으리라. 신중한 스페인인은 교황청과 충돌할 염려가 있는 나폴리가 아니라, 밀라노에서부터 손을 대고 자기 판도를 확대하는 데 온 힘을 쏟는다. 그로부터 한 걸음씩 나아가 모나코·피날레·피옴비노 등을 손에 넣었다.

가령 밀라노가 베네치아나 사보이의 적대적인 시선에 드러나 있다고 하더라도 스페인인은 대신 밀라노의 다른 인접국인 제노바와 스위스의 가톨릭 5개 주(州)의 호의를 받아 바다와 산맥을 넘어 오스트리아 및 독일과 결합하기 위해 벨틀린과 그라우뷘덴에 끊임없이 뿌리를 내리고자 할 수 있는 것이다.

개별적인 것을 거의 분류하고, 우선 복합적 현상 전체를 일관된 공통의 특징에서 파악하고, 이어 그 현상에 포함되어 있는 차이나 특수성을 국부적인 주름에 이르기까지 밝히고, 마지막으로 인상의 전체성과 그 인상들로부터 도출되는 교설로 되돌아가는 것이 저자 특유의 방식이다. 그리하여 비스페인적 이탈리아의 제방(諸邦)은 그에게는 무엇보다 스페인의 굴레에 대한 공통의 증오와 스페인 권력에 대한 공통의 공포로 구성된 통일체로 나타난다. 이때 그는 스페인의 논법, 즉 이탈리아는 지난날 그 자신의 내부에서 분열했으나 스페인의 지배로 비로소 깊은 평화의 은혜를 입었다는 스페인의 주장도 그런 대로 객관성을 갖고 있다. 또 만약 프랑스가 이탈리아에서 스페인의 지위를 대신하면 이탈리아인의 증오의 대상이 될 것이라고 아주 진지하게 지적하고 있다. 그러나 프랑스는 이제 스페인의 권세 아래 고통을 받는 모든 나라가 프랑스와 동맹을 맺음으로써 스페인이 결정한 권세에 대한 결심을 꺾을 수 있다.

한편 이들 나라는 개개의 특수한 세력과 특성에 따라 스페인에 대해 갖가지 태도를 취한다. 가장 약소한 나라들——만투아, 모데나, 파르마, 우르비노——은 스페인 슬하에 굴복하고, 군주로서는 적절하지 않은 복종으로 가능한 한 스페인에 대해 안전을 얻고자 도모한다. 피렌체 대공도 스페인 왕이 자기에게 등을 돌리고 적대적으로 행동할 때까지 스페인 왕의 눈치를 본다.

그러나 베네치아와 교황은 그와는 다른 행동을 취하고, 양자는 제각기 나름의 방식대로 행동한다. 교황에게는 그리스도교 세계의 수장(首長)으로서 자기에게 스페인이 바쳐야 할 존경이 도움이 된다. 교황은 가령 스페인에 대해 복종하는 듯 보이더라도 스페인과 불화에 빠질 원인이 될 자기 이해의 극히 사소한 것도 뺏기는 일이 없다. 용감하고 자의식이 강한 베네치아는 스페인에 대해 반항하지 않지만, 현명한 정책을 펼치고 스페인의 적을 비밀리에 지원함으로써 스페인에 대한 자위책을 취한다.

사보이는 이전에 이탈리아의 다른 나라들에게 유감스럽게도 스페인의 별동대였으나, 이제 꼭 같이 스페인을 경계한다. 스페인이나 프랑스에서 다 같이 중요한 사보이는 이 양국과 동시에 친선관계를 유지할 수 없으며, 때로는 한편, 때로는 다른 한편의 의심을 사고 가능한 한 모든 국가와 거래를 하기 위해 신명을 다해 이러한 술책을 취한다.

이탈리아 개개 국가의 권력수단이나 권력목표에 관해 묘사된 정황도 대단히 뛰어나다. 특히 르네상스 국정의 스승이라고 할 베네치아는 이 정치화가로 하여금 최선의 모습을 그리게 하고야 말았다. 그는 베네치아의 국내 경제의 훌륭한 질서와 현명한 원칙에 대해 경탄해 마지않았다. 타국인이라면 2탈러에 할 일을 베네치아인은 1탈러에 끝낸다. '육지'를 지배하는 베네치아인의 '적지 않은 비결'은 그들의 종속민들에게 무거우나 평등한 부담을 지게 하는 것이다. 그들의 해상권을 측정하기 위해서 사람들은 병기창을 보아야 한다. 병기창에 관해서는 조금만 언급하기보다는 아예 침묵을 지키는 편이 좋으리라. 그것은 그들의 용기와 세력의 강대함에 대한 충분한 증거이다.

베네치아의 세력은 그 진정한 핵심에서 불사조와도 같다. 바다의 상태에 있는 도시 자체는 결코 정복될 수 없기 때문이다. 그러므로 지난날 캄브레이의 동맹에서 일어났듯이, 그 도시로부터 모든 '육지'를 빼앗더라도 사활을 결정짓지는 못했을 것이다. 그러므로 베네치아는 뒤에 다시 퇴세를 만회하고 잃어버린 땅을 회복할 수 있었던 것이다. 그런데 베네치아는 그 세력에도 불구하고 그것을 유지하는 데만 신경을 쓰고, 증대에는 전혀 마음을 쓰지 않은 듯이 보인다. 그것은 육지의 스페인, 바다의 터키인, 그 위에 또 황제, 프리아울 대공 및 로마 교황이라는, 베네치아가 끼어 있는 인접관계와 적대관계에서 이해된다.

교황과 전쟁을 하는 것은 어리석다. 교황에게서 빼앗은 것은 어떻게든 교황에게 돌려주어야 하기 때문이다. 마키아벨리나 구이차르디니, 보테로, 보칼리니와 캄파넬라에게서도 볼 수 있었던 경험원칙이었다.[8]

---

8) 마키아벨리(Machiavelli), 『군주론』(*Principe*), 제11장; 구이차르디니 (Guicciardini), 『정치적 문화적 기록』(*Ricordi pol. et civ.*), 제29절의 '교회는……결코 망하지 않는다'; 보테로(Botero), 『국가이성론』(*Della ragion di*

그러므로 베네치아는 '나쁜 사람과 이웃하고' 있어 강대해질 희망이 없다. 잃은 것이 없다는 것만으로 만족해야 한다. 그러나 적국들의 한복판에서 자기를 유지하기 위해 베네치아는 종교적 신조를 불문하고 전 세계에서 동맹을 찾아야 한다.

그리하여 베네치아는 15년 전 앙리 4세의 중개에 의해 먼 곳인데도 불구하고 해상 교통이 용이한 네덜란드 공화국과 동맹을 맺었다. 그 위에 스위스의 베른, 취리히 주(州), 그라우뷘덴과도 동맹을 맺었다. 독일의 프로테스탄트뿐만 아니라 베틀렌·가보르와 접촉을 구하고, 프랑스와 맺은 친선관계를 무엇보다 높이 평가했다.

이러한 종류의 서술에서 우리가 도처에서 느끼게 되는 것은 정교한 시계장치를 해명하고, 진동의 규칙성을 용수철의 종류나 강도 및 장치로부터 논증하고자 하는 의도이다. 그것이 근대적 역사 사유에 이르기에는 아직 많은 것이 결여되어 있음은 물론이다. 베네치아 국정의 빛나는 외형의 배후에 국가 내부의 경직성과 장래성이 없음을 인정하지 않을 수 없었던 더 깊은 통찰은 아직 볼 수 없다. 모든 고찰은 현재와 가장 가까운 미래로 향하고 있어 더욱 먼 역사적 전망까지 나아가지는 않았다.

이 저서 전체의 목적은 프랑스 정부를 격려해 벨틀린을 둘러싼 투쟁을 전개하도록 하는 것이었다. 그 밖의 유럽은 불균등하게 취급되고, 또 그만큼 철저하게 논급되지 않는다. 독일의 불안정하고 애매한 상태에 관해서 저자는, 이 나라에서는 오늘날 겨우 발족이 기대되어야 한다고 하여 한마디도 언급하지 않는다.[9] 절박한 유럽의 위기에 대해 스칸

---

stato), 제2권, 「사려 있는 사람들」(capi di prudenza); 보칼리니, 『정치의 균형』, 제1부 제7장; 캄파넬라, 『제국민의 군주제』(아마빌레, 『나폴리, 로마 및 파리의 저택에서의 토마소 캄파넬라』, 제2권, 334쪽)의 "교황을 가해하고자 한 자는 언제나 멸망했다."

9) 『논고』의 제2판은 독일에 관해 어느 정도 긴 장이나 절을 삽입하고 있으나, 다른 국가에 대한 논술에 비하면 다른 성격을 지니고 있다. 개체화적 특성 서술

디나비아 열강의 의의를 그는 전혀 예감하지 않고 있다. 그러나 그는 네덜란드의 서술에서 역사적 원동력을 이해하는 지극히 활발한 감각을 다시 전개하고 있다. 그리고 뛰어난 자질로써 유럽의 국가체계에 대한 네덜란드의 역할을 처음 강조했다.

네덜란드는 수십 년 이래 스페인과 오스트리아 세력에 대해 대항세력을 형성하여 다른 그리스도교 세계의 감사를 받아왔다. 위험과 폭풍우 속에서 탄생하고 강해진 네덜란드는 이 저자에게 도덕적 에너지의 산물로 생각되었다. 이 국가는 지난날——하고 그는 말한다——절망에 의해 세워지고 유지되었으나, 지금은 그의 용기와 힘에 의해 유지되고 있다. 그러나 여기에서도 역시 시야의 한계가 나타난다. 그는 정치에서 신앙적 편견이 없으므로, 이러한 에너지가 정치적인 것에서 크게 작용한다는 사실에 큰 감명을 받았으나 그 종교적 근원에 대해서는 역시 무관심했던 것이다.

그만큼 그는 네덜란드의 물질적 발전과 네덜란드 자체에서는 아무것도 산출하지 않았음에도 불구하고, 모든 것을 남을 만큼 주는 해상지배 및 전시 중의 공업과 상거래가 융성하는 모습을 관찰하고 감동을 받았다. 그리고 다른 나라가 그의 질서와 조세로 국경 방위에 기여하는 데 대해, 네덜란드에서는 겨우 변경지대만이 전쟁의 소동을 들을 뿐이다. 그는 공화국의 국내 생활에서 최근의 위기, 즉 오라녜 공인 모리츠

대신에 여기에서는 단지 1618년 이래 독일에서 일어난 전쟁의 시대사적 사건에 대한 설명을 찾아볼 수 있는 데 불과하다. 이것은 수년 전 『제국 및 그 제후에 관한 다른 논고』(*un discours à part sur le sujet de l'Empire et de ses Princes*)가 출판된 것으로서 설명된다(『프랑스 평론』). 제10권, 제60호.
아마도 앞에서 언급된 『정치논집』(1632년 55쪽 이하에 수록되고 있는 1618년 11월의 『제국 및 독일 제후론』(*Discours de l'Empire et des princes et estats d'Allemagne*)을 말한 것이다). 이것은 제국에 관한 이 평론이 우리가 문제시하고 있는 『논고』의 필자가 쓴 것임을 반드시 의미하는 것은 아니다. 필자는 이미 제1판에서 독일에 관한 조잡한 논술을 변명하기 위해서 이 제국에 관한 논고를 인용하지 않았기 때문이 아닐까.

(Moritz, 1567~1625)와 올덴바르네벨트(Oldenbarneveldt, 1547~1619) 간의 투쟁을 훌륭한 역사적 통찰로 판단했다. 네덜란드의 헌법은 개개 주(州)의 자유를 확보하는 것을 지향한다.

그럼에도 네덜란드는 연방의회가 주의회의 권리를 불법으로 간섭하며 아르미니우스파를 탄압했을 때 국가이성에 의거해 자유를 희생했던 것이다. 개인에게는 타격이었으나 국민의 안녕과 복지에는 유익했다. 종래 그들의 사령관에 불과한 오라녜 공이 국내의 적을 제압하여 거의 주권자가 되었다고 하더라도, 국민은 그들에게 방패와 검인 오라녜 공이 없이는 어쩔 수 없게 되었기 때문이다.

필요 앞에 법이 없다는 가혹한 정치적 교훈을 저자는 다른 경우에도 적용했다. 네덜란드인은 엠덴(Emden)과 만스펠트(Mansfeld)에 의해 구축된 약간의 성채를 점령하고, 동프리슬란트를 수중에 넣었다. "그들의 적은 자기를 위해 그곳을 점령했으므로 이 침해는 허용된다."

프랑스가 배려해야 했던 국가의 상(像) 중에서 당시 역사적 의의의 정점에 이르렀던 네덜란드에 비하면 제임스 1세 당시의 영국은 동일하게 강한 조명을 받고 나타나지는 못했다. 그러나 영국은 현실적으로 프랑스와 스페인에 이어서 유럽 제3의 강국으로 평가될 수 있으며, 섬나라 상황으로 인해 외적의 침입에서 보호되고, 강한 해상세력을 갖고 스스로 침공할 능력을 지니며, 다른 어느 나라에게도 동맹국으로서 바람직한 상대임을 『논고』의 저자는 잘 알고 있다.

그가 말하길 헨리 8세는 대륙의 각축하는 양대 세력에 대해 대항세력을 형성하고, 양국에서 두려움과 추종을 받고, 그러한 체제를 로마와 결렬된 뒤에도 관철함을 알고 있었다. 엘리자베스는 자기의 위세를 동일한 결의로 계속 보였다. 여왕은 네덜란드의 반란을 처음에는 은밀히, 이어서 공공연히 지지함으로써 스페인으로 하여금 네덜란드의 일부를 잃게 하고, 무적함대에 대해 큰 승리를 거둔 뒤에는 "이처럼 강대한 적과 강화하기보다 전쟁하기를 즐겨" 스페인의 해안이나 인도에 전쟁을 파급시켰다. 그리하여 스페인은 1604년 영국과 체결한 강화 이래, 가령 네덜란드에서 이 위험한 세력을 방지하기 위해서라고는 하나 자국에 위험한 세력의 우의를 얻고자 노력하는 것도 지당하다.

우리는 이 저작을 과대평가하거나 무명의 저자를 그 세기의 일급 정치·역사평론가로 보고자 하는 것이 결코 아니다. 저작 자체는 일급 저작가의 이름을 더럽히는 것은 아니나, 정치적 이해관해의 특성을 묘사함에서 정밀성과 명민함을 로만 민족의 많은 외교관이나 정론가와 함께 지니고 있다.

『논고』는 정치적 사고의 한 학파 전체, 한 경향 전체이며 모범적 견본을 제공하고 있다. 이 저자 개개의 많은 판단은 그가 '국가이성'에 관한 이탈리아의 문헌을 잘 알고 있음을 보여준다. 그러나 우리가 아는 한에서는 그가 처음으로 사물을 전 유럽적으로 논하는 그 방법으로 국가이성에 관한 그들 문헌의 테두리를 벗어났다. 분명히 시대 자체가 사람들을 전 유럽적 사고로 이르게 하는 교육자였다. 왜냐하면 네덜란드의 여전한 미해결의 운명과 더불어 서유럽의 동일한 운명에 더해, 이제 30년 전쟁의 발발이나 프랑스의 새로운 대야심의 움직임에 의해 중구(中歐)와 남구(南歐)의 운명의 위기가 절박하게 출현했으므로, 이 모든 문제는 서로 얽혀 있었다.

종교전쟁의 결말과 더불어 유럽의 정신적 미래를 결정짓게 된 드라마에서 순진한 권력정책적 경향이 출현했다. 물론 그러한 경향은 마키아벨리 시대에 성했으나, 이제 대규모의 포괄적인 관계를 관찰하고, 국내의 통일 및 질서가 대외적 권력 활동에 대해 지니는 관계를 깊이 인식하며, 대단히 강대하고 지배적인 열강의 의의에 대한 의식의 증대에 의해, 마지막으로 순전한 권력 이해(利害)를 교회적·신앙적으로 흐리게 하는 것에 대해 의식적으로 반발함으로써 성숙해졌던 것이다.

대(對)스페인 투쟁이라는 어려운 과제를 위해 국내의 국민적 통일과 유럽의 동맹국을 얻고자 프랑스의 현실정치는 종파에 대해 공존공영을 선언해야 했으며, 또 그에 대한 일종의 양해를 스페인에 대한 경쟁심으로 가득했던 당시 교황 우르바노 8세에게도 기대할 수 있었다. 벨틀린의 가톨릭 교도가 종교를 지속함에서 프로테스탄트가 자기 자신을 위해 희망하고 오랫동안 갈망한 것과 같은 안전을 얻도록 프랑스는 교황과 프로테스탄트 사이를 중개할 수 있으리라고 『논고』의 저자는 기대했다.

그는 교황권도 단지 이탈리아나 일반 유럽 정치의 한 요인으로 취급했으며, 교회적 권위의 정치적 결과를 냉정하게 사물에 맞추어서 검토했다. '그리스도교 세계'라는 말은 많은 동시대인과 마찬가지로 그에게서도 점차 퇴색되어 로만 · 게르만적 국가세계를 나타내는 전통적 말이 되어버렸다. 그가 터키를 그 고찰로부터 제외한다는 점에서만, '그리스도교 세계'에 관한 낡은 교설의 영향이 남아 있다. 그러나 그것은 그가 동유럽의 사정을 별로 알지 못하고, 또 당장에는 별로 관심을 끌지 않았다는 사실과도 관련이 있다고 해야 할 것이다.

얼마 지나지 않아 리슐리외 정책의 이 무명인 선구자의 교훈적 시론은 역사의 각광을 받은 한 인물, 당시 프랑스의 가장 중요한 인사에 의해 또 새롭게 시도되었다. 그런데 프랑스의 주목할 만한 정치적 발전은 이 인물의 저작에도 크나큰 매력을 던지고, 또 우리를 당시 국정이나 역사관의 정신으로 깊이 인도할 것이다.

2. 앙리 드 로앙 공

유력한 정치가가 정치생활의 경험을 요약한 정치평론적인 저작에는 독특한 힘이 있다. 일반 정치평론가는 아무리 정치적 · 역사적 소양을 잘 받고, 또 아무리 정력적으로 사물에 영향을 주고자 하며 주고 있더라도, 언제나 그러한 경험 속에 서 있다고 하기보다 그 곁에 있는 데 불과하다. 그의 정치적 인식에는 자신의 책임 있는 행동이 획득한 경험의 전체와, 자신의 쓰라린 노력이나 투쟁에 대한 추억이 정치적 고찰 속에 흘러들어온 경우에만 형성되는 내적 생명의 궁극적인 것, 가장 강한 것이 결여되어 있다.

역사가나 정치평론가는 자기기 행한 행동이 주는 시련을 겪고 있기는 하나, 또 자기 행동의 한계에 얽매인 정치가에 비해 때로 더욱 광범위하고 더욱 깊이 관련을 파악할지 모른다. 그러나 그들은 그 사색에 정치가로서 자기 체험의 확고한 메아리를 부여할 수 없다. 카이사르의 『회상록』에서 비스마르크의 『사색과 회상』에 이르기까지 그러한 메아리를 들을 수 있다. 그것들을 하인리히 폰 트라이치케와 같은 힘찬 정신의 정론(政論)과 비교해보면 우리의 말이 이해되리라.

재능 있는 무명인 저자의 1624년 『논고』에서 1638년 파리에서 간행된 앙리 드 로앙(Henri de Rohan, 1579~1638) 공의 『그리스도교 세계의 군주 및 국가의 이해에 관해』로 눈을 돌리면, 물론 그다지 두드러진 예는 아니라 하더라도 역시 같은 생각이 든다고 할 것이다. 로앙—1629년 라 로셸 사건 뒤 위그노의 굴복에 이르기까지는 그들 반란의 지도자로 리슐리외의 적이었으나, 이어진 그라우뷘덴과 벨틀린을 둘러싼 투쟁에서는 리슐리외 정책의 하인이 되었다—은 17세기 프랑스의 가장 강력한 정치적 개성에 속한다. 물론 그는 언제나 운명의 암흑 쪽에서, 대개는 무익한 일을 위해 싸우지 않을 수 없었으므로 당연히 될 수 있었던 것이 되지 못한 인물 가운데 하나였다.

파란에 찬 분망한 생활 속에서도 모험가가 되지 않고 스스로를 엄하게 다스려 병사로서 죽음의 최후에 이르기까지 자기를 소신껏 주장한 이러한 인물은, 분명히 그가 자신의 저작에 요약한 정치사상에 우리가 앞에서 말한 정치가의 생명을 부여할 수 있었던 것이다. 파란 많은 그의 정치생활과 저술 간의 관련을 묻는 과제가 곧 제기된다. 그러나 우리는 사전에 그 저서의 사상 내용이나 우리의 주요 문제에 대한 의의를 검토할 때 비로소 그 문제의 회답에 대해 풍요로운 관점을 얻을 수 있으리라.

우선 저서의 성립에 관한 외면적 사실에 관해 조금 언급해야 할 것이다. 끝까지 항전한 마지막 위그노가 남프랑스에서 항복한 1629년, 알레스 강화 뒤 리슐리외는 로앙 공이 베네치아로 가는 것을 허용했다. 이 위험인물을 국외에서 활동하게 하기 위해서였다. 로앙은 그곳에서 리슐리외와 프랑스를 위해 도움을 주었다. 그 까닭은 만투아 계승전쟁으로 때마침 개시된 대스페인 투쟁에서 위그노도 리슐리외 정책의 목표와 국민적 공동전선을 위해 도움이 될 수 있게 되었기 때문이다. 로앙은 1630년 용병대장으로 베네치아에서 근무했으나, 군무(軍務)는 거의 없었으므로 여가를 이용해 문필활동을 할 수 있었다.

1610년부터 1629년까지 일어난 사건에 관한 회상록과 군사학적 저작 『완전한 장수』는 그 직후 수년 동안 햇빛을 보았다. 『그리스도교 세계의 군주 및 국가의 이해에 관해』에 부가된 논문 각각의 부분도 1631년과 1632년 시기로 거슬러 올라갈 것이다.[10]

로앙은 1631년 가을 셰라스코에서 프랑스·스페인 강화 뒤 리슐리외로부터 그라우뷘덴으로 가라는 명을 받았다. 그곳에서 세 동맹의 장군으로 선출되었다. 그런데 이 그라우뷘덴에서도 지난날 적의 야심을 완전히 신용하고자 하지 않았던 리슐리외의 의심을 샀다. 그리하여 1633년 초 재차 베네치아로 가야 했으나, 곧 제멋대로 그라우뷘덴과 스위스로 되돌아왔다.[11]

그는 바덴, 취리히, 쿠르에 체류하고, 그 지역에서 스페인의 의도를

---

10) 뷔링(Bühring), 『베네치아, 구스타프 아돌프 및 로앙』(Venedig, Gustav Adolf und Rohan), 221쪽, 주 1.

11) 라우겔(Laugel), 『앙리 드 로앙』(H. de Rohan, 1889), 306쪽. 1629년 이후의 로앙의 생활에 관해서는 또 만숀(Mention), 『알레지움의 평화 후 그 죽음에 이르기까지의 장군 로앙에 관해』(De duce Rohanio post pacem apud Alesium usque ad mortem, 1883); 피트(Pieth), 『로앙의 벨틀린 및 그라우뷘덴에서의 출정』(Die Feldzüge des Herzogs Rohan im Veltlin und in Graubünden, 1905) 및 특히 로트(Rott), 『로앙과 리슐리외』(Rohan et Richelieu, 『외교사평론』[Rev. d'hist. diplomat], 제27권, 1913) 참조. 로앙의 그라우뷘덴에서의 활약에 관해서는, 로트가 그의 『스위스 제주에 파견된 프랑스 외교관의 역사』(Hist. de la représentation diplom. de la France auprès des cantons suisses), 제4권 및 제5권(1913)에서 가장 상세히 논의하고 있다.

가로막는다는 리슐리외의 새로운 군사적·정치적 지령을 받았다. 그러나 스스로 스페인에 대항하는 군사적 결의를 결연히 품어 리슐리외가 상세하게 협의하기 위해 1634년 그를 파리에 부르는 데 성공했다. 1634년 6월부터 10월까지 로앙은 궁정과 파리에 체재했다. 처음에는 리슐리외로부터 친히 환영받았으나, 그 뒤에는 방치되고 소외되었다. 그런데 스페인에 대해 대규모로 싸운다는 오랫동안 지연된 리슐리외의 결의를 최종적으로 행하게 한 뇌르들링겐에서 맞은 스웨덴의 패배(1634년 9월 5, 6일)도 이 시기였다.

1635년에 일어난 전쟁에서 로앙도 그라운뷘덴과 벨틀린의 프랑스군 지휘관으로서 조국을 위해 눈부신 활약을 하는 자유로운 처지를 발견했다. 그러나 여기서도 예로부터의 불운이 따랐다. 그는 궁정에서 재정적 원조를 제대로 받지 못하고 승리의 전리품도 잃었다. 대신 리슐리외의 반감과 시기를 샀다. 그리하여 닥쳐온 체포를 피하고자 로앙은 마침내 바이마르 공 베른하르트의 군에 투신해 병사로 싸우던 중 1638년 라인펠덴에서 치명상을 당해 그해 4월 13일에 사망했다.

로앙의 『그리스도교 세계의 군주 및 국가의 이해 관계』는 1638년 그의 사후 처음 간행되었다. 이 책은 추기경(리슐리외)에게 헌정되었다. 파리의 전(前) 왕실도서관에 있는 그의 저작 원고는 프티토(Petitot)가 지적한 바에 의하면(로앙의 회상록에 부친 서문에서) '파리, 1634년 8월 1일'이라는 날짜가 헌정사에 첨부되어 있다.[12] 로앙은 리슐리외의 결정을 고대하던 순간 분명히 그 저술로 리슐리외에게 영향을 미치고, 신뢰를 얻고자 한 동시에 리슐리외를 고무시키고자 했다.

그러나 그 저술이 이때 씌어졌던가 하는 여부는 라우겔(Laugel)—다른 점에서는 그다지 비판적이 아닌 로앙의 전기작가—이 문제를 제

---

12) 프티토 『회상집』 제2집 제18권 65쪽. 그에 따라 또한 랑케의 『유고집』에서 볼 수 있는 다른 수기와 관련하여 비더만은 『역사잡지』 제66권 499쪽에서 로앙의 회상록 성립의 시기를 정하여 그것을 1634년 8월 5일로 들고 있다.

기했다.[13] 이 저술 주요 부분의 부록이며, 우리가 보게 되는 바와 같이 그 저작의 구상 중 처음부터 함께 고려되었던 7편의 논문 중 여섯 번째 논문은 1633년에 씌어졌음이 틀림없다.[14] 다른 논문은 앞에서 말한 바와 같이 1, 2년 전에 씌어진 것으로 생각된다. 때마침 이 몇 년간 헌정사에서 "한가로운 가운데에서도 무료하게 있고" 싶지 않을 만큼 충분한 여가가 그에게 주어졌던 것이다. 어떻든 그 저작은 파리 체류 수주일 동안 최종적인 모습을 보이게 된 것으로 짐작된다.

『논고』의 저자와 마찬가지로 로앙은 프랑스 정치사상 결단의 전야에 결단을 촉진하기를 기원하며 저작의 붓을 들었다. 미래에 대한 예감은 도처에서 사상을 지배하고 있다. 사람들은 유럽에 간섭하기에 앞서 유럽을 배우고자 한다. 로앙은 동시에 자신의 정치생활에서 심각한 변화를 체험했으므로 리슐리외에게 보낸 내용이 풍부한 헌정사의 다음과 같은 서문을 극히 개인적인 감각으로 쓸 수가 있었다.

"통치술만큼 어려운 것은 없다. 그 기술에 제일 숙달된 사람들도 그 죽음에 대해 자기는 애숭이에 불과하다고 고백했다. 까닭인즉 국가통치에서 불변의 규칙은 정할 수 없다는 데 있다. 이 세계에 있는 갖가지 사상(事象)의 혁명을 야기시키는 것은 선정(善政)에 대한 기본 원칙의 변화도 일으킨다. 그러므로 이들 사물에서 현재의 이유보다 과거의 예

---

13) 라우겔, 앞의 책, 315쪽. 그런데 이때 라우겔은 로앙의 저술과 그 후대의 모작의 하나인『군주 및 주권국가의 이해와 원칙』(Interets et maximes des Princes et des Estats souverains, 1666)을 혼동하고, 그 모작에 실린 서문의 말을 로앙의 말로 인용하고 있다.

14) 『팔츠 지방 주민의 베멘 왕 선거에 관한 논고』(Diskurs über die böhmische Königswahl des Pfälzers, 109~110쪽). 거기에는 독일에서 전쟁이 시작된 것이 14년 전이었는데 아직 끝나지 않았다고 기재되어 있다. 그는 전쟁의 발생을 베멘 왕 선거에 두고 있으므로 1633년이라고 말하고 있는 것이다. 그해 내내 로앙은 리슐리외와 사이가 좋지 않아, 도저히 리슐리외를 찬미할 기분이 될 수 없었다는 프티토의 두려움은 아마도 그 저서를 헌정하기 훨씬 전에 성립되었을 것이다. 그 속에 리슐리외의 이름이 전혀 언급되지 않는 본문에 관해서는 통용되지 않는다.

에 의해 좌우되는 자는 필연적으로 중대한 과오를 범한다."

마키아벨리는 언젠가 새로운 군후국(君侯國)을 획득하거나 창건하고자 하는 사람들에게 권력의 길을 지시했을 때, 그것과는 다른 원칙을 세웠다. "인간은 언제나 타인에 의해 개척된 길을 걷는다. 그들의 행동은 모방에 의해 앞으로 나아간다." 물론 인간은 전적으로 타인의 길에 머무를 수 없으며, 또 모방의 대상이 되는 사람들의 '덕성'에는 미치지 못하나, 그들의 힘이 위대한 사람들에게는 미치지 못한다고 하더라도, 적어도 그로부터 일종의 향기를 맡기 위해 위대한 사람들이 연 길을 나아가는 것이 좋다.

그러므로 마키아벨리는 그의 교설을 모세·키루스·로물루스·테세우스라는 위대한 선례로 시작했다. 그가 그렇게 생각하고 행동한 것은 첫째, 그가 역사적 삶에서 사물이 순환·반복된다는 것을 믿었기 때문이다. 또 고대적 과거에 매혹된 나머지 그 위대함에 맞추어 그의 평범한 시대를 헤아렸기 때문이다. 물론 그의 천재적 경험 감각은 그가 이론의 한계를 훨씬 넘어설 수 있게 했지만, 르네상스의 고전주의를 완전히 극복하지는 못했다. 16세기 말기의 정치사상가들도 이 고전주의로부터 해방되지 못했다. 보댕은 태연히 역사적 구별도 하지 않은 채 고대와 근대의 많은 예를 혼합했다.

보테로가 정치적 총명의 지극히 풍요한 원천이라고 공언한 것은 무엇보다 한계가 있는 자신의 경험이나 동시대인을 통한 정보가 아니라 역사였다.[15] "왜냐하면 역사는 세계의 모든 생활을 포괄하고 있기 때문이다." 그로티우스(Grotius, 1583~1645)는 1616년에 쓴 정치연구의 지침 중에서 고대의 저술가들을 칭찬하고,[16] 국제법에서 거의 고대의 예만 인용했다.

---

15) 『국가이성론』, 제2권 「역사에 관하여」(Della Historia).
16) 『정치연구서간』(Epistola de studio politico)(특히 가브리엘 노데의 『정치연구서지』[Bibliographia politica], 1642년의 부록에 인쇄된 것).

로앙을 읽으면 마치 16세기에서 17세기로 들어선 느낌이다. 순전히 경험적 원리, 즉 유명한 모범에 의지하고 정신적으로 과거에 집착하는 종래 원칙적인 거부가 승리를 거두었던 것이다. 로앙은 전적으로 영원히 새로이 분출되는, 그를 둘러싼 신선한 삶의 샘에 의지하고자 한다. 그 점에도 개인적 자질과 개인적인 교양 과정이 나타나 있다. 그는 탁상공론을 일삼는 위인이 아니며, 라틴어는 어쩔 수 없이 배워 능하지도 못하고, 위인을 만드는 일은 부질없는 짓이라고 공언했다. 담화에서 그는 역사·지리·수학이야말로 군주의 진정한 학문이라고 말했다.[17]

그러나 서서히 삶의 모든 영역을 휩쓸게 된 순전한 경험으로의 전환은 이미 시대정신 속에 존재했으며, 정치 영역에 가장 쉽게 대두될 수 있었다. 정치적 경험주의와 더불어 정치 생활에서 개체적이며 독자적인 것에 대한 감각도 강화되었다. 리슐리외는 『정치적 유서』에서 말하고 있다.[18]

"자기의 책에서 도출하는 원칙에 따라서 왕국을 통치하고자 하는 자이상으로 국가에 위험한 자는 없다. 그들은 그러한 수단으로 때로는 왕국을 전부 멸망시킨다. 과거는 현재와 전혀 관계가 없으며, 또 시대·장소·사람의 상태가 다르기 때문이다."

이렇듯 리슐리외와 로앙의 사상에는 처음부터 같은 공기가 흐르고 있다. 리슐리외의 국정을 직접 보고도 로앙이 영향을 받지 않았더라면 그야말로 놀라운 일이다. "이 논문 전체에서" 하고 로앙은 약간은 알랑거리는 말투를 쓴다. "명백히 언급되지는 않으나 화제는 전적으로 당신에 관해서입니다."

리슐리외가 지닌 정치적 사고의 중심은 국가생활에서는 개개의 사적

17) 포블레 뒤 톡(Fauvelet du Toc), 『앙리 드 로앙 공 이야기』(*Histoire de Henri Duc de Rohan*), 파리, 1666, 11~12쪽. 또 생트 뵈브(Sainte-Beuves)의 『월요한담』(*Causeries de lundi*), 제12권 248쪽 로앙에 관한 에세이도 참조.
18) 1688년 제3판(제8장 제2절), 제1권, 242쪽.

농기가 모든 감각적·이기주의적 요소로부터 정화된 국가이성, 즉 '공공의 이익'만이 지배해야 한다는 명제였다. 그는 정치가로서 교회의 영역에만 국한되지 않는 일반적인 국가의 문화정책을 위한 길을 열었다는 점에서 16세기를 넘어섰다. 그러나 그 역시 문화정책을 국가에 대해 직접 유익한 것, 국가에 위신과 세력을 가져다주는 공리적인 것으로 엄밀하게 국한시켰다.

그는 군주의 개인적 행동의 자유까지 제한하는 것을 주저하지 않았다. 그는 군주에게 개인적인 역성이나 변덕에 의해 사물을 결정짓지 않도록 경고하고, 또 신에 대한 책임을 상기시켰다.[19] 그러므로 그에게는 국왕도 국가의 명령 아래 있으며, 옥좌에 앉아야 하는 것은 국왕이라는 경험적 인격이 아니라 '이성의 여신'이다. 국가를 초월해 군림하고자 한 18세기의 이성이 아니라 국가 자체에 내재하는 이성이다. 그에 따르면 그 이성은 동시에 만물을 지배하는 보편적 이성에서 도출되는 것이다. 그러나 그것은 어떠한 이론적 궤변도 토하지 않고, 권력이나 권위 및 내면적 건전함을 요구하고, 이기적 충동의 억압을 요구하는 국가의 직접적이며 구체적인 요구 속에서만 나타난다.

그것은 전적으로 본원적으로 생생하게 느껴지는 동시에 확고한 논리적 일관성을 지닌, 아니 그보다 거의 기계적으로 관철되는 이념이며, 원리로서는 아주 일반적이고 항구적이고 추상적이면서, 국가행동의 개개의 경우에는 지극히 개체적이며 변하기 쉽고 구체적이다. 이러한 이성이 국가행동을 지배하기에 이르면 통치행위는 완전히 합리화되고 결정된다. 정치가는 제멋대로인 개인적 행동의 자유를 상실한다. 그리고 이념에 봉사하는 병사가 된다.[20]

이러한 견해야말로 로앙도 의젓하게 연구의 기초로 삼은 것이 아니

---

19) 앞의 책, 제2권, 49쪽 이하.
20) 여기에서는 또 『역사잡지』 제127권에 수록된 몸젠(Mommsen), 「정치가로서의 리슐리외」(Richelieu als Staatsmann)도 참조.

었던가. "군주는 국민에게 명령하고 이해(利害)는 군주에게 명령한다."
본문의 기념비적 서두에는 이와 같이 씌어져 있다. 이러한 이해에 관한
지식은 군주 자신이 국민 위에 서 있는 것과 같이 군주 행동에 관한 지
식 위에 높이 서 있다. "군주라 할지라도 기만당할 수 있으며, 고문관은
매수될 수 있다. 그러나 이해만은 결코 틀리는 일이 없다. 그것이 잘 이
해되는가 잘못 이해되는가에 따라서 국가의 존망이 결정된다." 그런데
이해의 목표는 국가의 성장 또는 적어도 국가의 유지에 있다. 그러므로
필연적으로 시대와 더불어 변화되지 않을 수 없다. 현재 군주의 이해를
알기 위해 멀리 과거로 거슬러 올라갈 필요는 없으며, 오직 현재 상태
에서 파악하면 충분하다.

이야말로 근대 독자의 심금을 울리는 명제이다. 시간을 초월한 것,
모든 시대에 타당한 것을 시대사적으로 규정된 변화하는 것과 결부시
켰다. 역사적 세계의 존재와 생성을 하나로 결합하고, 역사적 세계의
궁극적 비밀을 예감으로 느끼게 된다는 역사적 사고의 최고 과제가, 여
기에서 역사적 과거에 몰두하는 것은 부질없는 일이라고 공언했다. 그
리고 역사철학적 사변을 정면에서 거부한 한 인물이 파악하기에 이르
렀다. 이미 보칼리니는 이해야말로 폭군 중의 폭군이라고 말하고, 보나
벤투라는 '국가이성'을 '군주 중의 군주'라고 말했다. 아마도 로앙은 베
네치아 체류 중 이들 이탈리아인의 정치 문헌도 알게 되었을 것이다.

그런데 그가 거기에서 빌린 교설은 자신의 생활경험에 녹아 심화되
어 직관적 인식의 성격을 취하고, 그 인식에서는 국가생활에서 항구적
이고 절대적인 형식이 변화하는 상대적 내용과 병존하는 것이 발견되
었다. 그의 말은 행동을 인도하는 높고 확고한 별을, 바람이나 흐름의
변하기 쉬운 것과 동등하게 정확히 알고 있는 정치가의 감성을 호흡한
다. 변하는 것과 변치 않는 것의 긴장에서 이후 역사적 사고의 흥륭이
생겨났듯 당시 로앙과 리슐리외에게서, 근본적으로는 이전에 마키아벨
리에게서 정치적 사고의 흥륭이 일어났던 것이다.

전통주의적인 여러 소재나 시대에 뒤늦은 개념을 짊어진 당시 역사

적 지식은 로앙이 구하고자 한 유럽 현상을 명백하게 파악하는 것에 결국 아무것도 제공할 수 없었을 것이다. 그의 시선이 오직 '그리스도교 세계'의 국가 영역만을 포괄하고자 한 것은 1624년 『논고』의 저자와 동일한 이유로 설명할 수 있을 것이다.

'그리스도교 세계'라는 이념의 어떠한 내적 영향의 흔적도 더 이상 찾을 수 없다. 이 이념은 교회 권력과 세속 권력의 이원론에서 출발했다. 그러나 이원론은 그대로 머무르지 않고 교회 권력과 세속 권력은 마치 영혼과 육체처럼 긴밀하고도 불가분하게 결합되어 전체를 이룬다는 관념에 의해 엄밀한 내적 통일로 결합되어야 했다. 이것이 가능했던 것은 지도적 권력의 상호 투쟁은 일체 바람직하지 않고, 이들 권력은 오직 그리스도교 세계에서 '평화'를 수립하는 점에서만 경합하는 것이 허용된다는 관념이 그와 결부될 때만 가능했다. 로앙이 눈앞에서 본 그리스도교 세계상도 이원적이다. 그러나 이 이원론은 상호 필연적이며 불가피한 투쟁 위에 세워졌다.

"사람들은 그리스도교 세계에는 두 개의 강국이 존재한다는 데서 출발해야 한다. 두 개의 강국은 그로부터 다른 제국에 대한 전쟁 및 평화의 영향이 생겨나는, 말하자면 양극이며, 곧 프랑스와 스페인의 두 왕조이다."

스페인은 서유럽에 새로운 군주국의 태양이 떠오르게 하기 위해 싸우고 있다. 프랑스는 그에 대해 대항세력을 형성하는 데 진력해야 한다. 다른 군주는 저마다 이해에 따라서 때로는 이쪽에, 때로는 저쪽에 가담했다. 그러나 이 이해가 잘 지켜졌던가, 혹은 서투르게 행해졌던가에 따라 한쪽이 파멸하거나 다른 쪽이 강대해지는 원인이 되었다.

이러한 견해에 따르면 이원론을 극복하는 완전한 통일, 즉 유럽의 결정적인 평화 상태는 이들 투쟁의 불리한 결말, 즉 스페인의 세계적 군주국의 건설에 의해서만 언젠가 가능하게 되는지 모른다. 프랑스의 일방적 승리도 가능하리라는 것은 로앙이나 다른 프랑스의 균형론 대표자들도 내심 은밀하게 생각했을 것이다. 그러나 그들은 그 사실을 입밖에 내기를 조심하지 않으면 안 되었다. 당시에는 그러한 세력관계였으므로 당분간 양대 세력권의 균형, 즉 영속적인 전쟁도 영속적인 평화도 보장하지 않고 전쟁과 평화 사이를 동요시키는 불안정한 균형을 달성하는 것을 목표로 삼아야 했다. 분명히 예측할 수 있는 장래 상황에 관한 로앙의 견해이기도 했다.

그런데 모든 군주나 국가의 이해를 탐구하고자 하는 로앙의 의도를 실천하는 것은 우리가 이미 『논고』의 저자에게서 본 바와 같이 실제 동기에서 의도된 모든 이론적 연구를 지배하는 법칙 아래 있다. 실제 동기는 인식의 수단이면서 동시에 한계이기도 하다. 로앙의 저서 전체는, 가령 냉정하고 사실에 입각해 개별적 국가 본래의 진정한 이해(利害)를 인식하고자 하더라도 프랑스의 독자적 이해에 지배되고, 프랑스 이외의 이해까지 전부 프랑스적 경향으로 파악한다.

그러므로 그의 저술로부터는 행동하는 정치가로 자처해, 독자들에게 정치적 행동의 자료를 제공하고자 했으므로 『논고』의 저자와 같이 개별적 국가의 구조나 특징에 깊이 파고들지 않았다. 대개는 정치의 큰 움직임 속에서 직접 보게 되는 동기의 특징을 서술하는 데 만족했던 그가, 국가의 개별적 본래의 이해와 그것을 주장하는 기술적 수단을 원칙적으로 구별할 수 없었던 것은 이상의 사실과 관련이 있다.

가령 이들 기술적 수단이 개별 국가의 실천에서 개성적인 성격을 취했다고 하더라도, 역시 다른 어느 국가에 의해서도 사용될 수 있었으며, 그에 관한 규명은 일반적인 규정이나 외교기술에 관한 논의에 속했다. 개개 국가의 이해도 다소 조잡하고 지나치게 일반적으로 특징지어지고 충분히 개체적으로 특징지어지지 못했다. 권력의 증대 혹은 자유의 유지가 얼마간 단조롭게 되풀이되지만, 그가 그러한 이해에 관해 말할 수 있는 것은 본질적이다. 개별적 국가의 내적 구조에 대해 그가 지나치게 무관심했던 응보가 여기에 나타난다.

국내정책에 대한 대외정책의 우위라는 근대역사학의 기본인식은 분명히 로앙이 파악했으나, 지나치게 단순하고 소박하게 행해진다. 요컨대 그의 저서는 구체적인 예의 실행이나 적용보다 기본사상과 의도가 더욱 중요하다. 그럼에도 그 저서를 개개의 점에서도 생각하고, 그 속에 담겨진 더 섬세한 역사적 인식에 대해 갖가지 경향을 평가하는 일은 결코 헛된 일은 아닐 것이다.

우선 논술되는 것은 스페인이며, 그로부터 필연적으로 로앙은 펠리페 2세의 정치체제로 거슬러 올라갔다. 이때 그는 훌륭한 역사적 감각으로 펠리페의 개인적 소질을 그가 만들어낸 일반적인 것, 보편타당한 것과 융합시켰다. 펠리페 2세는 자기가 개인적으로는 전쟁보다 상거래에 적합함을 알고 있었으므로 강대한 전시 군주에 의해 통합된 군주국은 훌륭하게 조직된 평의회나 훌륭한 원칙에 기초를 둔 군주국보다 오래 지속되지 못한다고 판단했다. 보통 강대한 정복자에게는 대등한 힘을 지닌 후계자는 이어지지 않으며, 또 정복된 민족은 첫 정복자의 속박에서 해방됨을 알면 곧 자기들의 상태 변화를 요구하기 때문이다.

로앙은 순군사적 팽창정책이 불안정함을 인식하고, 그 위에 스페인의 권력정책이 합리적 원칙의 확고한 내적 연관에 기초를 둠을 인식했다. 이들 원칙 가운데 최초이자 가장 중요한 것으로서 가톨릭을 이용하는 것을 들었다. 스페인은 교황에게 그의 권위를 위해 스페인의 권력이 불가결함을 명심시키고, 또 이탈리아의 군주들에게도 스페인이 종교를 보장하고 이탈리아를 이방인의 굴욕적인 침입에서 옹호함을 명심하게 했다. 프랑스에서는 국왕을 격려해 프로테스탄트를 탄압하게 하는 한편 은밀히 프로테스탄트를 선동해 왕권을 약화시키고 내란을 일으키게 한다. 로앙 자신은 우리가 뒤에서 보게 되는 바와 같이 그러한 일에 숙달해 있었다.

스페인은 해상에서 양인도의 재보(財寶)를 향수함에서 영국에서 방해받지 않기 위해, 물론 프로테스탄트의 영국과——이 경우 로앙은 펠리페 2세의 경우보다 자기 자신의 시대를 생각하고 있다——평화를 유지하지 않을 수 없었다. 이 경우에도 우호의 가면을 쓰고 영국에서 전 가톨릭 교도의 보호자가 되고, 폴란드와 스페인에서 영국의 가톨릭 청소년의 교육시설을 유지해야 한다. 게다가 스페인은 그에 호응해 독일의 합스부르크가의 가톨릭적 황제권과 스위스의 가톨릭을 지원하고, 또 프로테스탄트의 네덜란드에서는—이 나라에서는 아르미니우스파와 고마루스주의자가 싸우고 있었다—적어도 분열을 조장하도록 해야 한다.

로앙은 여기에서도 모든 저서에 서술한 것같이 종교를 전적으로 국가이성의 한 요인으로, 오직 공리적이고 마키아벨리적으로 취급하고 있다. 이것을 어떻게 그가 여러 국가의 모든 이해를 초월해 그의 마음을 개인적으로 움직인 관심인 강한 프로테스탄트적 신념과 결합할 수 있었던가 하는 의문이 생긴다. 여기에서는 이 문제를 제출하는 데 그치고 해답을 제시하지는 않겠다.

그가 다시 들고 있는 스페인의 계속되는 모든 이해는 당시 외교나 국정—물질적 권력수단의 불완전성을 잔재주나 수법에 의해 보충하도록 끊임없이 강요하는 국정—의 기술적 수단에 속한다. 로앙이 모든 국정에서 최초의 기본수단인 군사적 권력 전개로 시작하지 않고, 이 수단을 단지 스페인이 노련하게 행사하는 다른 수단의 계열 속에 넣었음은 주목할 만하다. 그 수단이란 예를 들어 수도사나 전도사에 의한 외국에서 비밀협정의 조장, 외국 대신의 매수, 계획된 진출을 감추기 위한 내밀하고 인내심 강한 교섭, 외국 제후의 분쟁에 대한 중재적 간여, 특히 자기 명성의 유지 등이다.

이 점에 관한 로앙의 발언은 특히 우리의 관심을 끈다. '명성'은 당시 국정의 주요 수단이며, 정치적 야심의 목적으로 바뀐 수단이었기 때문이다. 아주 사소하나마 명성을 상실하는 것은—하고 리슐리외는 『정치적 유서』에서 말한다[21]—위대한 군주에게 더 이상 잃을 것이 없는 결과를 낳는다. 스페인인은 베네치아 공화국의 명성, 즉 "다른 모든 것의 기초가 될 본질적인 부분"도 가해하고자 한 만큼 이제 공화국에 대한

---

21) 제1권, 62쪽.

그들의 적의(敵意)를 몰아세우고 있다고 1620년 베네치아의 보고서는 전한다.[22]

그처럼 강한 질투심으로 자기의 명성을 중시하는 것은 단지 정치권력을 장식적으로 파악하는 르네상스의 경향에서 설명될 뿐만 아니라, 특히 국력의 약점을 사람들의 눈을 속이는 겉모양으로 은폐하고자 하는 본능적 욕구로도 설명된다. 리슐리외에게 명성은 외면적인 명망뿐만 아니라 공감과 신뢰의 획득을 의미하기도 했다.[23] 그런데 '명성'이란 일견 도덕적·이상적인 권력정책의 동기에 의해 세상의 여론을 획득하고 매수하는, 당시 이미 쓰여진 수단에 대한 표현이었다. 로앙의

---

22) 피들러(Fiedler), 『17세기의 독일 및 오스트리아에 관한 베네치아 사절의 보고서』(*Relationen der Botschafter Venedigs über Deutschland und Österreich im 17. Jahrhundert*), 제1권, 120쪽. 다른 베네치아인 포스카리니는 다음과 같이 말하고 있다. "명성은 때때로 진실과 같은 효과를 지닌다"(바로치[Barozzi], 베르켓[Berchet], 『보고서』[*Relationi etc.*], 제2권, 제3부, 434쪽). 그 밖에 안네 마리아 폰 슐라이니츠(Anne Maria von Schleinitz)의 미간행의 로스토크 대학 학위논문, 「17세기 보고서에서의 베네치아인의 국가관과 인간서술」(Staatsauffassung und Menschendarstellung der Venetianer in den Relationen des 17. Jahrhunderts), 79쪽. 이미 마키아벨리에 의해 평가된 '명성'(『군주론』, 제21장)은 물론 이탈리아의 '국가이성'에 관한 이론가들에게서도 큰 역할을 하고 있다.
보테로는 『국가이성론』의 제2권에서 명성에 관해 논했다. 이전에는 아무도 정식으로 취급하지 않았던 이 논제를 더 상세히 서술하도록 청을 받았을 때, 그는 1598년 「군주의 명성에 관해」(Della Riputatione del Prencipe, 『G. 보테로 베네제가 그 국가이성론에 가한 보유(補遺)』[*Aggiunte fatte da G. Botero Benese alla sua ragion di stato*], 1606, 77쪽 이하)라는 2편으로 이루어진 특이한 논문을 썼다. 암미라토(Ammirato)는 그의 『타키투스론』(*Diskurse über Tacitus*)의 제5부 제8장, 제13부 제1장에서 이 논제에 관해 논했으며, 프라케타(Frachetta)는 『군주론』(*Prencipe*, 1599)과 『국가와 전쟁론』(*Discorsi di stato e di guerra*, 1600)에서 가끔 논했다.
보칼리니도 재치 있는 방법으로 '힘'에 대한 '명성'의 우위를 비꼰다(『파르나스 통신』 신판, 1912, 제2권, 84쪽 이하). 이탈리아인을 본받은 독일의 저작자에게서도 이 논제가 취급되어 있다. 예를 들면, 크리스토프 베졸트, 『정치학』, 제2권, 1618, 707~708쪽 참조.
23) 몸젠, 앞의 책, 215~216쪽.

설명에 의하면 스페인의 명성은 스페인이 그의 계획을 경건하게, 즉 가톨릭을 유지하고자 하는 지극한 열의라는 가면으로 숨긴 점에 근본적으로 기초를 두고 있었다.

그를 통해 "스페인은 민족에 대해 놀랄 만한 존경을 얻을 수 있었다." "그것은 분명히" 하고 로앙은 말을 잇는다. "사소한 일이기는 하나 확고한 효과를 낳는다. 그리고 모든 군주가 그들의 신용을 조심스럽게 유지하는 것을 주요한 원칙으로 생각한다고는 하나, 스페인은 그 계획이 다른 나라의 그것을 높이 넘으면 넘을수록 더욱 질투에 얽매어 원칙을 옹호하지 않을 수 없다."

로앙의 시선은 그 연대에서 캄파넬라와 유사하게 괴이한 강국 스페인의 결함 전체를, 즉 붕괴되고 있는 스페인의 경제력과 유럽적 과제의 불균형, 민족의 힘 전반의 과도한 긴장을 좀처럼 간파하지 못했다. 시대는 그러한 관련을 체계적으로 검토하기에 아직 훈련되지 않았지만, 이미 날카로운 본능으로 결과를 예감하고 표현할 수는 있었다. 스페인에 관한 로앙의 결론은 그가 그 나라에 드리운 죽음의 그림자를 충분히 진단했음을 보여준다. 남몰래 만족하면서 그는 기술했다. "이처럼 많은 부분으로 조립된, 말하자면 자신의 무게가 방해하고 있는 이 거대한 기계는 이들 비밀의 용수철이 움직이고 있으며, 용수철은 폭로됨에 따라 힘을 상실한다."

프랑스의 이해와 과제는—하고 로앙은 말을 잇는다—이미 자연에 의해 정해졌다. 알프스, 피레네 및 두 바다 사이에 있는 지리적 위치는 프랑스를 스페인이라는 급류로 생겨나는 유럽의 범람에 대해 방파제로 삼고 있다. 그러므로 프랑스는 앙리 4세가 애초에 철저히 인식했듯이, 만사에 스페인의 원칙에 대한 적대 행동을 추진해야 한다. 프랑스가 교황에게 이해시켜야 할 일은 만약 스페인이 세계적 군주국[24]이라는 목

---

24) 그는 '세계군주국'이라는 표현을 쓰지 않고 스페인의 '군주제에 대한 초안'을 운운하고 있다.

표에 도달하면 교황은 스페인의 하인으로 몰락하리라는 것, 교황의 권위가 신장되기 위해서는 그리스도교적 군주와 제국의 균형이 필요하리라는 것 등이다.[25]

프로테스탄트에 대해서는, 프랑스는 그들의 '개종'을 희망하나 '멸망'은 바라지 않으며, 적을 원조할 용의가 있음을 고해야 한다. 스페인의 은밀한 선동을 막기 위해서는 프랑스도 돈이나 스파이 및 연금수령자를 아껴서는 안 된다. 스페인이 외교적인 교섭을 시도하는 곳에서는 프랑스 자신도 교섭에 나서고, 그것을 지도하기 위해서는 프랑스적 성급함과는 전혀 다른 끈질긴 인물을 내세워야 한다.

외교 교섭을 높이 산 점에서 로앙은 리슐리외와 완전히 일치했다. 리슐리외는 『정치적 유서』에서 말한다.[26] "곧바로 그 성과가 거두어지지 않더라도 공공연하고 은밀히 교섭하는 것이 긴요하다. 어떤 종자는 빨리 싹이 트고 어떤 종자는 늦게 싹이 튼다. 적어도 그때 사람들은 무엇이 세계에서 일어나고 있는가를 스스로 체험하기 바란다."

로앙은 또 생각한다.

"스페인의 군비에 대항해 프랑스는 힘을 다해 자국의 군비를 정비해야 한다. 그렇게 되면 이들 모든 수단에 의해 스페인의 명성은 실추되고 프랑스의 명성은 높아지리라. 다른 그리스도교 제국은 스페인의 압력에 대항해 자기를 주장할 희망과 용기를 얻게 될 것이다."

이상이 프랑스의 이해에 관해 로앙이 말한 것 전부이다. 프랑스 권력 정책의 독자적인 적극적 목표, 특히 더욱 유리한 국경을 찾는 요구에 관해서 그는 한마디도 입 밖에 내지 않는다. 공개될 예상이던 저서에서 로앙은 프랑스의 이해에 관해 언급하지 않음으로써 프랑스에 대한 이

---

25) "바로 이것이야말로 두 가톨릭 국가 사이에 낀 그 (로마 궁정의) 정책이었다. 그때 이들 두 강국의 어느 쪽도 로마 궁정에 중재적 역할을 맡도록 강요할 수는 없을 것이다."(랑케, 『프랑스사』[*Französische Geschichte*], 제2권, 제2장, 31쪽)

26) 제2권, 34쪽 이하.

해를 지켰던 것이다. 그가 지시한 것은 오직 권력의 길이었지, 권력이라는 목표는 아니었다.

이탈리아에 대한 이해를 말해야 할 경우 로앙은 구속 없이 처신할 수 있었으며, 객관적으로 판단할 수 있었다. 이때 그는 낡은 정치적 유산인 마키아벨리의 사상이나, 개인적으로 교제하고 공기를 호흡한 베네치아 정치가들의 사상도 소화했다. 그런데 여기에서 특히 중요한 것은 『논고』의 저자가 이미 그러했듯이, 그가 단순히 개개 이탈리아 제국의 특수함뿐만 아니라 그를 넘어서 비스페인적 이탈리아 전체의 범(汎)이탈리아적인 것도 이해하고 있었다는 점이다. 이탈리아적 이념은 억압의 시대에서도 생생했던 것이다!

이와 같은 이념의 목표는 모든 외세를 이탈리아로부터 축출해 산 저편으로 물리치고, 국민적 정치통일은 아니더라도 가장 약소한 군주도 더 강대한 군주의 그늘에서 평화롭게 하는 한편, 강대한 군주들은 서로 균형 상태를 유지할 수 있었던 지난날과 같이 소규모의 국가연합 체제를 다시 형성하는 것을 말한다.

로앙은 그렇게 말했는데, 이때 그는 카를 8세, 루이 12세와 프랑수아 1세의 침략에 의해 지난날 이탈리아에서 자유가 유린된 것이 상기되지 않도록 조심했다. 스페인이 이탈리아에 한 번 발을 내디딘 지금 모든 이탈리아 군후(君侯)의 진정한 이해는 그들이 그토록 강대한 세력으로부터 가해짐을 두려워하지 않을 수 없는 억압에 항거해, 적어도 문호를 개방하는 길밖에 없다. 그러한 구원은 프랑스로부터 가장 확실하게 기대할 수 있으리라. 그러나 로앙은 뛰어난 통찰력으로 전 이탈리아 제국의 두 번째 일반적 이해를 들었다. 즉 그들 제국간의 어떠한 전쟁도 곧바로 프랑스와 스페인의 간섭──가령 그것이 교전국의 어느 편에 가담하건 혹은 중재에 의해서건──을 초래하므로 상호 평화를 유지해야 한다는 것이다. 그가 여기서 서술한 것은 약소국의 전형적인 국정이며, 베네치아는 그 점에서 특히 탁월했다.

베네치아는 스페인 다음으로 이탈리아 제일의 강국이므로, 역시 최초보 그러한 자기 보존원칙을 내세우고, 시련을 극복하면서 그것을 관철했다. 베네치아는 자기의 특수이해로서 이탈리아의 일반적 이해를 선택했다고 로앙은 훌륭히 말했다. 우리는 그 의미에서 베네치아를 선택하지 않을 수 없었다고 부언해도 좋을 것이다. 오스트리아의 합스부르크가에 대한 베네치아의 영토 및 해상의 대립에 관해서도 역시 자주 언급되어야 했으나, 로앙은 그 밖의 베네치아의 특수이해는 살짝 논했을 뿐이다.

베네치아는 터키인과의 관계를 조심스럽게 유지해야 한다고 그는 간략하게 말했다. 그러나 또 외국에서 다른 나라들의 전쟁을 돈으로 조장하는—"베네치아 자신은 전쟁을 하지 않아도 좋도록"이라고 그는 분명히 생각했다—점에 베네치아의 특수이해를 보았던 것이다. 이탈리아의 다른 군주들도 그러한 정책을 행할 힘과 대담성을 지녔더라면 그렇게 했으리라고 로앙은 생각했다. 베네치아는 또 스페인과 교황이 이탈리아에서 세력을 증대시키는 것을 방해하고자, 다른 이탈리아의 군후들을 "자기의 이익에 따라서 돕고 있다." 베네치아의 정책에서는 베네치아의 특수이해가 범이탈리아적 이해와 독특하게 혼합되어 있었거니와, 그러한 베네치아에서 정책의 성격은 그 이상 교묘하고 간결하게 파악될 수 없었을 것이다.

로앙은 로마와 사보이의 특수한 이해를 논의했다. 로마의 이해에 관한 다소 막연한 파악은 저자나 시대에 특징적이었다. 세계적 강국으로서 로마의 지위에 대해서는 거의 언급이 없으나, 교회국가의 영토적 이해는 강조되고 있다. 그의 표현에 반영된 것은 반종교개혁의 교황권보다 르네상스의 교황권이다. 그런데 자기를 "한 세속적 군주로 생각했다"고 랑케가 말한 우르바노 8세의 교황권이, 로앙에게 그러한 영상(映像)을 지니도록 했다. 그러한 모습 속에도 권력수단으로 지위를 유지하고 강대국 사이를 신중하고 조심스럽게 헤쳐 나가야 하는 약소국이 지닌 국정의 특징이 나타나 있다.

예를 들어 로마는 군주들을 협박할 파문(破門)을 지나치게 자주 써

먹어서는 안 된다. 그렇게 하면 파문도 쓸모없게 될 것이 아닌가. 또 사보이는 다른 어느 이탈리아 국가보다 스페인에 의해 그의 영토 소유가 위협받고 있음에도 역시 프랑스도 경계하는 한에서, 스페인과 아슬아슬한 우호관계를 유지해야 한다. 사보이는 어느 편에 대해서도 지나치게 조약에 충실해서는 안 된다.

여기에서 로앙은 약소국은 스페인뿐만 아니라 프랑스도 두려워하리라고 시사했다. 독일의 이해를 논의할 때 이런 일들은 더 이상 문제가 되지 않았다. 그는 독일의 이해를 이탈리아보다 더 조잡한 붓으로 묘사했다. 외국인, 프랑스인, 프로테스탄트인 로앙이 어떻게 당시 독일의 이해에 관해, 그 이해가 예로부터 오늘날에도 합스부르크가적 제국주의적 야심에 대한 자유의 보장에서 절정에 달했음을, 종교의 차이는 모든 독일 제후의 공통된 근본적 이해 앞에서는 당연히 퇴색될 수밖에 없음을, 그 이상 알고 또 말할 수 있었을 것인가.

더욱이 그는 프로테스탄트의 제후에게, 그들이 단지 서로 단합해 긴밀하게 결합되었을 뿐만 아니라, 가톨릭 동맹에 대항하기 위해 외국과도 친밀하게 접촉해야 함을 이해시켰다. 독일의 자유가 몰락하면 덴마크와 스웨덴의 자유도 위태롭게 되므로 독일의 제후는 이들 제국과도 긴밀하게 결합되어야 하며, 특히 스웨덴과는 예속이라는 파멸에서 구출된 감사의 이유만으로도 결합되어야 한다.

그는 다시 스위스와 네덜란드를 더 개성적으로 다채롭게 묘사할 수 있었다. 두 나라는 독일에 의해 분할된 공화국이며, 주민의 힘으로나 그 독자적 상황으로나 다른 나라들보다 중요하다. 두 나라는 말하자면 독일의 양팔이다. 그들에게 자연과 인간은 서로 일치한다. 스위스인은 산을 위해, 산은 스위스인을 위해 만들어지고, 네덜란드인은 바다를 위해, 바다는 네덜란드인을 위해 만들어진 듯이 보인다.

스위스인은 신체의 자유를 타국인에게 팔아 나라의 자유를 지킨다. 네덜란드인은 자유를 완전히 옹호한다. 스위스인의 관심은 평화이며, 네덜란드인의 관심은 항상 무장하고 있는 것이다. 또한 당시는 분명히 네덜란드 국가의 영웅시대였으며, 나라가 상차 유럽의 정상에서 몰락해 전적으로 스위스와 같은 평화 속에서 자유의 보장을 찾으리라고 누가 예감했을까.

로앙은 두 공화국이 단지 두 가지 치명적 원인, 즉 내란에 의한 내부적 분열 혹은 종교적 분열에 의해 언젠가 몰락할지도 모른다고 생각했다. 그는 네덜란드 정치의 상업적·식민적인 삶의 중추에 관해서 전혀 말할 수 없었다. 결국 그의 고찰이 전부 지향한 대로 당시 프랑스 정치의 요구에서 어떻든 스위스와 네덜란드는 관심 밖이었던 것이다.

영국에서 이러한 삶의 중추는 당시에도 무시할 수 없었다. 로앙의 판단에 의하면 영국은 자체로 작은 세계이며, 진정한 관심은 무역으로, 오직 이 관심을 통해서만 이전부터 다른 군주들과 정치적 접촉을 했다. 그런데 로앙은 뛰어난 직관으로 예언했다. 만약 영국이 이 진정한 관심에 다시 따르고 그를 위해 요구되는 해상의 권력 발전이나 현명한 국정이라는 수단을 쓴다면 장래 언젠가는 그리스도교 세계에서 제3의 강대국이 될 것이다. 그러나 영국은 가톨릭의 메리와 스페인 펠리페 2세의 기묘한 결혼 이래, 진정한 관심, 즉 '자기 자신에게 적합한 원칙'의 제도에서 밀려나 때로는 프랑스의 이해에, 때로는 스페인의 이해에 순응하고 있다.

로앙은 동시대 스튜어트 왕조의 불안정한 정치를 스페인적·가톨릭적 체제에 대한 메리의 맹목적인 복종과 비교했을 때 그렇게 판단할 수 있었고, 또 그렇게 판단하지 않을 수 없었다. 그런데 그 사이에 엘리자베스의 위대한 시대가 있었고, 로앙은 그에게 항상 앙리 4세가 진정한 프랑스의 이해정책의 창시자로 여겨진 것과 같이 영국의 이해정책의 전형적인 대표자를 보았다. 엘리자베스는 국내에서 가톨릭의 포교를 탄압하는 것을 주요 원칙으로 선택했다. 가톨릭 포교라는 구실 아래 영국에 대한 반란을 조장한 스페인의 음모를 무효로 하는 유일한 수단이었다.

스페인에 대항하는 것은 그녀에게는 불가피했다. 그래야만 영국이 부강한 해상세력으로 약진할 수 있기 때문이다. 그래서 엘리자베스는 프랑스를 지지하고, 네덜란드 연방에서 생성되는 자유를 지원하고, 프랑스의 프로테스탄트와 긴밀함을 유지해야 했다. 스페인이 가톨릭에 의지하듯 영국은 전적으로 프로테스탄트에 의지하지 않을 수 없다. 이러한 기반 확립이 얼마나 엄밀하게 현실정책적인가에 대해 새삼 주목해야 한다. 신앙적 요소는 목적이 아니라 목적을 위한 수단으로 나타난다.

네덜란드의 보호에 대한 엘리자베스의 순수한 정치적 관심도 중요하게 강조된다. 영국은 첫째, 그로 인해 지나치게 강력한 이웃 나라의 힘을 약화시킨다. 둘째, 그로 인해 더욱 높은 목표에 이르는 단계에 도달한다. 로앙은 그것으로써 영국이 네덜란드 전체에 대해 언제나 품고 있던 세속적 관심을 간결하게 표현했다. 또 그가 인용한, 엘리자베스가 했다는 말—영국은 자신이 자기를 죽이지 않는 한 결코 죽지 않는 큰 동물과 같다—도 동등하게 세속적 의의를 지녔다.

이상 되돌아보면 로앙은 부각된 권력정책, 현실정책을 오래 전부터 행사하고 있던 국가, 한편으로는 본래의 강대국, 다른 한편으로는 국정에 익숙한 이탈리아 약소국들, 이들 나라의 이해의 특징을 더없이 명확히 제시했음을 시인하게 된다. 정치적으로 더 성숙하고 더 훌륭하게 발전한 서구와 남구는 중구와 북구보다 더 흥미로운 관찰 재료를 이 정치적 두뇌에 제공했다.

로앙은 이 모든 것이 실제적 응용, 즉 정치적 의지의 훈련이나 세력이었다. 그는 개개 국가의 이해를 서술한 뒤, 현대사의 개개 장에서 적용되는 예로서, 무엇이 좋은 이해정책이며 무엇이 나쁜 이해정책인가를 제시할 일련의 논문을 시도할 뛰어난 구상을 지니고 있었다.[27] 이 점에

---

27) 1. 「동맹문제에 관해」(Sur l'affaire de la ligue, 국왕 앙리 3세 및 앙리 4세의 정책); 2. 「사보이어 전쟁에 관해」(Sur la guerre de Savoye); 3. 「1605년, 교황 파울스 5세와 베네치아 공화국 간에 돌발한 분쟁에 관해」(Sur le differend

서 또한 그의 정치적 사유의 베네치아적 훈련이 주목된다.

베네치아인 파루타는 『정치론』(1599)에서 전적으로 똑같은 방법을 사용해[28] 한니발이 이탈리아를 전쟁터로 선택했을 때 행한 행동은 정당했던가, 베네치아인이 피렌체에 저항하는 피사를 지원했을 때 정당한 정책을 행했던가 하는 문제를 검토했다. 오늘날에도 참모본부에서는 전사(戰史)를 그렇게 응용적으로 연구하는 것이 관례이다. 전사는 물론 대외정책의 복잡한 구조보다 더 쉽게 이용된다.

로앙이 이들 부록의 여러 논문에서 특히 부각시키고자 한 것은 국정에서 사람들은 우리의 힘이 미치지 않는 모험에 우리를 인도하는 비정상적인 소망에 빠져서도 안 되며, 격한 열정이나 미신적인 생각에 몰두해서도 안 되며, 전적으로 이성에 의해서만 인도된 우리 자신의 이해에 전념해야 한다는 것이다. 예를 들어 프랑스 국왕 앙리 3세는 진정한 이해관계를 오인한 까닭에 패망했다. 그는 왕국 내 당파를 억압하고 후사가 없었으므로 왕족과 우의를 돈독히 해야 했다. 그렇지 않고 언제나 한쪽의 당파를 억압하기 위해 다른 한쪽의 당파에 자신을 맡김으로써 당파를 조장하고, 왕족의 적에게 사주를 받아 언제나 그(프로테스탄트) 왕족과 싸웠다.

그런데 앙리 4세는 자기에게 연이어 주어진 두 가지 전혀 다른 역할을 각각 어떻게 연출할지 잘 알고 있었다. 그는 처음에는 나바르 왕에

---

survenu entre le Pape Paul V et la Republique de Venise, l'an 1605); 4. 「네덜란드와 스페인 왕의 휴전에 관해」(De la Trefve des Pais-bas avec le Roy d'Espagne); 5. 「클럽 및 율리히 상속문제에 관해」(Sur l'Affaire de la succession de Cleves et Julliers); 6. 「베멘 왕국에서 궁중백(宮中伯)의 선거에 관해」(Sur l'Election du Comte Palatin au Royaume de Boheme); 7. 「망트바 및 몽페르라 공국의 상속에 대해 이탈리아에서 일어난 운동에 관해」(Sur les Mouvemens survenus en Italie pour la succession des Duchez de Mantoue et de Montferrat).

28) 그에 앞서 이미 구이차르디니가 있다. 랑케, 「근세사가 비판을 위해」(Zur Kritik neuerer Geschichtschreiber) 참조.

불과하고, 동족의 제1왕자, 프랑스 프로테스탄트의 보호자였다. 그는 이들 다양한 이해가 서로 결합함을 이해했다. 그러나 프랑스 국왕으로서 그에게 옛 동지를 잃지 않고 새로운 동지를 얻어야 하는 과제가 주어졌다. 결국 가톨릭으로 개종함으로써 과제를 훌륭히 매듭지었다. 이에 반해 로마와 스페인 품에 든 그의 미망인 마리의 섭정 아래에서 진정한 프랑스의 이해는 포기되었다.

"광신은 누구나 몰두한 사람에 대해서는 나쁜 조언자이다."

교황 바오로 5세와 베네치아의 분쟁에서 격정과 이해의 대립—한편에서는 교황의 소란스럽고 무리한 행동이, 다른 한편에서는 베네치아 공화국의 냉철하고 유난하면서도 끈기 있는 정치가—이 아주 조화롭게 전개되고 있다. 국가 창건의 방법에서 오라녜 공 빌렘이 정치가로서 위대한 특징을 보였다. 그는 이 세기에 국가를 창건할 명예를 지닌 유일한 인물이었다고 로앙은 말한다. 새로운 군후국(君侯國) 건설에 관한 마키아벨리의 유명한 상설(詳說)을 분명히 암시하고 있다. 그런데 로앙은 오라녜 공의 국가 창건을, 마키아벨리가 지난날 제시한 처방에 따라서가 아니라 그의 척도와 전제에 의해 판단했다.

로앙은 빌렘이 생각해야만 했던 상황의 역사적 필연을 제시했다. 빌렘은 눈앞에 나타난 개개의 부분에서 국가 전체를 구성하고, 이들 부분의 특수성을 존중해야 했다. 그는 수세기 이래 생활보다 자유를 생각한 주민과 관련을 맺었다. 그러므로 여러 주와 도시의 자치와 의회에서 '자유로운 거부권'이 나타났다. 빌렘은 스페인과 협조하고자 하는 모든 시도를 여러 주로부터 배제하기 위해 그들에게 훌륭한 체제에 대한 제의를 했다기보다 여러 주의 자유에 추종했다. 그러고는 아들 모리츠가 국가를 유지하는 데 필요한 군사적 기초를 창출하는 데 적절한 조치를 취했다.

최근 유럽의 정치정세에 관한 로앙의 판단에 대해 생각해보자. 프랑스는 30년전쟁 초기에 자신의 이해를 스페인의 위세 앞에 더럽혔다. 그러나 오스트리아-스페인은 전쟁터와 유럽 정치에서 행운에 편승해 이제까지 종교의 구실 아래 은폐되었던 계획을 감히 드러내고, 만투아 공국을 공공연히 억압했다. 그에 대항해 프랑스가 일어나 만투아 공을 지원함으로써 그의 진정한 이해를 다시 내세워 구스타프 아돌프와 손을 잡았다.

그런데 스페인은 이 군주를 과소평가하는 과오를 범했다. 스페인의 강요에 의해 정예의 황제군이 만투아 공에 대항해 이탈리아로 향하고, 그리하여 독일에서 구스타프 아돌프의 성공이 가능해지고, 그러면서 이탈리아 자체에서는 아무것도 거두지 못했기 때문이다. 황제군의 패잔부대는 독일의 전쟁터에서 격퇴되고, 이탈리아로의 입구가 되는 카살레와 피네롤은 프랑스의 수중에 들어갈 수밖에 없었다. 이미 독일 공략을 확정하지 않고 이탈리아를 정복하고자 했기 때문에 양쪽 모두를 상실한 것이다. 로앙은 오스트리아-스페인의 정책에 대한 판단에 이어서, 엄격히 지도되고 일보일보 올바르게 처리하는 리슐리외의 정책 발전을 자랑스럽게 전망했다.

그가 여기에서 묘사하고 있는 여러 모습은 물론 좀 단순화하고는 있으나,[29] 그가 체험한 세계사적 대전환의 핵심을 파악하고 있다. 일찍이 없었던 성공의 절정에 달한 합스부르크가의 제국주의가, 제한이 없는 목표와 아직 존재하는 반대세력을 가볍게 과소평가함으로써 다시 전락한 데 반해[30] 프랑스는 대담하고 심중하게 영도되어 유럽적 궤도를 확보한 것으로 약진했다.

---

29) 스페인은 1629년 대만트바전을 위해 독자적인 황제군의 파견을 희망한 것이 아니라 스페인군에 합류할 단순한 원군을 원했다. 대군의 이탈리아 파견을 결정한 것은 황제였다. 리터(Ritter), 「베네치아에 대한 발렌슈타인의 정복계획」(Wallensteins Eroberungspläne gegen Venedig), 『역사잡지』, 제93권, 54쪽). 『독일사 1555~1648』(Deutsche Geschichte 1555~1648), 제3권, 419쪽.
30) 예를 들어 리터의 판단, 『독일사 1555~1648』, 제3권, 447쪽 참조.

*　*　*

이 책의 끝에서 로앙은 프랑스의 정책을 높이 평가했다—여기에서
도 역시 위대한 지도자의 이름은 거론하지 않는다—특히 로셸의 포
위가 계속되고, 영국은 포위된 측을 지원하고 스페인은 랑그도크에서
반도 위그노를 돕고자 하는 기미를 보였음에도—만투아 전쟁에 간여
하고, 그를 통해 진정한 이해에 따라 프랑스가 1628년에 내린 대담한
결단 때문이다.

어떠한 감정으로 로앙은 이러한 찬사를 보냈을까. 그는 당시(1628)
위그노에 앞장섰으며, 위그노의 제압 없이는 리슐리외의 국가주의적
프랑스 정책이 상승하는 일은 결코 있을 수 없었다. 뿐만 아니라 로앙
은 스페인인에게 손을 내밀어 협정을 맺고, 스페인 정책에 도움을 주었
다. 요컨대 로앙은 리슐리외가 프랑스의 유일하고 진정한 이해—라고
로앙은 분명히 그 저서에서 언급하고 있다—를 바라는 정책을 위해
깊이 고려한 바로 그 순간 그 정책의 가장 위험한 적이 되었던 것이다.
1629년 5월 3일 마드리드에서 대리인 클로젤이 맺은 협정을 자세히 보
면 경탄은 더욱 커진다.[31]

---

31) 협정은 클로젤이 작성한 로앙의 제시와 그것을 사소한 변경으로 받아들인 스
  페인의 추밀원 1등 서기관 돈 판 드 빌레타의 성명으로 이루어져, 로앙이 이
  협정을 비준 서약하고 그에 서명해야 한다는 조건으로 빌레타와 클로젤 양자
  의 서명이 이루어졌다. 그것은 1631년 『프랑스 평론』, 제15호, 455쪽 이하에
  공표되었다. 르 코안트(Le Cointe)의 『루이 13세사에 관한 자료론』(*Recueil
  de pièces conc. l'hist. de Louis XIII*), 제2권, 522쪽 이하에 수록된 이 본문의
  사본(라우겔, 『로앙』, 259쪽에서 언급한다)은 볼 수 없었다. 동일하게 라우겔
  및 프티토에 의해(「로앙의 회상」[Rohans Memoires]-『회상집』[*Collection
  des mémoires*], 제2집, 제18권, 55쪽) 언급된 구제실도서관(舊帝室圖書館)
  소장의 사본도 역시 보지 못했다. 이 조항의 어휘나 내용에 관한 근세사가의
  기술은(라우겔, 프티토 외에 랑케, 『프랑스사』, 343쪽; 라 가르드(La Garde),
  『로앙 공과 루이 13세 치하의 프로테스탄트』(*Le duc de Rohan et les
  protestants sous Louis XIII*, 1884), 296～297쪽; 시베르크손(Schybergson),

로앙은 6천 명의 군단을 유지하기 위해 매년 30만 두카텐의 보조금을 지출할 의무를 지니고, 언제 어떤 방식이건 스페인 왕을 위해 봉사할 것, 만일 로앙이 왕의 양해와 찬성을 얻어 강화 교섭에 들어갈 경우라도 스페인이 원하면 교섭을 파기할 것을 약속했다. 만일 그와 그의 당파가 "특수한 국가를 건설할 수 있을 만큼" 강력해질 경우 국내에서 가톨릭의 자유로운 포교와 관직 임명의 완전한 동등권을 허용하겠노라고 약속했다.

로앙의 조모는 알브레가의 일원으로서 앙리 4세의 대백모(大伯母)였다. 만약 앙리 4세에게 후사가 없었더라면 로앙이 나바라 및 베아른의 상속자가 되었을 것이다.[32] 베아른은 1620년경 종전까지 누리고 있던 프로테스탄트적·지방적인 특권을 박탈당했다. 그것이 로앙 지도하에 일어난 1621년 위그노 최초의 무장봉기의 동기가 되었다. 그가 1629년에 복신을 통해 마드리드에서 남프랑스에서 특수한 프로테스탄트 국가의 건설을 화제로 삼았을 때, 프로테스탄트로서 알브레가의 후예로 베아른을 생각했으리라는 것은 쉽게 상상된다.

그러나 그가 이제 마음속에 베아른이나 다른 지방을 생각했다고 하더라도 그것으로 프랑스의 국가생활과 국민생활의 기틀을 흔들고, 1634년 출간한 저서에서 진정한 효능을 역설한 바 있는 그 이해를 훼손시켰던 것이다. 당시 프랑스에서 반란 귀족은 적국에서 피신처를 찾는 것이 관례였다.[33] 그러나 1629년 로앙의 거취 방법과 1634년 그가 지

『로앙 공과 프랑스에서의 프로테스탄트 당파의 몰락』(Le duc de Rohan et la chute du parti protestant en France, 1880), 89쪽; 라비스(Lavisse), 『프랑스사』(Hist. de France), 제7권, 273쪽 참조) 사소한 개개의 사실에서 서로 다르며 결코 완벽하게 정확하지 않다. 우리는 『프랑스 평론』의 텍스트를 믿는다.
32) 생트 뵈브, 『월요 한담』, 제12장, 249쪽; 라우겔, 앞의 책, 83쪽; 아노토(Hanotaux), 『리슐리외 추기경전』(Hist. du cardinal de Richelieu), 제2권, 제2부, 440쪽은 그것을 시사한다.
33) 아브넬(Avenel), 『리슐리외와 절대군주제』(Richelieu et la monarchie absolue), 제1권, 328쪽.

닌 사상의 모순은 일반적인 정치적 의미를 지니고, 국가이성론의 발전이나 국가이해의 발전에도 빛을 던질지 모를 심리학적 문제를 제의한다. 이 준엄한 인물이 기회주의적 태도를 취하고 패배한 적수로부터 리슐리외 정책에 충실한 하인으로 돌변한 것은 납득하기 어려운 일이다.

우리는 이제까지 그의 정치생활의 세 가지 동기를 보아왔다. 바로 위그노적 음정, 귀족적·왕조적 야망 및 리슐리외적 국가관이다. 그것들은 어떻게 동일한 정신 속에 부각되었던가. 그의 내면에서는 서로 어떠한 상태에 있었던가. 해답을 구하기 위해서 우리는 앙리 4세의 죽음 이래 그의 정치적 경력을 남김없이 검토해야 한다.

이때 제일 먼저 최초의 두 가지 동기가 그를 인도하는 듯이 생각된다. 그런데 그것은 언제나 밀접히 구별되지는 아니하며, 서로 결합하고 인도한다. 1611년에 소뮈르에서 열린 위그노 정치집회는 진정 마리의 가톨릭적이고 스페인적인 새로운 방침에 대한 그들의 관계를 결정해야 했다. 거기에서 평화적 경향과 맞서고 신앙적 동지의 과격한 요구를 대표한 것이 로앙과 장인인 쉴리였다.

그는 그 뒤 몇 해 동안 앞으로 나아갔다. 푸아투의 총독 후임을 거절당한 데 자극이 된 로앙은 1615년 콩데(Condé, 1588~1646)에게 인솔된 귀족파와 위그노의 제휴를 촉진했다. "이제 그들은" 하고 랑케는 말한다.[34] "섭정을 위해 법을 만들고자 한 귀족파와 협력했다." 로앙의 마음을 크게 움직인 것은 순수한 신앙적 관심이 아니었다. 그 뒤 루이 13세가 정권을 잡은 뒤 모후 자신이 프롱드파의 우두머리가 되었을 때 로앙은 철저하게 가톨릭적인 생각을 지닌 모후와 손을 잡는 것이 당분간 유리하리라고 생각했다.

그의 위그노적 동기는 위그노가 전적으로 자력을 믿고 궁정에 맞서 싸운 20년대 투쟁에서 순수하게 나타났다. 로앙의 태도는 이 경우 이전 시대의 구(舊)칼뱅적 전투정신을 호흡하고 있었다. 그는 성서를 갖고

---

34) 『프랑스사』, 제2권, 195쪽.

오게 해, 만약 이 세상에 2인의 개혁과 신봉자가 존재한다면 자기야말로 그중 한 사람일 것이라고 언명했다.[35]

1628년 그는 적의 한 사람에게 다음과 같이 썼다.

"만약 우리 포로를 살해한다면 나도 그대들의 포로에게도 똑같이 할 것이다. 그것은 우리의 동료보다 그대들의 포로에게 더욱 해로울 것이다. 그들은 자기 구제의 확신이 없기 때문이다."[36]

그는 1631년에 변함없는 마음으로 같은 목소리로 주장했다. 즉 딸이 가톨릭 교도와 결혼한다는 소식을 듣는 것보다 딸이 죽었다는 소식을 듣기를 바란다.[37] 그러나 그가 왕관에 대해 투쟁했던 한에서 칼비니스트적 정열은 얼마나 쉽게 순종하지 않는 신하의 반항에 남몰래 옮겨졌던가! 1625년 로앙 및 형제 수비스의 봉기에 관해 랑케는 다음과 같이 말해야 했다.

"그들에게는 왕의 이름에 대한 외경은 없었다. 단지 특수한 당파적 입장만이 안중에 있을 뿐이었다."

로앙은 자국 정부에 반항해 외국과 손을 잡는 개인적 정책을 취하는 일마저 서슴지 않았다. 1611년 소뮈르 회의 뒤 측근을 통해 영국 국왕을 자기 당파에 동조하도록 유도했다.[38] 세 번째 위그노 봉기의 출발점이 된 1626년 영국과 맺은 제휴에 관해 로앙은 말했다. "나는 교회 복지 이외에 어떠한 것도 고려하지 않았다."[39]

스페인과 최초의 정치적 제휴는 1625년에 있었다.[40] 그것들이 극단적이 되어 어떠한 반역 계획에 이르렀던가에 대해서는 우리가 이미 본 바와 같다. 그의 반역행위가 아직 그처럼 최종적 단계에 이르기 전인

---

35) 앞의 책, 257쪽 및 289쪽; 라 가르드, 153쪽.
36) 『로앙 공의 정치론』(*Discours politiques du duc de Rohan*), 1646, 112쪽.
37) 라우겔, 앞의 책, 289쪽.
38) 『로앙 공의 회상』(*Rohans Memoires*), 제2판, 1646, 36쪽; 라우겔, 60쪽.
39) 라 가르드, 앞의 책, 188쪽.
40) 랑케, 앞의 책, 290쪽.

1628년 1월 29일에 툴루즈의 고등법원은 그가 저지른 행동을 이유로 4필의 말로 찢어 죽이는 형을 선고했다.[41]

그러나 다시 한 번 물어보자. 봉건적 야심과 칼비니스트적 반항의 로앙에서, 모든 봉건적·신앙적인 요소를 정화(淨化)해 국가이해에 관해 역설하는 로앙에는 어떠한 다리가 통하고 있는 것일까.

그의 『그리스도교 세계의 군주 및 국가의 이해에 관해』를 조심스럽게 읽은 사람은 그 배경에 분명히 이 다리가 걸쳐 있음을 볼 수 있다. 앙리 4세는 프랑스와 프랑스의 진정한 이해의 전형적 대표자이며, 왕과 리슐리외 사이에 이어지는 시대는 마치 스튜어트가의 정책이 엘리자베스에 의해 대표된 진정한 영국 정치의 체제에서 이탈한 것으로 생각되었듯이, 그 또한 그에게는 정도를 벗어난, 진정한 인도의 별에서 일탈한 것으로 특징지어졌다.[42]

앙리 4세 체제에서 로앙을 개인적으로 움직인 다양한 이해(利害)의 선(線)이 합해져, 그에게서 전적으로 이상적인 것으로 생각된 종합이 되었다. 앙리 4세는 프랑스 내외에서 로앙의 신앙상 동지의 보호자이며 기사적이며 대귀족의 뛰어난 수령이었다. 왕은 이 대귀족의 열망을 강력한 왕권의 이해가 요구되는 한에서는 억제했으나, 그들의 영광은 왕 자신의 왕관에도 영광을 가져왔다. 앙리 4세는 세계적 군주국 스페인과 현명하고 단호하게, 그리고 철저하게 싸움으로써 프랑스에 다시 유럽적 강국의 위세를 가져다주었다.

1579년에 태어난 로앙은 젊은 위그노 세대의 일원으로서 앙리 4세에게 교육을 받았다. 그 세대는 앙리 4세의 개종을 기정사실로 받아들이고, 왕의 옛 동지가 이룩한 것보다 왕과 내면적으로 더 쉽게 협조할 수 있었다. 그는 왕의 총아가 되고 왕이 신임하는 상담역인 쉴리의 사위가

---

41) 라 가르드, 앞의 책, 228쪽 ; 『로앙 공의 회상』, 1646, 285쪽.
42) 당시 여론의 비슷한 파악에 관해서는 큐켈하우스, 『영원한 평화 구상의 기원』(*Ursprung des Plans vom ewigen Frieden usw.*), 50쪽 이하.

되었다. 1610년 쥘리히에 대한 기도, 즉 앙리 4세가 계획한 프랑스의 대대적인 유럽 정책과 권력발전의 발단에 즈음해 로앙은 한때 프랑스 군을 지휘했다. 이 행동이 왕의 살해로 인해 갑자기 중단되었을 때 로앙은 이렇게 기술했다.

"나는 내 생애를 두 부분으로 나누어 앙리 대왕에게 봉사했던 지난 날은 행복이라고 부른다. 앞으로 살아야 할 날은 불행이라고 불러, 전 적으로 슬피 한탄하기 위해서만 그것을 쓰고자 한다."[43]

이러한 생활체험을 기초로 하면 1610년 이후 로앙의 모든 행동이 완전히 이해된다. 갖가지 이상을 맺은 통일의 끈은 절단되었다. 이제 이 상들은 분열되고 종래 지도원리를 잃고 제멋대로 만연되고, 위그노의 에고이즘이 되고, 귀족의 에고이즘이 되었다. 그런데 이 불안정하고 분열된 모든 당파 행위에도 불구하고 앙리 4세가 대표한 프랑스의 거대한 국가이해나 국민적 이해의 우위 아래, 다시 통일과 조화를 유지해 결합하고자 하는 확고하고 강력한 동경이 있었다.

뒤에 서술된 로앙의 회상록에서 그것을 논증할 필요는 없다. 회상록에서 그는 1610년 이래 특수한 이해가 일반적 이해를 망각했음을 한탄한다.[44] 로앙은 궁정에 반항해 투쟁한 세월 속에서 때로 일련의 '논문'[45]을 직접 썼으며, 이를 통해 우리는 훗날의 경향이나 반성에 따라 흐려지지 않는 당시 그의 정치적 사상세계의 진정한 모습과 동시에, 뒤의 국가이해론에 대한 전 단계와 맹아를 묘사할 수 있다.

이들 중 최초의 논문으로, 그 사건 얼마 뒤 씌어진 「앙리 대왕의 죽음에 관해서」는 왕의 죽음이 프랑스를 휩쓴 불행을 그리고 있다.

"나는 왕의 죽음으로 헛되이 된 나 개인의 희망을 한탄하는 것도 아니며, 프로테스탄트파의 붕괴를 두려워해 한탄하는 것도 아니다. 우리

---

43) 『로앙 공의 정치론』, 1646, 11쪽; 라우겔, 42쪽 참조.
44) 『회상록』, 47쪽.
45) 『로앙 공의 정치론』, 1646.

는 지금만큼 존경받고 기대를 받은 적도 결코 없다. 우리는 두 개의 가톨릭 당파 중 어느 쪽과도 자유로이 결부하도록 선택할 수 있기 때문이다. 나는 프랑스가 당한 손실을 한탄한다. 국가는 위기에 놓여 있다."

그는 단지 국내의 혼란뿐만 아니라 프랑스라는 유럽적 강국의 몰락 속에서 이 위기를 보았다. 1612년에 씌어진 제3의 논문에서는 다음과 같이 기술했다.[46]

우리는 앙리 대왕 밑에서는 적의 공포의 대상이요, 우리 편의 피난처였다. 왕의 치세를 멀리하면서 우리는 나날이 약화되어간다. 유럽은 전혀 다른 모습을 드러낸다. 지난날 양대 세력인 프랑스와 스페인 간에는 균형이 있었다. 모순 없이 프랑스는 모든 프로테스탄트를 비호하거나 자기 편으로 하고, 그 위에 스페인과 더불어 가톨릭을 나누어 보호했다. 두 세력은 서로 참지 못하고, 만약 한쪽이 번영하고 다른 한쪽이 쇠퇴할 경우에는 성혼(成婚)을 통해서조차 화해할 수 없다.

그러나 양대 세력의 균형은 그에 지극히 관심을 지닌 모든 나라들, 즉 균형이 없다면 양극 중 더 강대한 국가에 예속되는 까닭에 균등에 대단한 관심을 지니는 나라들에 보호가 된다. 이제 우리는 여기에 일어난 큰 변화를 주시하기 시작한다. 프랑스와 스페인의 현재 연합은 모든 동맹국, 특히 프랑스 동맹국의 눈을 뜨게 한다. 그들 동맹국은 분명히 이 연합이 프랑스와 자신의 파멸을 지향하고 있음을 인식하기 때문이다.

로앙은 이 연대에 씌어진 논문이나 다른 논문에서, 프랑스가 프로테스탄트의 보호를 받아 강대하며, 프로테스탄트는 프랑스의 세력에 의지해 보호받고 있으나, 그로 인해 가톨릭과 가톨릭의 약소국 동맹은 손

---

46) 『시대사적 풍자』, 28쪽 및 33쪽.

상되지 않음을 제시하고자 한다. "프랑스의 여러 왕" 하고 1611년 소뮈르에서 언명했다. "다른 제국 간에 놓인 이 나라의 상태에 따라, 그들 나라가 우리를 우호적으로 대하는 한 오랫동안 유럽의 보호자로서 신임을 지킬 것이다."[47]

1617년의 제6 논문에서는 이렇게 말한다.[48] "우리에게 신구(新舊) 두 종교는 국가의 파멸 없이는 무너질 수 없다. 프로테스탄트의 이해, 또한 많은 가톨릭 국가의 이해도 프랑스의 강대함을 유지하는 데 있다. 프랑스에서 프로테스탄트파는 한편에서는 그 신조에 의해 범그리스도교 세계의 프로테스탄트와 맺어지고 있으며, 다른 한편에서는 그 중심에서 프랑스의 재건자가 대두한 바로 그 당파이다."[49]

프랑스의 국가이해를 단지 프로테스탄트의 이해뿐만 아니라 귀족의 이해와도 굳게 결합하는 것이 당시 로앙의 소원이었다. "왕자의 당파와 프로테스탄트의 당파가 손을 잡으면" 하고 세 번째 논문에서 언급하고 있다.[50] "국가를 재건하고, 현재의 '신분이 낮은 사람들의 평의회'나 로마와 스페인의 연금수령자들의 평의회를 배제할 수 있을 것이다. 귀족과 개혁파 신자가 하나가 되어 왕관의 옛 동맹이 재건되리라."

그런데 로앙은 프로테스탄트적 양심은 그 자체 절대적 가치를 지니며, 자연의 조화에 따라서 국가의 유기적 이해와 일치할 뿐임을 알게끔 하는 한편, 그의 귀족적 이해는 활력 있게 그것을 대표했음에도 불구하고 의식적으로 군주제의 이해에 예속시켰다. 그는 말한다.[51]

어떠한 왕국에서도 귀족의 번영이 왕권을 약화시키는 것과 마찬가지로 왕의 권위가 귀족의 권위를 약하게 함은 확실하다. 그것은 균일

---

47) 20쪽.
48) 62쪽.
49) 34쪽(제3 논문).
50) 36쪽 이하.
51) 59~60쪽(제6 논문).

할 수 없는 균형이다. 즉 두 권력 중 한쪽이 항상 다른 쪽에 대해 우세해야 한다. 그런데 규율 있는 정신의 소유자는 자기들의 강대함은 국왕의 강대함이라고 판단하고, 귀족들은 강대한 국왕 아래 있는 편이 프랑스나 스페인의 감정을 해치지나 않을까 하는 두려움에서 행동을 꺼리는 소군주 밑에 있는 것보다 행복하고 안전하다고 생각한다.

이와 같이 우리는 로앙의 정신이 정치력의 움직임에 내재한 합리적 이해의 용수철을 드러내고 그 법칙을 인식해 행동 기준으로 하고자 하는 데 행해지고 있음을 알게 된다. "설득하고자 하는 사람들의 이해에 관련되지 않은 웅변은 대체로 그들에 대해 거의 효능이 없다"고 로앙은 말한다.[52]

『그리스도교 세계의 군주 및 국가의 이해에 관해』에서 가장 주요한 이론적 근본사상의 하나, 국가의 이해는 국가의 행동법칙이다. 법칙의 내용은 다양하며 모든 국가는 그에 독특한 개성적 법칙을 지니고 있음을 그는 이미 파악했다. "국가의 법칙은 시대에 따라서 변한다. 사람들은 그것에 일정한 원칙을 부여할 수 없다. 한 왕에게 유익한 것은 다른 왕에게는 해를 끼친다."[53] 그리고 다른 말이 있는데, 뒤의 저작에 있었다면 명예가 되었으리라고 생각되는 말이다.

"왕국의 힘은 왕과 동맹자——혈연이 아니라 이해에 의한 동맹자——에 의해 이루어진다."

제3의 논문 「프랑스의 상태에 관해서」는 유럽 제국의 간단한 비교 고찰 아래 군주의 이해에 관한 저작의 맹아도 포함하고 있다. 그가 말하기를, 이들 제국은 스페인, 오스트리아에 대한 두려움을 지니고 있는데, 저마다 특별한 이유로 인해 그러하다. "자유란 얼마나 감미로우며, 손에 넣은 자유를 지키기 위해 민족은 무엇이건 불사함을 누구나 알고

---

52) 47쪽(제5 논문).
53) 19쪽(제2 논문).

있다." 또한 공수 양면에 꼭 같이 유리한 지위에 있는 프랑스 세력에 대해, 지리적으로 분산된 스페인 세력 특유의 약점도 여기에서 명백히 분석하고 있다.

그 연대의 가혹한 당파 활동의 한복판에서 로앙 자신도 그것에 오염되면서, 유럽의 국가체계 테두리 내에서 프랑스의 전체 이해를 파악한다는 더 크고 순수한 과제를 위해 노력했다. 당인(黨人)과 정치가, 위그노와 프랑스의 애국자가 내부에서 갈등했다. 당시, 즉 1612년에 개혁파 신자들이 스위스나 네덜란드인의 선례에 따라서 국가로부터 분리하고자 했다는 혐의를 단호히 배제했다. 그런 일은 그들 나라의 명예나 이익을 위해서도 허용되지 않는다. 그들은 또 지나치게 분산되어 국내에 거주했으므로 그 이유만으로도 그렇게 생각할 리가 없다.[54]

그러나 같은 논문 중 만약 사람들이 위그노를 절망으로 몬다면 영국 왕에게 지원을 요청하고, 그로 인해 프랑스에 파멸과 내란을 초래할지 모른다고 위협했다.[55] 결국 절망이 그를 실제로 그 길로 몰았음은 우리가 본 바와 같다. 그러나 우리는 알고 있다. 리슐리외가 1629년에 위그노의 진압에 의해 그에게 준 운명이 그 시대의 상황에 방해받고 흐려져 있기는 했으나, 이전부터 그의 마음속에 존재했던 힘과 사상을 해방했다는 것이다.

이미 몇 해 전부터 로앙은 그와 신앙상 동지의 무기를 국왕을 위해 언젠가는 알프스를 넘어 싸우기를 열망하고 있었다.[56] 그가 1629년 이후에 리슐리외의 정책을 섬기고 국가이해의 확고한 교설을 발표한 것은 신개종자로서가 아니라 교설을 확신하고 있는 자로서였다.

스페인의 가톨릭적 세계주의와 더불어 대립한 점에서 올바르게 이해된 프랑스의 국가이해와 위그노의 당파적 이해의 결합점은 처음부터

---

54) 39쪽.
55) 33쪽.
56) 1622, 1623, 1625; 라우겔, 137쪽, 167쪽, 177~178쪽 참조.

있었던 것이다. 그를 통해 콜리니와 앙리 4세의 정치적 운명이 로앙에게 어느 정도 되풀이되었다. 콜리니는 1572년 샤를 9세의 궁정에 와서 젊고 병약한 왕의 신뢰를 받았을 때 단순한 당수(黨首)임을 그만두고 프랑스의 국가정책과 팽창정책을 위그노적 기반 위에 행한다는 본연의 정치 목표로 가는 길이 열렸다고 생각했다. 성 바르텔미의 밤이 당시 열릴 듯이 보였던 중요한 가능성을 무산시켰다.

앙리 4세는 당수에서 군주로 바뀌었을 때 분명히 개인적으로는 위그노적 기반을 포기해야 했지만, 역시 그의 정치체제에서는 프랑스의 지배적 국가이해에 위그노의 이해를 넣는 것을 이해하고 있었다. 로앙의 방법이나 목표는 말하자면 콜리니나 앙리 4세의 중간이었다. 프랑스 자체를 완전히 프로테스탄트화하고자 했던 콜리니의 목전에 있었던 최고 목표를 로앙은 단념했다. 아니 처음부터 단념하지 않을 수 없었다. 그러한 일은 더 이상 생각할 수 없었으며 사람들이 보는 한 그도 결코 생각하지 않았다.

한편 운명은 앙리 4세와는 달리 그에게, 그 힘을 충분히 국가의 이념에 봉사케 할 수 있도록 개종을 요구하지 않았다. 오히려 리슐리외는 위그노의 성곽이나 정치적·군사적 특권을 파괴함으로써 어느 정도 위그노의 봉건성을 배제하면서, 그들에게 역시 양심의 갈등을 겪지 않고 국가에 봉사할 수 있을 만한 관용과 자유로운 행동을 남겨주었던 것이다.

로앙은 앙리 4세가 죽은 뒤 몇 해 동안은 개혁파 신자가 독재정치를 요구하지 않고 국내의 진정한 지도적 국가의 당파로 바뀌게 함으로써 당파적 이해와 국가이해를 결부시키고자 희망했다. 그러나 그 일은 불가능했다. 위그노파의 봉건적 야망으로 인해, 즉 앙리 4세에 의해 주어진 봉건적 특권에 의해, 또 국가 속의 국가로서 그 지위를 통해 위그노파에게 심어진 봉건적 야망 때문에 좌절했다. 이들 봉건적 특권은 프랑스의 국가이해를 올바르게 파악한 강력한 앙리 4세의 군주제 아래서는 국가이해를 손상하지 않고 조화를 이루어 공존할 수 있었다.

섭정정치 및 루이 13세 치하의 초기 혼란 속에서, 그들이 키를 잡은 유럽 정책의 그릇된 신항로에서 위그노의 이해는 국가이해에서 벗어나 국가이해가 그릇 이해되고 졸렬하게 대표되고 있다고 부당하게 비난하며, 자기 자신에 대한 이해로 되돌아갔다. 그 결과 로앙은 이제 당파의 봉건적 이해를 가장 강력히 대표하고, 봉건적 이해에 의해——전적으로 그의 이해론(利害論)의 의미에서라고 말할 필요가 있거니와——'명령되었던' 것이다.

그리하여 그의 심중에 생긴 갈등을 그 자신은 해결하지 못했다. 어떤 더욱 강한 힘이, 모순투성이기는 하나 그의 심중에서 필연적으로 서로 얽혀 있던 요소를 따로 나누어야만 했다. 리슐리외가 위그노의 봉건성을 제거하였다. 리슐리외는 로앙에서 프랑스의 정치가요 순수한 국가사상가를, 특수한 당파적 이해의 압력에서 해방했던 것이다. 로앙은 불굴의, 동일한 열정을 지닌 칼뱅주의자요 프랑스인임이 동시에 허용되었을 때 마음속으로 겨우 안도했을지 모른다. 이제까지 잡초와 훌륭한 작품이 동시에 길러져야만 했던 밭에서 쓸모없는 잡초들이 제거된 것과 같다.

라 로셸의 함락은 프랑스의 국가생활, 국민생활의 기원이 되었다. 국민의 지도층은 왕권이 자기들에게 통일과 위대함과 영예를 주기를 갈망했다. 또 이제까지 통일을 방해해온 자들도 열망했다. 동시대인들은 상승되던 새로운 것에 대한 명확한 감각을 지녔다. 그들 중 한 사람은 1629년에 이렇게 기술했다. "이제 분열되고 병에 시든 어제의 프랑스가 아니다. 프랑스에서 도덕적 혁명, 정신의 변화, 나쁜 것에서 좋은 것으로 감미롭고 기쁜 추이가 이루어졌다." 프랑스는 바야흐로 잘 다듬어진 한 가족처럼 될 것이다. 아이들부터 용병(傭兵)에 이르기까지 모두 따르고, 왕들은 유일자인 왕이 주권에 자리를 만들 것이다.[57]

이제 우리는 로앙의 『그리스도교 세계의 군주 및 국가이해에 관해』에

---

57) 발자크, 『군주』(*Le Prince*, 1661년판), 162쪽 혹은 30쪽.

서 볼 수 있는 신앙상 대립의 냉정하고 공리적인 논술이 어떻게 해서 칼비니스트적 확신의 감성과 일치할 수 있었던가 하는 물음에도 답변할 수 있다. 그 자신 운명의 갈등이나 타개로부터 우리가 알 수 있는 것은 그가 언제나 국가이해의 신봉자인 동시에 신앙의 고백자이고자 원하고, 마지막에는 서로 어떠한 방해도 없이 동시에 양자일 수 있었다는 것이다. 이와 같은 조화에 일단 도달한 그는 실제로 결론을 도출하는 데 주저하지 않았다.

벨틀린에서 활동하는 동안 그는 리슐리외와 조제프 신부의 정신에서, 그라우뷘덴의 신앙적 동지의 바람에 반하면서까지 그곳 가톨릭의 이익을 보호했다.[58] 프랑스의 국가이해와 칼비니스트의 이해가 큰 틀에서 이해되었을 때 동일한 정책의 길을 요구했음은 로앙에게서는 신이 예정한 조화처럼 생각되었을 것이다. 그러나 우리는 더욱 깊이 파헤쳐, 막스 베버나 트뢸치의 연구가 밝힌 역사적으로 한없이 중요한 칼비니즘의 저 특징, 즉 칼비니즘의 신봉자들이 전적으로 그 마음을 현세의 사물에 몰두하거나 현혹되지 않고, 현세에서 신의 영광을 증대하기 위해 그 사물들을 영위한 한에서, 그들에게 그 사물들을 엄밀히 공리적이고 합리적인 동시에 활력으로써 영위함을 허용한 칼비니즘의 세속 내적 금욕주의를 상기해야 할 것이다.

그를 통해 정치에서도 신앙적 요소를 순수히 공리적으로 평가할 수 있게 되었다. 만약 모든 정치 위에 신의 영광이 높이 솟아—왕을 섬기는 위그노의 상투어처럼 '신의 나라는 그 스스로 완전하다'[59]—모든 정치도 신의 영광에 봉사해야 된다는 암묵의 유보만 행해진다면, 막스 베버는 서구 근대 자본주의의 정신이 어떻게 세속 내적 금욕의 충동에

---

58) 라우겔, 309쪽, 313쪽, 335쪽; 로트(Rott), 『프랑스 외교 대표사』(*Hist. de la représent. dipl. de la France etc.*), 5쪽, 89쪽, 144쪽 및 『외교사평론』(*Revue d'hist. diplom*) 제27권, 167쪽.

59) 시베르크손, 16쪽.

의해 배양되었는가를 보여줄 것이다. 그러한 충동이 근대 국정의 정신은 낳지 못했다고 하더라도 그것을 조성하고 촉진했음은 로앙의 경우가 말해주리라. 신앙 투쟁의 시대와 순수한 국가이성의 시대가 로앙에게는 밀접하게 내면적으로 관련되어 있었다.

*　*　*

이렇듯 로앙의 생애는 그의 국가이해론에 대한 가장 훌륭한 주석을 제시하고 있다. 국가이해는 당시 상황에서 유기적으로 발생되고, 그것이 올바르게 이해되건 그릇 이해되건 국가를 번영이나 침체로 인도하는 것으로서, 또 위그노와 같은 국가와 유사한 형태로 필연적으로 생겨나고 그때 상위 본래의 국가이해와 기묘하게 결합 교차되었다. 그 경우 국가이해의 편이 잘 이해되고 강력히 주장되어, 역시 국가이해가 더욱 강력한 것임이 판명되지 않을 수 없었다. 봉건제도로부터 생겨나고 종파의 분열문제로 이제 새 위협에 직면한 프랑스의 낡은 군주제에 대해 때마침 정당을 지닌 근대적 입헌국가에서와 같은 과제가 제기되었다. 근대 정당도 그에 내재된 충동에 의해 그 본래 이해가 더 높은 국가이해와 때로는 교차되고 때로는 일치되는, 국가와 비슷한 형성체이자 그렇게 되지 않을 수 없는 것이다.

어느 경우에도 더 높은 국가이해에 모든 국가와 유사한 형성체에 대한 승리를 얻게 하는 것이 필요했다. 그런데 여기에는 본질적인 차이가 존재한다. 국내에서 자유로운 활동에 근거한 근대국가는 정당의 국가 유사성을 완전히 배제하지 못하며, 정당의 독자적 이해의 신경을 완전히 말살할 수 없다.

그 대책은 의회제 국가에서는 다음과 같다. 즉 개개 정당과 정당 지도자 자체가 국가 전체에 대한 책임을 지고, 정당의 체내에서 국가의 체내로 들어가고, 만약 그것을 실행할 능력이 있다면 국가의 입장에서 생각하고 행동해 국가로부터 '명령되'어야 한다. 그리하여 당파 속에 전개되는 생생한 힘을 국가 전체에 도움이 되게 하는 것이 근대 국가에서는 더 성공하고 낡은 군주제에서는 덜 성공한다.

낡은 군주제는 동일한 목표를 다른 수단으로 추구해야 했다. 낡은 군주제는 자기가 이용하기 위해 로앙과 같은 인물의 힘을 해방하려면 로앙이 관련된 국가와 유사한 형성물을 전적으로 타파해야 했던 것이다. 이 낡은 군주제는 국내의 정치적 자유를 아직도 허용할 수 없었으며, 또 국가와 유사한 형성체에 압도되지 않고 자기 테두리 내에서 그것들에게 적지않이 자유로운 활동을 허용할 만큼 덜 강력했으므로, 국가 내 국가나 국내에서 특수한 정치적 자치를 전적으로 감당할 수 없었다.

위그노의 자치정신을 보호하는 동시에 제한할 수도 없었던 앙리 4세의 체제는 궁극적으로 독자적인 개성에서 비롯되었다. 리슐리외는 섭정정치의 경험에 비추어, 모든 자치적 권력이 파괴되고 국내에서 특수한 정치적 이해가 분쇄된 뒤에만 중요한 국가이해가 지극히 순수한 형태로 전개될 수 있음을 잘 알고 있었다. 이때 국가이해의 대내외적 전개는 긴밀하게 협력했다. 국가의지는 권력 이해를 대외적으로 관철하기 위해서 국내에서 재정적이며 군사적 힘의 풍요로운 원천을 개발해야 했거니와, 당시에는 오직 절대주의 체제를 실시함으로써만 가능했다. 그런데 다음과 같은 문제가 제기된다.

로앙 역시 이해론에서 이러한 결론을 내릴 결심을 했는지 여부와 그가 위그노의 자치가 파괴된 뒤, 원칙적으로도 리슐리외의 절대주의 기반에 서서 대내정책을 대외정책과 마찬가지로 시인했던가 하는 문제이다. 이 문제는 그의 말로부터는 답변을 얻을 수 없으나 우리는 내면적인 이유로 인해 이 물음에 긍정적으로 답변하기를 주저한다.

로앙의 정치사상에서 본래 인도의 별은 언제나 앙리 4세의 체제였다. 로앙이 리슐리외를 섬길 수 있었던 것도 리슐리외가 앙리 4세의 체제를 쇄신했기 때문이며—또 한정해서 다음과 같이 부언해도 될 것이다—쇄신하는 한에서였다. 그런데 앙리 4세의 체제는 국내에서 절대주의를 완전히 전개하지는 못했다. 귀족의 독립된 힘은 그 체제에서는 단지 굴복되었을 뿐 파괴되지는 않았다. 그 체제의 내면적 뿌리는 저 옛 프랑스의 왕권주의이며, 대외적으로 강력히 빛을 발하는 국민적 왕권에 대한 극히 순수하고 소박한 열렬한 감격을 왕권의 봉사자들에 대한 반정부적 저항과 결합시킬 수 있었던 것이다. 즉 후에 리슐리외에 대한 귀족의 투쟁에서 일컬어지듯이 '왕의 편, 추기경의 적'이었다.[60]

리슐리외가 그 길을 연 무제한의 절대주의는 경험이 제시하듯이, 결국 리슐리외가 위그노에게 허용하고 로앙이 자기 편에 들어오게 한 그 정도의 신앙적 관용까지 위협했다. 리슐리외의 일생의 사업이 바람직하지 못하게 귀결된 것은 당시에는 예견되지 않았으나, 로앙은 리슐리외를 섬김으로써 위그노가 스스로 무덤을 파는 것을 도왔던 것이다. 로앙은 유럽적 이해가 요구한 까닭에 국내에서 프로테스탄티즘을 허용하지 않을 수 없으리라고 적절히 이해된 프랑스 국가이성에 봉사하는 것으로 믿었다. 아니 당시는 그렇게 믿을 수밖에 없었다.

사람들이 올바르게 말했듯이, 그는 이탈리아의 싸움터에서 자기 신앙의 승인을 위해서도 싸우고자 했다. 다름 아닌 이 싸움터에서 귀족의 억제되지 않는 왕성한 힘도 충분히 분출될 수 있었으며, 옛 프랑스의 왕권주의도 모습을 감추는 일 없이 힘을 발휘할 수 있었다.

이것을 로앙 이상으로, 그러니까 자기의 힘을 그처럼 오랫동안 불모의 반항 속에서 소모하고, 마침내 프랑스의 유럽적 이해를 위한 정치적·군사적 활동 속에 열망했던 왕에 대한 헌신을 찾아야 했던 로앙 이상으로 분명히 감지할 수 있었던 인물은 아무도 없었다. 그가 쓴『그리스도교 제국에서 군주의 이해와 주장』과 같은 연대에 이루어진 카이사르의『갈리아 전기』주석서인 그의『완전한 장수』에는 그에 관한 교훈들이 들어 있다.[61] 그것은 때로 언급된 당시 국정론과 관련되지만 개인

---

60) 아브넬,『리슐리외와 절대군주제』, 제1권, 148~149쪽.
61) 내가 갖고 있는『시저의 갈리아 전기 주석』(*Abrégé des Guerres de Gaule des commentaires de César*)이라는 1638년판(파리, 장 우제〔Jean Houzé〕)

적 체험의 명백한 색채도 띠고 있다.

"타국의 지원에 의지하지 않는 강대국은 얼마 되지 않는다"고 저서에 씌어져 있다.[62] 또 그 국가들은 전적으로 자기 자신에 대해 경계해야 한다. 강대국도 그처럼 강대하지 않은 국가와 마찬가지로 좋은 요새를, 그것도 조금, 나라의 중심이 아니라 국경에 갖고 있으면 된다.[63] 강대국은 대외전쟁보다 내란을 두려워해야 하는데, 왜냐하면 전혀 내란이 없는 강대국은 결코 공격당하지 않기 때문이다. 또한 지배를 결코 문벌의 수중에 오랫동안 존속시켜서는 안 되며, 단지 일대(一代)에 한정할 필요가 있다.

그러나 내란에 대처하는 가장 중요하고 강력한 수단은 대외전쟁을 유지하는 일이다. 전쟁은 한가함을 추방하고 모두, 특히 야심에 찬 침착하지 못한 인물을 몹시 바쁘게 만들고, 사치를 쫓고, 민중을 호전적으로 만들고, 이웃의 모든 싸움의 중재자가 된다는 명성을 심어준다. 이러한 원칙은 강대국에 대해서는 아주 훌륭하다. 강대국에는 필요하나, 모든 종류의 전쟁을 두려워해야 할 소국에는 위험하다. 소국은 그 경우 더 강력한 강대국의 먹이가 될 위험에 놓이게 되기 때문이다.

레디기에르(Lesdiguières, 1543~1626)는 1620년에 대스페인전을 권고했다. 국내의 내란을 예방하고 프랑스의 호전분자들을 이탈리아 평원에 고정시켜 움직일 수 없게 하고자 함이었다.[64] 그런데 대외전쟁이 반란분자의 준동을 방지하는 유효한 수단이라는 생각은 대체로 당시 국정에서 공유되던 재산이었으며,[65] 당시 일어난 전쟁 동기에 관한

이전의 1636년판에 관해서는 라우겔, 앞의 책, 293쪽에서 언급하고 있다.

62) 363쪽 이하.

63) 이에 관해서는 보댕, 『국가론』(De Republica), 제1권, 제5부, 제5장 참조.
"그러나 이러한 명령권은 유일자의 지배에 의해 유지되므로, 그 소령(所領)이나 속령에 대해 극히 널리 퍼져 있다. 그리하여 왕국을 적에게서, 또 시민의 동향에서도 더욱 쉽게 지킬 수 있도록 자신의 왕국의 경계 이외에 견고하게 방비된 도시나 요새를 세울 필요는 없다."

64) 두파이야르, 『레디기에르』, 527쪽.

연구를 더욱 깊이 고려할 필요가 있다. 리슐리외는 대외전으로 국내의 부담을 덜고자 하지는 않았으나,[66] 대외전이 가져온 효과를 환영했다. 외적에 대한 전쟁은 국가의 봉건성을 제거하고, 국내의 자치정신을 근절하고, 분열된 국민의 힘을 국가 이익을 위해 봉사하도록 통합하는 데 가장 유효한 수단 가운데 하나였다.

그런데 그러한 동기에서 기도된 전쟁 속에 한 줄기 강렬한 봉건적 정신, 기사적 공명심, 행동욕이 함께 스며들지 않을 수 없었다. 예를 들어 잘 알려진 바와 같이, 근대 권력정책, 이해정책의 역사를 개척한 샤를 8세의 대규모 이탈리아 침공은 결코 순수하고 냉철한 국가이성에서 기도된 것이 아니라 기사적 모험이기도 했다. 카를 5세와 프랑수아 1세의 대투쟁에서 동시에 울려 퍼진 기사적 동기도 잘 알려져 있다. 근대국가 자체는──근대 관료기구와 군후 궁정의 관계 및 옛 상비군의 구조를 생각해보자──처음부터 어느 정도까지 특출한 기사와 같이 행동했다. 이 경우에도 새 시대는 내면적으로 서로 융합되고, 낡은 시대는 새 시대에 양액(養液)을 부여하여, 스스로는 멸망하면서 새로운 시대의 성장을 돕는다.

---

65) 데자르댕(Desjardins), 『16세기에서의 도덕감정』(*Les sentiments moraux au 16. siècle*, 1887), 304쪽 이하에는 16세기 중엽의 증거가 다수 제시된다. 또 마키아벨리, 『군주론』, 제21장 및 보댕의 앞에 든 부분을 참조. 이미 아리스토텔레스가 『정치학』, 제5부, 제9장에서 전제군주는 신하가 분주해하는 지도자를 필요로 하도록 전쟁을 일으킨다고 말하고 있다.
보테로는 『국가이성론』, 제3부(1606년판, 107쪽)에서 다음과 같이 말한다. "스페인은 그 민중을 대규모의 대외전에서 정신없이 만드는 데 비해, 프랑스는 이웃나라와 평화를 유지하면서도 칼뱅파의 이단으로 인해 스스로 반란을 일으켜, 스페인은 대단히 평온한 데 비해 프랑스는 언제나 반란 속에 있다." 캄파넬라의 스페인 군주정에 관한 논문, 제20장; 키아라몬티, 『국가이성론』, 371쪽; 프라케타, 『군주론』, 134쪽; 베졸트, 『정치학』 2권, 774쪽; 클라프마리우스에 관해서는 헤겔, 앞의 책, 54쪽 참조; 스피노자는 『국가론』(*politischen Traktat*), 제7장, 제20절에서 다음과 같이 말한다. "왕은 국내 귀족에 대해 평화를 유지하기 위해 대체로 귀족 때문에 전쟁을 치른다."
66) 몸젠, 앞의 책, 228쪽.

이러한 시대의 내적 혈연은 분명히 로앙이 양 시대에 걸쳐 속할 수 있음을 밝혀준다. 그럼에도 국내 요새의 구축에 관해 언급하고 있는 『완전한 장수』 중에 나오는 말을 읽고, 또 그때 『그리스도교 세계의 군주의 이해와 주장』의 근본사상을 상기한다면 사람들은 자신이 이전에 행한 행동을 그처럼 부정한 말에 놀라움을 금치 못할 것이다. 국내 작은 요새들이 내란의 가장 위험한 실력 수단임을 누가 로앙 이상으로 잘 알고 있었을까. 랑그도크 및 세벤의 소도시나 성곽 방어자로서 그는 군사적 명성을 획득했다.

그가 방어한 위그노의 안전지대가 리슐리외에 의해 파괴되었음을 『완전한 장수』의 문장이 최종적으로 확인한다. 만약 일종의 무원칙성이 새로운 국가이해 정책의 가장 내면적 본질임을 이해하지 못한다면 로앙이 이전 활동에 대해 그처럼 부인한 것은 지조가 없다는 인상을 줄 것이다. 그러한 무원칙성은 마키아벨리에게는 전적으로 합리적인 것으로 윤리적 원칙이나 목표를 통해 방해받지 않고 추진되어야 할 국가 에고이즘의 순수한 산술(算術)로 나타났다. 배후에 '덕성'——이상(理想)이라는 윤리적 동기와 열렬한 이탈리아적 애국심이 숨겨져 있었음은 마키아벨리의 개성 전체를 고찰하면서만 인식되었다.

로앙도 사정은 비슷했다. 그의 내부에는 프랑스의 영광과 위대함을 위한 열렬한 투사와 더불어 긍지 높은 불굴의 봉건적 위그노의 옹호자가 처음부터 맥박치고 있었다. 그러나 그가 동시대인의 정신에서 강조한 이해정책 자체는 동지와 적의 힘에 대한 냉철하고 합리적인 계산이었다. 이해론(利害論)의 바로 이러한 타산적 성격이 그가 이 이해론을 대표하고 그 자신의 과거를 부인하기 쉽게 했던 것이다. 순전히 기술적인 과제가 문제였으므로 그는 냉정한 객관성으로 자기 자신의 이전 반역성에 대한 처방을 내릴 수 있었던 것이다.

관찰은 계속된다. 순수 국가이해라는 대사상, 즉 우연적인 모든 것, 충동적인 것을 가차 없이 국가이성 아래 엄격히 종속하게 하자는 대사상은 리슐리외와 로앙에 의해 남모를 감동과 열광으로 일종의 복음처럼 느껴졌다. 그러나 이 교설은 또 구체적 현실이나 국가권력의 대내외적인 갖가지 관계에 적용되어 자칫 영혼이 없는 타산, 정치의 공리적 기술이나 기구로 퇴화할 가능성이 있었다. 그리고 그 시대에는 그와 같이 냉철하고 무미건조한 기계성의 경향이 있었다.

이미 마키아벨리에게서 그러한 기계성은 독자의 윤리적 감각을 가로막는다. 국가는 당시 도덕적 가치를 충분히 포함하지 않았으며, 국민의 문화생활에 충분히 뿌리를 내리지 않았다. 국가는 충분히 계산된 권력장치와 자국이나 타국의 힘을 계산하는 이해정책의 기계적 수단에 의해 겨우 봉건제로부터 일어날 수 있었다. 물론 우리가 본 바와 같이 이 합리성 속에 기사적이고 봉건적인 공명심이나 행동욕의 비합리적인 실〔系〕이 섞여 짜이고, 또—반종교개혁 시대, 특히 스페인에서—신앙적 경향과 열정이 짜였다.

국왕 · 기사 · 성직자가 협력하거나 등지면서 시민계층 가운데 유능한 자들의 지지를 받으며 근대국가를 창건했다. 그리하여 형성도상의 근대국가는 숱한 모순을 수용하지 않을 수 없게 되어, 그 모순의 영향으로부터 스스로를 지키기 위해 행동면에서 어느 정도 타산적이고 냉철해져야 했다. 그리고 이해(利害)를 기계적으로 파악하지 않을 수 없었다. 16세기와 17세기 초의 정치사를 개별적으로 생각하면 순전히 마키아벨리적인 국정이나 사고방식과 혼탁하고 불투명한 격정이나 충동이 기묘하게 병존하는 것에 언제나 새삼 놀라게 된다.[67]

그런데 이해정책과 이해론의 승리의 행진은 그것이 당시 수반하고 있던 기계적 성격 덕분에 더욱 쉽게 되었다. 그러한 정책이나 이론을 추진하는 것은 우리가 앞에서 말했듯이 마치 일종의 장기놀이의 즐거

---

67) 17세기에서의 국정 및 갖가지 격정에 관한 슈티베(Stieve)의 논문(그의 『강연과 연설』〔Vorträgen und Reden〕, 1900에 수록)은 당시 정치에서의 격정이 분담하는 역할을 훌륭히 서술하고 있거니와, 그 합리적인 이해 동기의 의의에 대해서는 과소평가하고 있다.

움과도 비슷해 오늘날 노련한 외교관이 느끼는 듯한 기쁨을 주었다. 그것은 놀이와 같은, 스포츠의 성격을 띠고 있었다. 유럽의 크고 작은 군주의 숨겨진 동기나 수단을 올바르게 계산하고 논하는 것은, 강한 정신의 소유자에게 얼마나 자극적이었을까! 오늘은 이 상대를 시험하고, 내일은 저 상대와 겨루는 일은 투기사에게 얼마나 매혹적이었을까.

이해론은 오늘은 이 이해에서 내일은 저 이해로 생각을 바꾸는 기민한 술책도 가르쳤다. 그리하여 특히 17세기에는 외교상 일종의 용병주의(傭兵主義), 즉 어떠한 권력과도 벗하고, 어떠한 이해도 교묘하게 계산할 준비가 된, 능숙하거나 혹은 덜 능숙한 일군의 외교관 주재관 · 대리인 · 통신원 · 저널리스트가 대두되었다. 17세기 말과 18세기에 로앙이 쓴 저작을 갖가지로 모방한 것은 이 일군에서 유래한다. 그 모방이 정치적 재능으로 기술된 한 유럽의 정치 상태와 정치적 정신의 변화를 교훈적으로 묘사해준다. 그러나 이해론이나 그와 결부된 국가이성론을 더욱 심오하게 발전시키고, 또 다른 삶의 영역으로 그 교설들을 조명하고, 정치적 · 역사적 사유의 추이 전체와 그 교설의 관련을 추구하기 위해서는 이들 정치의 장인(匠人)들뿐만 아니라 특히 정치적 사유와 행동의 거장과 맞서야 할 것이다.

19세기 역사주의에 미치는 쇠사슬을 이러한 방식으로 만들어내 국정과 역사 파악의 발전에서 어떤 관련을 지니는지 밝히는 것이 다음 여러 장에서 의도하는 바이다. 첫째로 리슐리외의 주변에서 진정한 국가이성 가운데 또 하나의 대표가 발언하게 하자.

제7장 가브리엘 노데

우리는 지금까지의 고찰에서 17세기에서 가장 뛰어난 국가이성의 실천가였던 리슐리외의 주변을 말하자면 활〔弧〕을 그리며 돌아, 그의 정치가적 정신에서 캄파넬라, 1624년 『논고』의 필자 및 로앙 공을 향한 조명과, 그들로부터 리슐리외 생애의 사업 위로 비친 반사를 규명하는 데 만족했다. 단지 반사에 그치는 것이 아니라 그 자신의 빛도 방사하는 새로운 거울을 리슐리외와 동시대인인 가브리엘 노데(Gabriel Naudé, 1600~53)의 저서 『쿠데타의 정치적 고찰』에 세우기를 시도하며 고찰을 계속하고자 한다.

그것이 정당한 까닭은 국가이성이라는 이념의 관련이라는 배경을 감지할 만큼 행위의 세계에 충분히 가까이 일정하게 서고, 그 문제들에 관해 사색적으로 숙고할 만큼 충분히 거리를 유지하고 있는 사람들 편이 행동하는 정치가들보다 명백하고 완벽하게 나타나기 때문이다. 프리드리히 대왕에게서와 같이 우리의 연구가 간과할 수 없을 만큼 훌륭하게 행동과 사색이 일치되고 있는 것은 극히 예외에 지나지 않는다. 우리가 취급한 4인의 리슐리외 동시대인과 그의 위성인 사람들 중 유일하게 순수한 서재의 학자인 노데가 실제 행동을 한 다른 사람들보다 더 날카롭고 의식적으로 국가이성을 지향하는 행위에서 정신적이고 인간적인 관련과 성과를 거두었음은 실로 독특하다.

가브리엘 노데는 1600년부터 1653년까지 생존했다. 의사로 사회활동을 시작했으나, 1631년에는 로마에서 교황의 외교관으로 활동을 펼쳤다. 우르바노 8세의 사절로 프랑스에서 활약한 바그니(Bagni) 추기경의 사서관이 되어 1641년 추기경이 사망할 때까지 그를 섬겼다. 리슐리외가 사망한 1642년에는 리슐리외로부터 사서관으로 파리에 초빙되었고, 마자랭의 명에 따라 사서관으로 임명되었다.

노데는 사서관이요, 큰 규모의 장서가이자 도서관 설립자였다. 완벽한 문체의 라틴어로 당대 학자들과 부지런히 교류하고, 사람들이 추모했듯이 나무랄 데 없이 절제 있는 생활을 했다. 모토는 '집 밖에서는 풍습에 따르고 집 안에서는 자기 뜻에 따라서'였다.[1] 그의 학자생활에는 별 문제가 없었던 듯 보인다.

1633년에 처음 나타난 교훈적인 소저작 『정치학 서지(書誌)』는 그가 산 시대의 정치문헌에 관한 노데의 박람강기(博覽强記)를 말해준다. 그런데 특히 우리의 흥미를 끄는 것은 친밀함과 불편함이 때때로 교차된 캄파넬라와의 개인적 관계였다.[2] 노데는 캄파넬라의 운명을 깊이 통찰해 소책자에서 그를 "열화를 지닌 괴물 같은 재능의 사나이"라고 칭했다.

캄파넬라가 노데, 스키오피우스, 크리스토프 폰 포르스트너와의 교분을 통해 프랑스와 독일에 방사한 불꽃을 규명한 것은 그것만으로도 독자적으로 연구할 만한 가치가 있을 것이다.[3] 노데가 그와 멀어졌던 연대에 캄파넬라가 형이상학과 정치를 혼합한 것에 예리한 비판을 가

---

1) 1843년에 씌어진 노데에 관한 생트 뵈브의 에세이(『문학초상』〔*Portraits littéraires*〕, 제2권 수록) 및 『노데 서간집』(*G. Naudaei epistolae*, 1667) 중 생애의 보고 참조.
2) 이에 관해서는 아마빌레, 『나폴리의 저택에서의 캄파넬라』(*Campanella ne' castelli di Napoli*), 제1권, 437쪽 이하 및 제2권에 인쇄된 노데의 편지 참조.
3) 카바살라, 『캄파넬라에 대한 프로테스탄트의 학적 논쟁』(*Protestant. gelehrte Polemik gegen Campanella*, 1909)의 몇 부분 및 블랑쉐, 『캄파넬라』(*Campanella*), 529쪽 이하.

했으나, 그가 캄파넬라로부터 적잖은 자극을 받았음은 틀림없을 것이다.[4] 캄파넬라가 시인한 이상으로 냉철한 노데 속에는 마키아벨리즘이 강하게 스며들어 있었다. 그러므로 우리는 마키아벨리와 더불어 캄파넬라야말로 노데가 그의 주인인 바그니 추기경의 권유로 쓰고 1639년 추기경에게 헌정한 『쿠데타론』의 정신적 대부라고 추측해도 좋을 것이다.

이 저작은 결코 많은 독자가 아니라 좁은 범위의 정치 전문가와 세련된 정치적 감각의 소유자들을 위해 쓰인 것이므로, 서문에서 언급되었듯이 처음에는 12부가 인쇄되었다. 그런데 사실 초판 부수는 더욱 많은 것으로 알려지고, 같은 해 파리에서 신판이 속간되고 난 뒤에 여러 판이 나왔다고 한다.[5]

그것은 17세기에 마키아벨리적인 형태를 대표하는 국정의 가장 저명한 교본이 되었다. 이탈리아가 '국가이성'의 문헌과, 클라프마리우스가 뿌리를 내린 '비밀'의 문헌이 개척한 길을 의식적으로 포기하고, 마키아벨리 외에 유스투스 립시우스,[6] 샤롱(『지혜에 관해』, 1601)과 결부되고, 그의 저서의 직접적 대상은 아니나 그의 모든 사고방식에 결정적이 된, 큰 감화를 준 미셸 드 몽테뉴(Michel de Montaigne, 1533~92)의 이름을 들고 있다.

노데는 몽테뉴로부터 그 시대에는 이룩하기가 아주 어렵고 희귀했던

---

4) 아마빌레, 제2권, 281쪽.
5) 필자에게는 1667년판(로마 사본에 의한)과 1673년판이 있다. 후자에는 두메가 노데에 대한 광범위하며 논쟁적인 주를 붙였다.
6) 유스투스 립시우스는 앞에 든 1589년의 교본에서 온건한 마키아벨리즘을 대표한다. 그것이 국가이성에 관한 고대적 사상의 자료집으로서 아무리 쓸모가 있다고 하더라도, 우리의 가치에 비추어 철저하게 분석할 만한 가치는 없다. 이에 대해 자네의 『정치학사』 제4판, 제1권, 561쪽 이하를 읽기를 권한다. 거기 571쪽 이하에는 노데에 관한 1장도 없다. 자네의 훌륭한 책도 유감스럽게도 정치이론을 지나치게 정치학적으로 취급하고 있다. 특히 리슐리외를 필요 이상으로 마키아벨리와 대립시키고자 시도하고 있듯이, 국가이성의 문제는 그에게 충분한 범위로 명백히 이해된 것은 아니었다.

일, 즉 학문적 지식과 세속적 삶의 안목을 결부하고 책과 인간에 관해 동시에 자유롭게 사색을 함으로써 자기 사상에 끼친 고대적 모범의 크나큰 압력을 가볍게 하는 기술을 배웠다. 위대한 자유사상가의 정신적 대담성과 현실성, 상대화하는 회의주의, 인간 심정의 미로에 대한 감각 및 새로운 윤리적 근거를 탐구하는 깊은 요구는 노데의 사상에도 반영되어 있다.

클라프마리우스와 그 밖의 사람들이 정치가를 실정법(實定法)의 구속에서 해방하고 증상 은폐의 수단을 허용함으로써 마키아벨리에게 양보한 것이 아직 법이나 관습의 한계를 극복할 가능성을 정치가에게 창출하게 하지 못하고 있다는 생각이 노데에게 뿌리 깊었다. 그러므로 그는 마키아벨리의 처방을 더욱 깊이 취했으나, 마키아벨리도 사실상 그러했듯이 사람들이 정치가에게 허용하는 비도덕적 행동이라는 것도 결코 내면적으로 무제한인 전제적 방종을 인정하는 것이 아님을 파악했다. 법과 관습의 한계 내에 머물러 있는 보통의 일반적 국가법칙에서, 이탈리아인의 '국가이성'이 클라프마리우스의 '국가의 비밀'과 일치하는 '국가의 준칙'을 제일 먼저 구별하고, 이어 그 자신이 첫 번째로 취급한 쿠데타를 구별했다.

양자에 공통된 표지는 '공통의 선'을 위해 일반법을 위배한다는 점이다. 국가의 준칙에 따르는 행동에서는 분명한 이유·선언·포고 등이 행동에 선행한 데 대해, 쿠데타에는 구름 속에서 천둥소리가 울리기도 전에 번개가 떨어진다. 그러므로 앙리 4세 치하의 비론 사건, 엘리자베스 치하의 에식스 백작사건은 소송이 선행된 까닭에 '준칙'에 속하고, 앙크르 원수사건 및 데이비드 리치오 사건은 쿠데타에 속한다.

그런데 가령 집행의 격식이 선행한다 하더라도 종교가 도를 벗어나 세속화되었을 경우 그것을 또한 쿠데타라고 부를 수 있다. 예를 들어 '오랫동안 마키아벨리즘에 감염된' 베네치아인이 '우선 우리는 베네치아인이며 다음으로 그리스도 교도'라고 말한 경우나, 그리스도교 군주가 터키인에게 구원을 요청한 경우가 그것이다. 그런데 아주 비정상적이고 지나치게 광범위한 결과를 유도하는 행동, 즉 성 바르텔미의 밤, 기스 공의 살해, 네덜란드인과 앙리 4세의 동맹, 게다가 노데가 감히 시사한 바에 따르면, 앙리 4세의 구교로의 개종도 쿠데타의 개념에 속했다.

이와 같은 개념 형성의 논리적 약점을 비판할 필요는 없다. 주요한 점에서 그가 말하고자 하는 것은 명백하다. 그는 이들 '쿠데타'를 모두 변호한 것이 아니라 정당한 것과 부당한 것, 당당한 것과 폭악한 것을 구별하고, 정당화된 쿠데타를 위해 기준과 힌트를 세우고자 했던 것이다. 쿠데타는 공격을 위해서가 아니라 그 속에서 서로 속여야 할 허위와 속임수에 찬 이 세상에 대해 방어하기 위해 허용된다. 거기에는 '필연성'이, 혹은 국가나 군주의 분명하고도 중요한 공공의 이익이 존재해야 한다. "군주의 명예, 조국애, 민족의 복지는 사소한 많은 결함이나 부정을 메워주기" 때문이다.

사람들은 성급한 것보다 느긋하게 행동하는 것을 즐기므로 쿠데타라는 방편을 자주 행사해서는 안 된다. 언제나 온건하고 가장 가벼운 방편을 선택하고, 사형집행인이 아니라 의사로서, 격정이 아닌 총명함을 지니고 행동해야 한다. 만약 교회와 성직자가 더 보호되었다면 '로마의 약탈'에 대한 증오는 약해졌을 것이다. 또 쿠데타를 행할 때는 사람의 이를 빼듯이 언제나 연민과 걱정을 가져야 한다. 그러한 방책을 불필요하게 하든가 완화할 수 있게 하는 모든 방법을 심사숙고해야 한다. 말하자면 전적으로 선할 수 있는 군주는 적어도 절반은 선해야 한다. 노데가 (미리 음모된 것으로 추측한) 성 바르텔미의 밤에 일어난 아주 위험한 결과에도 불구하고, 그것을 전적으로 정당한 쿠데타로 말한 사실에 비추어[7] 우리는 충분히 그 속에서 합리적인 마키아벨리즘을 본다.

이것만으로 노데에 대한 역사적 관심을 지닐 수는 없다. 마키아벨리즘은 국가생활에 대한 일종의 진리 및 가치와 은밀한 결합을 이룸으로

---

7) 그는 그것이 충분히 철저하게 수행되지는 않았다고 비판했다.

써 비로소 역사적 생명이 되었기 때문이다. 이러한 사실을 인식하고자 하는 가차 없는 진리에 대한 용기를 노데도 지니고 있었다. 보댕과 마찬가지로 노데는 고국의 마키아벨리즘적 실천을 결코 감추지 않고, 샤를 7세가 오를레앙의 처녀에게 쿠데타를 당한 이래 허약한 몸이 강력한 수단에 따라 생명이 유지되듯, 프랑스는 일련의 전략을 통해 생존이 유지되어왔음을 공공연히 시인했다.

그는 또 쿠데타의 무서운 분열성을 충분히 알고 있었다. 말하자면 병도 주고 약도 주는 텔레포스의 창과 같으며, 잘 쓸 수도 잘못 쓸 수도 있는 검과 같다. 또 기쁜 얼굴과 슬픈 얼굴의 두 얼굴을 지닌 에페소스의 디아나와 같으며, 교황과 악마의 모습을 동시에 새기는 이단자의 메달과 같다. 또 보는 사람의 위치에 따라서 각각 삶과 동시에 죽음을 표현하는 그림과 같다. 한순간에 유용한 것이 다음 순간에는 해로운 일도 있는 법이다.

노데에게 이러한 통찰은 몽테뉴의 영향이 짐작되는 자유롭게 부동하는 삶의 기분으로까지 높여졌다.[8] 그는 사람들이 쿠데타를 기도할 때 두 가지 신념에 차 있어야 한다고 강조했다. 하나는 모든 국가와 지배는 무상하다는 것, 파리가 언제나 프랑스의 왕도일 수는 없고, 로마가 반드시 교황의 수도일 수는 없다는 것, 모든 권력은 한 번은 몰락한다는 신념이다. 두 번째는, 만약 쿠데타가 성공하기 바란다면 세계 전체를 교란할 필요가 있다고 생각하지 말아야 한다는 것이다. 그러한 변혁은 사람들이 그에 대해 생각하지 않고, 별로 큰 준비를 필요로 하지 않아도 찾아온다.

아르키메데스는 교묘하게 맺어진 3, 4개의 지팡이로 아주 무거운 것을 움직였다. 정치가 또한 아주 사소한 수단으로 정치적 변혁을 일으킬

---

8) 17세기 초 이래 프랑스에서 대두된 것은 '사교인'이 바라는 삶의 이상이었다. 에르나 프리스트(Erna Priest), 「마르그릿 드 나바라와 여성문제」(Margarete von Navarra und die Frauenfrage, 베를린 대학 제출 학위 논문), 1925 참조.

수 있다. 그리고 이 점에서 사람들은 작은 씨앗에서 큰 삼목을 성장시키는 자연에 따라야 할 것이다. 노데가 독특한 정치가적 심리로 교묘하게 묘사한 것은 현명함과 교활함, 마음의 냉정과 정력적인 시행 준비의 특수하고 아주 특징적인 결합이다. 순수한 국가이성에 의한 행동에 따르는 정치가 속에 원칙적으로 존재하나 극히 드물게만 공언되는 회의적 철학의 토대가 여기서 있는 그대로 드러난다.

정치가의 실천적 철학은 물론 언제나 분열된 철학이다. 현명함과 권력욕은 반드시 서로 일치하는 것은 아니기 때문이다. 회의적으로 계몽된 정치가가 배려해야 할 민중과 맺는 관계란 얼마나 분열적인가. 이 점에 대해 노데는 눈을 돌린다. 한편 그는 대단히 경멸적으로 '천민'에 관해 언급했다. 그들은 동물보다 우둔하다. 동물은 이성은 갖지 못하나 본능을 갖고 있다. 그러나 거칠고 촌스러운 군중은 갖가지 방법으로 이성을 오용하고, 연설가, 거짓 예언자와 사기꾼의 끔찍한 비극의 무대가 되고, 바람과 질풍에 방치된 바다가 된다.

한편 노데는 이 바다를 지배하는 것, 그러한 기만과 사기의 수단으로, 예언자와 기적으로, 그럴듯한 저술로, 인위적으로 구성된 선언으로 군중을 우롱하는 것이 필요하다고 생각했다. 이에 관해 그는 캄파넬라와 종종 이야기를 나눈 듯하다. 두 개의 군대를 갖고 있는 군주보다 12인의 웅변가를 지닌 군주가 더 복종을 지지받는다는 그의 말에는 전적으로 캄파넬라의 울림이 들린다.

그러나 캄파넬라가 선동적인 술책으로 현실적인 미래종교를 준비하고자 한 데 비해, 노데는 종교문제를 전적으로 실제적·공리적으로, 다시 말해 경험적으로 냉철하게 보았는데, 결국 그 까닭에 또한 피상적으로 보게 되었다. 그는 사실 종교적 열광의 강한 힘을 존중하고, 라 로셸은 그곳의 모든 장병보다 그곳에 피신한 40인의 설교사들이 더 효과적으로 방어했다고 판단했다. 그러나 그는 아직 종교와 미신을 구별하려는 노력을 하지 않았다. 적어도 그에게 이 양자는 거의 구별되지 않을 만큼 합쳐졌다.

그는 미신은 민중을 움직이는 강력한 힘이며, 종교는 정치적 목표에 도달하기 위한 가장 쉽고 확실한 수단이라는 결론에 달했다. 그러므로 종교는 정치가가 지도할 수 있고 또 지도해야 하며, 최선의 종교란 가장 널리 퍼진 종교이다. "가장 일반적인 교의야말로 언제나 최선이다." 그리하여 루터를 대두하게 했음은 큰 잘못이었다. 루터는 쿠데타로 무해해지든지, 연금이나 성직록(聖職祿)으로 어루만져져야 했다. 만약 위그노의 가장 뛰어난 두목을 매수하지 않았던들 리슐리외라 할지라도 과연 위그노에 대해 목적을 달성할 수 있었을까.

로앙의 예는 우리에게, 이러한 인간획득의 더 훌륭하고 더 고귀한 방법과, 바로 국가이성의 사상세계도 그러한 더 고귀한 방법을 가져올 수 있었음을 말해준다. 만약 노데가 국가이성에 의한 행동과 사상이 인간 경멸과 이념 경멸에 빠지려는 영원한 위험을 우리에게 보여주었다면, 로앙은 저서의 결론에서 묘사한 이상적 정치가에 의해 정치적 인간이 살아가는 삶의 형태 속에 존재하는 더 높은 윤리적 가능성까지 밝혀줄 수 있었을 것이다. 분명히 그가 그린 것은 이상화되었다고는 하나 바로 리슐리외였다.

노데는 리슐리외를 시발점으로 루이 13세의 예에 따라서 유능한 대신(大臣)을 신뢰하라고 군주들에게 충언했다. 외국인이건 학자나 성직자이건——그는 파올로 사르피를 들었다——사람을 자유롭게 선택해야 한다고 말했다. 군주는 세 가지 특성, '힘, 정의, 지혜'를 지녀야 한다. 그는 '힘'을 냉정하게 모든 것을 보고 듣고, 모든 일을 할 수 있는 정신의 항상 동일하고 확고한 영웅적인 소질로 이해했다.

이러한 미덕을 획득하기 위해서 사람들은 인간 본성과 그 약점, 세상 명예의 허무함, 우리 정신의 약점과 사물의 변화와 미미한 지속, 의견의 차이, 요약해 죄악을 피하고 덕성에 따르는 큰 이득에 관해 끊임없이 깊이 생각해야 한다. 정치가는 세계 밖에 서 있듯이 세계 속에서 살고, 하늘 위에 서 있듯이 하늘 아래서 살기 바란다. 궁정이란 이 세상 어느 곳보다 바보스러운 말과 행동을 많이 하는, 그리고 행복이 더욱 바보스럽고 맹목적인 곳임을 알기 바란다. 그럼으로써 정치가는 곧 그에 익숙해지고 그로 인해 흥분하지 않는다. 또 자기보다 부유하나 가치가 없는 사람들을 태연히 관찰하고, 고귀한 우아함, 철학적이면서 사교적인 자유에 몰두하고, 우연에 의해서만 세상에 있는 듯이, 신용에 의해서만 궁정에 있는 것과 같이 해 군주를 제대로 만족시키기 위해 오직 그를 섬기기 바란다.

인간을 무감각과 솔직함, 그리고 자연스러운 선의로 인도하는 근본 소질은 충성으로도 인도한다. 이 충성은 행복하건 불행하건 지속되며, 그와 가족을 제대로 유지하고, 물질적인 걱정에서 자유로운 생활 상태에서 상전을 잘 섬기고자 하는 것 이외에는 어떠한 소원도 없다. 그가 더 이상을 원하면 곧바로 불충과 배신을 위한 문이 열린다. 스스로의 눈으로 본 것 나머지는 믿지 말라! 타인을 속이는 데 사용하는 수단이 그 자신을 속여서는 안 된다. 미신은 사람의 눈을 멀게 한다. 성수(聖水)를 눈에 넣으면 그의 모든 악행도 씻어버릴 수 있다고 믿고 악행이 없는 곳에서는 양심의 가책을 받는다. 미신은 사람을 어리석고 파렴치하고 악하게 한다. 사람들은 미신을 향해 '비켜라'라고 해야 한다.

정의의 두 번째 기본 덕성은 사람들이 기교가 없는 덕성을 지니며, 두려움과 양심에 거리낌 없는 종교를 갖고, 명예로운 사람으로 살아야 한다는 생각만을 갖고 신의 법칙과 자연의 법칙에 따라서 생활하기를 요구한다. 그런데 자연적이며 훌륭한 정의는 실천에서는 때때로 사용되지 않고 성가신 것이므로, 국가의 필요성('국가와 경찰의 필요')에 따라서 인위적으로 특수하고 정치적인 정의를 섬기고, 자연적 정의라면 절대탄핵할 많은 일을 불가피하게 하게 된다. 그럼으로써 가능한 한 존경할 만한 것과 유용한 것을 결부하고, 주군(主君)의 정열의 도구로 결코 이용되지 않고, 스스로 국가의 유지, 민중의 복지 혹은 군주의 축복을 위해 필요하지 않는 것은 주군에게도 제의하지 않는 것이 중요하다.

정치적 덕성 중의 여왕이라고 할 제3의 기본 덕성인 현명함은 다음과 같이 인식된다. 말할 필요가 없는 것을 감출 수 있는 것, 야심보다 필요성 때문에 더 많이 이야기하는 것, 누구도 약하게 하거나 경멸하지 않고, 자기 자신보다 동지들을 더 칭찬하고, 끝으로 신을 사랑하고 이웃을 섬기며 죽음을 바라지는 않으나 두려워하지 않는 것이다. 이 모든 것이 한 사람에게 하나가 됨을 보는 것은 바랄 수 없다. 그러므로 가장 많이 지닌 사람을 선택하라.

세계 밖에 놓여 있듯이 세상을 사는 것, 이것은 또한 칼뱅주의에서 출발해 자본주의 경제의 합리적 심정이 본질적으로 초래한 이 세상 내 금욕의 핵심사상이기도 했다. 그러나 노데가 요구한 위대한 정치가의 세상 내 금욕에는 칼뱅주의에서 작용한 것과 같은 종교적·윤리적인 열정도 결여되었다. 분명히 그 금욕에는 속세적인 모든 혼탁함과 지극히 고집스럽고 가차 없는 공리주의에도 불구하고 심정적으로 도약하는 바가 없지 않았다. 노데에게는 아직 봉건적 귀족의 충성이 맥박치고, 그러한 충성은 일찍이 중세를 벗어난 이탈리아보다 프랑스에서 제대로 유지될 수 있었다. 대체로 그것은 권력의 유혹에 대해 정치가의 에토스에 필요하고 확고한 뒷받침을 주기 위해 프랑스에서 섬겨져야 했으며, 그 경우 국가이성에 독특한 저 찬 바다와 같은 요소와 결부되었어야 하므로, 불가피하게 아주 완화되고 희미해진 더욱 낡은 도덕적 이상이며 가치의 찌꺼기였다.

여기서 리슐리외의 예를 상기한다면, 조국과 국민의 위대함과 명예라는 새로운 에토스가 분명히 울려 퍼지고, 그것은 나타난 이상으로 강하게 감지되었다. 그러나 아직 깊이와 생명이 결여되고, 군중의 명예와 더불어 복지가 정치가의 가슴을 차지해야 할 민중은 위로부터 멸시받고 있다. 오만과 겸손, 도덕적인 것과 비도덕적인 것, 영웅적 위대함과 정신적인 힘과 천박함의 현저하고 모순에 찬 결합. 이러한 모순은 얼핏 보기에 극히 단순하나, 잘 생각하면 때로 미궁과도 같이 보이는 근대 정치가의 심리 속에 언제나 부각된다.

때로 우리에게 강요되는 일들이 노데의 사상을 통해 확인된다. 국가이성은 그것이 요구한 특수한 정신의 조련과 모든 도그마적 가치의 내면적 완화로 계몽주의의 가장 중요한 개척자 가운데 하나가 되었다. 하지만 그처럼 서로 풍요롭게 하는 이념은 다시 가장 심각한 내면적 대립에 빠지기 쉽다. 계몽주의는 그의 자연법적 · 인도주의적 개인주의로 인해 이후에 국가이성과 격심하게 싸우게 되었다.

이러한 비판의 최초의 움직임은 코메니우스에게서 보게 된다. 프랑스에서는 더 일찍이 국가이해론의 개화와 때를 같이했다. 1623년에 에메릭 크뤼제(Émeric Crusé, 1590~1658)는 저서 『신퀴니코스파』를 발표했다. 전 인류를 포괄하는 전적으로 세계시민적인 평화주의의 프로그램이며, 순수한 평화애보다 프랑스의 명예욕에서 연유된 쉴리 공의 유명한 플랜보다 훨씬 중요하고 깊은 이념의 저서였다. 도덕을 도그마 위에 놓고 평화적 문명 활동을 찬미하고, 민족 상호 간의 편견과 싸운 전적으로 완결된 합리주의적 · 이신론적(理神論的)인 세계관에서 태동했기 때문이다. 우리가 분명히 말할 수 있었듯이 노데가 몽테뉴의 제자였다면, 현대의 평화주의자가 지금 애호하는 크뤼제 또한 그러하리라.[9]

다시 우리는 서구에서 일어난 모든 자유사상의 운동과 캄파넬라와 조르다노 브루노의 새로운 정신을 상기해야 한다. 17세기 최초의 수십 년간은 그로부터 한 세기 뒤에야 비로소 완전히 성숙된 것을 준비하고 있었다. 그러나 이전에 반종교개혁이 르네상스의 세속적 정신을 억제했다면, 이제는 국가이성에 의해 담당되고 성숙된 절대주의의 새로운 지배적 생활력이 개입되고, 절대주의가 폭넓게 전개되어 개인주의운동의 자유로운 지속을 이미 방해했다. 그럼에도 그것은 우리가 본 바와 같이 개인주의운동에 도움을 주기도 했다. 역사에서는 이념이 그와 같이 독특하게 얽히면서 서로 작용한다.

---

9) 랑게, 『국제주의의 역사』, 제1권, 397쪽 이하 및 거기에 인용된 문헌 참조. 영어역이 부가된 볼치(Balch)의 『신퀴니코스파』(des Nouveau Cynée)의 신판. 필라델피아, 1909.

제2부 성숙해지는 절대주의 시대

제1장 그로티우스, 홉스 및 스피노자에 관한 고찰

국가이성에 관한 이념의 내용은 실로 다양하므로 그것을 추상적인 정의 속에 끼워넣을 수는 없다. 서론에서 지적했듯이, 위와 같은 이유로 우리 연구는 수세기에 걸친 지적인 발전의 통합되고 명확한 조류를 보여주는 데만 국한될 수 없다. 우리는 국가이성 개념의 영향을 철저히 규명해야만 한다. 전체적인 문제를 한 측면 한 측면 자세히 살펴볼 것이며, 계속되는 각 역사적 시대의 독특한 성격도 연구과정에서 부각될 것이다. 확실히 각 시대의 내용은 중복된다.

이런 이유에서 우리는 독일에서 국가이성에 관한 주요한 교설이 확산되는 것을 루이 14세 시대에 이르기까지 중단 없이 살펴보았다. 이 당시 지배적인 개념——독일 자체는 별도로 하고——은 국가이성의 교설에서 나온 국가이해에 관한 이론이었다. 과거 강대국의 정치가들이 개괄적으로 국가이성 개념을 든 데 반해, 전제주의적 내각 정치의 첫 융성기였던 당시에는 각 정치가들이 이해정책의 구체적인 모든 문제와 방책에 대해 매우 민감하게 반응했기 때문이다.

당시 이해론(利害論)의 가장 중요한 대표자들에 관해 설명하기에 앞서 우리는 17세기의 위대한 국가 이론가들이 국가이성 문제에 대해 어떤 태도를 취했는가, 그것이 이론가들의 국가에 관한 교리와 연관해 어떤 의의를 갖는가 하는 문제를 해명해야 한다. 이에 대한 이론가 중 독일인 푸펜도르프(Pufendorf, 1632~94)만이 국가이성, 국가이해에 관한 교설을 직접 받아들였다는 점은 주목할 만한 사실이다.

반면 그로티우스(Grotius, 1583~1645), 홉스, 스피노자 등은 위와 같은 교설을 직접 수용하지 않고, 국가론을 전통적인 자연법의 기반 위에 건설해 독자적인 노선을 따라 발전시켜 나갔다. 자연법의 오래된 전통 가운데 가장 강력한 힘은 당대 최고의 자유사상가들조차 마력에 홀려 있었으며, 또한—경험론이 형성되고 있던 시대에—국가이성의 교설이 새로운 경험적 국가이론에 제공한 것을 파악조차 하지 않았다는 사실에서 뚜렷이 나타난다.

위대하고 심오한 사상가로서 이들은 낡은 전통을 흡수하는 것 외에 국가와 총체적인 전 세계의 실체 역시 이해하고 있었다. 이와 같은 이유 때문에 사상가들은 국가이성의 문제와 접촉하고, 어느 정도 자연법의 기반 위에서 이루어진 전제 조건들을 타파해나가면서 개념을 발전시켜갔다. 우리의 가장 큰 관심을 불러일으키는 것이 이와 같은 분열로 생긴 개념들이다.

이러한 문제들과 가장 거리가 먼 사람은 바로 근대 국제법의 시조인 위고 그로티우스였다.[1] 그것은 그의 학문의 본질에서 기인하는 것으로, 그에게 국제법과 국가이성은 본질적으로 서로 상반되는 위치에 서 있기 때문이다. 국제법은 국가이성의 영향력을 제한하고자 국가이성에 가능한 한 많은 법적 성격을 부여하고자 한다. 그러나 국가이성은 이러한 제한 아래 있다기보다는 자신의 이기적 목적을 위해 법을 이용하거나 남용하여 국제법이 어렵게 마련해놓은 기초를 계속 흔들어놓는다.

---

1) 로테 바르샤크(Lotte Barschak), 『위고 그로티우스의 국가관』(*Die Staatsans-chauung des Hugo Grotius*) 참조. 에릭 볼프(Erik Wolf), 『그로티우스, 푸펜도르프, 토마시우스』(*Grotius, Pufendorf, Thomasius*, 1927)는 우리가 살펴보고 있는 문제를 다루지 않았다.

여러 가지 점에서 국제법은 시시포스의 노동 같은 국가이성과 투생하고 있으며, 이런 경향을 띠어갈수록 국가이성의 본질과 요구에 대해 비교적 어려움을 덜 겪는다. 그러므로 국제법은 처음부터 비현실적이며 비실용적인 공론의 성격을 띨 위험이 있었다. 여기에 그로티우스의 지적 위험이 있었다. 그로티우스의 지적 업적과 학문적인 공적이 아무리 위대하다 할지라도 그로티우스 자신은 본질적인 점에서 위와 같은 위험을 극복하지 못하고 있었다. 그러나 이러한 한계점이 정치적 실체에 대한 어떤 인식 결핍에서 비롯된 것은 아니다.

1625년 파리에서 역저인『전쟁과 평화의 법에 관해서』를 완성했을 당시 그로티우스는 정치적 경험이 풍부했으며, 망명정치가의 비애도 맛보았다. 그는 세상에 대해서 잘 알고 있었으며 정치가 무엇인지도 잘 알고 있었으나, 저서에서는 이러한 인식을 신중히 배제했다. 책의 서문[2]에서 저자는 다음과 같이 밝힌다.

"나는 다른 분야에 속한 문제들, 즉 무엇이 이로운가 하는 교리와 같은 특별한 정치기술에 속한 문제들은 전적으로 배제했다. 이런 문제들은 법의 문제와 명확하게 구별하기 위해서만 형식적으로 언급했을 뿐이다."

당시만 해도 과학적인 사고는 삶의 다양한 영역의 구조적인 상호영향에 적절하게 응하지 못하고 있을 때여서, 삶의 영역을 완전히 고립적으로 다루는 피상적 방법 이외에는 논리적으로 이들을 분리시킬 수 없었다. 그로티우스 역시 국가이성과 같은 문제나, 국가가 도덕과 법의 울타리를 넘어서게끔 하는 강제세력이 존재하지 않는 듯한 입장을 견지하면서, 또한 각 국가의 행태를 법적·도덕적 영역 내에서 서로 통제할 수 있는 듯한 태도로 국제법의 체계를 세웠다.

자신의 법체계를 세워나가는 과정에서 그는 법과 도덕을 무분별하게 뒤섞어놓았으나, 그 속에는 인간적 감정으로 충만한 그로티우스의 인

---

2)『프롤레고메나』(*Prolegomena*), 제57절.

생관과 개성이 가득 차 있다. 그는 법과 국가에 대한 개념을 인간애에 대한 신념, 인간의 사교적이며 이타적인 충동에 대한 신념, 특히 그리스도교도의 결속에 대한 신념을 기반으로 하여 세웠다. 그로티우스의 내면에서 그리스도교계의 낡은 전통은 네덜란드의 상인 귀족정치에서 발전이 가능하게 되었던 것과 같은, 근대적 시민과 자유주의의 생활 이상으로 이미 옮겨가고 있었던 것이다. 국가 간 분쟁 중재의 옹호자였던 그는 그야말로 평화주의 개념의 역사에서 아주 크나큰 위치를 차지하는 인물이었다.[3]

한편 피정복민족에게 자유를 되찾기 위해 헛된 투쟁을 벌이기보다는 운명을 받아들이는 편이 낫다고 충고한다. 그리고 이성이 자유보다는 생명을 더 소중히 하기 때문이라고 말한다.[4] 이러한 주장은 확실히 영웅적이지 않은 것이기는 하나 실리적인 사고방식이기도 하다. 그는 국가이성과 이해정책을 자연법과 국제법을 유지함으로써 얻는 더 높고 영속적인 이익과 비교했을 때 실용성이라는 면에서 한 등급 낮은 형태의 것으로 파악했다.[5] 또한 정의에 따라 행동하는 것에서 어떤 이로움을 찾을 수 없을지라도 그것은 지혜의 문제이지 본능에 이끌린 태도로 행동하는 어리석음은 아니라고 덧붙였다.

야만성과 조야(粗野)한 세력에 대항하기 위해 국제법과 전쟁 수단을 사용한다는 그의 이념에서 비롯된 투쟁은 확실히 크나큰 축복을 가져왔다. 거기에는 과다한 요구가 세워지고 있었음에도 국가의 관례에 유익한 영향력을 행사했음이 사실이다. 사실 위대한 도덕관은 어느 정도 환상과 혼합되어 나타난다. 그러나 그로티우스는 낡은 환상, 즉 정의롭지 못하며 용납할 수 없는 전쟁과 정의로운 전쟁을 언제나 구분지을 수

---

3) 이와 관련해서는 랑게, 『국제주의의 역사』, 제1권 참조.
4) 그로티우스(Grotius), 『전쟁과 평화의 법에 관해』(De jure belli et pacis), 제2권 제24장 제6절; 제2권 제6장 제5절 및 제3권 제23장 제6절 참조.
5) 『프롤레고메나』, 제18절.

있다는 환상을 믿었다. 그러나 이러한 환상은 갈등의 근원과 전쟁 발생을 감소시키기보다는 상황을 더욱 악화시킬 수 있다. 그는 불의의 비호자에 가세하는 행동, 또는 선의의 정신을 방해하는 행동을 하지 않는 것이 바로 중립국의 의무라고 주장했다.[6]

위와 같은 주장이야말로 각 국가의 개별적인 도덕적 가치판단을 기초로 중립국이 어느 편을 들어야 한다는 것 외에 무슨 의미가 있는가. 사실 저자는 통치자의 국민에 대한 불의나 국제법과 자연법에 대한 침해를 징벌하기 위해 순수하게 도덕적이며 정의로운 동기에서 개입하는 전쟁조차 정당하지 못한 것으로 여겼다.[7] 문명화된 전 세계의 양심이 정의와 인간애를 모욕한 한 개인을 소리 높여 비난하며 이를 저지하기 위해 간섭하게 될 경우, 위와 같은 사건들이 일어날 수 있다는 것은 특히 오늘날에도 인식되어야 할 사항이다.

그러나 순수한 권력, 이권 투쟁에 대한 비정치적 동기 유입은 단순한 이익, 즉 국가이성의 강력한 동기에 의해 남용되고 타락하게 될 위험을 초래한다. 마치 진흙탕 냇물이 그 속으로 흘러 들어오는 맑은 물을 순식간에 더러운 색깔로 변화시키는 것과 흡사하다. 신성동맹시대의 개입전과 세계대전 당시 독일 적대세력에 의한 법적·도덕적 동기의 남용 등이 그 예라 하겠다.

* * *

순수한 국가이성에 의해 일어난 사고와 행동은 이른바 박애적인 18세기의 선각자라고 일컬어지는 그로티우스의 낙관주의적 인간관·국가관과 쉽게 양립하지 않는다. 마키아벨리는 평균적인 인간 본성에 대해 매우 비관적인 생각을 갖고 있었고, 토머스 홉스 역시 이 점에서 유

---

6) 제3권 제17장 제3절 1.
7) 제2권 제20장 제40절 1; 제25장 제8절 2.

사했다. 홉스의 학설에서 나타나는 국가에 대한 강력한 논리적 체계, 즉 국가이성—홉스가 꼭 이런 표현을 사용한 것은 아니나[8]—개념 속에서는 그로티우스보다 강력하게 존재가 부각된다는 점이 근본적인 이유라 할 수 있다. 동시에 기본적인 인간 본성을 판단하는 문제에서 나타나는 심각한 불일치, 즉 그로티우스와 홉스 사이에 존재하는 불일치가 동일한 지적 유형의 기본 배경에 반해 발전할 수 있었다는 것을 명백히 알 수 있다. 왜냐하면 홉스 역시 엄격하게 자연법 노선에 따라 사고했기 때문이다.

자연법이란 국가가 설립됨에 따라 이성의 명령 이상이 아니며, 이성은 목적과 수단을 변화시키지 않는 불변, 영속의 존재이다.[9] 그러나— 여기에서 이성과 자연의 동일성에 기반을 둔 자연법 개념은 근본적으로 확대되고, 결국 산산이 부서지는 사고(思考) 과정이 시작된다—이성은 인간 본성의 단지 한 부분만을 구상할 뿐, 인간 본성은 인간이 가진 기타 모든 능력과 충동을 포함하며, 여기에는 인간의 격정과 이기주의도 포함되어 있다.

홉스가 주시한 것이 인간의 격정과 이기주의였다. 그는 인간의 행동은 천성적으로 늑대와 같다고 지적하면서, 만약 인간이 두려움으로 방해받지만 않는다면 인간의 본능은 그를 사회생활이 아닌 지배 쪽으로 기울어지게 할 것이라고 주장했다. 또한 인간이 천성적으로 '정치적 동물'이라는 주장은 사실이 아니며, 인간관계의 토대를 만드는 더욱 중요하고 영속적인 것은 상호간의 선의(善意)가 아니라 공포심이라고 지적했다.

여기에서 홉스의 관념에 따라 공포심이라는 공통된 동기가 어떻게 갑자기 이성의 명령과 결합해 작용했는가. '만인 대 만인의 투쟁'이라

---

8) 홉스(Hobbes)가 말하는(『시민론』[De cive], 제1권 제2장 제1절) 시민권의 근거란 시민법과 동일하다.
9) 앞의 책, 제1권 제1장의 결론 제3장 제29절.

는 원상태로부터 서로 만들어진 하나의 계약이 이렇게 갑작스럽게 국가의 등장을 가져왔는가 하는 문제들을 분석하거나 비판할 생각은 없다.[10] 그러나 인간 본성에 대한 홉스의 비관론에서, 인간 내면의 짐승과 같은 요소를 통제하기 위해서는 국가가 필수적으로 강력해져야 한다는 것을 누구나 상상해볼 수 있다. 이 국가가 바로 1651년 그의 걸작에서 격찬되고 있는『리바이어던』이다.

국가 내에서 권력을 쥔 사람의 힘은 결코 권력자가 인민과 체결한 계약이 아닌, 인민 서로 맺은 계약에 따라야 한다.[11] 홉스는 교묘한 책략으로 권력자를 계약에서 발생되는 모든 의무와 계약에서 해방시키고 거의 무제한의 권력을 갖게 해 리바이어던을 '현세 신'의 위치로 끌어올리는 데 성공했다.[12] 국가에서 권력자의 힘과 그에 대한 국민의 복종 의무가 무제한적인 것은 아니며, 대다수 국가이성론자들의 견해대로 홉스 역시 권력자는 신의 법칙이나 자연법의 범위 내에 종속되어 있다는 점을 인정했다.

그러나 그는 일련의 교묘하고 인위적인 추론으로 위와 같은 범위나 제한들을 사실상 비현실적인 것으로 만드는 방법을 알았다. 결국 인간이 소유한 자유에 대한 본래 모든 권리 중에서 남아 있는 유일한 권리란 사고와 믿음에 대한 내적 자유뿐으로, 사물의 본질상 국가가 모든 것을 파괴할 수는 없는 것이라고 보았다.

"만약 국가가 선포한 법이 의심할 바 없이 신의 법인 자연의 법칙에 반하지 않으며 인간이 그에 복종할 의무가 있다면 인간은 자신의 행동에 속박되어 있다. 그러나 법에 복종할 의무가 있다는 것이지 법을 믿

---

10) 이 점에서 홉스 학설의 모호성에 관해서는(1640년의 정치와 자연권에 대한 홉스의 처녀작을 번역한) 퇴니에스(Tönnnies)의『정치고전』제13권의 제10장 참조.

11) 이에 관해서는 기르케(Gierke),『알투지우스』(Althusius) 제2판, 86쪽 및 옐리네크,『국가총론』, 제2권 제7장 참조.

12)『리바이어던』, 제2권 제17장 및 제28장.

어야 한다는 것은 아니다." [13]

홉스의 이론에서 국가권력자의 행위는 모든 속박에서 자유로워진 것으로 보이며, 국가이성의 개념은 절정에 이른 것으로 보인다.

한편 홉스는 리바이어던이 그 힘을 오용해 신민들을 예속시키고 학대할지도 모른다는 우려에 대한 답으로 국가권력자는 이치에 맞게 통치하며 '민중의 복지'를 증진시키고 신민들을 신중히 다루고자 하는 관심을 갖는다고 주장하고 있어, 가장 순수한 국가이성 개념을 드러내었다. [14]

일반적으로 국가 내에서 무엇이 행해지며 허용되어야 하는가 하는 설명 속에는 최고의 합리성과 편의주의 정신이 스며들어 있다. 예를 들어 뛰어난 통찰력을 지닌 입법에 대해서는 반대의 경고를 했다. [15] 여기서 지배되는 것은 완전히 계몽적인 전제정치이다. 홉스의 국내정책 속에서 사실상 널리 행해지는 것은 국가이성의 공리주의적인 중용노선이라 할 수 있다.

또한 홉스의 학설에서 국가 간의 관계를 살펴볼 때, 그 속에는 국가이성의 자연적인 기본 임무, 즉 어떤 희생과 수단을 통해서라도 안전과 자기 보존을 지키려는 투쟁이 널리 행해지고 있다. 한 국가를 세움으로써 합리적인 평화를 이루는 것만이 국가가 지닌 본질적인 과제이기 때문이다. 더 높은 위치의 리바이어던이 국가들에 대해 권위를 가질 수 없으므로, 각 국가 간의 관계에는 논리적인 필연으로 '만인 대 만인의 투쟁'이라는 자연 본래의 상태가 계속 존재하게 되며, 또한 마키아벨리즘이 지닌 모든 힘의 수단과 교활한 책략, 비열한 술수 등이 허용된다. [16] 때로 국가들이 서로 전쟁을 벌이고 있지 않다 하더라도 평화의

---

13) 『리바이어던』, 제2권 제26장.
14) 『시민론』, 제2권 제10장 제2절과 제18절; 제13장 제2절 이하; 『리바이어던』, 제2권 제18장과 제30장.
15) 『시민론』, 제2권, 제13장 제15절.

상태가 아니라 단지 휴식기간에 불과하며, 국가의 안전이 요구하면 협정도 파괴될 수 있다.

　반면 국가 내에서 맺은 협정은 극도로 세세한 점에 이르기까지 준수되어야 하며, 이야말로 전체를 위한 밑바탕이자 자연법의 필요조건이라 할 것이다. 홉스는 자연법과 자연권을 날카롭게 구분하고 있는데, 그에게 법은 의무나 제한과 같은 의미였으며, 권리란 자유, 다시 말해 자연상태의 자유를 의미했다.[17] 그로티우스가 국가 간의 투쟁에 대한 제약으로 확립시킨 국제법 개념도 홉스에 와서는 다음과 같은 언급에서 알 수 있듯이 쉽게 무너진다. "만민법과 자연법은 같은 것이다. 국가를 창건하기 이전 모든 인간이 행할 수 있었던 것, 그것을 만민법의 기초 위에 각국이 행할 수 있다."[18]

　홉스는 동시에 더 이상 자활이 불가능한 국가는 전쟁을 통해 구원이라는 마지막 희망을 추구해, 승리 아니면 패배 속에서 만족을 찾게 될 것이라고 보았다.[19] 그러나 권력과 지배력의 확장에 대한 단순한 탐욕을 과거 아테네와 카르타고를 멸망시켰던 한 국가가 지닌 질병으로 보았다.[20] 또한 부(富)를 획득하기 위한 수단으로서 약탈전쟁은 자연에 대해 역행하는 것이라고 주장했다.[21] 이와 같은 점이 주권국 간에 존재하는 자연상태를 고찰하는 그의 이론에서 단순히 권력 개념만이 주류를 이루고 있지 않다는 것을 말해준다.

　그럼에도 홉스는 안전과 복지, 각 국가의 재산을 공고히 지키기 위한

16) 『시민론』, 제2권, 제13장 제7~8절; 『리바이어던』, 제1권, 제13장; 제2권, 제17장 및 제21장.
17) 『리바이어던』, 제1권 제14장; 『정치고전』, 제13권, 207쪽.
18) 『리바이어던』, 제2권 제30장; 『정치고전』, 제13권, 211쪽; 예거(G. Jaeger), 『근대 국가학의 기원』(Der Ursprung der modernen Staatswissenschaft usw., 『철학사 잡지』, 제14권, 1901), 556쪽 참조.
19) 앞의 책.
20) 앞의 책, 제29장.
21) 『시민론』, 제2권 제13장 제14절; 『정치고전』, 제13권, 205쪽.

유일한 수단으로서 잔인무도한 힘의 정책을 허용한다. 그러나 과연 이러한 개념 속에 가장 순수한 국가이성 정신이 주입되어 있다고 볼 수 있을까. 그 과정 속에서 국가 자체가 생명을 지닌 존재로 느껴지며, 국가란 가치와 목적을 지니며, 국가이성 속에서 국가 자체를 존속하고 완성하는 법을 지닌다는 점이 과연 진실인가. 국가와 국가이성이 필요성의 문제에 관한 모든 연구의 기저를 이루고 있는 것이 바로 이 점이다.

확실히 홉스에게 국가는 인위적인 존재, 즉 '법인'(法人)으로서 개인의 목적을 증진시키기 위해 인간이 제조해낸 시계장치의 부품 가운데 하나였다. 즉 홉스의 주장을 분석해보면 국가의 궁극적 목표문제에 관해 이야기한 모든 것은 완전히 개인주의적이며 행복론적인 정신으로 가득 차 있음을 발견할 수 있기 때문이다. 각 시민의 '삶의 이익', '기쁨' 및 '가장 쾌적하고 가장 행복한 삶'이 중요한 역할을 한다.[22] 그러나 홉스의 견해에 따르면 국가가 개인에게 특별한 관심을 기울여야 한다는 의미가 아니라, 국가라는 대규모의 집단 속에서만 개인이 철저히 보호받을 수 있다는 의미에서 파악되어야 할 것이다. 여기에서 훗날 벤담(Bentham, 1748~1832)이 선언한 '최대 다수의 최대 행복'이라는 개념의 징후를 찾아볼 수 있다.[23]

조금 모순으로 들리기는 하겠지만, 거대한 힘을 가진 리바이어던 국가는 이른바 '야경국가'로 불리는 자유주의적이며 박애적인 훗날의 합리주의의 국가형태와도 밀접하게 연관되어 있다. 둘의 차이는 수단에 있을 뿐이며, 목적에서는 사실상 양쪽이 동일해 개인의 복지와 안전, 안락을 추구한다. 그러나 절대주의 시대의 말기에 대다수가 전제정의 경찰 억압에 완전히 지치고, 반면 문명의 업적에 동시에 현혹되어 가능한 한 약한 국가형태를 생각하게 되었다.

---

22) 『시민론』, 제2권 제13장 제6절, 제16절; 『리바이어던』, 제2권 제30장; 『정치고전』, 제13권, 160쪽; 기르케, 『알투지우스』, 189~190쪽 참조.
23) 『시민론』, 제2권 제13장 제3절.

홉스는 위태롭게 '만인 대 만인의 투쟁'이라는 자연상태로 퇴행될 두려움이 있던 영국 시민전쟁의 비참함에 치를 떨고 격분해 밤이나 낮이나 지켜줄 강력한 야경꾼을 추구해야 했다. "나는 평정을 원한다!"고 그는 저서에서 외치고 있다.

그는 시민적 질서와 안락을 어지럽혔던 혁명을 저주했으며, 이러한 저주에 이어서 국가의 권능을 숭배하게 된 제2의 기본적인 동기로 교회와 도그마적인 기적신앙의 억압에 증오가 가해졌다. 홉스에게서도 나타나고 있던 계몽주의는 사람들이 국가에 교회와 예배를 지배하는 완전한 권위를 부여한다 하더라도, 국가는 시민이 외면적 복종을 나타내면 그것으로 충분히 만족할 것이므로 내면의 사상적인 자유는 침해하지 않으리라는 기대 속에서 국가라는 도피처를 찾았다.

시민들은 일반적인 복지를 위해 국가가 필요로 하는 도덕적이며 종교적인 관습을 엄격히 지켜야 하는 반면, 동시에 마음속으로 생각하며 원하는 모든 것을 믿을 수 있는 자유로운 존재여야 한다는 개념이야말로 순수하게 영국적이었다.

사실 사람들은 홉스의 리바이어던에서 절대주의적 국가이념과 국가이성이 가장 앙양되어 있음을 보거니와, 그것은 필경 이념 자체를 위해서가 아니라 그것이 많은 개인에게 부여할 이익을 위해 그 이념에 봉사한다. 비록 홉스는 리바이어던의 영혼에 대해 이야기하면서 국가권력을 손에 쥔 자기에게서 기인하는 것으로 보았으나, 사실 리바이어던은 어떠한 독립된 영혼도 소유하지 않는다.[24] 그 영혼은 인공적인 태엽장치이다. 외부적인 요인으로 기능을 멈추어야 한다면 전 시계장치 역시 정지하며, 국가 형성 이전에 존재했던 자연 상태가 다시 등장한다. 만약 군주가 부자 왕위세습을 폐지하게 된다면 그가 죽은 뒤 군주국가는 존립하지 못할 것이며, 군주의 후손들이 살아 있다 할지라도 모든 자연권이 소생하게 될 것이라는 이론보다 암시적인 것은 없다.[25]

---

24) 『시민론』, 제2권 제6장 제19절.

기계적으로 이익과 편의의 국가를 도모하는 리바이어던은 모든 사람의 전체이익을 위해 시민들로부터 맹목적인 복종을 요구할 수 있다. 그러나 믿음에 기반을 둔 헌신과 국가에 대한 애착 등은 시민들에게 요구할 수 없는 것으로, 이 같은 것들은 진정 생명과 인격을 지닌 국가, 마키아벨리의 '덕성'—공화국에 의해서 기대된다.

두 가지 예로 이 점을 설명해보자. 첫째는 적국에서 포로가 된 시민이 적의 신하가 됨으로써 생명을 구하는 일은 정당하다. 홉스는 이런 행동을 불명예스럽거나 비애국적인 것으로 보지 않았다. 둘째는 국가에 의해 징집명령을 받은 시민은 대신 다른 사람을 보내겠다는 조건으로 징집 해제를 요구할 수 있다.[26] 만약 18세기 후반의 합리주의자에게서 위와 같은 이론이 나타난다면 그는 국가에 대한 자기 본위적 기피와 '행복 있는 곳, 즉 조국'이라는 심정으로 하여 비난받을 것이다. 그러나 리바이어던의 저자에게는 그러한 점이 존재했다.

홉스의 군주적 절대주의에 대한 편애조차 공리주의적 기반 위에서 성립된 것이지 내면적인 심정에서 형성된 것은 아니었으며, 따라서 이 편애는 프로파간다적 열정에서 자유로웠다. 확실히 홉스는 군주주의적 절대주의를 최선의 국가형태로 생각했지만, 동시에 질서 있는 모든 국가는 현재 지닌 국가형태를 보존해야 한다고 지적했다. 한 국가의 시민이 자기 국가형태에 만족하지 않고 주변국의 좀더 나은 국가형태에 동경의 시선을 보낸다면 대단히 해로운 일이 될 것이기 때문이다. 이와 같은 이유로 공화국의 시민도 군주정 아래서 행복을 누리는 주변국을 시샘하지 말아야 한다.[27] 홉스는 크롬웰의 통치도 이의 없이 인정하고 있다.[28]

---

25) 『리바이어던』, 제2권 제21장.
26) 『리바이어던』, 제2권 제21장; 『정치고전』, 제13권, 149쪽 참조.
27) 『리바이어던』, 제2권 제30장.
28) 회니히스발트(Hönigswald), 『홉스와 국가철학』(Hobbes und die Staatsphilosophie, 1924), 18쪽.

홉스의 국가 이론은 변증법적 발전과 사상의 변천을 보여주는 동시에 낡은 사상이 최절정에 이르러 좀더 새롭고 근대적인 사상을 이끌어낸 가장 뛰어난 예 중 하나라 할 수 있다. 가장 가혹한 절대주의의 밑바닥에는, 앞에서 살펴본 바와 같이 그로티우스의 경우에서도 싹트는 새로운 요소들이 생생하게 살아 있으며, 시민계층의 요구에 국가를 맞추고자 했다. 그것을 원하는 과정에서 상황에 따라 국가가 가능한 한 강력하거나 미약함을 원했던 서유럽의 시민적 개인주의와 공리주의가 살아 있다.

동시에 홉스의 이론은 국가이성의 이념이 공리주의적 중간 단계에 틀어박혀 있었다면 내부적인 힘과 완성 정도를 이룰 수 없었으리라는 것과 반대로 국가와는 거리가 먼 여러 추세에 둘러싸여 국가이성의 이념이 재난을 당할 위험에 빠졌음을 보여주었다. 단순한 이기주의, 단지 유용하기만 한 존재는 거대한 인류사회를 결합시키기 위한 내부적인 연결고리 역할을 절대 하지 못한다. 국가이성에 따르는 사상과 행동에는 도덕과 지적 가치를 지닌 더 높은 종류의 감정이 덧붙여 추가되어야 한다.

정치가의 경우 일반적으로 그것은 국가이성에 따라 자신의 공리주의적인 계획을 고상하게 만들고 강화하는 국가, 즉 조국에 대한 사랑이라 하겠다. 정치사상가의 경우 국가이성이 지닌 대양의 냉기는 세계와 삶에 관한 위대한 견해와 열정으로 따스해질 수 있다. '덕성'에 대한 마키아벨리의 이념이 이 같은 역할을 했다. 그러나 기계적인 원자론과 이기주의 위에 서 있던 홉스의 철학은 그렇지 못했다. 그렇다면 과연 '영원한 상(相) 아래' 철학적으로 사색했던 스피노자의 정신은 이와 같은 역할을 할 수 있었을까.

* * *

『윤리학』 속의 간단한 서술을 제외하면 스피노자가 1665년 몇 해 전부터 저술해 1670년에 발표한 『신학정치론』과 1677년 사망 당시 미완성이었던 『국가론』에서 대단히 길게 다루고 있는 주제가 살아 있는 유기체로서 국가문제이다. 두 저작 사이에 나타나는 관점의 변화들은 멘첼(Menzel, 1857~1938)이 매우 신중하게 지적한 바 있다.[29] 여기에서는 우리의 문제가 요구하는 범위 내에서만 살펴보겠다.

스피노자는 초기에는 민주주의 쪽으로 기울었다가 나중에는 귀족정을 지지했으며, 절대주의적인 생각은 결코 하지 않았다. 그러던 스피노자가 홉스의 국가론의 기본 사상에 사로잡혀 국가 이론을 발전시키는 출발점으로 삼았다는 점은 홉스의 국가 이론이 가진 힘과 풍요로움, 자유롭고 대담한 정신에 탁월하게 영향력을 미칠 수 있었던 홉인력을 보여주는 상징이라 하겠다.

한편 스피노자는 절대 군주정의 목표에 이바지하는 홉스 이론의 정치적 영향력을 누그러뜨린 동시에, 세계관에서는 홉스의 전제 조건을 더욱 심오하게 파고들었으며, 살아 있는 유기체로서 국가와 국가이성을 이해하는 문제에서 새롭고 풍부한 결실의 가능성을 열었다. 모든 것은 자연법과 이성법(理性法)—인간의 이성을 기반으로 하여 최선의 국가, 당위적 국가를 세우려는 사고방식—의 측면에서 다루는 사고방

---

29) 「스피노자에서의 국가론의 변천」(Wandlungen in der Staatslehre Spinozas, 『요제프 웅거 기념논집』[Festschrift für Joseph Unger, 1898), 같은 저자의 논문 「자권자」(自權者, Homo sui juris)(그륀후트[Grünhut]의 『사법·공법잡지』[Zeitschr. f. Privat- u. öffentl. Recht], 제32권, 1905) 및 「스피노자에서의 사회계약」(Der Sozialvertrag bei Spinoza, 같은 잡지, 제34권, 1907), 「스피노자와 현대독일의 국가론」(Spinoza und die deutsche Staatslehre der Gegenwart, 『슈몰러 연보』[Schmollers Jahrbuch], 제31권)이 있다. 「스피노자에서의 사회계약」에서 멘첼은 기르케의 이론(異論)(『알투지우스』, 342쪽 이하)에 대해 자기 주장을 옹호해 약간 과장이 지나친 듯하다. 또 로진(Rosin), 「비스마르크와 스피노자―그들의 국가관의 비교」(Bismarck und Spinoza, Parallelen ihrer Staatsanschauung, 『오토 기르케 탄생 70주년 기념논집』 수록), 콘(E. Kohn), 「스피노자와 국가」(Spinoza und der Staat, 베를린 대학 학위청구논문, 1926) 참조.

식에서 현실 국가에 관심을 가진 리얼리즘과 경험주의로 이끌어줄 길을 찾을 수 있는가에 달려 있었다. 홉스는 자연법과 자연법칙을 구분해 위와 같은 길을 제시해주었다. 그는 자연법을 자연상태의 자유로 이해했으며, 자연법칙을 자체의 이익을 완전히 인식한 이성의 명령으로 이해했다.

이러한 자연법을 기초로 국가가 불변의 전제 사항으로서 서로를 인정하는 반면 각 국가 내부에서는 최선의 국가, 즉 당위적 국가에 관한 합리적인 개념이 다시 승리를 하고, 국가 성립의 근원으로 생각된 계약의 순전히 이성법적인 구조가 기초로 취해졌다. 여기에서 스피노자는 홉스로부터 새로운 자연법 개념을 수용하고 있는데, 자신의 범신론적이며 엄밀하게 인과적인 세계상과 홉스의 개념이 완전히 일치했기 때문이었다. 그는 『국가론』(제2장 4절)에서 다음과 같이 말한다.

"나는 자연권을 모든 것이 발생하는 데 따르는 자연의 법칙 또는 규칙, 다시 말해 자연의 힘 자체로 이해한다. ……그러므로 인간이 자신의 자연법칙에 따라 행하는 모든 것은 지고한 자연권에 의해 행해진 것이다. 또한 자연에 대한 권리는 자신의 힘에까지 뻗쳐 있다."

홉스는 다음과 같이 말했다.[30]

"그러나 누구도 인간 내면의 본성을 비난하지 못한다. 인간이 가진 욕망과 열정은 자체로는 죄악이 아니다."

그야말로 대단히 혁명적인 의미를 갖는 사상이었다. 즉 이 사상은 결정론으로 연결되었을 뿐만 아니라, 상대주의 즉 자연과 기본적 관습 속에서 작용하는 모든 힘에 대한 무제한적인 인식을 가져왔으며, 일단 이 힘 내면의 개별 요소들이 발견되면 근대 역사주의를 도래시키는 발판이 되기도 했기 때문이다. 확실히 당시 사람들은 이 모든 중대한 결과를 끌어낼 만한 위치는 아직 아니었다. 그러나 스피노자는 최선의 가능한 국가에 관한 일반적인 이론에서 찾아볼 수 있는 것보다 훨씬 새롭고

---

30) 『리바이어던』, 제1권 제13장.

현실적인 태도로 국가의 유기체적 삶을 완전히 연구할 수 있었다.

『국가론』 제15장에 나타난 마키아벨리의 유명한 구상을 상기하면서, 스피노자는 『국가론』 서론에서 인간이 실제로 존재하는 모습 대신 인간은 이러이러한 존재가 되어야 한다는 식의 태도를 거부했다. 또한 자신의 임무는 인간사를 비웃거나 한탄하고 증오하는 것이 아니라 단순히 이해하는 데 있다고 주장했다. 스피노자는 자연 존재가 지닌 힘은 바로 신의 영원불멸한 힘이며, 자연에 대해 우리가 나쁘게 생각하는 것들은 단지 우리가 자연 전체의 상호관계를 완전히 이해하지 못해서 생긴 일이라는 숭고한 믿음을 갖기 때문이라고 믿었다.

자연의 불협화음 속에서 성스러운 통일이 지닌 화음을 발견할 수 있었던 종교적 내면성을 통해 스피노자는 홉스의 기계론적인 사고방식을 극복했다. 홉스는 만인 대 만인의 투쟁 상태와 모든 국가는 일단 성립된 이후 영구적으로 타국과의 상호관계에 놓여 있으며, 그래야 할 필요성이 있는 것을 자연상태라고 보았으며, 이것을 사실로 받아들이고 있다.

홉스와 마찬가지로 스피노자 역시 국가의 상호관계에서 자연상태의 권리를, 즉 어떤 계약 의무에 의해서도 방해받지 않는 이익정책을 행할 수 있는 권리를 국가에 부여하는 동시에, 정치와 도덕 사이에 나타나는 갈등으로 인간이 충격을 받는 것은 인간의 불충분한 통찰력 때문이며, 영원한 상(相) 아래 고찰해볼 때 국가의 이러한 행동양식은 신의 의지이며 신의 작품이라는 점을 이해시키고자 했다. 이때 스피노자도 홉스와 동일하게 국가이성이라는 용어를 거의 염두에 두지 않았다.

그러나 실제로 스피노자는 국가 간의 투쟁은 국가이성에 의해 지배된다는 원칙을, 이상적인 세계 위안을 부여하고자 한 철학의 관계 속으로 끌어들이는 데 성공했다. 이것은 오로지 철저하게 일원론적이며 범신론적인 철학에서나 가능하며, 이 점에서 스피노자는 헤겔의 선구자임을 보여주고 있다.

국가는 자기 보존이라는 이해관계를 위해서는 계약을 파기할 수 있으며, 파기해야 한다는 스피노자, 그의 이 학설은 저서인『신학정치론』과『국가론』사이에 나타나는 국가론의 차이에도 불구하고 별로 변하지 않았다. 그는『신학정치론』에서 다음과 같이 말했다(제16장, 45절 이하).

생각건대 여러 국가가 서로를 해치지 않기로 협정을 체결하더라도 상대가 더욱 강대해지는 것을 방해하고자 노력하며, 또 양쪽이 이 협정을 지키고자 하는 확실한 목적과 이익이 충분치 않다면 강한 쪽이 그것을 파괴해버릴 수 있다는 것을 모든 국가들은 항상 경계하면서 계약을 신뢰하지 않는다.

만약 그렇지 않으면 상대 국가로부터 기만당하지 않을까 두려워한다. 그것은 무리가 아니다. 최고 권력을 장악하고 자기가 하고 싶은 대로 무엇이건 할 수 있는 힘을 지닌 자, 자국의 안전과 이익이 자기에게 최고 법칙이라고 생각하는 사람의 말이나 약속을 전적으로 신뢰하는 것은 최고 권력의 권리를 모르는 우자(愚者)뿐이기 때문이다.

더구나 경건함과 종교를 고려하더라도 권력을 손에 쥔 자가 자국에 손상을 줄 약속을 지키는 것은 범죄와 다름없음을 우리는 알 수 있다. 사실 그는 자기가 행한 약속 중에 우연히 국가에 손해가 되는 것이 있으면 지켜서는 안 된다. 시민들 간에 맺은 계약을—지키는 것이 가장 신성한—파괴하지 않고는 약속을 지킬 수 없기 때문이다.

『국가론』에서도 다음과 같이 언급한다(제3장, 14절).

국가 간의 계약은 계약에 가입하고자 하는 동기, 즉 피해에 대한 공포감이나 이익에 대한 기대감이 존속하는 한 오랫동안 변하지 않고 유지된다. 그러나 양국 중의 한편에 이와 같은 공포감이나 기대감이 사라지면 그 국가는 독립적이 되며, 이들을 묶어놓은 연결고리 자체가 해체되어버린다. 그러므로 모든 국가는 기대감이나 공포감이 사라지면 계약을 파기할 권리를 갖게 되며, 이 점에서 조약 당사국들은 대등한 위치에 있기 때문에 계약을 파기했다고 해서 불성실한 행동으로 비난받지는 않는다.

덧붙여 미래에 대한 협정은 현존 상태가 지속한다는 가정 아래서만 체결될 수 있다. 만약 이것이 변한다면 국가 전체의 이성(理性)도 변하게 될 것이다. 그러므로 결정적인 이 점에서 스피노자도 잘 알려진 표어를 내걸고 있다.

스피노자가 터키인이나 이교도들 간에 체결된 그리스도교 국가의 동맹을 별로 비난하지 않았다는 사실은 출신 배경이 유대인이었다는 점에서 이해된다. 동시에 그는 이교국과 맺는 관계는 신중히 다루어야 한다는 네덜란드의 국가원칙에도 의존하고 있었다.[31]

무엇보다 국가는 존속해야 하며, 국가의 원리─이것도 스피노자에게서 찾아볼 수 있다─는 개인 윤리에 선행한다. "인접국에 대한 의무가 국가 전체에 피해를 야기한다면 결과적으로 의무는 '불경'(不敬)이 되며, 그에 반해 인접국에 어떠한 '불경'을 행하더라도 국가를 보존하기 위해서라면 경건한 행위가 된다."[32]

스피노자 역시 홉스처럼 국가 내에서 국가이성에 행동의 자유를 부여했다. 국가는 법률이나 민법으로 묶이지 않으며, 국가의 결정에 의존한다.[33] 여기에서도 국가는 자기 보존의 이해관계가 요구하는 대로 행동할 의무가 있다. 스피노자의 표현에 의하면 "국가가 '그의 권리'를 위해 존재하기 위해서는[34] 공포와 숭배의 요인들을 보존해야 한다. 만약

---

31) 『신학정치론』(*Theol.-pol. Traktat*), 제16장 제67절. 물론 스피노자는 이 같은 동맹체결에 대해 경고는 하고 있으나, 만약 체결했다면 지켜져야 한다고 요구했다.
32) 『신학정치론』, 제19장 제22절.
33) 『국가론』, 제4장 제4절 및 제5절.
34) 스피노자의 '자권자'의 개념 의의에 관해서는 앞에서 언급. 멘첼의 논문 참조.

그렇지 않으면 국가의 존립이 중단된다." 이 말은 국가는 자기를 보존하기 위해서 권력수단을 제멋대로 사용해서는 안 되며 합리적인 태도로 사용해야 한다는 것을 의미한다. "국가는 이성의 명령에 따라 행동할 때 가장 '그의 권리'를 누린다."

홉스와 마찬가지로 스피노자 역시 국가는 대여된 충족된 힘을 충분히 이해해 무작정 남용하지 않으리라고 신뢰했다. 그는 국가가 난폭하게 통치되면 막대한 위험이 초래되므로 이 같은 무제한의 권력 행사는 없으리라고 생각했다. 그는 최고 권력자의 권리는 최고 권력에 그 권력이 미치는 이상으로 미치는 것이 아니므로 무제한의 권리는 없다고 미묘하게 덧붙였다.[35] 이 모든 점이 순수한 국가이성의 정신에서 생각되었다.

사실 스피노자에게서 권리와 권력은 밀접하게 연결되어 있었다. "자연 상태에서 각 개인처럼 국가 전체의 몸과 정신도 권력만큼의 권리를 지니고 있다."[36] 멘첼이 지적한 바에 따르면 홉스의 경우 절대적인 지배는 기본 계약의 법적 구속력에 의존하는 반면 스피노자의 경우에는 국가권력에 부여된 권력의 충실함에 의존한다. 동시에 홉스는 계약국가를 기초로 하는 것 외에 순수한 권력국가 역시 정당한 것으로 보았다. 또한 그는 국가권력자에 대한 시민의 의무는 시민을 보호해줄 권력이 존재하는 동안만 지속되며, 자기 자신을 옹호하는 시민의 자연권은 누구도 시민을 더 잘 보호해줄 수 없을 때에는 어떠한 계약에 의해서도 파기될 수는 없음을 시인했을 때[37] 권력이라는 개념 위에서 계약의 법적 원리도 권력사상에 의해 뒤집었던 것이다.

그러나 국가의 본질과 삶은 우선적으로 권력에 의존하고 있다는 새로운 인식 속에서, 국가와 국가의 기능이 계약을 기초로 한다고 본 낡

---

35) 『신학정치론』, 제20장 제7절과 제16장 제29절 참조.
36) 『국가론』, 제3부 제2장.
37) 『리바이어던』, 제2부 제21장.

은 이성적 자연권론을 홉스보다 스피노자가 더욱 과감히 포기하고 있다. 이와 같은 점은 초기의 『신학정치론』보다는 뒤에 쓴 『국가론』에 더 자주 나타난다. 사실 계약론의 공식들이 때로 그로부터 언급되기는 하나, 국가의 성립은 어떤 법적인 행동으로서보다는 영적인 힘들의 총체로부터 일어난 자연적인 필수과정으로 제시된다.

스피노자는 『국가론』(제6장 1절)에서 다음과 같이 말한다. "인간은 자연적으로 국가상태를 갈망하며, 인간이 그것을 완전히 해체시키는 일은 일어날 수 없다." 이상으로 그는 다시 한 번 국가의 발생을 탐구하는 아리스토텔레스의 중요한 옛 이론에 접근한다. 역사적 · 정치적 현실주의와 경험주의는 이성법이 희미해짐에 따라 중요성을 더해갔다.

홉스에서 스피노자로의 전환, 젊은 시절의 스피노자에서 노년기 스피노자로의 전환은 동시에 국가이성 이념의 점진적 성장을 의미한다. 사실 스피노자 사상에서 권력주의의 성장은 정치가 비트(Johann de Wit, 1625~72)와 나눈 교제, 1672년 스피노자의 갑작스런 사망이 던져주는 인상, 자연의 영구한 인과관계를 강조한 범신론적 형이상학의 날카로운 완성 등을 통해서 설명되어왔다.[38]

홉스에 관해 언급된 것은 스피노자에 대해서도 타당하다. 즉 국가이성의 이념으로 상승되는 사상의 발전 방향이 존재하는 것 외에도, 다시 그로부터 멀어져 이전의 이성법이나 자연법으로 되돌아가는 방향 역시 존재했던 것이다.

스피노자는 우리로서는 대체로 접근하기 힘든 자연의 모든 법칙과, 내면에서는 이성이 지배적이며 갖가지 충동을 초월하고자 하는 인간본성의 법칙 사이를 조심스럽게 구별했다.[39] 원래 국가를 일으킨 것은 이성(理性)이 아니라 원초적인 충동과 욕구이다. 그러나 '그 자신의 권리'에서 가장 강력하며 최상의 위치에 있는 국가는 이성을 기반으로 하

---

38) 멘첼, 『스피노자의 국가론의 변천』(*Wandlungen usw.*), 앞의 책, 80쪽 이하.
39) 『국가론』, 제2장 제8절.

고 그에 의해 지배되는 손재이다.[40]

또한 그는 자신의 법신론적 일원론에도 불구하고 자연이 지닌 보편적인 힘의 영역과 인간 이성의 영역 사이에는 이원론이 존재한다고 인정했으며, 이러한 보편적 자연과 인간 이성 사이의 긴장은, 만약 일원론이 논리적으로 철저하고자 할 경우에는 내면적인 타협을 원한다고 보았다.

헤겔이 어떻게 해서 인간 이성의 법칙에서 안정된 성격—자연권 사유에 따르면 인간 이성의 법칙이 소유한다고 주장하는—을 제거해 유동적인 존재로 변화시킬 수 있었는가, 이러한 과정 속에서 정신과 자연이 함께 혼합되고 통합된 존재를 제시하게 되었는가 하는 것은 뒷장에서 살펴보자. 그러나 스피노자에게 인간의 이성은 언제 어디서나 안정되고 보편적인 자연법의 사유 속에서 파악된다. 그 결과 국가를 지배해야 하는 이성도 개인적이며 역사적으로 변화하는 실체로서보다는 절대적이고 변치 않는 입법자로 인식된다.

나아가 스피노자는 현실적인 국가를 연구하려는 야심에도 불구하고 다시 자연권의 문제, 즉 최선의 국가형태란 어떤 것인가 하는 낡은 물음으로 되돌아가는 결과를 초래했다. 스피노자의 두 논문에 나타난 전체적인 요지는 사실 최선의 국가, 즉 보편적인 인간이성과 가장 일치하는 존재에 대한 탐구라 할 수 있다. 또한 다양한 국가형태를 탐구해 자신의 목적과 이상에 적용하고자 했다. 우선 보편적이며 모든 개인에게 동일한 이성이란 개념에서 출발해, 홉스와 자연법 학파처럼 국가를 개인의 보편적 욕구라는 관점에서 고찰하려는 경향을 나타냈다. 그러나 그는 국가 자체의 특수한 욕구라는 관점에서 국가를 일관되게 고찰하지는 못했다.

앞에서 살펴보았듯이 스피노자는 『신학정치론』에서 국가윤리를 개인적인 윤리 위에 놓고 있어서 홉스처럼 개인의 복지는 국가의 복지에 양

---

40) 『국가론』, 제6장 제1절 및 제5장 제1절.

보해야 함을 의미하는 것처럼 보이기도 하지만, 개인 전체의 복지는 국가의 목적이며 목표가 되어야 한다는 점을 의미하기 위한 것일 뿐이다.

스피노자가 말하는 국가이성의 절대적인 인정조차 홉스처럼 아주 개인적인 동기에서 비롯되었다. 스피노자는 홉스보다 더 개인 내면의 정신적 수호를 중요하게 여겼다. 사상의 자유일 뿐만 아니라 폭력적인 국가 지배로부터 보호하고자 하는 언론과 교수의 자유였다. 스피노자가 『신학정치론』을 저술한 것은 본질적으로는 이런 목적을 위해서였으며, 그와 더불어 스피노자 개인의 힘들었던 삶을 위한 투쟁도 저작의 동기가 되었다. 어떤 면에서 이 책은 철학자와 국가이성에 따라 지배되는 17세기 국가 간의 대화라 할 수 있다.

그는 마치 다음과 같이 외치는 듯하다. 내가 그대들에게 인정하노니, 그대는 자기 보존을 위해 무엇이든 행할 힘—그리고 힘과 권리는 대등하므로 권리 역시—을 지니고 있다. 그러나 그것은 그대가 이성에 따라 '자신의 권리에서' 가장 확실하고 능률적이며 완벽하게 행동할 때만이다. 만약 그대가 비합리적이며 폭력적으로 통치한다면 자신을 훼손시킬 것이다. 그러므로 나는 만약 그대가 현명하다면 부디 사상의 자유와 어느 정도 한계 내에서 언론과 교수의 자유를 존중하기를 기대한다.

이것은 17세기 자유사상가가 당시 권력국가 아래 이를 수 있었던, 즉 국가이성이 이성적인 정신의 자유를 보장해야 한다는 타협안이었다. 그러나 여기에 숨겨진 개인주의적 동기는 스피노자가 『신학정치론』(제20장 12절)에서 주장한 바, 국가의 목적에 영향을 미쳤다. "진실로 국가의 목적은 자유이다." 또한 그는 그러한 자유는 인간이 자유로운 이성을 발휘해야만 하며, 정신과 육체가 어떠한 장애도 없이 힘을 발전시켜 나가야 한다는 사실 속에 존재한다고 보았다.

더 나아가 잇따른 스피노자의 인생 경험은 그가 국가사상을 형성하는 데 상당한 영향을 끼쳤다. 『국가론』(제5장 2절)에서는 주목할 만한 내용 수정과 함께 다음과 같이 말한다. "국가의 목적은 삶의 평화와 안정 이외에는 그 무엇도 아니다. 그리하여 최선의 국가는 인간이 조화롭게 삶을 영위하며, 권리가 침해받지 않고 계속 보존되는 국가이다."

이러한 정의는 국가이성에 대한 욕구와 개인적인 욕구이다. 근대적 사상 역시 국가라는 문제에서 이와 같은 욕구들을 다시 한 번 결합해보고자 노력한다. 그러나 근대정신에서 최선의 국가란 스피노자나 자연법사상에서 나타난 것과 같이 보편적으로 타당한 원리의 구현이 아닌, 그때그때 개체적인 삶의 원리에서 최고인, 가장 완벽한 구현이다.

스피노자는 헤겔에게 이르는 길을 제시했으나 시대적인 한계를 전적으로 타파할 수는 없었다.

제2장 푸펜도르프

17세기에 이미 예측된, 미래를 위한 의미를 잉태한 몇몇 중요한 사상에는 제약이 있었다. 이 사상들은 당대의 냉혹한 환경에서 아직은 부화할 수 없었으며, 지니고 있는 생산력을 발전시켜 나갈 수도 없었다. 스피노자를 소생시킨 사람은 괴테였으며, 독일 이상주의는 라이프니츠를 소생시켰다. 사상운동은 라틴어 학자용어의 완고한 껍질로 제한을 받고 있었는데, 근대의 문화적·국민적 언어의 약동과 근대사상의 약동 간에는 매우 밀접한 관계가 있다.

18세기 말엽의 정신생활과 비교할 때 17세기는 계몽주의와 이상주의로 누그러지기는 했지만 아직은 완고한 성격을 지니고 있었다. 반면 17세기는 일단의 위대한 사상가들에서, 정치 영역에서 리슐리외와 크롬웰, 대선제후와 같은 사람이 지닌 국가 형성 에너지와 유사한, 강하고 구성적인 정신력이 발휘될 수 있었다.

앞에서 살펴보았듯이, 에너지란 오로지 국가이성과 국가 이익에 관한 이론의 현실적인 적용이라 할 수 있다. 이러한 이론 역시 숨겨진 씨앗을 내면에 품고 있었으나, 17세기의 상황에서는 완전히 드러낼 수 없었다. 만약 생활과 사상의 서로 분리된 영역 간에 그처럼 완고한 장벽이 존재하지 않았더라면 국가의 본질에 관한 일반적인 이론과 견해뿐만 아니라 역사서술도 좀더 빨리 결실을 맺을 수 있었을 것이다.

이와 같은 점은 당대 최고의 구성적인 사상의 소유자 가운데 하나인 사무엘 폰 푸펜도르프(Samuel von Pufendorf, 1632~94)에게 나타난다. 우리는 그가 가장 위대한 공적으로서 일반국가학 및 독일사를 서술한 사실을 알고 있다. 이 두 영역에서 그는 사물 자체의 본질로부터 발생하는 원리들을 탐구했다. 그가 펼친 국가이론은 신학적 사고의 구속에서 국가를 해방시키는 데 기여했다. 역사를 서술함에 있어 그는 정치적 사건을 추적해 행위자의 합리적 동기를 밝히는 데 깊은 관심을 기울였다.

푸펜도르프가 국가이성 및 국가 이익에 관한 교설에도 정통했으며, 뿐만 아니라 그 교설이 주요 사상의 핵심을 이루고 있음을 밝혀보자. 그러므로 이들 세 영역을 서로에게 스며들게 하여 결실을 맺게 하려 하는 것은 그에게는 극히 자연스러울 것으로 생각된다. 그러한 상호작용에서 펼쳐지는 모든 시도를 우리는 주의 깊게 살펴보아야 할 것이다. 그러나 푸펜도르프 역시 시대적인 한계를 극복할 수 없었다. 그의 국가론은 보댕이 국가 주권의 개념을 발견했을 때 이룩한 위대한 발견에 뿌리를 두고 있었다. 국가의 주권은 우리가 보았듯이, 기타의 권력에서 자유로운 최고의 권력이며,[1] 보댕이 부언한 바에 의하면 통일적이며 분할할 수 없는 것이다.

보댕의 위와 같은 발견은 단순히 이론적인 행위가 아니었다. 국가의 구체적 이해에 관한 이론이 새로운 국가이성의 한 부분을 구성했듯이, 넓은 의미에서 새로운 국가이성의 일부를 이루고, 두 부분이 서로를 보충하는 결과를 가져왔다. 최고의 통일된 국가 의지를 창조하고 인식하지 않으면 구체적인 이해를 통일적이며 효과적으로 보호하기가 불가능하기 때문이며, 한편 그러한 보호 없이는 새로운 주권 개념도 공허하고 무의미해지기 때문이다. 그러나 이론적인 사색이 그러한 내적 생활 연

---

1) 주권에 관한 근대 학설에 따르면 그 자체가 국가권력이 아니라 완전한 국가권력의 한 특질에 불과하다. 옐리네크, 『국가총론』, 제2판, 459쪽.

관에 항상 관심을 기울이는 것은 아니며, 반대로 일련의 개념을 다른 것과 분리시키고 일방적으로 강요하는 경향을 보이기 쉽다. 당시 대두되던 절대주의를 보고 매혹당한 보댕은 국가 주권 일반을 국가 최고기관이 지닌 절대권과 혼동함으로써 주권 개념에 고정된 형태를 부여했다. 이로 인해 비절대주의적으로 통치된 국가에서 최고 국가권력의 발전을 이해하기 어렵게 만들기도 했다.

푸펜도르프가 세베리누스 드 몬참바노(Severinus de Monzambano)라는 익명으로 1667년 독일 제국헌법에 가한 비판은 정치적 결점이라는 점보다는 우선 주권개념을 너무나 엄격하고 융통성 없게 적용했다는 것은 야스트로(Jastrow)가 지적한 일이 있다.[2] 푸펜도르프는 독일 제국에서의 대권(大權)이 황제와 제국 신분 간에 공유된 것으로 보았다. 따라서 제국은 군주정이 될 수 없으며, 통합된 국가가 될 수 없었다. 통합된 국가에 덧붙여 그는 국가들로 구성된 연합체의 가능성을 생각했다. 그러나 그것은 단지 두 가지 형태로만 가능하다.

첫째는 공통된 원수 밑에서 결속된 형태이고, 둘째는 몇 개국 간의 연방체 형성이었다. 그런데 국가가 주권 없이 존재한다고는 생각할 수 없었으므로, 그가 말하는 '국가체제'는 국법적 성격보다는 국제법의 성격을 지니고 있다. 다시 말해서 그는 몇 개의 국가가 하나로 뭉치게 될 때 어떤 새로운 국가, 즉 고위의 국가, 연방국가가 나타날 수 있다는 가능성을 인식하지 못했으며, 알고 있었더라도 인정할 수 없었을 것이다. 만약 여러 국가가 국가로 존재하는 것을 멈추게 된다면 어떤 한 나라가

---

2) 「제국 국제(國制)의 괴이함에 관한 푸펜도르프의 교설」(Pufendorfs Lehre von der Monstrosität der Reichsverfassung, 『프로이센의 역사 및 지리학 잡지』〔Zeitschr. f. preuß. Gesch. u. Landeskunde〕, 1882 및 별책); 기르케, 『알투지우스』, 제2판, 247쪽도 참조. 세베리누스 드 몬참바노(Severinus de Monzambano), 『독일 제국의 상태에 관해』(De statu imperii Germanici), 제1판(최종 교정판을 참작하고 있는)은 1910년 잘로몬(Fr. Salomon)에 의해 재판으로 나왔다. 브레슬라우(H. Breßlau)의 훌륭한 번역본이 1870년 처음 출판되었으며, 매우 유익한 서문을 덧붙여서 1922년 다시 출판되었다(『정치고전』, 제3권).

그 속에 몇몇 국가를 포용할 수 있다는 것이 그의 이론이었다.

당시 분열되어 있던 독일의 개별국가들은 어떤 식으로든 국가로 존재하는 것을 멈추지 않고 더욱 국가로 자리잡는 경향을 보이고 있었으므로 독일 제국은 더 이상 하나의 국가가 아니라는 결론을 내리지 않을 수 없었다. 한편 그는 독일 제국은 국제법의 성격을 지니는 국가체제라고도 칭할 수 없으므로, 바로 그것은 변칙체이며 괴물과 비슷한 것(monstro simile, 푸펜도르프는 처음부터 매우 신랄하게 이것을 지적했다)이라고 선언했다.[3]

또한 그는 실제적인 관점에서, 통합된 군주주의적 국가로 향하는 어떤 복귀도 불가능하며, 최소한 강력한 변혁이 일어났을 때나 그와 같은 것을 생각해볼 수 있다는 견해였다. 독일이 회복할 수 있는 유일한 길은 단순한 국가연합으로의 노선을 끝까지 밀고 나가는 것이라고 보았다. 개혁을 위한 그의 제안은, 황제는 단순한 연합의 우두머리라는 위치로 물러나야 하며, 상설적인 연합의회를 두어 모든 연합 업무에 대한 결정을 내리기 위해서 황제를 보좌한다는 것이었다.

그러나 그의 개혁안을 자세히 살펴보면 푸펜도르프의 국법적 이론과 정치적 희망이나 요구 간에는 상당한 모순이 존재함을 발견할 수 있다. 그 자신이 희망했던 여러 국가로 이루어진 연합은 주권을 지닌 국가로만 구성될 수 있다. 그러나 그의 개혁안은 개별 국가의 주권을 제한했는데, 그 제한 방식은 연합국가에서는 가능하지만 국가연합에서는 불가능했다. 예를 들어 연합에 가입한 국가 사이에서 발생한 분쟁은 이해관계가 없는 신분의 중재 판결로 해결되어야 하며, 필요하다면 이 판결을 내려서라도 시행해야 한다. 그는 제국 신분의 추방도 국가연합의 헌

---

3) 1668년판에서 이 유명한 표현은 완화되어 '거의 괴물과 비슷한 것'이 되고, 나중에는 전부 삭제되었다. 그러나 그 변칙성은 어디까지나 주장되었다. 브레슬라우에 의한 세베리누스의 번역, 『정치고전』, 제3권, 28~29쪽 참조. 독일 제국의 국가형태를 특징짓는 '괴이한 통치'라는 표현을 이미 14세기 바르톨로가 사용했다는 사실은 코제르가 밝혔다. 『역사잡지』, 제96권, 196쪽.

법에 상반되지 않는다는 주장을 내세우기도 했다.[4)]

그러나 그는 말년에 들어 자신이 젊은 시절에 집필했던 그 대담한 저작을 수정하면서, 국가연합의 구성 제국에서 이런 종류의 주권 축소를 요구할 수 없다는 점을 인식하게 되고, 그에 따라 자신의 개혁안을 조정했다.[5)] 결국 그의 이론은 상당히 조리 있는 모습을 갖추게 되었으나, 그것은 이론을 이끌어주었던 한편 혼란을 초래하기도 해 마침내 억제해야 했던 지극히 중요한 직관을 대가로 이룩되었다.

푸펜도르프가 젊은 시절 저작을 구상할 당시 이 직관은 그 자신에게 독일 제국은 단순한 초기 국가연합 이상이라는 점을 일깨워주는 한편, 독일 제국에는 위대한 정치적 통일, 즉 제국에 속한 국가를 제재할 수 있는 힘을 요구하게 되는 개성적인 정치적 유기체가 존재함을 인식시켜 주었다. 그가 이와 같은 모순을 보이게 된 것은 단순한 애국심의 소망 때문이 아니라 건전한 정치적 · 역사적 직관 때문이었다. 그의 경직된 주권론은 취약한 독일 제국이 아직도 지닌 국가적 통일의 마지막 흔적을 붕괴시켰으며, 구체적인 국가 이해에 대한 그의 감각이 국가적 통일을 회복시켰다고 우리는 말해도 좋을 것이다. 오직 현실의 국가만을 지닐 뿐인 현실 독일의 전체적 이해가 존재한다는 싱싱한 감각이 그의 청년시대의 저작 여기저기에서 이미 표명되었기 때문이다.

그의 개혁안이 표명된 세베리누스의 마지막 장에는 '제국의 국가이성'이라는 제목이 붙어 있는데, 그에 의해 독일 제국은 그 변칙성에도 불구하고 아직 국가의 전체적인 이해라는 복합체를 소유하고 있음을 표명했다. 여기서 그는 켐니츠(Chemnitz, 1605~78)가 '석상의 히폴리투스'라는 필명으로 쓴 전례를 뒤쫓고 있다.

제국을 신분적 · 귀족적인 공동체로 인식하고, 또한 그렇게 변화시키고 싶어 했던 켐니츠는 같은 이유에서 독일의 국가이성을 자신의 의도

---

4) 제8장 제4절 및 제5장 제28절 참조.
5) 개개의 면에서는 야스트로(Jastrow)가 논증하였다. 앞의 책, 72~73쪽.

에 맞추어 그려냈다.[6] 독일의 국가이성을 연구하는 그의 방법은 개별화가 아닌 일반화의 성격을 지니고 있었다. 국가이성이 직접 정체(政體)에 의존하고 있었기 때문이다. 그 결과 정체의 종류만큼 국가이성의 종류도 동일하게 존재하게 되었다. 또한 한 공동체의 정체가 설립되어 체계가 잡히면, 그 국가이성은 자동적으로 뒤를 따르는 것으로 생각되었다.

푸펜도르프 역시 켐니츠의 도식적인 이론을 받아들여 국가 이해의 개별화된 시각을 방해했다. 그럼에도 다행히 그는 이론과 동시에 경향성에 현혹된 '히폴리투스'보다는 훨씬 더 개성적이고 적절하게 현실 독일의 전체적 이해(利害)를 이해할 수 있었다. 그는 제국의 국가적 상태를 변칙적으로 생각했기 때문에 개별적인 성격을 탐구하는 데 특히 몰두하게 된다.[7] 그러나 그가 그려낸 독일의 국가이성관, 독일의 전체적인 국가 이해관은 역사적으로 더욱 구체적이며 개별적인 특징을 나타낸다.

여기에서 한 가지 의문이 대두한다. 어떻게 해서 독일의 국가이성에 대한 그의 연구가 제국을 국가로서가 아니라 각 국가로 구성되고 생성되는 국가연합으로 보았던 그 자신의 이론과 양립할 수 있었는가 하는 의문이다. 혹자는 푸펜도르프의 견해를 따라 여러 국가로 구성된 연방체도 '국가이성'을 지닐 수 있다고 반박할지 모른다.[8] 그러나 대외적으로는 안보, 대내적으로는 자유라는 공통의 관심사를 수호해야만 하는 연합체는 각 국가로 구성된 단순한 연합체의 성격을 실질적으로는 잃

---

6) 브레슬라우, 앞의 책, 21쪽.
7) 브레슬라우가 잘 언급하였다. 앞의 책, 32쪽.
8) 브레슬라우가 앞의 책, 41쪽에서 지적한 대로 푸펜도르프는 저서 『변칙적인 국가에 관해서』(De republica irregulari, 1669)에서 각 국가로 구성된 단순한 연합체(systemata civitatum)를 복합국가라는 분류에 포함시키고 있다. 그러나 훗날 그는 가능한 한 '복합국가'라는 용어를 쓰는 것을 피하고자 했다. 주권이 국가의 불가결한 특질이라는 자신의 기본 전제조건에 반대되기 때문이었다.

게 되며, 연방국가의 모습을 띠기 시작하면서 불완전하게 조직되어 있던 자체의 모습을 벗어나 초국가로 발전한다.

특징적인 '국가이성'이 어디에 있건, 어떤 공통적인 정치적 존재의 특별한 원칙과 관심사가 통합된 형태로 어디에서 나타나건 국가 역시 존재해야 한다. 매우 불완전하고 미성숙한 존재에 불과할 수도 있으며, 완전히 붕괴해 구체적인 모습은 없고 국가 정신만이 남을 수도 있다. 그러나 구체적인 국가 모습을 갖추고 완전한 국가가 되려는 욕구와 경향은 여전히 존재할 것이다.

국가적 통일이 보존하고 있는 보잘것없는 자취들을 가꾸고 길러나감으로써 제국을 유지하려는 성향은 각 독일 국가를 진정 완전한 주권 국가로 발전시켜 나가려는 성향에 의해서 소멸되지 않는다. 독일의 대외 관계에 대한 모든 문제에서 푸펜도르프는 독일이 당연히 국가통일체로 구성되어 있다고 생각했으며, 독일이 지닌 특별한 관심사를 매우 통찰력 있게 분석했다.

"만약 독일 제국이 정상적인 헌법으로 결속되어 있었다면 유럽 전역에 두려움을 불러일으킬 존재였을 것이거니와, 제국의 힘은 현재 내부적인 병폐와 동요로 인해 너무나 약해져 있고, 자기를 방어할 수조차 없는 상태에 처해 있다."

그는 다음과 같이 지적한다. "제국 내에서는 머리와 수족이 마치 두 개의 적대적인 당파처럼 서로 대립되어 있으니 이 얼마나 기괴한가!"[9] 독일을 이루는 세력 집단들이 "하나의 의지, 하나의 정신으로 지배받는 듯" 통합되어야 한다는 것이 그의 이상이었다.[10]

기본적으로 그에게 연방체는 상황의 압력 때문에 나타난 군주정의 불충분한 대체물일 뿐이었으며, 연방체는 "내부적 불안, 완전한 파국에 훨씬 쉽게 노출된다"고 보았다. 또한 그는 베스트팔렌 평화조약으로 특

---

9) 제7장 제8절.
10) 제7장 제7절.

히 독일 신분에 명확하게 법적으로 승인된 동맹권을 통탄하면서, 이 조약으로 인해 외부 세력은 독일인과 동맹함으로써 독일을 억누를 수 있고, 전체를 희생해 자신의 세력을 확장할 수 있는 자리를 차지할 수 있게 되었다고 지적했다.[11]

각 국가로 구성된 미래의 이 연방체에 대한 개혁 안에서 그는 전체적인 독일의 이익을 위해 주권의 축소를 수반하게 될 동맹권을 제한하기를 요구했을 뿐만 아니라, 독일에 대한 위협적인 영향을 미칠 수 있는, 영토 확장에 굶주린 적국에 의한 주변국의 점령을 저지하는 외교정책이 필요하다고 주장했다. 다시 말해 세력 균형을 유지하는 한편, 유사시에는 적극적으로 나설 수 있는 정책을 요구했던 것이다.[12] 나아가 그는 외국과 체결되는 어떤 동맹이 과연 독일에 위험한 영향을 미칠 것인가에 대해서 주의 깊게 살펴보았다.[13]

그는 이런 위험을 대단한 것으로는 평가하지 않았는데, 독일의 패배는 전 유럽의 자유를 위험에 빠뜨릴 것이므로 독일은 항상 동맹국을 찾을 수 있으리라 생각했기 때문이었다. 그가 가장 중요하게 보았던 동맹은 30년전쟁 기간 동안 독일의 운명을 결정했던 프랑스와 스웨덴의 동맹이었다. 이 점에서 그는 스웨덴 근무의 외교관이었던 동생 에사야스가 제공한 정보에서 위안을 찾을 수 있었을 것이다. 그는 다음과 같이 말한 일이 있다.

"경험 많은 외교관이라면 비록 프랑스가 스웨덴의 도움을 얻게 되더라도 프랑스는 여기에서 비롯된 이익을 독점하고자 할 것임을 알게 될 것이다." 프랑스는 자기들의 우정이 필요 없게 될 정도로 스웨덴의 힘이 자라는 것을 결코 바라지 않기 때문이다. 또한 스웨덴은 프랑스에 의해서 독일이 완전히 패배하는 것을 바라지 않는데, 이유는 그러한 사

---

11) 제7장 제9절.
12) 제8장 제4절.
13) 제7장 제6절.

태가 스웨덴의 독립을 종식시키리라는 인식 때문이었다.[14]

여기에서 국가 이익론에 의해 나타난 '국가의 저울'에 기반을 둔 유럽 동맹이 지닌 은밀한 동기, 전제, 그리고 한계점 등을 인식할 수 있다. 푸펜도르프는 코펜하겐 주재 공사의 집에서 가정교사로 일하기 시작했다. 하이델베르크에서 교수로 있으면서 필명 세베리누스로 저술하던 기간에도 선제후 카를 루트비히와의 친교 덕택에 제국의 정책을 간파할 수 있었다.[15] 1668년 룬트로 초청을 받자 정치적 안목은 넓어졌으며, 스웨덴적인 관점에서 독일과 유럽을 바라볼 수 있게 되었다. 동시에 그는 위대한 국가 이론가이며, 날카로운 안목을 지닌 유럽 정치 전문가이자 현대사가로 명성을 얻게 되었다.

그의 국가론과 역사, 정치사상 간의 분열은 계속 남아 있었다. 1672년의 역저 『자연법과 국제법』은 자연법의 방법론을 강하게 고수했으며, 각 국가 형태의 개별적이며 역사적으로 독특한 면모를 폭넓게 살펴보기 위해 국가들이 지닌 이해관계를 통찰하지 못했다. 확실히 이 책에서는 '국가이성' 개념, 즉 각 국가의 모든 특수한 이해관계가 분출하는 보편적인 원천 개념이 특히 강조되었다. 또한 통치자는 자신의 생활, 그리고 사적인 성향과 관심사를 완전히 국가의 목적 속에 통합시킬 의무가 있다고 강조했다.[16] 저자는 이해론의 폭넓은 기반으로서 통치자 간의 협약은 국민들의 이익에 해가 되지 않는 한에서 구속력이 있을 뿐이라는 점 역시 인식했다.[17] 그러나 그의 체계 속에는 역사적 다양성과 이 이해관계들이 지닌 강한 힘에 대한 인식이 없었다.

---

14) 세베리누스의 사후(死後)판에서, 저자는 루이 14세의 정복정책과 이 정책을 진전시켜 전쟁을 돌발케 한 독일 통치자들을 비난하고 있다. 브레슬라우, 앞의 책, 45쪽.
15) 트라이치케, 「푸펜도르프」(Pufendorf), 『역사와 정치논집』(*Histor. u. polit. Aufsätze*), 제4권, 220쪽.
16) 제7권 제8장 제1절~제3절.
17) 제7권 제6장 제14절과 제9장 제5절.

그는 '자질 있는 젊은이'와 '국가 제도에 익숙한 계층의 사람들'을 세속적이면서 학문적으로 무장시키고자 했던 일종의 역사·정치·지식 안내서인 『유럽에 현존하는 주요 왕국과 국가의 역사에 관한 개론』(1682)에서 자신의 관점을 버렸다.[18] 이와 같은 학문과 세속성, 그리고 현실 정치의 결합은 스케일이 큰 작품을 선호하며 학문적인 명예를 존중했던 17세기적 현상에 완전히 일치하는 것이었다. 그러나 과연 이런 결합이 본질적으로 성공적이었는가 하는 문제가 생긴다. 이해론과 일반적인 국가론이라는 점에서 위와 같은 결합은 별로 성공적이지 못했다. 그렇다면 이해론과 역사서술이라는 점에서는 과연 전자(前者)보다 성공적이었는가.

역사, 국가와 국민에 관한 지식, 이해론을 결합시키려는 시도는 확실히 주목할 만했다. 그러나 세계사라는 것이 사실은 각 나라의 역사에 국한되었으며, 서구 그리스도교 세계라는 중세적인 통일체 개념이 몰락한 이래, 새로운 형태로 실질적인 역사 통일체로서의 세계관을 제시해줄 만한 역사사상이 발전하지 못했던 데 원인이 있다. 각 국가에 관

---

18) 여기에서 로앙의 기도를 되풀이하고 각 국가의 이익에 관한 이론을 세우려는 두 가지 시도를 간단히 언급하겠다. 마인 강변의 프랑크푸르트 주재관인 독일인 페트루스 발케니에르는 저서 『혼란에 빠진 유럽』(*Das verwirrte Europa*, 독일어판, 암스테르담, 1677)의 제1부에서 "유럽의 각 군주나 공화국이 지닌 보편적 국가이익과 특수한 국가이익"을 다루고 있다. 오라녜파의 관점에서 보면 그의 연구는 네덜란드적이었으며 반프랑스적·보수 색채를 띤 것이었다. 그는 또한 정치적 이해관계에서 경제적 요소의 중요성을 연구하는 흥미로운 경향을 갖고 있기도 했다. 나는 폰 벨로 기념 논집, 『정치와 역사에서』(*Aus Politik und Geschichte*), 146쪽 이하에서 그의 이론을 다룬 일이 있다.
1681년 크리스찬 비드만(Christian Widmann)은 『국가의 아카데미아』(Academia Status)에서 유럽 각국의 이해관계를 기술했다. 그는 세계에 대한 지식과 뛰어난 정치판단 능력을 갖고 있었다. 그에 대한 상세한 분석은 쿤켈이 17세기 '국가이성'과 정치론에 관한 그의 저서에서 제시한 바 있다. 1666년에 나온 『군주와 주권국가의 이해와 원칙』(*Interêts et maximes des Princes et des Estats souverains*)은 이해론이라기보다는 각 국가를 서로 대립하게 만드는 다양한 주장과 영토분쟁을 집대성한 것이었다.

한 설명은 세 개의 연속적인 장으로 구성된다.

그중 가장 긴 첫 번째 장은 역사를 다루고 있으며, 두 번째는 국민과 국가가 처한 상황과 정부 형태를, 세 번째는 외교정책을 다룬다. 여기에서 새로운 이해론은 일반적인 국가론과 결합되었던 것처럼 전통적인 역사 지식과 결합될 수 없다는 점이 명백히 나타난다. 첫 번째 장에서는 전반적으로 무비판적이며 무력한 자료의 반복이 우세한 반면, 마지막 장에는 완전한 정치적 전문지식이 나타나며, 진정한 역사인식에서 더욱 풍부함을 보여준다.

푸펜도르프는 이해론을 "국사(國事)에서 어떤 것이 잘 되었는지 잘못 되었는지를 판단하는 토대"라고 간주했다.[19] 또한 그의 이해론이 순전히 실질적인 지식으로 구성되었기 때문에 아직은 과거에 관한 그의 역사적 지식에 침투할 수 없었다. 그러나 역사적인 능력보다는 논리적인 능력이 뛰어났던 그는 이해론을 체계적으로 조직화하고 다양한 부류의 이해관계를 규정할 수 있었다. 그는 이것을 가상적인 것과 사실적인 것으로 분류하고, 전자에는 "'유럽 군주국' '세계적 독점' 등을 행할 수 있는 지도자 아래"에서 이루어지는 과장되고 불건전하게 야심적인 권력정책을 포함시켰으며, 이런 정책을 '전 세계를 연소시킬 수 있는 부싯돌'로 보았다.

여기서 다시 한 번 이해론은 자기 보호 감정의 소산이며, 유럽 각국은 그들 사이의 자유로운 공존과 세력균형 상태의 유지라는 공통된 목적을 가졌다고 보는 사람들에 의해 육성되었음을 인식할 수 있다. 푸펜도르프는 이해관계의 진정한 유형을 정확히 영구적인 종류와 일시적인 종류로 양분한다. "전자는 대개 그 국가가 처한 상황과 여건 또는 국민들의 기질로부터 유래한다. 후자는 주변 국가들의 기질, 힘, 취약성, 국가의 이해에서 변경을 초래하게 할 변화로부터 나온다." 그러므로 오늘은 어떤 힘 없는 이웃 나라를 도와주지만, 만약 이 나라가 자국에 위험

---

19) 『역사서설』(*Einleitung zu der Historie usw.*)의 서문.

스럽거나 골치 아픈 존재가 된다면 내일이라도 등을 돌리게 된다.

푸펜도르프는 이미 로앙이 제시한 바 있으며 끊임없이 재개되었던 문제, 즉 위와 같은 이해관계들이 어떻게 그토록 자주 곡해되고 잘못 다루어질 수 있었는가 하는 점을 제시했다. 로앙의 경우와 마찬가지로 그 역시 피상적인 해답만을 제시했는데, 통치자가 충분한 정보를 얻지 못했거나 현명한 대신(大臣)들로부터 도움을 받지 못했을 경우, 또는 대신들이 무능하지 않더라도 사리사욕을 가졌을 경우 위와 같은 일이 발생할 수 있다고 주장했다.

이해관계 자체는 경우에 따라 이중적인 성격을 지니며, 진퇴유곡의 상황에서 선택을 강요할 수 있고, 때로는 자신의 진정한 이익을 인식하는 데 운명적으로 실수를 범할 수 있다. 이러한 면을 인식하기 위해서는 저자가 처한 시대적 상황에서 가능했던 것보다 심오한 역사적 접근이 필요했다. 그러나 푸펜도르프는 이해론의 적용은 다양한 국가의 개성에 대한 정확한 지식을 요구하며 "그러므로 대외적 국사에 관여한 사람들에게 필요한 이 학문은 말하자면 순간적이고 변화무쌍하다"고 생각했다는 점에서 분명히 정당했다.

각 국가의 이해관계에 대한 그의 분석 중 이미 초기 저서에서 다루었던 한 가지를 살펴보도록 하겠다. 다름 아닌 독일의 '국가이성'으로서, 개인적인 관심에서의 모든 변화 속에서도 그의 감정은 언제나 독일적이었음을 보여준다. 그는 국법의 도그마에 의해 상당히 한정되었던 초기 저서에서 가능했던 것보다 자유롭게, 역사적 관점에서 더욱 심오하게 문제를 파악할 수 있었다. 이 저서에서 그는 이미 독일의 국가 생활에서 부자연스러운 분열을 지적했으며, 황제의 이해(利害)와 제후들의 이해는 기본적으로 다름을 지적했다. 또한 독일의 제후들 중 전적으로 '군주처럼' 행동하며 독자적인 '국가이성'을 형성하고자 하는 야심을 지닌 소수 강력한 존재가 등장했음을 강조했다.

여기에서 우리는 푸펜도르프가 독일의 관계 개선 가능성에 대해 여전히 회의적임을 감지할 수 있다. 그러나 이 경우 해악을 설명하려는 그의 시도는 전적으로 이해론의 정신에서 솟아난 역사인식으로 그를 이끌었다. 카를 5세의 황제선거라는 1519년 사건을 그는 독일사의 운명적인 전환점으로 보았으며, 카를 5세의 선출은 독일의 이익에 전적으로 반한다고 분석했다. 세습 왕국을 계승했고, 이제 선거를 통해 왕국을 통치하도록 선출된 지배자는 후자를 경영함에서 나태해지거나 선거 왕국의 이해관계를 세습 왕조의 이해관계에 의존하도록 만들며, 선거 왕국을 자신의 지배 아래에 두고 세습 왕국의 부속물로 만들고자 애쓸지도 모른다고 생각했기 때문이다. 사실 독일은 카를 5세의 치하에서 위의 세 가지 가능성을 모두 겪었다.

"황제는 자신의 계획이 진정한 독일의 이해관계에 의해 좌우되는 것을 허용하지 않았으며, 그와 반대로 모든 것을 자기 가문의 권위와 힘이라는 관점에서 행했다."

만약 당시 독일이 사심 없는 황제를 가졌다면 제국의 진정한 이해관계는 황제에게 두 개의 강대국인 프랑스나 스페인에 의존하지 말고 두 나라 사이의 중개자 역할을 담당해 그 어떤 나라도 독일에 해가 되는 이익을 얻지 못하도록 주의하라고 제안했을 것이다. 또한 푸펜도르프가 세베리누스[20]에서 이미 살폈듯이, 교황으로부터의 해방과 교회 재산의 몰수 역시 독일에게 이로웠을 것이다. 만약 당시에 황제가 조금만 도와주었더라면 스웨덴과 영국, 덴마크에서처럼 쉽게 이루어질 수 있었을 테지만, 황제는 스페인과의 이해관계의 문제로 반프로테스탄트 정책을 취했던 것이다.

저자는 교황권에 대한 장에서[21] 황제가 원했음에도 어떻게 그 후에도 '국가이성'에 의해 교황권에서 해방될 수 없었는가 하는 점을 살펴

---

20) 제8장 제7절.
21) 『로마 교황권의 성직자 군주정의 정치적 고찰』(Politische Betrachtung der geistlichen Monarchie des Stuhls zu Rom, 1714)이라는 제목으로 주석을 붙여 토마시우스(Thomasius)가 단독으로 출판했다.

보았는데, 그 이유로 고위 성직자들이 세속 군주들을 억누르기 위해 황제를 지지하게 되었음을 지적했다. 더욱이 황제 자신이 교황에서 자유를 원했다면 그는 세속 군주들로부터도 도움을 구할 수 없었을 것이며, 그것은 옛 귀족 가문들이 오스트리아처럼 황제권을 주장하고 나올 가능성이 있었기 때문이라고 보았다. 또한 당시 프랑스가 황제의 권좌를 차지하려는 야심을 품을 수 있었으며, 다수의 성직자들이 프랑스를 지지할 가능성도 있었다.

푸펜도르프가 날카롭게 인식한 바와 같이 독일에서 종교적인 분열은 현실적인 정치 이권의 냉혹한 압력에 의해 계속됐다. 이러한 분열은 새로운 정치적 불화와 취약성을 초래하는 경향을 보였는데, 푸펜도르프가 강조하듯이 교회 재산의 문제가 여전히 가톨릭 신분과 프로테스탄트 신분을 갈라놓았다. 한편 그는 합스부르크 왕조의 스페인적 행동원리로부터 파생되는 영향을 지적하면서, 말할 수 없는 여타의 불행은 차치하고라도 합스부르크가의 이러한 원리들은 신분들로 하여금 자신의 자유를 보존하기 위해서는 외세에 의존할 수밖에 없게끔 하는 결과를 가져왔다고 주장했다.

독일의 신교도들이 브란덴부르크에 의해 이끌어진다고는 하나 확실히 스웨덴과 프랑스의 도움 없이는 독자적으로 황제에 대항할 수 없었을 것이다. 독일은 여전히 곤궁에 처해 있었고, 독일의 진정한 이익도 1519년 황제 선출과 종교적인 분열상태로 말미암은 여타 이해관계의 압력 밑에서 무기력할 뿐이었다. 이와 같은 비관적인 결론은 푸펜도르프가 세베리누스에서 이미 내린 것과 같다. 그러나 이 결론은 교조적인 방법이 아닌, 이해론에 함축된 역사적인 인과관계를 분석하여 이끌어진 것이었으므로 그 영향은 훨씬 파괴적이었다.

그러나 비관적인 회의주의는 당시 이해론이 지닌 정신과 다양한 이해관계에서 기인한 수학적이고 기계적인 특성과 밀접하게 연결되어 있다. 일단 이해관계의 그물이 닫히자 탈출할 방도가 없었으니, 독일을 덮친 운명적인 저주가 언젠가는 부서짐으로써 국가의 미래에 대한 가능성 또는 새로운 유기체적 역사 패턴에서 발전을 이룩하리라는 희망은 사라지고 없었다. 이해관계의 말할 수 없는 압력에 대한 믿음은 인간사의 변이성과 이해의 승부에서 카드를 교묘히 쓸 줄 아는 대담한 도박사의 행운에 대한 믿음을 통해서 완화되기도 하고 추가되기도 했다.

푸펜도르프는 말한다.

"왜냐하면 자체로는 힘이 없는 국가도 지배자의 '가치관'과 바른 '지도'로 인해 때로 '존경'받고, 또 지배자의 미숙함으로 인해 강력한 국가도 때로 패배하지 않을 수 없다." 그러나 당시 지배자들 중 누가 독일 전체를 위해 힘을 쏟고, 독일의 '국가이성'의 회복을 자기 개인적인 목표로 삼았을까.

푸펜도르프는 당대 역사를 서술하면서 자신의 목표를 제한한다. 그는 아직까지는 국가의 이해와 국가를 대표하는 사람들이 문화와 국가라는 총체적인 존재와 뒤섞여 있다는 것을 제시해줄 수 없었으며, 그의 역사서술 방법은 단지 이해론의 적용이었을 뿐이다. 이와 같은 점이 푸펜도르프의 역저들이 지니고 있는 특성이다.

그의 대표적인 저서 중 두 권은 스웨덴 사료편찬위원으로 일하던 1677년과 1688년 사이에 씌어진 『구스타프 아돌프의 독일 원정에서 크리스티너의 양위까지 스웨덴의 역사에 관해서』와 『스웨덴 왕 카를 구스타프의 업적에 관해서』이며, 나머지 두 권은 1688년에서 1694년 사망할 때까지 쓴 『브란덴부르크 대선제후 프리드리히 빌헬름의 업적에 관해서』와 미완성 유고 『프리드리히 3세의 업적에 관해서』가 있다.

여기에서는 브란덴부르크 사료편찬자로서 그의 능력이 잘 나타난다. 그러므로 역사 서술과 이해론 간의 연결은 『유럽에 현존하는 주요 국가의 역사서론』보다는 위의 작품에서 더욱 밀접하게 나타난다. 여기에서는 최소한 한 개인의 경험 속에 생생히 남은 과거에 대한 역사관은 이해론에 내재된 위대한 사상, 즉 모든 국가는 독자적인 생명을 지니며 그 국가의 천성과 상황에 의해 나아가도록 정해진 삶의 길을 걷게 마련이라는 사상이 적어도 생생하게 체험된 과거 역사적 관찰에 어느 정도까지 침투될 수 있었는가, 또 그와 동시에 국정의 체험이 어느 정도까지 역사 사상을 결실 맺게 할 수 있었는가 하는 의문이 나온다.

위의 문제를 이해하기 위해서는 푸펜도르프가 역사서술의 과제를 지녔다는 점, 좀더 정확히 말해 역사서술이라는 '자신'의 과제를 갖고 있었다는 점을 고려해야 한다. 그가 위대한 작품을 쓰게 된 것은 사실 자유로운 과학적 탐구자로서 가진 능력이라기보다, 오늘은 스웨덴왕의, 내일은 브란덴부르크의 명성을 기릴 기념비적인 작품을 저술해달라는 의뢰 덕분이었다. 그러므로 처음부터 역사서술의 방향에는 한계가 있었다. 저자 자신은 역사가로서 순수하고 과학적인 관점에서 숭고한 의무와 공적인 의무를 결합할 수 있다고 믿었다. 우선 『스웨덴의 역사에 관해서』에 실린 서문을 살펴보자.

무엇보다 우리는 이 저작에서 역사가의 주요 과제라고 할 수 있는 신빙성을 매우 주의 깊게 확립하고자 했다. 근거 있는 문서를 통해 결론을 끌어내는 그대로를 기술했으며, 군 사령관과 사절단의 보고서를 기초로 사건을 묘사했다. 전반적으로 적대국의 결정과 행동이 우리나라와 연관이 있을 때를 제외하고는 그것들을 기술하지 않았는데, 추측으로 적대국 측의 비밀을 캐내고 해석하는 것은 경솔한 행동이라고 생각했기 때문이었다.

이전에 독자들에게 판단의 자유를 제공하기 위해 우리의 의견을 불필요하게 제시하지 않았다. 우리의 의도는 타인의 행위를 서술하려는 것이지 심판하려는 것이 아니다. 독자들은 앞으로 알게 되겠지만, 당시 정치적이거나 군사적인 능력 면에서 스웨덴과 적대적인 관계에 있던 사람들이 비난하지 못할 정도로 나는 이 책에서 개인적인 감정을 자제했다.

그러나 그들은 잊혀졌으면 하고 바라는 몇 가지 일을 내가 공개했다는 점에서 불쾌하게 생각할 것이다. 그리고 군주는 법에 종속되며, 그들의 사악한 행위뿐만 아니라 선한 행동도 어떠한 경우에서든 많은 사람들에게 알려져야 한다는 점을 깨닫게 될 것이다. 또한 역사는 자기의 권리를 기초로 하여 어떤 군주가 올바르게 행동할지라도 없앨 수 없는 자유로운 비판정신을 가진 후손들에게 사실을 전달해준다는 점을 인식하게 될 것이다. ……무엇보다 역사가에게는 사실을 그릇되게 말하지 않으며, 주저 없이 사실을 말하는 태도가 요구된다.

여기에서 과연 푸펜도르프가 기회주의적으로 어떤 사실을 얼버무리거나 수정하지 않겠다는 약속을 지켰는가, 그리고 어느 정도 지켰는가 하는 점을 자세히 살펴보지는 않겠다. 저자 자신도 카를 구스타프에 관한 저서에서 브란덴부르크에 대한 존경심에서 '절제'를 했다고 고백한 일이 있다. 또한 그는 어조를 낮추고 사실을 생략하는 식으로 인간적인 약점을 드러내기도 했다.[22] 전체적으로 보아 그는 이 원칙을 성실하게 수행했다.

그러나 그가 도덕적인 판단을 삼가야만 하며, 기초로 할 수 있는 모든 자료를 수집, 정리해야 하는 당대사(當代史) 저자의 과제와, 회고적인 역사 설명에 의해서만 온전히 행해지는 도덕적 판단[23]의 전달 임무를 기본적으로 구분한다는 점은 매우 흥미로운 사실이다. 전개 과정에서 그는 역사적 객관성과 냉철함을 역사사건에 관한 독립적인 가치판단과 어떻게 결합할 수 있을 것인가 하는 어렵고도 중대한 문제에 부딪쳐 근본적으로 어려움을 겪었다.

---

22) 잘처(Salzer), 『푸펜도르프의 저작 '카를 구스타프' 및 '프리드리히 빌헬름'에서의 ─대선제후의 스웨덴 측에서 폴란드 측으로의 전향』(*Übertritt des Großen Kurfürsten von der schwedischen auf die polnische Seit... in Pufendorfs Karl Gustav und Friedrich Wilhelm*, 1904) 및 리딩(Ridding), 『프리드리히 3세의 업적의 주석에서의 역사가 및 정치가로서의 푸펜도르프』(*Pufendorf als Historiker und Politiker in den Commentarii de reb. gest. Friderici III*, 1912) 참조.

23) 『대선제후사』(*Geschichte des Großen Kurfürsten*)의 서문 끝부분에도 비슷한 언급이 있다.

그 자신도 이 점을 모호하게 느꼈던 것으로 보이는데, 그 예로 저자가 『주요 제국의 역사서론』에서 개인적으로 역사에 대해 회고적으로 설명하고자 했을 때, 사료에 대한 초보적이고 상투적인 접근수준 이상을 넘어서지 못했다는 점을 들 수 있다. 그러나 그는 당대사를 쓰면서 동시에 도덕적인 판단까지 내리려는 시도는 주관적인 편파성을 초래할 위험이 있다는 점을 명확하게 이해했다. 한편 현대사가라는 역할에서 그는 자기에게 일을 맡기는 모든 사람에 대해 과장된 찬사를 늘어놓거나 단순한 사료 수집가의 위치로 타락하지 않으려는 야심으로 가득 차 있었다.

또한 그는 당대 사가들이 도덕적 판단을 자제해야 한다는 사실에도 불구하고 지고(至高)한 형태의 역사적 업적을 이룩할 수 있음을 확신했다. 훗날 랑케가 그러했듯이, 자기 자신을 말살하고 사실 그대로를 —여기서 사실이란 있는 그대로라기보다는 명확하고 더 높은 원칙에 따라 선택, 정리, 고무된 사실을 의미한다—드러내고자 하는 것이 그의 의도였다.

이미 슐라이단(Sleidan, 1506~56)은 슈말칼덴 동맹에 관한 당대사를 기술하면서 푸펜도르프와 유사한 상황에서 동일한 목표를 추구했다.[24] 그는 '진리'와 '공정함'을 제시하는 것이 역사가의 의무라고 말했다. 사료에 접근함에 있어 '진리'를 가장 확실한 근거로 삼았으며, 이점은 푸펜도르프도 마찬가지였다. 또한 '공정함'을 통해 개인적인 감정을 억누르며 편향적인 서술을 피할 수 있다고 믿었다. 이런 믿음은 다시 푸펜도르프와 완전히 일치한다. 최선의 사료를 선택하는 센스, 개인의 감정을 억누르는 능력, 이 두 가지야말로 슐라이단과 푸펜도르프가 추구하고자 했던 역사가의 영원한 미덕이었다.

그러나 슐라이단이 이룬 객관성은 원시적이고 무의식적이었으며, 단

---

24) 『황제 카를 5세의 종교 및 국가의 상태에 관한 주석』(*Die Kommentare de statu religionis et reipublicae Carolo V. Caesare*)의 서문.

시 사료의 복사에 불과했다. 그는 객관성이라는 것이 개인의 지적인 노력을 통해 이룩될 수 있으며, 개인적인 감정을 억제해 사고력을 증진하여, 어느 정도는 정화된 주관성에 의존해 이룩할 수 있다는 점을 아직 인식하지 못했다. 그에게 수많은 사료를 하나로 묶는 유일한 지적인 끈은 억누를 수 없는 프로테스탄트적 신념이었다.

그러나 푸펜도르프는 당대사를 다루면서 슐라이단보다는 한 걸음 더 나아가 역사적 객관성을 이룩했다. 그가 살았던 시대가 국가 이론을 사건과 원사료에 생명을 불어넣을 수 있는 원칙으로 여겼다는 데 이유가 있다. 군주와 국가의 이해관계야말로 행동의 근본정신이며, 비개인적인 힘이자 감정에서 완전히 자유롭고, '국가이성'을 위해 군주와 국가가 지닌 감정을 버리게 하는 존재였다.

정치사건에 내재하는 위와 같은 원칙에 주의를 기울인다면 사건 자체는 17세기 사상가들이 삶과 세계의 전 영역에서 찾고자 애썼던 객관성, 내부의 논리, 필연성, 그리고 순수히 수학적인 구조를 어느 정도 드러내는 과정으로 나아간다. 그러나 '국가이성'의 직접적인 산물인 문서를 바탕으로 '국가이성' 자체의 법칙을 재현시킨 푸펜도르프는 편견과 감정에서 자유로운 어떤 종류의 지식에 이를 수 있었다. 그는 자신의 개인적인 판단을 버릴 수 있었다. 사실 버려야 했지만 그에게는 공식적으로 부여된 의무 역시 있었다. 그는 자신을 신하로 삼은 군주의 '국가이성'만을 제시했을 경우에도 역사적인 관점에서 보아 물리학자와 수학자에 필적할 만한 무엇인가를 제시하고 있다고 믿었다.

푸펜도르프는 개인적인 적대자들을 격퇴하기 위해서는 "녹을 주는 주군(主君)은 찬미되어야 한다"든가 "사람이 자기가 섬기는 주군을 그의 펜으로써 표현할 때 그 책임을 필자에게 돌려서는 안 된다"는 속담을 상기시키는 것도 주저하지 않았다.[25] 그는 종속적이고 엄격히 윤리

---

25) 「파울 폰 후크스에게 보낸 편지」(An Paul v. Fuchs), 1688년 1월 19일자. 바렌트라프(Varrentrapp), 「푸펜도르프의 편지」(Briefe von Pufendorf, 『역사

적인 의미가 아니라 개인적인 윤리 위에 존재하는 공적인 법칙을 인식하는 윤리에서 이와 같은 말을 했던 것이다. 그에게 이 법칙은 오늘날의 법 개념이 지니고 있는 것과 동일한 이중적 의미를 갖고 있었다. 즉 이 법칙이란 한편으로는 정치가의 규범·의무이자 임무이며, 다른 한편으로는 사건 발생의 요소이다.

해석의 증거로서 푸펜도르프가 1690년 3월 5일 베를린에서 제실(帝室) 고문관 폰 자일레른에게 보낸 편지를 인용하겠다.[26] 카를 구스타프에 관한 푸펜도르프의 원고는 당시에도 스웨덴에서는 출판되지 못한 상태였다. 그 자신은 베를린에 있는 궁전에서 선제후의 문제에 관한 작업을 계속했는데, 그는 터키 전쟁사를 써달라는 선제후의 요청을 수락한다. 푸펜도르프가 주장했듯이, 그가 황제에 반대해 스웨덴의 정책을 저술한 적이 있다는 단순한 사실 때문에 황제에 대해 편견을 가졌다고 확언할 수는 없다. 군주들 간의 우정과 동맹은 수시로 바뀌며, 결국 받들고 있는 군주를 따르는 것이 사인(私人)의 의무이기 때문이다.

그러나 개인적인 판단을 부여하지 않으며 군주나 국가의 행동과 편견의 옹호자로 행동할 뿐인 역사가는 자기가 모시는 군주의 견해를 재현하는 것 이상을 할 수 없다. 군주와 국가는 보통법에 따라 자신의 행동을 심판할 수 없으며, 그와는 달리 자기 나라의 특별한 이해관계를 우선 따른다.

각국의 이해관계는 완전히 다르며 서로 상반될 수 있으므로 교전 당사국들이 자기가 정의롭다고 주장하며 종전(終戰) 이후에도 각자의 동기를 정당화하는 일이 일어날 수 있다. 2인의 적대적인 군주의 역사는 같은 식으로 서술되며, 그것을 쓰는 사람이 자신의 군주가 지닌 견해와 해석 및 이해관계에 맞추어 두 사람을 묘사할 수도 있다. 뿐만 아니라 재능만 있으면 그러한 일들은 동일한 역사가에 의해서도 이루어진다.

학잡지』, 제70권, 27~28쪽).
26) 앞의 책, 41쪽 이하.

역사가의 과제는 변호사나 재판관과도 다르기 때문이다. 그러므로 후세 사람들은 언젠가 판단해 주리라. 자기가 카를 구스타프와 프리드리히 빌헬름과 같은 적대관계에 있는 두 군주의 역사를, 한편에서는 스웨덴의 견해가, 다른 한편에서는 브란덴부르크의 견해가 올바르게 표현되도록 기술했음을.

결과적으로 이해관계, 즉 '국가이성'은 군주뿐만 아니라 당대를 기술하는 사가에게도 영향력을 미친다. 당대 사가들은 어떤 당파심이나 판결 없이 순수하고 정직한 태도로 국가의 이해관계를 해석해야 한다. 역사가가 이 임무를 정확히 수행해낸다면 외교관과 군인, 관리들이 군주를 바꿀 수 있는 것처럼, 오늘은 이 일을 하고 내일은 '국가이성'에 관한 일을 할 수 있게 되는 것이다. 이해론의 기계적인 성격은 이렇게 견해가 재빠르게 변하는 것을 촉진하는 동시에 모험가를 위한 심각한 유혹을 지닌다.

그러나 푸펜도르프의 말이 나타내듯이 위와 같은 면들은 정당화될 수도 있다. 군주들은 자기가 거느린 신하들과 마찬가지로 각각의 국가사상을 위해 일하는 담당자이므로, 당시 사람들은 개개의 군주와 국가에 대한 봉사를 좀더 높은 차원의 초개인적인 생활형태로 보았다. 또한 이런 생활형태가 서로 반목해 무력으로 자기의 권리를 지키려고 하더라도 결국 무기를 내려놓으면 다시 한 번 양쪽을 똑같이 정당한 존재로 보게 된다고 생각했다. 그러므로 그 생활형태들은 대비성과 유사성, 그리고 그들을 하나로 묶어주는 더 높은 형태의 법적 공동체라는 적대적·우호적 상호관계 속에 서 있다. 또한 어떤 사람이 오늘은 이쪽의 국가이성을 섬기고 다음날은 다른 쪽을 섬긴다 하더라도 사실상 세계이성을 섬기는 것이라 할 수 있다(푸펜도르프가 이 말을 실제로 한 것은 아니나, 그 자신은 확실히 그렇게 느끼고 있었다).

모든 국가와 군주의 봉사는 근본적으로 모두 동등하기 때문에 세계이성은 국가들의 이해관계가 따로따로 별개의 존재가 될 것을 요구할 뿐만 아니라, 모든 사람이 자기가 처한 상황에서 주어진 의무를 다하며, 어떤 상황의 변화를 인정할 수 있게 되길 요구한다. 그러나 내부에서 별개의 국가나 국가 이해들이 동등하게 공존할 수 있는 더 높은 형태의 법적 공동체는 존경할 만한 그리스도교적·서구적 민족의 옛 공동체였다. 로앙에게서 이미 살펴보았듯이 '그리스도교 세계'라는 중세적인 견해의 핵심은 오래전에 사라져버렸으나 뼈대는 여전히 남았다. 터키의 세력에 대한 공포가 그리스도교 세계를 휩쓸자 17세기 유럽에서는 또 그리스도교적 연대라는 옛 감정이 되살아났다.

그리스도교의 교리는 각 국가가 지닌 현실적인 이해관계와는 상반되었는데, 이 같은 이해관계는 보편적인 그리스도교적 이해에 종속되어야 하며, 프랑스처럼 독자적인 노선에 따라 그리스도교 세계의 이교도의 적들과 제휴하는 것 따위는 비난받아 마땅하다고 주장했다. 사실 근본적으로 현실적인 관방정치(官房政治)는 그리스도교 이데올로기의 영향을 받지는 않았으나, 프랑스의 확대정책을 반대하는 사람들과 제국 정책의 도덕적인 보조물로써 이 이데올로기는 이용될 수 있었다.

바로 여기에 푸펜도르프의 의도가 있었다. 그가 황제의 터키 전쟁을 고찰하는 과제를 맡게 된 것은, 다른 전쟁을 서술할 경우에는 다른 감정을 해치거나 노하게 하지 않도록 말과 경향을 아무리 온건하게 해도 지나치는 일이 없으나, 자기는 여기에서 이제 타락한 프랑스를 제외한 그리스도교 세계 전체의 의향으로 지지된 위대한 행동을 서술해야 한다는 사실에 그 이유가 있다. 그리하여 뛰어난 국가 이해론의 역사가인 그 자신도 결국 임무에 몰두할 수 없었으며, 그에게는 분열된 이해관계들을 연결해주는 높은 차원의 결속에 대한 욕구가 싹트기 시작했다.

이러한 욕구는 그의 경우에서도 당시 사람들과 마찬가지로 비록 소멸되어가는 전통에 의해서이기는 하나 전통에 의해 여전히 구속되었다. 그리스도교적인 성격을 띠기보다는 세속적인 색채를 지닌 좀더 근대적인 공동체 사상, 즉 서구 민족의 법적이며 문화적인 공동체 이념으로 나아가는 첫걸음은 이미 푸펜도르프에 의해서 만들어졌으며, 국가론과 국제법이라는 면에서 그와 그로티우스가 강력하게 발전시켰다. 그러나 이러한 시도는 서구의 민족과 국가 생활 전체의 유기적 상(像) 과는 여전히 거리가 멀었다. 그 상에서는 각 국가 간 이해관계의 분열 이 그것을 하나로 연결하는 문화적 · 법적 이해관계만큼이나 정당한 권 리를 얻고, 또 이해의 모든 개별적 분열인 동시에 유럽 전체의 생활현 상으로 여겨지기도 했다.

그리하여 푸펜도르프의 이해관계에 대한 역사서술도 일면적인 경직 성에 빠져 있었다. 상대편의 동기와 이해, 그리고 보편적인 유럽적 연 관이 뚜렷하게 나타났을 때에만 철저하게 이해될 수 있는 개개의 고립 된 국가 이해에 관한 열전(列傳)을 사람들이 원했을 때 그는 국가이해 에 관한 특수논문을 썼다. 그는 자국의 문서에서 찾아낸 것만을 말하는 데 만족했으며, 문서에 없는 것은 옳지 않다고 생각했다. 그와 그의 시 대가 아직도 할 수 없었던 일을 그가 포기했음은 당연했으리라. 그 자 신이 자기의 역사서술에서 인정하는 한계점들은 그 시대의 한계점이었 다. 그 세기가 국가이성의 사상을 개개의 국가생활 속에 강요한 일면성 은 유사한 역사서술 속에서도 반영되어야만 했다.

푸펜도르프의 역사서술 속에 나타나는 또 다른 일면적 성격 역시 위 의 사항과 연결된다. 드로이젠(Droysen, 1808~84)은 자기 자신 속에 푸펜도르프와 같이 국가의 일면성을 보았기에 푸펜도르프의 일면적인 면모를 어떤 친근감을 갖고 지적한 일이 있었다.[27]

푸펜도르프의 저서를 대하는 사람은 처음에는 추상적이며 비개인적 인 서술 태도에 감명을 받지만 좀 지나면 싫증을 느끼고 만다. 순수하 게 인간적인 요소는 사건 속에서, 즉 이해관계의 복잡한 계기 속에서 거의 자취를 감춘다. 자국 궁정의 내부적인 파당의 조성, 즉 같은 군주 밑에 있는 여러 정치가들이 군주의 정책에 대해 서로 영향력을 행사하 기 위해 벌이는 싸움—이런 싸움에서도 개인은 거의 제거되고 만다.

---

27) 드로이젠(Droysen), 『논문집』(Abhandlungen), 358쪽과 368쪽 참조.

사람의 이름은 거의 언급되지 않으며, 협의의 개별적이며 지엽적인 세부사항은 오로지 갖가지 '저의' 자체만을 확실하게 드러내기 위해 삭제된다. 푸펜도르프는 이때 고대 역사가나 인문주의적 역사가들이 서술을 윤색하는 동시에 성찰에 대한 요구, 즉 사건의 동기에 관한 더 자유로운 전망의 욕구를 메우기 위해 사용한 허구의 설화를 대신하는 더 진정한 대체물로, 그러나 아직 완전히 진정하다고는 할 수 없는 지극히 독특한 역사서술의 기교를 사용했다.

스웨덴과 브란덴부르크에 관한 저작에서 그는 일련의 새로운 발전을 위한 시발점을 제시하면서, 군주의 고문회의에서 '협의', '심의' 또는 '토의'에 관해 자주 언급한다. 그는 독특한 태도로—항상 실제 의정서의 문서를 기초로 하기보다는 그와 반대로 각종 보고서와 지시 사항, 의견들을 자유롭게 취합하면서, 여러 가지 이유와 반대 이유 등을 들어 스웨덴이나 브란덴부르크의 국가 이해의 필요성을 말했다.[28] 위와 같은 각종 자료는 구성적으로 양식화된 회의상(會議像)이며, 구체적인 이해의 다양한 상호작용 속에서 오직 국가이성의 전개만을 이룩하려는 역사서술의 양식원리로 이해될 수 있다.

그러나 이 국가이성이 개념 자체에서, 즉 그 독자적인 현상에서 얼마나 일면적인 면을 지녔는가 하는 점은 이 역사가가 그것을 외부적인 전개에만 관심을 기울였지 내부적인 전개에 관해서는 제시하지 않았다는 사실에 의해서 나타난다. 그러나 국가이성의 그림은 양쪽이 합해졌을 때에만 진정으로 완성될 수 있다. 당시 독일에서 행해지던 국가이성에 대한 이론적인 취급 태도 역시 이와 유사하면서 정반대되는 불균형을 보여준다. 즉 이탈리아로부터 취해온 전통에 따라 통치자의 국내적인 세력 기반을 확고히 하는 데 주안점을 두었다. 그러나 푸펜도르프가 독

---

28) 이 점은 종래(드로이젠에 의해) 대선제후에 관한 역사서에서만 증명되었을 뿐이다. 그러나 스웨덴에 관한 역사서에 상응하는 부분에 대해서도 이와 같은 견해를 적용시켜 보는 것도 무방하겠다.

일영방 국가 내부에서 어떤 일이 일어나고 있는가를 명확하게 제시할 수 없었던 것처럼 이와 같은 바람은 성취될 수 없었다.

푸펜도르프의 저서는 대선제후의 국내적인 국가 형성적 개혁, 군제(軍制)의 구성, 그에 의해 초래된 행정과 재정 분야에서 일어난 변화와 개혁에 관해서는 전혀 언급하지 않는다. 또한 신분과의 투쟁이나 대선제후의 정책이 갖는 매우 중요한 상업적 욕구나 목표에 관해서도 언급하지 않는다.[29] 당시 관습은 여전히 위와 같은 문제들을 뛰어난 역사서술을 위한 가치 있는 주제로 생각하지 않았다. 그러나 관습에 구속되지 않으며 정치의 직접적 필요성에서 태어난 국가 이해론조차 로앙의 경우에서 보듯 대외적 이해관계와 국내 생활 간의 유기적 결속에 대해 미처 인식하지 못했다.

그러나 국가의 국내적 이해는 대외적인 이해보다 수동적인 것은 아니다. 또한 지도적인 정치가와 보고를 보내는 외교관들은 비록 '대외적 사건'에 더 큰 주안점을 두기는 했으나,[30] 반드시 동일한 관심은 아니었다고 하더라도 국내적 이해에도 큰 관심을 기울였다.

이 같은 사실은 리슐리외나 대선제후의 정치적 유서, 베네치아의 브란덴부르크의 공사였던 슈판하임(Spanheim, 1629~1710)이 쓴 『프랑스 조정(朝廷)에 관한 보고서』(1690)에서 잘 나타난다. 그러므로 국내외 국가생활과 대외적 국가생활 간의 생생한 연관 전반이 결여된 것은 결코 아니며, 정확하게 말해서 이러한 연관성의 의미를 완전하게 인식하지 못했을 뿐이다. 그러므로 이익론과 그것을 기초로 한 푸펜도르프

---

29) 드로이젠, 앞의 책, 336쪽 이하; 리터, 『역사학의 발전』(*Entwicklung der Geschichtswissenschaft*), 203쪽 참조.

30) 어떤 베네치아인은 말한다. "대외적 사건은 국가의 생존에 관련된 중대사이다." 안네마리 폰 슐라이니츠(Annemarie von Schleinitz), 『17세기 보고서에서의 베네치아인의 국가관 및 인간묘사』(*Staatsauffassung und Menschendarstellung der Venezianer in den Relationen des 17. Jahrhunderts*, 로스토크 대학 학위논문, 1921, 미간행).

의 역사서술 태도에서 위와 같은 결함이 나타났다. 여기에서 우리는 시대적인 한계성을 다시 인식한다. 그러나 푸펜도르프의 역사서술은 그 세기와도 같이 기념비적이며, 또 진정한 양식을 지녔다.

제3장 쿠르틸 드 산드라

17세기에 절대적 진리에 대한 신념으로 교조적인 정신세계를 완화시켜 주었던 정신 중에서 이해론과 그에 의해 나타난 독특한 역사적·정치적 사고방법을 간과할 수 없다. 이해론은 각 국가들이 자기 자신의 눈으로 유럽의 국가세계를 보며 자기의 욕구에 따라 개조하려는 자기중심적인 권리를 아주 자연적인 충동으로 인정함으로써 상대주의로 향하는 길을 열어놓았다. 유럽 국가들이 각각 별개의 정치적 이해관계를 지녔던 것처럼 유럽의 세력 관계에 대한 지적인 견해도 매우 다양했다. 또한 위의 문제를 신중하게 고찰하고자 했던 정치적 두뇌들은 비록 그때 자신의 소망에 좌우되는 경향은 있었지만 역시 동등한 기준에 따라, 즉 실제로 작용하는 세력들의 기준에 따라 완전히 경험적으로 편견 없이 다양한 문제를 판단해야 한다는 점을 인식하고 있었다.

더 깊이, 자세히 살펴보면 궁극적으로 이러한 상대주의를 창출해낸 것은 자유롭고 독립적인 국가들이 나란히 놓이는 유럽의 독특한 발전 자체라 할 수 있다. 이해론도 단지 이러한 발전을 반영하는 것에 지나지 않기 때문이다. 그러나 사실 일들은 이런 종류의 반영과 이념, 지적 습성을 매개로 해서만 끊임없이 작용하며, 이러한 매개에는 항상 정신의 형성력과 실제 영향력이 크게 관여할 여지가 확보되어 있는 것이다.

관찰자 자신이 정치적 희망과 이해관계로부터 자유로워질수록, 본래 이해론에 속하는 상대주의는 그만큼 자유롭게 발전될 수 있었다. 프랑스에서 이해론을 대표했던 첫 번째 대표자들[1]은 그들 자신의 국가이해나 국민적 이해의 굳건한 터전에 따라 기타 국가들의 이해관계를 관찰하고, 그럼으로써 윤색했다.

반면 이 궁전 저 궁전을 떠돌아다녔던 푸펜도르프는 일정치 않은 토대에서 관찰하고 판단을 내렸으나, 엄격하고 양심적으로 그때그때 자기의 주군이 되는 사람의 이해관계에 충실했다. 따라서 그의 행동은 견고한 동시에 융통성이 있었고, 현 상황에 교묘히 순응하면서 어디까지나 확고한 성격을 잃는 일이 없었다.

여기에서 우리는 루이 14세 시대에 확고한 기반을 다진 무성격인 상대주의의 견본을 고찰해야 할 필요가 있다. 이러한 유형을 나타낸 사람은 로앙의 모방자였으며,[2] 『국내에서 유지되기 위해 또 세계군주제가 형성되는 것을 방지하기 위해 지켜야 할 원칙을 취급하는 유럽 군주들의 새로운 이해관계 1685』의 저자였다.

이 책이 실질적으로는 헤이그에서 발행되었음에도 쾰른에 있는 저명한 가공의 서점에서 발간된 것처럼 꾸몄던 무명 저자의 이름은 쿠르틸 드 산드라(Courtilz de Sandras)였다. 1644년부터 1712년까지 생존했던 그는 놀랄 만한 영향과 감동을 준 정치적 모험가이자 문학적인 모험가였다.[3] 프랑스 군대 복무에서 면제된 후인 1683년 우선 네덜란드에서 님베겐 강화조약 이후 프랑스 정책을 날카롭게 비판한 문서를 발표하고, 나중에는 죄과를 사면받기 위해 자신이 쓴 팸플릿을 부정하는 글을 출판하기도 했다.

그의 전 생애는 이런 식이었는데, 전쟁과 정치에 관한 글을 쓰는가

---

1) 또한 이 책 368쪽 주 18에서 언급한 네덜란드인 발케니에르도 그와 같다.
2) 로앙에 관해서는 이 책 276쪽 이하 참조.
3) 쿠르틸 드 산드라와 1686년 그가 발행한 『역사 및 정치평론』(*Mercure historique et politique*)에 관해서는 룽게(H. Runge)가 자세히 연구한 바 있다 (1877). 이는 전적으로 외부적인 문헌의 상세한 사항을 확인한 것에 불과하다.

하면 다음에는 위조비망록과 정치적 유서를 집필했다. 1693년부터 1699년까지, 1702년부터 1711년까지 바스티유에서 고달픈 생활을 할 때에도 필봉은 무뎌지지 않았던 것으로 보인다. 당분간 그는 파리에서 아내와 처제, 형제들한테 책방이나 집집마다 돌아다니며 자신의 책을 팔게 하면서 궁핍한 생활을 했다. 그러나 그는 전 유럽에 걸쳐 독자들을 확보하고 있었다.

그는 『역사 및 정치평론』(1686)을 창간했다. 최초의 실질적인 월간 정치평론지로 정치 뉴스를 독자적인 견해와 결합시킨 획기적인 잡지였다. 그의 저서들은 독일과 폴란드의 젊은 귀족들과 스톡홀름과 코펜하겐의 숙녀들이 애독했다. 당시 궁정과 국가 내부의 비밀을 알고 싶어하는 독자층이 전 유럽적으로 존재했다는 사실로 그의 인기가 가능했던 것으로 보인다. 저서 『새로운 이해관계』는 3판까지 출판되었으며, 피에르 베일(Pierre Bayle, 1647~1706)은 쿠르틸이야말로 각 국민의 특수한 이해관계를 논하고 자신의 임무를 훌륭히 완성해낸 진정한 지성인이라고 칭송했다.

이 방탕자의 업적은 진정 주의를 끌 만한 가치가 있다. 사람들은 역사적인 사건에 대한 전거(典據)로 그의 저서를 사용하기에 다소 마음이 내키지 않고 의심스러운 구석이 있다 할지라도 당시 전반적인 정치적 심리상태를 이해하는 데 유익하며, 루이 14세의 권력정책에 의해 절정에 이르고 소박한 확신으로써는 종말을 고했으나, 동시에 루이 14세 체제의 붕괴를 가져올 만한 새로운 파괴 요소들을 보여주는 정치적 기교를 이해하는 데 유익한 증거를 제시해준다.

쿠르틸은 언젠가 "확실히 정치처럼 즐거운 것은 없다"고 말한 일이 있다. 자신의 일에 대한 이 열렬한 기쁨은 그로서는 어느 정도 온건하다. 그의 펜은 돈으로 사고 팔 수 있는 것이었는지 모르나, 정치분석이라는 문제에서 그가 느낀 즐거움은 정말 순수했으며, 각 지배자를 위해 그들에게 적합한 이해관계 방식을 만들고자 했던 훌륭한 의지를 누구도 의심할 수 없을 것이다. 양심이라는 면에서는 부족할지 모르나 확실히 실질적인 면에서 그는 진지함을 지니고 있었다. 근본적으로 프랑스와 '위대한 루이 왕'의 영광과 위대성에 온 마음을 바쳤으며, 이와 같은 마음가짐과 모험가로서의 자신의 역할을 결합할 수 있었던 방법은 스파이의 임무에 관한 문제를 토로한 글에서 찾아볼 수 있다.[4]

이전에는 훌륭한 사나이들은 스파이 활동을 다소 꺼리는 경향이었으나 더 이상 출세하는 방법에 대해 사람들이 왈가왈부하지 않게 되었거나, 루이 14세를 위해 봉사하는 영광이 너무나 커서 전에는 불명예스럽던 일이 이제는 영광스러운 일이 되었든, 그 어떤 경우에서건 이제 스파이 업무를 싫어하는 프랑스인이 거의 없었다. 도망자와 무법자, 심지어는 망명한 신교도들도 기꺼이 임무를 맡으려 했다. 프랑스의 거국적인 단결이 이룩되었음을 나타내는 그야말로 놀라운 증거가 아니고 무엇이겠는가!

위와 같이 순박한 관점에서 그는 루이 14세와 동시대인들의 국가통치에서 큰 비중을 차지하던 뇌물행위 역시 인정했다. 즉 뇌물은 정책의 한 부분이며, 정책은 "자기의 업무를 증진시키고, 다른 사람이 일을 못하게끔 방해하는 비법이다"라고 주장했다.[5] 이와 같은 야비함은 그가 금전의 정치적인 영향을 지나치게 과장했다는 사실에서도 잘 나타난다.

만약 인색한 레오폴트 황제가 터키인들에게 충분한 돈을 주었더라면 터키 전쟁은 절대 일어나지 않았을 것이며, 루이 14세가 스트라스부르나 룩셈부르크를 박해하지 않았으리라는 것이 쿠르틸의 의견이었다.[6]

---

4) 209쪽 이하.
5) 143쪽.
6) 145쪽. 여기에서 쿠르틸은 사태를 약간 혼동하고 있다. 스트라스부르의 박해는 1681년 발생했으며, 룩셈부르크의 박해는 1681년부터 1684년까지 오래 끌었지만, 터키전쟁은 1683년 처음 발발했다. 외교적 매수의 영향에 대한 과장은 페스터(Fester)가 적절하게 다룬 바 있다. 「레브나그의 베를린 보고 비판을 위해」(Zur kritik der Berliner Berichte Rébenacs), 『역사잡지』, 제92권, 25쪽 이하 참조.

뇌물 이외에도 당시 국가통치술에서 행해지던 또 다른 중요한 수난은 왕실 간의 혼인이었는데, 이 문제에 대한 쿠르틸의 견해는 더욱 적절하면서도 확신에 차 있었다. 즉 동등한 세력을 지닌 군주 간 혼인의 결속력은 약하지만 세력이 서로 다른 군주 간 결속은 강력하다고 보았다. 당시 정치가들은 황제가 딸을 왜 폴란드의 얀 소비에스키 왕의 아들과 결혼시키지 않고 바이에른의 왕자와 결혼시켰는지 이해하지 못했다. 만약 폴란드 왕자와 결혼했다면 공주에게는 훨씬 좋았을 테지만, 결혼문제에서 군주들은 보통 그렇게 생각하지 않았다. 군주들은 자식들을 "보통 자신의 이해관계를 위한 희생물로" 생각했다.[7]

그는 군주는 자국의 이해관계가 위험에 놓인 경우 자기가 한 언약의 노예가 되어서는 안 된다고 강조했거니와, 그것은 원래 보편적인 원칙이 되고 있었던 것을 분명하게 표현한 데 지나지 않는다. 그러나 이때 자신의 마키아벨리적 소신을 미련하게 밝히는 것도 바람직하지 않다고 여겼다. 쿠르틸도 권력정책이 처한 그리스도교적 한계점을 상기시키고 이해정책과 위신을 위한 정책을 구별하는 것이 지당하다고 생각했던 것이다. 어떤 본질적인 손실로부터 자국을 지키기 위해 동맹을 파기하는 것은 허용할 수 있지만, 오로지 강대한 권력을 성취하기 위해서라면 허용될 수 없다. 그러므로 그는 귀속전쟁 때 네덜란드가 프랑스의 정복이 계속되는 것을 막기 위해 동맹을 파기해야만 했다는 점을 이해할 수 있었다. 한편 그는 루이 14세가 터키 전쟁을 눈앞에 놓인 전 유럽적인 군주정의 야망을 빨리 이룩할 수 있는 기회로 이용하지 않았다고 칭송하기도 했다.[8] 정복자의 무한한 변덕은 그리스도교의 계율 아래에서 살지 않는 군주에게만 허용되기 때문이다.

쿠르틸이 이 점에 대해서 확고한 신념을 가졌는지는 확실치 않은데, 그에게는 거리낌 없는 정치적 상대주의가 난무하고 있기 때문이다. "상

---

7) 155쪽.
8) 3~4쪽.

황에 따라 번복되지 않는 유일한 원칙이란 존재하지 않는다. 모든 것은 국가의 이해관계에 복종해야만 한다." 정치적 이해관계에 관한 문제라면 어떠한 원한도 존재하지 않는다. 동시에 그는 국가의 이해관계 자체는 이중적인 성격을 나타낼 수 있으며, 두 개의 심연 사이에 놓인 통로와 같다는 점을 인식했다.

네덜란드가 자국의 보존을 위해 프랑스의 폴란드 정복을 인정할 수 없었다는 것이 그에게는 명명백백한 사실이었다. 프랑스에 대항할 만한 적당한 시기가 도래하지 않았으므로 네덜란드는 준비를 갖추고 무장해야 한다. 그러나 이와 같은 일을 행함에서 또 다른 방향에서 재난이 초래되지 않게 하기 위해 오라녜 공 빌럼이 갖고 있는 군주제에 대한 계획에 대해서도 세심하게 주의를 기울여야 한다는 것이 그의 견해였다. 즉 간단히 말해서 "모든 문제에는 항상 양면이 존재한다"는 것이다.[9]

"군주의 정책은 확고해야 한다. 동시에 사건의 변경에 따라 계속 변화해야만 한다."[10] 로앙이 이미 이와 같은 점을 인식한 일이 있으나 그 후 몇십 년 안에 일어난 권력관계에서 급격한 변화 때문에 정책의 유동적 성격에 대한 인식은 더욱 중요해졌다. 스페인과 네덜란드가 프랑스의 강력한 압력을 피하기 위해서 이제 밀접하게 결속해야만 했다는 사실을 이전엔 누가 상상이나 할 수 있었겠는가. 또한 그와 더불어 순전히 정치적인 측면에서 사고하는 사람에게도 모든 종파적 경향은 시대에 뒤떨어진 것이 되어버렸다. 이해관계 정책이야말로 종교적 관용정책에 가장 효과적이며 교육적인 영향을 끼치는 것 가운데 하나가 되어버렸다.

쿠르틸은 여태 가톨릭의 열정에서 벗어나지 못한 황제의 정책에 대해서 매우 경멸하고 있었다. "오늘날에 와서는 더 이상 터무니없는 열정으로 민중을 유혹하기보다는 그들의 안전과 행복의 보장이 중요한

---

9) 319쪽 이하 및 375쪽.
10) 347쪽.

문제가 된다."[11] 여기에는 국가통치에 관한 새로운 견해가 살 드러나는데, 물질적 이해를 우선시하고 민중의 행복을 추구한다는 이념—두 이념은 18세기에 들어서 소개된다—을 예고하는 것이었다. 로앙이 활동하던 시대에도 현실적인 권력—이해관계에 의해서 교의(敎義)로 인한 반목이 줄어들기 시작했으며, 신앙으로써 다른 통치자 간의 동맹이 가능했다.

그러나 이와 같은 점에도 종교라는 구실은 국가통치에서 여전히 효과적인 수단으로 여겼다. 쿠르틸은 종교를 구실로 삼는 것을 비판하는 투쟁을 벌였는데, 사실 이러한 투쟁의 대상은 이미 녹기 시작하는 빙산처럼 와해되어가고 있었다. 그는 이전 몇 세기의 미신을 조롱하고, 모든 항성이나 유성을 움직이는 제1원인(primum mobile)을 가톨릭에서 찾으며, 루이 14세는 프랑스 신교를 탄압함으로써 전 세계를 장악할 수 있다고 생각하는 광신적인 프랑스 사제들을 비웃었다. 국제정치에 관한 견해에서 볼 때 이 위대한 군주는 서구 세계의 황제가 되려는 계획을 세웠는데, 지금 행해지는 이 정책보다 불합리한 방법은 없을 것이다. 왜냐하면 이 정책이 프로테스탄트 국가들을 성나게 만들기 때문이라고 말한다.[12]

그의 책이 출간된 직후 낭트 칙령이 뒤따라 폐지되는데, 결국 이 칙령으로 루이 14세는 큰 실수를 저지르게 될 것이며 낭패를 보게 되리라는 쿠르틸의 예언이 옳았음이 증명되었다. 그렇다고 그가 위그노적 경향을 갖고 있었다고 가정할 수는 없다. 그는 만약 범유럽적인 군주제를 형성함에서 하나의 종교를 갖고자 한다면 신교와 구교 양쪽에서 중간적 위치에 있는 하나의 종교, 즉 위그노와 교황 옹호자들이 주장하는 모든 궤변과 논란을 제거할 종교를 구성할 수 있다는 사상을 내놓을 수도 있었다. 이와 같은 사상은 라이프니츠 같은 사람의 몽상과 일맥상통

---

11) 19쪽.
12) 188쪽 이하.

하는 한편, 곧 도래할 합리주의의 환상을 예기하는 것이기도 했다. 동시에 진보적 정치가였던 그는 루이 14세의 억압정책이 프랑스에 미칠 악영향을 날카롭게 예언했다.

"이 정책은 위선자와 불신자들을 만들어낼 것이며, 결국 루이 14세의 왕국은 무신론자들의 왕국과 공화국이 되고 말 것이다."

그는 게으른 성직자가 자리를 메운 스페인과 이탈리아의 운명을 상기시키면서, 프랑스 융성기에서 신교도들의 경제적·문화적 업적을 지적하기도 했다.

여기에서 모든 정치적 이해관계의 국민적인 기반과 전제조건에 관한 더 깊은 인식이 나타나기 시작한다. 그러나 경험 위에서 얻어진 이런 종류의 심오한 통찰은 사물의 발전과정상 오랫동안 고립될 수 있으며, 기존의 지배적인 사고방법의 전체 속으로 널리 침투해 들어가지 못할 수도 있다. 또한 쿠르틸이 대표하는 이 사고방법은 정치에서 여전히 군주와 대신, 그들의 권력기구나 통치술만을 다루었지 전체 국민이나 국가들에 관해서는 언급하지 않았다. 더구나 쿠르틸의 사고방식은 당시까지 지배적이었고 우세했던 상황을 반영한다. 유럽 대륙 대부분의 지역에서는 귀족계급의 봉건적·신분적인 저항이 붕괴되어 국내적으로는 이전보다 훨씬 평온하고 안정된 상태였으며, 쿠르틸이 집필하던 당시에는 절대주의가 절정에 이르고 있었다.

이 같은 현상은 근본적으로 귀족계급의 남아돌아가는 에너지와 야망이 타국과의 권력투쟁에 몰두하고 있었다는 데서 기인한다. 쿠르틸 역시 이 점을 알았으며, 프랑스 국왕은 전쟁을 통해 신하들의 자연발생적인 에너지를 발산시키고 가끔 나라의 잉여 부분들을 깨끗이 제거해버릴 필요가 있다는 견해를 공개적으로 주장하기도 했다. 즉 국내적인 평화를 이루기 위해서는 적국에 대한 '호전적인 정신'이 신하들 사이에서 육성되어야 한다고 보았던 것이다.[13] 그리하여 프랑스는 국가 내에서

---

13) 186~187쪽.

의 복종과 모든 권력 이해관계의 성취를 통해 호전적인 군사력을 이룩하게 되었다. 쿠르틸이 황제의 이해관계를 다루면서 지적했듯이,[14] 루이 14세가 지배하는 한 황제는 프랑스에서 내분을 기대해볼 수 없었다. 최근의 전쟁기간 중 소수 빈민들이 보르도와 브리타니의 한두 도시에서 반란을 일으키기도 했다. 그런데 그것은 무엇을 의미했던가.

"폭도들은 변혁을 꾀할 만한 능력이 없다. 귀족계급이 냉담한 입장을 취할 때 민중 혼자의 힘으로는 아무것도 할 수 없으며, 양쪽이 협력했을 때도 실패할 경우가 많다."

쿠르틸의 이해관계론은—뿐만 아니라 더 오래된 이해론이라고 일반적으로 말해도 좋을 것이다—확실히 국민 자체를 다루기보다는 국민을 지배하고 그들을 군주의 야망을 위한 쓸모 있는 기구로 만드는 방법을 다룬다. 그러므로 이 같은 목적을 위해서 국내적인 복종과 대외적인 권력정책은 우리가 지금 다시 본 것같이 그때 서로 수단과 목적으로 인식되었다. 쿠르틸이야말로 이와 같은 사고방식의 완벽한 예라 할 수 있으며, 그의 관심사는 이해관계 정책에서 수단과 목적의 메커니즘을 숙고하고 정확히 인식하려는 것이었다.

그는 프랑스 군주정에서 상류계층과 하류계층의 관계를 대단히 명철하게 인식했다. 즉 프랑스 국왕이 귀족층에 반대하는 서민들의 지지에 의존한다고 강조하고,[15] 봉건영주와 평민 간에 발생한 충돌에 대해서 일반적으로 후자 쪽을 두둔한다. 귀족들은 서민이 없으면 아무것도 이룰 능력이 없기 때문이다. 귀족과 서민은 계속 불화상태에 처해 있어야 하며, 행정감독자(Intendanten)야말로 귀족계급의 불구대천의 원수이다. 반면에 "만약 어떤 국왕이 모든 희망을 평민에게 걸 만큼 비참하다면 가엾고 슬픈 일이며, 프랑스 국왕처럼 늘 헌신적인 귀족에게 둘러싸여 있음은 왕권의 영광으로 보인다." 프랑스 국왕은 귀족에게도 보상하

---

14) 127~128쪽.
15) 341~342쪽.

고 만족을 베푸는 기술을 알 만큼 인자하다. 위와 같은 견해는 뒷날 토크빌(Tocqueville, 1805~59)이 구체제에 관한 고전적인 묘사의 밑그림을 제공한다.

이와 같은 기반 위에서 그는 일련의 현상 속에서 프랑스가 지닌 유럽의 이해관계를 고찰했다. 즉 자국 신민들의 충성, 타국 신민들의 반역 행위, 터키 전쟁에 몰두한 황제, 영국과 폴란드의 분열, 스페인의 약체화, 무기력한 유럽의 많은 소군주들—이 같은 현상이야말로 쿠르틸이 1685년에 파악하고, 또 동시대인으로서 가능한 한 명철하게 인식했던 루이 14세의 권력과 미래에 관한 희망의 정점이었다.

국왕(루이 14세)은 여러 신 위에 군림하는 주피터와 같은 위치에 있으며, 누구도 국왕에 맞설 수 없었다고 그는 판단했다. 만약 국왕이 착실한 단계를 밟으면 전 유럽적인 군주정을 이루려는 목표를 성취할 것이나, 다음에 취할 단계가 무엇인지는 불가사의였다. 당시 루이 14세에게는 두 가지의 선택 방안이 있었다.

첫 번째는 빈이 터키인에게 포위당하고 있는 사이 그곳으로 진군해 들어가 제위를 자신에게 양도하게 하는 것이었다. 안전한 방안이기는 했지만 별로 명예스럽지 못했으므로 택하지 않았다. 대신 택했던 방안은 매우 안전하지 못했으며, 계획을 실행할 수 없게 한들 변화들을 초래할 가능성이 있었으므로 루이 14세는 앞의 방안을 택하지 않았던 것을 애석하게 생각했을 것이다. 루이 14세가 택한 방안이란 정식 절차를 밟아 황제로 선출되는 것이었다. 그는 이를 위해서 무력으로 선제후들이 두려워하게 만들되, 공포가 아닌 존경심에서 두려워하게 만들고자 애써야 했다. 덧붙여, 자신이 선제후들에게 가져다줄 확실한 이점들을 제시함으로써 지지를 얻어야 했으며, 기타 잡다한 정치방법을 이용해야만 했다.

여기서 쿠르틸은 빈이 공략을 당하던 1683년이야말로 루이 14세가 대규모 정복자로서 수단이 있는가 하는 점을 보여주는 결정적인 해가 될 것이라고 정확하게 인식했다.[16] 루이 14세에게는 그런 방책이 없었다. 그는 국가 자원이 무진장한 것은 아니라는 생각에서 목표를 우선 충돌 없이 얻을 수 있는 정복, 즉 영토 병합에 한정하고 당면목표를 우호적인 방법을 통해서 제국에서 안전해지기를 원한다는 인식에 국한시켰다. 국왕은 제위라는 진짜 목표를 숨기기 위해서 자신이 라인 국경지대를 제외한 어떤 것도 원하지 않는다는 점을 믿게 만들어야 했다는 것이 쿠르틸의 견해였다.

정확히 말해 당시 루이 14세의 진정한 목표는 라인 국경지대였으며,[17] 황제가 되려는 희망은 상상력을 끌어들였을지는 모르나 현실적인 정책에서는 별 의미가 없는 불완전한 욕망에 불과했다. 그러므로 사람들이 태양왕의 이 야망을 신뢰할 수 있으리라고 한 것이 사실에서도 그의 정책의 중요사상이었던가 하는 문제를 채택할 만큼 다재다능한 정치평론가로서 쿠르틸의 정치 감각은 충분히 정교하게 다져지지 못한 상태였다. 그러나 힘차게 대두하던 세계 강국의 경향을 양식화하고 과장한 그의 실책은 분명히 몇 번쯤 되풀이되었으며, 이것을 단순히 당시 국가 이익론이 가진 역사적 견해의 결점으로만 설명할 수는 없다. 그것은 사물의 본질에서 발생하며, 모든 욕망이 가진 불안정한 성격과, 실책을 촉진시키거나 억제할 수 있는 객관적인 가능성에서 발생한다. 확실히 쿠르틸과 동시대인들이 오늘은 아니더라도 가까운 장래에 루이 14세의 정책을 선도하고 영향을 미칠 수 있는 계획들을 국왕에게 돌리는 것은 정당했다.

그는 랑케의 유명한 문구를 상기시키는 다음과 같은 말을 한 적이 있다. "강대국은 이 세상 모든 것이 자기에게 머리 숙이기를 원하는 심리를 본질적으로 지닌다."[18]

---

16) 펠링(Fehling), 『1679~84년의 프랑스와 브란덴부르크』(*Frankreich und Brandenburg in den Jahren 1679 bis 1684*), 239쪽 참조.
17) 플라츠호프, 「루이 14세, 제권 및 1683년의 유럽 위기」(Ludwig XiV., das Kaisertum und die europäische Krisis von 1683, 『역사잡지』, 제121권, 398쪽) 및 페스터의 앞의 책, 41쪽.

각 국가의 이해관계에 관한 분석 중 많은 부분이 미덥지 못한 점을 가진 것은 사실이나 강대국의 본질과 의미를 파악하는 그의 감각은 실로 뛰어나다. 그의 견해에 따르면 약소국의 군주들 역시 국제관계에서 중요한 의미를 지닌다. 약소국의 군주들은 이해관계를 명확하게 인식해 강대국에 대항하고 약소국에 가세함으로써 세력균형을 이루고자 한다. 그 경우 다른 길로 이르는 문을 열어놓음으로써 그런 대로 의의를 지니기는 하나, 일반적으로 말해서 약소국들은 이용당할 뿐이며, 강대국에 의해 약탈되지 않기 위해 그들 국가 간에 존재하는 불화들을 조정 해결하고자 한다.[19]

전 유럽적인 군주정을 이루려는 프랑스의 위협에 대항하기 위해 사실 베네치아와 같은 나라는 상당히 바람직한 동맹국이 될 수 있었으나 결정적인 동맹자는 될 수 없다. 쿠르틸의 날카로운 판단에 따르면 당시 프랑스 국왕에 심각하게 대항할 수 있는 세력은 유럽 내 세 나라밖에 없었는데, 신성 로마제국의 황제와 영국, 그리고 네덜란드였다.[20] 그의 견해로는 황제가 동방에 대항하는 대신 서방에 대항하는 전선(前線)을 형성하는 것은 정당했다. 동시에 그는 터키인과의 평화는 어떤 대가를 치르더라도 이루어질 수 있다고 추측하는 잘못을 범했으며, 오스트리아의 왕실을 위한 터키 전쟁의 존속을 예견할 만한 긴 안목도 갖지 못했다. 그의 시선은 동방보다는 서방 쪽으로 쏠려 있었으며, 이곳을 앞으로 발생할 여러 사건의 심장부로 생각했다. 프랑스가 가장 신경을 써야 할 대상으로는 영국과 영국의 해상력 이외에는 없기 때문이었다.

영국은 과거 스페인의 역할을 수월히 떠맡고, 프랑스에 대항하는 평형추뿐만 아니라 세력 균형을 붕괴시키는 행동을 했을지도 모른다. 그

---

18) 38쪽.
19) 26쪽 이하, 31쪽 이하, 39쪽.
20) 203쪽, 여기에서 그는 사실 제국에 관해 말하고 있는데, 주로 황제를 생각하고 있다.

러나 쿠르틸은 이에 관해 정밀하게 관찰했다. 당시 영국의 관심사는 전쟁과 정복정책을 채택하기보다는 무역과 해상에서 영국의 세력을 유지하는 데 있었고, 다른 국가들 간의 중재자가 되는 것만으로 충분하게 여겼다고 지적했다.[21] 여기서 쿠르틸은 당시 영국이 제임스 2세의 반(半)가톨릭적 정부 아래에서 겪고 있던 왕과 국회 간의 갈등이라는 표면적 양상을 날카롭게 분석했다.

그는 이 같은 상황에서 프랑스는 제임스 왕을 원조하고 영국 내에서 종교적인 반목을 조장시켜야 한다고 주장했으나, 이러한 조처가 뜻하지 않은 결과를 가져올 수도 있으니 만약 영국이 구교를 신봉하는 국가가 된다면 정치적인 통합을 되찾게 될 것이라고 지적한다. 그는 여기에서 영국을 계속 분열 상태에 두기 위한 방안을 제안했다. 즉 영국의 상업적 이권에 대한 위협이 국왕과 국민 간에 결속할 수 있는 계기를 제공하지 않도록 프랑스의 루이 14세는 영국의 상업 경쟁국들을 견제해야 한다는 것이었다.

그가 이런 제안을 쉽게 할 수 있었던 것은 자신이 콜베르(Colbert, 1619~83)의 중상주의(重商主義)를 철두철미하게 반대하는 한편, 중농주의적 색채를 지니는 자유무역 개념을 옹호하기 때문이었다. 콜베르의 정책은 프랑스와 영국, 네덜란드 간의 충돌을 가져오며, 만약 두 나라가 결속하게 된다면 이들의 해상력은 프랑스 교역을 파괴시킬 수 있다는 것이 그의 분석이었다.[22]

그의 조언은 루이 14세 이후 프랑스의 권력정책을 둘러싼 뿌리 깊고 위험스런 이원론을 강타했다. 즉 프랑스는 대륙에서의 패권과 해상에서의 패권계획을 함께 추진할 능력도 없으면서 동시에 하려는 욕심을 가진다는 것이다. 그는 최고의 권력과 영광을 이루려면 해상력이 있어

21) 309쪽 이하.
22) 184쪽 이하, 228쪽. 쿠르틸의 네덜란드 체재와 그곳에서 겪은 환경적 영향이 콜베르 시스템에 대한 반감을 확실하게 설명해준다.

야 한다고 강조하는 한편, 이를 위해 프랑스가 전쟁을 강행해 영국과 네덜란드 해운의 연합을 초래하는 행위에 대해서는 경고를 한다. 루이 14세가 나중에 스페인 계승전쟁에서 맞선 증대되는 위험을 쿠르틸이 인식했다는 점은 중요한 의미가 있다.

스페인의 유산을 둘러싼, 한 번은 피할 수 없는 절박한 전쟁은 쿠르틸이 심각하게 관심을 기울인 문제였다. 그가 당시 유럽의 장래가 달린 중요한 문제를 일방적으로 프랑스의 입장에서 다루었다고 비난할 수는 없다. 여기에서 그는 냉철하게 문제를 분석했으며, 경쟁관계에 있는 강대국들이 지닌 이해관계의 이면과 전체적인 유럽의 이해관계를 직시했다. 전 유럽의 이해관계에서 볼 때, 프랑스나 오스트리아의 왕가가 스페인 영토의 유일한 계승자가 되지 않는다면 앞으로 100년 내에 이런 기회가 또다시 오지 않을 것이라고 말했다. 그러므로 그 역시 루이 14세를 위해 스페인의 전 유산을 획득할 수 있는 길을 찾고 싶은 유혹을 느끼기도 했지만, 영국 · 프랑스 간의 반목문제를 다루었을 때처럼 여기에서도 중용과 자제를 권하고 있다.

결국 그는 뛰어나게 훌륭한 역사적 본능으로 스페인의 유산에 대한 황제가 가진 이해관계를 분석했다. 그의 견해에 따르면 황제는 양자인 바이에른의 선제후 막스 에마누엘을 스페인 왕가의 추정 상속인으로 생각하고, 양자의 야심을 제위의 목표로부터 일탈시키고자 했다. 막스 에마누엘이 스페인의 상속자로서 계승을 확고히 하기 위해서는 황제 편에 설 수밖에 없으리라고 보았기 때문이다. 이것은 장래 스페인 · 합스부르크 양두 정치체제의 유지와 동등한 것이었다. 과거 이 정책이 여타 유럽 국가의 독립과 자유에 큰 위험을 가져왔다면 이제는 전 유럽 대륙이 프랑스에 종속되는 것을 막아줄 방벽이었다.

쿠르틸은 황제나 스페인에 의한 전 유럽적 군주정의 위협은 더 이상 없다는 점을 확실히 알았다. 그러므로 양국 간 이해 유대의 지속은 방어적 성격 이상의 의미를 갖고 있지 않았다.[23] 이와 관련해 흥미로운 사실은 황제가 자신의 전 유럽적 군주정 정책을 감추기 위해 이용했던 구교의 이익이라는 가면을 대담하게 벗어던졌다는 것이다. 따라서 신교 국가들을 끌어 모을 수 있기를 바라게 되었다는 게 쿠르틸의 의견이다. 프랑스가 지난날 카를 5세를 권좌에서 몰아냈던 정책이 이제 루이 14세의 몰락을 가져오는 기적을 행할 수도 있었다.[24] 여기에서 쿠르틸은 역사적 미래에 대한 감각을 다시 보여주고 있다. 즉 스페인 계승전쟁의 상황은 그가 한 예언과 들어맞았다. 그 예로 오이겐 공은 궁정 내의 독실한 부인들이나 참회청문승의 반대를 무릅쓰고 신교의 해상 강국과 동맹하려는 황제의 정책을 지지하고 원조했다.

이같이 날카로운 판단력 때문에 사람들의 이 불가사의한 신사에 대한 평가는 상당히 동정적이다. 그가 유럽의 동방과 서방에 대해, 유럽의 북쪽과 남쪽의 국가에 대해 동등한 관심을 기울였으며, 남쪽과 서쪽의 국가, 그리고 미술품과 같은 소규모 이탈리아 국가들에 대한 편애 —로앙 시대에 어느 정도 관습화되었던—로부터 자유로웠다는 점은 그의 뛰어난 면모이다.

그렇다고는 하나 이러한 점 때문에 그에게 특별점수를 줄 수는 없다. 북부와 동부 국가들 자체가 어쩔 수 없이 중요성을 가졌으며, 30년전쟁(1618~48)과 북방전쟁(1700~21) 이후, 당시 프랑스 정책의 조심스런 활동은 러시아를 제외한 전 유럽 국가 사이에 끊임없는 정치적 혈액순환을 가져왔기 때문이었다. 스웨덴과 폴란드, 그리고 터키는 어느 정도 프랑스를 위한 위장 역할을 하는 한편, 제국의 황제를 방해하기도 하고 불안감을 불러일으키기도 하면서 프랑스 동맹국과 협정국의 바깥 원을 형성하고 있었다.

1680년대 전반기에는, 1679년 님베겐의 평화조약과 영토 병합 이래 프랑스로부터 독립한 스웨덴을 대신해 덴마크와 브란덴부르크가 프랑스의 원시림과 같은 위장요새 역할을 떠맡았다. 이에 대한 보상으로 두

---

23) 스페인의 계승문제에 관한 부분은 236쪽 이하, 261쪽 이하, 271쪽, 228쪽이다.
24) 166쪽.

나라는 스웨덴을 공격해 탐내왔던 영토를 빼앗는 데 프랑스가 도와달라고 제의했다. 그러나 놀랄 만한 일이 일어났으니, 프랑스는 스웨덴이 반대진영에 놓여 있음에도 두 나라의 계획을 허용하지 않았다. 그 이유는 베스트팔렌 조약으로 결속된 스웨덴·프랑스의 제휴가 양국 간의 소외기간 동안에도 계속 유지되었기 때문이다.

이러한 결정은 유럽 이해관계 정책의 복잡한 면모를 보여주는 것 중 하나이며, 여기에서 다시 한 번 쿠르틸의 날카로운 직관력을 높이 평가하게 된다. 그는 스웨덴이 주변국들에 의해서 약탈당하는 처지에 놓이는 것을 프랑스가 묵인하지 않으리라고 주장하면서, 그 이유로 스웨덴의 주변국들이 탐내왔던 것을 손에 넣게 되면 다른 것에 관심사를 돌릴 위험, 즉 다시 프랑스로부터 멀어질 위험이 있다는 점을 든다. "그러므로 그들을 계속 희망에 머무르게 해야 한다."

그러나 아직은 희망이 성취되지 않게 해야 한다. 또한 동맹을 체결함으로써 얻어지는 한쪽의 이익과 다른 쪽의 이익이 아주 적어서 어떤 질시도 발생하지 않게 하는 것이 동맹국을 얻는 진짜 기술이다. 당시 스웨덴에 덤벼들고자 했던 대선제후의 야망에도 불구하고 프랑스가 추구했던 정책이 그것이었다.[25] 또한 쿠르틸은, 스웨덴은 구스타프 아돌프가 획득한 위치를 지킬 만한 힘을 더 이상 가지지지 못함을 명확히 인식하고, 결국 스웨덴은 주요 적대국인 브란덴부르크와 덴마크에 대항하기 위해 프랑스의 도움을 청할 수밖에 없게 되리라고 주장했다. 그러나 일반적으로 스웨덴 국왕은 자국 내에 단단한 기반이 없는 군주가 행하는 것 같은 행동을 하지 않으면 안 되었다. 다시 말해 전쟁을 피할 수밖에 없었던 것이다.[26]

한편 그는 프랑스의 팽창정책에 의해 독일 제국의 제후들이 곤경에 빠졌음을 완전히 평가하고 있었음에도, 혹은 평가한 까닭에 그들에게

---

25) 363~364쪽. 앞에 인용한 펠링의 책 및 페스터의 앞의 책, 36쪽 참조.
26) 343쪽 이하.

동일한 충고를 했다. 그리고 그는 모든 독일 제후들을 집단적으로만 다루었기 때문에 브란텐부르크 세력의 성장과 여러 갈래의 이해관계에 관한 당시 인물의 견해를 알고 싶어 하는 역사가의 바람을 충족시키지 못했다. 관습의 낡은 요소는 독일 제국의 제후에 관한 집단적인 견해 속에 나타나 있다. 당시 외국에서는 제후들을 보잘것없는 소규모의 세력들로 구성된 은하수 같은 존재로 간주했으며, 이들의 일반적인 관심사는 자유를 얻는 데 있다는 것이 통상적인 견해였다. 그러나 이들 성원 국가들이 지닌 개별성과 권력이 완전히 발전되지 않았으므로 그들의 개별적인 움직임은 많은 결실을 보지는 못했다. 여기에서 우리는 쿠르틸이 전 유럽의 상호관계에 관한 접근에서 보여준 날카로운 감각이 부재함을 애석하게 생각하게 된다.

비록 그의 견해가 이미 유럽을 총체적 존재로 본 것이었다고는 하나 근대적인 의미에서 볼 때 그의 실질적인 고찰방법은 완전히 역사적은 아니다. 그의 관심은 다양한 국가들이 지닌 개별적인 이해나 관계를 철저하게 분석하는 데 머물렀다. 그것은 각 국가가 행해야 하는 문제만을 취급하는 전공논문들의 집대성이다. 그리하여 유럽의 전체적인 발전 경향들로부터 그들 국가의 개별적인 활동이 산출된 것에 관한 종합적인 연구는 아니다. 다만 우리는 쿠르틸이 단 한 번 전체로서의 유럽관에 의해서 지배된다는 점을 추측할 수 있다.

또한 각국의 좀더 깊은 배경이 분석을 위해 예시된 그들 정책에 의해 모호해지는 경향을 보였던 것처럼, 유럽 국가공동체의 보편적인 배경 역시 소멸되는 경향이다. 그러나 사실 이것은 당시 역사적 현실이 지닌 문제이기도 했다. 각 국가들은 열성적이며 의심 많은 태도로 프랑스의 전 유럽적 군주정의 위협에 맞서 방어하고자 했다. 유럽의 전체적인 정신이 사멸한 것은 아니었으나, 각 국가의 생존을 위한 염원이 그에 관한 완전한 인식이 대두하는 것을 가로막았던 것이다. 그러나 세기가 변하면서 전 유럽을 흔들어놓는 새로운 정신이상이 나타나, 드디어 좀더 보편적인 이해론 파악의 기틀을 마련하게 된다.

제4장 루세

스페인 계승전쟁은 여러 가지 면에서 100년 뒤 유럽이 경험할 격변과 쇄신의 서막이었다. 이 두 개의 핵심은 시대에 뒤지고 생명력이 없으나 당시까지 고수되던 세력관계를 제거하는 것이었으며, 유럽의 전체적 분위기에서 새로이 부상한 세력들이 발전해나갈 수 있는 자리를 마련해주는 것이었다. 혁명의 격변은 여러 민족의 정치적이며 정신적인 존재에 영향을 미쳤다. 이것과 비교해볼 때, 18세기 초반의 격변은 단지 한 부분에만 영향을 미쳤다고 할 수 있는데, 당시 유럽이 대대적인 혁신에 대해 준비가 되어 있지 못했기 때문이었다.

카를 5세와 페르디난트 1세가 세운, 시대에 뒤지고 노쇠한 스페인·합스부르크가의 집단권력과 양두 정치체제는 뜻대로 전복했다. 이 체제의 대들보는 산산이 분해되어버렸으며 스페인과 벨기에, 밀라노 그리고 남이탈리아를 포함한 스페인의 세력 복합체도 와해되었다. 이 사건은 특히 중요한 의미를 갖는데, 유럽의 권력과 영토관계 구성에 관한 역사적 전통에 최초로 강한 충격이 가해진다. 일반적으로 말해서 지금까지 각 지역과 국가들이 전쟁에서 이기고 지는 것은 당사자들만의 문제였다. 이제는 유럽 전체의 체제, 보편주의적 성격을 지닌 거대한 제국이 붕괴되어버린 것이다.

또한 지금까지 이 체제에 의해 지배되던 주변 국가들은 격동하는 불확실한 운명 앞에 내동댕이쳐졌다. 새 소유자는 이웃나라들을 완전히 자력으로 수중에 넣은 것도 아니며, 깊은 뿌리를 지닌 영토라는 부동의 확실성으로 영유하고 있었던 것도 아니었으므로, 주요한 상속인인 오스트리아는 곧 자매국가인 스페인의 운명과 같은 위협을 겪게 되니, 왕위를 계승할 사람이 끊겨 국가의 분해를 초래하게 되었다. 따라서 유럽 국가체제의 기본적인 특징인 불안정과 동요가 더욱 강하게 자라난다. 영토를 신속하게 획득하고 상실하며 교환하게 되었는데, 이것은 정치적 야망에 강력한 자극이 된다.

만약 이 야망을 뒷받침하는 물질적인 자원이 풍부하고, 유럽의 2대 강국인 프랑스와 영국이 억제하는 영향력을 행사하지 않았더라면 정치적 야망이 지금보다는 진작되었을 것이며, 스페인 계승전쟁 이후 200년 동안 스페인이 이룩한 것과는 상당히 다른 변력을 초래했을 것이다. 그것은 프랑스와 영국이 서로 경쟁국임에도 불구하고, 최근의 전쟁에서 희생을 겪은 후 각자 전력을 다하는 데 주저했으며, 가능한 한 오랫동안 유럽의 평화가 유지되길 원하고 있었기 때문이었다. 그러므로 스페인의 새로운 부르봉 왕조가 갖고 있던 왕조적 야망에서 발생한 남부 유럽의 불안은 비교적 제한되어 있었을 뿐이며, 전 유럽적인 심각한 위기와 전쟁을 가져오지는 않았다.

프랑스가 다시 한 번 오스트리아 왕실에 대항한 폴란드 계승전쟁(1733~35)은 적대국 간의 그야말로 놀라운 타협으로 막을 내리고, 그리하여 다시 영토 교환과 왕조의 교대가 모범적인 역할을 다하게 되었다. 이미 스페인 계승전쟁은 스페인 영토의 분할에 관한 유명한 협상과 조약에 의해 점차 유도되었으며, 경쟁 상태에 있는 강대국들은 타협을 통해서 평화롭게 영토분할문제를 해결함으로써, 전반적인 세력균형을 이룰 뿐만 아니라 각자 목적을 만족시키고자 했다.

스페인 계승전쟁 이후 이러한 시도는 이른바 4국동맹과 캉브레 회의(1724~25), 수아송 회의(1728) 등의 정책에 의해서 다시 한 번 행해진다. 더구나 이 기간 동안 완전히 새로운 정치이념이 나타나는데, 그것은 여러 세력의 대각선, 즉 집단적인 유럽의 의지를 발견하는 이념이었다. 사실 여기에서 말하는 유럽의 의지란 유럽 국가 전체에 속하는 것이 아니라 오로지 소국가에 반대되는 강대국들의 명령을 의미한다고 할 수 있겠다. 그것에 의해서 권력——이기주의적, 평화주의적 요소와 유럽적 지방주의적 요소가 독특하게 결합된다.

지금까지 유럽은 두 개의 적대적인 진영으로 나뉘어서 어느 한쪽이 다른 한쪽에 대해 전 유럽적인 군주정의 사악한 야망을 갖는다고 비난해왔던 반면, 이제는 통합된 유럽 국가체제의 과두정치에 의한 통일적인 조직화에서 고리가 생겼다. 그러나 고리는 매우 약했기 때문에 주도적인 강대국의 특별한 이해관계가 가한 외부적 긴장으로 쉽게 끊어질 수 있었다.

주요 강대국들이 유럽을 조정하고자 했던 새로운 원리는 '편의'라는 이름이었다. "'편의'의 숭고한 권리들"이라는 말도 나왔다. 그러나 이 낱말을 만들어낸 정치평론가 루세(Rousset, 1686~1762)는 이를 사용하는 동시에 애매모호한 의미를 지니고 있다는 점을 보여주었다. 그는 1735년에 말한 바 있다.[1] "오늘날 1702년 이래 전 유럽의 권력관계에서 일어난 대변혁을 놀라워하는 자는 '편의'라는 숭고한 권리가 가진 막대한 특권에 관해 모르고 있다 하겠다. 그것은 모든 사람들이 심하게 매도하면서도 자신의 행동을 은폐하기 위해서 이용하고 있을 뿐 아니라 어떤 국가에서는 그 권리의 적용을 방해하지 않을 수 없고, 현재는 아니지만 적어도 장래에는 국가의 진정한 이해관계를 양보하게 되는 권리를 말한다."

편의라는 개념 자체도 애매모호한 면을 가졌음을 루세는 다른 곳에서 설명한다. 프랑스는 네덜란드의 남부지역을 몹시 탐내왔으며, 이곳에 대해 오래되고 정당한 영유의 요구를 갖고 있었다. 그러나 이러한 바람을 이루지 못했으니, 유럽 전체의 '편의의 권리'가 프랑스에 대해

---

1) 『역사와 정치평론』, 제98권, 1735, 20쪽.

반대했기 때문이었다. 이 경우와 똑같은 식으로 영국과 네덜란드가 미국에서 스페인 사람들을 내쫓으려는 시도는 묵인될 수 없었을 것이며, 프랑스와 이탈리아 제방(諸邦)은 베네치아와 스위스를 소유하려는 황제를 용인하지 않았을 것이다. 프랑스가 불의에 대해 고함을 지를 필요는 없다. 프랑스는 여러 번 '편의'라는 권리의 힘에 관한 예가 되지 않았던가.

브르타뉴, 노르망디, 아퀴타니아 또는 알자스와 프랑슈콩테, 그리고 오랑주 공국보다 더 나은 권리를 지닐 수 있을까.[2] 그러므로 편의란 사람들이 짐작했듯이[3] 유럽 과두정치의 공통적이며 상호간에 조정된 권력·이해관계를 뜻하는 표현이 아닐 뿐만 아니라 합법적인 권리가 없는 어떤 세력의 노골적인 권력·이해관계를 가리키는 것일 수 있다. 따라서 그것은 프리드리히 대왕 시대에는 '예절의 법'이라는 표현에 의해 의미된 것으로 넘어가는 경향을 나타낸다.[4]

루세가 계약이행을 모르는 '난폭한 편의의 체제'에 관해 언급했을 때, 그것은 신뢰를 지킬 능력이 없는 터키족을 의미한다.[5] 또한 결합된

---

2) 루세(Rousset), 『유럽 열강의 현존하는 이해관계와 주장』(*Les intéret présent et les prétentions des puissance de l'Europe*), 제3판, 제1권, 1741, 533쪽.

3) 헤러(Herre), 「최근 수세기간의 제민족 공동체 이념과 이해관계」(Völkergemeinschaftsidee und Interessenpolitik in den letzten Jahrhun-derten, 『게르하르트 젤리거 축하기념논문』(*Festgabe für Gerhard Seeliger*), 199쪽); 코저(Koser), 「절대주의 최전성기의 국가와 사회」(Staat und Gesellschaft zur Höhezeit des Absolutismus), 『현대문화』, 제2권, 제5부 제1장, 262쪽.

4) 그러나 예절의 법이라는 용어는 이미 17세기 후반에 나타난다. 예를 들어 노데, 『쿠데타론』(*coups d'état*)의 두메판(版), 178쪽에 있다.

5) 『역사와 정치평론』(1737), 제103권, 80쪽. 앞에서 쓴 단어의 어학적인 사용의 증거로, 나는 그의 『작품집』(1736)의 제11권에 대한 '서문'에 나오는 한 구절을 덧붙여보겠다. 여기에서 그는 열강의 이해관계에 관한 자신의 저서를 다음과 같이 변호하고 있다. "나는 각국의 정치와 이해를 추상적으로, 마치 오직 그 국가에 관해서만 논하듯이 논한다. 그리고 다른 장에서는 꼭 같이 나는 다른 국가의 정치와 이해를 그 국가의 준칙과 편의에 의해 마치 어느 다른 나라에 관해서는 논하지 않은 듯이 논한다."

강대국들의 편의도 그것이 때로 자신들의 이기적인 행동을 덮기 위해 이용되기는 하나 집단적인 유럽의 이해관계를 의미하는 표현이 결코 아니었다. 루세가 자신의 『역사와 정치평론』에서 밝혔듯이,[6] "금세기에 들어와 행해진 유명한 영토분할 협정과 그 후 국제법 분야에 적용된 편의의 권리는 유럽 내에 최고로 강대한 국가의 편의에 따라 국가의 윤곽을 변경하는 풍조를 만들었으며, 그리하여 약소국들이 강국에 먹혀버릴 수 있었던 것으로 보인다."

그러나 과연 누가 개념들 뒤에 숨어 있는 이런 이해관계의 감정들을 현실과 날카롭게 구별하거나, 그것이 지닌 겉모양과 본질을 정확하게 구분하고자 했던가. 현실적인 유럽의 공동체 감정과 한 나라만의 독자적인 이해관계는 오라녜 공 빌럼 같은 사람 안에서 미묘하게 혼합되어 있었다. 이러한 현상이 비단 그에게만 나타나는 것은 아니겠지만 누구도 순수한 유럽적 감정에서 행동한 적이 한 번도 없었다. 그들은 자신의 특별한 이해관계와 조화를 이루게 될 경우에만 행동했으며, 그야말로 그것이 모든 상황의 기초였다.

정치적인 사고방식과 국가 이해관계론의 지속적인 발전에 결정적이고 중요한 두 가지 사실이 있었다. 첫 번째는 정통성과 역사적 전통, 그리고 실정법에 대한 충격이었다. 국가이성이 실정법보다 우월하다는 점은 17세기에도 주장되었다. 그러나 당시 이해관계론은 사실 한 국가가 다른 나라에 대해, 한 왕조가 다른 왕조에 대해 가진 실정법보다는 국가의 내부에서 권력의 전개를 방해하던 실정법으로 향했다. 물론 실제로는 전자(前者)의 형태도 근대사의 첫 2세기 동안 종종 침해를 받기는 했지만, 과정상 일반적으로 권력·이해관계를 법칙적인 타이틀로 표현하려는 노골적인 시도가 있었으며, 이런 타이틀이 때로 권력·이해관계의 기반을 형성하기도 했다.

이런 현상이 18세기 전반에 걸쳐 남아 있었다. 그러나 스페인의 유산

---

6) 582쪽.

분할조약으로 시작된 편의주의 정책으로 인해서 국가 상호간의 생활 속에 새로우면서도 상당히 비역사적인 법이 실정법과 역사 전통의 곁에, 필요한 경우에는 반대적인 위치에 자리를 잡았다. 이 새로운 법은 합목적성, 즉 유럽의 '공공의 복지'를 내세웠을 뿐만 아니라 그것이 어느 한 국가의 단순한 '편의의 권리'로 축소되었을 때일지라도 여전히 '권리'라는 장엄한 칭호를 누렸다. 국가 이해관계, 낡은 국가이성은 새로운 가면을 쓰게 되었다. 이것은 언제나 단순한 가면이 아니었으니, 때로 유럽 전체의 순수한 이해관계로 고무되기도 했기 때문이다.

그런데 편의의 법은 자연법의 주목할 만한 변형물이다. 18세기가 시작된 이후 자연법이 합리주의와 계몽주의운동에서 새로운 후원을 얻었던 것처럼, 편의정책에는 명백히 합리론적인 요소가 존재한다. 열강들의 합리적인 통찰력은 행복과 복지에 대한 필요성에 따라 유럽을 분할하자고 주장했다. 그런데 18세기 초반의 합리주의는 매우 귀족주의적이며 전제주의적인 노선에 따라 사고했다. 그러므로 국민들에게 그들이 원하는 것을 물어본다는 생각을 아무도 하지 못했다는 점 또한 이해할 만하다. 또한 국가를 위해 합목적적인 것을 '법', 즉 '편의의 법'이라는 말로 표현했다는 점 역시 전적으로 합리주의적인 사고방식이라고 생각된다.

앞에서 지적했듯이 이 새로운 이데올로기의 밑바닥에는 국가이성의 정신이 언제나 생생하게 살아 있었다. 마키아벨리는 국가 이해관계의 주먹이 부드러운 벨벳 장갑을 끼는 식으로 새로운 승리를 경험하게 되었지만, 이제 마키아벨리즘의 핵심은 완전히 반마키아벨리적인 이념과 결합하게 된다.

한편 캉브레와 수아송 회의에서는 유럽 최고재판소를 설립하고자 시도했으며, 플뢰리 추기경(Cardinal de Fleury, 1653~1743)은 1728년 수아송에서, "모든 이해관계의 충돌을 가라앉히고 파괴를 초래할 수 있는 것을 피하는 것"이 중요하다고 말했다.[7] 동시에 캄파넬라와 드 쉴리 공의 국제연맹사상을 다시 취했던 생 피에르 신부(Saint Pierre, 1658~

1743)의 평화주의 이념이 유럽 대중에게 영향력을 행사했다. 확실히 강대국 외교관들이 그들의 의뢰와 중재의 세계평화로의 경향을 인정한 경우, 그들은 상 피에르 신부의 견해에 경의를 표하고자 했던 것으로 생각된다.

그들이 세우려는 과두적인 최고재판소와 생 피에르 신부가 꿈꾸는 국제연맹 간에는 현격한 차이가 있으나 그들 역시 가장 기본적인 이해 관계에서 평화의 필요성을 인정했다. 여기에서 상업적인 이해관계가 평화적인 분위기 조성을 부추겼다. 서유럽에서는 스페인 계승전쟁 이후 현저한 상업 약진의 시대가 도래하는데, 이는 특히 해외 영토에 확산되며 영국과 프랑스에서 과도한 투기열과 그로 인한 널리 알려진 위기에 의해서 억제되기보다 촉진되는 경향을 나타냈다. 영국은 상업적인 관점에서 스페인령인 아메리카를 착취하기 위해 전쟁 중에 스페인에서 얻은 모든 수익을 이용했다.

한편 프랑스는 근동(近東)지역과 교역을 번창시켰는데, 영국의 선박 수송과 성공적으로 경쟁할 수 있게 된데다가 프랑스 선원들은 영국 선원보다 검소하게 생활했기 때문에 운임도 적게 들어간 까닭이다.[8] 또한 영국 때문에 스페인이 겪게 되는 경제적인 착취에 관한 분노는 1732년 이래 파리와 마드리드 양쪽의 부르봉 왕조 간에 공통적인 이해관계가 성장하게 되는 근본적인 원인이 되었다. 이로써 프랑스는 다시 한번 이득을 보았다. 따라서 영국과 프랑스 사이에는 새로운 긴장과 식민지적인 성격의 전쟁이 일어날 가능성이 발전되기 시작했다. 그러나 플뢰리 추기경과 월폴 경(Sir R. Walpole, 1676~1745)은 이 평화의 상태가 부유해지고 있던 국민에게 큰 도움을 준다는 점을 잘 알았으며,

---

7) 드로이젠, 『논문집』(Abhandlungen), 211쪽; 루세, 『작품집』(Recueil), 제5권, 176쪽.
8) 이 상태에 관해서는 빌펠트가 『정치제도』(Institutions politiques), 제3권, 89쪽에서 유익하게 지적하고 있다.

그에 따라서 행동했다.

이런 식으로 열강들의 이권정책은 좀더 근대적인 성격을 띠었다. 스페인의 헤게모니가 와해된 덕분에 유동적이 된 대륙의 세력 관계는 더욱 근대적이고 합리주의적 정신세계 속에서 다루어진다. 더구나 물질적인 면에서 국내의 힘을 강화시키려는 관심사가 근대적인 성격을 갖기 시작한다. 이것은 이제 주로 권위주의적인 보호 감독과 봉쇄정책을 통해 국가의 생산력을 발전시키고자 했던 콜베르 시대의 긴장감이 넘치는 상업주의는 아니다. 국민의 시민계층에서 나타난 기업정신은 더욱 활발해지면서 전쟁과 정책으로 만들어진 기회를 이용하고, 정부의 자비로운 보호를 받아들이며 해외로 뻗어나갔다. 그러나 바다를 경계로 하는 양대 강국인 국민국가 영국과 프랑스에서 현저하게 나타난 이와 같은 근대적인 성격에 덧붙여, 유럽의 중·소국가 사이에서는 이전의 이해관계정책이 지닌 전통적인 특성이 계속 존속했다.

특히 이탈리아에서는 마키아벨리 스타일인 '새로운 공국'의 설립을 위한 고전적인 기반 위에서 새로운 왕조가 형성되기 시작했다. 이는 스페인의 왕비 엘리자베타 파르네제의 아들에 대한 야심에서 비롯된 것이라 할 수 있다. 오스트리아의 손에 떨어진 전(前) 스페인령 이탈리아의 지역이 줄어든 것은 확실히 그녀의 정책이 미친 영향의 결과라고 하겠으며, 그를 통해 이탈리아의 국가체제는 어느 정도 국민적인 성격을 갖춘다. 그러나 자존심 강하고 정력적인 여왕을 충동시킨 동기는 르네상스와 바로크 시대의 정치적인 정신의 냄새가 났다.

반면에 완전히 다른 형태의 '새로운 공국'은 표트르 대제와 르 빌헬름 1세의 업적으로 동유럽에서 성장한다. 사실 두 군주의 생각과 행동에는 공통점이 많았으나, 그들이 창출한 것에는 커다란 차이점이 있다. 첫째로, 러시아의 정치는 매우 원시적인 수준에서 쌓아 올라가야 했으며, 표트르 대제의 사후 러시아는 민중의 역행적인 반원시상태와 왕조·궁정 사정으로 불안정을 겪는다. 반면에 프로이센에서는 비록 처음에는 보잘것없었으나 국가이성의 사상적인 분위기를 위한 새롭고도 비옥한 토양이 형성되었다.

정치적 요소에서의 변화와 함께 본래 정치적 정신세계에서 나타난 변화를 보여줄 복잡다단한 당시 세계관을 들여다볼 수 있는 기준을 다시 한 번 찾아본다. 스페인 계승전쟁과 오스트리아 계승전쟁 사이 몇십 년 동안 유럽은 위대하고 역사적인 발전을 이루지 못했을 뿐만 아니라 국가이성과 국가의 이해관계를 이해할 수 있는 일급 사상가를 낳는 데도 실패했다.

시대가 시작되면서 할레 대학의 군들링(Gundling, 1671~1729) 교수는 1712년에 출판된 저서 『유럽의 현상에 관한 강의』에서 푸펜도르프가 『가장 우세한 국가의 역사서론』에서 형성한 전통을 다시 한 번 취했으며, 독자에게 유럽 국가들의 세력과 이해관계를 소개한다. 여기에서 그는 토마지우스(Thomasius, 1657~1728)가 할레 대학에서 행한 새롭고 대담한 방식과 고양된 계몽주의의 자의식을 보여준다. 그는 자신이 신문풍의 강의를 한다는 세간의 비판에 대한 대답으로 "양식(良識)은 인간이 원하는 모든 것을 제공한다"고 말했다.[9]

그가 과시적으로 발간해낸 강의안들을 대충 살펴볼 때 확실히 푸펜도르프 이래 정치와 경제적 이해관계 간 연결에 대한 인식과 더 이상 어느 한쪽만을 고립해서 취급할 수 없다는 인식이 강하게 성장했음을 알 수 있다. 군들링은 콜베르가 두 명의 추기경보다 더 프랑스에 이익을 가져다주었다고 평가한다. 스페인 계승전쟁과 두 해양국가가 대륙에서 행한 권력 투쟁에 참여한 것은 그에게 새로운 시야를 열어주었으며, "네덜란드와 영국의 무역과 산업에 대한 지식 없이는 유럽의 완전한 상호관계를 이해할 수 없다"는 것을 깨우쳐주었다.

그는 프리드리히 대왕의 발밑에 엎드렸으나, 이 미래 국가의 하인이 될 대왕에게 나쁘지 않은 교사였다. 그러나 그도 역시 순전히 기계적이고 통계학적인 방법으로 계산할 수 있는 모든 권력수단을 찾으려는 피

---

9) 1714년에 군틀링이 행한 『평화론에 관한 강의』(*Friedenstraktate*).

상적인 고찰방법을 벗어나지 못한 것으로 보인다.

군들링 뒤 20년이 지나 유럽의 국가 이해관계에 대해 좀더 풍부한 안목을 지닌 뛰어난 정치평론가가 등장하니, 그가 바로 루세였다. 그는 네덜란드에 거주하는 프랑스 망명가로, 1724년부터 쿠르틸이 발간한 『역사와 정치잡지』를 편집했다. 그는 당시의 작품들[10]과 전공 논문, 팸플릿 등을 전집으로 발간해내는 데 활발히 활동을 했으며, 특히 역저 『유럽 열강의 현존하는 이해관계와 주장』으로 우리의 관심을 끌고 있다. 이 책은 1733년에 처음 발간되었다. 두 부분으로 구성되어 있는데, 1741년에 나온 제3판은 묵직한 3권이다.[11]

여기에서는 책의 내용 대부분을 생략하고 넘어가야 할 것 같은데, 그것은 이 책이 각 국가가 다른 국가의 영토에 대해서 갖고 있는 주장들, 불가사의하면서도 시대에 뒤진 것으로 가득 찬 역사적인 권한의 타이틀로 이루어져 있기 때문이다. 그러면서 루이 14세의 영토병합조사실에 의해서 밝혀진 메로빙조(朝)의 문서를 생각해볼 때, 그 책이 시대에 그렇게 뒤졌다고만 할 수도 없다. 각 국가들은 위와 같은 오래된 요구들을 기록문서에 보관해두었다가 일이 생기면 들추어내는 것을 관습으로 하고 있었다.

자유로운 '편의의 권리'가 집요하기 짝이 없는 특권, 상속 협정 등을 채우기 시작하던 당시에도 앞으로 쓸모가 있을지 모르는 것은 절대 빼놓지 않았던 것이다. 뿐만 아니라 양쪽의 권리가 나란히 이용되었으며, 가능하면 언제든지 임시방편적인 성격을 지닌 문서상의 권리들로 '편

---

10) 그의 작품 중에서 가장 유명한 것은 『유트레히트 조약 이후의 기록, 협정 및 협약사집』(Recueil historique d'actes, négociations et traités depuis la paix d'Utrecht etc.)이다. 루세에 관해 더 자세한 것은 드로이젠, 『프로이센 정치사』(Gesch. der preuß. Politik), 제4권, 제4장, 11쪽 이하에 기술되어 있다. 또 코저, 『프리드리히 2세 통치시대의 프로이센 국가문서』(Preuß. Staatsschriften aus der Regierungszeit König Friedrichs), 제1권, 서문, 45쪽도 참조.

11) 제3판 중에도 우리가 관심을 갖고 있는 부분의 내용은 약간의 추가사항을 제외하고 제1판을 단순히 다시 펴낸 것이다.

의'를 은폐했다는 것은 구체제 말기의 전체적인 특징이다.

여기에서는 '이해관계'를 다루는 부분만을 살펴보겠다. 루세는 로앙과 쿠르틸의 패턴을 의식적으로 모방하고 있다. 그는 마키아벨리, 보칼리니, 파올로 사르피, 아믈로 드 라 우사이 등과 같은 오래된 정치문헌에 대해서 어둡지 않았으며, 자신이 살고 있는 시대의 역사에 대해 뛰어난 이해력을 지녔다.[12] 펜으로 생계를 유지해 나가며 자신의 평론들을 각 나라에 파는 사업가로서, 확실히 자기의 조언이 힘이 되길 바랐으며, 각 궁정을 성나게 하지 않기 위해 『유럽 열강의 현존하는 이해관계와 주장』에서 많은 신경을 썼다. 실제로 이와 같은 일이 별로 어렵지 않았는데, 궁정들의 이해관계를 취급하는 사람이라면 누구나 전혀 다른 목소리를 모방하여 각각의 궁정을 비방할 수 있었으며, 당시 모든 궁정이 공평한 국가 이기주의를 서로 용인해주고 있었기 때문이다.

루세 역시 때로 비실용적이고 비현실적이기는 했지만 각 궁정에 유익한 충고를 많이 제공했다. 예를 들어 스웨덴과 덴마크의 왕들에게, 프로이센이나 하노버-영국처럼 제국 내에서 영향력 있는 존재가 될 수 있으므로 제국 의회에서 신교 문제를 강력히 제기하라고 충고했다. 이러한 영향력의 뿌리를 이루는 것은 권력임을, 권력이 따르지 않는 단순한 활동은 어떠한 의미도 없음을 그는 오인했다.

그러나 그의 충고는 그 역시 독자적인 지향과 이상을 지녔음을 보여준다. 때로 루세는 프로테스탄트적인 입장을 표명했는데, 칼뱅주의적인 열정을 갖는다기보다는 반대로 네덜란드에서 그를 둘러쌌던 관용적인 새로운 사상세계에 의해서 온건해진 형태의 것이었다. 여기에서 새로운 사상세계는 이미 공리주의적이며 자연법의 성격을 지녔다. "양심

---

12) 대체로 네덜란드의 신문기자나 정치평론가는 세계 사정에 가장 정통한 것으로 알려져 있다. 루세의 탁월한 '보도'에 관해서는 폴 뒤부아(Paul-Dubois), 『정치적 편지에서 본 프리드리히 대왕』(*Frédéric le Grand d'après sa correspondence politique*), 185쪽 참조.

의 명령에 따라 신에 봉사할 수 있는 것보다 인간 본래의 자유로부터 분리할 수 없으며 자연법과 국제법에 일치하는 것이 있을까."[13] 이와 같이 말했다고 하여 공격을 받자 루세는 '인간의 권리와 자유'라는 말까지 덧붙였다.[14]

그는 다시 한 번 남부 유럽 가톨릭의 불관용적인 정치 특성을 비난하게 되었을 때 계몽주의 시대의 세계관을 선언했다. "국가는 관용과 양심의 자유로부터 말할 수 없는 이익을 얻는다." 분명히 사람들은 부유하고 가장 완벽한 결속을 이루며, 서로 생활하는 주민을 지닌 행복한 대영제국과 동일하게 축복받은 네덜란드를 우러러 보아야 할 것이다. 강대한 가톨릭 군주가 자신의 국가에서 이와 같은 관용을 도입하는 것은 가치 있는 결정이 될 것이며, 그로 인해 가톨릭 신앙은 지배종교로 존속할 수 있게 될 것이다. 그들은 단지 의욕만 가지면 된다. 세계는 왕의 모범에 따라서 완전히 형성될 것이므로.[15]

이 말은 또한 지극히 절대주의적인 여운을 띤다. 루세는 여기에서 한 걸음 더 나아가 국왕은 국민들의 사제로 태어난 존재라고 설명하면서, 보댕과 보쉬에, 그리고 페늘롱이 그러했듯이 국왕은 지상에서 신과 유사하다고 묘사했다.[16] 또한 그는 국가교회주의와 관용의 결합을 제시하여, 훗날 프리드리히 대왕의 국가에서 전형적인 예가 되는 국가와 교회관계의 발전단계를 보여주었다. 그러나 그의 정치적 이상은 결코 절대주의에 가까이 접근해 있지 않다. 그는 1719년 스웨덴에서 행해진 귀족적인 헌법 개정을 기뻐했다.[17] 전제주의인 체계에서는 이렇게 요구하고 이렇게 명령하는 것, 즉 군주의 자의가 유일한 법칙이지만 반면

---

13) 제1권, 98쪽.
14) 그의 『작품집』의 제11권에 대한 서문.
15) 제1권, 705쪽.
16) 제1권, 9쪽, 앞의 책, 73쪽; 마드작(Madsack), 『반마키아벨리론』(*Der Antima-chiavell*), 77쪽 참조.
17) 제1권, 720쪽.

혼합적인 정체, 귀족정과 민주제에 기반을 둔 군주정이 존재하는 곳에서는 공공질서의 유지와 상업의 증진은 국가의 복지이자 국민들의 가장 큰 이익이며, 모든 정책의 목표를 구성하기 때문이었다. 그는 프랑스의 국회가 좀더 많은 권리를 갖게 되길 바랐으며, 1688년 영국의 혁명은 인민과 군주 간에, 만약 그것이 짓밟혀지면 양자 간의 유대가 풀릴 상호적 의무가 존재하는 까닭에 정당하다고 보았다.[18]

그럼에도 그는 동시에 온건한 통치를 행하는 귀족정체에 비해서 강력한 전제주의적 통치야말로 스웨덴을 카를 12세가 남긴 몰락에서 끌어내는 데 더 능률적이라고 인정한다. 이와 같은 점은 루세의 국가관이 갖는 애매모호한 면모와 잠재적인 상대주의의 특성을 보여주고 있으며, 근대 역사주의가 그러하듯이 감정이입에 의한 이해를 통해 각 국가형태의 강점과 약점을 입증하려 하기보다는 자신의 이상을 강력하게 주입하지 않고 주어진 그대로를 받아들인다. 더구나 그에게는 좀더 자유로운 정부형태에 대한 선전적인 열정이 전적으로 결여되어 있었다. 한편 그는 절대주의적인 군주가 갖는 왕조적인 권력 이해관계뿐만 아니라 좀더 자유로운 정부 형태의 해상 강국이 지닌 근대적인 상업 이해관계도 일종의 중립적인 무관심 속에서 판단했다.

오직 그가 선전적인 열의를 보였던 대상은 관용과 자유무역에 관한 이념뿐이었다. 그는 라인 강의 선박운행의 관세 징수에 관해서 다음과 같이 지적했다. "무역은 방해받기를 거부한다." "더 많은 자유를 부여할수록 더욱 부유해지며, 주권자는 더 많은 이익을 얻게 될 것이다." 적당한 관세는 제대로 지불되지만, 지나친 관세란 불법적으로 그것을 피해보려는 시도를 부추기기 때문이다.[19] 만약 독일 제국이 네덜란드와 영국의 무역에 대해서 그렇게 많은 장애물을 만들어내지 않았더라면, 덴마크가 그렇게 네덜란드인을 속이려 하지 않았더라면 얼마나 좋았을

---

18) 제1권, 650쪽.
19) 제2권, 25쪽.

까 하고 루세는 한숨을 내쉰다.[20] 당시 네덜란드로서는 어떠한 정복전쟁도 원하지 않았기 때문이다. "공화주의자들은 주변 국가와 불화를 바라지 않는다."

자유와 부(富)를 지닌 해상 강국의 무역을 통한 평화로운 유럽의 착취, 이야말로 루세가 망명한 제2의 조국 네덜란드가 갖고 있던 기본적인 관심사로, 루세는 이것을 매우 순진하게 드러내 보이면서 등불로 삼고 있다. 무역국가들은 그들 간의 차이점을 조정하고 어떠한 분쟁의 실마리도 제거해버려야 한다고 그는 주장했다. 동시에 무역이 열강들의 세력관계를 좌우한다는 점을 잘 알았으며, 네덜란드와 영국 간의 동맹이 사자들끼리의 제휴이며 영국이 가능한 한 네덜란드의 무역을 가로채려 한다는 사실을 명확하게 인식했다.

그는 "스페인과 포르투갈의 항구, 그리고 레반트 지역에서 과거에는 영국 선박 20척에 100척의 네덜란드 선박이 운행되었지만, 지금은 100척의 영국 선박이 운행하는 데 비해서 네덜란드는 10척밖에 안 된다"고 한탄했다.[21] 또한 그는 체제의 완전한 변화 가능성에 대해서도 고려했으며, 만약 프랑스가 자국의 항구 내에서 네덜란드와의 해상 교역을 제한하게 된다면 네덜란드를 영국 편에 가담하게 하는 결과를 초래할 수 있으므로, 결국 프랑스의 진정한 이익에 저해된다고 지적했다. 한편 영국은 프랑스와 네덜란드의 동맹을 두려워하고 그를 방지하기 위해 모든 수단을 동원하고 있다. 만약 프랑스가 자국 함대를 등한시해서 퇴락하게 한다면 크나큰 실수를 저지르는 것이 될 것이라고 주장했다. 이와 같이 루세의 생각이 아직도 그의 내면에 잠재한 조국애에서 비롯된 것이었음을 쉽게 상상할 수 있다.

프랑스가 위그노들을 다시 받아들여 루이 14세가 행한 실책을 바로잡았다는 점 때문에 루세는 프랑스의 이해관계에 대한 가장 열렬한 옹

---

20) 제1권, 112쪽, 734쪽.
21) 제1권, 532쪽.

호자로 변신했을 것이다. 물론 전체로서의 유럽에 대한 그의 감정 역시 이 속에 매우 생생하게 살아 있었다. 앞에서 살펴보았듯이, 루세는 프랑스가 남부 네덜란드를 차지하려는 희망을 포기해야만 한다고 주장했다. 이유는 유럽이 그것을 원하지 않는다는 것, 다시 말해 '편의'의 법이 그에 반대하기 때문이라는 것이다.

그는 매우 사려 깊게 덧붙인다. "프랑스는 남부 네덜란드가 먼 나라인 오스트리아의 수중에 떨어지면, 오스트리아는 현재의 광범위한 세력을 강화하기보다는 약화시키는 경향을 보일지도 모른다는 점을 자문했어야 하지 않았을까."

이런 식으로 그의 견해는 유럽 상황의 알파이자 오메가인 세력 균형을 이런저런 방법으로 분석해보려는 시도에서 탄력적인 움직임을 보였다. 예를 들어 스페인에게는 영국과 동맹을 맺기를 권하고, 사르데냐의 왕에게는 프랑스와 동맹을 맺기를 권했다. 프랑스의 국내 자원에 대해서 그가 지녔던 경의에도 불구하고 영국에서 가장 큰 미래의 가능성을 보았던 그의 본능은 대체로 적절했다.

이 세상에는 팽창을 억제할 수 없는 국가들이 있다. 그들은 정복을 달성할 수 있는 기회를 이용하기를 포기하지 않는데, 영국이 그러한 상황에 처해 있다. 바다로 둘러싸여 고립되었기 때문에 영국은 주변 국가들로부터 위협이 없지만, 반면에 주변국들로 하여금 영국을 두려워하게 할 수 있으며, 이들의 영토를 정복하는 것이 유익하다는 점을 발견할 수 있다. 이러한 점은 지브롤터와 포트 마혼의 사건을 통해 입증된다.

다른 열강들은 영국에게 더 이상 유럽 정복을 용인해주지 않았지만 지브롤터를 통해 영국은 지중해의 패자가 되었다.[22]

---

22) 제1권, 652쪽.

루세는 생 피에르 신부와 비슷한 방법으로 각 국가들의 끊임없는 권력 추구가 치유될 수 있다고 기대하지 않았다. 그는 순수한 왕조적인 야심에 대해서는 한 번도 비판하지 않았다. 당시 무모한 여왕의 채찍 밑에 있었던 스페인보다 더 평화를 해치는 나라가 있었을까. 스페인은 미래의 왕조 라이벌이라는 이유로 프랑스와 싸웠으며, 오스트리아의 이탈리아 영토를 탐내었고, 지브롤터를 손에 넣기 위해서, 또는 남미에서 영국의 밀무역을 무력적으로 근절하기 위해 강국 영국과 싸움을 하기도 했다.

스페인에 대한 비판은 매우 흥미롭다. 그는 영국의 밀무역을 방지한다는 스페인의 정책은 경솔한 핑계라고 지적했다. 스페인이 공해(公海)상에서도 영국 무역에 세금을 징수하고 있었기 때문이다. 오스트리아를 고립시키기 위해서 스페인은 합리적이 되어야 하며, 영국을 속이는 일은 이제 그만두고 대신 영국과 동맹을 맺어야 한다고 추정했다. 유트레히트 평화조약으로 빼앗긴 것을 되찾는 것이 스페인의 유일한 목적인데, 영국의 의사를 거스르면서 어떻게 달성할 수 있단 말인가.

"스페인 내각이 국가를 계속 활동적인 상태로 유지해야 하는 확실한 이유가 있으니, 국왕의 관심사는 다른 곳으로 돌려야 하며 귀족들은 계속 분주한 상태가 되어야 하고, 한 사건을 늦추기 위해서 시간을 벌어야 한다. 그를 통해 완전한 행동의 자유를 부여하는 또 다른 사건의 도래를 예견해야만 한다."[23]

이러한 타산적인 기회주의 정책의 본질을 더 간결하게 재현하기는 불가능할 것이다. 상업 강국들의 해외 착취를 허용하기 위해서 스페인의 야망이 유럽에서 폭발하는 것을 루세가 기뻐했으리라고 쉽게 추측해볼 수 있기 때문이다.

엘리자베타 파르네제(Elisabetta Farnese, 1692~1766)의 르네상스 정책이 유럽에 가져온 혼란을 바로잡는 적절한 개선책은 당시 특정한

---

23) 제1권, 627쪽 및 631쪽.

구제수단과 힘의 수단에, 즉 평화로운 교역의 융화적인 영향과 타국 간의 증오를 극복하게 될 현명한 정부 정책의 결과에 놓였다고 루세는 보았다. 그는 다음과 같이 지적했다. "국가 간에 발생하는 반감을 양쪽 조정이 힘을 모아 바로잡는 일이 정치의 임무이다."[24]

이러한 개선책은 세력균형 상태를 유지하고자 하는 유럽의 의회정치 형태의 결과에 달려 있었다. 1730년대 말기, "여러 차례 유럽에 평화를 회복시켜 주었으며 평화를 유지해 주었던 영광스러운 체제를 완전히 전복시켜버린, 새로운 체제의 도래"를 목격한 루세는 애석히 여겼다. 이 체제는 "어떤 회의나 조정자도 없이 궁정 대 궁정으로 거래하는" 새롭지만 더 나쁜 형태이다.[25]

유럽을 계몽되고 유연한 상업 공화국의 영역으로 바꾸려는 이 같은 형태의 이해관계 정책이 실질적으로 루세의 내면에 잠재한 마키아벨리즘의 기본요소를 드러냈다는 점은 자신도 인정하기를 상당히 꺼렸던 사실이었다. 그는 미풍양속, 즉 "권리와 정의, 공공의 복지에 기반을 둔 건전한 정치형태"를 따르고 있었으며, 그 자신은 위대한 정치인이 동시에 정직한 인간이 될 수 없다고 생각하는 사람의 견해에 절대 동의할 수 없다고 선언했기 때문이다.[26] 이러한 문제들이 그를 심각하게 자극하지 않았으며, 그의 위선적인 말투는 민족이 해상 강국의 지시를 따른다면 군주의 독단으로 시작된 모든 전쟁에도 불구하고 여러 나라를 행복하게 만들 수 있는 현명한 관용과 물질적인 윤택의 조화에 의해서 가라앉게 되었다.

---

24) 제1권, 633쪽.
25) 드로이젠, 『프로이센의 정치』, 제4권, 제4장, 13쪽; 『역사정치평론』, 1737, 제1권, 6~7쪽.
26) 『유럽 열강의 현존하는 이해관계와 주장』, 제1권, 제4~5장.

* * *

　루세의 정치 개념을 특징짓는 모든 것은 해상 강국의 경험과 이해관계, 그리고 프로테스탄트적인 게르만 국가들의 상업적 해상 정치와 가톨릭적인 라틴 국가 사이의 상호관계와 이중성에서 나왔다. 가톨릭적 라틴 국가들은 경제적 이해관계와 순수한 권력·정치적 이해관계의 이중성 문제로 갈등을 겪고 있었다. 그러나 해상 강국들의 정책은 전 유럽과 밀접하게 섞였으므로, 중앙유럽과 동유럽에 대한 철저하고 비판적인 연구가 필수적이다. 황제가 남부 이탈리아를 상실하게 만든 폴란드 계승전쟁(1733~35)은 동시에 동·서 양쪽의 세력 관계에 관한 결정을 선언했다.

　루세가 아주 정확하게 지적했듯이 만약 영토와 국민을 많이 가진 나라라 할지라도 계정이 그에 부합되지 않으면 그 나라는 역시 취약한 기반에 놓이게 된다. 이와 같은 사실에 비추어 이제 유럽의 세력 균형은 왕국과 영토의 규모가 아닌 힘의 질에 따라서 평가되어야 한다는 점을 알게 된 것이다. 그중에서도 재정적인 자원이 특별한 관심 대상이 되었다.[27] 루세는 오스트리아가 수세의 입장이며, 스페인과 동맹을 맺고 있는 프랑스가 현재 정치적 카드를 손에 쥐었음을 간파했다. 프랑스가 또다시 유럽의 평화를 어지럽힐 유혹에 빠질지도 모른다고 생각했다.

　당시 프랑스는 국사조서(國事詔書)를 인정했으나, 루세는 이 칙서의 취약한 성격을 간파했다. 그는 신성 로마 제국의 황제가 소유한 여러 지역에 대한 권리를 아직 보유한 프랑스가 독일 제국 내에서, 특히 국정칙서로 피해를 받은 바이에른과 작센의 선제후 중에서 동맹국을 찾으려 할 것이라고 예언했다. 그러나 프랑스는 원한다면 프로이센을 손에 넣는 방법도 알았다. 여기에 루세는 국사칙서로 보장받은 영토들이

---

27) 제1권, 6~7쪽.

유럽에서 일어났던 그 어떤 전쟁보다 끔찍한 전쟁을 초래하는 원인이 될 것이라고 결론지었다.[28] 이와 같은 생각들은 황태자 프리드리히가 1738년 당시의 유럽 상황을 기술한 저서『고찰』에서 표현한 것과 같았다.

또한 루세는 이 젊은 군주 프리드리히의 나라에 존재하고 있는 팽창하는 힘을 예감했다. 오늘날 프로이센의 국왕은 9만 명 이상의 군사력을 소유하고 있다고 약간의 과장을 섞어 지적했다. 유럽에서 프리드리히보다 상속계약 등에서 그 이상의 '요구'를 제시할 수 있는 군주는 하나도 없었다. 프로이센의 세력이 날로 위협적인 존재가 되어가고 있었으므로 대다수 독일 제국의 제후는—특히 구교를 신봉하는 제후들은—프로이센이 약해지기를 내심 바랐을 것이다. 루세는 프로이센의 신장이 억제할 수 없음을 명확하게 간파했지만, 발전 방향에 대해서는 추측하지 못했다. 그는 첫 번째 재난은 하나로 결합된 서부 프로이센을 이룩하기 위해서 동쪽, 즉 폴란드와 충돌하는 것이 될 것이라고 계산했다.

그러나 루세 자신이 프로이센의 입장에 서자 한 걸음 더 나아가 권력의 고도의 가능성을 볼 수 있다고 생각하게 되었다. 오늘날 베를린의 궁정은 어느 때보다 해군의 가치를 인식해야 하며, 메멜이나 포메른에 해군을 설립하는 것이 가장 손쉬울 것이라고 루세는 지적했다. 프로이센은 이러한 필요성을 느끼고 있었는데, 현지의 정부 아래에서는 이전의 정부에서만큼 제조업이 장려되지 않아 외국의 상품을 외국배에 실어 비싼 가격으로 수입해 들여와야 하는 처지였기 때문이었다. 그러므로 해군을 소유하게 된다면 프로이센은 러시아와 스웨덴, 그리고 덴마크와도 해상권을 둘러싸고 경쟁할 수 있게 되는 것이다.[29]

그러나 이러한 분석은 프로이센의 생활 이해관계가 요구한 것에 관한, 그릇되기는 하나 교훈에 찬 생각이다. 대선제후는 브란덴부르크를

---

28) 제1권, 534쪽, 733쪽.
29) 제1권, 812쪽 이하; 제2권, 242~243쪽도 참조.

거대한 발트 해 연안 상업세력으로 만들려는 꿈을 꾸었으며, 네덜란드의 패턴을 따라 야망을 쌓아올렸다. 그러나 아직은 힘이 모자랐던 그의 국가는 유럽의 세력 관계 속에서 야심을 성취하지 못했고, 프리드리히 빌헬름 1세는 대륙의 군사력을 기반으로 자신의 위치를 강력하게 구축한다. 이후 이 나라의 모든 노력은 안보를 보장해주는 대륙의 군사력을 강화하는 데 현명하게 집중된다. 루세는 프로이센의 국가이성이 지닌 이러한 미스테리를 간파하지 못하고 말았다. 네덜란드의 눈으로 상황을 바라보았으며, 외국 특히 국가가 지닌 가장 개체적인 면모를 간파해내는 기술을 미처 습득하지 못했다.

여기에서 그 밖의 독일의 여러 나라와 신분, 그리고 북방과 동방의 약소국에 대한 루세의 고찰은 생략하도록 한다. 여기서는 지금까지 보아온 그의 판단 양식의 기본적 특징이 반복되기 때문이다. 쿠르틸이 1685년 러시아가 가진 유럽적 이해관계를 22줄로 다룰 수 있었던 데 반해, 러시아에 관한 루세의 묘사는 갑자기 등장한 강국의 드라마를 독자의 눈앞에 인상적으로 펼쳐 보인다.

당시 러시아의 이해관계는 단순하고 기본적이었으므로 간파해내기가 쉬웠다. 발트 해의 스웨덴과 폴란드 세력, 터키 세력에 대한 강압이 러시아의 관심사였다. 여기에 러시아 쪽의 후보자가 폴란드의 왕위를 계승해야 한다는 것이 당시 러시아가 가진 주된 관심사였으며, 이 점은 폴란드 계승전쟁의 역사에서 쉽게 찾아볼 수 있다. 루세는 러시아와 프로이센 간의 연결에 관해서도 관심을 기울였다. 북방전쟁의 말기, 러시아와 영국 사이에서 나타난 최초의 작은 반목의 징후를 간파했다는 사실에서 그의 날카로운 안목에 경의를 표하게 된다.[30]

또한 해상 세력과 해상 교역의 전문가였던 그는 함대를 건설하려는 표트르 대제의 첫 번째 시도를 재빨리 알아챘다. 그는 러시아에 이러한 시도를 계속하라고 충고했는데, 프로이센에 대한 격려처럼 열렬했다.

---

30) 제1권, 722쪽; 제1권, 510쪽 이하 및 (폴란드에 관한 사항은) 904쪽 이하 참조.

루세는 각 나라마다 그 나라의 기본적인 이해관계를 지적해주며, 각 개인에게 정치적 비결을 처방해준다는 이론에 철저히 입각해서 이와 같은 충고를 했을 것이다. 그러나 그는 앞에서 살펴보았던 숨은 동기에도 영향을 받았으며, 소규모 발트 해 해군을 발전시킴으로써 네덜란드를 불만스럽게 생각하면서 압도하는 영국의 해군력에 대항할 수 있는 균형 세력을 만들어내려고 했을 것이다.

그는 유럽에서 터키의 명(命)이 다했음을 이미 알고 있었다. 그가 정확하게 역설했듯이, 러시아가 잘 훈련된 군사 강국의 지위로 부상했다는 사실이 터키의 국제적 위치를 근본적으로 변화시켰다. 그는 이 주제에 관한 생각들을 기술해놓았다. 그러나 1735~39년 터키 정부에 대한 러시아와 오스트리아의 공격전쟁이 실패 했음에도 아직은 터키가 막강한 방어력을 갖고 있다는 교훈을 얻지 못했다. 그는 너무도 마음 편하게 다음과 같이 지적했다. "전쟁을 함에서 규율과 훈련이라고는 전혀 없는 이 나라를 양떼처럼 몰아내기 위해서는 한 조각의 행운만 있으면 된다." 그러나 그는 터키가 헝가리를 재정복하는 데 대단히 큰 어려움을 겪게 될 것이라고 정확하게 예견하기도 했다.[31]

루세가 묘사해야 했던 시대는 유럽 국가들의 전환기였다. 즉 날로 커지는 경제적 이해관계의 중요성과 전 유럽을 포함하는 새로운 권력 방법의 출현에 의해서 혼란해진 한편, 궁정은 음탕하고 난폭한 야심으로 가득 찬 동시에 진정 위대한 사상과 충동은 결여되었다. 또한 이 관찰자도 절대주의가 풍미한 18세기에 일반적으로 행해진 정치평론의 운명을 피할 수 없었다. 즉 평론들은 확실히 실제적인 지식과 판단을 제시해줄 수 있는 능력이 있었지만, 국가에 관한 새로운 사상에 따르는 위대한 정열은 결여되었다.

루세가 생존했던 세계는 완벽히 완성되어 있었으며, 지나치게 원활했고, 궁정적·절대주의 세력의 지속이 너무나 확고했다. 그러므로 그

---

31) 제1권, 522쪽 이하.

가 세상에 영향력을 행사할 수 있는 여지는 매우 제한되어 있었다. 다만 자신이 살고 있는 세상에 유용하고 교훈적인 것을 제시하며, 세상의 신비를 가능한 한 많이 벗겨낼 수 있을 뿐이었다. 따라서 있는 그대로의 모습을 그려낼 수는 있었으나 순수한 인식적 욕구가 줄 수 있는 생생한 명료함과 심오함은 결여되어 있었다. 그러므로 그의 서술 속에는 어느 정도 도식적인 특색이 들어 있다.

국가이성의 문제와 국가 이해관계론에 다시 한 번 새로운 생명을 불어넣게 될 인물은 정치적 행동가 계층에서 나타나야만 했다.

제5장 프리드리히 대왕

지금까지 모든 시대와 정신적 · 도덕적 사고방식은 그 자신의 무기와 독자적인 인생의 목표를 기반으로 국가이성이라는 마신(魔神)과 투쟁하고자 했다. 마키아벨리는 국가이성을 인식했다. 그러나 그는 그것을 조국을 쇄신하기 위한 도구로 이용하고자 했다. 혐오와 호기심으로 혼합된 보칼리니는 이것을 소름끼치도록 탐닉하게 하는 국가 생활의 원초적 현상으로 인식했다. 보칼리니보다 국가이성을 혐오했던 캄파넬라는 마키아벨리처럼 높은 유토피아적 목표를 위한 수단으로 이용하려는 입장을 취했다.

이 모든 것은 절대주의가 아직은 완성되지 않고 거칠고 나쁜 상태였던 시대에 나타났으며, 특히 지속적인 르네상스의 이교풍(異敎風)과 부활된 교회의 힘 간에 벌어진 갈등으로 얼룩졌던 16세기와 17세기의 전환기에 나타났다. 동시에 시간이 경과함에 따라 그리스도교와 교회의 윤리를 기반으로 국가이성의 이교적인 자연주의에 대항하는 반응이 존재하게 되고, 이것을 바람직한 정치의 형태 속에서 해롭지 않은 존재로 만들고자 시도한다. 그러나 필연적으로 마키아벨리의 궤도를 앞서서 따르고 그 수단에서만 점차 세련될 뿐 현실적인 정치의 실천에는 본질적으로 영향을 미치지는 못했다.

종교전쟁이 종식된 이후 푸펜도르프의 엄격한 실용주의에 의해서 시도되었듯 이 문제가 어느 정도 고정되고 정착되는 시기가 도래한다. 절대주의의 내적인 통합이 계속되고, 국가를 형성하며 경제구조를 건설하려는 내적인 작업이 더욱 강력하게 추진되어 결실을 얻는다. 그러므로 사악한 국가이성에 대한 그 모든 불평에도 불구하고 군주들은 타국과 벌인 싸움에서 깨끗하지 못한 방법을 사용하는 것에 대해 더 이상 나쁘게 생각하지 않았다. 한편 이 문제를 다루는 데 깊은 열정적 요소는 사라지기 시작했다. 교조적인 사고의 고삐를 점차 늦추어주던 17세기 말엽의 현실주의가 국가이성과 대결하는 좀더 강력하고 영향력이 큰 새로운 삶의 이상을 만들어내는 데 성공하지 못했기 때문이었다.

18세기에 들어선 이후, 국가이성은 앞선 시대와는 상당히 다른 위치를 차지한다. 이신론(理神論)의 출현과 인간 이성에 대해 신뢰가 높아지자 미신과 폭정에서 해방되어 현세적인 행복과 복지를 추구하는 존재라는 관념을 창조해냈다. 더구나 이 관념은 낡은 국가의 정체 속에서, 그 정체를 확립한 군주들의 지도 아래 성장한다. 지금까지 군주는 계속 '지상(地上)의 살아 있는 신과 같은 존재'[1]로 불렸으나, 이와 같은 개념은 신비적이며 종교적인 의미로 받아들여졌을 뿐만 아니라, 이미 이신론에 따라 순화된 방식으로 받아들여졌다.

새로운 목표와 지향을 표시하기 위해서 '휴머니티'라는 표어가 만들어졌다. 훗날 심오하게 순화된 내적 생활로부터 나온 휴머니티의 개념, 즉 독일 이상주의의 개념과 비교해볼 때 이 오래된 개념——단지 고대의 스토아적이며 그리스도교적인 자연법의 기본 개념을 계속 발전시켜 나가던[2]——은 내용면에서 훨씬 단순하고 평이하며 일반론적인데다가

---

1) 이 책 414쪽; 프리드리히 대왕(Friedrichs d. Gr.), 『마키아벨리의 『군주론』에 대한 반론』(Réfutation du prince de Machiavel, 『저작집』[Oeuvres], 제8권, 164쪽). 1770년의 『편견에 관한 시론(試論)의 검토』(de l'essai sur les préjugés, 『저작집』, 제9권, 151쪽)에서 프리드리히는 위의 낡은 공식을 명백하게 포기하고 있다.
2) 트뢸치, 「스토아적-그리스도교적인 자연법과 근대의 세속적 자연법」(Das

부족한 부분도 있다. 이것은 자신과 동포를 행복하게 만들고, 자기 억제와 이웃 사랑과 같은 인간 본래의 미덕을 좀더 발전시키며, 무지한 편견을 몰아내 마음을 순화시킴으로써 사회에 기여한다는 실질적인 목표를 추구하기 때문이다. 바로 이것이 경제적인 관점에서 더욱 부유해지고 있는 사회의 분위기였다.

이 사회는 종교전쟁과 내란의 단계를 벗어났다고 생각하면서, 영국처럼 의회가 통치하는 법치국가이건 대륙처럼 강력한 군주권 밑에 놓인 국가이건 법과 평화에 대한 국가의 보호를 향유하고 있었다. 한 세기 이전 정치사상가들은 때로 군중정치의 공포를 제시했다. 그러나 18세기 당시 누구도 이러한 가능성에 대해서 더는 생각하지 않게 된다. 17세기 국가이성의 가장 중대한 결과로 상비군이 행진을 개시하면서 이미 존재하고 있었기 때문이다.

무쇠 같은 국가질서와 그로부터 촉진된 진보라는 전제 위에서 이러한 일이 가능했으며, 계몽주의의 특징인 낙관주의는 근본적으로 여기에 의존했다. 즉 근대 민족의, 과거에는 달성되지 않았던 이성과 교양에 대한 신념, 인간의 완성 가능성에 대한 믿음, 프리드리히 대왕이 표현했듯이[3] "우리 시대에는 악의보다는 무지 때문에 더 빈번히 과오가 저질러진다"는 견해, 이런 것들이 계몽주의 시대의 낙관주의를 보여주는 것이다.

---

stoisch-christl. Naturrecht und das moderne profane naturrecht), 『역사잡지』, 제106권, 263쪽 이하 참조.
3) 『통치의 여러 형태에 관한 시론』(*Essai sur les formes de gouvernement etc.*, 『저작집』, 제9권, 210쪽). 만년에 프리드리히의 인간관이 상당히 회의적인 성격을 띠게 되며, 특히 미신을 제거하는 것이 불가능하다고 믿었다는 점은 잘 알려진 사실이다. 그러나 그간에도 다시 계몽주의의 낙관주의가 머리를 들었다. 예를 들어 1777년 11월 18일의 볼테르에게 보낸 친서(코저 · 드로이젠 엮음, 『왕복서간집』(*Briefwechsel herausg.*), 제3권, 419쪽) 참조. 거기에는 다음과 같이 쓰여져 있다. "유럽은 현재 인류 복지에 크나큰 영향을 끼치는 모든 사물에 관해 바야흐로 계몽되고 있는 듯 보인다."

국가와 문화생활에서 부정할 수 없는 모든 진보가 아직은 국가 간의 세력 다툼을 제거하지는 못했다. 이러한 다툼은 계속 발생했으며, 앞에서 살펴보았듯이 표면적으로나 방법적인 면에서 어느 정도 계몽주의 관념에서 영향을 받았다고는 하나, 기본적으로는 여전히 야만시대와 다름없는 거칠고 가혹한 면모를 드러냈다. 계몽주의 운동이 일어나던 초기에 위와 같은 사실에 대한 일반적인 태도를 살펴보는 것은 매우 흥미로운 일이다. 이 시대는 결코 혁명적 분위기에 휩쓸리지 않았다. 기존의 국가 권위를 여전히 존중하며, 그것에서 원하는 개혁을 얻어내고자 했다.

또한 17세기의 유산으로서 소박한 현실감각을 그대로 갖고 있었다. 따라서 지나친 침략정신이 비판되었음에도 불구하고 계속되는 전쟁과 권력투쟁현상은 세력 균형정치와 열강 측의 편의정책을 통해 적절히 조절되어야 하며, 조절될 수 있는 자연적인 현상으로 받아들여졌다.

유트레히트 강화가 이루어진 해에『유럽의 영구적인 평화를 위한 제안』을 출판했던 생 피에르 신부는 철저한 평화주의로 센세이션을 일으키기는 했지만 여전히 고립적인 몽상가였다. 그럼에도 정신생활의 면에서 당시 계몽주의는 편의정책과 세력 균형에 대한 선호를 나타내기는 했지만, 소수의 강력하고 독창적인 사람들이 권력정치의 본질을 고찰했을 때 계몽주의는 여러 가지 본질적인 면에서 그들을 심각하게 흥분시킬 수 있는 가능성이 있었다. 이것은 아직 어둠에 싸여 있는 영역이며, 계몽주의의 밝은 빛을 받는 삶의 다른 영역과 완전히 분리되었다.

이 생활영역을 정복하고 순화·문명화하는 것, 그것에 이성(理性)이 스며들게 하는 것은 불가능하기만 한가. 사실 이러한 일을 완전하게 행하는 일이란 위의 영역을 부인하고 제거해버리며, 이 점에서 계몽주의적 이상의 논리적 귀결을 상당히 정확하게 그려냈던 생 피에르 신부의 발자취를 뒤따르게 됨을 의미했다. 만약 그것을 정말로 심각하게 받아들인다면 계몽주의의 이상은 관습적인 안락으로 평화를 누리게 하기보다는 모호한 영역으로 이성이 좀더 철저하게 파고들어가기를 갈망할 것이며, 현실의 추악함과 기본적으로 대결하기를 갈망할 것이다.

정치가 이외의 철학자들도 이러한 문제에 관한 해답을 원했다. 만약 한 사람의 내부에 위의 양쪽 모두가 포함되며, 열정과 함께 전문적인 지식을 지니고 있다면 어떻게 할 것인가. 그 경우 이상과 현실 감각 간의 대결에서 그 시대의 가장 흥미로운 광경이 벌어졌다. 또한 계몽사상은 국가이성이라는 마신에 대항하는 싸움에서 그 힘을 시험받게 되었다. 그 경우 분명해지지 않을 수 없었던 사실은 계몽사상이 현실이 허락하는 한 이성의 왕국을 위해 국가 존재의 기본이 되는 이 부분, 즉 국가이성을 정복하고자 무엇을 할 수 있었는가 하는 것이었다.

프리드리히 대왕의 필생의 업적은 보편사적으로 전후 관계에서 중요하게 검토될 수 있다. 유럽 정신사에서 가장 중요한 것 가운데 하나가 앞으로 검토하려는 전후 관계이다. 만약 18세기에 자신의 평생을 바쳐 이 문제를 풀고 국가이성에 보편적인 인간 이성의 한계를 부여하려는 사명과 능력을 가진 자가 있었다면, 그는 프리드리히다. 실로 그의 전 생애는 이 과제에 바쳐진 것이었다고 할 만하다. 정치적이며 철학적인 성격의 영웅주의를 지녔던 그는 처음부터 과감하게 이 과제를 떠맡아 자기의 정신이 가진 모든 에너지와 당대의 모든 인식수단을 기울였다.

그가 발견하고 만족했던 해답이란 주로 그가 비교적 빨리 성공을 거두었던 것임이 틀림없다. 그러나 그는 그것을 쓸모있는 관습으로 타락시키기보다는 끊임없이 새롭게 음미해나감으로써 나중에는 자신이 발견한 기존의 것에 새로운 것을 더할 수 있었다. 이로써 그 해결은 앞으로 제시되듯 궁극적으로 역사와 정치 인식의 새로운 단계로 이끌어나갈 수 있었던 것이다. 그러나 프리드리히는 언제나 시대적인 한계와 그 시대의 사고방식에 갇혀 있었다. 계몽주의 철학의 무기는 현실과 이상이 조화를 이루는 방식으로 문제를 해결할 능력이 아직은 없다는 점을 드러냈다. 프리드리히는 가장 정열적으로 문제에 몰두했던 시기, 즉 통치 전야의 정치적·정신적 질풍노도의 시대에는 최소한 이러한 일을 행할 수 있었다. 그러므로 그 기간은 그가 살던 시대와 그의 개성이 지닌 문제점을 이해하는 데 무엇보다 도움이 된다.

＊　＊　＊

프리드리히는 자신이 왕이기 이전에 한 인간이라는 점을 자랑으로 생각했는데,[4] 그에게 인간이란 철학자를 의미했다. 그러나 그의 내부에서는 철학자보다 미래의 통치자가 먼저 성장했다.[5] 맨 처음부터 이러한 발전은 군사적인 관점에서 강력한──그러나 영토적인 관점에서 보자면 상당히 불완전하고 사실상 완성이 불가능한──한 국가의 국가 이성이 요구하는 노선을 따르고 있었다. 그는 1731년부터 서부 프로이센이나 스웨덴령 포메른 등에 의해서 조각난 국가 영토를 통합한다는 최초의 위대한 정치적 꿈을 꾸고 있었다.[6]

1734년과 1735년 부왕이 중병에 걸려 프리드리히의 왕위 계승이 임박한 해에 지배욕은 강렬하게 솟았다. 당시 은밀한 대화를 통해 프랑스 대사에게 자신을 프랑스 정책의 장래를 위한 제2의 구스타프 아돌프나 카를 12세로 내세웠다.[7] 부왕이 회복되자 그는 실망했으며, 심각한 내면적 좌절을 겪었다.[8] 이때부터 좀더 진지한 철학적·학문적 연구에

---

4) 『반론』(*Réfutation*), 『저작집』, 제8권, 278쪽.
5) 프리드리히의 철학적 관심사가 맨 처음 나타나게 되는 것이 매우 빠름에도──1728년에 이미 그는 자기를 '철학자 프리드리히'라고 불렀다──이와 같이 말해도 좋을 것이다. 좀머펠트(Sommerfeld), 『태자 프리드리히 청년기의 철학적 발견』(*Die philosoph. Jugendentwicklung des Kronprinzen Friedrich*, 『브란덴부르크 및 프로이센사 연구』[*Forschungen zur brand. u. preuß. Geschichte*], 제31권, 69쪽 이하) 참조.
6) 코저, 『프리드리히 대왕의 역사』(*Geschichte Friedrichs des Großen*), 제4판 및 제5판, 제1권, 159쪽.
7) 라비스(Lavisse), 『즉위 이전의 프리드리히 대왕』(*Le Grand Frédéric avant l'avène ment*), 327~328쪽.
8) 폴츠(Volz), 「젊은 프리드리히 대왕의 위기」(Die Krisis in der Jugend Friedrichs

몰두하게 된 것으로 보이나, 동시에 당시 가장 중요한 문제였던 권력 정치에 관해서도 높은 관심을 나타냈다. 정치가이자 철학자로서 이중적 생활의 시작이며, 성년이 되어감에 따라 이러한 면은 그룸프코(Grumbkow, 1678~1739)——그는 프리드리히에게 프로이센의 정책과 유럽의 권력 정치, 그리고 세력 균형에 대한 감각을 가르쳐주었다——와 나눈 열렬한 서신 왕래에 반영된다.

또한 중대한 문제에서 각각 테제와 안티테제로 우리에게 영향을 미치는 두 권의 저서에도 반영되어 있다. 첫 번째 저서는 『유럽의 정치적 현상에 관한 고찰』로 1737~38년 전환기에 나왔다.[9] 두 번째 저서는 1739년에 쓴 『마키아벨리의 『군주론』에 대한 반론』으로서, 볼테르가 『반마키아벨리론』의 형태로 바꾸어 1740년 세상에 알렸다.[10] 따라서 철학적 사상이 발전되기 이전에 정치적인 관심사가 이미 형성되었다는 점을 그의 청년기의 발전에 관한 기본 사실로 인정하게 된다. 즉 미래의 지배자와 정치가가 철학자에 우선했던 것이다.

---

d. Gr., 『역사잡지』, 제118권).

9) 이 저서의 성립과 목적에 관한 필자의 분석은 『역사잡지』, 제117권 참조. 필자의 결론과 다른 입장을 취하는 로마의 연구(『프리드리히 대왕의 발전과정』 〔Vom Werdegange Friedrichs d. Gr.〕, 1924)에는 내가 납득할 만한 점이 전혀 없다.

10) 『마키아벨리의 『군주론』에 대한 반론』이라는 타이틀은 프로이스가 붙인 것이었다. 그는 순수하게 프리드리히적인 형태를 지니고 이 책을 『저작집』 제8권에서 최초로 완전하게 출판해내면서, 프리드리히 자신이 쓴 묘사를 기반으로 이러한 제목을 달았다. 좀머펠트, 「프리드리히 대왕의 『반마키아벨리론』의 외적 성립사」(Die äußere Entstehungsgeschichte des Antimachiavell Friedrichs d. Gr., 『브란덴부르크 · 프로이센사 연구』〔Forsch. zur brand. u. preuß. Gesch.〕, 제29권, 460쪽) 참조.
좀머펠트의 논증에 의하면 『반론』의 본문까지 프리드리히의 1739년 최초의 초안을 제시하는 것이 아니며, 또 볼테르가 손질한 『반마키아벨리론』판에서 변경된 일부는 볼테르에게 보낸 프리드리히의 그 뒤 교정에 따른 것이다. 우리는 여기서 간결하게 그 저작을 역사적이 된 『반마키아벨리론』이라는 표제로서 제시한다. 물론 『반론』의 본문을 사용한다. 마자크의 『반마키아벨리론』 (1920, 62쪽 이하)은 좀머펠트의 중요한 연구를 놓치고 있다.

그러나 이러한 우선순위를 더 명확하게 이해하기 위해서는 프리드리히가 청년기에 지녔던 사상과 노년기에 지닌 사상을 비교해볼 필요가 있다. 둘 사이의 관계는 마치 과실수의 싹과 잘 익은 열매와 같다. 무엇보다 프리드리히 내부의 철학자적 면모를 압도했던 군주로서의 면은 관습적인 의미에서—즉 자연적이고 유기적인 의미에서—이해되는 군주상이 아니라는 점을 주시해야 한다. 물론 위대한 지배자가 지니는 개인적인 충동—광대한 야망, 명성에 대한 애착, 권력에 대한 탐닉 등—이 놀라울 정도로 그의 내면에 존재했으며, 처음에는 지나친 형태로 나타나기 시작했다.

개인적으로 생각하면 그는 분명히 태어나면서부터 군주였다. 그러나 군주다운 주위 환경이 그의 내면에 있는 군주로서의 개인을 매우 빨리 흡수했다. 선택된 혈통이라는 충족되고 강한 의식은 군주의 자연적이며 유기적인 지위의 한 부분으로서, 한편으로는 전혀 무의식적인, 즉 수세기에 걸쳐 배양된 사고와, 감정의 자연적인 전통이 되어버린 혈통과 가문, 동족에 대한 강한 원초적 본능이 기반이 되었다.

왕조야말로 근대국가로 향하는 발전에서 첫 번째이자 가장 기본적인 요소였다. 또한 순수한 국가의 속성에서 독특하게 구별되는 왕조적인 감정이 호엔촐레른 왕조의 최근 지배자에 이르기까지 생생히 살아남았으며, 이러한 감정은 왕조와 우리에 대해 재난이 되었다. 단지 자기네 왕조뿐만 아니라 그리스도교 세계의 모든 군주의 혈통도 신의 은총을 받아 높여진 연대적 이해를 지닌 사회권으로 포괄한다는 가족적인 군주본능이 프리드리히에게는 전혀 없었다.

어떻든 그것은 일찍이 소멸되었다. 만약 그가 정신과 감정에서 동등한 배우자와 결혼했다면 이 같은 의식이 발전되어 나갔을지도 모른다. 그러나 사랑하지 않는 부인을 고독한 외관뿐인 왕비적 존재로 삼는 한편 자기 자신을 금욕적 느낌의 독신적 존재로 삼는 것과 같은 종래 군주들 사이에 존재했던 일반적인 관습과는 매우 다른 새롭고도 독특한 태도를 갖고 있었다. 이는 그의 혈연과 가문에 대한 본능의 본래적인

나약함과 함께 그 자신의 순수한 개인적 의지의 본연의 강함을 동시에
나타냈다.

그의 『반마키아벨리론』을 보면 이런 인상을 확신하게 된다. 그 저작
은 특별한 왕조적 감정, 군주의 혈통의 연대감에 대한 단단한 존경심
따위에서 벗어나 있다. 이 책은 순수하게 왕조적인 이해관계가 현실의
전 국민과 국가 전체의 진정한 기반을 결여했다면 아무런 의미가 없다
는 기본 개념에 바탕을 두고 있다. 그러므로 마키아벨리의 조언들은 당
대 '군주들', 즉 군주와 사적인 개인 사이의 양성(兩性)을 지닌 자를 지
목했기 때문에 가치가 하나도 없다는 것을 의미한다. 그러나 마키아벨
리의 그러한 '군주'보다 나은 혈통을 자랑하는 프리드리히의 조국의 더
작은 군주의 신분을 지닌 자도 프리드리히의 견해에서 나은 대접을 받
지 않았다.[11]

여기에서 출생의 자만심에 관한 그의 무수한 경멸적 표현들과 다른
왕가에 대한 독설적 비판을 상기할 필요는 없겠다. 철학적인 이론이나
경멸해줌으로써 얻는 인적인 기쁨[12]으로 일어난 이와 같은 비평들을 프
리드리히가 1752년과 1768년 두 차례의 『정치적 유서』에서 국정(國
政)의 왕조적 문제를 다루면서 보여주었던 태도와 비교해볼 때 후자가
훨씬 흥미롭다. 여기에서 그의 내면에 존재하는 군주로서의 면은 그 어
느 곳에서보다 신중하고 준엄한 태도로 왕위의 본질에 관해 말했다.

첫 번째 『유서』에서 '왕족'에 관한 구절을 읽어보자.[13] "왕족은 주권
자도 사적인 개인도 아니며, 이따금 컨트롤하기가 정말 어려운 양서류

---

11) 『마키아벨리의 『군주론』에 대한 반론』, 『저작집』, 제8권, 208~209쪽.
12) 한 예로 프리드리히 빌헬름 왕자의 교육에 관해 1751년에 보르케 소령에게
    내린 지시(『저작집』, 제9권, 39쪽)를 참조. 당시 제후들에 관해 1770년에 쓴
    풍자시(『저작집』, 제13권, 41쪽 이하) 및 첼러가 저서 『철학자 프리드리히 대
    왕』(*Friedrich d. Gr. als Philosoph*, 240~241쪽)에 인용한 말 참조.
13) 『프리드리히 대왕의 정치적 유서』(*Die politischen Testamenter Friedrichs d.
    Gr.*), 1920년판, 33쪽.

(兩棲類)를 형성하고 있다. 혈통의 고귀함이 이들에게 자만심을 부여한다. 이들은 귀족임을 내세우면서 복종을 참을 수 없는 것으로 여기고, 모든 형태의 굴종을 증오한다."

사람들이 이들에게 모든 종류의 표면적인 존경을 나타내는 것은 좋지만, 일상 업무와는 계속 거리를 유지하게끔 해야 한다. 만약 재능과 신뢰할 만한 점을 갖고 있다면 군대를 지휘하는 데 등용해야 한다. 리슐리외 역시 이와 같은 생각을 가지고 있었다.[14] 그러나 리슐리외가 이런 생각을 하는 것은 태어나면서부터 군주보다는 용이했다. 여기에서 놀라운 점은 프리드리히의 명령들이 어떤 종류의 가문적 감정에서도 완전히 자유롭다는 사실이다. 콜린 회전(會戰) 이후 수주일 동안 그는 훈령을 극히 준엄하게 불운한 형제인 아우구스트 빌헬름 왕자에게 적용했다.[15]

또한 두 차례의 『유서』에는 왕자들의 교육에 관해서 언급되어 있다.[16] 프리드리히는 군주가 교육을 받게 되는 정신의 문제에 커다란 중요성을 부여했는데, 왕국의 운명이 여기에 달렸다고 보았기 때문이다.[17] 그가 기존의 교육방법과 급진적인 단절을 요구했던 것은 이런 이유에서였다. 기존의 교육은 젊은 군주를 궁중의 편협한 편견에 파묻히게 하는 경향을 보였으며, 왕조적이고 혈통적인 본능을 강하게 조장했다. 그래서 프리드리히는 군주가 '한 사람의 사사로운 개인으로' 교육되어야 한다고 주장했다. 그러나 이 구절만을 놓고 보면 오해를 불러일으킬 소지가 많다. 그가 지향한 것은 미래의 지배자에 대한 민주적 평등화가 아니라 반대로 국가의 우두머리로서의 위치에 엄격하게 맞는

---

14) 몸젠, 「정치가로서의 리슐리외」(『사학잡지』, 제127권, 223쪽). 스피노자 역시 저서 『국가론』, 제6장 제14절과 제7장 제23절에서 몇몇 왕족을 무해하게 하는 일반적 법칙을 제시했다.

15) 코저, 『프리드리히 대왕의 역사』, 제5판, 제2권, 513쪽.

16) 『정치적 유서』, 102쪽 이하 및 231쪽 이하.

17) 앞의 책 중 프랑스를 논한 69쪽 및 223쪽.

교육이었다. 그것은 제발로 서서 비판적이고 편견 없는 태도로 세계를 보며, 권위로부터 독립해 '스스로 자신의 행복을 창조할 수 있는 군주를 만들어내는' 것을 목표로 삼고 있었다.

그가 보는 왕조의 의의는 다음과 같다. 왕조는 인적 자원을 창출하는 것으로서 그 인적 자원에서 국가를 지도하는 데 필요한 중심인물이 나오고, 그 사명을 위해 독자적으로 순수 배양된다. 그때 군주는 국가에 대한 유용성에 따라 형제, 사촌들을 다루도록 배워야만 한다. 확실히 형식적인 면에서 전 왕조가 지닌 낡은 역사적 예절이 유지되어야 하나, 내면적인 구조면에서 왕조는 감상적이며 전통적인 결속을 몰아내 국가의 이익을 위한 유익한 조직체로 바뀌어야 한다. 이러한 목적에 맞지 않는 비합리적이며 자연적·유기체적인 요소들은 가능한 한 삭제되어야 한다.

살아 있는 역사적 산물은 합리화된다. 마치 프리드리히 대왕의 국가 체제에서 토착의 지방귀족이라는 여러 가지 면에서 매우 불합리게 독자적으로 성장한 산물이, 당시의 군대가 질적인 면에서 필요로 하던 장교단의 양성소로 합리화된 것과 똑같은 방법으로, 시민과 농민계급이 재조직되어 국가와 권력의 재정적·군사적 목적을 위해 이용되었던 것이다. 중세시대 이후 발전된 사회 세력들을 국가를 위해 합리화하는 것이야말로 프리드리히가 추진한 재정정책의 전체였다. 따라서 각 세력이 존속하기는 하지만, 사실 자율적인 노선에 따라 발전하는 것은 불가능했다.

이 모든 합리화는 프로이센 국가를 왕조석으로 통치되는 독일 영방국가의 유형을 극복하고 진정한 강대국으로 만들기 위해 행해져야만 했다. 그러나 여기에서 독특한 내적 모순이 프리드리히와 그 국가의 근본적인 특질 속에 도입된다. 어느 국가가 프로이센 이상으로 한 왕조의 창조물인 동시에 세습 영토인 상태를 지속했을까. 이처럼 근본적인 특질은 모든 합리화로도 완전히 소멸되지 못했다. 사실 이 모든 합리화는 앞의 특질을 더욱 부각시키는 원인이 되었는데, 자연적인 기반 위에서 성장한 기타 열강과는 명확하게 달리 인공적이며 의식적으로 만들어진 국가의 형태 뒤에서 사람들은 이종(異種)의 과거를 보았기 때문이었다.

그의 혈통과 가문이 본래 허용된 것과는 다른 무언가가 되어보겠다는 의지가, 또 그 이상이 되고자 하는 강력한 의지가 한 왕조국가의 타고난 특질이 가장 뚜렷하고 독특하게 표명하게끔 했던 것이다. "그대는 그렇게 되어야 하며, 그대 자신을 벗어날 수 없다." 프리드리히의 의식적인 비왕조적 국가관은 헤겔의 변증법적 역사 발전의 가장 주목할 만한 예 가운데 하나이며, 역사상 '대립되는 것의 일치'라는 지극히 주목할 만한 실례 가운데 하나이다. 즉 내면적인 충동과 성장에 의해서 반대의 이념, 동시에 대립하는 이념 사이에는 극히 내면적인 연속성이 유지되고 급전된다는 주목할 만한 실례 가운데 하나이다.

한편 프리드리히는 자신도 합리화시켰다. 즉 그는 약간 경솔하고 쾌락을 좋아하며, 군주의 직무에 부적당하고 해로운 것이라고 느낀 자신의 천성적인 성향들을 '국가 제1의 공복'이 되기 위해 억제했다. 30대 중반부터 프리드리히의 내부에서는 이와 같은 자기 교육과 변형의 과정이 충분히 일어난다. 『반마키아벨리론』에서 군주는 인민의 제2의 공복이며, 그는 신민을 자신과 동등한 존재로 간주할 뿐만 아니라 어느 면에서는 주인으로 보아야 한다는 말을 찾아볼 수 있다.[18]

단순히 일회성이거나 개인적인 고백이 아니었다. 국가이성의 문제에 관한 지금까지의 사상이 낳은 성숙한 결실이었다. 군주가 국가이성과 국가 이익의 종이라는 사상은 이탈리아인들과 로앙이 주장했다. 그러나 17세기의 다른 사상가들은 군주의 주인이 더 이상 국가이성이나 '공공의 복지'가 아니라 단순한 인민이라는 입장을 취함으로써, 군주가 종이라는 사상에 반절대주의적인 의미를 부여할 수 있었다. 아마 프리드리히는 이들 사상가들과 관련을 지니고 페늘롱(Fénelon, 1651~

---

18) 『마키아벨리의 『군주론』에 대한 반론』(『저작집』, 제8권, 168쪽 및 298쪽).

1715)이나 벨(Bayle, 1647~1706)의 책에서 읽었던 유사한 표현을 기억해내 말을 만들었을 것이다.[19]

그러나—늘 인정되지는 않지만—그것은 프리드리히 내부의 심오하면서도 개인적인 삶의 기반에서 나온 것이었다. 독자는 프리드리히가 지닌 높은 힘에 대한 종속감을 그의 본질의 가장 내면적이고 가장 개성적인 움직임으로 볼 것이다. 따라서 그가 성장했던 정신적인 분위기, 즉 칼뱅파의 사상이 영향력을 행사할 수 있었던 분위기에서 성장했다는 점은 중요한 의미를 갖는다. 젊은 시절 그는 예정설에 몰두했으며, 이후 세속적인 철학자로 변모하자 볼테르를 반박해 신성(神性)에 대한 인간의 의존과 인간 의지가 자유롭지 않다는 점을 옹호하게 된다. 확실히 그가 지녔던 결정론은 인간을 꼭두각시처럼 움직이는 불가피한 운명에 대한 믿음으로 자연스럽게 굳어질 수 있었다.[20] 그러나 그가 지닌 직무라는 생활환경으로 이와 같은 경직화는 막을 수 있었다. 그의 생활의 이처럼 깊은 내면에서 철학과 윤리, 정치 등 모든 것이 결속될 수 있었던 것이다.

프리드리히가 정치가로 성장하면서 의무와 국가이성의 속박력에 의존하고 있음을 강하게 느꼈다는 사실을 사람들이 본다면, 그의 정신세계에서 철학과 윤리, 그리고 정치의 상호작용을 누가 오인할 것인가. 그것은 '생생하게 발전하는 명확한 형상'이었으며, 랑케가 말한 것처럼[21] 프리드리히의 인생행로는 이제 자신의 선택이 아니라 운명이었다. 따라서 순수한 국가이성의 정신이 그의 내부를 지배한다. 그러나

---

19) 마자크(Madsack), 『반마키아벨리론』(Der Antimachiavell), 79쪽. 페넬롱(Fénélon)은 『텔레마크』(Télémaque)에서 왕은 인민의 노예라고 말했다. 벨(Bayle)은 프리드리히가 인용한 일이 있는 한 글에서 군주는 '인민의 공복, 사용인, 혹은 대리인'이라는 알투시우스와 기타 학자들의 견해를 언급하고 있다.

20) 폴 뒤부아(Paul-Dubois), 『그의 정치적 서신으로 본 프리드리히 대왕』(Frédéric le Grand d'après sa correspondance politique), 1903, 295~296쪽.

21) 『전집』(Werke), 27/28권, 480쪽.

여기에는 국가이성의 수행자를 임무를 위해 교체할 수 있는 도구로 만들었을지도 모르는, 추상적이며 비개성적인 객관성이 존재하지 않았다. 그와 반대로 이 임무 속에서 자신에게 주어진 일정한 생활형식과 개성적인 자질이 발전할 수도 있음을 인식했던 한 훌륭한 인격적인 삶의 의지로 가득 차고, 그와 융합해 있었다.

저 무서운 1761년에 그는 윌리엄 피트(William Pitt, 1708~78)에게 다음과 같은 글을 써서 보냈다.[22]

"나는 두 가지 원칙에 따라 행동한다. 하나는 명예이며, 다른 하나는 하늘이 내 지도에 맡긴 국가의 이익이다. 이 두 가지 원칙을 간직하면 어떤 적에게도 굴복하지 않는다."

그런데 '명예'라는 원칙 속에는 어쩔 수 없이 국가이성에 의해 생긴 행동과 연결되는 개인적인 권세욕도 분명히 잠재되어 있다. 프리드리히가 행한 중대한 결정에서 이와 같은 면을 인식하지 못할 사람이 있겠는가. 그러나 모든 왕조적 이해나 개인적 이해를 국가이성에 종속시키는 것도 본질적으로는 똑같이 그의 '명예' 가운데 하나였다.

파국이 덮치는 것에 대비해 1757년 1월 10일, 대신인 핀켄슈타인 백작에게 보낸 유명한 지시보다 왕권과 자신을 합리화하려는 특징을 잘 나타내는 것은 없다.

만약 짐이 적에게 잡히는 비운에 빠진다면 누구도 내 일신에 대해 걱정하는 것을 금하며, 혹시 감금 상태에서 내가 쓰게 될지도 모르는 것에 약간의 관심이라도 기울이지 말도록 명한다. 만약 그러한 불행이 닥친다면 국가를 위해 나 자신을 희생할 것이며, 그때 모든 사람은 나의 형제에게 복종해야 한다. 그는 짐의 모든 대신이나 장군과 같이 분별을 지닌다. 나에 대한 대가로 한 주(州)라도, 또 한 푼이라도 몸값으로 내지 말라. 짐이 이 세상에 존재하지 않았던 것처럼 전

---

22) 『정치서간집』(*Polit. Korresp.*), 제20권, 508쪽.

쟁을 계속하고, 이익을 추구하는 책임을 짐에 대해 지녀야 한다.[23]

칼뱅주의의 종속감 속에서 성장했던 로앙 역시 군주는 인민에게 명령하지만 이해는 군주에게 명령한다고 말했다. 로앙이 생존했던 시대 이래 국가 이해관계는 더욱 날카로워졌을 뿐만 아니라 광범위하고 심오해졌다. 국가 이해가 날카로워진 것은 그것이 근본적으로 결속되어 있던 왕조적 이해관계로부터 더욱 엄밀히, 더욱 의식적으로 분리되었으며, 나아가 군주로부터 농부에 이르기까지 사회 모든 계층의 개인적 생활태도를 억지로 국가이해에 봉사하게 하고, 그 경우 여러 가지 면에서 그들을 본래의 발전에서 유리시켰다. 고의로, 합목적적으로 옮기게 한 데서였다.

여기에 계몽주의의 인도(人道)의 이상을 그 영역에 받아들여 국가 이해관계는 더욱 확대되고 깊어진다. 국가 이해관계의 알맹이를 이루는 '공공의 복지'라는 말이 더욱 큰 열정으로 갖가지 관련이 있는 의미에 표명됨으로써였다. 동시에 근대적인 국가 이상(理想)이 등장하는데, 권력국가를 지향할 뿐만 아니라 문화적인 국가를 지향한다.

한편 17세기의 이론가들이 여러 면에서 아직 지니고 있던 권력의 직접적 확보라는 명제에 국가이성을 부당하게 제한시켰던 생각은 넘어선다. 프리드리히는 신민들을 위해 국가의 요구와 일치되는 현실적인 행복, 물질적인 복지, 이성적 각성, 도덕적인 열정 등의 수준을 최고로 이룩하는 것이 신성하고도 중요한 자신의 임무라고 여겼다. 깊고 본원적인 감정에서 나온 것이었다. 사람들은 인간에 대한 그의 신랄하고 경멸적인 어조 때문에 이 감정을 간과해서는 안 된다. 그의 내면에서는 언제나 얼음 같은 차가움과 내적 따스함이 용솟음치면서 마주보고 있었기 때문이다.[24]

---

23) 『저작집』, 제25권, 320쪽.
24) 라비스는 『즉위 이전의 프리드리히 대왕』의 169쪽에서 "아니 그는 선량한 인

"인간의 허약함을 동정하고 모든 사람을 위해 인간애를 지니는 것이야말로 이성 있는 인간이 가야 할 길이다."[25]

프리드리히의 내면에는 이와 같은 인도적인 국가관이 처음부터 끝까지 살아 있었다. 7년전쟁 이후에는 감정이 좀 거칠어지고 완고해졌던 것으로 추측되는데, 이후 정부의 업무가 재정적 성격을 날카롭게 띠기 때문이었다. 1768년 『정치적 유서』가 공포되고, 인도적·박애적 견지가 이후 문서에서는 앞서 1752년의 『유서』보다 더 자주 나타나 있음이 명백해지자 사람들은 경악했다.[26] 그는 현재 취하는 거친 방법들을 미사여구로 감추려 하지 않는 동시에 이와 같은 관점들을 뚜렷하게 표현했다. 특히 계속 위협받고 있는 국가를 보호하기 위해 가혹한 방법을 사용할 필요가 있다는 점을 받아들여야 할수록 인간애를 잃지 말아야 한다고 느꼈다.

이런 식으로 그의 행동은 늘 명확했다. 그가 이해했던 것처럼 국가가 필요로 하는 것과 인간애 사이에서 선택이 이루어질 때 항상 전자의 명령이 후자의 요구에 대해 승리를 거두었으며, 자신이 갖고 있던 계몽주의 철학의 이상(理想)에서 우선했다. 그러나 그의 내면에서는 인간애

간이 아니었다"라고 평가를 내릴 때, 이것을 오해하고 있다. 이에 비하면 뒤 부아는 프리드리히에 대해 여러 가지 면에서 훨씬 공정하고 정확한 평가를 내리고 있다. 그러나 그조차 확실히 날카로우나 도식적인 면을 지닌 프랑스의 심리학적 방법을 사용한다. 프리드리히의 본질이 지닌 여러 가지 면모, 즉 근본적인 기질과 그가 영향을 받은 당시 사상들을 너무나 뚜렷하게 구분하고 있다.

25) 「법의 설정 혹은 폐지의 이유에 관한 논설」(Dissertation sur les raison d'établir ou d'abroger les lois), 1750(『저작집』, 제9권, 33쪽);「볼테르에게 보낸 편지」, 1739년 1월 8일자를 참조; 코저·드로이젠 엮음, 『왕복서간집』, 제1권, 232쪽.

26) 힌체(Hintze), 『7년전쟁 뒤의 프리드리히 대왕과 1768년의 정치적 유서』 (*Friedrich d. Gr. nach dem Siebenjährigen Kriege und das Polit. Testament von 1768*, 『브란덴부르크 및 프로이센사 연구』, 제32권, 43쪽); 1911년도 『호엔촐레른 연감』(*Hohenzollern-Jahrbuch*), 89쪽 중 캠메러(H. v. Caemmerer)도 참조.

와 계몽주의가 본질적으로 강한 영향력을 행사했으므로 프리드리히의 사고는 문제성으로 가득 차 있었다. 그가 제시한 군주와 국가의 최고 임무는 당시까지 국가이성이 갖고 있던 협소한 목표, 즉 국가의 물리적인 힘을 보존하고 강화시키는 것을 포함할 뿐만 아니라 인민을 계몽시키고 행복하게 만든다는 인도(人道)도 포함했다.

그의 내부에는 두 개의 국가사상이 나란히 존재했으니, 하나는 계몽주의 덕분에 새로운 내용으로 충만한 인도적 국가사상이었고, 나머지 하나는 생활과 역사, 경험에서 분출되어 매일매일 경험과 필요에 의해 끊임없이 새롭게 확인되는 권력 국가사상이었다. 어쩔 수 없이 후자가 전자에 우선하지만, 이러한 순위 때문에 인도주의적인 국가사상이 절대 소멸되지 않았다는 점 역시 간과하지 말아야 한다.

이렇게 해서 프리드리히의 내면에서는 두 사상에 대해 문제성이 있으면서도 아주 특별한 종류의 조정이 일어난다. 앞으로 살펴볼 테지만, 첫째로 프리드리히는 처음에는 두 개의 이질적인 사상을 조화시켰을 뿐만 아니라 완전히 하나로 융합시켰다는 그릇된 인식에 빠져 있었다. 이렇게 믿을 수 있었던 것은 자신이 계몽주의 철학을 권력 국가사상 속에 삽입시켰기 때문이었다. 그리고 국가 제1의 공복으로서 군주라는 구상, 자신의 지위가 갖는 보편적인 인간의 자질과 사명을 강조함으로써 그것을 성취했기 때문이다. 사실 이러한 행동에는 양면이 있다. 확실히 그것은 권력국가라는 낡은 개념과 모든 것을 보편적으로 인간적인 것에 돌리는 경향이 있는 새로운 계몽주의의 이상 사이에 다리를 놓아주었다.

동시에 군주적인 나쁜 전통의 녹, 즉 개인적이며 왕조적인 쓸모없는 동기들을 말끔히 닦아냄으로써 권력국가의 무기를 날카롭게 만드는 한편, 권력 소유자가 전체로서의 국가로 향하는 새롭고 순수한 의무를 인식하게 만들었다. 그러나 그것은 권력자가 무력적인 방법을 사용하는 것을 정당화했으며, 정치의 모든 크고 작은 방책을 이용할 수 있다는 지배자의 믿음을 강화시켰다. 또한 그것은 프리드리히 대왕의 권력정

책에 확실히 해당된다. 국가 이해관계에 대한 그의 입장이 그것을 우리에게 입증해줄 것이다.[27]

한편 내정(內政) 면에서도 국가이성과 계몽주의의 이상 간에 만족할 만한 하모니가 이루어졌다. 외적의 위협 속에서 국가를 보존한다는 것이야말로 어떠한 종류의 인도주의적인 내정에 대해서도 첫 번째 기본적인 선행조건이었다. 프리드리히가 신민들에게 부과했던 모든 희생과 부담, 군주로서 자기 자신에게 과한 박애주의적인 개혁 수행을 일체 단념한 것, 인도주의적인 국가사상에 대한 국내적인 모든 제한은 국가의 지상(至上)의 법칙, 즉 매우 강력하고 엄격히 조직된 군대를 유지한다는 법칙에 의해서 그의 양심 앞에서 정당화될 수 있었다.[28]

한편 프리드리히는 르네상스 시대의 군주들보다 훨씬 도덕적인 원칙에 입각해 내정을 수행할 수 있는 위치에 있기도 했다. 르네상스의 군주들은 외적뿐만 아니라 국내의 적에도 대비해야 했다. 마키아벨리는 신민을 다루는 데서도 속임수를 사용하도록 군주에게 조언해야 한다고 느꼈다. 그러나 이제 군국적인 군주정치 아래에서는 평화와 질서, 규율이 정착되어 있었다. 이제 국내에서 마키아벨리즘적 방법을 계속 사용한다는 것은 완전히 불필요해졌으며, 따라서 증오스럽게 보이게 되었다. 프리드리히 역시 신민들에게 나쁜 본보기를 보이는 것은 현명치 못한 일이라는 점을 알았다.[29]

---

27) 프리드리히의 정책에서 합리주의적 요소에 관해서는 퀸첼(Küntzel), 「프리드리히 대왕의 추억을 위해」(Zum Gedächtnis Friedrichs d. Gr., 『해사평론』(Marine-Rundschau), 1912, 206쪽 이하) 및 마르크스 폰 뮐러 편, 『정치의 거장들』(Meister der Politik) 속 퀸첼의 프리드리히에 관한 서술 참조.

28) 그는 동시대인에 대해 위와 같은 기본 동기를 숨기고 영주와 농민 간의 계약을 고려하였다. 또 사실 그를 기반으로 한 농업을 위해 '야만적인' 토지제도를 유지하는 것을 정당화할 수 있었다. 「통치형성에 관한 시론」(Essai sur les formes de gouvernement), 1777(『저작집』, 제9권, 205~206쪽).

29) 1746년의 『나의 시대의 역사』(Histoire de mon temps, 프로이센 국립 기록집 판, 제4권, 299쪽); 1775년의 교정판, 『저작집』, 제2권, 22~23쪽; 마자크, 『반마키아벨리론』, 82쪽의 주 참조.

그는 군주와 국가, 인민 간의 관계에서 완전한 깨끗함, 정직, 성실을 요구했으며, 대개는 그렇게 행동할 수 있었다.[30] 그는 법을 집행할 때 적어도 개인적 의향에서는 공리주의적일 뿐만 아니라 윤리적으로 접근을 했으며, 이러한 점은 무엇보다 종교적 관용정책에서 잘 나타나 있다. 이 양쪽의 접근에는 사람들이 잘 인식했듯이 다소 미국적이고 프랑스적인 인권의 요소도 있다.[31] 르네상스와 반종교개혁 시대에 존재했던 내적 분열에 위협당하는 취약한 국가에서는 불관용정책이 국가이성이었다. 그러나 더 안정을 이룩한 18세기 군사국가에서는 이러한 원칙이 시대에 뒤떨어진 것이 되고 말았다. 국가의 이해관계는 신민의 복종에 대한 보증으로서 신민의 종교적인 통합을 더 이상 필요로 하지 않게 되었다. 이제 국가 이해는 어느 정도 짐을 벗어버리고 그 영역에서 물러서서 독자적으로 발전해나갈 수 있었다.

일반적으로 말해서, 국가가 강력하게 성장하자 비록 그의 힘이 완벽하게 우월한 위치에 있는 지역, 즉 국경 내에 한하기는 하나, 그곳은 더 자유롭고 도덕적인 모습을 띨 수 있었다. 그러나 그 힘이 여전히 불안정한 상태이고 무수한 적대 세력에 의해서 위협당하는 영역, 즉 대외적인 이해관계가 얽힌 분야에서는 더 거칠고 냉혹한 법칙이 프리드리히에게도 타당하지 않을 수 없었다.

이러한 이해의 도구인 군제(軍制)가 구속 아래 있었다. 프리드리히의 군대는 때로 야만적이라고 할 만한 방법으로 징집되고 훈련되었다. 또한 프리드리히는 그러한 군국주의의 야만성을 전혀 심각한 문제로 생각하지 않았으며, 군국주의의 밑바닥에 좀더 윤리적이고 인도적인 원칙을 도입하려고 하지 않았다. 개개의 사실로 보면 그는 확실히 군인들을 인도적이며 윤리적으로 대해줄 수 있었으며, 법령을 통해서 군인

---

30) '허위는 강자가 약자를 향해, 또 군주가 신하를 향해 그것을 쓸 때에는 비난 받아야 한다.' 1768년의 『정치적 유서』, 219쪽.

31) 힌체, 앞의 책, 54쪽.

들에 대한 부당한 대우에 제재를 가하기도 했다.

그러나 군대의 구조 자체는 하등 영향을 받지 않았다. 그는 자신이 신봉한 인도주의의 밝은 빛이 어두컴컴한 국가권력의 기반에까지 속속 스며들도록 하지 않았던 것이다. 이 점에서 프리드리히는 행동자의 불가사의한 단순함에 빠졌다. 그의 군사 업무에서 야만적인 요소, 무엇보다도 외국의 모병지(募兵地)에서 인간쓰레기의 징모(徵募)는, 만약 기초에서 돌 하나를 빼낸다면 전체 체계가 무너질 위험에 직면하는, 프리드리히의 인구 · 재정 · 경제에 관한 빈틈없는 모든 정책체계와 밀접하게 연결되어 있었다. 그러나 외교정책의 영역에서는 더 유동적이며 융통성이 있었던 것으로 보인다.

이 점에서 문제는 계몽주의를 신봉하는 인간이 간과한 고정된 제도가 아니라 나날의 결단과 행동, 즉 끊임없이 외부적인 요건 때문에 제약을 받기는 하나 내부적인 요건 때문에도 끊임없이 규정되는 행동이다. 요컨대 자유와 필연이 순간마다 서로 타협하지 않을 수 없었던 영역이었다. 이 영역에서 현실 세계에 대해 비판적인 판단을 내리기 위한 계몽주의 철학과 도덕적인 요구가 절박하게 나타난다. 프리드리히는 그에게 부과된 이처럼 어려운 문제에 대한 해답을 찾기 위해서 진지하고도 열정적으로 노력했다.

앞에서 살펴보았듯이 프리드리히는 권력 이해관계에 관한 정치적 실천자로 출발했지만, 그 뒤를 철학적인 고려가 따랐다. 1738년 『유럽의 정치적 현상에 관한 고찰』에서는 이 두 가지 접근이 훌륭하게 혼합되어 있다. 윌리히 베르크에 대한 자기 왕조의 세속권을 강화하기 위해 그는 익명의 팸플릿을 통해 프로이센에서 중요한 열강, 즉 바이에른, 특히 해군국들에 대해 영향력을 행사하고자 했다.

그 팸플릿은 그가 출판을 단념했을 때 저술에서 공격한 바 있던 프랑스에 대해서조차 간접적인 암시를 통해 영향을 끼쳤다. 프리드리히가 숨겼던 독특한 야심은 황제 카를 6세의 사망 이후 나타날 미래의 대모험의 큰 기회에 대한 암시에서 드러난다. 그러나 처음부터 그는 자신의 날카롭고 빈틈없는 관찰을 철학으로 만들어 윤리적인 평가가 아닌 인과적인 이해가 인정될 것을 요구했다.

이때 우리의 테마 전체에서 중요한 점은 프리드리히가 1734년에 나온 몽테스키외의 『로마인의 영화(榮華)와 쇠퇴 원인론』에서 받은[32] 자극을 이해관계론의 전통과 연결시켰다는 점이다. 이 경우 우리가 논한 이해론(利害論)에 관한 여러 저서를 그가 알았는지, 어떤 저서를 알았는지는 별로 문제가 되지 않는다.[33] 그 저서들의 기본사상은 유럽 외교가(外交街)의 공유재산이었기 때문이다.

어떻든 책의 서론에서 '진정한 왕국의 이익', 외교적 위장이라는 미명하에 간파해야 하는 조정(朝廷)들의 '불변의 원칙'에 관해 읽게 될 때, 우리는 그 어떤 경우이건 여러 저서의 비슷한 분위기를 감지한다. 또한 인과적인 것으로 향한 계몽주의 철학의 모든 낙관주의가 이제 당당한 요구사항으로 높여졌음을 볼 수 있다. 즉 이것의 도움을 받아 역사상 한 정치인이 지닌 '초월적인 정신'이 정치사의 메커니즘을 해명하며, 먼 옛날 수세기 이전에 걸친 원인과 결과의 사슬을 제시하고 미래를 설명할 수 있게 될 것이라고 생각했다. "모든 것을 알 수 있고, 판단할 수 있으며, 예견하는 것은 현명한 일이다."[34]

얼마나 젊음의 과장으로 가득 차면서도 의미심장한 말인가! 왜냐하면 여기에—갑작스럽게 몽테스키외의 인과관계 분석의 적용으로 결실을 맺게 된[35]—국가 이해관계론의 역사 지식을 위한 거대한 가치에

32) 포스너(M. Posner), 「프리드리히 2세의 몽테스키외 각서」(Die Montes-quieunoten Friedrichs II., 『역사잡지』, 제47권, 253쪽 이하)에 의해 논증되었다. 코저, 『프리드리히 대왕사』, 제5판, 제1권, 148쪽; 『F. 폰 베촐트 기념논집』, 243쪽 이하에서 '퀸첼' 참조.
33) 이에 관해서는 뒤의 구절 참조.
34) 『저작집』, 제8권, 3~4쪽. 그는 이것으로 실증주의의 표어, 즉 "예견하기 위해 알고, 준비하기 위해 예견한다"는 것을 선취했다.
35) 몽테스키외(Montesquieu), 『로마인의 영화와 쇠퇴 원인론』(De la grandeur des Romains etc.), 제18장 참조. "세계를 지배하는 것은 운명이 아니다. 정

대한 이해, 즉 역사를 꿰뚫고 흐르는 혈관의 의의에 대한 이해가 눈을 뜨고 있기 때문이다. 동시에 프리드리히는 보편사와 일상적 정치행위 간의 밀접한 관계를 어느 때보다 뚜렷하게 인식하기 시작한다. 프리드리히의 수중에서 세계사와 국가사의 법칙을 통찰하고자 하는 대담한 바람은 자국의 정치적인 목적을 위한 수단이 되지 않을 수 없었다. 또한 그의 정치관과 야망이 지닌 기본적인 경향도 강력하고 자랑스럽게 드러나게 되었으니, 미래를 예견하며 하나의 전체로서 사건들의 자연적인 과정을 추정해보고, 그를 통해서 도달한 것을 자신의 전체 경험과 결합해 하나의 체계를 이루려는 것이었다.

훗날 프리드리히는 회의적이며 유난한 내면의 변화로 인한 자연스러운 반응으로, 이러한 예측이 틀리기 쉽고 의문의 여지가 많은 점을 가졌음을 철저하게 인식한다. 위와 같은 추정을 기반으로 장기적이고 중요한 계획들을 실행에 옮기고자 하는 내적 욕구를, 적어도 매우 유동적인 성격을 지닌 외교 분야에서는 신중하게 억제했다.[36] 그러나 정신적인 힘을 통해서 미래를 예언하고 이끌어 나가고자 하는 성향, 즉 비합리적인 것들을 합리화한다는 의미를 가지기도 한 이 성향은 프리드리히의『정치적 유서』의 유명한 '정치적 공상'과 '공상적 계획'에 의해서 명백히 나타난다. 그가 말한 바에 따르면[37] 정치도 형이상학을 지니기 때문이며, 정치가도 철학자처럼 이 분야에서 움직이며, 깊은 비밀에 둘러싸이면서도 뒤의 세대들을 이끌어줄 수 있는 목표들을 인식하도록 허용되어야 하기 때문이다.

신적인 것이건 물질적인 것이건 일반적인 원인이 있으며 그것이 모든 군주국에서 작용한다. 요컨대 주요한 경향이 모든 특수한 일을 야기한다."
36) 이 점은 폴츠가 정확하게 고찰했다(「프리드리히 대왕의 대외 정책」,『독일 평론』[Deutsche Rundschau], 1921년 9월호). 그러나 폴츠 프리드리히에 의해 억제된 그 자연적 성향은 간과하고 있다.
37) 59쪽; 같은 책의 다음 구절도 참조. "정치가는 결코 자기는 이러한 일이 일어나리라고는 생각하지 않았다고 말해서는 안 된다. 그의 직무는 모든 일을 예견하고 준비하는 것이다."

이렇게 해서 다시 한 번 같은 시대의 철학정신이 낡은 국가적·역사적 요소와 성향 속으로 흘러들어갔다. 17세기에 경험과 인과율에 관한 새로운 의식이 등장했으며, 앞에서 살펴보았듯이 그것은 로앙의 이해관계론을 상당히 풍요롭게 했다. 자연 속에 존재하는 관계들에 대해서 기계적인 해명을 부여해주는 자연과학의 진보는 역사 속에서도 기계적인 영향력을 행사하는 법칙들을 찾으려는 경향을 조장했다. 자만심과 자의식으로 가득 차 있으며, 모든 것을 보편적인 것에 귀결시키는 계몽주의는 위와 같은 시도 아래 인식상 중대한 진보를 이룩한다는 확신에 넘친 기쁜 활력을 초래했다.

또한 계몽주의의 공리적 철학의 핵심 부분을 이루는 모든 인식은 생활과 실천에 이바지해야 했다. 예를 들어 젊은 프리드리히가 『유럽의 정치적 현상에 관한 고찰』——이 저작에서 그는 프랑스 정책의 대성공에 관한 연구를 중단했으나——에서 말한 구절을 인용해보자.[38]

"이 세상에서 일어난 사건들에 관해서 정당하고 정확한 이념에 이르기 위해서는 그것들을 비교해 판단하는 것, 즉 역사 속에서 예를 찾아내어 실례를 오늘날 일어나는 일들과 대비하고 그 연관성과 유사성을 인정하는 것보다 좋은 방법은 없다. 그 이상으로 인간의 이성(理性)에 알맞게 가치 있는 일은 없으며, 또 우리의 빛을 늘리기 위해서 이보다 적절한 것은 없다." 인간의 정신은 어느 나라에서건 시대에서건 동일하며, 다만 열정의 정도만이 시대에 따라서 다를 수 있기 때문이다. 그러나 일반적으로 국가의 역사에서 같은 원인과 결과는 필연적으로 되풀이되었던 것이다.

몽테스키외도 그와 같이 가르쳤으며,[39] 마키아벨리 역시 그렇게 생

---

38) 앞의 책, 18~19쪽.
39) 『로마인의 영화와 쇠퇴 원인론』, 제1장, "인간이란 시대에 따라서 동일한 격정을 느끼므로 큰 변혁을 낳는 계기는 갖가지로 다르다고 하더라도 그 원인은 언제나 같다."

각했지만, 그들은 최초의 선각자로서 숱한 어려움을 겪었다. 그러나 사람들은 이제는 매우 쉽게 이 길을 걷게 되었다. 그리하여 프리드리히는 이러한 사상의 흐름에 관련해 다음과 같은 견해를 대담하면서도 확신에 차서 덧붙였다. "강대한 군주국가들이 취하는 정책은 언제나 같다. 그들의 기본적 원칙은 계속 자국의 영토를 늘리기 위해 모든 것을 침략하는 데 있었다. 또한 그들의 지혜는 적대자들의 속임수를 제압하면서 더 교묘한 게임을 하는 데 있었다."

자국의 영토를 늘리려는 군주들의 변함없는 원칙은 그 나라가 처한 상황과 이웃 나라가 지닌 힘의 정도나 형세 등과 같은 무수한 요소에 종속된다. 그러나 이 원칙 자체는 변경될 수 없으며, 군주는 절대 그것에서 떨어질 수 없었다. "이른바 그들의 명예가 문제이다. 한마디로 말해서 군주들은 자국을 확대하지 않으면 안 되었다."[40]

성급하게도 모든 것을 설명하려는 계몽주의의 보편주의와 마키아벨리의 신랄한 자연주의는 여기서는 완전히 일치했다. 양쪽 모두가 현실과 경험에 의존했기 때문이다. 그러나 계몽주의는 설명뿐 아니라 판단이나 판결에서도 성급했다. 가차 없는 자연주의적 사상의 흐름에 산재한 이 '이른바 명예'라는 짧은 한마디는 분명히 전혀 다른 곳에서 나오는 음과 같은 느낌을 준다.

무엇 때문에 계몽주의의 인도적 부분은 인과적 부분에 의해 도달한 이처럼 조잡한 결론을 언급했는가. 여기서 인도적 부분이 인과적 부분에 대해 전혀 무기력하고 무능하다는 것이 제시되었던 것이다. 『유럽의 정치적 현상에 관한 고찰』[41]의 끝부분에서 프리드리히는 정치가의 예복을 벗어던지고 대신 철학자의 망토를 입고 인과율의 철칙과 사물들의 항구성에 기반을 둔, 자신이 확인한 영속적인 국가생활의 원칙을 도덕적으로 '그릇된 원칙'이라고 낙인찍은 바, 그것은 우스꽝스러운 인

---

40) 앞의 책, 15쪽.
41) 25~26쪽.

상을 나타냈기 때문이다. 이제 그는 군주들에게 신민을 자신의 온당치 못한 열정의 도구로 만들어버리는 사도(邪道)에서 벗어나 군주의 사명인 정도(正道)로 돌아가서 신민들의 행복을 위해 살도록 하라고 타이른다.

"군주들의 높은 지위는 단지 인민들이 만들어낸 것에 지나지 않는다." 즉 인민들은 자기들을 어버이와도 같이 통치할 수 있다고 생각하는 사람을 그들 중에서 선출했던 것이다. 이러한 인민주권의 원칙적인 인식에서 한 걸음만 더 나아갔더라면 프리드리히는 루소의 혁명적 이념에 이르게 되었을 것이다. 그러나 역사에서 종종 이념의 마지막 결론은 생활이 전적으로 그것을 위해 성숙되었을 때에만 비로소 나올 수 있다.

프리드리히의 경우 자기의 이해라는 생활력, 자각하지는 않았지만 자명한 힘이 그로 하여금 이와 같은 기본적 이념에서 더 나아가는 것을 막았다. 프리드리히는 자신을 지탱해준 가지를 잘라 내버릴 수 없었던 것이다. 그러나 이제 군주들의 권력정책에 대한 판단은 일치하지 않는 것이 되어버렸으며, 자연권에 기반을 둔 루소의 도덕적 급진주의에 대해서건 마키아벨리의 자연주의에 대해서건 개방적이 되어버려 어느 쪽도 방어할 수 없게 되었다. 우리가 아는 한, 프리드리히의 인도주의적 국가사상과 권력국가사상이 동일한 사상권에서 그와 같이 충돌하는 일은 두 번 다시 없었다.

그런 까닭에 모순도 조금 느끼고 있었다. 윌리히 베르크 상속—이 야말로 그가 펜을 들게 만들었던 문제이다—을 확실히 해두려는 프로이센의 이해관계에 주의를 기울였던 그는 다음과 같은 말로 책을 마무리 짓는다.

"영토를 잃는 것은 수치스럽고도 굴욕적인 일이다. 합법적인 권리를 갖지 않은 땅을 침략하는 것은 불법적인 강도 같은 행위이다."

그는 '합법적 권리'에 의거한 권력정책만이 허용되며 필요하다고 생각하고 '편의의 권리'에 기초한 권력정책은 그런 것으로 보지 않았다.

바로 이 점이 프리드리히가 빠졌던 딜레마로부터 자기 자신을 구출해낸 타협안이었다. 이러한 한계를 엄수하기 위해 그가 어떤 보장을 했는가 하는 점을 알아보는 것도 흥미로우리라 생각한다.

군주는 자신을 지배해야 하며, 스스로 주변국의 음모를 경계해야 하고, 그들에 대해서도 빈틈없으면서도 현명하게 대비해야 하며, 굳건한 동맹관계를 맺음으로써 불순하고 탐욕스러운 인물의 행동을 억제해야 한다고 그는 믿었다. 프리드리히는 과도한 권력정치를 초래하는 주된 요인은 맹목적으로 각료들에게 일을 넘겨주는 것이라고 생각했다.[42] 인도주의적인 사상을 통해 권력국가사상을 순화하고 개혁하는 것이 숭고한 계획의 본질이 아니었던가. 그것은 강력한 집중과 하나로 통합된 의지에 대해 철저한 주의를 요구하지 않았던가. 여기에서 완전히 새로운 길, 즉 진부한 타입의 대신(大臣)이 지닌 틀에 박힌 한 부분이 아닌 새로운 길을 가야만 하기 때문이었다.

또한 프리드리히는 당시 인민들의 평화스러운 행복을 보장하는 동시에 국가의 힘과 영광을 이룩하는 데 강한 열정을 갖고 있었다. 오직 그만이 양쪽 일을 가능하게 만드는 좁디좁은 산길을 발견하리라는 자신감을 지닐 수 있었다. 자신이 믿는 바에 따라 통치하겠다[43]고 결심한 것은 그때였으며, 그 후 죽는 날까지 일관성을 지켜나갔다. 프리드리히가 스스로 통치를 시작하게 된 순간부터 이 결점은 프로이센의 특수한 상황—프로이센은 자연자원이 빈궁했기 때문에 상당히 신중한 경제를 통해서만 정상적인 상태를 유지할 수 있다는—에 의해서 강화되었다. 대개 이러한 결심들은 현실 상황의 압력에서 취해지기 시작해, 그 후 이념적인 추인(追認)을 얻게 마련이다. 그러나 부왕의 태만하기 짝

---

42) 이러한 결론을 내린 실제적 동기를 주었다고 짐작되는 것에 관해서는 『고찰』(Considération)에 실린 논평을 참조. 『역사잡지』, 제1권, 56쪽, 주 2.
43) 이 점에 관해서는 『마키아벨리의 『군주론』에 대한 반론』(『저작집』, 제8권, 272~273쪽)을 참조.

이 없는 대신들에 격분해 스스로 키를 잡고자 했던 젊은 황태자 프리드리히가 실권을 쥐고자 했을 당시 대규모 관념적인 구상에서도 행해졌던 것이다.

그는 이해관계와 이념을 교묘하게 결합하려는 바람을 갖고 있었다. 1735년 이후 프로이센이 겪은 쓰라린 경험—열강들이 추구한 무절제한 마키아벨리적 정치에서 비롯되었다—그리고 당시에 지니게 된 인도주의적 이념들로부터, 즉 이해관계와 함께 이념에서 저서 『반마키아벨리론』이 1739년에 나왔다. 책이 나온 것은 그의 『고찰』이 지닌 내면적 연관성을 파괴한 이해관계와 이념 사이의 모순이 계속 그를 괴롭히기 때문이었다. 이제 그러한 모순은 철저히 제거될 것이니, 사악한 마키아벨리가 드디어 이 세상과 프리드리히 자신에서부터 사라질 것이다. 여기서 프리드리히가 자기 자신, 그리고 내면에 존재하는 열정적인 충동과 비밀스러운 대화를 나누기를 시도했음을 누가 간과할 것인가.

그는 자기 자신을 자신으로부터 확실하게 방어하기를 원했다. 그가 자기 책의 서문에서 아직 인격과 판단력이 서지 않은 젊은이와, 마키아벨리의 위험천만한 책이 그들의 수중에 들어가면 대단히 큰 해악을 유발할 수 있을지 모르는 야심에 찬 젊은이에 관해서 언급했을 때, 그는 자기 자신을 생각하고 있었음이 틀림없다. 더구나 계몽주의 철학에 물든 근대 대중이 궁정의 관례에 대해서 토로하고 있는 비판을 간파하게 되었으므로,[44] 그는 군주의 소명에 대한 전반적인 변호를 제시하려고 했다. 또한 그는 계몽되고 도덕적인 군주는 유능한 지배자일 수 있으며, 그의 '진정한 이해관계'는 덕성과 조화를 이룬다는 점을 보여주고 싶어 했다.[45]

---

44) 『마키아벨리의 『군주론』에 대한 반론』, 282쪽; 비티헨(P. Wittichen), 「마키아벨리와 반마키아벨리」(Machiavelli und Antimachiavelli, 『프로이센 연감』, 제119권, 489쪽) 참조. 이것은 그 밖의 피상적이며 잘못된 논문 중에서 지극히 일부분의 유익한 논의 중 하나이다.

그는『고찰』에서 많은 양의 마키아벨리즘적 정책에 소량의 도덕적 해독제를 혼합했던 것에 비해『반마키아벨리론』에서는 다량의 도덕적 원칙에 냉정한 현실주의적 정치가의 중요한 조건을 혼합했다. 마키아벨리의 잔인무도한 묘사 속에서 자기 자신의 행위를 보았기 때문에 그의 내면에서는 정의로운 분노가 불타올랐던 것이다. 또한 그는 시대가 제공할 수 있는 가장 강력한 도덕적 무기로 마키아벨리를 공격할 의무가 있다고 느끼고 있었다.

르네상스 시대의 가장 뛰어난 정치사상가와 벌인 대결에서 사용된 비역사적인 방법은 자주 지적되었다. 아직도 사람들은 자신이 과거 사건들과 같은 위치에 있다고 느꼈으며, 이러한 사건들이 시간을 초월해 무엇을 가르치고 있었는가 하는 점을 묻기는 했으나, 사건들이 그 시대의 역사에서 무엇을 의미하는가는 묻지 않았다.

프리드리히가 마키아벨리의 저서 중 아는 것이라고는『군주론』뿐이었으며, 그것도 1696년에 나온 프랑스 번역판이었다.[46]『로마사 논고』가 프리드리히의 마키아벨리관을 개선시켰는가 하는 점에 대해서는 사실상 부정적이다. 여기에도 프리드리히가 혐오했던 독소가 많이 들어 있었으며, 또 그 책은 공화주의적 애국심과의 대조에 의해서 마키아벨리가『군주론』에서 보여준 성격의 결핍에 대한 분노를 더욱 유발했을 것이기 때문이다.[47]

---

45)「볼테르에게 보낸 편지」, 1739년 5월 16일자(코저 · 드로이젠 엮음,『프리드리히 대왕과 볼테르의 왕복서간집』, 제1권, 271쪽).

46)『저작집』, 제8권, 제14장; 좀머펠트,「프리드리히 대왕의 반마키아벨리론의 외적 성립사」(Die äußere Entstehungsgeschichte des Antimachiavell Friedrichs,『브란덴부르크 및 프로이센사 연구』, 제29권, 459쪽).

47) 라이프치히 대학 교수 요한 프리드리히 크리스트(Johann Friedrich Christ)는 이보다 몇 년 전에 주로『로마사 논고』(Discorsi)에 의존해 마키아벨리의 이미지를 부도덕에 관한 비난에서 깨끗이 씻어내고, 마키아벨리가 온건한 폭군 추방론자였으며 정치적 자유의 옹호자였음을 증명하는 일에 착수했다(『니콜로 마키아벨리론』[De N. Machiavello libri tres.], 제3권, 1731). 마키아벨리의

그러나 그의 방법론 속에서 나타나는 비역사적 요소는 좀더 정확하게 식별되어야 한다. 프리드리히는 마키아벨리가 살았던 시대나 정치 정세의 이질성에 대해서 제대로 인식하고 있었다. 마키아벨리가 생존했던 시대 이후 도덕과 문화적 진보가 이루어졌다고 믿었으며, 마키아벨리의 세계가 지금은 다행히 사라지고 없는 야만적인 상태에 놓였다고 생각했다. 그는 마키아벨리가 전적으로 소군주들, 즉 이탈리아의 '군주들'을 위해서 기술했다는 점을 간파했다. 당시에는 엄격한 군율을 지닌 '상비군'이 존재하지 않았으며, 반대로 악당들로 이루어진 오합지졸들의 규율 없는 군대가 겨우 존재했을 뿐이다. 그러므로 예비군의 비신뢰성에 대한 마키아벨리의 경고는 시대적인 산물이며, 신민들의 반역적인 기질에 관한 경고 역시 요즈음 인민들이 지닌 평온함과 비교해볼 때 더 이상 타당성이 없다는 것이다.

프리드리히는 마키아벨리의 전체 세계는 오늘날에는 제대로 재인(再認)하기가 불가능하다는 점을 고백해야만 했다.[48] 그러나 외부 세계의 변화에 대해서는 크나큰 관심을 갖고 진정으로 연구했던 반면, 내부 세계의 변화, 즉 인간의 가장 진정한 내면적 사고방식에서 일어난 변화에 대해서는 피상적이고 일반적인 개념으로써 인식한 데 지나지 않았음이 당시 역사관이 갖고 있던 근본적인 약점이었다. 당시의 완전히 다른 대외적 사정이 인간으로부터 다른 형태의 행동을 요구했을지도 모른다는 단순한 고찰도 거의 무시되었다. 계몽주의의 견해에서 볼 때 도덕적 인간은 당연히 모든 시대에 타당하다고 여겨지는 절대적 중요성을 가진 것으로 인정되었기 때문이다. 이제 몇 가지 예로 살펴볼 프리드리히의 오류는 이러한 것에서 발생했다.

명예를 구하고자 했으며, 그의 지적인 위대성에 대해서 상당한 이해력을 갖고 있었던 이 책에 관해서 프리드리히는 확실히 모르고 있었다. 어쨌든 이 책의 학문적인 라틴어 때문에 프리드리히는 그것을 즐길 수 없었을 것이다.
48) 『저작집』, 제8권, 175쪽, 206쪽, 215쪽, 222쪽, 243쪽.

프리드리히는 근대적인 의미에서 법치국가의 모습을 갖추기 시작한 국가의 잘 짜인 질서 상태라는 관점에서 판단을 내렸다. 반면에 마키아벨리의 국가는 여전히 냉혹한 권위주의 단계였는데, 단순한 공포심보다는 일반적으로 존중되는 권력에 기울었다. 마키아벨리가 하나하나 열거한, 체사레 보르자가 로마냐에 파견했으며, 그 나라 사람들 사이에서 증오의 대상이 되었던 라미로 도르코에 대해서 보여준 태도는 그 예가 된다.

보르자는 인민들을 만족시키는 동시에 깜짝 놀랄 만큼 처절한 방법으로 도르코를 처형했다. 이로써 법과 질서의 상태가 회복되었으며, 신민들은 잔인무도하고 비합법적 수단으로 설득되었다. 그러나 여기에서 프리드리히는 다음과 같이 생각했다. 극악한 살인자 보르자가 사실상 자기 자신의 축소판이었던 범죄자를 처벌할 만한 권리를 갖고 있었는가.[49] 프리드리히는 이 사건에서도 무시무시한 종류의 국가이성이 작용했다는 점을 인정하고 싶지 않았으며, 어둠을 헤치고 밝은 빛으로 나아가고자 분투함을 거부했다.

그러나 마키아벨리와 그 시대가 추구했던 특수한 사고방식을 프리드리히는 이해할 수 없었다. 18세기는 너무나 추상적이 되어버려 더 구체적인 16세기의 개념 용어를 이해할 수 없었다. 그러한 용어를 올바르게 이해하기 위해서는 우선 일반 개념적인 사고방식과 이질적인 생활을 호의적으로 이해하는 기술 사이의 종합, 19세기 역사주의가 창출해냈던 종류의 종합이 필요했다. 이제 18세기는 인도, 덕성, 정의, 복지, 국민의 정신 등과 같은 일반적인 개념들과 공동의 이상을 만들어내는 데 몰두했다. 18세기는 구체적인 내용 없이도 그것들을 받아들였으며 그에 대해 열광했다. 그에 반해 마키아벨리 시대의 윤리는 같은 말을 사용했을 경우에도 구체적인 내용이나 적용에 훨씬 유의했다. 더 제한적이었지만, 동시에 더 명확한 대상을 염두에 둔, 더 높은 형태의 보편성

---

49) 192쪽.

에 대한 표현 능력을 갖고 있지 않았다.

여기에서 프리드리히가 마키아벨리를 반박하면서 한 말을 살펴보자. "오늘날 사람들은 모든 것을 정의에 종속시킨다. 만약 정복자의 힘과 군사 능력이 인류에게 불행을 초래한다면 혐오스러운 존재로 생각할 수밖에 없다."[50] 르네상스 시대에는 내용뿐만 아니라 사유방법에서도 이와 같은 말이 거의 불가능했을 것이다. 더구나 마키아벨리는 보편적인 것에 대해서 생각하고 확실히 상당한 정도로 그것을 이룩하게 되었을 경우에도 언제나 생생하고 이해할 수 있는 예를 통해서 표현하곤 했다.

그의 사고(思考)는 당대 조형미술의 정신으로 가득 찬 동시에 그러한 미술의 위대성과 아름다움, 그리고 매력은 시대의 특별한 정신상태를 기초로 했다. 그러나 바로 이것 때문에 프리드리히는 마키아벨리의 개념적 언어—만약 추상적인 논리적 언어로 판단한다면 쓸모없는 것이 되어버리고 마는, 개성적인 방식으로 느낀다면 더할 나위 없이 훌륭한 것이 되는—를 더 이상 이해할 수 없었다. 마키아벨리는 『군주론』에서 영락한 조국의 완전한 갱생을 향해 자신이 품은 최고 목표를 제시하고자 했으며, 여기서 탁월한 예로서 모세와 키루스, 테세우스, 로물루스를 언급하는 것보다 더 좋은 수단을 찾아내지 못했다. 젊은 프리드리히는 그런 점에서 단지 '불성실'함만을 보았다.[51]

마키아벨리가 이용했던 더욱 일반적인 개념과 이상은 보통 구체적인 기반을 지니고 있었다. 그의 내면에서는 모순에 가득 차면서 부도덕이 혼합된 현실의 감각적 요소로부터 전적으로 그 현실과 뒤섞인 더 높은 요소가 부상하고자 했다. 그의 내부에서 자연과 정신은 그와 매우 밀접하게 연결되었으므로 정신적인 것도 그에게는 자연적인 힘으로 나타났다. 그것은 무엇보다 그가 지닌 '덕성'이란 개념에서 그렇다.

---

50) 170쪽.
51) 185쪽.

프리드리히가 품었던 계몽주의의 '덕성' 개념은 이와 비교해서 얼마나 다른가. 확실히 순수하기는 하나 더욱 공허하다. 그것은 무엇보다 이상이요 규율이며 존재해야 할 무엇이었다. 마키아벨리의 '덕성'은 하나의 힘, 존재였다. 계몽주의의 '덕성'은 하나의 이상으로서 영속적이고 영원한 것이었다. 여기에 비해 마키아벨리의 '덕성'은 세속적인 존재이긴 하나, 그는 그것을 희미한 그리움 속에, 또 인간성 속에서 불멸의 것으로서 예감하고 믿었다. 그러나 그는 그것을 여기에서는 꺼지게 하고 또 다른 곳에서는 빛나게 하면서, 이 민족 저 민족으로 옮겨 다니게 했다. 그는 '덕성'은 이행할 기회를 잃을 때 소멸해버린다고 말했다. 프리드리히는 이 범죄자(마키아벨리)가 '덕성'에 관해서 말하는데, 그것은 덕성을 과시할 수 있는 적당한 기회를 필요로 하는 악한의 기술을 의미할 뿐이라고 논평했다.[52]

'존재해야만 하는 것'에 대한 환상에도 현혹됨을 거부했던 마키아벨리의 엄밀한 귀납적 · 경험적 방법 역시 젊은 시절부터 장차 나타날 냉정한 현실 감각의 기반을 지녔던 프리드리히에게 그처럼 거의 영향을 끼치지 않았다는 점은 상당히 흥미롭고 놀랍다. 뿐만 아니라 프리드리히는 마키아벨리를 비난하기도 했다. 그는 물었다. "자신이 사물들의 근원으로 돌아가 군주권의 발단과 자유로운 인간들이 한 군주에게 복종하게 만들 수 있었던 근거를 캐내는 대신, 왜 군주 국가 간의 차이점을 묘사하는 데 착수하지 않는가."[53]

당시 프리드리히는 행동 면에서는 경험주의자이며 현실주의자였으나, 사고의 면에서는 계몽주의의 추상적 보편주의에 영향을 받았으며, 이러한 이중성을 완전히 극복하지 못했다. 윤리적일 뿐만 아니라 인과율적인 계몽주의의 사고는 이러한 추상적 보편주의로 지배되므로 프리드리히는 또한 마키아벨리의 노골적인 경험주의 속에서 갑자기 나타나

---

52) 188쪽.
53) 167쪽.

는 근대적인 인과 욕구의 강력한 움직임에 관심을 기울이지 않았다. 그래서 그에게 마키아벨리의 경험주의는 하찮고 부수적인 것으로 생각되었다. 지고(至高)한 원칙을 향한 계몽주의의 고양 속에서 프리드리히는 인간을 인도(人道)의 이상에 따라 있어야 할 그대로 파악했으며, 군주에 대해서는 진정한 영광도 '한 조각의 연기'로 보라고 요구했다. 그는 마키아벨리에게서 '덕성'과 밀접하게 결합되어 나타났던 인간 내면의 짐승 같은 면모에 대해서 분노했다. 마키아벨리의 다음과 같은 지적에 상처를 받기도 했다.

"위대한 군주에게는 새로운 선행이 오래된 사악한 행동을 잊게 한다고 믿는 자는 잘못 생각하는 것이다."[54]

이 모든 것에 대해 말한 것은 마키아벨리의 『군주론』에서의 강력한 정치적 진리의 핵심, 즉 정치행위에서 나타난 필연성의 발견—간단히 말해서 국가이성을 의미한다—이 국가이성을 가장 대규모로 구현하게 되는 군주의 눈에 띄지 않았는가 하는 것을 이해시키기 위해서였다. 확실히 프리드리히는 마키아벨리가 정치 영역의 모든 것을 해명할 일반적 원리로서 그와 같은 강제력을 논증하고자 노력했음은 잘 알고 있었다. "데카르트에게 회오리바람이 모든 것을 의미하는 것과 같이 마키아벨리에게는 모든 것이 이해관계에 의해서 이룩된다."[55] 이해관계야말로 그의 유일한 신이자 마신이었다. 그러나 마키아벨리가 보여준 이해관계는 너무나 생소하고 구질구질해 보이기까지 한 덮개로 덮여 있어 프리드리히로서는 이해가 불가능했다.

개념적 용어의 생소함과 그를 둘러싼 시대의 미숙함에 관해서는 이미 살펴보았다. 그러나 마키아벨리가 이해관계를 제시한 형태에서 프리드리히가 혐오했던 두 가지 사항이 있다. 첫 번째는 아직 군주의 이

---

54) 194쪽. 프리드리히는 번역상의 오류로 인해 '위대한 군주'를 '위대한 인물'과 혼동했다.
55) 168쪽, 181쪽, 232쪽, 241쪽 참조.

해관계와 국가의 이해관계 간에 구별이 없었다는 점이다. 이것은 아마 그 외에는 달리 방도가 없었을 것이다. 이탈리아의 근대국가는 '국가' 즉 군주의 권력 기구에서 발전했기 때문이며, 옛 신성한 왕조가 아니라 찬탈로 대두된 새 왕조가 문제였던 이 나라에서는 왕조적 이해관계가 특히 날카롭고 자기 중심적이었으므로 이러한 면을 지니게 되었다.

두 번째는 마키아벨리가 『군주론』에서 모든 도덕적 가치에 대한 지배를 주장하는 듯 보인 것은 대군주나 큰 나라의 이해관계가 아닌 소군주, 소국의 이해관계였다. 그러나 프리드리히는 처음부터 소군주국들을 멸시했다.[56] 프리드리히 자신이 비왕조적인 태도로, 순수하게 국가적으로 생각하고 있었기 때문이다. 그는 독일 소국들의 실상을 보고 나서 확실히 이러한 경멸감을 느꼈다. 적어도 그는 큰 나라와 작은 나라는 아주 다른 국가법칙에 따라서 취급되어야 한다는 정책적 기본 룰을 지니고 있었다. 생애를 통해 오직 대국의 상황이나 조건에만 관심을 지녔던 것이다.

동시에 프리드리히를 마키아벨리에게 연결해준 것도 있었는데, 즉 '군주들'의 스승이라기보다는 국가 권력사상의 영원한 교사로서 마키아벨리의 가교였다. 또한 프리드리히의 인도주의 사상과 마키아벨리의 권력국가 사상 사이에도 보이지 않는 또 하나의 연결이 존재한다. 오직 대규모의 국가만이 대규모로 인류의 행복을 증진할 수 있다는 것이다. 프리드리히는 『반마키아벨리론』에서, 오늘날에는 오직 대군주만이 전쟁을 일으킬 수 있다고 말하기조차 했다![57]

우선 그는 물질적이며 기술적인 원인에서만 전쟁을 근거짓고자 했다. 이러한 단점을 인식하자 권력정책에 대한 고찰, 즉 자신이 『고찰』에서 훌륭하게 다루었던 영역으로 되돌아간다. 비록 『반마키아벨리론』에서 가능한 한 이 영역을 좁히려고 했지만 여전히 생 피에르 신부의 발

---

56) 209쪽, 222쪽, 235~236쪽 참조.
57) 210쪽.

자취를 따라 이 세상에서 완전히 몰아낼 의사는 없었다.

프리드리히가 그 저작에 종사하면서 다시 한 번 이해관계의 마법 아래 강력하게 놓인 사실은 인상적이다. '이해'라는 말은 처음에는 마키아벨리가 말하는 '군주들'이 천한 에고이즘을 비난하는 말로 사용되었으나, 『반마키아벨리론』의 뒷장에 가면 종종 좋은 의미로, 즉 진정한 국가적·일반적 이해에 적용되는 용어로 다시 나타난다.[58] 이러한 사실은, 프리드리히의 윤리는 일반적으로 이해관계, 즉 당시나 훗날에도 완전히 컨트롤되어 있으면서 올바르게 인식된 자기애로부터 덕성을 끌어냈다는 점을 상기시킨다.[59] 그 자신의 도덕적 행위는 이러한 보잘것없는 기반을 넘어서 확대되었지만, 그의 감각론적 이론은 명백히 마키아벨리즘과 새로운 연결을 만들어냈다.

더욱이 책의 첫 부분에서는 벌써 중요하고도 어려운 '필연'이라는 개념이, 지난날 마키아벨리의 이론을 낳은 정치행위에서 '사악한 필연성'과 같은 개념으로 나타나기도 한다. 또 책의 뒷부분으로 가면 더 자주 사용된다.[60] 그는 '필연성에 의한' 정복자와 자질에 의한 정복자를 구분하고, 만약 전자가 진정한 정의를 수호하기 위해 재능을 이용한다면 그에게 진정한 명예도 인정했다. 프리드리히는 그러한 정복자를 '야만적'인 수술을 통해 사람들을 절박한 위험에서 구해내는 외과의사로 비유했다. 간단히 말해서 전쟁과 권력정책에 대한 '정당한 근거'를 탐구하고 또 필요로 했던 것이다.

이것은 프리드리히가 『고찰』에서 이미 자기 자신에게 재차 강조했던 오래된 '정당한 전쟁론자'이자, 윤리와 국가이성 간의 타협이었다. 그

---

58) 앞의 348쪽의 주와 더불어 266쪽, 274쪽, 275쪽, 291쪽, 297쪽도 참조.
59) 첼러, 『철학자 프리드리히 대왕』, 70쪽 이하. "덕성의 근본원리는 이해관계이다." 「볼테르에게 보낸 편지」, 1737년 12월 25일자(코저·드로이젠 엮음, 『프리드리히 대왕과 볼테르의 왕복서간집』〔*Briefwechsel Friedrichs d. Gr. mit Voltaire*〕, 제1권, 120쪽).
60) 172쪽, 249쪽, 295쪽, 297쪽.

는 "부정과 찬탈로 인해 사람들이 부정하고자 하는 권리를 견실하고 현명하게 상무(尙武)의 덕성으로서 주장하는"[61] 군주의 명예에 관해서 이야기했으니, 이때 그가 생각한 것은 앞으로의 행동이었다. 국왕들 위에 있는 법정, 즉 그들이 가진 의견의 차이점과 권리, 그들이 펼친 주장의 중요성을 판결할 수 있는 어떤 법정도 존재하지 않기 때문이라고, 프리드리히는 어떠한 계몽주의의 이상에 의해서도 영향을 받지 않은 현실감각으로 주장했다. 그는 또 계쟁(係爭) 중의 권리 주장을 위해서는, 뿐만 아니라 국가를 방위해야 할 경우에는 칼을 빼들 수 있으며 또 정당하다고 생각했다.

그의 견해에 따르면, 유럽의 세력 균형에 대한 이해를 위해서는 공격 전도 정당화될 수 있었다. 다시 말해 "유럽의 최강국들 측에서 지나치게 힘이 증가해 전 세계를 집어삼켜버릴 위험에 처하게 될 때를 위한 예방전쟁"까지 시인한 것이다. 그는 특히 '추월당하기'보다는 '추월함'이 낫다는 원칙을 명확히 인정했다. "위인들은 늘 적이 손을 묶고 갖고 있는 힘을 파괴할 수 있는 위치에 이르기 전에 자신의 힘을 제대로 이용한다."[62] 그렇다면 과연 마키아벨리즘적인 정책의 중심적 문제, 즉 조약은 국가의 이해관계에 봉사하는 한에만 유지된다는 이론은 어떠했던가. 프리드리히는 기본적으로는 악랄하며 파렴치한 정책이라고 주장했다. "왜냐하면 속임수도 단 한 번이지, 그로 인해 모든 군주의 신뢰를 잃기 때문이다."

그럼에도 그는 닥쳐올 사태의 모호하면서도 강한 징후 때문에 불가피하고 냉혹한 상황, 즉 군주가 조약과 동맹관계를 파기할 수밖에 없는

---

61) 218쪽.
62) 296쪽 및 139쪽. 『반마키아벨리론』의 볼테르판에서 방어전론에 대한 명백한 이해는(하이데만[Heydemann]이 『역사잡지』, 1922년, 제70호에서 추측한 대로) 볼테르로부터 나온 것이 아니라 프리드리히 자신에 의해 명백히 표시되었음은 이미 『브란덴부르크 · 프로이센사 연구』, 제29권, 468쪽에 언급된 좀머펠트의 상세한 논의에서 더욱 확실성을 지니고 밝혀졌다.

상황이 발생한다는 것을 덧붙여야 했다. 그 어떠한 경우에도 조약을 파기하는 행위는 적절한 방법으로 이루어져야 하는데, 군주는 적당한 시기에 동맹국들에게 알려야만 한다는 것이다. 또한 "국민의 안전과 큰 필요성이 그것을 불가피하게 할 때"[63]만 파기 행위가 허용되었다. 바로 이것이 프리드리히가 전 생애에 걸쳐 몰두했던 문제를 풀고자 했던 첫 번째 시도였다.

그러나 젊은 프리드리히에게조차 그것은 각별히 소박하고 유치한 시도였다. 프리드리히가 제시했던 당시 답변과 나중 답변은 모두 시계추처럼 그의 정신의 마키아벨리즘과 반마키아벨리, 계몽주의의 이상과 권력국가의 현실 사이를 동요하는 움직임이라고 할 수 있다. 프리드리히는 국가 자체에 내재한 이중성, 즉 국가생활의 내부에서는 도덕적으로 구속된 법치국가로 나아가고 있는 반면 외부는 아직 생존을 위한 자연적 투쟁법칙에 연결되어 있다는 주장을 소박하게 제시하기도 했다.

그는 관리의 선발에 관해 언급하면서, 내정(內政)을 위해서는 존경할 만한 인물을 이용하고, 외교업무를 위해서는 좀더 활력 있고 격한 사람을 이용해야 한다고 말했다. 후자의 분야에서는 음모와 때로는 뇌물을 이용할 필요가 있으니, 청렴결백보다는 기술과 재기가 더 유용하기 때문이라며, 현명한 군주의 실천을 아무런 모순도 느끼지 않고 기술했다.[64] 확실히 그는 뒤의 『정치적 유서』에서 같은 원칙들을 인정했다.[65]

그러나 여기에서 그 원칙은 냉정한 경험법칙으로서 고정된 응집상태에 있는 듯이 나타난 반면, 『반마키아벨리론』에서 제시된 원칙들은 완

---

63) 248~249쪽, 208쪽, 282쪽, 292쪽, 297쪽 참조. 그는 1735년에 그룸코에게 써서 보냈다. "명예를 유지할 것, 만약 필요하면 일생에 오직 한 번만 사람을 속이고, 그것도 가장 절박한 때여야 한다. 그것이 정치의 비결이며 중요한 기교이다." 코저 엮음, 『프리드리히 대왕과 그룸코 및 모페르튀와의 왕복서간집』(*Briefwechsel Friedrichs d. Gr. mit Grumbkow und Maupertuis S.*), 124쪽; 121쪽도 참조.

64) 274쪽.

65) 『정치적 유서』, 54쪽 이하 및 216쪽 이하.

전히 다른 성격을 지닌 사상의 흐름 사이를 헤매는 것처럼 보인다. 그러나 이와 같이 국가의 전 영역에 대한 도덕적 요구의 실행 가능성을 시사하는 이 책의 기본사상은 성공을 거두지 못했다. 뱀처럼 현명하고 비둘기처럼 청정무구하게[66] 행동한다는 강령을 프리드리히 자신은 이론상으로나마 감히 완전히 실행하지는 못했던 것이다.

결국 여기에서 프리드리히와 마키아벨리의 차이점은 원리상의 차이점에서 정도상의 것으로 약화된다. 따라서 르네상스 시대에 번성했던 교활과 사기의 정도는 18세기의 더 문명화되고 도덕적인 정신에 의해서 뚜렷이 경감되기는 했지만, 그렇다고 완전히 없어진 것은 아니었다. 마키아벨리즘이 지닌 호랑이상을 이제는 사랑스러운 집고양이로 변화시킬 수 있게 된 프리드리히의 입장의 내적 위험성을 자신은 당시 인식하지 못했다.

그럼에도 마키아벨리는 도덕적으로 이의가 없고 프리드리히 자신도 수긍한 국정의 법칙을 제시해주었다. 군주에 대한 마키아벨리의 조언, 즉 몸소 통치하라, 자기 자신의 장군이 되어라, 상황에 적응하라, 아첨자를 경멸하라, 다른 군주들의 비밀스런 의도를 간파하라는 등의 조언은 프리드리히의 생각과 완전히 일치했으며, 당시 그의 정치관이 결실을 맺는 데 도움을 주었음이 확실하다.[67] 따라서 『고찰』과 함께 『반마키아벨리론』은 상징적 표현에서 감동적 광경을 지니는데, 상당히 다른 색깔을 지닌 두 조류의 상호작용을 나타낸다.

다시 말해서 두 조류란 운명적으로 구속하고 있는 것과 프리드리히의 내면이 품은 성향의 것으로, 이 둘은 한곳으로 흘러들어가 점진적으로 조화를 이룰 수밖에 없었다.

---

66) 346쪽 참조. 이 세상은 카드게임으로 사기꾼과 정직한 플레이어가 나란히 앉아 있다. 군주는 사기꾼의 수법을 알고 있어야 하는데, 자기 자신이 그것을 이용하기 위해서가 아니라 속지 않기 위해서이다. 비슷한 말은 294쪽에도 있다.
67) 첼러, 『철학자 프리드리히 대왕』, 94~95쪽; 마드작, 『반마키아벨리론』, 99쪽 이하.

* * *

    프리드리히는 행동하는 인간은 사고하는 인간이 자기에게 세워놓은 울타리를 뛰어넘게 되리라는 것을 곧 경험하게 된다. '명예와의 랑데부'인 슐레지엔을 침략하기 위한 결기라든가, 마리아 테레지아에게 제시했던 영토권 주장, 클라인슈넬렌도르프의 협정, 브레슬라우와 드레스덴의 두 평화조약시 동맹국에 대해서 취했던 태도 등을, 『고찰』의 끝부분과 『반마키아벨리론』에서 자신이 정한 기준에 엄격히 비추어 살펴본다면 서로 맞지 않는 점을 상당히 발견하게 될 것이다.

    프리드리히가 슐레지엔의 대부분의 영토에 대한 주장이 정당하다고 확신했던 것은 사실이다. 그러나 이러한 권리에 대한 확신이 실질적으로 결정을 내리게 했을까. 그보다는 그가 표현한 것처럼 이곳의 영토를 획득하는 것이 "브란덴부르크가에 매우 유용하다"는 인식에서 비롯된 것이 아니었을까.[68] 프리드리히가 대체로 그러했듯이 이 경우에도 상속계약과 특권 등에서 나온 왕가의 모든 '권리'를 강력히 주장했을 때, 그가 자신의 마음속에서 몰아내고 자신의 국가사상도 그것을 넘어서 성장한 저 왕조적이며 영방적인 세계의 상황을 이용했음이 우선 지적되어야 한다.[69] 그는 이와 같은 '권리'들을 내세움으로써 자신에게 도

---

68) 『정치서간집』, 제1권, 90쪽. 단편으로만 보존되어 있는 1743년의 『나의 시대의 역사』 제1판에 다음과 같이 기술되어 있다. "야심이나 이해, 자기의 명성을 위해 전쟁이 결의되었다." 드로이젠, 『프리드리히 대왕의 산문서의 서지고(書誌考)』(*Beitr. zu einer Bibliographie der prosaischen Schriften Friedrichs d. Gr.*), 제2장, 30쪽; 코저, 『프리드리히 대왕사』, 제5판, 제1권, 253쪽도 참조. 훗날 『7년전쟁사』(*Histoire de la guerre de sept ans*, 『저작집』, 제4권, 25쪽)에서는 이렇게 기술되었다. "군주 사이에 불화가 일어나기 앞서 그들을 억제하는 것은 선언서의 내용이 아니다. 그들은 결의하고 싸우며, 자신을 정당화하는 수고는 법률가에게 맡긴다." 『저작집』 제9권, 81~82쪽도 참조.

69) 이 말은 이미 페허너, 「프리드리히 대왕의 대외정책」, (『브레슬라우 유하니스 김나지움 연보』, 1876) 11쪽 이하에 언급되어 있다.

덕적인 확신을 부여했으며, 당시 관행에 따라 진정한 동기나 자신의 '편의의 권리'라고 불렀던 것을 내세웠던 것이다.

갑자기 결기했을 때 그는 복잡한 법적 문제에 관해서는 거의 신경을 쓰지 않았다. 1740년 11월 7일에 지적했듯이, 이것은 대신들이 해야 할 일이었다. 군대에 대한 명령이 내려져 있으므로 거기에 비밀스럽게 종사할 시기이다. 이것이야말로 국가이성이 내리는 명령의 소리였다. 이후 그 소리는 그의 정치적 편지 전체에 면면히 흐른다. 그러나 이런 편지만 가지고는 그의 또다른 정신세계나 내적인 의지가 지닌 모순과 좌절에 관해서 사람들은 알 수 없을 것이다. 오로지 프로이센의 권력 이해관계와 그를 지키려는 영웅적인 야망에 이끌려 나아갔다.

그는 제1차 슐레지엔 전쟁의 혼란 이후 처음 한숨을 돌리게 된 1742년 6월 18일, 쿠텐베르크의 진영에서 친구에게 다음과 같은 편지를 써서 보냈다. "그대는 전쟁의 모든 상처에 대한 치유를 말하는데, 만약 세상에서 두 가지 무서운 것, 즉 이권과 야망을 없애지 못한다면 어떤 것도 이룩할 수 없을 것이다."[70]

여기에서도 그에게서 자주 볼 수 있는 열정적인 감정이 계몽주의의 용어법을 통해 나타난다. 프로이센의 국가 이해를 위한 담당자로서 프리드리히는 자기 자신이 자유롭지 않다고 느꼈으며, 또 자기를 충동질한 마신(魔神)으로 인해 마음속으로는 분노도 느꼈다. 마신은 분명히 이중적이었으며, 상당히 객관적이며 즉물적인 존재이고, 자국의 생존을 위해서 뿐만 아니라 주관적이고 인격적인 것, 다시 말해 야망, 명예에 대한 바람, 권력의 쾌락을 의미했다. 이 모든 것은 철학자이자 사색적인 인간으로서 프리드리히가 비난해야 했던 것이며, 마키아벨리에 대해서도 매우 강력하게 비난했다.

---

70) 「요르단에서 보낸 편지」(『저작집』, 제17권, 229쪽). 마찬가지로 「볼테르에게 보낸 편지」, 1742년 6월 18일자 (코저·드로이젠 엮음, 『프리드리히 대왕과 볼테르의 왕복서간집』, 제2권, 130쪽).

이제 프리드리히는 행동하는 자는 비양심적이 된다는 점을 인식하지 않을 수 없었다. '이해관계'는 생명력으로서, 그 속에 깨끗한 요소와 그렇지 못한 요소가 함께 섞여 있다. 그것을 순화시키려는 모든 노력이 비록 헛되지는 않았으나 결코 완전한 성공을 이룩할 수 없다는 점이 사실이다. 인간적이며 이기적인 동기들의 찌꺼기는 이 세상 모든 것에 남았으며, 무엇보다 즉물적인 국가행위 속에도 남았다.

사실 프리드리히는 자신이 사는 시대의 사상과 개성에 따라 이와 같은 인식을 달리 표현할 수밖에 없었다. 물론 자기 자신에 대해 정직하며 '천성적으로 거짓말을 적대시한'[71] 그는 그것을 표현하는 데 순간에 몸을 맡겨, 황태자였을 당시 『고찰』과 『반마키아벨리론』에서 했던 것처럼 자신의 다양한 사상세계에서 임기응변의 입장으로 차례차례 자기 행위를 관찰할 수밖에 없었다.

1743년에 한 고백, 1742년 6월 15일에 요르단에게 보낸 편지, 1년 뒤 『나의 시대의 역사』 제1판의 서문 등에서 이러한 면을 찾아볼 수 있다.[72] 첫 번째 고백은 브레슬라우 단독강화를 체결하면서 동맹국인 프랑스를 곤경에 내버려두었던 자신의 행위를 동시대인을 향해 정당화하기 위한 것이었다. 두 번째는 후세를 위해 썼다. 그 결과 더 자유롭고 직설적이며 명료한 태도를 취하면서 내적인 이중성을 표현하고 있다.

첫 번째 고백은 『반마키아벨리론』의 노선에서 좀더 나아가고 있는데, 더 성숙하고 실제적인 면모를 띤다. 프리드리히는 여기서, 나는 첫 번째 실수에서 가장 강력한 동맹국에서 버림을 받게 될 것이며, 전쟁을 계속함으로써 정복지를 잃고 나의 인민들을 몰락시키게 될 것이라는 점을 두려워하지 않을 수 없다는 상황적 필요성으로 인해 나의 행동은 정당성을 입증받고 있다고 말한다. 또한 프리드리히는 처음으로 사인

---

71) 『마키아벨리의 『군주론』에 대한 반론』(『저작집』, 제8권, 277쪽).

72) 『저작집』, 제17권, 226쪽; 퀸첼, 『호엔촐레른가의 정치적 유서』(*Polit. Testamente der Hohenzollern*), 제2권, 85쪽.

의 윤리와 군주의 의무, 즉 군주는 자기의 개인적인 이익보다 사회의 복지—군주는 자신을 희생해야 한다—를 우선으로 해야 한다는 의무를 분명하게 개념적으로 구분했다. 동시에 한몫 잡은 후 재빨리 판에서 물러나는 노름꾼의 비유처럼 자신의 행위는 자연적인 동기와 혼합되었음을 암시해주었다.

그러나 정말로 그의 행위 속에서 국가의 도덕적인 희생적 신념을 지닌 동기들과 도박꾼의 일반적인 약삭빠름을 명백히 구분해낼 수 있을까. 그 동기들은 합류해 국가이성의 가장 강력한 뿌리인 자기 보존이라는 원초적인 충동으로 주로 조성되는 정치적 행동의 불가사의한 강제력이 되었다. 여기서 해결 방안은 다만 망치가 될 것인가 모루가 될 것인가를 선택해야만 한다는 것이었다. 만약 내가 속이는 것을 삼간다면, 물리적으로 나보다 우월하고 양심의 가책도 받지 않고 나를 악용할 동맹국에게 나는 기만을 당한다—바로 이 점이 프리드리히가 클라인슈넬렌도르프의 협정이나 브레슬라우의 단독 강화를 체결한 가장 중요한 동기였다.

여기서 순수하게 유용성을 기준으로 평가해볼 때 당시 그의 행동이 정치적으로 적당했는가, 여러 면에서 이중성을 띠지 않았던가 하는 것을 살펴볼 필요는 없겠다. 우리가 관심을 기울이는 것은 프리드리히의 국가이성의 본질이지 직접적인 성과는 아니기 때문이다. 그러나 프리드리히의 결심, 즉 그 자신이 마키아벨리즘적으로 행동하는 세계 속에서 마키아벨리즘적으로 행동하고자 한 프리드리히의 결심은 제우스의 머리에서 미네르바가 태어난 것처럼 이 세계의 일격 아래 번개처럼, 그것도 완성된 형태로 갑자기 발생했다. 그는 대신의 한 사람인 포데빌스에게 이런 식으로 자기를 행동하게 만든 이 세계를 마음속으로는 경멸하는 한편, 단호함을 나타내면서 '그러면 사기꾼이 되자'고 말했다.[73]

---

73) "정직한 인간으로 인해 덕을 본다면 우리는 그렇게 되리라. 또 속여야 한다면 사기꾼이 되자." 1741년 5월 12일(『정치서간집』, 제1권, 245쪽). 당시의 비슷

또한 당시 프리드리히는 후세가 자기를 그렇게 평가해주기를 원했다. 그는 1743년 『나의 시대의 역사』 「서문」에서 다음과 같이 쓰기도 했다.

나는 후손들이 내 속에 있는 철학자와 군주, 예의바른 인간과 정치가를 구분해주길 바란다. 내가 유럽의 거대한 정치적 소용돌이에 휩쓸리게 되었을 때, 순수성과 예의를 유지하기가 대단히 어려웠다는 점을 고백한다. 군주는 끊임없이 동맹국에게 배반당하고 친구에게서 버림받으며 질시로 인해서 영락하는 위험에 처해진 자신을 볼 것이다. 또한 결국 그는 국민을 희생할 것인가 자기의 말을 버릴 것인가 하는 끔찍스런 결정을 내릴 수밖에 없게 된다.

가장 작은 나라에서 가장 큰 나라에 이르기까지 자기 나라를 확대하고자 하는 원칙이야말로 통치의 기본적인 법칙임을 고려해야 한다. 바로 이 열정은 바티칸이 세계적인 전제주의를 꿈꾸는 것과 마찬가지로 모든 내각 속에 깊이 뿌리박혀 있다.

군주들의 이러한 열정을 억제하기 위해서는 권력을 제한하는 수밖에 없다. 바로 이것이 모든 정치인이 따르는 유럽 정치에서 불변의 법칙이다. 만약 한 나라의 군주가 주변국보다 자기의 이익에 신경을 덜 쓰면 주변국들이 더욱 강해질 뿐이다. 그리고 그는 더 고결해질지는 모르나 더욱 약해지고 만다. ……진실로 말하자면 조약이란 사기와 비(非)신의성을 확인하는 것에 불과하다.[74]

한 말로는 "사기꾼들을 속여라."(같은 책, 255쪽) 및 "속을 바에는 오히려 속이자."

74) 이에 관해서는 1745년 2월 28일 헤이그의 포데빌스에게 보낸 훈령(『정치서간집』, 제4권, 67쪽 이하)도 참조. 이에 관해서는 1745년 2월 28일의 하그에서 포데빌스에게 보낸 훈령(『정치적 서간집』 제40권 67쪽 이하) 및 『역사잡지』 제43권 97쪽 이하의 코저도 참조.

이와 같은 인식 때문에 프리드리히는 『고찰』의 자연주의적 관점으로 되돌아가게 되었으며, 권력정책을 계몽주의의 이상에 종속시키려는 『반마키아벨리론』의 ―당시 반드시 시종일관하지는 못했던― 시도를 포기한다. 그리고 두 세계의 비타협적인 이원론, 즉 권력정책의 세계가 지닌 자주적인 특성을 솔직하게 인정한다. 그는 자신이 『반마키아벨리론』에서 권력정책을 마구 비난한 적이 있었다고 솔직하게 고백하기도 했다.

이제 그는 계몽주의의 태양이 정치 분야의 어둠에 싸인 야만적 면모를 극복하는 데 성공하지 못했음을 인정하지 않을 수 없다. 조만간 가능하게 될 것이라고―지나치게 확신을 담지는 않으나―언급하기는 했다. 그러나 체념이 섞인 낮은 목소리로, 확신하기보다는 기원하는 입장에서 말했다. "우리는 언젠가 더 계몽된 시대가 도래하고 선의가 그에 알맞은 명성을 얻게 될 때가 오리라는 것을 믿어야 한다."

그가 의무적으로 이러한 희망을 품으면서 기초로 삼았던 현실적인 역사적 징후를 이전에는 야만적이고 관습적이었던 노골적인 권력정책의 수단이 오늘날 문명화된 동시대인들 사이에서 강력한 분노를 유발하게 될 것이라는 점에서 찾은 것은 정확하나 별로 중요하지 않은 관찰에만 국한되었다.

프리드리히가 황태자 시절에 썼던 글들과 1743년에 쓴 「서문」 역시 이와 같은 청년다운 급진주의로 가득 차 있다. 후자에는 사람을 흥분시키는 삶의 부침(浮沈)이나 결단이 가득했던 첫번째 전쟁의 두고두고 남는 공포에 대한 체험도 포함된다. 이와 같은 심리적 당혹감이 극도로 무자비한 고백을 유도했던 것이다. 이를 통해서 이제 그는 자신이 도덕적 세계로부터 물러날 생각을 전혀 하지 않았음을 드러내기도 했다.

그는 도덕적 세계의 법칙은 다리를 놓을 수 없는 심연에 의해서 도덕세계로부터 분리된 것으로 보이는 이 영역에서뿐만 아니라 더 폭넓게 유효하다고 보았다. 또한 그는 변함없이 도덕적인 감각을 지니고, 도덕적으로 행동하고 싶어 했기 때문에 『반마키아벨리론』의 기초를 이룬 감정들이 때로 그의 내면에서 다시 불타오를 수도 있었다.[75] 그러나 훗날 그는 때로 조약의 이행문제를 다루면서 매우 신중한 태도를 취하지만, 권력정책에 관한 기본적인 입장은 결코 변하지 않았다. 권력정책은 실질적인 관점에서 볼 때 늑대들과 함께 울부짖는 일 외에는 다른 방도가 없는 기본적이며 자연스러운 불변의 것이었다.

그는 1752년 『정치적 유서』에서 실제로 『반마키아벨리론』의 기본적인 주제와 명백하게 결별하기도 한다.[76] "마키아벨리는 야심적인 열강으로 둘러싸인 청렴한 국가는 조만간 반드시 멸망당할 것이라고 말했다. 이러한 지적이 나를 괴롭히지만 마키아벨리가 옳다고 고백하지 않을 수 없다." 그로부터 16년 뒤, 권력과 생존을 위한 거대한 투쟁을 마감한 후 그는 왕위계승자에게 조언을 한다. "그대의 마음에 깊이 새겨두어라. 영토 확장계획을 품지 않는 위대한 군주는 없다."[77]

1752년에 나온 『정치적 유서』에는 다음과 같은 선언이 뒤따라온다. "군주는 당연히 야심을 품어야 한다. 그러나 그 야심은 현명하면서 적당해야 하며, 이성에 따라 계몽되어야 한다." 여기에서 사람들은 윤리적 성향을 발견할 것이다. 권력정책을 윤리화함이 아니라 합리화하려는 의도였다. 여기서 그가 생각한 것은 그가 철학으로서 신봉한 18세기 이성이 아니라 리슐리외가 정치의 사표(師表)로 끌어올려놓은 최고 합목적성의 원리를 뜻했던 '이성의 여신'이었다.[78]

프리드리히는 관방정치(官房政治)의 대가들과 경합해 누구보다 능란한 게임을 하겠다는 야심을 안고 제1차 슐레지엔 전쟁을 시작했다. 이러한 야심은 그가 1742년 오스트리아와 클라인슈넬렌도르프 협정을

---

75) 이 점에 관해서는 『저작집』, 제15권, 138쪽(1760)과 제24권, 322쪽(「작센의 선제후비에게 보내는 편지」, 1779년 5월 29일자)을 참조.

76) 59쪽.

77) 앞의 책, 200쪽. 또 1763년 12월 2일 작센 선제후비에게 보낸 다음과 같은 말도 참조. "군주의 율법은 최강자의 원리이다."(『저작집』, 제24권, 56쪽)

78) 앞의 책, 198쪽 참조.

맺어 오스트리아 왕가를 심각한 위기에서 구해낸, 여러 갈래로 뒤얽힌 사정 등에서 나타난다. 그러나 다름 아닌 이 협정과 브레슬라우 및 드레스덴 단독 강화조약은 확실한 동맹국으로서 그의 정치적 신뢰를 약화시키기도 했다. 프리드리히 자신이 『반마키아벨리론』에서 예상되는 결과로 조약 파기에 관해 예언했던 것과 똑같은 결과에 이른다. 그는 이러한 사실에서 조약 파기의 수단은 극도로 조심성을 지니는 동시에 매우 자제하면서 사용되어야 한다는 교훈을 추론해냈다.

1743년과 1746년 『나의 시대의 역사』 두 「서문」에서 상당히 무뚝뚝하고 솔직하게 기술되어 있다. 특히 후자는 조금 온건한 성향을 띠고 일반적으로 없어서는 안 될 통치방법의 하나로 협약의 파기 행위를 정당화하는 데 만족한다. 이에 비해 1752년과 1768년 『정치적 유서』와 1775년 『나의 시대의 역사』 제3판의 「서문」에서는 같은 문제를 논의하면서, 협약의 파기라는 위험한 방법을 강력하게 제한해 절대 필요한 경우에만 사용할 수 있다고 주장했다. 이러한 행동은 어떤 처방을 생각없이 사용했다가 두 가지 효과에 당황해서 그 후부터는 오직 일정한 전제와 예방 아래서만 사용하는 의사와 같았다.

그는 1752년 『정치적 유서』에서 말한다. "중대한 이유가 있을 때에만 조약의 파기를 허용할 수 있다. 만약 그대의 동맹국들이 단독으로 강화조약을 체결할 것이라는 위험을 느낄 때, 그대가 동맹국들을 앞지를 수 있는 시간과 수단이 있다면, 또는 돈이 없어서 전쟁을 계속하지 못하게 될 경우나 마지막으로 매우 중대한 이익이 그것을 요구할 경우 그대는 조약을 부득이 파기해도 무방하다. 그러나 이러한 종류의 행위는 평생에 한두 번 있을 수 있지, 매일 의존할 수 있는 구제책은 아니다."[79]

1768년 『정치적 유서』에서는 다음과 같이 말한다.[80]

---

79) 76쪽.
80) 212쪽.

이른바 거대한 쿠데타가 언제 허용되는가를 결정하는 것은 매우 중대한 문제이다. ……나는 쿠데타라는 표현을 모호하게 하는데, 실은 타인들을 기만하는 것이 허용되는 때를 가리킨다. 이것을 합법적이라고 생각하는 사람들은 악당들과 협약을 체결했던 것뿐이니 그들에게 앙갚음을 하는 것이 허용될 수 있다는 견해를 바탕으로 한다. 그러나 다른 사람들은 사실 무뢰한들은 자기 자신을 불신하며, 추기경 마자랭조차 큰 문제뿐만 아니라 별로 중요하지도 않은 소소한 문제에서도 사기를 침으로써 심각한 정치적 실책을 저질렀다고 믿는다. 나는 사람들은 가능한 한 절대로 공정한 길에서 벗어나지 말아야 한다고 생각한다. 다른 군주가 정도(正道)에서 벗어났다는 것을 알게 되었을 때 사람들이 똑같은 방법으로 군주에게 앙갚음을 하는 것은 당연하다. 또 자신의 의무를 태만히 할 수 있는 경우가 있다면 국가의 안전이나 더 큰 복지가 그것을 요구하는 경우이다.

마지막으로 1775년 『나의 시대의 역사』의 「서문」에서는 다음과 같이 언급했다.[81]

군주는 항상 국가의 이해관계에 의해서 인도되어야 한다. 동맹관계가 파기되는 경우는 다음과 같다. 첫째, 동맹국이 자신의 의무를 태만히 할 경우. 둘째, 동맹국의 군주가 당신을 기만하려는 생각을 품을 경우. 그리고 그를 앞질러서 제압하는 것 외에는 다른 방도가 없을 경우. 셋째, 불가항력에 의해서 당신의 조약을 파기해야만 할 경우. 넷째, 전쟁을 계속할 수 있는 수단이 결여될 경우이다. 저주스러운 돈이야말로 모든 것에 치명적인 영향력을 행사하기 때문이다. 군

---

81) 『저작집』, 제2권, 서문의 25쪽. 그에 대해서는 모이젤(Meusel), 『역사적 · 정치적 저술가로서의 프리드리히 대왕』(*Friedrich d. Gr. als historisch-politischer Schriftsteller*, 『프로이센 연감』, 제120권, 505쪽).

주는 자원의 노예이며, 국가의 이익은 그의 법이다. 또한 이 법은 위반되지 않을 것이다.

여기서 우리는 이 해결법의 미미하지만 중요하다고 할 변형이나 수정을 살펴볼 필요는 없겠다. 사람들은 결국 프리드리히가 어느 정도는 『반마키아벨리론』의 관점으로 되돌아간 것이며, 가장 현명한 길은 원칙적으로 도덕적 의무의 중요성을 인정하면서도 필요에 따라 예외 사항을 정해놓은 것이라고 믿게 되었다는 점을 언급한 바 있다.[82] 1743년에 쓴 「서문」의 자연주의적인 태도와 비교해볼 때 앞에서 언급한 세 경우에서는 조약에 대한 신의가 근본적이다. 일반적으로 그러나 그것은 다른 문맥과 기반 위에서 유지되어야 한다는 도덕적인 요구가 다시 나타나 있다. 『반마키아벨리론』에서 도덕적 요구는 폭넓은 도덕적 기반에서 나왔으며, 그 요구를 제한하는 긴급권의 유보—정치적으로 숙달한 왕위계승자가 신중히 처리했다—도 매우 비실제적인 도덕적 겉치레로 노골성을 감추고 있었다.

그러나 1752년, 1768년 그리고 1775년에 쓴 글에서는 이 문제가 국가의 유용성을 기반으로 하여 논의된다. 조약을 지키라는 도덕적인 요구는 기본적인 규칙으로 인정된다. 그것이 현명하고 합목적적이기 때문에, 국가이성 자체가 그것을 요구하기 때문이라는 것이다. 오직 한 가지만이 수용될 것이다. 1743년의 「서문」에서는 프리드리히 속에 내재해 있던 철학자와 정치가가 빈축하며 서로 분리해 각각 독자적인 길을 갔지만, 이제 정치가는 철학자와 다시 한 번 손을 내밀고, 자신을 갖고 철학자에게 말할 수 있게 되었다. 즉 그 자신의 이성적인 요구는 그를 철학자에 가깝게 해줄 것이며, 이는 그를 무척 만족시켜줄 것이다. 그러나 '불가항력'이나 국가를 위한 더 큰 이익이 그를 다시 마키아벨

---

82) 힌체, 『7년전쟁 후의 프리드리히 대왕과 1768년의 정치적 유서』(『브란덴부르크 및 프로이센사 연구』, 제32권, 26쪽). 또 모이젤의 앞의 책, 512쪽 참조.

리의 영역으로 불러와야만 한다면, 그는 그곳을 즉시 떠나야 할 것이라는 점을 확신할 수 있었다.

만약 프리드리히의 조약 신의와 조약 파기의 발전 과정에서 세 단계를 서로 대비해본다면, 그것이 헤겔의 변증법적 법칙에 의해서 지배됨을 확실하게 알 것이다. 앞의 단계는 모두 다음 단계로 '지양'된다. 단지 극복될 뿐만 아니라 계속 작용해 나아간다. 세 번째 단계는 결코 직접 제1단계로 되돌아가는 것은 아니나 두 번째 단계 자체의 추진력에 의해서 다시 한 번 제1단계에 접근한다. 그러나 제1의 단계 위에 이념에서 조화된 '대자'(對自, Für sich)를 드디어 이루었다는 기쁨은 생기지 않는다. 이 단계에서도 도덕성과 권력정책 사이의 오랜 갈등은 피상적이며 공리주의적으로만 해결된 것으로 보일 뿐 진실로 해결된 것은 아니다.

그러나 이 문제에 대해 프리드리히가 행한 서로 다른 논의 속에는 또 다른 발전 계열이 존재한다. 이것을 이제까지 옆으로 치워놓았던 것이나, 이제는 우리가 이 문제의 내면을 이해하는 데 도움을 주리라는 희망에서 끌어내야만 하겠다. 이 발전 계열에도 권력의 요소와 계몽주의의 요소, 이념적인 것과 원초적인 것 사이의 타협이 존재한다. 여기에서는 위와 같은 것들이 매우 가깝게 있는 것으로 보이며, 일반적으로 사람들은 여기에서 프리드리히의 사상세계에서 조화로운 결합점뿐만 아니라 프리드리히의 발전의 모든 단계에 존재하는 듯 보이는 결합점도 발견할 수 있다고 생각한다.

사실 프리드리히는 늑대들과 더불어 울부짖을 필요가 있는 단순히 자연주의적인 동기보다는 조약 파기의 더 깊은 기본 원리를 찾고자 늘 애썼다. 조약 파기 행위를 정당화할 『반마키아벨리론』에서는 그와 같은 일을 할 수밖에 없게 만드는 '극히 거대한 필연성'이라는 막연하고 분명치 않은, 그러나 강력한 개념 이외에 그의 의무가 되고 있는 '국민의 안전'에 관해서도 강조했다. 1742년 이 행위를 하고 나서 프리드리히는 외쳤다. "과연 내 인민들을 재난에 빠뜨려야 하는가!"

이제 그가 정한 원칙, 즉 군주는 인민을 위해서 자신과 사적 윤리를 희생할 의무가 있다는 원칙은 완전히 다른 자연주의적 성격을 띠는 1743년 『나의 시대의 역사』의 「서문」과 뒤섞였다. 1746년 두 번째 「서문」에서는 침착하면서도 철저하게 논의된다. 프리드리히는 말한다. 각 개인은 어떠한 상황에서도 약속을 지켜야 하는데, "명예가 이해보다 우선하기 때문이다. 그러나 지켜야 할 의무를 지닌 것이 아니다. 단독으로 의무를 지닌다면 그는 사인(私人)의 입장이라고 할 것이다. 그보다는 그가 많은 국가나 주(州)를 수많은 불행의 위험에 노출시키고 있다는 것이 훨씬 타당할 것이다. 그러므로 인민들이 파멸하는 것보다는 군주가 협약을 파괴하는 편이 낫다."[83]

그는 『반마키아벨리론』[84]에서 만약 외과의사가 썩어 들어가는 팔을 절단하기를 망설인다면 그는 우스울 정도로 소심하게 행동하는 것으로 보이지 않겠는가 하는 비유를 통해서도 이 점을 명백하게 제시하고자 했다. 조심스럽게 수정해 만년의 분위기와 보조를 맞춘 1775년 『나의 시대의 역사』의 「서문」에서는 이와 같이 미숙한 비유를 생략했다. "나라가 망하는 게 나은가, 군주가 협약을 파기하는 편이 나은가"라는 질문을 반복한다. 그 해답으로 "신민의 안전을 위해 군주는 자신을 희생해야 한다"[85]고 주장한다.

이상한 일이지만 지금까지 누구도 이와 같은 정식화(定式化) 속에 계몽주의적 인도주의의 특징이 존재한다는 사실을 고려하지 않았으며, 이로부터 발생하는 중요한 문제들을 간과해왔다. 계몽주의에 의해 설정되었으며, 그가 전적으로 개인주의적으로 표현한 국가의 목적——신민의 행복을 증진시킨다는 목적——은 개인적 윤리의 심각한 파탄을 정당화하는 데 이용되었다. 따라서 증명되어야만 했던 논제와 증명이 의

---

83) 1746년의 『나의 시대의 역사』(프로이센 국가 고문서관판, 제4권, 155쪽).
84) 『저작집』, 제8권, 172쪽.
85) 『저작집』, 제2권, 서문의 26~27쪽.

존한 기반은 각각 이질적인 영역에서 나왔다. 과연 이것이 논쟁의 내적인 타당성을 붕괴시킬 수 있었을까. 바꾸어 말해서 순전한 권력정책과 국가이성의 주요 부분, 핵심적 부분, 즉 조약을 파괴하는 행위를 그것이 신민의 행복을 보장하기 위한 불가결한 방법이라는 점을 충분히 논증할 수 있었던가. 또한 극히 드물고 위급한 경우에 한한다고 하더라도 가능했던가.

대개 이것은 가능했다. 브레슬라우와 드레스덴의 경우에서 보듯, 한 조약을 파괴함으로써 체결할 수 있었던 단독 강화조약은 더 큰 전쟁의 피해와 막대한 재난에서 국민들을 구해냈다. 그러나 이 경우와 기타 유사한 경우들에서 조약 파괴를 결정하게끔 한 첫 번째 요인이 과연 인도주의적 동기였는가 하는 점은 늘 의문의 여지를 남긴다. 더구나 프리드리히는 권력정책이 국가의 영토적 안정성을 보장한다는 이유로, 그것이 신민을 행복하게 만들기 위한 물리적 수단도 보장한다고 주장할 수 있었으며, 또 사실 자주 그렇게 했다.[86]

"만약 군주가 영토를 잃는다면 더는 전과 같이 신민들을 도와줄 수 있는 지위에 서지 못한다."

내정에서 궁핍한 재력으로써 가부장적인 복지정책을 시행하고자 했던 프리드리히는 이 같은 점을 강하게 느꼈다. 뿐만 아니라 인도주의적인 동기는 국가 전체의 물질적인 복지에 불가결한 새로운 영토 확보의 이유로 합당하기도 했다. 그러나 그 경우 그처럼 절실한 조약 파괴 행위의 '필수조건'이어야 했던 강제적 필연성이 언제나 지배하고 있었을까. 만약 인도주의적인 동기가 그토록 중요하다면 위협을 당하거나 문제가 되는 지역들이 다른 통치권 밑에서도 평화롭고 행복하게 살 수는 없는 것일까. 정말 순수하게 계몽주의를 대표하는 사람이라면 국민의 복지에만 관심을 기울이므로 어떤 지역이 어떤 나라에 속하는가 하는

---

86) 「통치의 여러 형태에 관한 시론」(『저작집』, 제9권, 200쪽); 「조국애에 관한 편지」(Lettres sur l'amour de la patrie), 1779(『저작집』 제9권, 221쪽).

문제에 대해서는 완전히 무관심해야 하는 것이다. 따라서 프리드리히는 『반마키아벨리론』에서 인도주의적인 목적을 근거로 새로운 영토를 획득하는 일은 허용되지 않는다는 점을 철저하게 인정했다.

"한 군주의 새로운 정복 행위는 이미 그가 소유하고 있는 국가를 풍요롭거나 부유하게 만들어주지 않는다. 이런 정복은 국민들에게 어떤 이익도 되지 않기 때문이다."[87]

그렇다면 프리드리히가 소유한 전래(傳來)의 지역들과 슐레지엔이 작센과 오스트리아의 통치 아래에서도 똑같이 융성할 수 없었을 것인가 하는 의문을 제기해볼 수 있을 것이다. 위대한 군주로서 그는 모든 역사적 진리의 힘을 빌려 이러한 물음을 부정할 수 있었을 것이다. 한편 당대의 사고방식만을 사용한 사상가로서 그는 난처한 입장에 빠지게 되었을 것이다.

1793년, 계몽주의를 정치적인 출발점으로 삼았던 피히테는 장래 알자스와 로렌 출신의 예술가와 농부가 지리 교과서에서 독일 제국의 치하에 있는 자기 도시와 촌락을 발견하는 것이 과연 그렇게 크게 중요한가 하고 신랄하게 물었다. 간단히 말해서 계몽주의의 개인주의적이며 비정치적인 윤리는, 프리드리히가 신민의 복지와 행복을 근거로 하여 조약 파기의 국가이성 및 권력정책 일반을 제시하면서 이용하고자 했던 목적에는 별로 쓸모가 없었다. 이런 목적에 이용할 수 있는 유일한 방법은 불일치를 만들어내는 것뿐이었다.

그러므로 훗날 프리드리히가 조약 파기문제를 언급하면서 계몽주의 시대로부터 널리 행해지던 표현방식, 즉 최고 가치로서 인민이나 신민의 행복을 논하는 방식에 덧붙여 자신이 그토록 강하게 느끼던 것을 이

---

87) 『저작집』, 제8권, 171쪽. 법적인 영토권 주장이 도덕적으로 합당한 전쟁 동기가 될 수 없다는 계몽주의적 사상은, 인민들이 어떤 군주에게 속하는가 하는 것은 인민의 복지와 무관하다는 사실 때문에 당시 매우 널리 퍼져 있었다. 드라비(de Lavie), 『국가론』(Des corps politiques), 1776, 제2권, 136쪽 참조.

전과는 다르게 더 의미심장하면서 훌륭한 방식으로 표현하게 되었다는 사실은 주목할 만하다. 여태까지 인민과 신민에 대해서 논했던 그 자리에 국가 자체가 때로 놓이게 되었다.

1768년 『정치적 유서』에서는 "국가의 안전과 더 큰 복지"가 특별한 상황 아래에서는 조약 파기를 요구한다고 씌어져 있다. 1775년 「서문」에서는 내용이 더 뚜렷하게 표현되어 있다. 조약 파기에 관한 첫 번째 구절을 보면, "국가의 이해야말로 군주가 지켜야 할 법칙이다. ……이는 불가침이다."

따라서 여기서 필요할 경우 조약을 파기할 수 있는 긴급권과 권력정책을 정당화하는 유일한 기반을 찾는다. 위기 상황에서 자신을 보존하기 위해 살아 있는 한 개체로서 국가는 각 개인에게 적용되는 윤리에 의해서 비난받는 방법의 사용 권리를 주장할 수 있었다. 더구나 국가라는 존재는 또한 계몽주의가 인민이나 신민이라는 말로써 이해하는 것과는 달랐다. 당시만 해도 국가는 19세기의 국가 위상과는 달리 인민과 나란히, 인민 위에 서 있었다. 그러나 당시 국가는 더는 한 왕조의 단순한 권력기구가 아니었으며, 비록 왕조적인 방법으로 창출되기는 했으나 그 단계를 뛰어넘어 성장한 살아 있는 거대한 개체였다.

여기서 우리는 프리드리히가 군주의 사명에 관한 이념에서 왕조적인 요소를 거의 제거해버렸다는 특징적 사실을 다시 한 번 상기해야만 할 것이다. 처음부터 그는 자신이 어떤 더 높은 거대한 존재의 도구임을 본능적으로 느꼈다. 『반마키아벨리론』에서는 자신을 아직 '인민의 제1 공복'[88]이라고 부르는데, 나중에 가면 '국가의 제1 공복'[89]이라는 문구

---

88) 볼테르의 『반마키아벨리론』, 제2판에서는 이 단어가 '장'(長, magistrat)으로 바뀌어 있다. 하이데만, 『프리드리히 대왕의 반마키아벨리론』(『역사잡지』, 1922, 66쪽)을 참조. 볼테르가 마음대로 문구를 바꾸었다기보다는 프리드리히의 원고를 기초로 해서 바꾸었다고 생각된다(위의 책, 326쪽, 주 4번 참조).

89) 처음의 1747년에는 '국가의 제1의 공복이며 제1의 장'(『저작집』, 제1권, 123쪽)으로 되어 있고, 1752년에는 '국가의 제1의 공복'(『정치적 유서』, 38쪽),

가 등장한다. 언뜻 보기에 앞의 것이 뒤의 것보다는 어조에서 더 근대적이고 민족적인 것 같으나, 사실 우리가 이제 알게 되듯이 그렇지 않다. 여기서 말하는 '인민'이란 단지 주민을 뜻하는 것일 뿐 진정한 국민을 의미하는 것이 아니다. 하나의 개념으로서 '인민'이라는 단어는 개성적이고 역사적인 방식으로 이해되지 못했으며, 인도주의적이고 합리주의적인 개념에 불과했다.

프리드리히의 사고방식과 표현방식에서 나타난 '인민'에서 '국가'로 전환함은 근대적인 사고와 근대적인 국민국가로 향하고자 하는 움직임이다. 그것은 합리주의적인 방식으로는 더 이상 표현할 수 없으며 역사적으로 파악되어야만 하는 거대한 삶의 통일체에 대한 인식으로 이끌어주었기 때문이다. 이러한 통일체를 이해하는 것이야말로 근대정신의 주요한 능력이다. 또한 프리드리히에게서 나타나는 전환은 근대국가로 향한 움직임을 제시해주었으니, 그의 '국가'야말로 내부에서 단순한 주민들을 삶의 의지를 지닌 진정한 국민으로 결합시킨 확고한 형태를 최초로 창출했기 때문이다.

인도(人道)에 관한 계몽주의의 이상은 이성적인 개인의 이상으로 발전했다. 각 개인 속에 본래 내재된 이성을 보편적으로 타당한 것으로 보고 전 세계를 이성으로써 보편적으로 포용하는 것으로, 그 결과 국가 개성의 역사적이며 정치적인 중간 권력을 완전히 이해하지 못하고, 실제적인 면에서만 움직이고 인정받게끔 할 수 있었다. 이 점이 프리드리히가 내적으로 철학자와 군주 사이에서 이중성을 보이게 된 요인이었다.

그러나 그는 인생과 경험을 쌓아나가면서 국가를 우월하며 강제적인

1757년에는 '(인민의) 제1의 대신'(『저작집』, 제27권, 제3장, 279쪽), 1766년에는 '국민의 제1의 장'(『저작집』, 제24권, 109쪽), 1777년에는 '국가 제1의 공복'(『저작집』, 제9권, 197쪽 및 208쪽)으로 되어 있다.: 첼러, 『철학자 프리드리히 대왕』, 241~242쪽 참조.

생활력으로서, 즉 군주를 이끌어줄 뿐만 아니라 신민이나 인민의 행복을 제약하고 포용하는 총체적인 조직으로서 교시(敎示)했다. 그를 이렇게 19세기의 출발점으로 이끌어준 것은 합리적인 사고라기보다는 인생과 경험이었다. 그의 통찰력은 국가이성 자체의 가장 깊숙한 본질, 즉 무엇이 필요한가 하는 의식에서 나왔다.[90]

따라서 '국민'에서 '국가'로의 변천은 이후 19세기 독일에서 주로 발전하는 인도주의적이며 도덕적인 이데올로기에서 권력정책의 역사적·정치적 이데올로기로의 전환을 의미한다. 그러나 후자의 이데올로기와 더불어 앞에서 살펴보았듯이, 전자의 인도주의적인 이데올로기도 프리드리히가 세상을 뜨기 전까지 계속 내면에 생생하게 남았다. 이제 우리는 프리드리히의 이데올로기가 지닌 내면적 단점과 모순을 충분히 인식하게 되었으나, 그렇다고 그것이 품은 역사적인 힘과 의미를 간과해서는 안 될 것이다. 이는 국가를 완벽하게 도덕적인 존재로 만드는 데는 실패했지만, 어느 때보다 훨씬 도덕적인 경향을 국가에 부여하는 데에는 성공을 거두었다.

우리가 서술해야 했던 이 왕의 정치관과 행동에서 나타나는 반마키

---

90) 랑케는 다음과 같이 훌륭히 지적했다(『전집』, 제29권, 154쪽). "그의 내면 깊숙이 뿌리박혀 있는 이 견해들이 순수하게 그의 명상에서 비롯된 산물이라고 할 수는 없다. 그 자신이 사방에서 위협받고 있다는 상황, 즉 당장 필요한 행위에 대한 요구가 필연적으로 영향을 미쳤다." 랑케의 견해에 비해서 도크는 지나치게 근대적인 어조로 프리드리히를 언급했다. "프리드리히 대왕은 국가 재정의 사상을 파악하고, 결과적으로는 국가주권의 사상까지 파악했던 최초의 인물이다"(『보댕에서 프리드리히 대왕에 이르기까지의 주권개념』[Der Souveränitätsbegriff von Bodin bis zu Friedrich d. Gr.], 1897, 142쪽). 반면에 헬러(Heller)는 프리드리히가 군주의 주권론을 사고나 행동 면에서 그렇게 강력히 옹호하지 않았다고 지적했다. 그렇지만 프리드리히에 관해서 흥미로운 사실은 그가 이미 국가의 개성에 대한 인식을 지니고 있었다는 점이며, 그 자신을 단순히 국가의 도구로 보고 있었음에도 군주의 주권에 대해서는 고집하고 있는 점이라고 언급했다(『헤겔과 독일에서의 국민적 권력국가 사상』[Hegel und der nationale Machtstaats-gedanke in Deutschland], 1921, 165쪽).

아벨리에 대한 마키아벨리의 승리는 역사적 과정의 한 면일 뿐이었다. 마키아벨리에 대한 반마키아벨리의 승리라는 또 다른 면이 존재했다. 당시 프로이센은 결코 순수한 권력국가가 아니었으며, 프리드리히가 법치국가·문화국가로 인도했다. 이후 프로이센은 그 속에 마키아벨리와 반마키아벨리를 품게 된다. 프리드리히가 말년에 '조국'의 개념 속에 뜨거운 감정을 불어넣으려고 애썼다[91]는 사실은 그가 얼마나 자기의 의지가 만든 것 속에 기울어져 있었는지를 보여준다. 그의 국가이성이 만들어낸 대리석 조각상이 이제 생명을 지닌 살아 있는 존재가 되기 시작한 것이다.

그러나 프리드리히가 프로이센 국가에 심어 놓은 마키아벨리와 반마키아벨리 간의 이중성 때문에 프로이센 국가와 이후 독일 국가는 심각한 문제를 지닌다. 또한 '국가'의 이익에 대한 호소만이 유사시 조약을 파기할 수 있는 권한의 유일한 근거가 된다고는 하나, 우리는 다음과 같이 부인하지 않을 수 없다. 그것이 인간정신을 궁극적으로 만족시키는 완전한 조화로 인도하지는 않으며, 우리가 지나칠 만큼 때때로 살펴본 갈등과 깊은 혼돈으로 이끌고 간다는 인식도 나온다. 그러므로 이와 같은 점에 대해서도 주의 깊게 살펴보아야 할 것이다. 우리의 역사적 탐구가 끝날 때까지는 이 의미에 대한 최종적인 평가가 불가능할 것이다.

* * *

프리드리히의 말과 사상을 살펴보노라면, 그보다 앞서 존재했던 이해관계론의 전통과 일련의 사상들을 발견하게 된다. 로앙이 저작 서문에서 드러낸 근본사상은 프리드리히의 국가 이익의 긴급한 명령에 관한 되풀이된 고백 속에서 다시 한 번 활발하게 살아 움직인다. 『반마

---

91) 「조국애에 관한 편지」, 1779(『저작집』, 제9권, 213쪽 이하).

키아벨리론』에서는 "위대한 군주는 자신의 진정한 이익을 망라하기 위해서……항상 자신을 잊는다"고 지적했다. 1768년의 『정치적 유서』에서는 "사람들은 맹목적으로 국가 이익을 추종해야 한다"고 말하기도 했다.[92]

두 부분에서 그는 이러한 논제를 동일하게 훨씬 이전에 주장한 이론, 즉 정치에서는 특별한 국민에 대한 선호나 반감이 표현되어서는 안 되며 국가의 이익만이 유일하게 발언되어야 한다는 이론과 주장을 연결시킨다. 1738년의 『고찰』과 『반마키아벨리론』에서는 1752년 『정치적 유서』에서와 같이 전통적인 세력균형정책의 전통을 논리적인 관점에서 분명하게 옹호했다.[93] 만약 어느 나라가 그렇게 된다면 프로이센이야말로 모든 힘을 다해 열강에게서 가해지는 지나친 압박에 저항하고, 열강들의 대항이라는 동요하는 정세에서 이익을 얻어내기 위해 세력균형 정책을 존중하고 그에 의지하는 국가였다. 열강들 간에 존재하는 적대적인 상태 때문에 프로이센 같은 작은 나라가 대두되는 것이 가능해졌다. 그러나 프리드리히는 유럽의 세력균형 체제가 약소국도 그에 봉쇄할 수 있었던 의존 상태와 한계점들을 지극히 진지하게 인식하기도 했다.

1752년에 그는 말했다. "만약 영국과 프랑스가 전쟁을 원하지 않을 때 호전적인 군주가 군사 행동을 취한다면 두 나라는 교전 당사국에게 중재를 제시하고 그것을 강요할 것이다. 풍부한 재원과 우세한 힘도 없이 정복행위를 하려고 한다면 유럽의 세력균형 정책은 거대한 침략행

---

92) 『저작집』, 제8권, 294쪽; 『정치적 유서』, 210쪽.
93) 『저작집』, 제8권, 24쪽, 294쪽; 『정치적 유서』, 47~48쪽. 그는 1759~60년의 「한 스위스인이 제노바인에게 보낸 편지」(Lettre d'un Suisse à un Génois)에서 유럽의 균형 있는 역사 구도를 제시했다(『저작집』, 제15권, 144~145쪽). "유럽의 여러 정부가 존속하고 있음은 현명한 정책의 결과이다. 이 제방이 언제나 야심의 범람을 방어해왔다."(『저작집』, 제10권, 208쪽, 「왕의 변명」 [Apologie des rois], 1749 참조). 또한 페히너 『프리드리히대왕의 외교정책의 이론』 14쪽 이하 참조.

위를 방해해 무위로 만들어버린다."

그는 이런 식으로, 또 아주 간결하게 '구체제'의 권력정책을 특징지었다. 여기에서 구체제의 권력정책은 끊임없이 동원된 것이기는 하나, 동시에 항상 한계성이 있었다. 그런데 권력정책을 한계 속에 머무르도록 만들었던 것은 세력균형 체제 자체의 메커니즘뿐만 아니라 아주 제한되었던 그 시대의 군사 능력 때문이기도 했다. 프랑스 혁명시대의 국민국가가 출현해서 강력한 국민군을 창설하게 되어서야 이러한 한계점들이 없어진다.

프리드리히는 이 점을 예측할 수 없었다. 그러나 그는 우리가 본 바와 같이 국가이성을 통해 19세기의 역사적·정치적인 사고방식에 어느 정도는 근접할 수 있었다. 사실 17세기 이후 국가의 개별적인 이해관계에 관한 이론은 국가이성의 원칙을 기반으로 발전되었으며, 이해관계론은 근대 역사주의의 디딤돌을 형성했다. 무엇이 개별적인가, 가장 깊숙한 근원에서 무엇이 발생하는가 하는 특정한 인식, 즉 역사주의만이 발전시킬 수 있는 인식은 확립되지 않았으나, 철저하게 경험주의적인 입장에서 핵심적인 인간관계의 다양한 특성을 이해했다. 그러므로 그 후 계몽주의는 사물의 다양성이라는 점에서 자연이 지닌 창조력을 존경함으로써 보편적인 기틀을 주변에 세울 수 있었다.

프리드리히는 『반마키아벨리론』에서 말했다.[94] "우주 만물은 변화한다. 자연의 풍요는 같은 종류일지라도 완전히 다른 피조물로 나타나는 것을 좋아한다." 자연의 이러한 작업은 식물이나 동물, 풍경 등에서 볼 수 있을 뿐만 아니라, 서로 다른 왕국과 군주국들의 성격에서도 찾아볼 수 있다. 그러나 이러한 면 때문에 일반적인 법칙들을 정치 분야에 부여하는 것 역시 불가능하다고 그는 생각했다.

이러한 이유 때문에 프리드리히는 개개 국가의 이해관계론, 그의 표현을 빌리자면 기질론에 몰두했으며 무엇보다 그것을 실질적으로 정책

---

94) 『저작집』, 제8권, 215쪽.

적 목적을 위해서 육성했다. 그러나 총명한 정신의 소유자였던 그는 이 이론을 역사서술에 이용하기도 했다. 이해관계론에 입각해 유럽 국가들을 조망하고, 이들이 지닌 이해관계와 일련의 모습을 1738년 『고찰』 『나의 시대의 역사』, 그리고 1752년과 1768년 『정치적 유서』에서 네 번이나 그려냈다.[95]

이해관계론의 초기 주창자들에 관해서 정통한 사람이라면 앞서 언급한 글 속에서 확고한 전통과 기법을 발견할 것이다. 1768년 『정치적 유서』에서 그는 젊은 군주가 알아두어야 할 주요한 교재로 '군주의 이해관계론'에 관한 지식을 요구한다.[96] 여기서 우리는 이 문제에서 통례적으로 사용되는 술어를 즉시 발견하게 된다. 젊은 황태자였던 프리드리히가 3판까지 출간된 루세의 저서를 몰랐을 리가 없다.[97]

1752년 『정치적 유서』에 나오는 한 구절에서는 로앙의 글이 완전히 반영되어 있다. "'그리스도교적 유럽'은 군주들의 공화국이다"라는, 그로서는 기이한 표현을 사용했다. 그러나 이 경우는 그에 대해 볼테르가 그 개념의 매개자였을 것이다.[98] 내용적인 면에서 프리드리히의 이론

---

95) 엄격하게 말하면 다섯 군데인데, 1775년판 『나의 시대의 역사』에서 서장이 근본적으로 수정되어 있기 때문이다(그러나 여기서 우리가 몰두하고 있는 문제와는 별 상관이 없기는 하다). 따라서 여기서는 비록 프리드리히가 1747년 2월에 쓰기는 했지만, 1746년 교정판의 서장을 사용하고 있다. 코저, 『프리드리히 대왕과 그룹코 및 모페르튀와의 왕복 서간집』, 216쪽; 포스너, 『프리드리히 대왕의 역사 잡록』(*Miszellaneen z. Gesch. Friedrichs d. Gr.*), 228쪽 이하 참조.

96) 235쪽. 전적으로 이해관계론의 문헌을 상기시키는 그 장의 첫머리 196쪽도 참조.

97) 1732년부터 루세는 베를린 왕립 아카데미의 회원으로 활동했으며, 주기적으로 베를린에 정치통신을 보내고 있었다. 드로이젠, 『프로이센 정치사』, 제4권, 제4장, 13~14쪽.

98) 47쪽. 로앙의 첫머리의 말. "그리스도교적 유럽은 양대 기둥과 같은 군주들의 공화국처럼 이해되어야 한다. 프랑스와 영국이 반세기 이래 다른 나라들을 움직여왔다. 이 둘은 기타 국가를 좌우하는 호전적인 영향력과 평화적인 영향력을 행사하고 있다." 볼테르, 『루이 14세의 세기』(*Siècle de Louis XIV*), 제2장

이 선학(先學)들에 의존함은 문제가 되지 않는다. 매번 새롭게 씌어야 한다는 점이야말로 이해관계론의 하나의 장점이었다. 프리드리히는 이해관계론을 구체제에서 가능한 한 최고로 완성시켰을 뿐이라는 것이 타당할 것이다. 이 경우 개인적인 관심과 대단히 어려운 정치적 임무의 압력으로 인해서 그는 가능한 한 정확한 견해를 제시하고, 가장 냉철하면서도 경험적인 방법으로 적의 '진정한 이해'를 분석해 명확하고 철저하게 나타내고자 자극되었기 때문이다.

여러 나라의 '진정한 이해'를 발견해내기 위해서는 철저하게 구분을 지을 필요가 있는데, 이러한 구분은 곧장 교조주의로 끌고 들어가는 기준에 따르기보다는, 사물의 유동적인 본성을 반영한 결과 자체도 유동적이면서 논리적으로도 불안정한 면모를 띠게 되는 가지각색의 기준에 따를 필요가 있다. 프리드리히는 근대 역사주의의 변증법적이며 직관적인 수단을 자유로이 사용할 수 없었다.

앞에서 살펴보았듯이 여전히 그는 기계론적인 교리, 즉 인간 본성은 영원히 동일하므로 인간사 역시 근본적으로 반복된다는 교리를 탈피하지 못했다. 그러므로 그는 각국의 이해관계를 따로따로 독자적이며 개성적인 면모에서 살펴볼 수 없었으며, 동일한 원자가 끊임없이 변화하는 일련의 교환으로만 바라보았다. 프리드리히 자신이 각국의 이해관계 사이에 그어놓았던 구분 역시 개별적이기보다는 일반론적인 면을 드러낸다. 그러나 그는 자신이 지녔던 다양한 관점으로 인해 이해관계론이 행했던 이전의 모든 시도, 즉 국가의 본질적인 이익과 그렇지 않은 것, 영구한 이익과 일시적인 이익을 구분지었던 시도들을 극복했다.

프리드리히가 즐겨 그은 구분 가운데 하나는 강국의 군주와 약소 군주가 가진 이해 정책의 구분이다. 사실 『반마키아벨리론』에게 주요 논제는 이러한 구분을 기반으로 했다. 이 저작에 따르자면, 마키아벨리의

첫머리;「볼테르에게 보낸 프리드리히의 편지」, 1742년 10월 13일자(『왕복서간집』, 제2권, 152쪽) 참조.

정치는 사실 이탈리아의 약소 '군주들'의 정치에 불과하다. 여기서 프리드리히가 시사하는 바는 진정 위대한 정치 형태는 특히 강대한 대국에서만 융성할 수 있다는 것이다. 이러한 논리는 근대 권력사상의 대표자 중 한 사람인 트라이치케를 연상시킨다. 그는 국가의 지고한 도덕성은 오직 강력한 국가에서만 진정 약동할 수 있다고 생각했다. 바야흐로 권력을 얻기 위한 과정에 있는 약소국가들의 정치와 이해관계 정책은 사실 속이 좁고 혐오할 만한 성격을 나타내기 쉽다. 리슐리외 역시 조약과 협약 수호에 관해 언급하면서 약소국들은 명예를 추구해야만 하는 강대국들보다 신용이 없다고 지적했다.[99]

프리드리히는 1743년의 「서문」에서 권력정책문제를 더는 도덕적이지 않고 자연주의적으로 다루었을 때, 본질적으로 강대국의 정책과 마찬가지로 약소국의 정책도 비양심적이면서 더욱 비겁하여 강대국의 정책과는 구별된다고 정당하게 지적했다. 또한 그는 약소국 정책의 열등성을 드러내는 전형적인 예로 작센 선제후국을 들기도 했다. 훗날 트라이치케도 똑같은 생각을 했다.

1746년 『나의 시대의 역사』에 따르면 작센은 "진정한 권력을 소유하지 않은 허식, 지배욕, 아주 내면적인 독립심의 결여를 드러내고 있으며, 작센에서는 마키아벨리가 묘사한 바 있는 이탈리아의 약소 군주들의 정책과 같은 종류의 것이, 강력한 군주국의 위대한 정치가가 따르는 균형 잡힌 남성적인 늠름한 체제의 자리를 대신 차지했다."[100] 1752년 『정치적 유서』에서도 이와 비슷한 내용이 언급되었다. "소규모 군주의 정책은 죄악으로 가득 차 있다. 이에 비해 강대국 군주들의 정책에는 더 많은 지혜와 가식, 명예심이 깃들어 있다."[101]

강대국 자체 내에는 교육적인 요소가 있을 것이다. 전체에 대한 책임

---

99) 『정치적 유서』, 제2부, 6장.
100) 185쪽.
101) 75쪽.

감도 가지며, 마치 경제에서 대기업이 더 합리적인 방법을 향해 자연스럽게 발전해나가는 것처럼, 정치에서 대규모 경영도 같은 경향을 발전시킨다. 더구나 비교적 거대한 권력수단을 지닌 자는 관대하게 행동하며 비열한 속임수와 부정을 그만두기에 좋은 위치이다. 프리드리히는 이 모든 것을 실제로 경험했으며, 또 관찰은 정확했다.

과연 이것이 강대국의 권력정책과 약소국의 정책 사이에 존재하는 차이점을 철저하게 묘사했는가. 과연 엄밀하고 철저하게 구분선을 그을 수가 있을까. 또 이 차이점을 근본적으로 다른 각도에 놓을 수는 없을까. 이미 살펴보았듯이 프리드리히는 역사적 현상이 지닌 유동적이며 상대적인 성격을 완전히 이해할 수 있는 위치에 이르지 못했다. 그러나 확실히 그는 색다른 관점을 취함으로써 강대국 정책과 약소국 정책 간에 존재하는 차이점을 완전히 다른 각도에서 살펴볼 수 있었다.

그는 『브란덴부르크 회상록』에서 말했다.[102] "루이 14세와 대선제후는 조약을 체결하고 나서는 파기해버렸다. 전자는 야망 때문에, 후자는 불가피했기 때문이다. 강력한 군주들은 자유롭고 자주적인 의지를 행사함으로써 언약의 노예 상태를 벗어난다. 보잘것없는 권력을 가진 군주는 때로 정세에 굴복할 수밖에 없기 때문에 자신의 선서를 파기한다."

권력이 결핍될수록 국가이성의 강제는 더욱 강하게 추악한 수단을 사용하도록 강요당한다. 이러한 사실로 인해 약소국의 더욱 혐오할 정책은 더 이상 도덕적으로 비난받기보다는 인과적인 방식으로 설명되고 정당화되는 효과를 갖고 있었다. 그러나 강력하고 훨씬 자유로운 권력은 더 고상하게 사용하도록 인도할 뿐만 아니라, 악용하는 그릇된 방향으로 인도하기도 한다. 이 모든 것이 다시 한 번 정치권력문제가 갖는 다양하고 불안정한 성격을 보인다. 또한 이 문제에 관해 말할 수 있는 모든 것은 각 경우 사물의 독특한 상태, 즉 모든 사물 중에서도 가장 독

---

102) 『저작집』, 제1권, 95쪽; 몽테스키외에 대한 포스너의 방주(傍註)도 비슷한 내용이다. 『역사잡지』, 제47권, 247쪽, 주 9.

특한 인물에 의해 변경되는 성향이다.

그와 관련하여 프리드리히의 정치 속에 나타난 특징은 일반적이면서 독특하다. 프로이센 국가를 위해서 손에 넣은 명성은 자신의 개성을 기반으로 한 것으로 상당히 독특했다. 코저는 생애에서 가장 자랑할 만한 것 가운데 하나로 "명성은 비교할 수 없는 가치를 지니며 권력보다 가치가 있다"는 말을 인용한다. 동시에 명성이란 확실한 권력을 갖지 못한 약소국들이 이용하는 전형적인 편법이나 보상들 중 하나로 간주될 수도 있었다. 우리는 17세기의 불완전한 권력관계 기간 동안 명예라는 문제가 얼마나 열렬하게 토론되었는가 하는 것을 이미 살펴보았다. 프리드리히는 프로이센에는 강대국에 필수인 물질적인 기초가 부족하다는 것을 깊이 인식한 이래, 후계자에게 좋은 명성을 얻으려고 군주가 아무리 노력해도 충분치 않다는 점을 인식시켰다.[103]

이제 이해관계 정책에서 프리드리히가 그어놓은 구분에 대해서 자세히 살펴보자. 프리드리히는 유럽의 양대 경쟁국, 즉 프랑스와 영국 속에서 권력정책에서 근본적으로 다른 두 개의 방법과 목적의 유형을 찾아냈다. 프리드리히가 도덕적인 감정을 완전히 배제하고 순수하게 인과율적인 입장에서 내린 평가에 따르면[104] 프랑스는 자국을 자연지형에 맞추려는 목적을 가졌다는 것이다. 다시 말해 이 목적이란 하구에 이르기까지 라인 강 경계선을 장악하기 위해 공병처럼 천천히 일을 꾸며나감으로써 프랑스의 권력을 가능한 한 확고한 기반 위에 올려놓으려는 것이었다. 프랑스는 언젠가는 목표를 이루리라고 공언하지는 않았으나 내심 강한 확신을 가졌으며, 프랑스의 정책을 살펴볼 때 항상 이 확신을 잃지 않았다.

---

103) 1768년의 『정치적 유서』, 220쪽; 코저, 『프리드리히 대왕사』, 제5판, 제3권, 537쪽도 참조.
104) 1746, 『나의 시대의 역사』, 206~207쪽; 1738년의 「고찰」(『저작집』, 제8권, 15~16쪽)도 참조.

프리드리히의 견해에 따르면 영국은 프랑스와 반대로 정복보다는 무역 분야에서 패권을 차지함으로써 부를 축적하고자 했다. 그렇지만 어느 국가에서도 결정적이거나 진정한 목표는 아니었다. 양국이 갈라진 것은 단순한 국민적 증오심이라기보다는 유럽에서 전반적인 중재인의 자리를 차지하려는 경쟁심과 상호 상업적 질시 때문이었다고, 프리드리히는 진부하기 짝이 없던 견해를 뛰어넘고 그렇게 말했다.[105]

"프랑스인은 적대국들에 오만한 법률을 부과하기 위해서 정복을 원한다. 영국은 부패의 유혹과 부를 통해서 유럽을 억압하기를 원하며, 노예를 구입하기를 바란다." 프리드리히는 이러한 기준에 따라서 유럽의 나머지 지역도 구분할 수 있음을 믿었다. 즉 확대정책을 추구하는 군주는 프랑스 쪽에 가까우며, 명성보다는 부를 선호하는 군주는 영국에 가깝다는 것이다.[106]

이따금 그는 다른 방법으로 구분을 짓기도 했다. 즉 프랑스인이 추구하는 이해관계의 목적과 허영심에서 비롯된 목적을 구분했다. 그들의 이해관계는 라인 강의 경계선을 요구하고 허영심은 유럽의 중재자라는 역할을 원한다. 이러한 구분은 그를 깊이 자극했다. 1752년의 『정치적 유서』에서도 허영심 때문에 일어난 전쟁과 이해관계 때문에 일어난 전쟁을 날카롭게 대조하면서, 전자를 택한 어리석은 자들을 비난했다.[107] 프리드리히의 구분은 위신에 따른 정책과 이해관계에 따른 정책을 분리한 매우 뛰어난 것으로, 훗날 비스마르크는 이를 국민들에게 주지시켰으며, 랑케도 상당한 관심을 기울였다.

그러나 1746년의 글에 나타난 프리드리히의 견해는 상반되는 면이 있으며, 한 견해에서 다른 곳으로 미세하게 변화했음을 보여준다. 따라

---

105) 『나의 시대의 역사』의 1775년 교정판(『저작집』, 제2권, 46쪽)에서는 프리드리히는 물론 증오심이라는 동기를 다시 한 번 포함시키고 있다.
106) 『나의 시대의 역사』, 210쪽.
107) 50쪽.

서 우리는 그의 내부에서 사물들이 얼마나 유동적인 모습을 띠는가를 알 수 있으며, 프리드리히가 조금 전에 설정해놓은 구분선이 다시 변화하기 시작함을 간파할 수 있다. 권력과 생존에 대한 단순한 확보, 즉 협의에서 '이해관계'로부터 그것이 실현되는 과정에서 곧바로 생겨나는 것은 권력 자체에 대한 순전한 기쁨이라든가 허영심이 혼합되어 있게 마련인 야심이라는 기생동물이다. 다시 말해 행위자의 절제하는 분별과 객관적인 상황의 한계성으로만 억제할 수 있는 것이다. 그러나 이러한 기생식물의 싹은 비록 생존보호라는 이성적 동기가 인정되기는 하지만, 그 동기 속에 얼마나 깊게 뿌리박혀 있는 것일까. 프리드리히의 견해에 따르면 라인 강의 경계선을 확보하려는 프랑스의 '자연스러운' 충동에 알맞은 것이었다. 또한 프리드리히가 1740년에 강조하고 나섰던 '명예와의 랑데부'에서 그에게도 알맞았다.

행동하는 자는 그가 단지 건전한 이해관계 정책을 취하는지, 얼마간 불건전한 위신정책의 요소를 포함하지는 않는지 하는 매우 미묘한 구별을 마지막에는 삼가고, 대신 이 모든 것을 후세의 역사적 판단에 맡겨버릴 수 없게 되었다. 곧바로 실천하기 위해서 다른 구분을 설정하기 위한 명확한 기준을 정하는 일이야말로 행동자에게는 더 중요한 당면 과제였다. 국가의 '지속적이며 확고한 이해관계' —이 말은 프리드리히가 즐겨 쓰던 표현이다—를 일시적이며 덧없는 이해관계와 구분해, 생산적 수단으로 할 수 있는 안정된 공식들을 제시하는 것이 이해관계론의 야심이자 목표였다.

프리드리히는 처음부터 인간이 이러한 공식에 얼마만큼 의존할 것인가 하는 문제를 심각하게 숙고했다. 앞에서 살펴보았듯이 그는 『고찰』에서 '각 조정들의 영속적인 이해관계'의 총체적인 상호작용을 일종의 시계장치처럼 연구했으며, 이러한 연구를 기반으로 앞으로 발생할 일들을 예측하고자 했다.

이어 『나의 시대의 역사』에서는[108] 방법론적으로 이 문제에 접근해 들어간다. 예를 들어 그는 다음과 같이 말한다.

나는 여기에 제시한 '열강들의 이해관계의 상호작용'에 예외가 있음을 잘 안다. 그러나 그것은 체제들이 지닌 특징적인 속성이다. 대부분은 그 체제가 적합하고, 또 그렇게 되기 위해서 심도 깊게 '조정'한다. 대신 나쁜 정책과 편견, 부패와 오판 등이 일시적으로 국가의 영구한 이해관계에서 이탈해 나타나기는 하나 오래 지속되지는 않는다. 사람들은 서로 다른 용액을 한꺼번에 컵 속에 넣고 흔들어서 혼합할 수는 있지만, 기름과 물은 이내 분리되고 만다.[109]

그는 타고난 정치가로서 경구나 비유적인 표현을 즐기는 경향이 있었다. 이런 표현을 통해 일단 형성된 비유는 대단한 설득력과 암시적인 힘을 지닌다. 이전에는 몰랐던 교묘한 비유가 존재했으니, 사실 독일적 감정에서 볼 때는 고통스러운 이미지였으나, 프리드리히는 이를 통해 당대의 영속적이며 고정된 이해관계, 즉 프랑스와 프로이센 간의 공법적 연결을 묘사하고자 했다.

1752년의 『정치적 유서』에는 이런 말이 나온다. "슐레지엔과 로렌은 자매지간으로 그중에서 프로이센은 언니, 프랑스는 동생과 결혼했다. 이러한 결과로 인해 두 나라는 같은 정책을 추구할 수밖에 없다. 프랑스가 알자스나 로렌을 빼앗기는 것을 프로이센은 가만히 앉아서 볼 수 없으며, 오스트리아 세습 영토의 심장부에서 즉시 전쟁을 일으킴으로써 프랑스를 효과적으로 도울 수 있는 위치이다. 이와 비슷한 입장에서 프랑스는 오스트리아가 슐레지엔을 되찾는 것을 용인할 수 없는데, 이러한 행위가 프랑스의 동맹국인 프로이센을 매우 약화시키기 때문이

---

108) 48쪽.
109) 또 다른 구절에서 프리드리히는 '일시적인 착오'에 대한 '진정한 이해관계'의 승리론을 서술하고 있다. 1745년 2월 28일자 「헤이그에서 포데빌스에게 보낸 훈령」(Erlaß an Podewils im Haag, 『정치서간집』, 제4권, 67쪽 이하); 「달랑베르에게 보낸 편지」(Brief an d'Alembert), 1779년 10월 7일자. 『저작집』, 제25권, 130쪽).

다. 프로이센이야말로 프랑스에게는 북부 지역과 제국 내에서 유용한 동맹국이며, 분열을 초래함으로써 불의의 위험상황에 처한 프랑스를 위해 알자스나 로렌을 지켜줄 수 있는 동맹국이다."

이렇게 해서 프리드리히는 자신의 정치원리 가운데 오스트리아 왕가와 부르봉 왕가 간의 '영구한' 불화를 포함시킨다.

그는 여기에 대해서 말한다.[110] "이 불화는 영원불멸하다. 부르봉 왕가의 중요한 정복지들은 다름 아닌 오스트리아에서 빼앗아온 것이기 때문이다."

사실 여기서 프리드리히는 최소한 자신의 원리나 기본적인 이해관계가 철저하게 적용되었다면 그를 통해 신중하게 수정을 하게 되었을지도 모른다. 프리드리히 자신은 국가에 직접 접한 지역에서의 영토 획득만을 높이 평가했다. 그는 변경지역을 처분하고자 했으며, 인접한 지역과 그곳을 교환하려고 이용했다. 1741년의 경우처럼 그는 동프리슬란트가 자기 손에 들어올 가능성이 보이자 메클렌부르크와 교환하기를 희망했다.[111] 그는 평생 이러한 생각을 지녔다.

1776년 「프로이센 정부의 보고」에서 프리드리히는 "국경에 자리 잡은 마을 하나가 96킬로미터 떨어진 곳에 있는 공국보다 가치가 있다"는 유명한 슬로건을 제시했다.[112] 정치적으로 계몽된 사람이라면 누구나 이같이 느끼리라는 것을 알았다. 프리드리히는 자기처럼 영토 통합 문제에 크게 고심해온 오스트리아도 조만간 세습 영토로부터 멀리 떨어진 지역의 탈취를 단념하게 되리라고 확신하지 않았을까. 프랑스와 오스트리아가 알자스와 로렌을 상실해 영원히 불화 상태에 놓이리라고 상정하지 않으면 안 되었을까. 1756년에 오스트리아는 슐레지엔을 되찾

---

110) 1746년의 『나의 시대의 역사』, 208쪽 ; 『정치적 유서』, 1752, 44쪽 참조.

111) 『정치서간집』, 제1권, 357쪽.

112) 『저작집』, 제8권, 188쪽 ; 『정치적 유서』, 242쪽. 성립의 시기에 관해서는 힌체, 『연구』(Forschungen), 32쪽, 6을 참조. 이 구절에 대한 또 다른 표현은 1768년의 『정치적 유서』, 215쪽 참조.

기 위해서 남네덜란드를 포기하려고 준비하는 단계가 나타난다.[113]

　프리드리히는 프랑스와 오스트리아 사이에 존재하는 '영속적인' 반목 상태를 거론하는데, 두 번째 논의는 상당히 중요한 의미를 지닌다. 프랑스는 오스트리아가 다시 일어나는 것을 허용할 수 없으며, 어느 때이건 독일 제국의 '게르만적 자유', 다시 말해 독일의 정치적 분열을 보존하고 조장해야만 했다고 그는 말한다. 그러나 프랑스는 이러한 합리적인 이해관계마저 한때 경시하지 않았던가.

　프리드리히는 기름과 물이라 할지라도 흔들어줌으로써 잠시나마 섞이게 할 수 있다는 것을 이론적으로 잘 알았을 뿐만 아니라 태자로서 지난날 프랑스와 오스트리아의 제후를 실제로 경험하기도 했다. 그러한 그가 생애 최악의 위기라고 할 7년전쟁이 발발하기 직전 이와 같은 가능성을 잊었다는 것은 기묘하고도 비극적인 일이 아닐 수 없다.

　이해관계를 위해서는 프랑스를 프로이센에 묶어놓고 오스트리아에서 분리시켜야 한다고 믿었던 그는 1756년 1월 영국과 웨스트민스트 조약을 체결하는 위험을 감행한다. 그는 이 조약을 통해서 적진으로 넘어 들어가겠다는 의도를 품지 않았으며, 다만 영국의 힘을 빌려 러시아

---

113) 코저(『프로이센 및 독일의 역사에 관해』[*Zur preuß. u. deutschen Geschichte*], 404~405쪽)는 오스트리아 정책에서 영토 통합사상이 나타나기 시작했을 때가 1714년이라고 정당하게 주장했다. 이 당시 오스트리아는 스페인 상속에서 벨기에를 분리하는 것을 반대했다. 이 당시에도 사람들은 네덜란드와 바이에른을 교환할 계획이 있다고 보고 있었다.
　1735년에 행해진 로토링겐과 투스카나의 교환 역시 영토통합사상에 의거해 이루어졌다. 오스트리아 계승전쟁 동안 비엔나에서는 오스트리아령 네덜란드를 양도해 바이에른 선제후국을 진정시키고, 그 대신 비엔나와 바이에른을 결속시킬 수 있는가 하는 가능성에 대한 연구가 진행되고 있었다. 랑케의 『전집』, 제27/28권, 457쪽과 제29권, 53쪽.
　당시 비엔나에는 "다른 지역에 있는 전 구역보다 바이에른에 있는 1피트짜리 땅덩어리가 훨씬 가치 있다"는 견해가 존재하고 있었다. 영토통합원칙이 근거로 하고 있는 개념, 즉 먼 곳에 있는 영토는 비합목적적이라는 개념은 훨씬 이전에도 자연히 이해되고 표현될 수 있는 것이었다.

의 위협에서 자국을 보호하고 프랑스와 동맹관계를 더 단단히 하고자 했으며, 그러한 부담을 기대할 수 있으리라고 믿었다. 그러나 여기서 그의 정치적 통계학의 공식은 무너지고 만다.

프리드리히의 불손한 계획에 극도로 분노한 베르사유 조정은 오스트리아의 제안에 귀를 기울이고, 벨기에 영(領)을 주겠다는 제안에 매수당해, 비록 오스트리아가 바라는 프로이센의 온전한 몰락은 아니지만 확실히 프로이센의 세력을 약화시키는 결과에 동의하고 만다. 사실 이 점에서 프랑스는 프리드리히의 계산으로 전가된 기본적 이해관계를 따랐다. 이렇게 해서 충동적인 격정이 이해관계를 누르고 승리를 거두어 프리드리히의 사업기초가 흔들렸으며, 생존을 위한 투쟁이 시작된다.

열강들의 이해관계에 관한 정확하고 체계적인 분석을 통해 프리드리히는 왕으로 활동하기 시작한 1740년에, 프로이센이 열강의 지위에 오를 수 있음을 발견했다. 그러나 인과관계의 사슬을 분석함으로써 앞날을 내다볼 수 있다고 믿었던 그가 이제는 자신의 기술이 내포한 한계를 경험했다. 이러한 결과는 정치적 합리주의의 실패를 의미하며, 이미 오래 전에 마키아벨리가 간파했듯이 계몽주의의 분위기 자체 내에 뚜렷이 존재했다. 국가이해론이 도그마로 자리 잡자, 곧 정치 속에서 합리적인 요소를 지나치게 과장하고 비합리적인 것은 평가절하하는 위험을 나타냈다. 양쪽을 생각하면서 이리저리 동요해야만 한다는 점이야말로 사실 국가이해론의 특수한 임무이자 어려움이기도 하다. 이러한 양극성은 비극적인 요소를 품고 있었으니, 최고의 정확성을 기해야만 하는 이 이론이 정확하지 못한 면을 나타낸 것이다.[114]

합리적인 원칙을 기반으로 하는 모든 관찰방법은 조만간 비현실적이

---

114) 1900년경 독일 정치계를 주도했던 홀슈타인은 세계사 분야에서 프리드리히에 필적할 만한 실책을 범해 프리드리히처럼 이해관계론을 지나치게 과장했으며, 동일한 비극적 결과를 경험했다. 그는 영국과 러시아는 고래와 곰으로서 절대로 화합할 수 없으며, 동맹관계도 맺을 수 없다고 단언했다.

며 인위적으로 변모하는 위험에 빠진다. 이 같은 사실은 사물에 대한 우리의 관찰방식에 지나친 긴장을 주어서는 안 된다는 점을 상기시키기도 한다. 여기서 우리는 일정한 이념의 성과를 탐구하는 한편, 행위자의 개인적 성격과 특별한 기질이 이러한 성과 속에 흔적을 남긴다는 사실 역시 잊지 말아야 한다. 따라서 프리드리히의 운명을 이해하기 위해서 그의 성격에 나타나는 상상력과 반성의 특수한 혼합, 항상 사색하는 동시에 계산해내기도 하는 성향,[115] 결단을 걸고 벌이는 내기에 성공할 수 있다는 도박사와 같은 신념 등을 염두에 두어야 한다.

그의 내면에서 지성과 상상력, 강한 의지가 결합되어 마키아벨리가 '덕성'과 운명 간의 갈등에서 묘사한 영웅적인 낙관주의를 창조해낸다. 이러한 힘은 운명에 의해서 부서질 수는 있으나, 그 자체가 길을 잃고 타락하는 일은 있을 수 없다. 콜린 회전(會戰) 직후 암담했던 몇 주 동안 프리드리히는 자신의 정치가 실패했음을 인정하지 않을 수 없었다. 그러나 이때에도 잘못된 방향으로 나아갔음을 한탄하기보다는 행동하는 영웅으로서 그가 자신의 단순한 지식만으로는 예측할 수 없는 운명의 장애물을 한탄했다.

그는 다음과 같이 고충을 표현했다.

프랑스가 15만의 병력을 제국에 보내리라고 어떻게 알 수 있었겠는가. ……정치가는 미래를 예측할 수 없다. 미래란 대개 기회라고 일컬어진다. 철학자들은 미래를 제2의 인과관계로 표현하며, 정치가들의 예측을 교묘하게 피해 나간다. 우리는 어떤 원칙들을 가지고 판단을 내리는데, 이들은 군주들의 이해관계로 이루어지며, 이들이 형성하는 동맹이 요구하는 모든 경우에 존재한다.

……지금까지 국왕의 정책은 전혀 혈연에 의해서 좌우되지 않았

---

115) 폴 뒤부아, 『정치적 편지에서 본 프리드리히 대왕』, 1903, 43쪽, 59쪽, 66쪽도 참조.

다. 프랑스 황태자비가 흘린 눈물과 폴란드 여왕의 중상, 비엔나 궁정의 거짓말 때문에 프랑스가 자국의 정치적 이익과 정반대가 되는 전쟁에 휩쓸리게 되리라고 누구인들 예측할 수 있었겠는가. 오래 전부터 프랑스는 오스트리아와 교전상태였으며, 프랑스는 언제나 자국에 유리한 견제를 초래할 수 있는 강력한 북부 동맹국의 확보를 주요 정책으로 추구했다.

지난날 프랑스에 도움이 되곤 했던 스웨덴이 지금은 힘을 잃고 대륙에서 영향력도 상실하고 말았다. 그러므로 프랑스에 유일하게 남은 나라는 프로이센이다. 수수께끼와 같은 갑작스런 변심과 몇몇 말 많은 여자들의 음모로 인해 프랑스가 자국의 진정한 이익과 유일하게 들어맞는 체제에서 등을 돌리리라고 누구인들 상상이나 할 수 있었겠는가.[116]

1756년 중대한 실책을 저지르고 난 후에도 그는 새로운 것을 배울 필요는 없었다. 다만 필요한 것이 있었다면 오랫동안 알았던 것을 다시 한 번 추진력 있게 되풀이해 보고, 이해관계에 관한 예측에서 불확실했던 요소를 다시 한 번 마음속으로 새겨보는 일이었다. 1768년의 『정치적 유서』를 읽어보면 프리드리히가 겪은 경험의 결과를 탐지해 낼 수 있다.[117]

가장 위대한 정치 구상은 대개 거짓이게 마련인 추측 기술을 기반으로 삼는다. 사람들은 자신이 아는 확실한 것에서 출발해 완전히 모르는 것과 결합한다. 그리고 나서 이 모든 것에서 가능한 한 정확한 결론을 끌어낸다. 이러한 현상을 더 명확하게 설명하기 위해서 예를

---

116) 「나의 정치 행위에 관한 변명」(Apologie de ma conduite politique), 1757년 7월(『저작집』, 제27권, 제3장, 283~284쪽).
117) 192쪽.

들어보겠다. 러시아는 덴마크 국왕을 설득시키려고 러시아 대공 소유의 홀슈타인-고토르프를 주기로 약속하고, 그 대가로 영원한 친분 관계를 맺을 수 있기를 원했다. 그러나 덴마크 국왕은 경솔했다. 누구인들 이 젊은이가 머릿속에서 생각하는 것을 예측할 수 있었겠는가. 총신과 애첩들, 그리고 대신들이 그의 마음을 돌리게 하지 못할까. 경우에 따라 다른 형태이기는 하나 동일한 불확실성이 대외정책의 모든 움직임을 좌우한다. 그러므로 큰 규모의 동맹에서는 계획했던 것과 정반대가 되는 일이 종종 있다.

불확실성이 그렇게 강하다면 사람들은 어째서 정치적 계획을 세우는가 하고 그는 묻는다. 이에 대한 프리드리히의 대답은 주목할 만한 가치가 있다. 동맹을 맺은 국가에서 이익을 끌어내기 위해서라는 것이다. 물론 이 과정에서 위의 국가도 자국의 이익을 망각하지 않을 것이다. "이러한 상호적 야심이야말로 국민 간에 존재하는 유일한 결집력이다. 만약 다른 세력과 제휴를 피함으로써 이익을 추구하지 않았다면 모든 나라는 고립 상태에 처할 것이다."

고립적이면서도 아직은 야심으로 연결된 일단의 권력국가들, 바로 이것이 중세가 종식된 이래 유럽 국가 생활의 발전이 초래한 상태였다. 또한 구체제의 마지막 세기만큼 권력국가들의 고립화가 추진된 일은 없었다. 중세 유럽으로 하여금 일체감을 느끼게 해주었던 종교적·교회적 이념은 오래 전에 사라져버렸다. 그 뒤 종파적으로 분열된 유럽을 2대 진영의 깃발 아래 발견한 이념은 오래 전에 퇴색되었다. 오라녜 공 빌럼이 신봉했던 전 유럽의 이념은, 그 속에 처음부터 존재했던 각국의 독특한 이기주의에 의해서 급속히 침식당하고 말았다. 루세 시대의 '편의의 정치'라는 것만이 남게 되었는데, 유럽 전체의 편의주의로부터 뜻밖에도 각국의 특별한 편의주의로 넘어가게 되었음을 보여준다. 1740년 이후 유럽 정치에 대한 프리드리히의 개입은 이러한 과정을 가속화했으며, 총체적인 유럽의 이해관계라는 이데올로기의 신용을 완전히 상실하게 만들었다.

한편 19세기가 초래하는 새로운 공통성도 아직은 자리를 잡지 못했으며, 근대 자본주의 경제가 형성한 것과 같은 이해관계의 결속 역시 없었다. 사실 각 국가가 가능한 한 수입에 의존하지 말고 자급자족해야 한다는 개념은 중상주의의 핵심이었다. 또한 당시에는 프랑스 혁명에 의해서 나타나는 현저한 대립현상이 전혀 존재하지 않았다. 사실상 이러한 대립은 유럽을 새로이 분열시킬 뿐만 아니라, 동일한 시각을 지닌 부류들을 새롭게 결속시켰다.

훗날 유럽을 보수파와 자유주의파로 분열시키게 되는 자유를 둘러싼 내부적인 갈등 역시 아직은 국가 간의 관계에서 어떤 영향력도 행사하지 않았다. 유럽적 이념이나 이해관계가 제1급 유럽 정책에서 이때처럼 결여된 것은 이전이나 이후에도 없었다. 프리드리히의 분석이 정확했으니, 아직 고립적인 국가들은 자국의 국가이성을 통해서만 함께 결속되었던 것이다.

아마 계몽주의의 합리적인 생활 태도가 행사할 수 있었던 유일한 영향력이라면 다양한 국가 이해관계 사이에서 벌어지는 갈등을 더 냉철하고 차분하며 인내심이 있는 상태로 발생할 수 있게 만들었다는 점일 것이다. 그렇지만 서로 다른 사나운 야심이라든지 국가 간의 날카로운 물리적 적대상태 등을 부드럽게 만드는 효과는 없었다. 상인이 경쟁자에게 하는 것처럼 각 국가는 상대국에게 교활하며 거리낌 없기도 한 이기주의의 권리를 은밀하게 인정해주었다. 비록 공정하지 못한 경쟁에 대해서 비난의 소리가 높기는 했지만, 비난을 그리 심각하게는 생각하지 않았다. 정부 간의 정치적인 적개심 역시 그리 깊지는 않았으며, 아직 민족적인 열정과는 관계가 없었다.

그러한 정치적 격정의 냉각은 17세기 냉철한 현실주의가 더욱 강하게 나타난 종교전쟁의 종식과 함께 시작되었으며, 이제 최고조에 이르게 되었다. 더 말할 필요도 없이 국가이성도, 즉 쓸데없는 격정에서 해방된 순수하고 절대적인 국가이해의 이기주의로서 이해된 국가이성도 역사적 발달에서 최고의 위치에 오른다. 적어도 경쟁상대도 없이, 또다른 삶의 힘들로 방해받지 않고 정치적 상황을 좌우한다면 국가이성은 프리드리히라는 인물 속에서 특히 절정에 이를 것이다. 그는 자신의 내면에서 국가이성을 방해하는 모든 개인적이며 왕조적인 동기를 억제하여 그것을 순화시키고 숭고한 형태로 만들었다.

각국의 이러한 정치적 고립은 계몽주의 운동에 의한 유럽의 정신적 융합이라는 거대한 과정과 날카롭게 대립했다. 프리드리히는 철학자인 동시에 정치가라는 이중적인 생활을 했는데, 당시 유럽의 모습이기도 했다. 사실 계몽주의 정신이 정치에 미친 내부적인 영향력은 국가이성의 완성에 많은 도움이 되었다. 또한 이러한 영향력은 계몽적 전제정치의 이념에 이르러 절정에 이르는데, 이 이념은 프리드리히가 설정한 패턴에서 출발해 전 유럽에 걸쳐 성공적인 과정을 밟아나가기 시작했다. 그러나 이념을 구현하는 문제는 전적으로 고립적인 국가의 개별적인 관심에 달려 있어 하등 국가 간의 새로운 결속력을 형성하지는 못했다. 그러므로 계몽주의의 보편주의는 국가의 분립주의를 배양했다.

이 점에서 프리드리히가 국가이해에 관한 자신의 기본적인 고찰들 속에서 국내 정치의 제도문제를 어떻게 다루었는가 하는 점을 살펴볼 필요가 있다. 『반마키아벨리론』에서는 플라톤적인 관심을 나타내면서 '최선의 국가', 즉 이상적인 정치형태는 어떤 것인가 하는 것을 고찰했다. 그는 볼테르의 영향을 받아 영국을 '지혜의 본보기'로 보았다. 영국에서는 의회가 국왕과 인민 사이의 조정자 역할을 하며, 국왕은 선(善)을 행하는 모든 힘을 갖지만 악한 행동을 할 수 있는 힘은 전혀 없다고 지적했다.[118]

훗날의 그의 고찰들을 살펴보면 프리드리히에게 국가 내에서 제도상태는 오직 그것이 그 나라의 강국으로서의 위치와 권력정책에 영향을 미치는 한에서만 그의 관심을 끈 데 불과했다. 실제로는 그것이 부

---

118) 『저작집』, 제8권, 255쪽 또는 243쪽; 마드작, 『반마키아벨리론』, 93쪽도 참조.

정적인 영향력을 미쳐 강국으로서의 지위를 약화시킬 때만 상세하게 취급된다. 『나의 시대의 역사』 서장을 보면 제도사에 관한 대부분이 네덜란드, 스웨덴, 스위스, 독일 제국 또는 폴란드 등과 같이 권력정책을 추구하지 않는 국가들과의 연관성 속에서 언급되었음을 알게 된다. 프리드리히가 생각하기에 프로이센의 강력한 경쟁국들이 지닌 강대국의 전제주의적 체제에 관해서는 특별한 묘사가 필요 없었다. 즉 너무나 자명했다.[119] 그는 경쟁 상대국들의 군주와 정치가에 관해서 많은 관심을 기울였는데, "국가란 국가를 통치하는 사람들이 만드는 것일 뿐이기 때문이다."[120]

더구나 그는 전제주의적 군주정을 묘사하면서 군사적·재정적 자원과 그에 더해 필요한 경우에는 각 국민의 민족성을 다루었으나, 내부적인 구조, 예를 들어 프랑스와 오스트리아 국가체제의 내부 구조에 관해서는 전혀 관심을 나타내지 않았다. 그에게 이런 문제들은 행정기술상의 지엽적인 것이었다. 그 자신은 프로이센 내에서 그 문제를 다룰 때 정확성과 신중을 기했지만, 특수한 존재와 발전이라는 점이 아니라 그것이 가져오는 결과라는 점에서만 외교정책에 중요하다고 여겼다.

그는 이러한 절대주의 정부가 가능한 한 최선을 다해 국민을 다루리라고 생각했으므로 어떤 사람들이 국가를 통치하는가, 계획은 무엇인가, 돈과 군대는 얼마나 가졌는가 하는 문제에 대해서만 관심을 기울였다. 그의 감각에서—단지 감각에서만도 아니지만—유력한 권력국가는 그처럼 내면적으로 인연이 없고 무관심하게 공존했다. 사실 당시 고립된 지도적 인물이 선두에 선 고립적인 국가들은 상호 유용이나 적개심이라는 유대를 제외하고는 내부적인 결속을 이루지 못했다.

---

119) 이 정체(政體)의 약간의 특징은 단지 2장의 맺음의 고찰(204쪽 이하)에서 조금 언급하고 있을 뿐이다.
120) 『정치적 유서』, 1752, 69쪽, 73쪽의 다음과 같은 말도 참조. "왕국은 통치하는 사람에게 달려 있다."

프리드리히가 예를 들어 외국에서 내부적인 갈등과정, 즉 절대주의의 승리나 실패 등을 다룰 때 내면적 · 원칙적인 공감 또는 동의를 지니지 않았다는 점은 논의의 여지가 없다. 절대주의에 대해서 그가 가졌던 유일한 관심은 권력정치의 기능에 그것이 어떤 영향력을 미치며 어떤 결과를 가져오는가 하는 점이었다. 1752년에 스웨덴에서 야심에 찬 국왕이 전제정치를 재건할 수 있으리라고 지적했다.[121] 여기에서 그가 사용한 표현은 누이인 루이제 울리케와 어떠한 혈연적 연결도 완전히 배제되었음을 보여준다.

당시 그가 누이의 승리를 바랐던 유일한 이유라면 전제군주정을 취한 스웨덴이 북유럽 지역에서 러시아의 대항세력으로서 유용하면서도 효과적이었기 때문이었다.[122] 근본적으로 그는 진정한 권력정책을 취할 수 있는 국가로서 다름 아닌 절대주의 국가만을 생각했다. 당시 대륙 국가에 관해 보면 그의 생각이 옳았다. 그의 눈에는 공화정적인 요소와 군주정의 요소가 혼합된 국가—당시 스웨덴과 같은 국가—는 잡종 형태로 보였다. "군주 정체의 국가가 지닌 열정은 자유원칙에 반대되기 때문이며", 어떤 국가 내에서 양쪽이 결합되면 혼란만이 생길 뿐이라고 생각했다.[123]

반면 순수한 공화국을 '특수한' 국가 유기적 조직체로 간주하고, 그에 대해서 정치적이기보다는 철학적인 종류의 호의를 느끼기도 했다. 그의 입장은—몽테스키외에 의해 풍요로워지고, 우리가 알고 있듯이 오랜 전통을 가진—만약 이들 공화국이 진정 자신을 보존하고자 한다

---

121) 『정치적 유서』, 73쪽.
122) 그뿐만 아니라 훗날 그는 누이에게 어떤 종류의 대담한 절대주의적 실험에 대해서도 경고한다. "나는 스웨덴 국민을 잘 알고 있었으며, 또 자유국민은 자유를 쉽게 박탈당한 채 있지 않음을 알고 있었다." 1764년 3월 9일(『저작집』, 제27권, 379쪽); 코저, 『프리드리히 대왕사』, 제5판, 제2권, 436쪽; 제3권, 384쪽, 505쪽도 참조.
123) 『나의 시대의 역사』, 1746, 178쪽.

면 평화를 유지하면서 업무를 수행해 나가야 한다는 견해를 주장했다. 그리고 이러한 점을 보여주는 실례로 로마 제국의 운명을 들었다.[124] 스위스 여러 주의 모범적인 평화와 행복하고 조용한 생활에 대해서도 큰 호의를 보였다.[125] 아직 프리드리히의 내면에 존재한 인도주의적 철학자의 면모는 국가이성이 방해하지 않는 한 언제든 바깥으로 표현될 수 있었다. '군주정체 국가의 열정'에 대한 언급에 나타난 은근한 풍자는 그가 우연한 기분에서조차 정치적 일을 자각했음을 보여준다.

랑케는 그에 대해서 말했다.[126] "사람들은 프리드리히가 항상 모든 국민이나 국가의 다양한 행동을 초월한 높은 곳에 있음을 본다. 이러한 점은 그의 회의적인 태도와 완전히 부합된다."

열강 속에서 운명에 의해 맺어진 절대주의 국가의 패턴에 맞지 않는 유일한 나라가 있었으니 바로 영국이었다. 젊은 철학자로서 프리드리히는 영국의 모범적인 정체에 관해서 언급한 적이 있는데, 좀더 나이가 든 후에는 종전의 언급을 되풀이하기보다는 정치가의 눈으로써만 영국을 관찰한다. 반면 영국의 기능에서 생소한 요소에 관해서는 매우 신랄

---

124) 후에 그는 1770년의 『편견에 관한 시론』(Examen de l'essai sur les préjugés, 『저작집』 제9권, 143쪽)에서 고대 공화국의 정책뿐만 아니라 베네치아, 네덜란드 등과 같은 근대 공화국의 호전적인 정책에 대해서 언급하고 있다. 그러나 그는 절대주의적 군사 군주정의 완전한 발전이 유럽의 귀족적 공화국의 활발한 권력정책을 사멸시키고 있다는 것을 인식하지 못했다. 한편 그는 각 공화국이 내정과 법 운영에서 이미 절대주의적 권력국가가 부인할 수 있었던 방법을 사용하도록 허용하고 있다.
예를 들어 만약 제네바에서 공화국의 안정을 해치는 음모가 발견되고 공범자들의 정체가 확인된다면 "그 경우에는 범죄자를 고문하는 것을 공공의 이익이 요구한다고 나는 믿는다."「볼테르에게 보낸 편지」, 1777년 10월 11일자(『왕복서간집』, 제3권, 416쪽). 프리드리히는 1740년 6월 3일 프로이센 내에서 고문을 공식적으로 철폐했으며, 다만 대역죄에 한해서만 예외로 취급했으나 1755년에는 폐지했다. 코저, 『프리드리히 대왕사』, 제5판, 제1권, 197쪽.
125) 『나의 시대의 역사』, 1746, 187쪽.
126) 『전집』, 제24권, 125쪽.

한 비판을 반복한다. 궁정 측과 의회 측에서 나오는 제도들과 성향이 나란히 존재함으로써 발생되는 끊임없는 불안정을 비판한다.[127] 그러나 그가 순수하게 정치적인 관점에서 영국을 평가하게 되었을 때는 군주정적인 편견을 초월해 영국이 가진 독특한 국가이성이라는 관점에서 생각할 수 있었다.

그는 교황파의 국왕들이 자유를 사랑하는 영국 국민에게 절대주의적으로 통치하고 강요해서는 안 된다는 견해였다. "국왕 조지 2세는 자신이 지닌 권위의 위험스러운 실험의 실패로부터 자신이 권위를 남용하지 않도록 세심한 주의를 기울여야 했다는 것을 배웠다."[128]

프리드리히는 항상 유럽에서 영국의 중요성을 높이 평가했으나, 충분하고 적절한 이해에는 아직 이르지 못했다. 영국이 프리드리히가 관심을 가졌던 대륙의 범위를 넘어 그로서는 생소한 바다 건너 영역으로 뻗어나가고 있었기 때문이다. 라비스 같은 사람은 젊은 프리드리히에 관해 언급하면서, "그는 해상 업무에 관해서 아무것도 몰랐다"고 적절하게 지적했다.[129] 이와 같은 점은 국가 이해관계 분야에서도 사실에 대한 단순한 지식만 갖고서는 확실하게 국가이해를 파악하기에 충분치 않다는 것을 입증했다. 또 모든 지식은 어떤 식으로든 경험을 통해서 완벽해질 수 있음을 보여준다.

프리드리히는 당시 세계를 주름잡던 영국의 무역과 무역이 가져다준 막대한 부와 철저하게 상업적인 영국인의 성격에 대해서도 잘 알고 있었다. 더구나 그는 영국과 프랑스를 진정한 1급의 강국으로 보았으

---

127) 『법의 제정 또는 폐기 원인에 관한 논고』(*Dissertation sur les raisons, d'établir ou d'abroger les lois*), 1750(『저작집』, 제9권, 21쪽): 『정치적 유서』, 72쪽, 204쪽, 225쪽의 말.

128) 『나의 시대의 역사』, 1746, 172쪽: 1755년 판에서 그 내용이 조금 순화되기는 하지만 근본적으로는 같은 뜻을 담고 있다.

129) 『즉위 이전의 프리드리히 대왕』(*Le Grand Frédéric avant l'avènement*), 197쪽.

며, 두 나라의 경쟁이 유럽 정치에서 가장 중요한 시계 태엽장치를 구성한다고 보았다. 1746년 프리드리히는 영국과 프랑스의 무게를 재어 프랑스의 힘이 더 강하다고 주저 없이 말하기도 했다.[130] 이러한 결론을 내린 것은 그가 생각하기에 프랑스야말로 권력을 이루는 모든 구성 요소를 가장 완벽하게 자체 내에서 결합하고 있으며, 병력의 규모에서도 다른 모든 국가를 능가하며, 현명한 재정과 무역, 국민들의 부에 의해 막대한 자원을 소유하기 때문이다.

영국에 대해서는 "사실 이 나라가 프랑스보다 덜 부유한 것은 아니며, 해상에서는 강력한 힘을 갖는다. 그러나 육상에서는 약하다"는 평가를 내렸다. 영국이 육상에서 약한 것은 육전(陸戰)을 하게 될 경우 자질이 의심스러운 용병 지원부대에게 의존할 수밖에 없기 때문이다. 여기에서 우리는 프리드리히가 한 국가의 힘을 평가하는 기준이 주로 대륙에서 벌이는 전쟁의 수행능력이었음을 알 수 있다.

그는 북아메리카와 동인도 제도의 장래를 결정짓는 해상에서 프랑스와 영국의 갈등이 얼마나 중대한 의미가 있는가 하는 점을 간과했으며, 영국의 힘이 가졌던 장래의 가능성 역시 제대로 보지 못했다. 세계사상 최초로 해외 충돌에 대한 결정을 가져왔던 7년전쟁의 경험 역시 프리드리히가 강대국으로서 영국의 위치를 좀더 깊이 이해하는 데 도움을 주지 못했다. 동맹국으로서 영국이 보여준 신의 없는 행동에 대한 그의 분노가 이와 같이 비공정하며 경멸적인 평가를 내리게 하는 데 영향을 주었음이 확실하다. 그러나 대부분 그것은 프리드리히의 순수하게 대륙적인 평가기준에 의해서 결정되었다.

1768년 『정치적 유서』[131]에서 그는 다음과 같은 질문을 던진다. 영국이 그 많은 식민지에서 과연 무슨 이득을 얻을 것인가. 결국 이 모든 식민지는 스스로 분리되어 독립적인 공화국을 이루는 자연스런 성향을

---

130) 『나의 시대의 역사』, 206쪽.
131) 『정치적 유서』, 226~227쪽.

지니기 때문에 영국은 별다른 이익을 얻을 수 없을 것이다. 당시 북아메리카 식민지와 본국 사이에는 불화가 나타나고 있었다. 게다가 식민지는 상당히 많은 비용이 들며, 이주현상을 일으킨다는 점에서 본국 인구를 감소시키는 경향이 있다. 국토를 통합하는 영토에만 유익하다.

프리드리히는 영국과 프랑스를 철저하게 프로이센적인 눈을 통해서만 바라보았다. 프랑스의 거의 완벽한 권력구조 속에서 인력으로나 자원적으로 빈약하고 분열된 프로이센을 위해 자신이 오랫동안 열망했던 이상을 발견한다. 언젠가는 그 이상을 성취할 수 있을 테지만, 당시만 해도 요원했다. 그는 영국이 소유한 광대한 식민지에 대해서는 털끝만큼도 시기하거나 열망하지 않았다. 또한 영국이 최근 전쟁 때문에 안고 있던 막대한 부채는 프로이센을 이끄는 가장(家長)으로서 검약한 성격을 지닌 그에게 공포심을 불러일으켰다. 당시 유럽의 자본이 영국의 무역과 매우 밀접하게 결속되어 있다는 점에서 볼 때, 유럽 전체의 교역을 붕괴시키는 파국이 일어날 수도 있었다.

당시 그에게는 영국이 일시에 무너질 수 있는 건물처럼 보였다. 찬란했던 영국의 시대는 이제 끝나간다는 것이 그의 견해였다. 그러나 그는 이러한 예측이 불확실할 수도 있음을 알았다. 즉 한 나라의 정치적인 활력을 단순히 일시적인 경제적 측면이나 통치자의 단점만으로 평가할 수 없다는 중대한 의식이 내면에서 싹텄던 것이다. 결국 그는 영국의 유능한 국민성이나 '강한 힘', 약간의 위대한 인물에 의해서 기구가 계속 돌아갈 수 있음을 인정한다. 신의 없는 동맹국에 대한 반감에도 불구하고 이러한 견해에 이르렀다는 사실은 대단히 놀랍다.

1768년 그는 이와 유사한 신중을 기해 강대국으로서 프랑스의 미래를 평가한다. 여기서도 자신의 다소 편협한 프로이센적 관심사에서 벗어나지 못해, 강대국의 능력에서 국가 부채의 중요성을 다소 과장하는 경향을 나타냈다. 그러나 따지고 보면 프랑스가 대혁명에 이른 것은 이 나라의 부채 때문이었다. 물론 프리드리히의 정치적 상상력으로는 이런 종류의 혁명을 예측할 수 없었다. 그는 세계사를 고찰하면서 장래에

혁명이 일어날 가능성이 있으며, 고대 그리스에서 일어났던 것처럼 혁명이 유럽을 야만상태로 후퇴시킬지도 모른다고 믿었다.[132]

이처럼 그는 철학자로서 거시적인 관념을 지녔지만, 군주라는 입장에서 관찰해야만 했던 세계에 적용하지는 않았다. 즉 후자의 경우 근본적인 국가제도상의 어떠한 변화도 고려하지 않았다. 시대가 그에게 외형상 최종적으로 간주되었으므로 기존과는 다른 새로운 형태를 향해 나아가고 있는 역사적 발전을 그는 주시하지 않았던 것이다. 사람들에 대해, 다시 말해 약한 개성이나 강한 개성들의 흥망성쇠에 관심을 기울였다. 또한 미래의 프랑스 군주를 염려하는 마음에서 부조리하고 편협한 교육이 미치는 파멸적인 영향에도 관심을 기울였다.

이 경우에도 결국 프랑스 국민의 근원적인 힘에 관심을 보였다. 프랑스는 도덕적 부패와 경박함에도 국민의 선두에 선 한두 명의 위대한 인물, 예를 들어 고문회의에서 리슐리외와 같은 인물이라든가 군대에서 새로운 튀렌(Turenne, 1611~75)과 같은 인물이 깊숙이 내재한 힘을 다시 한 번 힘차게 끌어낼 능력을 지녔다는 결론을 내렸다. 이러한 결론은 그가 혁명시대를 넘어——물론 대혁명의 도래를 정확하게 예측할 수는 없었다——뒤를 이었던 나폴레옹 시대의 등장을 예견한 것 같다. 사실 이 시대야말로 그의 본질에 훨씬 잘 맞을 것이다.

국민의 강력한 힘을 기반으로 위대한 인물들에 의해서 효율적인 면모를 갖추게 된 정치적·군사적 권력, 이것이 프리드리히가 지닌 이해론(利害論)의 요소였다. 이해론을 주창하던 지난날의 인물들이 내린 국가 개성에 대한 평가를 다시 한 번 되돌아볼 때 우리는 그 이론에 대한 이해가 상당히 깊어졌음을 인식한다. 또한 이해관계의 상호 작용——프리드리히 역시 여기 가장 많은 관심을 기울여 관찰했다——뒤에는 이러한 이해관계를 불러일으킨 원초적이며 기본적인 요소에 대한 강한

---

132) 「작센 선제후비 마리 안토니에게 보낸 편지」(An die Kurfürstin Marie Antonie von Sachsen), 1777년 10월 22일자(『저작집』, 제24권, 306쪽).

의식이 존재함을 깨닫는다.

오스트리아의 경우, 서구의 열강이 누리던 통일적이며 재능이 있는 국민이라는 기본적인 힘을 갖지 못했다. 1746년 프리드리히가 오스트리아에 관해 묘사하면서 이 나라 국민의 성격에 대해서는 한마디도 언급하지 않고, 주로 지도자와 그들이 좌지우지했던 재정적·군사적 기관에 대해서만 평가했다는 점은 상당히 인상적이다.

오스트리아가 하나의 기반으로서 통합된 민족을 갖지 못하다는 사실을 별로 중시하지 않았다는 것으로 볼 때 프리드리히의 사고관이 매우 절대주의적임을 알 수 있다. 그의 견해에 따르면—대체로 정치적 세계 일반의 신념이기도 했는데—강한 군주와 정부는 이와 같은 결핍을 보충할 만한 능력이 있다. 어떤 영토 소유의 정치적인 가치는 국민의 성격에 따라 평가되는 것이 아니라, 지리적 통합의 성질에 따라서 평가되기 때문이다. 그러나 확실히 프리드리히는 오스트리아의 왕조적인 권력 장치가 단순한 장치 이상이며, 거기에는 파괴할 수 없는 전통과 이해관계를 지닌 총체적인 정치적 정신이 지배력을 가짐을 매우 강하게 느꼈다.

물론 그가 이러한 정신을 공감을 갖고 파악했으리라고는 기대할 수 없었다. 그러나 오스트리아의 권력정책, 사실 각 조정의 권력정책을 '풍속의 표현'(expression de moeurs), 즉 일정하게 확고한 정신적 연속상에서 파헤쳐 들어가는 것이 "그 사용 방법을 알고 있는 위인들에게 유용하다"고 믿었다.[133] 그가 이미 황태자였을 때 오스트리아와 프랑스의 권력 방식을 비교한 것을 보면 전자에 대해서 불리한 태도를 취한다. 오만하고 횡포한 오스트리아는 어리석기 짝이 없는 권위주의적인 무분별한 행위를 저지르는 반면 프랑스는 훨씬 '온순하며 교묘하다'는 것이다.

당시 그는 오스트리아 정책에서 부동의 목표는 제국 내에서 세습군

---

133) 『고찰』, 1738; 『저작집』, 제8권, 13~14쪽.

주정을 확립하는 것이라고 보았다. 이러한 견해는 선동적인 과장이다. 이러한 견해를 당시 프리드리히는 기꺼이 믿었지만, 지나간 옛날의 메아리였으며, 또 합스부르크가에 대한 저 '석상의 히폴리투스'의 열렬한 탄핵을 반영한 것이다. 오이겐 공과 같은 위대한 인물들이 없었더라면 오스트리아는 과연 무엇을 할 수 있었을까. 프리드리히가 왕위를 계승할 당시 오스트리아에 더 이상 오이겐 공과 같은 인물이 존재하지 않았다는 사실은 프리드리히에게는 그의 즉위와 대사업의 개시에 즈음해 정치적 계산서의 가장 강한 자산 항목 가운데 하나를 구성했다.

1746년 『나의 시대의 역사』에서 오스트리아의 내적인 붕괴에 대한 내밀한 즐거움으로 가득 찬 묘사는 이와 같은 면을 뚜렷하게 보여준다. 그러나 그는 마리아 테레자가 자신의 눈 앞에서 위대한 군주로 성장해 나가는 것을 보고는 견해를 바꾸어야만 했다. 1752년에는 1748년 아헨 강화 뒤 군대와 재정을 정력적으로 개혁하기 시작한 오스트리아를 묘사하는 데 아예 다른 어조를 취한다. 한편 프리드리히는 오스트리아 권력정책의 정신과 목표에 관한 관습적인 판단을 고수했다. 그는 오스트리아의 끊임없는 권력정책의 야욕이 페르디난트 1세 시대 때부터 시작되었다고 보면서 행불행(幸不幸)을 통한 목표의 집요함을 지적했다. 한편 그는 오스트리아의 행동을 비난하면서, 동맹국을 함부로 대하며, 해를 입힌 자라면 복수를 하고 말겠다는 태도, 그리고 협상 테이블에서 양보하지 않는 태도 등을 지적했다.[134]

그리하여 7년전쟁의 거대한 경험, 더욱 현저한 만년의 평온과 성숙함은 오스트리아의 정치적 개성에 대해 프리드리히가 품었던 생각을 근본적으로 바꾸어놓는다. 1768년 다시 한 번 펜을 들었는데, 이때 그의 판단에서는 전통적이며 인습적인 모든 요소는 뒤로 빠진다. 지난날 합스부르크가의 제국주의를 묘사하기 위해서 낡은 프로테스탄트, 제국 여러 신분의 반대파, 그리고 프리드리히 자신[135]이 이용했던 색채들은

---

134) 『정치적 유서』, 66~67쪽.

이제 흔적조차 남지 않았다. 마리아 테레지아와 카우니츠, 그리고 젊은 국왕 요제프의 노력으로 완전히 근대적인 성격의 권력정책을 추구하는 새로운 오스트리아가 등장한 것이다.

새로운 오스트리아의 정책이 거둔 대성공이라면 1756년 5월 1일 맺은 베르사유 동맹을 들 수 있는데, 유럽 국가들의 정치적 전통, '영구적인 원칙'에서 모든 관념을 뒤집어 엎는 것이었다. 왕조권력의 통합, 유용하다기보다는 부담만 되는 변경 지역을 분리하려는 합리적인 목표와 방법이 뚜렷하게 나타나기 시작했다. 그에 의해 오스트리아가 국내 개혁뿐만 아니라 권력정책의 본질에서도 뛰어난 상대국, 프로이센의 발자취를 따른다는 사실을 모를 사람이 있었을까. 1768년 프리드리히는 최고의 존경을 담아 이 같은 업적의 중요성을 인정한다. 그는 마리아 테레지아에게 지배자에 관해 할 수 있는 최고의 찬사를 보낸다. "그녀는 모든 일을 스스로 행한다." 지혜와 조직적인 행동이라는 점에서 마리아 테레지아의 고문회의는 모든 국왕을 능가했다.[136)]

이제 프리드리히는 오스트리아의 이해가 다름 아닌 자기 자신이 프로이센을 위해 품속에서 가꾸는 것과 똑같은 목표로 삼는다는 것을 알았다. 그러나 아직 누구도 그들이 목표로 하는 것을 정확하게 확신할 수는 없다고 그는 말했다. 전쟁으로 인해 1억 8천만 탈레르의 막대한 부채를 진 오스트리아는 진짜 목표를 감추고, 일시적으로나마 평화로움의 가면을 쓸 필요가 있었다. 그러나 젊은 황제는 바이에른과 베네치아, 그리고 슐레지엔까지 재정복하려고 열망할 것이며, 이 모든 것은

---

135) 이 점에 관해서는 코저, 「베를린 아카데미의 회의보고」(Sitzungsberichte der Berliner Akademie, 1908, 75쪽; 『역사잡지』, 제96권, 222~223쪽: 쿤첼, 『3인의 위대한 호엔촐레른가의 사람들』(Die drei großen Hohenzollern), 151쪽 참조.

136) 이 점에 관해서는 「7년전쟁사」(『저작집』, 제4권, 7쪽)도 참조. 그가 거기서 훗날을 위해 규정한 마리아 테레자의 성격 묘사에서 『정치적 유서』의 엄격하게 사실에 입각한 문구보다 훨씬 감정을 드러냈다는 ("야심에 찬 이 오만한 여인") 것은 인상적이다.

영토를 통합하는 대상인 동시에 비엔나 궁정의 야심을 강하게 자극했다. 그는 앞으로 비엔나에 대한 극도의 불신과 경계가 프로이센의 국가이성의 한 부분을 형성해야 한다는 것을 느꼈다.[137]

1770년대 말 이후 요제프 2세의 제국주의 정책이 펼쳐지기 시작하면서, 독일을 오스트리아 세습군주정으로 변모시킨 데 대해 프리드리히의 불안이 다시 한 번 불붙었다.[138] 그러나 라이벌 관계에 있는 요제프 2세와 프리드리히 사이에는 유사점이 많았다. 프리드리히는 오스트리아가 계몽적 전제주의의 합리적 권력국가로 새롭게 태어났다고 생각했으며, 사실이 그랬다. 프리드리히는 한 가지 교훈을 가슴에 품고 있었다. 유럽 국가들 간의 권력 투쟁은 구조상 서로 유사하게 만들며, 이해관계를 같은 방향으로 향하게 하고, 퇴행적이며 시대에 뒤떨어진 목표와 형태를 제거해서 끊임없이 그들을 재생시키는 결과를 초래했다.

한편 프리드리히는 정치적 생애에서 동유럽에 자리한 제2의 경쟁국, 러시아가 원시적인 권력정책에서 더 합리적인 권력정책으로 점차 향상되어가는 것을 경험한다. 물론 처음에 그는 러시아가 열강으로 등장하는 것을 강력한 통치자가 국가생활에서 행사하는 개성의 힘에 관한 신념을 입증해주는 전형적인 예라고 생각했다.

그는 "야만인들 중에서 군인과 대신들을 만들어냈으며, 그들 중에서 철학자도 탄생시키려 했던"[139] 표트르 대제의 업적에 경탄했다. 대제가 사망하고 난 후 계승자들이 취한 외교정책의 목표와 방법은 다시 반(半)야만적인 면을 드러낸다. 외교 정책상의 불예측성은 군주의 개인적인 변덕, 조정 내 음모, 지배층의 갑작스러운 전면적인 변화 등에 기인하는 불가사의한 것이었다.

---

137) 『정치적 유서』, 199~200쪽 및 222~223쪽.
138) 『고찰』, 1782; 『정치적 유서』, 250쪽; 페히너(Fechiner), 『프리드리히 대왕의 대외정책의 이론』(*Fridrichs d. Gr. Theorie der auswärtigen Politik*), 17쪽 및 23쪽 참조.
139) 1746년의 『나의 시대의 역사』, 179쪽.

프리드리히가 얼마나 걱정하고 긴장해 러시아 쪽에 주의를 기울였는가 하는 사실은 잘 알려져 있다. 사실 러시아는 먹구름을 몰고 올 때가 많았으며, 프리드리히의 적수 엘리자베타 여제가 살아 있고, 밑에는 베스투제프(Bestuschew, 1693~1766)──그는 프리드리히의 정책에 대해서는 귀신이었다──가 영향력을 행사하는 한 번갯불이 튀었다. 여기서 전개된 것은 지속적인 요구 사항들을 기초로 한 체계적인 이해관계 정책보다 맹목적인 열정과 지배를 향한 강한 충동이었다. 이것은 항상 프리드리히가 적국의 행위를 예측하기 위해서 그들이 지니고 있기를 바랐던 것이었다.

프리드리히의 러시아에 대한 전반적인 평가 역시 조금은 불확실하고 시험적인 면을 띤다. 1746년 『나의 시대의 역사』의 같은 장에 반목적인 두 가지 견해가 제시되었다.[140] 한쪽에서는 러시아를 모든 유럽의 문제에 간여하는 '북방의 중재자' 정도로 특징을 짓고 있다. 그리하여 러시아의 권력에 시인한 내적 자율이라는 특징은 그의 두 번째 평가에서는 완전히 사라져버린다. 여기서는 러시아를 한 단계 강등시켜 터키라는 패 속에 놓는다. 그는 두 나라 모두 절반은 유럽에, 나머지 반은 아시아에 속해 있다고 지적한다. "이 나라들은 영국과 프랑스가 필요할 경우 이용하는 유럽 정책상의 기구들이다."

1746년 여름, 엘리자베타는 프리드리히에게 강한 압력을 행사하던 오스트리아와 동맹을 체결한다. 1752년 『정치적 유서』에는 점증하는 그의 정신적 불안감이 드러난다.[141] 프리드리히가 지적했듯이 러시아와 프로이센의 생활이해 사이에는 사실 어떤 유기적인 대립도 존재하지 않았다. 프로이센 편에서 볼 때 러시아는 '우발적인 적'에 불과했으며, 만약 영국과 프랑스가 매수한 사악하기 짝이 없는 베스투제프만 쫓아내버린다면 사태는 본래대로 되돌아갈 수 있었다. 북방, 특히 폴란드

---

140) 181쪽 및 209쪽.
141) 『정치적 유서』, 42쪽 및 74쪽.

에 대해 영향력을 행사하고, 터키에 대항하기 위해서 오스트리아와 우호관계를 유지한 것이야말로 러시아의 이해관계의 진정한 정수라고 보았다.

그러나 그로서는 장래 러시아가 어떤 행동을 취할지 예측할 수 없었다. 러시아의 여제(女帝)의 감각적이며 음흉한 성격과 대신들의 부정부패, 왕위 계승의 불확실 등에 기인했다. 그는 러시아가 결국에 가서는 왕위를 둘러싼 갈등과 내란으로 인해서 완전히 붕괴되어버릴지도 모르며, 그렇게 된다면 프로이센과 전 북유럽은 안도의 한숨을 내쉴 수 있게 되리라는 정치적 환상을 그리며 자위(自慰)했다.

다름 아닌 러시아의 행위 때문에 프리드리히는 몇 해 동안 큰 고난을 겪게 되나, 엘리자베타가 사망한 이후 정세가 갑자기 호전되어 힘을 되찾게 된다. 후베르투스부르크 강화 이후 프리드리히는 예카테리나와 더 가까운 이해에 이르며, 1764년에는 동맹을 체결한다. 최초 15년간 프랑스와의 동맹, 그리고 7년전쟁 당시 영국과 조약을 체결한 이후 1780년대가 시작될 때까지 러시아와 맺은 동맹은 프리드리히의 유럽 정책에서 중심점이 되었다. 또한 그의 대(對)러시아 관계에서 주관적인 변화가 일어났을 뿐만 아니라 러시아의 권력정책상에서도 실질적인 발전이 이루어지는데, 이러한 점들은 1768년 프리드리히가 그리지 않을 수 없었던 러시아의 권력정책의 상(像)에 반영되어 있다.[142]

이제 그는 러시아가 명확하고 합리적이며 쉽게 예측할 수 있는 이해의 체계를 갖게 되었다고 보았으며, 다행스럽게도 유럽에 이 체계는 새로운 정복을 꾀하기보다는 북유럽 국가들과 우호적인 관계 형성, 즉 스웨덴, 덴마크, 폴란드 군주에 대한 정치적 지배권 확립에 목적을 둔다고 보았다. 제1차 폴란드 분할을 가져온 협상이 시작되기 전에 프리드리히는 러시아와 맺은 동맹에서 폴란드를 러시아에 양도해야 하는 희생이 필연적으로 뒤따르게 되리라는 것을 알았다. 또한 그는 거대한 인

---

142) 『정치적 유서』, 196쪽 이하 및 221쪽 이하.

구증가 능력을 지닌 러시아야말로 성장하고 있는 국가이며, 점차 강한 압력을 행사할 것이라고 명확하게 내다보기도 했다. 오스트리아와 프로이센 간의 뿌리 깊은 적대 관계로 인해서 러시아의 야심을 막기 위한 장벽을 세우기가 어려웠다. 이에 관해 프리드리히는 우려를 표명했다. "러시아는 우리의 실수로 덕을 보고 있다." 또한 무지하게도 유럽은 장래 전 유럽을 공포로 몰아넣게 될 한 민족을 번영시키고 있다고 했다.

프리드리히는 어떻든 자기 자신을 지배하는 사태의 불가피성에 대해 내심 감동하면서 생각했다. 이제 러시아의 예카테리나 여제의 동맹자가 된 그는 러시아를 견제할 장래의 오스트리아-프로이센 동맹의 가능성을 고려하게 되었으니,[143] 이것은 반목을 버리고 장래를 멀리 내다보는, 전적으로 현실에 입각한 그의 이해정책의 특징을 말해준다. 다시 한 번 그는 이 거대한 제국 러시아가 내부로부터 붕괴해 해체되기를 간절히 바랐다.

대체로 프리드리히 이전 이해론의 대표자들은 각 열강들 간의 상호 관계로부터 생긴 전체 모습을 명확하게 표현하기보다는 막연하게 점치거나 전제로 삼았다. 언제나 사물들 간의 합리적인 연관성을 생각하며 체계를 찾아 규명하려는 경향을 보였던 프리드리히의 정신은 여기서도 한걸음 앞으로 나아갔다. 1738년의 『고찰』에서 '유럽의 정치적 통일체'는 이미 그의 정치적 고찰의 뼈대를 이룬다. 그는 이것을 스스로의 생활 법칙과 질병을 가진 인간의 육체와 비교했다. 그 건강은 열강 간의 평정 상태에 달려 있으며, 심각한 질병은 이러한 평정 상태의 붕괴 현상에서 비롯된다고 설명했다. 그러나 이와 같은 유럽의 전신(全身)에 관한 견해에도 여전히 기계적인 요소가 부착되었으며, 프리드리히는 결코 여기서 벗어날 수 없었다. 이때 그는 그러한 견해에 본질적으

---

143) 코저, 『프리드리히 대왕사』, 제3권, 310쪽 참조. 프리드리히가 표현한 바에 따르면, 오스트리아와 프로이센은 20년 안에 '애국적인 독일 체계'를 형성해 러시아에 대처할 수 있게 될 것이다.

로 유사한 유럽 각 국가 간의 자연적인 집단을 이해하고자 하는 과
제―발케니에르 등과 같은 이해론의 대표자들이 시도한 적이 있는―
를 연결시켰다.

그는 실질적인 필요성만을 고려했으므로 1746년의 『나의 시대의 역
사』[144]에서 처음으로 유럽 국가들을 분류했을 때에도 단지 사실상의
권력이라는 척도, 즉 정치적 독립성의 정도에 관한 기준을 제외한 어
떤 기준도 적용하지 않았다. 영국과 프랑스를 첫 번째 층에 넣었으며,
두 번째 층에는 현대의 역사적 관점으로 볼 때 어느 정도 기이하다고
할 수 있겠지만 스페인, 네덜란드, 오스트리아, 그리고 프로이센을 포
함시켰다. 여기에 각국이 소유한 권력은 단지 기술적인 관점에서 평가
했다.

네 나라가 공통적으로 가진 특징이라면 그가 보는 한 모두 주권을 행
사할 수 있는 여지를 소유하기는 하지만, 결국 유럽의 양대 세력인 영
국과 프랑스 둘 중 한 나라에 의존한다는 점이다. 세 번째 층에는 사르
디니아, 덴마크, 포르투갈, 스웨덴, 폴란드가 속한다. 그에 따르면 공통
적인 현상은 그들 제국이 외국의 지원으로 권력을 유지하기 때문에 권
력정책 역시 완전히 종속적인 상태라는 점이다. 이와 같은 묘사는 그
후 수십 년간의 권력 활동에 의해서 근본적으로 변화되며 더욱 명료해
진다. 특히 오스트리아와 러시아는 괄목할 만한 성장을 이룩했으며, 따
라서 프리드리히는 1768년[145] 첫 번째 층에 두 나라를 포함시켰다. 그
외의 나라에 대해서는 좀 엉성하게 분석했는데, 그들이 가진 힘에 따라
층을 나누기보다는 열강 동맹체계의 한 부분을 형성하는 것에 따라서
나누었다.

이렇게 볼 때 영국은 이제 고립상태이다. 한편 프랑스는 부르봉 왕가
의 협정으로 스페인과 '결속'을 이룬 동시에 오스트리아와도 '동맹'―

---

144) 208쪽.
145) 『정치적 유서』, 209쪽.

여기서 프리드리히는 미묘한 뉘앙스를 풍기면서 이 말을 썼다—을 맺는다. 그 밖의 모든 제국을 그는 이교도의 종속적인 신들에 비유했다.

한편 그는 북유럽 지역에서 러시아 동맹체계에 대해서도 관심을 기울였다. 이 동맹에는 프로이센과 스웨덴, 덴마크, 그리고 폴란드가 가담했다. 이와 같은 묘사는 매우 철저한 실제적 입장에서 이루어진 것으로, 7년전쟁 동안 엄청난 힘의 시련을 경험한 후 프리드리히는 프로이센을 첫 번째 층의 맨 끝에 넣는 것조차 삼갔다. 자신이 노력해 얻은 강국으로서의 지위에 대한 불확신과 깊은 불완전의식 때문에 주저했던 것이다. 힌체는 이러한 행동을 상당히 정당한 것으로 보았다. "그는 한 국가의 외면적인 권세 속에 잠재한 위험을 알았다."[146] 프리드리히는 뒤를 잇는 후계자들이 자기와 똑같은 능력을 소유하게 될지 확신하지 못했던 것이다.

그는 자신의 이해론을 통해서 열강들을 묘사했으며, 여기에는 후계자들을 가르치고자 하는 바람이 영향을 미쳤다.[147] 열강들에 대한 묘사는 불가피하기는 했으나, 자신의 이해가 침투되고 당대의 시야로 제한되어 있었다. 이러한 시야는 분명히 그로 하여금 장래의 권력관계에서 거대한 외면적 변화를 예감하게 했으나, 그렇다고 그가 세력 관계가 근본적으로 재구성되리라는 가능성을 갖게 된 것은 아니었다.

그의 정신은 마치 어두운 방에서 밝게 빛나는 한 줄기 광선과 같았다. 그러나 아주 가까운 거리에 있는 사물을 뚜렷하게 비추었지 먼 곳까지 이르지는 못했다. 최소한 그는 자기가 살고 있는 시대와 동질적이며,

---

146) 『연구』, 제32권, 21쪽.

147) 이에 대한 보충으로는 바그너(Ferd. Wagner), 「1746~57년의 프리드리히 대왕의 판단에서의 유럽 열강」(Die europäischen Mächte in der Beurteilung Friedrichs d. Gr., 1746~57, 『오스트리아 역사연구소 보고』[Mitteil. d. Instituts f. österreich], 제20권——『정치서간집』에 의거)을 들 수 있다. 프리드리히의 직계 제자인 빌펠트 남작의 정치 요강인 『정치제도』(제3권, 1760~72)도 약간 참조. 행복주의적으로 천박화된 빌펠트의 이해론에 관해서는 『공법잡지』, 제6권, 제4호, 473쪽 이하의 나의 글.

시대의 이해관계와 연관성이 있는 미래의 사건들에 대해서는 이해할 수 있었다. 따라서 앞에서 살펴보았듯이, 비록 프랑스 혁명은 예견하지 못했으나 나폴레옹의 등장에 대해서는 어느 정도 내다봤던 것이다.

그는 또 정치적으로 분열된 민족에게서 나타날 국민적인 일체 투쟁에 관해서는 어떤 관념도 갖지 않았다. 그러나 낡은 제국 국제(國制)와 그와 긴밀하게 결합된 독일의 많은 소영방이 분열되어 불안정한 상황이 나타날 것인가에 대해서는 강하게 인식했다.

그는 1768년 『정치적 유서』에서 언급했다. "만약 오스트리아가 영토를 통합할 목적에서 플랑드르를 프랑스에 주고 대신 바이에른을 차지한다면, 이 '분할의 정신'은 다른 강대국의 군주들에게도 전해지지 않을까. 그렇게 된다면 이들 군주 모두는 각자 자국 영토를 통합하고자 원하게 될 것이며, 강한 자는 약한 자를 삼켜버릴 것이다. 다음에는 대수도원령과 제국도시에 화가 있으리라!"[148] 이와 같은 지적은 1803년에 발생하는 사태를 예언하는 것인 동시에 1742년과 1743년에 제안했던 교회령 몰수계획을 생각나게 하는 것이기도 하다.

입헌군주정과 근대 민주주의는 미래의 국가형태이며 프리드리히의 정치관은 두 가지에 전혀 맞지 않았다. 그러나 그는 군주정의 기본 조건, 즉 자신이 알던 시대뿐만 아니라 다가올 시대에서 군주정을 존립할 수 있는 능력으로 인식했다는 점에서 역사상 매우 중요한 위치를 차지한다. 그가 살았던 더 합리적인 권력정책과 국가행정의 시대는 더 합리적인 형태의 군주정을 요구했다. 그것은 우리가 앞에서 왕권의 왕조적 인습으로 묘사했던 것을 파괴하기를 요구했으며, 왕권을 둘러싸고 있는 궁정적이고 신정적(神政的)인 안개를 일소하든가, 국가이성의 밝은

---

148) 『정치적 유서』, 228쪽. 그는 프랑스가 언젠가는 부채를 정리하기 위해서 교회령을 몰수하게 될 것이라고 내다보기도 했다. 「볼테르에게 보내는 편지」, 1767년 3월 24일자(코저·드로이젠 엮음, 『왕복서간집』, 제3권, 152쪽); 157쪽, 408쪽 참조.

빛에 의해서만 살아야 한다고 요구했다. 그는 당시 프랑스의 왕권이 왕위 계승자들을 어리석고 상상력이 없는 정신교육을 시킨다고 날카롭게 비판했을 때, 진정 불안한 예감으로 유럽 군주정이 당시 지녔던 가장 치명적인 상처를 건드렸다. 그는 이토록 어리석게 교육받은 군주에 대해서 과연 무엇을 기대하고 예측할 것인가 하는 의문을 던졌다.[149]

이와 같은 지적은 현대의 독자로 하여금 루이 16세의 운명을 상기하게 하는 한편 국가이성의 내면에 들어 있는 부단한 문제, 즉 우리가 프리드리히의 경우를 통해 살펴보았던 정치적 합리주의의 한계점에 다시 한 번 주의를 돌리게 만든다. 1810년 괴테가 구출한 유고 「『시와 진실』의 속편을 위한 초안」에는[150] 군주들에 관한 언급이 나온다.

상퀼로트주의로 향한 위인들의 모범. 프리드리히는 궁정과 결별한다. 그의 침실에는 호화로운 침대가 있다. 그러나 그는 야전용 침대에서 잠을 잔다. 비아냥거리는 태도에 대한 경멸. 요제프는 외면적인 형식들을 폐한다. 여행을 떠나면 호화로운 침대에서 잠을 자는 대신 그 옆에 있는 땅 위에 깔아놓은 매트리스에서 잠을 잔다. 황제용 말을 짐말처럼 요구한다. 지배자는 국가 제일의 공복일 뿐이라는 원칙. 프랑스 여왕은 예법을 요구하지 않는다. 이러한 경향이 계속 퍼져나가자 이 관점은 마침내 프랑스 국왕까지 자기 자신을 악습으로 생각하게 한다.

어려운 문제였다. 왕권이 자체를 완전히 합리화하고 순수한 국가이성의 도구가 되는 동시에 인간적인 방식으로 왕권을 국가의 공복 수준으로 낮추게 될 때 과연 이러한 과정 속에서 왕권은 그의 신비스러운

---

149) 『정치적 유서』, 1768, 223쪽.
150) 『괴테 연보』(*Goethejahrbuch*), 1908, 11~12쪽; 바이마르판, 『괴테 전집』(*Goetheausgabe*), 제53권, 384쪽.

삶이 지닌 근원의 본질적이며 불가결한 부분을 상실하지 않았을까. 군주정이 인간화되는 동시에 물질화되자 평등주의적이고 혁명적인 정신에 항거할 수 있는 내적인 저항력을 더는 갖지 못하게 된다는 괴테의 생각은 과연 틀렸는가.

이 문제에 대해서 합리주의와 낭만주의는 완전히 다른 답을 하게 될 것이다. 그러나 역사적 사고는 필연적으로 부정적인 답과 긍정적인 답을 하나로 묶을 수 있는 길을 찾아야 하며, 역사적 삶 속에 내재하는 심오한 이중성, 더구나 이것을 이해하려는 단순한 행동으로는 완전히 해결되지 않는 이중성 가운데 하나의 존재를 인식해야만 한다. 역사적 과정에 관한 고찰을 통해서 살펴볼 때 괴테의 판단은 독일보다는 프랑스의 경우에 훨씬 타당성을 갖는데, 전자의 경우 프리드리히의 군주정적 합리주의는 군주정의 진정한 권위를 훼손시키지 않고 공고히 했다. 이와 같이 독일에서 군주정의 권위가 공고해졌다는 사실은 독일 자체의 독특한 상황과 연관성이 있다.

한편 프랑스에서의 군주정의 취약성도 괴테가 제시했던 인과율의 사슬에만 돌릴 수는 없다. 우리는 완전히 다른 원인도 몰락의 원인이 된다는 사실을 프리드리히가 프랑스의 군주정에 가한 비판을 통해 이미 살펴보았다. 루이 16세가 몰락한 것은 그의 통치 내에서 낡은 요소와 새로운 요소가 불행하게도 비유기적으로 결합되었기 때문이다.

또한 어떤 역사적 결합 속에서 독소로 작용하는 것은 다른 결합 속에서는 치료약으로 훌륭하게 작용할 수도 있다. 이와 같은 사실은 특히 국가이성의 본질 속에서 점진적으로 역사 발전을 전개한 모든 이념에 잘 나타난다. 역사상 절대 순수하며 퇴색되지 않은 결과를 낳는 이념도, 역사의 경향도 없다. 이러한 이유 때문에 그 어떤 이념도 절대적인 기준으로 그것이 갖는 가치나 부족함, 유익한 면이나 유해한 면을 판단할 수는 없다. 모든 역사적 환경은 그 속에 결합된 모든 핵심 세력으로 이루어진 독특한 공생이다.

그러나 역사를 완전히 상대주의적이며 식물적인 생물학적 과정으로 해석할 수 있도록 하는 이러한 접근은 너무나 도가 지나쳐서는 안 된다. 개성의 도덕적인 힘, 즉 그때마다 개성에 특유한 내면적인 자발성과 자립성 속에 공생 상태에까지 합쳐지는 다양한 요소를 결속하는 힘도 포함하기 때문이다. 이 힘이 프리드리히 대왕의 경우에 유효했으며, 신비로부터 해방되었던 왕권에 프리드리히 국가의 붕괴로도 파괴되지 않았던 창조적 생명을 부여했다.

프리드리히의 왕권이 1806년에 붕괴된 것은 스스로와 국가를 지나치게 합리화했기 때문이 아니었다. 그 국가를 이루는 다양한 요소의 독특한 상황에 밀접하게 기인한다. 프리드리히의 국가이성은 신분적이고 단체적인 조직을 지닌 사회와 후진적이며 자원이 부족한 국민경제 등과 같은 어려운 자료로부터 유능한 권력국가, 강국을 건설하는 독특하고 재현할 수 없는 예술작품을 만들어냈다. 그러나 이 국가는 유럽의 환경이 변화하지 않고, 강국의 내부적인 생활 조건이나 기타 권력수단에 어떤 변화가 일어나지 않는 한에서만 유능할 수 있었다.

프랑스 대혁명이 발발하여 유럽에 변화가 일어나자 프리드리히적 국가는 시대에 뒤진 것이 되어버렸으며 경쟁에서 낙오되었다. 프리드리히처럼 독특하고 가장 순수한 국가이성의 정신을 지닌 인물만이 프리드리히적 신분제 국가가 지닌 국가이성을 계속 발전시켜 나갈 수 있으며, 그것을 새로운 국민국가 형태의 국가이성으로 변화시킴으로써 성취 능력을 최고 수준으로 유지할 수 있었을 것이다. 프리드리히의 국가이성이 지닌 필연적인 비극적 요소라면 모든 것을 주도적인 인물에게 집중했다는 점이다. 그의 국가이성은 '자기 스스로 통치하는' 원칙에 의존했던 것이다. 국가이성은 효력의 정도라는 면에서는 놀라웠으나, 지속성이라는 면에서는 전혀 보장이 없었다. 프리드리히 자신도 이 점을 날카롭게 인식했다. 그는 1752년 『정치적 유서』에서 주장했다. "만약 국가의 운명을 확고하게 하기를 원한다면 어떤 한 인물의 선하거나 사악한 자질에 융성을 의존해서는 안 된다."[151] 그러나 이러한 운명을 극복할 수 있는 인물과 국가이성은 전혀 존재하지 않았다.

그럼에도 여전히 괴테의 말은 프리드리히의 업적에 적용할 수 있는 심오한 진리를 품는다. 괴테는 계몽 전제정치의 목표와 낡은 군주정의 성격 사이에 이질성이 존재한다고 느꼈다. 프리드리히에게 이러한 이질성은 우리가 상세히 검토한 계몽주의적 이상과 역사적 현실, 권력국가 사상과 인도주의적 사상 간의 분열에서 뚜렷이 나타난다. 프리드리히가 더욱 조화로운 발전을 이룩하기 위해서는 당대 프로이센과는 다른 시대와 국가가 필요했을 것이다. 만약 일개 시민으로 태어났다면 루소와 같은 혁명가가 되었을 것이다. 생존을 위한 7년이라는 길고 긴 싸움의 절망과 분노 속에서 그는 다음과 같이 소리치기도 했다.

"시민이 정치가의 행동을 평가하는 유일한 관점은 복지에 대해 정치가의 행동이 어떤 중요성을 갖는가 하는 것이다. 내가 이러한 원칙에서 출발할 때 권력과 권세, 그리고 권위와 같은 말은 나에게 더 이상 영향력을 미치지 못한다."[152]

한 사람의 군주로서 그 시대와 프로이센에서 출생했던 그가 국가이성을 수단으로 하여 자신의 인도적 이상에 좀더 가깝게 접근하기 위해서는 국가이성의 공복 이상이 될 수 없었다. 그리하여 우리가 캄파넬라의 경우에서 본 것과 같은 일이 발생했다. 이번에는 그와는 비교할 수 없을 만큼 큰 역사적 영향을 지녔다. 인간 내면의 권력과 권세에 대한 원초적인 충동에 호소하는 국가이성이 프리드리히의 속에서 그에 대한 경멸에 승리를 거둔다. '그 시대의 부패에 주목해'[153] 프리드리히는 마키아벨리의 비난할 만한 발자취를 따르기로 결정한다.

국가의 내부에서 그의 인도주의의 이상은 적용할 수 있는 기회를 찾

---

151) 66쪽; 『브란덴부르크 회상록』(Mémoires de Brandebourg, 『저작집』, 제1권, 238~239쪽)도 참조.

152) 1759년과 1760에 쓰어진 「한 스위스인이 한 제노바인에게 보낸 편지」(『저작집』, 제15권, 143쪽). 사람들에게 작용하려는 경향이 있으나, 여기에 표현된 무수한 발언과 일치하는 진정한 감각을 사람들은 시인할 것이다.

153) 1746년판, 『나의 시대의 역사』에서 이 말을 사용하고 있다. 213쪽.

는 데 불과하다. 그러나 실은 여기서도 프로이센의 상황과 시대적인 배경에 심각한 제한을 받고 있었다. 그가 의존하던 낡은 신분적·단체적 사회의 세계는 권력정책의 요구에 대해서나 인도주의적 정책 목표에 완전히 어울리지 않기 때문이다. 그는 막대한 힘을 기울여 억지로 이 세계를 자신의 목표에 가능한 한 어울리는 형태가 되도록 했다. 그러나 목적에서 자연히 권력 강화라는 면이 인도주의적 이상을 다시 한 번 압도하게 되었다. 그러므로 인도주의적 목표를 국가이성 속으로 흡수하려는 그의 진정한 바람은 불완전하게만 이룩될 수 있었다.

이상주의적인 면이 국왕의 행동에서 원초적인 면에 굴복하고 말았으나, 그 자체는 프리드리히의 사고 속에 계속 남았다. 그가 파우스트와 더불어 "자유로운 땅 위에서 자유로운 인민과 함께 살리라"*는 희망을 지닐 수 없었다는 것은 사실이다. 여전히 그는 내부적으로 시대와 그의 국가이성이 지닌 한계점에 매우 밀접하게 결속되어 있었기 때문이다. 그러나 이와 같은 희망을 만들어낼 수 있었던 요소들은 역사적 준비 상태로 이미 그의 내면에 존재하고 있었다.

---

* 괴테의 『파우스트』 제2부에 나오는 구절이다.

제3부 근대독일의 마키아벨리즘,
이상주의와 역사주의

제1장 헤겔

우리가 이미 개별적으로 관찰할 수 있었듯이 르네상스 이래 서양인의 정치관을 면면히 흐르는 한 줄기의 심각한 갈등이 존재하고 있다. 이 갈등은 일반 사상을 지배하는 기본적인 자연법 사상과 역사적·정치적 삶의 불가피한 사실들 사이에서 발생하는 것이었다. 스토아 학파가 창시하여 그리스도교가 흡수 적용하고 마침내 계몽주의가 다시 한 번 세속화한 자연법은 이성법칙과 자연법칙이 결국 서로 조화를 이루며, 하나의 삼라만상을 포용하는 우주의 성스러운 통일로부터 나왔다는 가정에서 출발했다.[1] 더구나 신이 불어넣어준 인간의 이성은 이러한 통일과 조화를 전체적으로 파악하고 인간 생활에서 결정적이라고 할 그 법칙들의 내용을 규정할 수 있는 것으로 생각하고 있었다.

이러한 규범들은 더 저급한 충동적 생활을 지배하고 순화하게 만들어야 하는 과제에 직면했을 때, 현실과 양보와 타협을 할 수밖에 없게 된다. 그러나 본래의 이상적인 형태라는 면에서 볼 때, 규범은 현실에 오염되지 않으며, 마치 삶을 조명하는 최고의 안내등처럼 영원불변의

---

1) 이것이 그리스도교의 이중적 윤리와 필연적으로 조화를 이루어야 했다는 사실을 여기에서 자세히 제시할 수는 없겠다. 그러나 훗날 무엇이 이루어지게 될 것인가에 대해서는 간단하게나마 살펴보아야 하겠다(마지막 장 참조).

동질적인 상태로 계속 존재한다. 그렇지만 자연의 영혼을 형성하는 이 신성한 이성의 의식적인 담당자나 해석자는 개인이며, 개인의 완성이야말로 자연법과 이성법이 규정한 가르침의 전체 목표이다.

이 과정에서 사람들이 이들 규범에 절대적 타당성이라는 성격을 부여하는 근거가 된 자연과 역사, 우주의 이성 요소들은 소박한 방법으로 오로지 개인의 요구 사항에 따라 평가되는 경향이 있다. 그러므로 이러한 요구들은 그에 의해 세계에 반영되어 절대적인 것이 된다. 기본적으로 세계 이성은 개인 이성이며—아무도 이 사실을 명확하게 깨닫지 못하고 있다—개인의 성취와 완성을 위한 수단이다. 더구나 이 개인 이성은 생각건대 모든 인간에게 동일하다. 바로 이러한 이유 때문에 개인 이성의 의견이 가진 보편타당성을 확신할 수 있으며, 인간이 확고한 그 무엇인가를 지닌다는 것을 느낄 수 있다.

이러한 이유로 초개인적인 인간 결합의 이성 내용 역시 동일한 척도로 추정되었으며, 그 자신의 본성에 따라서 발전되거나 추정되지 않았다. 국가, 단체 등은 그에 따라 결국 인간, 즉 개인을 더 행복하거나 향상시키거나 개인의 저급한 충동을 억제해, 루터가 국가에 관해 생각했듯이 악인을 징벌하는 회초리처럼 목적을 다하고자 한다. 이러한 목적을 위해서 인간들이 국가를 이루는 것으로, 이 개념에는 국가가 근본적으로 사람들 사이의 계약으로 이루어졌다는 이념의 뿌리가 포함되어 있다.

그러나 정치적 사고는 어떤 것이 최선의 국가형태인가를 탐구해야 하는 과제를 지니고 있다. 여기에서도 현실에 대한 양보를 피할 수 없으므로, 현실로서 존재하는 전혀 이상적이지 않은 국가 생활의 상태도 역시 전체로서는 그리스도교적인 의향, 즉 신이 의도하거나 허용한 것으로서, 징벌이나 개선책으로서 견딜 수 있다.

그러나 역사적 삶에서 부정할 수 없는 사실은 인간 본성의 불완전성으로 인해 이성이 제시하는 이상(理想)을 단순히 가로막고 약화시키는 이상을 의미했으며, 또한 이러한 사실들을 신이 내리신 천벌이나 개선책으로 재해석해버리는 것도 일반적으로 반드시 쉽지만은 않다는 것이었다. 국가의 독특한 본질은 인간이 국가를 단지 자기 복지를 위한 조직형태로 보려는 견해에 대해서, 조야(粗野)한 발전단계를 넘어선 모든 국가는 '공공의 복지'를 목표이자 과제로 삼고 있다. 그러나 이 '공공의 복지'는 국민에까지 통합되어 있는 각 개인의 복지를 포함하고 있을 뿐만 아니라 전체, 즉 단순한 개인들의 총체 이상의 정신적·집단적인 개성이었던 전체의 복지도 포함한다.

단지 국민 전체뿐만 아니라, 이 국민을 이끄는 국가 자체도 그러한 집단적인 개성이며, 그뿐만 아니라 사실 국가는 국민보다 훨씬 능동적인 집단적 개성이었다. 이것은 국가가 조직화되어 있어서 어느 때고 그 의지를 실천할 수 있기 때문이다. 이 의지의 법칙이 국가이성이었다. 이것은 마키아벨리와 국가이성학파가 이룩한 위대한 발견이었다. 그러나 사실 이 발견이, 사람들은 이 점을 알아채지 못했으나 자연법적·이성법적 노선을 따르는 주요한 사고방법의 기본 구조를 흔들어놓았다. 이 사유방법 자체의 개인주의적인 기본 성격에 따라 국가가 봉사해야 하는 '공공의 복지'를 통합된 각 개인에 대한 복지로만 해석했기 때문이다.

우리는 특히 홉스와 스피노자에게서 이와 같은 면을 찾아볼 수 있다. 이 경우 대개 사람들은 현실의 국가가 늘 공공의 복지를 위해 봉사를 다하기보다는 우선 지배자의 복지를 위해 봉사한다는 점을 종종 인식한다. 그러므로 17세기 국가이성의 이론은 우리가 본 바와 같이 공공의 복지와 그것과 조화를 이루는 지배자의 복지 모두에 기여하는 좋은 종류의 국가이성과, 지배자의 복지에만 기여하는 나쁜 종류의 국가이성을 구별했다.

따라서 콘링과 같은 학자는 1661년에 강의한 그의 국가학『전 세계의 강국 연구』(『저작집』, 제4권)에서 그 헌법이나 상태를 논한 각 국가가 전체 복지에 헌신하고 있는가, 지배자의 복지에 헌신하고 있는가, 그 정도는 어떤가 하는 점들을 분석해냈다. 그때 양쪽의 복지 형태는 자연법적 관점에서 개인주의적으로 이해되었다. 물론 국가 개성 자체의 복지와 생활 이해관계는 통합된 개인이나 지배자의 복지라는 단순히 개인적인 차원을 훨씬 초월해 있다. 또한 사람들이 만약 자연법적 사유방법에 어디까지나 충실했을 경우에는, 비록 국가적인 복지가 실질적으로 주장되기는 했으나 일관성 있게 성취될 수는 없었다.[2]

16세기부터 18세기까지 국가이성의 이념과 국가 이해론이 그것과 완전히 반대되는 주요한 사유방법 속에서 이질체(異質體)처럼 밀고 나아가고 혼합되었음은 그 역사에서 매우 교훈적이며 놀랄 만한 사실이다. 국가이성과 국가 이해에 관해 사람들이 논의한 것은 무엇이든 활달한 생활, 국가와 정치가의 실질적인 필요로부터 직접 솟아나왔다. 그러나 일반적으로 국가에 관한 것은 자연법의 전통에서 나왔다.

전자에서는 개성적인 국가 현실의 국가가 논의되고, 후자에서는 최선의 국가가 논의되었다. 따라서 실제적인 경험주의와 자연법적인 합리주의가 국가의 본질에 관해 고찰한 인간의 두뇌 속에서 기름과 물과 같이 혼란스럽고 비유기적으로 함께 섞이기도 했다. 마치 동일한 목표를 위해 경쟁하듯이, 때론 한쪽의 사유방법이 주도적인 위치를 차지하고 때로는 다른 쪽의 사유방법이 주도적인 위치를 차지했다.

경험주의는 강한 힘의 긴장을 보이며 마키아벨리에게서 시작되었다. 마키아벨리에게 자연법적인 합리주의적 요소는 이 이론의 기본 구조에 관한 일정한 전통적 개념에 한정되고, 그의 정신이 지닌 합리주의적 특성은 전적으로 삶과 현실에 대한 그의 천재적인 감각에 도움이 되었다. 그러나 반종교개혁으로 인해 그리스도교적 자연법의 명예가 다시 한 번 회복되고, 볼테르에게 기원을 두고 있는 국가이성에 관한 절충론이 형성되었다. 이 타협론은 최선의 국가를 원칙적으로는 고집했으나, 마음은 있다 하더라도 현존하는 실제 국가에 관해서도 관심을 기울이게

---

2) 체르펠트(Zehrfeld), 『콘링의 국가론』(*H. Conrings Staatenkunde*), 1926, 35쪽 및 101쪽 참조.

되었다.

17세기가 시작되면서 프랑스에서는 리슐리외의 권력정책의 강력한 흥륭과 함께 일어난 새로운 경험주의의 물결이 다양한 국가이해론을 만들어냈다. 이 국가이해론은 완전히 실제적인 목적을 위한 것이었기 때문에 자연법적·합리주의적인 요소로부터 전적으로 해방되었으나, 그렇다고 해서 이 이론을 품고 있는 사람들 또한 내면적으로 이성법적·자연법인 사유 방법에서 해방되었다는 뜻은 아니다.

그뿐만 아니라 이 자연법적 사유방법은 17세기에 세속화되고 계몽주의 시대에 들어와 새로운 모습을 취하면서 완전히 새로운 비약을 이룩했으며, 18세기에는 각 개인 속에 명백히 나타나는 세계이성에 대한 강력한 믿음을 기반으로 그 자체의 관념에 따라 국가를 지배하고 뜯어 고치려는 노력을 한층 대담하게 보인다.

동시에, 특히 17세기 말기 동안 정치적 경험주의도 계속 강력하게 남아 있었다. 그런 까닭에 푸펜도르프는 그의 연구에서 일반적인 동시에 개별적이며, 합리주의적이면서도 경험주의적인 국가 고찰을 명백한 양식으로 제시할 수 있었던 것이다. 그의 국가관이 방법론적 이중성에도 불구하고 양식적(樣式的)으로 통일성을 유지할 수 있었던 것은 그가 국가를 아래에서, 즉 개인의 욕구나 목적이라는 관점에서 보기보다는 오히려 뒤로부터, 즉 통치자의 관점에서 보았다는 사실에 기인한다. 그는 의기양양한 절대주의의 영향 아래 있었던 것이다.

18세기의 거대한 사건이라면 지배적인 절대주의의 비호 아래 중간계급이 지적으로 사회적으로 힘을 갖게 되었으며, 점진적으로 정치적인 색조를 띠던 중산계급의 이해를 위해서 이성법과 자연법의 보물을 이용하기 시작했다는 점이다. 이제 역사상 최초로 자연법의 견지에서 국가관에 내재한 개인주의적인 핵심이 완전한 전개를 이루게 되었던 것이다.

사람들은 국가를 위로부터가 아니라 아래로부터, 즉 인간의 천부적 권리라는 관점에서 바라보기 시작했다. 그 어느 때보다도 확고하게 국가를 각 개인의 행복을 위해 합목적적으로 만들어진 것으로 취급하게 되었다. 결과적으로 국가이성이라는 주제는 일반적인 이론적 논의에서 사라져버렸으나, 정치가들의 전통과 실천에서는 여전히 지속되었다.

이와 동시에 각 국가의 특별한 이해에 관한 이론은 더욱 촉진되었는데, 18세기 동안 고전적 절정에 이른 절대주의적 권력정책의 실제적인 요구 때문이었다. 그 과정에서 근본적으로 맞섰던 경험주의와 합리주의의 두 원리 사이의 오래된 긴장이 심화되고, 그 긴장은 프리드리히 대왕이 지니고 있던 이중성의 경우, 즉 그의 인도주의 사상과 권력국가 사상 간의 이원론이 눈부시게 우리 눈앞에 나타났다.[3] 사태는 날카로운 위기를 향해 움직이고 있었다. 아래로부터, 즉 개인의 관점에서 본 국가의 이념이 위로부터 인도된 현실 국가로부터 이탈하기 시작했으며, 두 이념을 조화롭게 만들던 타협도 잊혀지기 시작했다.

이런 상황에서 프랑스 혁명이 발발했다. 사실 이 혁명은 개인의 목적이라는 아래에서의 관점에서 국가를 건립하려는 시도였다. 이제는 증오의 대상이 되어버린 낡은 관방(官房)의 국가이성은 인류의 이성으로 교체되어야 한다고 여겨졌기 때문이다. 그리하여 이 혁명은 국가에 반대하는 개인의 권리를 옹호함으로써 17세기 국가이성 사상이 거의 생각지도 못했던 새로운 장을 열었다. 그러나 국가이성의 이념 자체는 그것을 경멸해마지 않았던 자들을 누르고 승리를 거두었으니, 이들에게 국가이성을 강요하고 그들을 위해 18세기의 비도덕적인 관방정치보다 더욱 잔인무도한 수단을 사용하는 것을 필연적으로 만들었다.

---

3) 18세기의 많은 역사가는 국가이성의 이기주의와 법 및 도덕의 요구를 조화시키기 위해 유럽의 세력균형론을 철저히 이용하고자 했다. 그러나 이러한 시도는 너무나 피상적이고 실용주의적이어서 정신사적으로 별다른 중요성이 없다. 이 점에 관해서는 캠메러, 『랑케의 강국론과 18세기의 역사서술』(*Rankes Große Mächte und die Geschichtschreibung des 18. Jahrhunderts*, 『근대사 연구 및 시론』(*Studien und Versuche zur neueren Geschichte*), 막스 렌츠 기념논문집, 1910, 283쪽).

1792년 8월 10일의 사건*과 9월의 대학살**은 1572년에 일어난 성 바르텔미의 학살사건과 같은 것이었다. 두 번 모두 어떠한 조건이나 제한 없이 일관된 국가이성에 의해 이끌어진 인간이 지닌 야수성의 성난 폭발이었다. 적국을 위한 승리에 그 희망을 걸지 않을 수 없었던 이유로 인해 프랑스에 대해 위험스러워진 취약한 왕권이 제거되었을 때, 프랑스에 매우 위험스러우며 예측할 수 없었던 형세로 빠지게 되었기 때문이다. 동시에 그것은 근대의 민주적인 민족국가의 권력정책과 국가이성이 낡은 귀족적 사회의 국가보다 훨씬 악마적인 힘을 행사할 수 있다는 것을 보여주는 최초의 끔찍한 예이기도 했다.

그러나 이러한 상황에서 과연 프랑스 대혁명의 정신이 경험주의와 합리주의, 이성적 국가와 현실의 국가 사이에 존재하는 극심한 분열을 해결할 능력이 있었을까. 결코 그렇지 않았다. 프랑스 혁명의 정신은 권력에 도취해 잔인무도한 국가이성의 한 행동에서 또 다른 행동으로 계속 나아갔으며, 이성적 국가에 관한 여러 지식에서 취해온 수사학적 장식으로 행동을 꾸몄던 것이다. 프랑스와 나폴레옹의 대적수인 영국이라면 이 문제를 더 훌륭히 풀 수 있는 능력을 갖고 있었을까.

영국 역시 문제 해결을 위한 내적 전제조건을 결하고 있었다. 이 나라에서는 아무도 이성적인 국가와 현실 국가 사이에 존재하는 갈등에 관해 심각하게 명상해보고자 하는 자극을 받지 않았다. 왜냐하면 영국인들은 자기들이 소유하고 있는 현실 국가를 가장 합리적인 것으로 보고 있었기 때문이다. 그리하여 그들은 떳떳한 마음으로 그들의 현실의 권력 이해관계를 인식할 수 있었으며, 이념적인 관점에서 이것을 정당화하기 위해서 프랑스인처럼 자연법과 그리스도교, 그리고 계몽주의로

---

* 이날 혁명전쟁에서 궁정이 이적행위를 한 데 대해 민중의 불만이 폭발하고 왕이 체포됨으로써 왕정은 사실상 폐지되었다. 이 사건을 계기로 프랑스 혁명은 새로운 단계로 들어선다.
** 9월 2~5일에 걸친 반혁명파의 학살사건을 말하며, 훗날 공포정치의 선구가 된다.

부터 유래한 인도주의적 문구들을 이용할 수 있었기 때문이다. 프랑스와 영국에서 사고와 감정을 완전히 지배한 것은 싸움에서 또다른 싸움을 헤치고 나아가며 힘차게 숨쉬는 상승하는 현실의 국가였다. 그러므로 누구도 이성의 이상이 대체 그것이 본래 무엇이라고 말하는지 곰곰이 생각하지 않게 되든가, 그렇지 않으면 혹자는 정부에 반대하기는 했지만, 재난을 초래하는 침략정신에 대해서 끝없는 불평을 되풀이하게 되었다.

그러나 이제 독일에서 사람들은 현실의 국가와 이성의 이상 간에 더 심오한 조화를 이루고자 하는 충동을 느끼게 된다. 의기양양해서 상승 가도를 달리는 국가보다는 의기소침하고 해체되어 있는 국가가 이러한 조화에 대한 자극을 아프게 느낄 수 있었다. 신성 로마 제국은 제국 내의 모든 신분에 대해서 무사태평한 자유와 스스로 발산한 신성함과 여유를 지니고 있었는데, 이러한 힘의 부재 때문에 붕괴되고 말았다. 이와 같은 고통스러운 상황에서 정신적인 독일인 앞에 남아 있는 길은 오직 두 가지뿐이었다.

첫째는 독일 정신의 운명을 독일 국가의 운명에서 아예 분리시켜 완전히 정신적인 세계를 건설하기 위해 자신의 고요하고 청정한 마음의 공간으로 도피하는 것이다. 아니면 두 번째로 이 정신적인 세계와 현실 세계 사이에 현명하고 조화로운 관계를 창조해내는 동시에 현실의 국가와 이성의 이상 간의 일치된 유대를 찾는 것이었다. 그것이 성공했더라면 여태까지 꿈도 꾸지 못했던 완전히 새로운 형태의 이성과 현실 간의 관계가 나타났을 것이다.

이성의 절대적인 법칙과 역사적 삶의 과정과 실제 법칙 사이에 존재하는 간격을 사상적으로 메울 수 없었던 스토아적 · 그리스도교적 · 세속적 자연법에서처럼, 이성과 현실은 통일성을 나타내 보이기 위해 더 이상 허구와 타협을 피하지 않게 되었다. 오히려 반대로 본질적으로 융합해 동일한 것이 되었다. 이때 스피노자가 범신론으로 이미 시도한 바 있었으나, 결국 당시의 기계적이며 비역사적인 사고방법에 의해서는 제약당하고 말았던 것이 이룩되었다.

이제 역사적 현실 자체에 내재해 있는 이성을 파악하고, 그 이성을 역사적 현실의 핵심이자 가장 깊숙한 생활법칙으로 이해했다. 또한 단순한 개인이라기보다는 역사 자체가 이성의 담당자요 해석자가 되었다. 이제 신성한 자연의 통일성이 역사적 세계에서 나타나게 된 것이다. 그러나 이때 국가이성과 권력정책 역시 완전히 새로운 조명을 받게 되었다.

이것은 헤겔의 획기적인 업적으로 이루어졌다. "현실의 국가는 동시에 이성적인 국가이기도 하다"라고 그의 궁극의 이론은 역설한다. "이성적인 것은 현실적이며 현실적인 것은 이성적이다."[4] 이렇게 말하기 위해서 그는 물론 이성 개념을 재해석하는 한편 유동적인 것으로 만들어야만 했다. 이 개념의 규범들이 여태까지 지니던 고정적인 성격을 벗어던지고, 규범 자체를 유동적이며 끊임없이 상승하는 삶, 즉 역사상 인류의 발전과정으로 변화시켜야만 했다.

이때 새로운 이성개념은 이 역사적 삶의 모순이나 외견상 해결할 수 없는 대립 사이에서조차 더 이상 좌절하는 일이 없었다. 이 새로운 이성개념은 역사적 사건들이 성장하고 발생하는 진정한 과정 속으로 깊숙히 파고들었던 변증법을 통해 이러한 대립을 진보와 향상을 위한 필수 수단으로 받아들였기 때문이다. 그와 더불어 이것은 사람들이 종전에는 생각도 하지 못했을 정도로 역사 자체와 역사의 모든 어둡고 사악한 면 사이에 인과관계 전체를 인정했기 때문이다.

이 세상 모든 것은 신성한 이성의 진보적인 자기 실현을 위해서 도움이 되며, 원초적이며 사악한 것까지 자기를 위해 작용하도록 하는 것이 이성의 교지(狡智)이다. 이 점이 인간으로 하여금 악행의 상대적인 권리마저 인정하게끔 강요할 것이라는 결과에 겁을 집어먹은 자에 대해, 헤겔은 자기 체계의 절정에서 성취한 숭고한 인생관을 제시했다. 이 인

---

4) 『법철학』(Philosophie des Rechts), 1821, 서문, 19쪽.

생관은 내면적으로 아름다운 것을 위해서는 외적으로 아름답지 못한 것들이 필요함을 과감히 주장한 것이었으므로 내면적인 동시에 외면적일 수 있었다.

중요한 것은 단순히 일시적이며 지나가버리는 가상(假象) 속에 내재한 실체와 지금 있는 영원한 것을 인식하는 것이다. 이념과 같은 의미를 지닌 이성적인 것은 그 모든 현실성 속에서의 외부적인 존재로 그 자체를 나타내므로 그 자체는 무한히 풍부한 형식, 현상 및 형태로 나타나며, 그것은 내적인 맥락을 간파해 외형에서도 그것이 고동치는 것을 느끼게 되며, 의식이 거주하고 있으며 개념적인 사고가 맨 먼저 통과해야만 하는 밝은 덮개에 그 핵심을 두고 있다.[5]

그러나 역사의 덮개를 이루는 모든 밝고 다양한 형성물 중에서 국가보다 더 역사의 핵심에 근접했던 것은 헤겔의 견해에서 아예 존재하지 않았다. 그의 날카로운 현실 감각은 인류 역사에서 가장 강력하고 활동적이며 포괄적인 요소를 국가 속에서 발견해냈다. 그의 경험주의가 인식한 모든 것을 그의 이상주의는 받아들이지 않을 수 없었다. 그러나 그때 국가의 영혼, 국가이성과 마키아벨리의 교설의 핵심도 인정되지 않을 수 없었다.

이제 상당히 새롭고도 독특한 것이 나타나기도 했으니, 이전에는 마키아벨리즘이 이미 이루어져 있는 도덕적 세계 옆에 존재할 수 있었을 뿐인 데 비해서, 이제는 모든 도덕적 가치를 포용하는 동시에 군건히 하는 이상주의적인 세계관의 맥락에서 중요한 부분을 이루게 된 것이다. 이것은 서자(庶子)를 합법화하는 것과 거의 다름없는 일이었다.

따라서 19세기가 시작되면서 독일에서는 마키아벨리가 명예를 회복했다. 특별히 마키아벨리즘의 문제에 대한 독일적인 태도가 발전하게

---

5) 앞의 책, 서문, 20쪽.

되었지만, 이 같은 현상이 오로지 헤겔의 이론과 영향력에서 기인했다고는 생각할 수 없다. 헤겔 자신은 모든 사상적인 현상을 특수한 역사적 상황과 발전단계에 의해 제약되는 민족정신의 필연적인 표현으로 보았다. 각 민족정신은 모두 한편으로는 세계정신에 의해서 지도받는다고 여겼던 이유로 인해, 헤겔은 자기에 대한 단순히 개인적인 아첨을 모두 경멸해 거부했으며, 자기의 입을 통해 말하고 있는 위대한 세계 건축가를 제시했을 것이다. 무엇보다 독일의 역사적 상황을 살펴볼 필요가 있다.

이제까지 독일은 언제나 거대한 유럽 정책의 주체라기보다 대상이었다. 그러므로 독일에서는 프랑스나 영국의 권력정책에 존재하는 것과 같은 확고한 권력정책의 전통이 발전할 수 없었다. 따라서 사색적인 독일인에게 권력정책이란 자명한 것이 아니라 어느 정도 외부에서 수입해 들여온 것으로 유용성이나 유해성이 논란의 대상이 될 수 있었다. 이미 17세기 독일의 국가이성론의 대표자들까지 자신들이 원산지가 독일이 아닌 식물을 다룬다는 느낌을 갖고 있었다.

프리드리히 대왕의 권력정책론 역시 민족 전체의 역사에 의거한 유기적 자명성이라는 성격을 지니고 있지 않았으며, 오히려 조만간 특별히 배워야만 했던 중요한 기술을 습득하기 위한 의식적인 노력이라는 성격을 지니고 있었다.

혁명전쟁 이후와 나폴레옹 치하에서 붕괴시대가 닥쳐오자, 독일은 무기를 버리고 고난을 겪지 않을 수 없었으므로 사람들은 고뇌에 찬 독일에서 권력의 무기와 마키아벨리즘이라는 무기를 감탄과 동경을 갖고 기대할 수 있게 되었다. 처음에는 이런 사람이 얼마 되지 않았다. 그러나 독일이 국가적인 권력장치를 필요로 한다고 느꼈던 소수의 사람 중 아마도 헤겔이 맨 첫 번째 인물이었을 것이며, 또한 이 점을 가장 강하게 느끼고 있었을 것이다.

그는 자신의 궁극적인 체계를 완성하기 전이었던 19세기 초에 이미 이와 같은 사실을 느끼고 있었다. 또한 그 궁극의 체계도 그의 사상에서 근본적인 부분들을 최종적으로 통합한 것에 불과했으므로 가설 자체는 마키아벨리즘에 대한 헤겔의 시인과 그의 내면적인 근본 성향들과 연결되어 있다는 것을 나타내줄 뿐만 아니라, 그의 개성과 역사적인 상황이 동시에 영향을 미쳤음을 말한다. 다름 아닌 헤겔이 이룩한 청년기의 발전이 최근에 와서 자주 훌륭하게 제시되고 있으므로, 여기서는 마키아벨리즘을 인정하게 되는 헤겔의 정신적인 맥락을 이해하는 데 문제를 제한하고자 한다.[6]

헤겔이 청년기에 거친 발전은 깊은 감동을 주는 한편의 드라마이다. 처음에는 당대의 많은 사상들에 의존적이었던 강력하고 독창적인 정신이 끊임없이 자신의 모호한 욕구들을 그 사상에 고통스럽게 대립시키면서, 어떻게 하면 하나씩 하나씩 극복해나가면서 뜯어고쳐 자신의 욕구 아래에 종속시키고, 점차 완전히 새로운 사상체계를 세울 수 있는 힘을 확보하게 되는가 하는, 오래되었으면서 영원히 새로운 과정을 보여준다. 이것은 어떤 천재가 자신의 내면 깊숙이 존재하는 욕구를 완전히 충족시키기 위해서, 어떻게 이것을 발견해 자신의 언어로 말하는 것을 배우게 되는가 하는 점을 말해준다.

헤겔이 직면해야만 했던 사상이란 무엇이었는가. 여기에 반대되는 것은 무엇이었는가. 그가 이룩한 최종 결과는 과연 무엇이었는가.

그가 눈앞에서 발견한 것은, 정신적 자유를 위해 분투하는 이성적인 개인의 요구에 의거하고, 개인의 기준에 따라 국가와 역사적 삶을 판단하며, 그에게 우선 첫째로 개인의 신성한 권리에 대해 존중할 것을 요구한 개인주의였다. 1789년에 발표한 「인권 및 시민권의 선언」에 표현된 이러한 요구를 헤겔도 받아들이고 있었으며, 튀빙겐 대학의 신학생이었던 그는 프랑스 대혁명을 환영했다. 그러나 아주 일찍부터 그는 다

---

6) 나는 헬러(Heller)의 연구 『헤겔과 독일에서의 국민적 권력국가 사상』(*Hegel und der nationale Machtstaatsgedanke in Deutschland*, 1921)도 감사하는 마음으로 상기하나 그 연구는 일부분만 인정할 뿐이다.

른 어떤 것에 대한 요구, 즉 국가와 개인 간의 공허한 반목을 극복하려는 모든 요구를 포용하는 완전히 통일된 삶에 대한 요구를 인식하게 되었다. 그리하여 이제 고대고전의 세계가 모범적인 모델을 갈망하고 있는 이 젊은 정신에 지칠 줄 모르는 힘을 다시 한 번 행사할 수 있게 되었던 것이다.

헤겔은 이러한 통일성의 구현을 그리스의 도시국가 속에서 발견해내었다. 1796년 헤겔은 그리스가 가장 번영을 구가하던 시기 그리스의 인간상을 묘사한 일이 있다. 그리스 사람들에게 국가와 조국의 이념은 세계의 궁극적인 목적을 형성했으며, 그 이념을 위해서는 자기의 개체성은 소멸되었다. 그리스 사람들의 행동을 통해 이 이념 자체를 구현하고, 그럼으로써 지고한 삶의 통일성——헤겔이 당시 이미 말한 바와 같이[7] "이성이 그것을 찾기를 결코 단념할 수 없었던" 절대적인 것을 방출했기 때문이다.

그 뒤 이성이 고대의 퇴폐한 국가 속에서 더 이상 이 절대성을 찾을 수 없게 되자, 이성은 그리스도교 속에서 그것을 발견하게 된다. 그러나 당시 헤겔의 견해에 따르면 이러한 현상은 상실의 징후이며, 삶의 통일의 쇠퇴를 보여주는 것이다. 그리스도교는 자신의 조국과 자유스러운 국가를 잃어버린 '타락한 인간'에게서만 받아들여질 수 있었으며, 그들은 이제 그 비참함 속에서 인간 본성의 타락론을 하나의 위안거리로 취했다. "이 교설은 수치스러운 것에 명예를 부여했다. 그것은 힘의 가능성에 대해 믿는 일조차 사악화한 것으로 만듦으로써 저 무능력을 영원히 신성시하며 영원한 것으로 만들었다."

따라서 마키아벨리의 기본적인 감정이 헤겔 속에서 소생하게 되었다. 마키아벨리는 그리스도교가 인간의 사고를 내세에 지시하여 현실 세계에서 인간을 무력하고 침체되게끔 했다고 말했다. 그러므로 그는

---

7) 놀(Nohl) 엮음, 『헤겔의 청년기의 신학저작』(*Hegels theologische Jugends-chriften*), 224쪽.

고전적 고대인의 자연적인 '덕성'을 그 화려함과 함께, 특히 국가에 나타나고 있는 그 힘으로 하여, 약 300년의 시간적인 격차가 있는 두 사상가가 이처럼 유사한 분위기를 풍기게 한 역사적인 상황도 또한 유사성이 있었다.

두 시기 모두 정치적 붕괴의 시기가 정신적 부활의 시기와 일치한다. 헤겔은 당시에 이미 몇 해 동안 더욱 높아지는 안목으로 구세계가 산산조각나고 있다는 사실을 명확하게 인식하고 있었다. 최고의 업적을 올리며 무르익어가던 그의 정신은 이미 구세계의 폐허 위에서 새롭고도 좀더 강력한 체계를 세울 수 있는 요소들을 발견하고자 노력했으며, 삶이 지니고 있는 개인적인 존재와 보편적인 요소들 사이의 끊어진 연관을 회복시킬 수 있는 힘을 찾았다. 이것이야말로 젊은 헤겔에게 기본적인 감정, 즉 개별적인 삶과 민족의 보편적인 삶 간의 불가결한 연관이 혁명전쟁의 파국으로 필연적으로 나아가고 있는 발전 과정에 의해 파괴되어버렸다는 감정이었다.

이와 같은 파국은 대다수의 독일 지식인들이 더욱더 자기 자신 속에, 또 그들 개성의 완성 속에 피난처를 찾게 했다. 독일이 19세기의 첫 십년 동안에 쌓아올린 그 풍부한 정신적 업적은 가혹한 정치적 운명의 압박 아래에서 이룩해낸 것이었다. 당시 독일을 정신적으로 정상에 이르게 했던 것은 바로 불행이었다. 이 점은 헤겔 역시 마찬가지였는데, 그는 상당히 의식적이며 날카로운 안목을 갖고 그 시대의 삶에 참여하고 있었다. 그러나 이와 같은 명민함에 덧붙여 헤겔이 그 시대의 인물들과 남달랐던 점은, 이러한 상황이 매우 부자연스러우며 존속하지 못할 것이라는 점을 확신하고 있었다는 사실이다.

그는 현실적인 삶과 정신적인 삶이 서로 완전히 분리된 상태를 오래 유지할 수 없으며, 어떤 새로운 붕괴가 발생하는 것과 함께 정신적인 붕괴가 나타나게 된다는 점을 아주 일찍이, 정확하게 인식하고 있었다.

시대에 의해 내면적 세계에 피난처를 찾도록 강요당한 인간의 상태는 만약 그가 이 내면적 세계 속에 머물러 있을 경우, 그것은 단순히 영원한 죽음에 지나지 않을 것이나 자연이 그에게 생활을 강요할 경우, 그것은 현세에 순응하며, 그 속에서 향락하고 생활할 수 있게 하기 위해 현세의 부정적인 요소들을 없애버리고자 하는 노력에 지나지 않을 것이다. 자연과 현존의 삶이 모순된다는 감정은 인간의 상태의 고양되고자 하는 욕구를 보여주는 것이며, 일단 현존의 삶이 그 모든 힘과 명성을 상실해 정말 부정적인 상태가 되면 인간 상태는 고양될 것이다. 이 시대의 모든 현상들은 더 이상 이전처럼 삶 속에서 만족을 발견할 수 없다는 사실을 보여준다.

이 말은 역사적으로 대단히 중요한 의미를 지니고 있다. 그것은 삶에 의해서 공격을 받았으나 전력을 다해 삶에 반격을 가하고자 준비하고 있는 독일의 모든 정신력을 반영하고 있다. 이 말은 「자유와 운명」이라는 표제의 함축성이 있고 난해한 단편에서 인용된 것인데, 이 글은 헤겔의 독일 헌법에 관한 저술의 서문을 구성하게 된다. 또한 이 글은 1801년부터 1802년 사이 겨울 동안에 집필되기는 했으나, 1893년에 이르러서야 전편이 출판된 것으로서[8] 마키아벨리즘의 문제에 관한 헤겔의 첫 번째 확고한 의견을 보여주고 있다.

우선 헤겔이 어떻게 마키아벨리즘에 접하게 되었는지 살펴보자. 그것은 개성의 단순한 완성에 대한 불만이었으며, 개인이 보편적인 삶의 운명의 힘에 의존한 것에 대한 날로 깊어진 통찰이다. 그러나 이 통찰은 소극적인 복종이라는 결론에 그치지 않고 고전의 '덕성'이라는 적극적인 이상, 즉 모든 생명을 바칠 만한 국가와 그러한 국가를 위한 생활이라는 결론에 도달하는 것이었다. 게다가 헤겔은 프랑스 혁명과 제국의 붕괴 속에서 막강한 운명적인 힘의 지배를 깊이 체험하게 되었다.

이 제국은 다른 독일인들보다 슈바벤 출신인 헤겔에게는 특히 중요

---

8) 헬러가 엮은 레클람 총서 중의 한 판에서 인용했다.

한 의미가 있었다. 그에게 제국은 '국가'를 대표했기 때문이다. 그렇지만 그 국가는 더 이상 현실의 국가가 아니었다.

"독일은 더 이상 하나의 국가가 아니다"라는 말로 이 책은 시작되고 있다. 오직 권력을 통해서만 국가는 진정한 국가가 되기 때문이다(25쪽). "집단이 국가를 형성하기 위해서는 공통의 방위와 국가권력을 지녀야 한다."(27쪽) 모든 사람과 전체 사이의 결속력을 보여주는 것은 평화시의 평정이 아니라 전쟁 행위이다(12쪽). 프랑스 공화국과 벌인 전쟁을 통해서 독일은 이제 더 이상 하나의 국가가 아니라는 사실을 스스로 경험하게 되었다. 또한 나폴레옹은 이 전쟁이 도달한 평화는 정복자의 통치 아래에 놓이게 된 국가들은 차치하고서라도, 평화가 찾아와도 많은 국가들이 여전히 그들의 가장 소중한 재산, 즉 그들 스스로 국가를 구성할 수 있는 권리를 상실하리라는 것을 시사하리라.

이 같은 헤겔의 지적은 권력 국가에 대해서 자신을 지킬 수 있는 능력은 국가의 본질에 속한다는 사실을 새롭게 인식—재인식이라고 보아도 타당하다—한 것이었다. 16세기와 17세기 동안, 모든 실질적인 국가이성과 이 문제에 대한 이론상의 고찰은 이와 같은 인식에 의해서 인도되었다. 반면에 자연법의 측면에서 국가를 관찰하는 입장은 거의 그것과 관련이 없었다. 그러나 헤겔 같은 사람은 단순히 경험적이며 현실주의적으로 권력국가의 존재를 인식하는 것으로 절대 만족할 수 없었다. 오히려 그는 이 새로운 지식을 어떤 통일적이며 이성적인 세계상으로 구체화해야 한다고 생각하고 있었다.

이것을 이룩하게 하기 위해서 그는 완전히 새롭고도 독창적인 길—처음에는 어둡고 바위투성이의 지역을 헤치고 그를 이끌어주었던 그 길—을 스스로 개척해야만 했다. 그를 방해하는 바위들을 치워버려야만 했던 것이다. 그 바위를 보면 지금도 그 놀랄 만한 격돌과 탐구를 짐작할 수 있다.[9]

처음에 헤겔은 내면에서 강렬한 주관성이 강하게 고투를 하기 시작하면서 어떤 반격과 반동을 갖게 되었으며, 이러한 감정 없이 그가 현저한 개인주의로부터 벗어날 수 있는 새로운 사상을 형성하기란 불가능했다. 그가 따르기 시작했던 이 새로운 불빛이 처음에는 위안이란 거의 없는 차가운 빛만을 그에게 비춰주었다는 사실을 고려할 때, 헤겔이 겪었던 어려움을 이해할 수 있겠다.

1890년대 말엽, 휠덜린과의 교분을 통해 그는 인간의 삶을 전지전능하게 지배하는 운명의 개념에 몰두하게 된다. 그때 각 개인과 민족이 운명이라는 미지의 초인간적인 힘에 의존하고 있다는 사실은 그 당시 참을 수 없는 것이었으며, 헤겔의 냉철한 사고방식으로도 참을 수 없었다. 그가 추구하던 자아와 국민, 국가 및 우주 간의 삶의 일치는 운명이란 길을 따라 도달되지 않았다. 이 모질고 단단한 장애물은 제거되어야만 했다. 그래서 헤겔의 운명 개념은 점차 변화해 인간적이며 역사적인 영역으로 좀더 접근하게 되었으며, 그 자체의 깊고 독특한 내적 힘을 섭취함으로써 정신과 이성으로 충만하기 시작했다. 결국 그의 체계의 최절정에서 운명은 세계정신으로 변화하는데, 이 세계정신의 독특한 내용은 이성 자체로 구성되어 있으며, 민족정신 속에서 자기 표현에 이르고, 세계사는 이 세계정신에 의해서 발생, 형성, 인도된다.

1801년과 1802년 헤겔이 독일 헌법에 관한 자신의 생각을 기술하던 당시, 그의 세계상은 아직 이 단계에는 이르지 못했다. 이미 그의 운명 개념은 선명한 역사적 내용을 취하고, 특히 국가를 운명의 힘의 본질적인 담당자로서 생각했으나 아직은 모든 것을 조화시킬 수 있는 세계이성에까지 높여지거나 성숙된 상태를 나타내지는 않았다. 그러나 훗날 그의 체계에서 지극히 중요한 의미를 지니게 되는 이 결정적인 사상은 이미 파악되고 있었다.

또한 사람들은 이 결정적인 사상을 세계상(世界像)에서의 모든 모순과 불일치를 다루며, 역사적 현실의 부조리와 불순함을 동시적으로 인

---

9) 우리는 여기서 로젠츠바이크(Rosenzweig)의 『헤겔과 국가』(제2권, 1920)의 깊이 있는 서술에 따른다.

식하고, 전체적인 세계와 우주관에 입각해 그것을 단순한 전경(前景)의 현상으로, 즉 조화를 이루는 단순한 불협화음의 상태로 묵인할 수 있게 해주는 헤겔의 독특한 주문으로 생각할 수 있다.

그 경우 역사의 풍요롭고도 다채로운 활동은 어떤 높은 손이 조종하고 있는 꼭두각시놀이에 불과한 것으로 재해석되어야만 했다. 따라서 모든 역사적 요소에 그 자신을 자유스럽게 발산할 수 있도록 부여해준 자유와 개인적인 허용은 단순히 외면적인 자유 권리가 되어버렸다.

여기서 우리는 헤겔이 헌법에 관한 자신의 저작 속에서 한 말을 살펴보자.

독일 국민의 결코 억제되지 않은 근원적인 특성은 그들의 운명의 불가피한 필연성을 규정했다. 이 운명에 의해 주어진 영역 내에서 정치, 종교, 필요, 미덕, 폭력, 이성, 교활, 그 밖에 인류를 움직이는 모든 요소들이 그들에게 허용된 넓은 투기장에서 격렬하고도 일견 무질서한 경기를 벌였던 것이다. 그 각각은 절대적으로 자유롭고 독립적인 세력으로서 행동하나, 그들 모두가 그 '자유'와 '독립'을 비웃는 더 높은 힘, 즉 원초적인 운명과 모든 것을 극복하는 시간의 수중에 든 꼭두각시에 불과하다는 사실을 인식하지 못하고 있다.

이 꼭두각시론은 헤겔의 권력국가 사상을 이해하기 위한 열쇠이다. 일반적으로 권력에 대한 그의 감각은 그 자신의 개인적인 기질에 근본 뿌리를 두고 있었다. 사람들이 정확하게 관찰하고 있듯이[10] 그 자신에게 권력적 인간의 경향이 있었다. 그러나 권력에 대한 그의 개인적인 욕구보다 더욱 강력했던 것은 그의 관조적인 충동이었으며, 이것은 권력을 인생의 기타 모든 현상과 동일하게 보지 않고, 지고한 존재로부터 나오는 단순한 것으로 이해하게끔 했다. 그리고 이 실재의 힘의 작용은

---

10) 헬러, 앞의 책, 61쪽.

한편에서는 최고의 의미에서의 지배력으로 간주되었다.

역사적 삶에서 모든 가시적·현상적 요소들에게 자유로운——사실은 표면적인 자유에 불과하지만——활동의 범위를 부여해줄 수 있었던 것은 모든 것을 포용하고 있는 지고한 힘이 존재하고 있었기 때문이다. 이 각각의 요소들은 지고한 존재의 손에서 위엄과 필요한 힘을 부여받았기 때문이다. 그렇지만 이 각각의 요소가 지닌 독특한 위엄과 힘을 이해하고 그것을 그 자체의 역학에서 파악하며, 삶의 다른 영역이 지니고 있는 기준을 적용하지 않는 것 역시 필요하다. 지고한 진리를 파악하기 위해서는 맨 먼저 각각의 사물들 속에 들어 있는 진리를 인식할 필요가 있었다. 헤겔의 말에 의하면 바로 이런 식으로 '권력 속에 존재하는 진리'도 이제 발견되었으며, 정치는 일반적인 도덕의 규칙이나 개인의 이상적인 주장들로부터 자유로워졌다.

여기서 다시 한 번 헤겔의 말을 들어보자. 그는 스웨덴이 독일 국가의 자유와 양심의 자유를 구하기 위해서 30년전쟁에 출병하자 독일에서 침략적 세력이 되어버렸다는 사실을 다루고 있었다. 대체로 인간이란 아주 어리석은 존재로서 양심과 정치적 자유에 관한 이타주의적인 고려라는 이상주의적 환상으로 인해서, 또 마음속의 뜨거운 열광에 도취해 권력 속에 내재한 진실을 어리석게도 간과해버린다.

또 자연과 진리의 더 높은 정의에 거역해 인간이 만든 인위적인 것이나 허구의 환상 속에 강한 신념을 두게 되나, 이 자연과 진리의 더 고차적인 정의는 궁경(窮境)을 이용해 모든 이론이나 확신, 내적인 열정에도 불구하고 인간을 자기의 힘 아래 굴복시키고 만다. 그러므로 약소국이 그 나라의 내정에 외세를 개입시키면 그 외세는 그 나라에서 어떤 영토를 획득하게 된다는 것은 '정의'의 한 형태였다.

박애주의자들과 도덕주의자들은 정치란 정의를 희생함으로써 이득을 얻으려는 다툼과 술책이며 부정이 만든 체계이자 소행이라고 비난하고 있다. 또한 편견은 없지만 맥주나 들이켜대는 대중들은——

다시 말해 어떤 진실한 관심사나 조국을 결핍하고 있으며, 선술집의 평온을 미덕의 이상으로 삼고 있는 그런 단순한 대중에 불과하다—정치의 부당한 변덕스러움과 신앙에 대한 파괴를 들어 그것을 비난하고 있다. 그러나 최소한 이 대중들은 국가의 이해관계가 나타나 있는 법적인 형식에 대해서 관심을 기울이고 의구심을 갖기도 한다. 만약 이런 이해관계가 자신과 동일하다면 법적인 형식을 지킬 것이다. 그러나 그들을 움직이는 진정한 내면적 원동력은 그들 자신의 이익이지 법의 형식은 아니다.

국가 간의 관계에서 문제인 권리란 "단지 협약이 인정하고 확보해놓은 한 국가의 이익에 지나지 않는다." 또한 위험한 처지에 놓인 이해관계와 권리를 권력의 총력을 기울여 수호할 것인가 말 것인가 하는 문제는 전적으로 갖가지 상황, 권력의 결합, 즉 정치적 판단에 의존하고 있다. 그렇지만 이 경우에 상대편도 그것과 충돌하는 정반대의 이해와 권리도 갖고 있기 때문에 물론 권리를 주장할 수 있다. 이제 전쟁—혹은 무엇이건—이 결정해야 할 문제는 서로 다른 두 권리 중에서 어느 편이 진정한 권리인가 하는 것이 아니라—쌍방 모두 진정한 권리를 갖고 있으므로—오히려 어느 권리가 다른 한쪽의 권리에 양보해야 하는가 하는 것이다(110~111쪽).

여기서 저 오래된 국가 이해론을 다시 한 번 주장하고 있다. 헤겔은 최근 수세기의 역사나 정치적 문헌에 정통했으며 그것을 이용했다. "(국가의)이 특별한 이해관계야말로 가장 중요한 고려 사항이라는 것은 일반적으로 완전히 인정되고 있는 원칙이다"(118쪽). 그러나 헤겔의 이해론에는 새롭고 혁명적인 성격을 띤 사항도 있다. 그 이전에 더 엄격했던 국가이성론은 정치와 법, 도덕 사이에는 갈등이 존재한다는 것을 인정했으며, 단지 정치는 이러한 갈등 속에서 우위와 승리를 거둔다는 견해를 견지했다.

반면에 헤겔은 이러한 갈등의 존재를 과감하게 부정했는데, "법과 의

무 또는 도덕성과 고려되어야 할 가장 중요한 사항은 모순되어 있다고
는 생각지 않기 때문이다" "국가의 가장 중요한 의무는 그 자체를 보
존하는 일이다"(129쪽). 이것은 헤겔이 기준과 세계관의 이원론과 결
별하고, 결국 범신론적인 일원론적 윤리나 세계관으로 바뀌게 되었음
을 의미한다. 여기서 대립은 이제 더는 도덕과 부도덕 간의 대립이 아
니라, 낮은 유형의 도덕, 의무와 더 높은 유형의 도덕과 의무의 대립이
었다.

또한 국가의 최고 의무는 그 자체를 보존하는 것이라고 선언되었으
며, 국가 자체의 이기적인 타산과 이익이 윤리적으로 시인되었다. 모든
이해관계의 갈등과 권리의 승리 속에서 '자연과 진리의 더 높은 정의'
가 나타나기 때문이라는 것이었다. 훗날 헤겔의 역사철학이 세계정신
의 경험적·역사적 과정에 대해 쏟아 부었던 신성한 견해들은 아직 형
성되어 있지 않았으며, 세계정신을 위한 왕좌 역시 아직은 주인을 못
찾고 운명의 개념이란 어두운 구름에 가려 있었다. 그러나 왕좌는 만들
어져 이미 숭배가 요구되고 있었다.

그러한 왕좌 앞에 불려 이제 마키아벨리도 일반의 의견이 그에게 낙
인찍은 '금지의 딱지'로부터 해방되고 최고의 명예와 찬사를 받게 되었
다. 『군주론』은 "가장 훌륭하고 가장 고귀한 의미를 지니고 있는 진정
한 정치 사상가의 지극히 위대하면서도 진실한 착상"으로 칭송되었다.
혼란과 무지의 일반적인 상황 속에서 마키아벨리는—헤겔의 청년기
의 저작에서 표현되었듯이—"이탈리아가 살 길은 하나로 통합되는 것
이라는 생각을 냉철하게 지녔던 것이다."

훗날 헤겔은 "하나의 국가가 하나의 민족으로 구성되어야 한다는 이
념"이 맹목적인 자유에 대한 외침 때문에 물 속에서 허우적거리고 있다
고 믿었다. 또한 독일의 비참함과 프랑스의 자유에 대한 열광에서 얻은
모든 경험이 각 국민들로 하여금 이와 같은 이념을 믿게 만드는 데 충
분치 않을지도 모른다고 생각했다. 그렇다고 해서 이 이념의 '필요성'
을 취소하지는 않았다. 헤겔은 그것을 이용해 혐오스럽게 여겨왔던 마

키아벨리의 방법들을 정당화했으며, 일반적인 도덕의 하찮음에 경멸을 퍼부었다.

"여기서 어떠한 수단을 선택하든지 그것은 문제가 되지 않는다. 독약과 암살이 통례적인 무기로 난무하고 있는 상황은 부드러운 대응책과 양립할 수 없다. 거의 사멸 상태에 이른 생명은 가장 강력한 조치에 의해서만 재조직될 수 있다."

헤겔이 마키아벨리의 목적과 방법을 인정했다고 해서 헤겔이 마키아벨리의 『군주론』을 어느 시대에나 적용시킬 수 있는 한 요강으로 보았다는 의미는 물론 아니다. 그는 명백하게 이것을 부인했다. 항상 타당하다고 할 만한 유일한 부분이라면 하나의 국가가 하나의 민족으로 구성되며, 그 목적이 모든 방법을 통해 구현되어야 한다는 핵심 개념이었다.

그는 마키아벨리가 사용했던 특정 방법들이 전반적으로 모방할 수 없는 그 시대만의 일시적인 것이라고 생각했으며, 당시 이탈리아의 독특한 상황이라는 맥락에서만 이해할 수 있다고 보았다. 헤겔은 또 이들 수단까지도 어느 정도 무리한 법적 구성으로 정당화하고자 했다. 마키아벨리는 이탈리아가 하나의 국가를 형성해야 한다는 이념에서 출발해 마치 이탈리아가 이미 하나의 국가인 양 행동해야만 했다는 것이다. 그렇다면 이 국가의 내부 반대 세력들은 범죄자에 지나지 않았으며, 만약 국가가 이들을 가장 확실하게 말살한다면 국가는 벌을 내리는 판사로 행동하는 격이 된다.

"만약 개인이 다른 개인에게 행했거나, 한 국가가 다른 국가나 개인에 행했을 경우 혐오스러운 일로 생각되더라도 이제 정당한 벌로 여겨진다."

그러므로 헤겔은 아직도 무제한적인 마키아벨리즘의 결과에 대해 도덕적인 두려움을 지니고 있었음을 보여준다. 그것을 통해 그는 국가 간의 갈등에서 모든 방법들이 허용되는 것은 아님을 시인했다. 따라서 여기서 낡은 이원론적 윤리의 한 부분이 그의 새로운 일원론적 · 범신론적 사상의 영역에 투영되고 있었으며, 정치적 윤리가 지닌 모든 문제가 이 사상만으로는 전부 해결될 수 없다는 사실을 처음으로 보여주고 있다.

만약 헤겔이 이러한 애매함을 저지르지 않았더라면 그는 무자비한 자연주의적인 권력론으로 끝나야만 했을 것이며, 또한 어떤 도덕적 감정에서가 아닌 합목적성과 이익이라는 점에서 한계점을 지닌 국가이성에서 끝나야만 했을 것이다. 그러나 그의 이상주의적 근본 지향은 그러기를 두려워하고 주저했다.

＊　＊　＊

헤겔의 저작은 강력한 사상들로 가득 차 있으며 마키아벨리의 『군주론』에 필적할 만한 것이었으나, 그 당시 사람들에게는 알려져 있지 않았다. 독일을 하나의 국가로 통합시켜 조국을 구해내려던 그의 테세우스적 열망—그것은 마키아벨리의 같은 종류의 열망에 따른 것이었다—은 절반밖에 성취되지 못했다. 그것은 프로이센의 개혁과 흥륭의 시대에 등장했던 위대한 테세우스적 인물들이 독일을 구할 수는 있었으나, 하나의 국가로 통일을 이룩할 수 있는 능력은 아직 없었기 때문이었다.

사실 헤겔 자신도 그 당시 사람들 사이에서 일어나고 있던 자유를 향한 외침이 하나의 국민 국가를 형성해야 한다는 절박한 필요성을 잠식하게 되리라는 회의적인 견해를 표명한 바 있다. 이 견해 역시 독일에서 정치적 정신의 발전에 의해 반은 승인되고 반은 반박을 받았다. 아직까지도 국민 국가 이념보다는 자유주의적 이념이 강력했으며, 통일에 대한 기원보다는 절대주의적인 경찰국가에 대항해 자유를 찾고자 하는 독일인의 열망이 더 강하게 표명되었던 것이다. 그러나 해방전쟁*

＊해방전쟁(1813~14). 유럽 제국이 동맹해 나폴레옹의 지배체제를 타파했다. 특

기간 동안에 통일을 향한 기원이 싹트게 되며, 시간을 거치면서 더욱 생생하게 활성화된다. 그렇지만 점차 이러한 기원은 맨처음 독일에서 헤겔이 표명했던 새로운 권력국가의 이념과 연결되었다.

19세기 중반 이래, 즉 여론의 힘을 기반으로 한 통일에 대한 기대가 좌절된 이래, 통일을 향한 길을 닦는 것은 국가의 힘 — 국가의 독자적인 이해, 다시 말해 국가이성에 의해서 인도되는 국가의 힘 — 이어야 한다는 인식이 확산되기 시작했다. 경험과 사고가 결합되어 이러한 인식을 낳았다. 경험은 19세기 동안 독일민족이 겪었던 그 모든 역사적 체험을 포괄하고 있었다.

그러나 통일을 위한 움직임을 이끌어나갔던 인물들의 사상은 확실하게 측정할 수는 없으나 상당부분 헤겔의 철학에 의해서 결실을 맺게 되었다. 그의 철학의 최종 형태에는 청년기의 저작에서 주장한 것처럼 권력 정치론이 포함되어 있었을 뿐만 아니라, 이제 진정 그의 권력정책론을 최고의 옥좌로 높이게 되었으며, 그럼으로써 최고의 영향력을 행사하게 만들었다.

이 연구에서 권력국가 사상의 발전단계를 하나씩 규명해 헤겔의 전체 체계와의 연관성을 모두 알아볼 필요까지는 없다고 생각한다. 이러한 과제는 이미 헬러가 대략적으로나마 수행했는데, 그의 연구는 다소 과장되고 왜곡된 면을 갖고 있다. 헬러 외에 로첸츠바이크도 헤겔의 국가철학 전체를 조명한 자신의 깊이 있는 저서에서 이 문제를 훌륭하게 다룬 바 있다. 우리의 과제에서는 헤겔의 국가이성의 이념에 부여했던 최종적인 정식화를 상기하고, 그것을 우리가 다루고 있는 문제의 역사적인 맥락 속에 삽입하는 것으로 충분하리라고 본다.

1821년의 『법의 철학』에서 헤겔은 타국에 그 힘을 발휘하는 국가이성의 이념을 다음과 같이 해석하고 있다(제336절과 337절).

히 독일 제방(諸邦)은 이 전쟁에서 라이프치히 전투에서 승리함으로써 점차 민족통일로 가는 기운이 싹텄다.

독립관계에 있는 각 국가들은 특수한 의지로서 서로 대립되어 있고 조약들의 유효성은 그에 의존하고 있으나 전체의 특수한 의지란 그 내용상 전체의 일반적 복지를 향한 의지이다. 그러므로 복지야말로 각 국가들의 관계를 지배하는 최고의 법칙인 것이다. 국가의 이념이란 정확하게 말해서, 자체 속에 추상적인 자유로서의 권리와 그것을 충족시키는 특수한 내용인 복지 간의 충돌을 극복하는 것인 까닭에 더욱 그러하다. 그리고 또한 국가들 전체가 구체적이 되었을 때, 이들이 최초로 인정받게 된다.

　　국가의 본질적인 복지는 특수한 이해관계와 상황, 특별한 조약 관계를 포함하는 특수한 외부적인 사정에서 어떤 한 특수한 국가로서의 복지이다. 그러므로 나라의 정치는 특수한 지혜의 문제이지 보편적인 섭리의 문제는 아닌 것이다. 이와 유사하게 여타 국가들과의 관계에서 추구하고 있는 목적과 전쟁, 조약 등을 정당화하기 위한 원칙 역시 어떤 보편적인 사상(박애주의 사상)이 아닌 것이며, 오히려 그 국가 자체에 특정한 것으로서 사실상 침해되거나 위협당한 복지에 지나지 않는다.

　　헤겔은 정치와 도덕 간의 관계에 관한 연구와 위와 같은 고찰을 연결했다. 그가 지적한 바에 따르면, 국가의 복지는 개인의 복지와는 상당히 다른 권능을 지니고 있다.

　　또한 윤리적 실체인 국가는 그 현재성, 즉 그 권리를 추상적인 것이 아닌 구체적인 실존 속에 직접 지니고 있다. 그리고 국가의 행동 원칙은 오로지 구체적으로 존재하는 이 권리가 될 수 있는 것이지, 도덕적인 명령으로 간주되는 많은 보편적인 사상들 중 어느 하나는 될 수 없다. 정치가 도덕과 충돌하고 언제나 잘못될 경우, 그 부정에 대해 제시되는 견해는 오히려 도덕성과 국가의 본질, 도덕적 관점과 국가의 관계 등에 관한 피상적인 관념에 의존하는 것이다.

이와 같은 문장 속에서 권력국가에 대한 헤겔 사상의 출발점과 자기의 단순한 개체성의 완성에 대한 불만, 국가의 초개인적인 힘—그렇지만 이 운명적인 힘은 각 개인들을 국가의 봉사 속에 강요한다—에 대한 안목, 즉 간단히 말해서 개인에 우선하는 국가상을 역시 인식시킨다. 그러나 헤겔의 변증법과 훌륭하게 일치하는 새롭고도 차원 높은 개체주의가 종래의 통상적인 개인주의를 극복하는 동안 등장하게 되었다. 여기서 이 개체주의가 더 차원 높은 것은, 이것이 국가의 초인적인 본질을 인식하고 여기에다 각 개인을 위해 주창되었을 권리를 전가했기 때문이다.

이제 헤겔은 그의 철학의 절정에서 국가를 '개체의 총체'로 생각하게 되었다. 개성적 총체는 그 자체의 특수한 고유의 생활법칙에 따라서 구체적으로 발전해 나갔으며, 그 발전을 방해하는 것 모두를, 보편적인 도덕률까지도 과감하게 버리도록 허락되었으며 또 버려야만 했다. 이렇게 했다고 해서 국가가—헤겔의 말이 보여주듯 행위를 한 것은 아니며, 오히려 일반적이고 관습적인 도덕을 초월한 더 높은 도덕성의 정신에 따라 행동했다고 할 수 있다.

헤겔은 자신의 역사철학 속에서 도덕성의 본질을 명확하게 규명한 바 있다. "국가의 도덕성이란 개인적인 신념이 지배적인 도덕적·반성적인 것이 아니다. 개인적인 신념이 근대 세계에 좀더 영향 받기 쉬운 반면, 진정한 고대적인 도덕성은 자기 의무를 모두 갖고 있는 원칙에 그 뿌리를 두고 있다."[11]

따라서 여기서도 고대에 바쳐진 헤겔의 젊은 이상, 즉 국가를 위해 희생하는 이상적 시민상이 나타나 있으며, 국가란 어떤 보편적인 도덕

---

11) 헤겔, 『세계사의 철학에 관한 강의』(Vorlesungen über die Philosophie der Weltgeschichte), 라손(G. Lasson) 엮음, 제1권, 94쪽.

률에 의해서가 아니라 국가 자체의 가장 독자적인 이해관계에 의해서 움직여야 한다는 이론을 강화시켜 주고 있다.

그러나 이 이론에 대한 가장 강력한 지주이며, 이를 더욱더 강력하게 만든 것은 초개인적 힘의 개성에 대한 새로운 감각, 즉 독일 역사주의에 있었다. 헤겔보다는 독일의 동시대 사람들, 후계자들에게서 이런 면이 더욱 강하게 나타났다. 여기서 우리는 헤겔 사상의 영역을 넘어, 18세기와 19세기 전환기의 독일정신의 움직임을 전반적으로 조망해 보게 된다. 결정적인 것은 이제 도처에서, 고전주의와 낭만주의의 양 진영에서도, 인간은 스토아적이며 그리스도교적이고 계몽주의로 다시 한 번 세속화된 자연법의 낡은 전통과 결별했다는 점이다.

앞에서 살펴보았듯이 이 자연법은 개인의 이성에서 출발했으나, 이 이성을 모든 개인에게서 동일한 것으로 보았기 때문에 이성의 모든 판정과 명령에 절대적인 타당성을 부여하고 있었다. 이러한 사실에서 최선의 국가 형태라는 사상이 등장하게 되었으며, 최선의 국가 형태는 보편적인 도덕률에 전적으로 종속해야 한다는 요구가 등장하게 되었던 것이다.

그러나 이제 독일에서 인간은 이성과 이성의 이상, 그리고 이성의 명령 등의 보편적 타당성이나 동일성에서 스스로를 해방시켰다. 삶의 모든 요소들이 지니고 있는 개성적인 다양성을 이해하기 시작했으며, 이 각각의 요소에서 개성적인 이성이 다스린다는 사실을 이해하기 시작했다.[12)]

슐라이어마허는 1800년 『모놀로그』에서 자신이 경험한 이 갑작스러운 변화를 아주 의미 있게 표현한 바 있다. "사실 오랜 세월 동안 이성

---

12) 이 점에 관해서는 특히 트뢸치의 『역사주의와 문제』, 1922 참조. 또 필자의 논문 「에른스트 트뢸치와 역사주의의 문제」(Ernst Troeltsch und das Problem des Historismus, 『창조적인 거울—독일의 역사서술과 역사관의 연구』〔*Schaffender Spiegel, Studien zur deutschen Geschichtschreibung und Geschichtsauffassung*〕, 슈투트가르트, 1948, 211쪽 이하에 수록)가 있다.

을 찾았다는 것만으로도 나에게는 충분했다. 나는 한 존재의 통일성을 유일하고도 지고한 것으로서 경의를 표했다. 나는 모든 경우에 대해서 하나의 정의만이 있을 뿐이며, 사람들은 언제나 동일하게 행동해야 한다고 믿고 있었다."

그러나 이제 그는 '개체가 지닌 특수성이라는 사상'에 사로잡혀, 더욱 높은 도덕적인 것을 추구하지 않으면 안 되었다. 그는 더는 인간성이 오로지 일정불변한 덩어리이며, 외면적으로는 분열하는 것으로 보이기는 하나 내면적으로 동일한 것이라는 개념에 만족할 수 없었다.

"그리하여 그 후 늘 최고로 높이는 것이 갑자기 나에게 분명해졌다. 즉 각자 인간은 인간성을 독특하게 표현함으로써 자신만의 방식으로 인간성을 나타내야 한다. 그러므로 인간성은 각자 특별한 방식으로 그 자체를 나타내어야 하며, 때와 장소가 되어 그 자체의 심연에서 개별적인 것으로 나타날 수 있는 모든 것이어야 한다."

여기서 슐라이어마허는 주로 개별적인 존재들의 개체성과 이 존재들 속의 개별적 요소가 지닌 더 높은 도덕성에 관해 말하고 있다. 그는 아직까지 국가를 하나의 '개성적인 총체'로 언급하거나, 그 속에 존재하는 그 어떤 높은 도덕성에 관해 말하는 단계에는 이르지 못했던 것이다. 그러나 이 당시 그는 그의 『모놀로그』의 다른 유명한 구절이 제시하듯 새롭고 더 높은 차원의 국가 개념에 주목하고 있었다. 이 개념은 단순한 메커니즘을 무한히 초월해 인간에게 내재한 모든 힘을 자기를 위해 요구할 뿐만 아니라 이것을 인간 존재의 최고 발전을 향해 키우고 펴나가야 했다.[13]

이렇듯 그 뒤 개별적 존재의 개체성이 심화됨에 따라 독일의 모든 곳에서는 갖가지 방법으로 새롭고 생생한 국가상이 등장하게 되었으니, 이 세계상은 세계를 개성이 충만한 것으로 보며, 개인적이고 초개인적

---

13) 귄터 홀슈타인(Günther Holstein), 「슐라이어마허의 국가철학」(Die Staats-philosophie Schleirermachers, 1922).

인 모든 개체성 속에서 어떤 특수한 고유의 생활 법칙이 작용하고 있다고 보았다. 따라서 이 새로운 세계관은 자연과 역사를 '개성의 심연'—프리드리히 슐레겔이 말했듯—으로서 총체적으로 이해할 수 있게 되었다. 모든 개체는 하나로 통합된 신성한 자연의 모태로부터 생겨났다고 보았기 때문이다.

이 세상 모든 것에 존재하는 개성, 정신과 자연 간의 동일성 및 이 동일성에 의해, 그렇지 않으면 개별적으로 유포될 그 모든 풍부하고 보이지 않으면서도 강력한 유대—이와 같은 것들이야말로 이제 독일에서 이런저런 형태로 나타난 새롭고도 강력한 사상이었다. 아마도 이것은 서구가 경험한 사상에서 최대의 혁명이라고 할 수 있을 것이다.

이해 가능한 통일성과 동일성, 또 이성의 절대적인 타당성과 이성의 명령에 대한 지금까지의 지배적인 믿음이 다음과 같은 인식으로 파괴되고 와해되었기 때문이다. 그 인식에 의하면 이성은 끝없이 다양한 형태로 나타나며, 일반적인 삶의 법칙이 아닌 개성적인 법칙을 규정하고, 이성의 궁극적인 통일성은 오로지 세계의 눈에 보이지 않는 형이상학적 기반에 있다는 것을 인정하게 되었던 것이다.

이제 역사상 모든 것이 종전과는 사뭇 다른 모습을 띠게 되었다. 더는 피상적으로 단순하며 쉽게 보이는 것이 아니라, 원근법적으로 측정할 수 없는 깊이를 지닌 것이었다. 또한 이전에 생각했던 것처럼 동일한 것의 영원한 순환으로 구성된 것이라기보다는, 비할 데 없이 독특한 것의 영원한 탄생이었다.

이제 독일에서 일어나고 있던 역사주의가 형성한 이 풍요롭고 심오한 세계상은 더 탄력 있는 사고와 복잡하고 상상력이 풍부해 자칫 신비로우면서 명료하지 않은 추상적 언어를 요구했다. 만약 키케로와 토마스 아퀴나스, 프리드리히 대왕이 서로의 저서를 접했다면, 아마도 그들은 서로를 이해할 수 있었을 것이다. 세 사람 모두 쉽게 이해할 수 있는 자연법의 추상적 언어로 말했기 때문이다. 그러나 이들 모두 헤르더, 괴테, 헤겔, 그리고 낭만주의자들의 저서에서는 어리둥절하고 기묘하며 이해할 수 없는 단어와 개념들을 발견하게 되었을 것이다.

개성적인 것에 대한 이 새로운 감각은 불길과도 같아 반드시 단번에 태워버리는 것이 아니라 할지라도 점진적으로 삶의 모든 영역을 태워버릴 수 있는 불길과 같았다. 우선 때때로 그것은 가장 얄팍하고 격하기 쉬운 것, 말하자면 개인적인 생활, 주로 예술과 문학의 세계에 대해서만 영향력을 갖고 있었다. 그러나 더 무거운 주제, 무엇보다도 국가에 대해서도 영향력을 갖고 있었다. 그리고 헤겔은 일면적이고 급진적인 방식으로, 개인적인 개성의 예찬에서 국가라고 하는 초개인적 실체를 숭배한 최초의 인물이었다.

이제 최초로 삶의 개성적인 고찰에 대한 이러한 일반적인 열망을 배경으로 하여, 우리는 정체적이었던 이성개념을 역사적 인류의 유동하는 발전 과정으로 재해석했던 헤겔의 행위를 완전히 이해할 수 있다. 이것은 펼쳐지고 있는 풍부한 개성으로 이성의 개념을 재해석한다는 것을 의미했기 때문이다. 각 개체 속에서 이제 신성한 이성은 구체적이면서도 특수한 형태를 나타내게 되니, 헤겔은 이 형태들 중에서도 가장 차원 높고 영향력이 있는 것을 바로 국가라고 생각했다. 그러나 국가가 지닌 개성적인 성격의 인식에는 그 국가의 중추인 국가이성과 국가 이해의 인식도 밀접한 관련이 있었다.

또한 우리가 본 바와 같이 모든 것을 굴복케 하는 국가의 힘, 모든 권리에 우선하는 국가의 권리가 명백하게 인정되었다. 특수한 권력과 삶을 향한 충동을 지닌 개성적인 국가는 이전 수세기 동안에는 사실상 강력한 존재였다고는 하나 세속적 삶만을 이끌 수 있었다. 그러나 이제는 개체성에 대한 새로운 숭배가 부여할 수 있는 모든 경의를 받게 되었던 것이다. 개성적인 국가, 즉 현실의 국가와 최선의 국가, 즉 이성적 국가 사이에 존재했던 낮은 이원론은 사라졌다. 즉 현실의 국가가 이성적 국가인 것이다.

이렇듯 헤겔은 또한 역사에서 개성적인 것에 대한 새로운 감각을 완전히 함께했으며, 그럼으로써 독일 역사주의의 가장 영향력 있는 선각자 가운데 한 사람이 되었다. 그 지속적인 가치, 헤겔의 역사철학 속에 존재하는 모든 내재적 생명력은 주로 위대한 역사적 개성에 대한 이와 같은 감각을 기초로 하고 있다. 그러나 그것은 헤겔에게서 결코 최고의 것은 되지 못했다. 그는 결코 낭만주의자들과 독일 역사학파의 설립자들이 보인 깊은 환희와 열의를 갖고 그 감각에 헌신하지 않았던 것이다.

그에게 그것은 언제나 목적에 대한 수단에 불과했다. 그것은 이제 개성적으로 풍요로운 역사 세계와 전체가 세계이성, 세계정신이라는 독특한 신성(神性)으로 압축되었다. 앞에서 지적했듯이, 이 세계이성은 확실히 인류의 유동적이며 높여져 나아가는 삶으로 이해되었다. 그러나 동시에 그것은 이 밝고 다채로운 움직임 전체의 통합된 우월한 지도자로서, 역사의 꼭두각시들을 움직이는 지휘자로서 이해되고 평가되기도 했다.

이 세상의 모든 개성적인 것은 유일하며 독특한 이성을 실현하기 위해 힘써야 하며, 좋은 것뿐만 아니라 사악한 것도, 정신적인 것뿐만 아니라 원초적인 것들을 부추기어 위의 임무에 끌어들이는 것이야말로 이성의 간지(奸智)라고 할 것이다. 그 시대의 두 개의 중요 이념인 동일성 이념과 개성 이념 중에서 동일성의 이념, 즉 자연과 정신의 내적 통일 및 신성화(神聖化)를 찾는 노력의 편이 헤겔에게는 더욱더 강력한 이념이었다.

그러나 동시에 모든 경험적인 것을 유일한 합리적 이념에 종속시켜 그것이 이념에서 기인하게끔 하려는 필요성에서 스토아 학파, 그리스도교, 계몽주의의 세속적 전통 전체가 작용하고 있었다. 그것을 통해서 역사상의 개성적인 것조차 다시 한 번 합리화되었으며, 그와 동시에 헤겔은 비록 이 개성적인 것을 널리 인정하기는 했으나 그 자체의 가장 개별적이며 근원적인 본질을 박탈했다. 그것은 낡은 이념과 새로운 이념, 절대화적인 이념과 역사화적인 이념과의 가장 주목할 만하고 가장 철저한 종합이었다. 이것들은 마치 한 감옥에 함께 갇혀 있는 듯이 생각되었다.

이미 앞에서 살펴보았듯이 감옥 안에는 국가이성의 이념도 잠재했다. 이 이념은 누구의 방해도 받지 않고 움직일 수 있는 독방을 하나 갖고 있었는데, 사실 감옥 내에서 가장 큰 감방 가운데 하나였다. 헤겔에 따르면 국가이성에 의해서 인도되는 국가야말로 세계이성을 실현하는 데 가장 중요한 업적을 수행하기 때문이었다. 그는 국가를 이처럼 높은 위치에 놓아야만 했는데, 역사 속에서 세계정신은 그 자체를 점진적으로 구현해 나아간다는 자신의 장대한 구상을 입증하기 위해서 국가가 필요했다.

이제 헤겔은 이성적인 목적을 지닌 존재로서 행동하는 동시에 인간의 모든 삶을 지배하게 될 국가와 같은 세력을 역사에서 필요로 하게 되었다. 그는 이렇게 말하고 있다. "인간은 스스로가 지닌 모든 가치, 즉 모든 정신적 현실을 오로지 국가를 통해서만 지닌다."[14] 또한 그는 당시의 위대한 두 이념, 즉 개성 이념과 동일성 이념, 다시 말해서 개별적 의지와 보편적 의지를 결합하기 위해서도 국가가 필요했다. 그는 국가를 '보편적인 의지와 주체적인 의지의 화합'을 형성해내는 존재로 생각했다.

또한 모든 보편적인 의지와 개인의 주체적인 의지 간의 이 같은 결합 속에서 그는 국가의 본질, 국가의 도덕적 생명성을 보았다.[15] 언제나 전체를 향하고 모든 개체를 이 전체에 무자비하게 종속시키는 보편적인 역사철학을 위해 그는 다름 아닌 경험적 세계 내에 어떤 '보편적인 것', 개체들을 지배하는 힘이 필요했다. 그리하여 국가의 신격화가 이루어졌던 것이다.

헤겔에게 모든 개성화적·역사화적 사유방법은 주로 국가에 집중되어 있었지만, 그는 국가이성의 내적인 본질, 그 원초적인 동기와 정신

---

14) 『세계사의 철학』(*Philosophie der Weltgeschichte*), 라손 판, 제1권, 90쪽.
15) 같은 책, 90~91쪽.

적인 동기 간에 존재하는 심연과 그 선용(善用)과 악용(惡用) 간의 내적 긴장도 매우 명확하게 이해할 수 있었다.

"국가 상호 간의 관계에서 국가는 특수한 것으로 존재하는 까닭에 이들의 관계는 외부적인 우연성과 열정, 이해, 이기적인 목적, 재능, 미덕과 폭력, 부정 등의 내적인 특수성으로 이루어진 대규모 소용돌이다. 이 모든 것과 함께 윤리적인 전체, 즉 국가의 자율성 자체는 우연성에 노출되어 있다."16)

그러나 이 우연성은 세계정신의 인도와 활동을 통해 다시 한 번 완전히 제거되고 결국 성공적인 결과를 맺게 되는 것이다. 세계정신이라는 관점에서 헤겔은 권력의 모든 행동에 존재하는 아이러니를 거시적으로 주시했다. 사실 헤겔의 『역사철학』17)을 보면, 로마인들에 대한 우호적인 문장을 발견할 수 있다.

"세계사에서 가장 위대한 권리를 지닌 로마인들이 고시(告示)나 협약의 대단치 않은 권리를 약간 침해당해도 자기를 위해 요구하고 마치 변호사처럼 그것을 옹호하는 것은 바로 그들의 특성이다. 그러나 이런 종류의 정치적 분규의 경우, 어떤 사람이든 그 자신이 원하며 그것이 자신에게 이롭다면 언제나 서로 비난할 수 있다."

잇달아 헤겔은 권력의 낡은 장치, 즉 도덕성과 권리를 구실로 권력의 이해관계를 은폐하는 것을 풍자하고 묵인했다.

마키아벨리도 또한 1801년에서 1802년 사이에 집필된 헤겔의 작품처럼 『역사철학』에서도 찬양되었다.18) 마키아벨리는 이탈리아 민족의 구제와 국가 통일이라는 필수적인 이념을 주장했기 때문에 찬양되었으며, 그의 방법들도 박수를 받았다. 이제 독립적인 세습군주들이라는 잡초를 교황령에서 제거한다는 더 제한적인 순수국가적 목적은 "도덕적

---

16) 『법철학』, 제340절.
17) 라손 판, 700~701쪽.
18) 앞의 책, 863~864쪽.

인 견지에서 정당하다"라고 주장되었다.

국가형성의 필요성에 대한 높은 인식과 함께, 마키아벨리는 국가들이 그러한 상황 속에서 어떻게 형성되어야 하는가 하는 원칙을 설정했다. 각 군주나 지배권은 철저하게 억압되어야만 했다. 만약 우리가 우리의 자유개념에서 마키아벨리가 말하고 있는 유일하게 가능성이 있으며 완전히 정당화된 수단들을 받아들일 수 없다면, 즉 이 방법들이 가장 잔인무도한 권위 행사, 모든 종류의 사기, 살인 등을 포함하고 있기 때문에 받아들이지 못하겠다면, 최소한 우리는 타도되어야만 했던 군주들이 오로지 이런 식으로만 공격받을 수 있었다는 것을 인정해야 하겠다. 완전한 의식 결핍과 철저한 부패 행위 전부가 그들 존재의 중요한 일면이기 때문이다.

따라서 헤겔은 이번에도 마키아벨리가 펼친 이론의 핵심과 껍질을 구별했다. 또 그의 냉혹한 방법들에 대해서 단지 그 시대의 역사상에서 인정한 데 지나지 않으며, 절대 인정한 것은 아니었다.

우리의 국가이성의 이념의 역사에서 가장 걸출한 인물이라면 마키아벨리, 프리드리히 대왕 그리고 헤겔이다. 헤겔 자신은 명확하게 이 연결을 의식하고 있었다.[19] 사실 그는 국가의 대내적·대외적인 행동원칙의 전체에 관해 대체로 국가이성이라는 슬로건을 사용하지는 않았다. 그와는 반대로 그 원칙들 속에 계몽주의—자연법적 경향을 지닌—에 의해서 맨 처음 형성된 하나의 개념, 즉 국가의 내부에서 전제적으로 인적 권리를 무시하며 국가의 보편적 목적을 실행하도록 허용하는 '공공의 복지의 원리'를 보았다.

그러나 헤겔이 프리드리히 대왕을 '세계사적 인물'이라고 보았던 것은 바로 이러한 면에서였다. "프리드리히는 그 점에서 현실의 국가 이

---

19) 앞의 책, 918~919쪽.

해가 그 보편성과 최고의 권한을 획득하는 새로운 시대를 실현하는 통치자라고 할 수 있을 것이다." "그는 국가의 보편적인 목적을 사유(思惟)에 의해 파악했으며, 또 국가에서 보편적인 요소를 고수하고 항상 자국의 복지를 궁극적인 원칙으로 여겼으며, 특정 요소가 국가의 목적과 반대될 경우 두 번 다시 그것을 허용하지 않았던 최초의 통치자였기 때문에 그는 특별한 인물로 높여져야 한다. 그는 그 사상을 왕좌에 높이고, 특수성에 대해 그것을 주장했던 것이다."

이처럼 헤겔은 프리드리히를 자기가 갖고 있는 국가사상의 선각자, 즉 헤겔의 기대에 의하면 이 국가사상이 승리를 거두게 될 시대로 안내해준 인물로 보았다.

그런데 헤겔의 국가이성과 권력국가 사상의 최종적인 목적은 무엇인가. 지금까지 우리가 들은 바에 따르면 그것은 세계이성의 점진적인 구현이 그 목적이었다. 그러나 이 세계이성은 세계사의 정신적 내용 전체를 포용해야만 하는 것이었기 때문에 간단하게 표현될 수 없었다. 그러므로 헤겔이 세계사의 최고 가치로 보았던 것에 대해서 가지각색의 해석이 존재하고 있다.

헤겔의 권력국가 사상을 지금까지 그 누구보다도 철저히 규명했던 연구자는, 헤겔에게서 '최고 목표는 국민적 권력'이었으며 그의 세계정신이란 '국가주의적 세계 강국을 도덕적으로 정당화하기 위한 표현'에 불과하다는 결론을 내렸다.[20] 여기서 혹자는 수단 자체를 목적화하고 있는 헤겔의 권력국가론에서 지극히 조잡한 면만을 볼 수 있을 것이다.

확실히 헤겔은 국가이성과 권력국가에 폭넓은 활동의 자유를 부여했으며, 민족이 지닌 대외적인 힘을 내부적 활력과 서로 관계 있는 것으로서 보았다.[21] 그러나 헤겔이 그러한 국내적 활력의 전개로부터 기대했던 최고의 결과는 국민적 권력 자체가 아니라 오히려 그 권력에서 발

---

20) 헬러, 앞의 책, 130쪽.
21) 헤겔의 『세계사의 철학』에 대한 라손의 서문, 79쪽.

생하는 국민 문화, 일부러 목표로 하는 것이 아니라 그 권력에서 유기
적으로 꽃피는 그런 국민 문화였다.

"한 국가가 추구할 수 있는 최고의 목표는 국가에서 예술과 학문을
발전시켜야 한다는 것이며, 민족의 정신에 부합하는 결정을 내려야 한
다는 것이다. 이것이야말로 국가의 최고 목표이다. 그러나 국가는 하나
의 사업으로 만들어내려고 하지 말아야 하며, 오히려 그 목적은 자발적
으로 창출되어야 할 것이다."[22]

조잡한 권력 목적은 헤겔의 유명한 명제, 세계사는 자유 의식의 진보
라는 주장과도 조화를 이룰 수 없다. 그에게 자유란 단순한 국가권력의
발전 그 이상이었다. 그것은 정신과 정신의 핵심, 그리고 세계의 통일
이었던 것이다. "이것은 정신의 최고의 해방이다. 왜냐하면 사유야말로
정신의 핵심이기 때문이다."[23] 결국 헤겔의 역사철학은 인간정신이 획
득할 수 있는 최고 가치로서의 숭고한 명상이었다.[24] 세계와 세계 속에
명백히 존재하는 이성을 완전히 이해하는 사람은 누구든 자유로웠다.
그러나 무엇보다도 사람은 '대립하고 있는 것의 일치', 즉 자연과 정신
간의 외견상의 대립의 일치, 모든 존재와 생성의 진정한 통일과 합리성
의 일치를 인식해야만 했다.

"만약 사상 자체가 자유롭다면 그것은 현상적인 것을 자유롭게 해방

---

22) 『세계사의 철학』, 라손 판, 628쪽, 871쪽도 참조. 이제 한편으로 문화가 국가
에 봉사한다는 사실은 헤겔의 변증법과 완전히 조화를 이룰 수 있는 것으로,
사실 문화는 필연적으로 변증법과 연결되어 있다. 『법철학』 서문, 11쪽에서
헤겔은 말한다. "철학은 '주로 또는 전적으로 국가에 봉사한다'거나 국가 없
이 문화 자체는 존재하지 않는다." 게르하르트 기제(Gerhardt Giese)는 『헤
겔의 국가이념과 국가교육의 개념』(Hegels Staatsidee und der Begriff der
Staatserziehung, 1926, 105쪽)에서 언급했다. "헤겔에게서 예술과 학문은
국가와 다름없다. 예술과 학문은 실질적으로 국가의 정신적 본질이며, 어떤
면으로는 국가 그 자체이다."

23) 앞의 책, 160쪽.

24) 딜타이(『전집』, 제4권, 249쪽) 역시 '정신의 절대적인 내적 본질로의 복귀'야
말로 헤겔에게 '궁극적인 요소'라고 보았다.

할 수 있다." 즉 사상은 "자연적인 것이 정신적인 것을 직접 오인했다는 사실을 묵인할"[25] 수 있다. 사상은 정신과 자연의 통일을 확인하고, 모든 무서운 심연을 지닌 이 경험적 세계의 드라마를 묵인할 수 있으며, 그 속에서 활동하는 모든 힘에 대해 자유를 부여할 수 있다. 사실 '현상'에 부여된 이 자유는 꼭두각시들이 갖고 있는 외형적 자유였다. 진정한 자유는 오로지 탐구하고 사색하는 정신과 세계정신 사이의 거의 신비적이라고 할 결합 속에 존재한다.

이처럼 헤겔은 현실을 인정하면서 무자비한 현실주의와 최고의 형이상학적 관점에서 전체 삶에 대해 초월적으로 고찰하는 데서 천재성을 보여주었다. 그럼으로써 그는 이 세계에서 선의 존재를 의문시하는 염세주의의 주장을 모두 어떻게 해서든 인정하는 동시에, 영웅적으로 냉정하게, 그리고 우월성을 갖고 이 세상을 내려다보는 초월적인 낙관주의의 주장을 반대한다는 주목할 만한 업적을 성취한 듯하다. 이 철학자를 둘러싸고 있던 불결한 현실이 그를 더럽히지는 않았다. 오히려 그는 그것을 전부 모아서 자신의 궁전을 짓는 데 필요한 건축자재로 만들었다. 국가이성도 또한 이 자재들 중 하나였다.

그 구성과 전개에서 강제적인 동시에 심오하며, 웅대하고 복합적인 헤겔의 체계 자체는 학설 전체로서 오래 존속할 수 없었다. 그러나 이성의 간지, 즉 악에서 선을 낳는 그의 사상은 대단한 영향을 미쳤다. 사실 삶과 역사의 전체 경험은 선과 악 사이에 어떤 사악한 연관성이 존재한다는 것을 확실하게 굳혀주었다. 그러나 헤겔이 독일에서 권력정책에 관한 사유에 미친 위험한 영향은 이러한 연관성 속에 들어 있는 사악한 요소를 망각할 수 있었으며, 국가이성의 원시적이고 암흑적인 면에도 부드러운 빛을 비출 수 있었다는 사실에서 기인했다.

이성의 간지에 관한 이론은 동일성 철학의 논리적 귀결에 불과할 것이었으며, 동일성 철학은 세계 연관 전체의 통일과 합리성을 제시할 수

---

25) 『세계사의 철학』, 578쪽.

있기 위해 이러한 수단이 필요했다. "철학은 부당하게 보이는 현실적인 것을 이성적인 것으로 정화한다."[26] 그러나 이와 같은 종류의 신의론 (神義論)과 지극한 낙관주의—동일성 철학은 이 낙관주의로 현실을 관찰하기를 가르쳤다—는 이제 그 속에 심각한 위험, 즉 도덕적 감각 이 무뎌지고 권력정책의 무절제를 가볍게 처리해버릴 위험을 숨기고 있었다.

이러한 위험은 새로운 개체성 이론 속에도 들어 있었다. 이 개체성 이론은 개체가 삶을 향수하는 권리를 무제한 갖게 되고, 보편적 도덕성 에 대해 더 높은 도덕성이라는 유혹 속으로 개별적 존재의 도덕성을 인 도할 수 있었다. 그 개체성 이론이 국가라는 초개인적인 개체성에 적용 되자, 존재의 피할 수 없는 유기적인 결과로서 권력정책의 모든 무절제 를 정당화하기 위해 이용될 수 있었다. 헤겔은 『법철학』(제334절)에서 다음과 같이 언급하고 있다.

"국가는 사소한 일이라 하더라도 그 자체의 무한성과 명예에 관련되 는 것으로 여길 수 있으며, 또 강력한 개성이 장기적인 국내 평화의 결 과로서 활동의 영역을 국외에서 추구하고 국외에서 획득하고자 하면 할수록 국가는 더욱더 이런 일에 대해서 민감해진다."

한편 헤겔은 널리 알려진 바와 같이 나폴레옹의 강력한 영향 아래에 있었으며, 세계사의 위대한 정복자적 인물에 대한 그 어떠한 도덕론도 거부했다. 그를 통해 헤겔은 확실히 세계사의 인물들을 더 자유롭고 관 대하게 해석할 수 있는 길을 닦아놓았을 뿐만 아니라, 정치적 윤리의 문제를 더 미적지근하게 다룰 수 있는 길 역시 마련했다. 헤겔은 자기 가 각 국가의 이해관계 정책에 부여한 어마어마한 전권을 제한하려고 노력하지 않았다.

물론 여기서 헤겔이 마키아벨리의 방법이 깨끗하지 못하다는 것을 인식하고, 그의 방법은 그 당시 역사적 상황에서만 허용될 수 있으며

---

26) 『세계사의 철학』, 라손 판, 55쪽.

영원히 보편적으로 적용할 수는 없다는 유보 사항을 달았던 것은 별도로 한다. 근대적 마키아벨리즘의 무절제를 막을 수 있는 유일한 장벽이라면 이것뿐이었으며, 그나마도 보잘것없었다. 이 마키아벨리즘은 앞으로 근본적으로 부도덕적인 가공할 만한 새로운 방법을 이용해 새롭고도 특수한 상황으로 그 자체를 정당화할 수 있을 것이다. 당시 독일 정신 가운데 최고로 풍요로웠던 두 이념, 동일성 사상과 개체사상은 모든 위대한 역사적 이념과 세력이 지니고 있는 내면적이고 비극적인 양면성을 보여주었다.

제2장 피히테

마키아벨리는 드디어 이제 독일에서 자신을 이해해주는 인물들, 또는 최소한 그의 역사적이고 개척적인 전제에 입각해 그를 이해하기 시작한 인물들을 발견하게 된다. 이미 헤겔 이전에 헤르더는 1795년 『휴머니티의 증진에 관한 서신』(제5집, 58과 59)에서 마키아벨리에 관해 역사적으로 개체적인 것에 대한 훌륭한 감각을 보여준 바 있다. 따라서 그는 정치와 도덕의 관계에 관해 당시 지배적이었던 견해가 지닌 힘에 주의를 기울이게 하여, 대단한 오해를 받고 있던 마키아벨리를 좀더 공정하게 평가할 수 있는 길을 마련했다.

한편 그는 이탈리아의 국민적 해방이라는 마키아벨리의 목표를 거듭 강조함으로써 훗날 랑케를 해석하기 위한 길을 마련하기도 했다. 그러나 마키아벨리의 인간성에 대한 그의 역사적 변호가 마키아벨리의 이론을 정당화하는 데에까지는 이르지 못했다. 헤르더는 마키아벨리를 칭송하기는 했지만, 마키아벨리즘에 관해서는 자신의 인도주의 이상과 무관한 것으로 증오했다. 그는 다음과 같이 외쳤다.

"오! 마키아벨리를 스승으로 하는 이 국가이성의 정책이 인류를 위해 끝내는 매장될 수 있었으면!"

헤르더는 마키아벨리와 그의 추종자 노데를 칭송함으로써, 단지 '역사의 어두운 심연'을 '차분히' 응시해 역사 속에서 가치 있는 것을 발견할 수 있으며 그것을 인식하지 않을 수 없게 된다는 점, 특히 더 나은 시대에 살고 있을 때 이것이 가능하다는 것을 보여주고 싶었던 것이다. 그는 시대가 이처럼 거대한 진보를 이룩해내면 마키아벨리 같은 사람도 다르게 사고하지 않을 수 없을 것이라고 믿었다.

"오! 만약 우리가 마키아벨리가 그려놓은 상, 우리 시대의 군주상을 지니고만 있었더라면!"[1]

따라서 우리는 헤겔의 경우에서 맨 처음 발견해내었듯이, 헤르더 역시 아직은 새로운 태도, 특히 마키아벨리즘의 문제에 대해 독일적 태도를 갖지 못하고 있었음을 알 수 있다. 그러나 동일성 사상에 관한 위대

---

1) 페스터, 『마키아벨리』, 4쪽: 엘칸(Elkan), 「19세기 독일에서 마키아벨리의 발견」(Die Entdeckung Machiavellis in Deutschland im 19. Jahrhundert, 『역사잡지』, 제119권, 430쪽 이하). 위의 두 글은 마키아벨리에 대한 헤르더의 해석을 언급할 때 그의 평가의 이러한 면에 충분히 관심을 기울이지 못하고 있다. 엘칸은, 정치는 『군주론』의 원칙에 상응하는 어떤 기본 원칙들을 적용해야만 할 것이라는 견해를 헤르더가 지니고 있었다는 상당히 그릇된 지적을 하기도 했다. 그러나 그는 이 글에서 한 단계 낮은 인물들, 예를 들어 당시 마키아벨리의 복권으로 덕을 보았던 루덴 같은 사람에 대해서는 매우 적절하게 다루고 있다.

나는 『세계시민주의와 국민국가』(Weltbürgertum und Nationalstaat)에서 낭만주의가 권력정책이라는 문제를 어떻게 보았으며, 특히 아담 뮐러의 이론이 랑케에게로 향하는 첫 단계를 어떻게 제시해주고 있는가 하는 점에 관해서 설명했다. 괴테조차 말년에 가서는 앙시앵레짐의 내각정치에 대한 오래된 호감에서 국가이성의 의무적 특성을 인정했다는 것은 주목할 만한 점이다. 1832년 1월 1일 괴테는 말했다. "나는 나 자신을 평범하기 짝이 없는 도덕적 정치가들보다 더 높은 위치에 두고 있다. 솔직하게 말하건대 그 어떤 왕도 자신이 한 말을 지키지 않으며 지킬 수도 없다. 왕은 언제나 상황의 지배적인 힘에 항복해야만 한다. 정반대의 극단은 어느 경우에서건 사라져버렸을 것이며, 그들의 완전히 뒤죽박죽된 사고방식 때문에 소멸하지 않을 수 없었다. 러시아와 오스트리아가 가능한 것을 손에 넣는 사이에 프로이센은 빈손으로 나타났는가? 정반대의 행동방식은 우리처럼 가련한 속물들의 의무이지 지구상의 권력자들의 의무가 아니다."(『괴테와 폰 뮐러 재상과의 대화』[Goethes Unterhaltungen mit dem Kanzler F. V. Müller], 제3판, 191쪽) 또 마르크스(E. Marcks)의 「괴테와 비스마르크」(Goethe und Bismarck, 『인물과 시대』[Männer und Zeiten], 제2권) 참조.

한 철학자들 가운데 두 번째 인물이었던 피히테는 확실히 위와 같은 태도를 갖고 있었다.

독일로서는 불운한 해였던 1807년, 피히테는 쾨니히스베르크에 머물면서 그곳에서 발행되는 평론지 『베스타』에 「저작가로서의 마키아벨리에 관해, 그리고 그의 저작 속의 문장들」이라는 완곡한 제목의 논설을 발표했다. 이 글은 동포들에게 주는 정치적 설교로서, 마키아벨리의 국가이성과 권력 정책의 기본사상을 피히테 특유의 장중함과 무제한성으로 옹호하고 있다. 그는 그것을 다음과 같은 두 가지 명제로 간단히 요약했다.[2]

1. 당신의 이웃나라가 비록 제3의 세력에 대항해 당신을 당연한 동지로 여기고 있다 할지라도, 무사히 이루어질 수 있는 기회가 찾아오면 언제든 당신을 희생해 확장하려는 준비가 되어 있다. 만약 그 이웃이 현명한 나라라면 어쩔 수 없이 이와 같은 행동을 하지 않을 수 없는 것이며, 당신의 형제국이라 하더라도 망설일 수 없었을 것이다.

2. 당신은 자신의 영토를 방어하기에는 능력이 정말 부족하다. 도리어 당신은 당신의 위치에 영향을 미칠 수 있는 모든 것에 대해서 냉정하게 주시해야만 한다. 또한 당신의 영향권 안에서 당신에게 손해가 되리라고 생각되는 것은 어떤 것도 묵인하지 말아야 한다. 어떤 것을 당신에게 이로운 것으로 바꿀 수 있을 때에는 한 순간도 머뭇거리지 말라. 다른 나라도 언제든 똑같은 일을 행할 것이기 때문이다. 만약 당신 편에서 늑장을 부린다면 다른 나라에 처지게 될 것이다. 만약 다른 나라들이 힘을 증진시켜 나가고 있을 때 이 일에 실패한 사람이라면 누구든지 자신의 권력이 줄어들게 된다.

---

2) 『유작집』(*Abgedruckt in Nachgelassene Werke*), 제3권, 401쪽 이하(한스 슐츠의 비판적 판, 1918).

한편 피히테는 마키아벨리를 동시대적이며 심리학적인 관점에서 이해하고자 했다. 그는 마키아벨리를 근본적으로는 그 자신과 같으나 어둡고 이교적인 시대, 오로지 감성적이었던 세계에 살았던 사람으로 생각했다. 그리하여 그를 '근본적으로는 형이상학적이었으나' '그 자신의 근본을 명확하게 볼 수 있었던 인물'로 인식했던 것이다. 그는 마키아벨리의 프로메테우스적인 지향과 근대적인 이교성(異敎性)에 대해 그 밖에 훌륭하고도 심오한 말들을 하기도 했다. 그러나 그는 개체성에 대한 취향이나 기쁨에서 마키아벨리에 이끌렸던 것은 아니었다. 오히려 그의 철학 전체에 이끌리지 않을 수 없었던 것이다.

그는 마키아벨리에게서 절대적이고 영원한 진리, 그가 살고 있던 병적인 시대를 위한 유익한 치유책으로서의 진리를 발견하고자 애쓰고 있었다. 동일성 철학을 연구하는 위대한 독일의 철학자들 중에서 그 누구도 피히테만큼 열정적으로 정신과 자연, 이성과 현실을 하나로 통합해, 이것을 현실적인 봉사 또는 동시대인들을 윤리적으로나 정신적으로 충만케 하려는 목적에 연결시켰던 인물은 없었기 때문이다. 그의 이론의 핵심은 헤겔과 셸링의 경우처럼 관조적인 신비주의로 흐르지 않았으며, 오히려 그보다는 행동과 기능, 이성의 관념에 따르는 생활 전체의 신중한 개조, 감성적인 모든 충동을 극복한 자율적인 도덕성의 실제적 승리, '지구상에서 여태 한 번도 본 일이 없었던' 국가의 건설 속에 있었다.

국가의 권력 투쟁과 국가이성 모두를 훨씬 초월한 이 숭고한 과제를 다하기 위해 이제 피히테는 마키아벨리로부터 끌어낸 노골적인 국가이성론을 되살려내었으니, 이것은 국가이성의 이념사에서 가장 주목할 만한 감동적인 사건 가운데 하나였다. 만약 우리가 여기서 발생하는 목적과 수단 사이의 내적인 모순을 설명하는 데 어느 정도 성공을 거둘 수 있다면, 이제 독일에서 맺어진 이상주의와 마키아벨리즘 간의 동맹에 대해서도 새로운 빛을 비추게 될 것이다.

우리는 다른 곳에서, 『세계시민주의와 국민국가』에서 이미 이와 같이 해명하고자 시도한 바 있는데, 비록 그것이 전전(戰前, 제1차 세계대전) 시기를 배경으로 한 것이기는 했으나 시대가 변한 오늘에 와서도 중요한 의미를 지니고 있으며, 여기서는 현재의 분석 관점에서 다만 그것을 약간 보완하고자 할 뿐이다.

헤겔이 그러했듯이 피히테는 이러한 동맹을 영원한 것으로 만들 수 없었으며, 다만 그것을 일시적인 형식으로 결론지었다. 마키아벨리즘과 권력국가의 국가이성은 유기적 필연성으로서 헤겔 철학의 기본사상과 일치했다. 전 세계는 신으로 충만하다는 가정에서 출발했던 헤겔의 객관적 관념주의는 전혀 어려움 없이 그것들을 세계 과정으로 융합시킬 수 있었다.

한편 세계 과정은 그를 통해 유연함을 제시했다. 그러나 피히테의 주관적 관념주의는 세계를 자유롭고 도덕적인 인격에 종속시키고, 모든 것을 이 인격의 행동에서 기대하고 있었다. 그러므로 만약 마키아벨리즘을 강제적으로 변화시켰던 그 시대의 놀라운 경험과 요구 사항들이 없었더라면, 그리고 19세기가 시작된 이래 피히테의 철학이 낭만파와 동시대의 기타 사상가들의 영향을 받아 객관적 관념주의로 변화하지 않았더라면, 아마도 피히테의 관념주의에서 마키아벨리즘은 언제나 소화할 수 없는 존재였을 것이다.

피히테에게 영향을 준 시대 체험은 프로이센의 붕괴였다. 그가 보기에 이 사건은 전쟁을 피하려고 했던 유약하고 겁먹은 정책의 결과였으며, 그러한 정책과 권력이라는 철칙과의 갈등에서 비롯된 것이었다. 그는 이 양자 관계에서 국가는 자연 상태 아래에서 강자의 권리에 따라 존속한다는 것을 이미 알고 있었다. 그러나 그 이전까지만 해도 그는 그것을 하나의 부조리로만 여겼다.

그러나 이제 나폴레옹의 승리에 직면해 그는 더욱 높은 권력정책의 합리적인 편의주의와 일관성을 보기 시작했다. 동시에 그는 이러한 권력정책은 그 자체의 무기로만 격퇴될 수 있다는 것도 알게 되었다. 그러나 이 과정에서 합리적인 국가는 인간의 권리와 자유, 본연의 평등을 기반으로 해야 한다는 그의 이성 국가의 이상에서는 결코 한 순간에도 흔들리지 않았다. 그는 위와 같은 것들은 "그 어떤 국가도 절대 거부할 수 없는 모든 역사적 질서의 영속적이며 움직일 수 없는 기초"라고 설명했다.

그러나 그는 자신이 최근에 겪었던 더 높은 권력의 경험을 통해, 이 것만으로는 국가를 건설하거나 운영할 수 없다고 부언하기도 했다. 이 제 그의 내면에서 가장 원초적인 감정이 등장하게 되니, 그것은 바로 국민적인 자긍심, 나폴레옹의 속박에 대한 저항과 자유를 향한 충동이 었다. 마키아벨리에 관한 그의 글이 추구하고 있던 진짜 목적은 나폴레 옹과 싸우기 위한 무기를 만들어내는 데에 있었다. 한편 그는 마키아벨 리의 군사학적 처방에 대해서도 반격을 가했으며, 보다 우세한 포병에 대한 어떤 불안감을 '근대적인 사고와 용기에서 독특한 한계점들'이라 고 경멸을 퍼부었다. 그러나 독일인들이 이제 앞장서서 마키아벨리의 국가이성을 배워야만 했으니, 그 이유는 바로 장래 그들의 자유를 다시 찾기 위해서였다.

피히테가 직면했던 가장 큰 문제는 현실의 국가를 최선의 국가와 어 떻게 조화를 이루게 할 것인가 하는 것이었다. 그는 현실의 국가와 최 선의 국가를 조국에 대한 열광적인 사랑으로 결합시킴으로써 이 문제 를 간단히 해결했다. 다른 국가들과의 관계에서 현실 국가의 무자비한 이기주의적 투쟁 방법을 채용하기 위해 최선의 국가, 즉 생성되고 있는 '왕국'에 권리를 부여했다. 이것은 캄파넬라가 국가이성의 방법을 통 해 태양국가를 구현할 수 있는 권리를 스스로에게 부여했던 것과 유사 한 것이었다. 그럼으로써 그는 독일 사상가들에게 부과된 현실의 국가 와 최선의 국가의 일치라는 큰 과제를 명백히 해결했다. 그것은 문제를 사상적으로 해결했다기보다는 희망적 관측으로 성급하게 해결한 것이 었다.

한편 그는 '이성적 입장'에서 사상으로 해결하고자 시도하기도 했는 데, 이것은 프리드리히 대왕의 『나의 시대의 역사』의 서문에 나타난 이론과 놀랍도록 조화를 이루는 것으로, 아마도 그 책에서 영향을 받았던 듯하다. 그는 프리드리히 대왕처럼 모든 개인적 삶에 대해 예외 없이 타당한 보편적 도덕률과 자기 인민의 복지를 위해 살아야 한다는 통치자의 도덕적 의무, 즉 결과적으로 어느 정도 개인적인 도덕의 의무를 초월하는 것을 구분하고 있기 때문이다. 그것을 통해서 군주는 어떤 '더욱 높은 도덕적 질서'로 향상되리라는 것이 바로 피히테의 의견이었으며, 이것을 강조할 때 이미 그는 국가의 더 높은 도덕성에 관한 헤겔의 이론에 근접하고 있었다.

그런데 헤겔적인 문제 해결을 반영한 것은 이것만이 아니었다. 이제 독일에서는 새로운 의식, 즉 개체적인 것에 대한 의식이 새롭게 퍼져나가고 있었으며, 피히테 역시 그에 따랐던 것이다(그 자신은 그것에 완전히 압도되는 것을 허용하지는 않았다).[3] 그리하여 이후 그의 합리주의의 기반에서 마치 마법의 꽃처럼 어떤 개체적 인식이 그 어떠한 중간 단계도 거치지 않고 갑작스럽게 활짝 피어나게 되었다. 개체적인 것을 느끼는 감각은 우리가 본 바와 같이 그것이 없었더라면 피히테도 아마 마키아벨리즘을 이해할 문호(門戶)를 발견할 수 없었을 의식이었다. 그러나 이러한 의식과 함께 그의 내면에서는 역사적 세계에 대한 새로운 관계 역시 성장하고 있었다.

그의 젊은 시절의 저작인 『프랑스 혁명에 관한 대중의 판단을 수정하기 위해』(1793)와 1804년에서 1805년 사이에 베를린에서 행했던 『현대의 특성』에 관한 강의를 여러 모로 비교해보는 것이 유익하리라 생각된다. 1793년의 저작에서 역사적 세계는 그 스스로에서 분류되어 있지 않든가 혹은 최소한 부분적이며 유치하게나마 분류된 저급한 소재로 생각되었다. 그는 역사적 세계의 경과에는 관심이 없었으며, 철학자는

---

3) 그가 개체적인 것에 대해 의식하고 있는 것들의 한계점에 관해서는 발너 (Wallner)의 『정치사상가로서의 피히테』(*Fichte als polit. Denker*), 1926, 182 쪽 참조.

오로지 그 경과에 의해 모든 길이 시도되고 있으나 그 어떤 것도 목표에 이르지는 못했다는 것을 보여주어야 했다. 이성과 역사적 현실은 적대적이며 대립되어 서로 엄격하게 떨어져 있었다. 그는 역사의 불합리한 현상들을 그로부터 멀리 내쫓고 경멸했으며, 이성은 필연적으로 그것들을 타파하고자 노력해야 한다고 강조했다.

이에 반해서 1804년에서 1805년 사이에 강의한『현대의 특성』에서는 역사의 과정과 과정 속에 나타나는 현상의 불합리한 요소를 신이 마련한 계획의 유용한 한 부분으로서, 즉 궁극적인 이성의 왕국을 향한 필연적인 단계로서 평가하고 있다. 합리주의를 향한 피히테의 기본적인 성향과 새로운 개체의식을 결속시킨 이러한 신학적 해석에서 이제 헤겔처럼 철저하게 역사적인 인식이 등장하게 된다.

특히『현대의 특성』에서는 유럽 국가 사회의 권력정책과 광범위한 군주정을 건설하려는 강국들의 자연스러운 노력과 균형을 추구하는 약소국들의 자연적인 노력 간의 긴장관계를 깊은 통찰을 통해서 거의 동질적으로 다루고 있다. "사람들이 그것을 인정하건, 아니 그렇게 알고 있든 모르고 있든 그것은 자연적이고 필연적인 과정이다."[4]

과연 이 경우에도 확실히 피히테는 현실의 국가에서부터 언제나 최선의 국가를 올려다보고 있었다. 또한 전 민족의 힘이 담당한 근대국가를 위한 단순한 자기 보존의 목표를 전적으로 '일시적인 상황 때문에 강요된 편협한 목적'이라고 보았다. 결국은 영원한 평화가 필연적으로 도래하게 될 것이며, 그때 국가는 그의 것이 된 민족이 지닌 힘을 더 나은 목적에 두게 될 것이기 때문이다. 그러나『현대의 특성』에서 보면, 이미 권력정책은 문화적 목적에 대한 수단으로 무조건 인식되어 있다.

"어느 시대건 유럽 민족공화국 중에서 가장 문화가 발달한 국가는 예외 없이 가장 노력하는 나라이다. ……또한 이러한 노력이야말로 문화에 더욱더 유리하니, 이러한 나라는 우연에 의해 행운이 없으면 없을수

---

4)『저작집』, 제7권, 203쪽.

록 더욱 내적인 강화와 힘의 긴장의 가장 현명한 기술을 계속 필요로
했다."5)

이 모든 사상들을 대하면 이성의 간지, 즉 감성적인 세계의 모든 충
동과 열정으로 하여금 무의식적으로 그 세계 자체의 더 높은 목표를 위
해 움직이게끔 한다는 헤겔의 이론이 다시 상기된다. 피히테는 이미 다
음과 같은 말로써 이 이론을 직접적으로 신봉함을 고백한 바 있었는데,
이성 기술의 시대가 아직도 밝아오지 않은 한, "국가는 이성의 목적을
지속적으로 그 자체의 지식이나 신중한 의지 없이 촉진한다. 종속(種
屬) 발전의 자연법칙에 의해 움직이는 한편 완전히 상이한 목적을 고려
하면서."6)

피히테와 헤겔이 각각 독자적으로 주창하고 있는 이 이론을 제외하
고는 그 어떤 이론을 통해서도 이성과 현실이 간절한 동일성에 이르기
란 불가능했다. 사실 피히테는 이 동일성을 헤겔과는 상당히 다르게 해
석했으며, 헤겔처럼 이성이 세계사의 과정 속에서 그처럼 처음부터 나
타난다고는 생각하지 않았다. 그와는 반대로 그는 이성에다 절대적인
지위와 모든 시대적인 내용에서 자유로운 내용을 부여했다. 헤겔에게
서 이성과 현실 간의 동일성은 하나의 사실이었으나, 피히테에게는 과
제였던 것이다.

헤겔에게 이성의 왕국은 이미 역사의 문제였으나, 피히테에서 그것
은 역사가 이성의 왕국을 위해 길을 닦아놓는 과정을 완결했을 때, 오
로지 역사의 뒤를 잇는 것이었다. 바로 이 점이야말로 피히테가 마키아
벨리즘에 대한 자신의 인식을 굳게 보존할 수 없었던 더욱 깊은 이유였
다. 『독일국민에게 고함』에서 그는 마키아벨리즘을 인정하기를 포기해
우리가 앞의 책에서 제시한 바와 같이 원칙에 따라 권력정책을 비판하
는 입장으로 후퇴했다. 그는 1812년의 『법률론』에서 국제연맹을 발전

---

5) 『저작집』, 제7권, 210~220쪽.
6) 앞의 책, 제7권 161쪽.

의 목표로 역설하나, 국가의 마지막 피 한 방울까지로 장치된 힘을 통한 현실정치는 이 목표를 위한 수단이요 필연적인 단계라고 설명한다.[7]

그러나 피히테가 도래하리라 보았으며 준비하고자 했던 이성의 왕국에서 현실정치는 더는 존재하지 않았다. 그만큼 국민적인 시대체험이 피히테가 여러 번 현실정치를 인정하게 할 수 있었음은 주목할 만하다. 단언적(斷言的) 명령을 선언하며 시작된 독일 이상주의를 움직여 마키아벨리와 손을 잡게 하는 데에는 유럽에서 실로 가혹하게 압박되고 때때로 절망적이기까지 했던 독일민족의 모든 상태가 언제나 필요했다.

국가의 국민화, 즉 당시 어려움 속에서 필연적으로 독일인들에게 강요된 국민국가의 새로운 이념은 또한 국가의 낡은 탐욕에도 새로운 의의와 내용을 부여했다. 그것은 국가를 고귀하게, 앞서 말했듯이[8] 더욱 도덕적으로 만들었다. 그러나 이러한 도덕화는 여기서 부언해야 하는 바, 국민적 이념이 그 벼랑을 넘어서 근대의 내셔널리즘으로 퇴화했을 때 언젠가 한 번은 새로운 비도덕성을 초래할 위험이 있는 것이었다.

---

7) 발너, 『정치사상가로서의 피히테』, 236~237쪽 및 276쪽.
8) 『세계시민주의와 국민국가』, 제7판, 105쪽.

제3장 랑케

　새로운 독일정신에서 양대 이념이라고 할 수 있는 동일성 이념과 개체성 이념 가운데 더 강한 영향력을 행사하며 풍요로운 결실을 맺게 된 것은 후자였다. 정신과 자연, 이성과 현실을 한데 어우러지게 하여 현실적이거나 현실화될 수 있는 어떤 심오한 통일과 조화를 이루고자 했던 동일성의 체계들은 붕괴하고 말았으니, 이는 그 기초 구조 자체가 불가피한 경험적 역사적 사실 앞에서 너무나도 미약함을 드러내었기 때문이다. 그러나 예기치 않은 최고의 충만함과 중요성에 대해 경험적으로 연구하고자 하는 19세기의 충동으로 일어났던 이 모든 사실은 새로운 발견, 즉 역사적 세계란 개체의 심연이라는 점을 더욱더 확고하게 만들어주었다.

　19세기의 역사적 경험주의는 이전의 모든 경험주의적 징조와는 근본적으로 달랐다. 즉 그것은 사실을 더욱더 의식적으로 명확한 정신적 실체의 표현으로 여기는 데 한층 익숙해졌다. 또 그 사실들을 연결한 정신적 유대를 단순히 일반적인 인과관계나 소수의 일반적 이성 법칙 속에서가 아니라 헤아릴 수 없을 정도로 풍요로우며 개성적으로 다른 삶의 법칙들과 생활의 경향 속에 인식했다는 사실이다. 역사적 전경(前景)의 가장 뚜렷한 현상 중에서 이러한 경향이 존재한다는 것에 시선이 일단 날카로워지자, 사람들은 눈으로 볼 수 있는 별로 가득 찬 밤하늘 뒤에 또 다른 미지의 새로운 별들의 세계, 그 자체의 길을 따라가고 있는 모든 별을 감지하거나 예감할 수 있게 되었다.

그러나 이러한 무한한 정신적 세계와 천체를 다시 자기 앞으로 응집시켜주는 것은 과연 무엇인가. 이 새로운 개체성 원리는 점점 더 확산되어 새로운 발견을 이루면서 모든 곳에서 독자적 권리와 고유의 운동을 밝혀내었다. 결국에 가서는 역사 속에서 확고하거나 절대적인 것을 더는 인정하지 않고 모든 정신적인 실제, 모든 개성적인 생활 성향에 자유로운 영역을 부여하는 상대주의의 한 형태로 종식될 징조를 보였다. 이러한 상대주의의 모든 것을 이해하고 허용하지만, 또한 그럼으로써 결국 노(老) 딜타이가 표현했듯이 모든 것을 '신념의 무정부 상태'에 처하게끔 하기도 한다.

이것이 독일에서 말기 역사주의가 처했던 위험이었다. 초기 역사주의에서는 이러한 위험이 아직까지 나타나지 않았는데, 그것은 초기 역사주의가 아직도 독일의 동일성 철학의 영향 아래 있었을 뿐만 아니라, 극복되었다고는 하나 아직까지도 내면적으로는 영향을 남기고 있는 자연법 영향도 받고 있었기 때문이었다. 또한 동일성 철학과 자연법 양자는 비록 서로 다른 방식이기는 했으나 역시 절대적인 가치, 즉 그것이 아니면 산산이 흩어질지도 모르는 삶을 결합시켜 줄 열쇠를 찾고자 하는 인간의 심오한 욕구를 충족시켜 주었다.

여기서 우리는, 19세기의 첫 몇십 년 동안 새롭고도 따사로운 생활 내용을 불어넣어주었으며, 독일 내의 주요 집단들에 다시 확고한 근거를 제공한 그리스도교(신 · 구교)의 영향을 잊어서는 안 될 것이다. 그것은 오히려 제일 먼저 지적되어야 한다. 그리스도교는 당시 독일 내에서 퍼져나가고 있던 역사적 사고의 파도를 막기 위해 방파제를 세웠다. 이 방파제 자체는 역사적 비판적 연구의 물결에 의해 여러 곳에서 쓸려가버리고 말았으나, 항상 뿌리 깊은 정신적 욕구 덕분에 다시 세워지고 있었다.

이러한 점을 레오폴트 폰 랑케가 감동적으로 나타낸다. 랑케는 역사주의와 개체성 원리가 사고에 제공한 모든 가능성을 구현하는 데 가장 뛰어난 천재성을 보였다. 그는 1836년 『정치문답』에서 다음과 같이 말하고 있다.

"이 실체들의 완전한 의미에 집중해서 주의를 기울이도록 하라! 특수한 재능과 도덕적 에너지가 불러일으킨 그 다양한 지상적·정신적인 공동체들은 이 세상의 혼돈 한가운데에서 내면적인 충동으로 이상을 향해 나아가며, 부단한 발전 속에서 그 나름대로 이해한다. 이 거룩한 본체들을 그 행로, 변화, 체계라는 면에서 면밀하게 고찰하라!"

이처럼 그는 세계사와 그 과정을 최고의 포괄적인 정신적 실체이자 개체로 보았으며, 특히 국가를 "서로 유사하기는 하지만 본질적으로는 독자적인 개성 — 인간정신의 독창적인 창조물 — 말하자면 신의 사상"이라고 여겼다.[1] 이러한 언급은 열광적인 동시에 비판적인 성격의 그의 역사주의가 지닌 종교적인 기반을 보여주고 있다.

그에게 역사 속에서 신 그 자체는 "가장 외적인 형태로 이해되고 보존되는 신성한 상형문자"[2]처럼 두드러졌으며, 랑케에게 신에 대한 봉사란 자신의 역사적 탐구를 통해 이 신성한 상형문자를 풀기 위한 거룩한 임무였다. 그러나 여기서 신은 전적으로 '그 가장 외적인 형태로 이해되며', 즉 역사를 통한 신의 계시에서만 이해되며, 규명할 수 없는 신의 본질 그 자체에서 이해되는 것은 아니었다. 그의 견해에 따르면 신과 신의 사상, 신적 이성은 확실히 역사 속에 존재하고 있었으며, 이와 같은 점에서 그는 동일성 이론과 일치하고 있었다.

또한 그는 동일성 이론이 이미 시도한 바와 같이 — 단지 그것보다는 한층 더 현실주의적으로, 그만큼 집요하지는 않게 — 역사적 과정에서의 비합리적인 많은 요소에 대해서도 의미와 중요성을 부여할 수 있었다. 그러나 그에게 신은 그리스도교의 예로부터의 인격신으로서 역사

---

1) 『전집』(*Sämtl. Werke*), 제49/50권, 329쪽 및 339쪽.
2) 『전집』, 제53/54권, 90쪽.

를 초월한 피안의 존재이기도 했으니, 이 신에게 노년에 이르러서도 그는 다음과 같이 기도할 수 있었다. "전지전능하며 유일하신 삼위일체의 신이시여, 당신은 나를 무로부터 불러내셨습니다. 여기, 나는 당신의 옥좌 앞에 엎드려 있습니다!"[3]

따라서 그는 범신론이 아니라 만유재신론(萬有在神論)에 귀의했다. 때때로 그는 범신론적 언급을 바치고 싶은 유혹을 내면에서 느끼곤 했으니, 이는 역사적 세계의 풍부한 개체성에 대한 일별이 불러일으킨 것일 수밖에 없었다. 그러나 종교적 경의와 비판적인 신중함, 형이상학적 동기와 경험적인 동기 간의 놀라운 결합으로, 그는 헤겔의 발자취를 뒤따라 신을 완전히 역사 속에 도입해 생성의 과정 속에서 인류를 신으로까지 끌어올리기를 꺼렸다. 만약 그가 이러한 일을 했더라면 그의 연구 성과가 지닌 영속성과 충실함, 학문적인 위대함이 아주 본질적으로 기초로 하는, 역사현상에 관한 편견 없는 공평한 태도는 절대로 지닐 수 없었을 것이다.

그는 사물을 더 순수하게 마음에 새기고 신과 경험적인 역사 사이의 거리를 인식함으로써 '그것이 본래 어떻게 했던가'를 더 잘 보여줄 수 있게 되었다. 인격신에 대한 그의 신앙은 학문에 도움을 주었다. 물론 이러한 신앙은 이 세상 모든 곳에서 신의 손길을 발견하는 유신론적 역사 해석의 유혹에서 벗어나야 했다. 그 역시 "때때로 신의 손이 운명 위에 있다"라고 조심스럽게 고백했다.[4]

그가 신의 손길을 분명히 직접적으로 인정하노라고 믿었던 경우에도, 그는 그것이 단지 신앙과 예감의 문제일 뿐이지 지식과 학문적 설명의 문제는 아니라는 점을 분명히 했다. 이처럼 신에 대한 그의 개념은 매우 섬세하고 미묘한 선으로 둘러싸여 있었다. 이 개념은 강력하고도 열렬하게 경험적 역사에 광휘를 떨칠 수 있었으며, 그것을 탐구하는

---

3) 『전집』, 제53/54권, 655쪽.
4) 『전집』, 제33/34권, 8쪽.

사람들에게 성직자 의식을 부여할 수 있을 만큼 깊이 포용하는 것이었다. 그러나 동시에 그것은 어떤 도그마나 이론으로도 전혀 구속되지 않고 자유로운 연구를 행사하고자 하는 욕구에 대해서도 조심스럽게 순응했다.

개성적인 역사적 힘들은 그 담당자들이 그러했던 것처럼 '선하면서 악하고, 고귀하면서 야비하고, 세련되었으면서 유치하며, 크게 영원성을 지향하고 있으면서도 순간에 종속되어 있었던' 것으로서, 그러한 역사 세력들의 자유로운 움직임은 이제 완전한 권리를 누리게 되었다. 그러나 그것은 가치의 무정부 상태에 빠지지 않았으니, 거기에는 모든 것을 주도하고 받쳐주는 어떤 절대적인 가치가 있었기 때문이었다. 따라서 랑케는 개체성 원리가 빠질지도 모르는 상대주의로부터 보호될 수 있었던 것이다.

그러나 바로 이 점에서부터 논리적으로 조화를 이룰 수 없는 이원론이 그의 역사관과 가치 기준 안으로 들어올 수 있게 되었다. 확실히 역사상 발생하는 모든 것은 개성적 힘이나 상황의 소산으로서 전제조건 없이 자유롭게 이해되어야 한다는 점이 허용되었다. 그러나 모든 것이 허용될 수 있었던 것은 아니었으니, 그 이면에는 경멸할 수 없는 어떤 절대적인 법정(法廷)이 존재하기 때문이었다. 선은 어디까지나 선이요, 악은 어디까지나 악이어야 했다.

널리 알려진 바와 같이 랑케가 조심스럽게 내린, 결코 애매하지는 않았던 이러한 도덕적 판단은 그가 매혹적이고 설득력 있게 묘사한 사물의 흐름—거기에는 모든 개성을 가리지 않고 자신의 권리와 삶을 쟁취하는데—의 내부에 때때로 다른 더 높은 존재 질서로부터의 명제(命題)처럼 어느 정도 돌연 나타나게 되었다.

이것이야말로 마키아벨리, 마키아벨리즘의 문제와 국가이성의 이념에 대한 랑케의 태도를 결정지은 전제들이었다. 랑케는 1824년 획기적인 저서 『근세 역사가 비판』에서 곧 마키아벨리와 마키아벨리즘과 대결하게 된다. 그 당시까지 나왔던 마키아벨리에 관한 가장 명석하며 함축성 있는 평가 가운데 하나였으며, 랑케에 뒤따르는 모든 사람을 위한 새로운 길을 개척했다.

첫 번째 판은 순수하게 역사적 관점에서 이루어진 것으로 도덕적인 판단을 약간 암시하고 있는 데 대해, 50년 후 그는 특히 마키아벨리에 대한 자기 태도의 근본 방침을 조명한 내용의 글을 덧붙이면서 그 평가를 확대했다.[5] 그러나 바로 도덕적 관점의 이러한 더 명확한 관점을 통해 이제 그 견해 속에 주목할 만한 분열이 나타나게 되니, 이를 이해하기 위해서는 랑케가 자신의 역사적 천재성과 도덕적 양심 사이에서 갈등에 빠져 있었다는 것을 인식할 때만이 가능하다.

그는 역사적인 천재성으로 역사적 개체화에서 최고의 기량으로서의 마키아벨리와 그의 충고를 이해할 수 있게 만들었다. 그의 서술에서 혹자는 『군주론』이 어떻게 정식으로 마키아벨리의 개성적인 정신세계에서, 그가 집필했던 특수한 상황에서 유기적인 필요성으로서 생겨났는가를 이해할 수 있을 것이다. "사악한 길만이 목적지로 안내할 수 있는 상황이었으며, 저자에게는 인간이란 그렇게 보였다."

랑케는 "장점을 가장 많이 지녔으며 결코 사악한 인간이 아니었던 마키아벨리"가 어떻게 선과 악에 관해 무관심한 태도를 취할 수 있었는가 하는 점을 완전하고도 역사적으로 이해시키는 데 훌륭히 성공을 거두었다. 다시 말해서 마키아벨리는 조국이 절망적인 상태에 있을 때 "조국을 위해서 독약을 처방할 정도로 대담했다"는 것이다.

그러나 랑케의 해석은 불완전함을 지니고 있는데, 그것은 그가 마키

---

5) 단 한 번(『근세 역사가 비판』[*Zur kritik neuerer Geschichtschreiber*], 1824, 199쪽) 그는 마키아벨리의 이론의 '가공함'에 관해 말하고 있다. 그에 대해 초판의 다음과 같은 특징적인 맺는말도 참조. "어떤 원칙을 양민들로 하여금 크게 증오케 하기 위해 그 원칙을 사람들은 오늘날에도 그의 이름으로 부른다. 마지막으로 우리는 공평하자. 그는 이탈리아의 구출을 원했으나 이탈리아의 상태는 절망적이라고 생각되었으므로 그는 이탈리아에 대담하게도 독으로써 처방했다."

아벨리의 저작의 내용과 의미를 순전히 마키아벨리라는 개성적인 인간과 그 저작이 출현한 독특한 상황에 제한하고 있었기 때문이었다. 따라서 그는 '마키아벨리의 이론'을 보편적인 것으로 보는 해석을 제거할 수 있다고 믿었으며, 그의 말처럼 그것은 "단지 정해진 지시사항에 불과하다"고 믿었다. 확실히 그 이론의 발단과 직접적인 목적이라는 점에서 볼 때 위와 같은 지적은 타당하다.

그러나 그 내면적인 실제 내용이라는 점에서는 그렇지 않다. 지금까지 살펴보았듯이 그 실제 내용은 일시적인 목적을 훨씬 넘어서 성장해 독자들에게—가령 그들이 역사적 지향으로 그 저작에 접근하건 혹은 비역사적 지향으로 접근하건—국가이성의 보편적인 문제, 특히 국가행위에서 강제적인 요소나 필연성이라는 보편적 문제를 제시해주었다. 역사적인 훈련을 받지 않았던 전(前) 시대의 독자들이 가령 이런 종류의 보편적인 의미와 내용을 마키아벨리의 이론에 돌렸다고 하더라도 별로 틀린 것은 아니었다.

랑케는 바로 마키아벨리의 가르침이 보편적으로 항상 적용할 수 있는 영향력을 가져야 한다는 생각에 혐오감을 느꼈다. "마키아벨리가 찬탈자의 권력을 획득하고 유지하는 데 필요하다고 여겼던 원칙을 평화롭고 합법적인 공국(公國)에도 적용할 수 있다고 생각한 것은 두려운 일이다." 그는 프리드리히 2세의 『반(反)마키아벨리론』을 인용해 어떤 견고한 세습공국이 '보편적인 세계 질서가 기초로 하는 개념들의 사용'을 확실히 고려할 수 있다는 것을 보여주었다.

그러나 그는 특히 프리드리히 2세가 마키아벨리즘에 대해서 완전히 이중적인 태도를 취하고 있었다는 사실을 간과했다. 따라서 중요한 점은 랑케가 자신의 청년기의 저작을 다시 들면서 마키아벨리에 대한 자신의 전적으로 역사적인 설명, 다음과 같은 고백—즉 자신은 동시에 "세계의 도덕적 질서라는 영원한 법칙"에 집착하고자 하며 "결코 마키아벨리를 추종하거나 변명하지 않는다"는 고백을 보충해야 할 의무를 느꼈다는 점이다. 그러나 이러한 영원의 법칙들이 완전히 엄밀히 적용된다면, 정말로 랑케는 마키아벨리를 탄핵해야 하지 않았을까.

그는 이와 같은 일을 피했는데, 그 자신의 역사적 인식과 명백히 갈등상태에 빠질 가능성이 있었기 때문이었다. 따라서 여전히 존재하고 있었던 이 갈등은 랑케의 유연한 언어술에 가렸다. 그는 역사적 삶의 격렬함 속에서 영원한 안내의 불빛을 놓치지 않으려는 무의식적이고도 지극히 강한 욕구를 갖고 있었기 때문이었다. 그는 같은 글에서 다음과 같이 말하고 있다. "비록 탁월한 인물들이 그것을 거부하기는 했으나, 사람들은 진리, 미, 그리고 선처럼 정의야말로 인간 삶의 이상을 형성한다는 점을 그 무엇보다도 마음속에 간직해야 한다."

인간의 삶에는 변화할 수 있는 요소들 외에 변화할 수 없는 것들도 역시 존재하고 있다는 점을 랑케는 되풀이해 고백했다. 베르히테스가덴에서 행한 강연의 서문에서 "역사가는 항상 제일 먼저 인간이 일정한 시대에서 어떻게 생각했으며 살았는가 하는 점을 유의해야 한다. 그때 역사가는 각 시대가 일정한 불변의 영원한 근본이념은 제외해—예를 들어 도덕적 이념과 같은—그 시대 자체의 특수한 성향과 독특한 이상을 지니고 있다는 사실을 발견하게 된다"고 말했다.

또 랑케는 그의 저서 『프랑스사』에서 1563년의 프랑수아 기즈 공*의 살해를 언급하면서 다음과 같이 말하고 있다.[6] "미풍양속과 인류 공동체의 기초를 이루는 도덕의 원리는 모두 종교적 이념 앞에서 물러났다." 그러나 만약 변화하는 것과 변화하지 않는 것, 정치와 도덕 사이에서 갈등이 발생하게 된다면 과연 역사가는 무슨 말을 할 것인가.

랑케는 1859년 11월 26일 바이에른의 국왕 막스에게 보내는 편지[7]

---

* 프랑스의 장군, 정치가(1519~63). 위그노 전쟁(1562)에서 구교도를 지휘해 승리했으나 위그노에게 암살당했다.

6) 『전집』, 제8권, 186쪽. 이 문장은 리터(M. Ritter)의 『역사학의 발전』(*Entwicklung d. Geschichtswissenschaft*), 366쪽에 인용된 부분이다.

7) 『전집』, 제53/54권, 405쪽; 『베르히테스가덴의 강연』(*die Schlußworte der Berchtesgadener Vorträge*)의 맺는말(『근세사의 제시기』, 〔*Epochen*〕 233쪽)

에서 순수하고 도덕적인 관점을 주장한 바 있다. "나는 세계사에서 자신의 임무를 수행하기 위해서 타인에 대한 부정한 행위를 정당화해야 한다는 것은 극도로 위험천만한 원리라고 생각한다. 이것은 "목적은 수단을 정당화한다. '신의 더 큰 영광'에서는 모든 것이 허용될 수 있다"라고 말하는 것이나 같다."

그러나 랑케는 이 위험스러운 원리가 세계사 속에서 계속 적용되고 있으며, 또 대단히 위대하고도 가치 있는 업적의 기반 속에 죄악들이 포함되어 있다는 것도 역시 잘 알고 있었다. 근세 몇 세기 동안 마키아벨리즘적으로 행동했던 위대한 현실주의적 정치가들이야말로 그 어떤 유형의 역사적 인물보다도 랑케가 지니고 있던 기량과 재생산력을 최고로 부추겨, 그 최고이자 가장 박력 있는 업적, 어떻든 가장 인상적인 업적을 이루게 한 인물들이다.

국왕 헨리 8세에 관해 쓰인 말들을 상기할 때 랑케는 존경과 혐오가 혼합된 감정으로 이들을 묘사했다. 그러나 일반적으로 존경심으로 인해 혐오는 무색해졌다. 사려 깊은 독자는 불가피한 운명의 입김을 느끼게 마련이다.

예를 들어 랑케는, "프랑수아 1세의 행위는 극도로 혐오스러운 것이었다. 본래부터 그렇게 여겨졌던 가장 그리스도교적인 왕권은 그 경우 존재할 수 없었다. 그러나 수세기 동안 경주했던 국가의 형성을 위해 그것은……부인할 수 없이 유리한 것이기도 했다……보편적인 그리스도교 세계라는 관념에서 자유로워지는 행위야말로 대내외적인 새로운 국가 형성의 발전을 위해서는 불가결한 움직임이었다."[8]

랑케는 언젠가 『발렌슈타인』에서 경멸할 만한 종류의 동기가 종종 위대한 목적을 지향해 움직이고 있다고 말한 바 있다. 바로 이러한 통찰

인 다음 구절도 참조하라. "마키아벨리가 군주에게 무자비한 면을 선동했던 데 반해, 나의 노력은 국왕의 미덕을 북돋우기 위한 것이다."
8) 『전집』, 제8권, 84~85쪽.

력으로 인해 헤겔은 이성의 간지에 대한 이론을 발전시켰으며, 그것을 이용해 거대한 문화 형성체의 죄 많은 근원을 관용할 수 있는 자신의 초월적인 낙관주의가 뿌리내렸다. 그러나 이 점에서 헤겔과 랑케가 취한 길 사이에는 결정적으로 분리현상이 나타나게 된다. 랑케는 다음과 같이 말하고 있다.[9] "세계정신이 기만에 의해서 사건들을 만들어내어 인간의 열정을 이용해 그 목적을 달성한다는 이론은, 신과 인류에 관한 극도로 무가치한 관념을 기반으로 삼는다."

이와 같은 판단은 랑케의 정신에서 '도덕적 세계 질서의 영구한 법칙'에 대한 감정이 얼마나 강하게 뿌리박혀 있었는가 하는 점을 보여주고 있다. 만약 그가 오로지 자신의 역사적인 통찰력과 경험에만 빠졌더라면, 역사의 필연적인 진흙창과 역사의 궁극적인 이상적 목적을 조화시키기 위해 헤겔이 발견한 일이 있는 탈출구에 유혹당했을 것이다.

이러한 통찰력은 재삼 사람을 이끄는 매력을 지니고 헤겔이 자신의 이론을 이룩하는 데 바탕이 되었던 사실들로 랑케를 강하게 끌어당기고 있었기 때문이다. 따라서 여기서 우리는 특히 랑케의 역사적 사고 속에 존재하고 있는 변화하는 것과 변화하지 않는 것과의 기준의 이중성을 명확하게 인식하게 된다.

만약 랑케가 이 이중성을 충분히 인식하고 철저히 생각했더라면, 훗날 야코프 부르크하르트가 그러했듯이, 결국 비극적인 비관론에 이르고 말았을 것이다. 랑케가 바이에른 국왕에게 가르친 원칙, 역사가로서 인식하고 가르친 역사의 사실들—서로 분열되고 조화될 수 없는 이두 분열은 고통 없이는 메워질 수 없었다. 그런데 아직도 랑케의 총체적인 역사관은 일종의 낙관론을 지니고 있었으며, 그것은 헤겔보다는 훨씬 밝고 부드럽게, 매혹적으로 역사를 조명하고 있었다.

과연 그것은 무엇을 기초로 한 것이었는가. 어째서 랑케는 헤겔보다도 훨씬 밝고 확신에 넘친 빛을 띠고 있었는가. 헤겔은 합리적인 추상

---

9) 『근대사의 제시기』, 7쪽.

화의 방법으로 그의 낙관론에 도달했으며 그러한 추상화는 점차 대담하게 높아지면서 세계의 정신적인 현상뿐만 아니라 현실적 현상까지도 단 하나의 지고한 이념에서 감히 끌어내고자 했다. 그러나 이것은 개개의 삶이 한낱 그림자놀이에 지나지 않게 되고 말았음을 의미하는 것이었다. 랑케는 이와 반대로 독일 역사사상의 발전에서 결정적인 장(章)을 이룩한다. 그는 합리화와 추상화의 행위, 즉 개념으로 이해될 수 있는 이념에서 사물을 끌어내는 모든 방법과 관계를 끊게 되었다. 그 대신에 그는 사물과 이념을 '삶'이라고 하는 통일체 속에 혼합시켰다. 그것은 이미 낭만파나 셸링, 그리고 빌헬름 폰 훔볼트 등이 닦아놓았던 발전의 길이었다.

랑케는 『정치문답』(325쪽)에서, "뜻밖의 독특한 모습으로 갑작스럽게 눈에 뜨이는 현실적이면서 정신적인 것은 그 어떤 더 높은 원칙에서도 도출될 수 없다"고 말했다.[10] 보편적인 이념에서 도출될 수는 없으나 그 삶을 형성하는 특수한 이념에 물들어 있는 역사 속에서의 개개의 삶, 그리하여 과정상 이념과 실체, 정신과 육체는 본질적으로 하나가 되었으며, 그 모두가 근원적인 신의 창조적 입김에 둘러싸였다. 이것이야말로 랑케가 제시할 수 있었던 개체 사상과 동일성 사상의 종합이었다. 따라서 랑케의 역사철학 역시 일종의 동일성 철학이었으며, 독일정신 고유의 신적 자연에 관한 명상에 의해서 은근히 조성된 것이었다.

이미 살펴보았듯이 랑케는 단지 신적 자연과 신과의 동일성만은 부정했다. 그러나 그는 역사적 세계에서 신적 자연, 신과 같은 모습, 분할할 수 없는 그 자신에서의 존재들을 그는 신앙과 행복감을 갖고 관조했다. 그러한 신앙과 행복감이 선악 사이에서 애매모호하게 흔들릴 수는

---

10) 로타커(Rothacker)는 이 말이 지니는 정신사적인 중요성에 관심을 기울이면서 "본인이 알고 있는 가장 근본적인 역사주의의 정식화"라고 말했다(「사비니·그림·랑케」[Savigny, Grimm, Ranke], 『역사잡지』, 제128권, 437쪽).

없었다. 랑케는 말년에 가서 사회적인 동요와 1878년의 암살 계획*을 경험하게 되는데, 자신의 일기에 다음과 같은 글을 적고 있다.

"우리의 경험으로 보건대 항상 어리석은 언행, 부도덕한 행위, 그리고 횡포도 목적을 지니고 있다. 선의 신 오르무즈드와 악의 신 아리만**은 언제나 싸우고 있다. 아리만은 끊임없이 세계를 파괴하고자 하나 결코 성공하지 못한다. 이처럼 한 늙은이는 생각한다."[11]

만약 오르무즈드와 아리만 간의 충돌을 불확실하다고 본다면, 그 결과는 철저한 이원론이다. 그러나 이미 지적했듯이 랑케의 이원론은 일관적이지 못했다. 그는 동일성에 대한 욕구로 제한되어 있었으며, 이 추구는 현실적이고 정신적인 신적 자연과 순수하게 정신적인 신 간의 이원론적인 구별로 제한되어 있었던 것이다.

그러므로 랑케의 역사서술 전반에 걸쳐 나타나 있는 권력 문제와 국가이성의 심연에 대한 낙관적인—그렇다고 해서 쾌활하다는 말은 아니나—해석 역시 이런 식으로 설명할 수 있으리라. 그는 권력 투쟁 속에서 역사상 새롭고 가치 있는 개별적인 삶을 끊임없이 창조해내는 원동력을 보았다. 이 점에서 그는 또다시 헤겔에 매우 가까이 접근하고 있다.

그는 『세계사』에서 다음과 같이 말했다.[12] "국가와 민족의 대립적인 이해관계 사이에서 발생하는 투쟁 속에서 날로 더욱 고차적인 힘이 계속 등장하며, 그것이 그 자체에 알맞게 보편적인 것을 변화시켜 새로운 성격을 부여하는 데 인류 일반의 역사의 이상적인 핵심을 볼 수 있을 것이다."

자주 논의되는 유명한 『열강론』의 끝부분에 나오는 사상도 상기해보

---

* 독일 황제 빌헬름 1세의 만년 두 차례에 걸친 암살미수사건을 말한다.
** 오르무즈드는 조로아스타교의 선신(善神)이다. 빛이 그의 상징이고, 악의 신으로 어둠을 상징하는 아리만과 대항해 최후의 승리를 차지한다.
11) 『전집』, 제53/54권, 627쪽.
12) 제3권, 서문.

도록 하자. "세계사란 언뜻 보기에 그런 것처럼, 사실상 국가와 민족의 우연한 충돌의 혼란, 각축, 끊임없는 계기 같은 것이 아니다. ……우리가 세계사의 발전에서 인식하는 것은 세력들, 즉 생명을 낳는 정신적인 창조력이며 생명 그 자체이다. 다시 말하면 도덕적인 에너지이다." 이와 같은 주장을 하기 위해서 확실히 랑케는 그 밖의 무수한 경우에서 '도덕적 에너지'를 권력정책의 힘의 원천으로 격찬했던 것처럼 도덕성이라는 개념을 그 자신이 다른 곳에서 적용한 바 있었던, 양심이 지배하는 불변의 도덕적 명령이라는 일반적 의미보다도 훨씬 넓은 의미에서 인식해야 했다.

사실 랑케는 중년기에 쓴 일기 중 중요한 한 대목에서 "도덕적인 것이란 오로지 양심의 문제만은 아니다"라는 점을 지적하면서, 도덕적인 것은—우리는 이 부분을 이처럼 해석하거니와—정신적인 것과 혼합되는 경향이 있다는 것을 분명히 하기도 했다. 결국 그는 도덕적인 것과 정신적인 것 간의 동일성까지도 근본에서는 생각했을 것이다.[13] 바로 이 점에 랑케가 헤겔과 헤겔의 이론, 즉 일반적인 도덕과는 구별되는 더욱 높은 차원의 인륜에 관한 헤겔의 이론과 일치를 보게 되는 점 중 하나였다.

그러나 헤겔이 이 문제에서 개념적인 방법으로 사고하고 접근했던 데 반해, 랑케는 도덕적인 것의 울타리를 확장시켜 전적으로 '살아 있는 것', 즉 그 자신이 모든 역사적 삶의 원천으로 숭상하고 있었던 통일적이고 '현실적이면서도 정신적인 것'으로서 다른 것에서 도출할 수 없는 창조적인 것에 대한 명상에 헌신했던 것이다. 그러한 명상에 충족감을 갖고 랑케는 『정치문답』 속에서 다음과 같은 낙관적인 비약을 대담

---

13) 『전집』, 제53/54권, 571쪽. 나의 추측으로는 그 일기의 "여기에 도덕적인 것과 정신적인 것과는 이상적 상태가 생긴다"고 하는 문장 중의 Idealität는 Identität(동일성)의 오기로 생각된다. 논리적인 연관에서 당연히 이 말이 예상되기 때문이다.

하게 제시하고, 역사 과정의 풀 수 없는 수수께끼를 언급할 수 있게 되었다. "진정한 도덕적 에너지로 승리가 쟁취된다고 할 수 없는 중요한 전쟁이란 거의 없다."

국가, 권력, 도덕적 에너지, 정신적인 삶. 랑케는 이들이 서로 영향력을 주고받으며 혼합되게끔 했으므로, 이 모두는 다양하게 처해 있으나 마치 밑바닥에서는 동일한 삶의 물줄기를 흐르고 있는 단 하나의 호수계(湖水系)의 서로 연결된 웅덩이들로 보인다. "국가와 권력 간에는 아마도 차이점이 없을 것이다. 국가의 이념은 독립, 즉 그에 상당하는 권력 없이는 존립될 수 없는 독립, 사상에서 발생되기 때문이다"라고 랑케는 지적한 바 있다.[14]

그러나 항상 그는 정치권력 속에서—여기에 랑케의 정치사 서술의 가장 본질적인 매력이 있다—대체로 정신적인 것을 보았다.[15] 정치권력이란 도덕적인 에너지를 통해서 만들어질 뿐만 아니라, 또 그것이 오로지 물질적이지만은 않은 정신적인 수단을 통해서만 전적으로 지탱할 수 있기 때문이었다. 한편 랑케는 근대 사회학자들이 고통스러운 분석을 통해서 겨우 증명한 것, 즉 현실적 권력의 일부분이며 사람들이 복종하게끔 강요하는 권위는 인간의 도덕적 지향을 기초로 하고 있음을 일찍이 알고 있었다. "거기에 권력이 지닌 불가사의함이 있다. 모든 힘이 거리낌 없이 명령에 복종할 때, 비로소 권력은 그 모든 수단을 이용하게 될 것이다"[16]

국가 이기주의에 자리 잡은 이들 도덕적이며 정신적인 힘으로 국가 이성도 이제 도덕적인 힘으로서 위엄을 얻게 되었다. 이제 랑케는 내면적으로 동의하면서 근대사에서 가장 강력한 원동력을 국가이성 속에서

---

14) 『프로이센사』, 『전집』, 제27/28권, 4쪽.
15) "권력 자체에는 정신적 실재, 즉 근원적인 정신이 나타나며, 정신은 자체의 삶을 갖고 있다." 『근대사의 제시기』, 11쪽.
16) 『종교개혁사』(*Reformationsgeschichte*), 『전집』, 제1권, 311쪽.

보게 되었다. "근대 유럽의 발전에 공헌한 모든 이념 중에서 아마도 가장 효력이 있었던 것은 어떠한 대외적 사정에도 매이지 않고 그 자체만을 의존한 전적으로 독립적인 국가권력의 이념일 것이다. ……그렇지만 국가는 그 자체로부터 생겨난 것이 아닌 정치적 사정에 의해서 그 자체의 활동, 동맹, 그리고 전체적인 정치적·군사적 행동에서 방해받는 동안은 이 목적의 달성이 멀었음은 물론이다."[17]

랑케는 이 과정의 내적인 필연성, 바위라도 분쇄할 듯한 국가 이해의 힘이나 국가권력에 대한 욕구가 지닌 힘을, 계속해서 조금도 권태롭지 않고 오히려 언제나 새로이 생명의 원천에 접근하는 다양한 서술로 나타내었다. 그는 자신의 저서에서 국가이성으로 인해 파기된 많은 조약을 유연한 변증법으로써 논하고 있다. 이 변증법은 비록 조약 파기 문제에서 세상의 도덕적인 판단이나 행동자의 개인적인 도덕적 책임에 관해 더 깊은 물음을 명백하게 표현하고 있으나,[18] 일반적으로는 상황이나 권력 충동의 강제적이거나 최소한 변명적인 힘에 우월성을 부여했다.

"세계사의 격동 속에서는 여러 가지 말과 약속이 아무리 근사하게 들릴지라도, 그것에 많은 중요성을 부여할 수는 없기 때문이다. 위대한 세력들은 어떤 장애물에 부딪치게 될 때까지 자신의 충동으로 돌진해 나아가기 때문이다."[19] 이것은 낡아빠진 말로 "일단 확립된 권력은 끊임없이 성장해야 하는데, 그것은 권력이 자신과 대립하는 적대행위를 추측할 수 없기 때문이다"라는 것이다.[20]

---

17) 『종교개혁사』, 『전집』, 제4권, 27쪽.
18) 정치와 도덕 사이에서 갈등을 느꼈던 프리드리히 대왕에 대한 랑케의 지적을 참조(『전집』, 제27/28권, 480쪽). "언제나 동시대인들 또는 후손의 인정을 얻거나, 세상의 판단을 납득시킬 수는 없다. 그러나 영웅은 최소한 자기 자신에게는 정당화되어야 한다."
19) 『프로이센사』, 『전집』, 제27/28권, 478쪽.
20) 『세계사』(*Weltgeschichte*), 제4판, 제1권, 178쪽.

그러나 마키아벨리와 보칼리니가 이미 사용한 바 있었던 이 낡아빠진 말이 왜 랑케에 와서는 새로운 이야기처럼 들리는 것일까. 랑케를 통해 이룩된 국가이성과 국가 이해에 관한 이론의 진보는 도대체 어디에 있는 것일까. 이 점에 관해서는 이미 앞의 두 장에서 개체성 원리의 발견을 통해 일어난 정신혁명에 관해 언급한 일이 있으므로 모두가 이미 분명하다.

젊은 랑케가 마키아벨리의 심성에 뜻깊은 비판을 한 것이 아마도 그것을 다시 한 번 명확하게 이해시켜 줄지도 모르겠다. "근원적인 성향이나 내적인 움직임에서 생기는 저 삶 대신에 마키아벨리는 교활함과 용의주도함, 그리고 용감성을 원하고 있었다."[21]

이와 같은 지적은 확실히 마키아벨리에게 해당될 뿐만 아니라, 그 세기 전반에 일반적으로 널리 퍼져 있던 사고방식이기도 했다. 자연법에 영향을 받은 사유는 우리가 앞에서 말한 바와 같이 각 개인의 욕구로부터 일어났으며, 이때 이 욕구들은 세계와 삶에 투영되었다. 따라서 의식적이며 이성적이고 합목적적으로 행동하는 개인이 모든 삶의 중심적 위치에 서게 되었던 것이다. 그때 무엇이 이성적이냐 하는 것에 대해서는 논의가 있을 수 있었으나, 결국 마키아벨리즘은 의식적이며 합목적적으로 행동하는 정치가들이 취하는 실질적인 통치 방식으로 간주되었다.

사람들은 그러한 방식을 보편적인 도덕률로 예외 없이 인정할지 않을지를 고려해 정치가들을 비난하거나 승인할 수 있었다. 그러나 새로운 역사주의는 더 이상 고립된 개인에서 출발하는 것이 아니었으니, 끊임없이 새로운 개성적인 형태이며 개개의 개인에서 나타나는 삶의 포괄적인 관조에서 출발했다. 그러나 언제나 그것은 모든 저차원을 이루는 개성을 새삼 더 높은 차원의 정신적인 실체로 융합하고 있었으며, 따라서 결국에 가서는 자체, 즉 역사의 보편적인 삶의 흐름을 지고한

---

21) 『전집』, 제33/34권, 157쪽; 1824년판, 190쪽.

포괄적인 개성으로 이해했다.

그리하여 국가지성이란 바로 한 정치가 개인을 좌우하는 개별적인 국가 이념과 다름없었다. "그 이념은 진정한 정치가들 속에서 실질적인 생명을 갖는다. 그것은 정치가들의 행동 규칙이다. 국가라는 정신적인 존재는 이들의 사고와 정신 속에 응집되어 있다."[22]

그러나 랑케가 종종 언급하고 있는 '보편적인 것'이란 결코 낡은 자연법적 합리주의적 의미에서 단지 추상적인 이념이나 원리를 표현하는 것은 아니었으며, 오히려 그보다는 상당히 구체적이며 생생한 것, 즉 역사에서의 저차원의 개성에 반대되는 더 높고 강력한 개성을 의미했다.[23] 그리하여 랑케는 『하르덴베르크』의 서문에서 보편적 움직임이야말로 역사에서 진정으로 핵심적인 요소이며, 정치가는 그 입장에서 그것을 증진시키고 인도하는 한에서는 진정한 의미를 갖고 있다고 말하고 있다.

이때 국가의 이해란 보편적인 삶의 세력에 불과한 것이니, 이것은 보편적인 삶과 밀접하게 연결되어 있으면서 각 정치가의 행동 속에 확산되어 있는 것이었다. 개개의 정치가는 결국 국가의 이해를 인식하고 따를 때—즉 파도에 밀리더라도, 파도에 지배되지 않는다—만이 진정 활동할 수 있는 것이다.

이러한 보편적인 생활연관을 명백히 할 때 비로소 국가이성의 이론과 로앙의 지적, 즉 군주는 국민을 다스리나 그 군주를 지배하는 것은 이해관계라는 주장에 더욱 깊은 역사철학적인 의미가 부여될 수 있었다. 그럼으로써 역사의 보편적인 삶의 흐름은 비로소 전력을 다해 나타나지만, 동시에 그 흐름 속에 있는 각각의 물결은 독특한 맑음과 필연적인 운명으로 나타난다. 국가의 움직임에서 자유로운 선택보다는 오

---

22) 『성찰록』(*Reflexionen*), 『전집』, 제49/50권, 246쪽.
23) 이 점은 『강국론』(*Großen Mächte*)에서 이미 면밀하게 분석했다. 『전집』, 7권, 104쪽.

히려 사태의 필연성이 지배적이다.[24]

그로부터 인식의 보조수단으로 아주 풍요로운 마음과 같은 랑케의 원리가 생겨났다. 그것은 정치가의 행동에서, 항상 도처에서 우선 일반적인 사태의 강제에 유래된 동기를 묻고 개인적인 실수와 약점 등을 강조하는, 하찮으면서도 극히 근절하기 어려운 인간적인 방법을 배제하는 것이다. 에드윈 폰 만토이펠은 랑케에게 다음과 같은 편지를 보낸 일이 있다. "나의 고귀한 친구여, 그대는 탁월한 인물들의 경솔함을 믿지 않는다."[25]

랑케는 『하르덴베르크』에서 1805년의 프로이센 정책을 평가하면서, "범해진 실수들과 놓쳐버린 기회를, 그리고 생각지 않았던 태만한 행위 등에 대해 사람들이 하듯이 크게 말해도 무방한지 나는 모르겠다. 모든 것은, 마치 운명처럼 불가피한 그 무엇인가를 지니고 있는, 필연성과 함께 관계자들의 머리 위를 넘어서 발전[26]한다"고 말했다.[27]

랑케는 너무 자주 이러한 경향에 굴복하지 않았는가. '보편적인 것'이 지닌 더욱 높은 차원의 개성인 행동하는 개개 인간의 구체적인 개성을 어느 정도 훼손시키지는 않았는가. 이념적이거나 동물적인 유형의 다른 동기들, 아마도 상당히 원초적인 격정이 작용했던 곳에서조차 권력의 일반적 상태가 규정한 행동을 이성적으로 인식하는 것으로서의 국가이성이 효과적인 것으로 받아들여질지도 모르므로, 원치 않은 새

---

24) 『프로이센사』, 『전집』, 제29권, 224쪽.

25) 도베, 『선집』, 266쪽.

26) 제1판(『하르덴베르크의 회상록』[Denkwürdigkeiten hardenbergs], 제1권, 539쪽)에서는 '발전된다'는 말로 표현되어 있다. 이러한 변화는 개별적인 경우 일반적인 것을 강조하려는 랑케의 경향에서 비롯되었을 것이다.

27) 『영국사』(Englische Geschichte, 『전집』, 제17권, 279쪽)의 다음 말을 참조. "그러나 막대한 동요가 일어난 경우, 개인적인 의지로부터 너무 많은 것을 기대한다거나 두려워하는 것은 인간의 가장 큰 실수이다. 사물의 움직임이라는 것은 그 자체의 강력한 흐름을 따르며, 그것을 주도해 나가고 있는 듯이 보이는 인물들조차 함께 실어간다."

로운 합리주의가 그것에서 발전할 수도 있지 않았을까.

확실히 국가이성이 고무한 모든 행동은 우리가 서론에서 자세히 말한 바와 같이 원초적인 권력 충동에 뿌리를 두고 있으며, 이 뿌리로부터의 수액은 정치가의 행동의 가장 고귀한 꽃송이에 이르기까지 퍼져 있다. 랑케 역시 이 점을 확실히 인식하고 있었으며, 종종 그의 저서에서 그것을 비쳤다. 그러나 나이가 든 이후에는 '보편적인 움직임'에서 발생하는 합리적이며 사실적인 동기로 인해 원초적인 동기를 버리려는 경향을 더 나타내게 된다.[28]

권력 투쟁에 대한 그의 낙관주의적 분위기는 권력 투쟁의 어두운 면을 그에게 어느 정도 감추었다. 그 어두운 면이 노골적이며 끔찍한 모습으로 어디에서 나타나든 그는 완전히 도덕적인 분노를 담은 말을 할 수 있었으며, 사실적이거나 합리적인 원칙 없이도 권력정책이 존재할 수 있다는 사실을 인정했다. "오로지 영토 정복——전쟁 행위 그 자체를 직접 즐기든지, 아니면 별 어려움 없이 영토를 획득할 수 있든지 여하간에 이 정복욕은 호색이나 금전욕만큼이나 탐욕스럽다. 정복욕은 위와 같은 격한 욕망과 더불어 아주 동일한 심정적인 기반에 뿌리를 두고 있는 듯하다."[29]

그러나 이것은 랑케가 특히 이해 있는 애정을 향했던 역사적 세계 밖

---

28) 이 점은 특히 나폴레옹에 대한 랑케의 여러 가지 말에서 보인다. 『콘살비』(Consalvi 『전집』, 제40권, 42~43쪽, 그 밖에도 자주). 나폴레옹의 정치상의 원초적이며 혐오스러운 면들이 '사태의 과정'에서 기인한 동기들과 나란히 제시되어 있으며 서로 연결되어 있다. 『하르덴베르크』(Hardenberg)에서는 이미 전자를 후자가 압도하고 있다.
'침략의 야수'에 대한 둔커(M. Duncker)의 해석(『브란덴부르크 및 프로이센사 연구』, 제5권)에 대해 자기 용(用)으로 작성된 대답에서는 나중의 동기만이 강조되어 있다. 나폴레옹에 대한 랑케의 평가에 관해서는 비데만의 글을 참조(『독일평론』, 제17권, 제2호, 100쪽). 이 책의 앞에서는 또 정치와 도덕 문제에 대한 랑케의 태도를 짤막하면서 정확하게 서술하고 있다.
29) 『터키인과 스페인 군주정』(Die Osmanen und die spanische Monarchie), 『전집』, 제35/36권 55쪽.

의 터키인에 관해서였다. 랑케는 서구에서 각 국민이 행하는 정치의 기본 성격에는 어떤 차이점이 존재한다는 점을 인정했다. 예를 들어 "프랑스인은 대체로 대외적인 권력의 영광에 관심을 기울이며, 영국인은 그들의 국내 상태의 법적인 조정에 관심을 기울인다"[30])는 것이다.

그러나 그는 동시에 끊임없이 절제하고 규제하는 힘이 작용하고 있다는 것을 인식했는데, 이 힘은 각국의 노골적인 정복욕뿐만 아니라 배타적인 이기주의까지도 제한해주는 것이었다. 일반적으로 랑케는 인류의 도덕적 진보는 부정했지만, 유럽 역사에서 최근 몇 세기에 이룩된 정치적 도덕의 진보는 이루어졌다는 점은 믿고 있었다.

그는 프리드리히 대왕의 클라인·슈넬렌도르프의 협정을 논하면서 말했다.[31] "그로부터 뒤의 시대는 협상에 임한 정치가들이 사용하던 이중적인 속임수라는 낡은 방법을 없앤다는 점에서도 대단한 진보를 이룩했다. 그 당시만 해도 이런 유형의 정치적 협상이 아직도 상당히 흔했으며 어느 정도 인정되기조차 했다."

물론 랑케는 이러한 진보가 아직은 정치적 행위의 핵심에까지 이르지는 못하고 오히려 새롭고 더 나은 관습을 의미했음을 간과하지 않았을 것이다. 대체로 왕정복고시대 전체에서 좋은 의미에서의 관습을 향한 움직임이 있었다. 그 시대의 만족스러운 평화와 평정의 일반적인 분위기는 랑케의 역사관을 통해서 빛났다. 바로 이것으로 인해 『열강론』에서는 낙관적인 말들이 나왔다. "세계의 움직임이 법의 질서를 되풀이해 파괴하고 있다는 것은 사실이다. 그러나 그 단계가 지나면 법의 질서가 복구되며, 그것을 완성하기 위해 다시 한 번 모든 노력을 기울이게 된다."

결국 여기서 영향을 미친 것은 랑케의 역사관에 잠재되어 있는 종교적인 가치였다. "종교적 진리는……국가에 세속적 삶의 기원과 목표,

---

30) 『영국사』, 『전집』, 제14권, 7쪽.
31) 『프로이센사』, 『전집』, 제27/28권, 479쪽; 『전집』, 제29권, 214쪽도 참조.

주변 국가들의 권리, 모든 국가 간의 친연(親緣) 관계를 끊임없이 상기시켜 주어야 한다. 만약 그렇지 않으면 국가는 전제주의로 타락하고 편협한 외국인 증오에 경직해버릴 위험이 있을 것이다."[32]

이처럼 랑케는 유럽에 존재하는 공통감정의 힘, 즉 국가의 권력 투쟁이 철저한 섬멸전으로 악화하지 못하도록 막아주는 이 힘에 대해서 깊은 믿음을 갖고 있었다. 그 당시 이러한 공통감정이 존재했으나 오늘날까지 그것이 존재하고 있을까.

랑케는 과연 그답게 보편적이고 유럽적인 관점과 국가 이기주의라는 관점 간의 결합을 보편화해 근대사의 위대한 정치가들 일반의 것으로 만들었다. "구스타프 아돌프가 언제나 스웨덴의 국왕으로 자국의 이해관계를 결코 간과하지 않았음은 사실이나, 그럼에도 그는 동시에 세계 정세의 갈등에서 생기는 보편적인 관점을 굳게 지니고 있었다. 이 세상의 모든 것은 이 두 가지 면이 결합해 발생한다. 국왕이나 장군의 의식 속에서 위의 두 가지 면을 서로 분리하기란 거의 불가능하다."[33]

이제 이 점에서도 17세기와 18세기의 이해론(利害論)을 넘어서 이룩한 매우 뚜렷한 진보를 받아들였다. 17, 18세기의 이해론은 비단 행동하는 인간뿐만 아니라 그들을 인도하는 국가의 이해까지 고립되게, 따라서 어느 정도 생명이 없고 기계적인 태도로 다루는 경향을 보였다. 이처럼 관찰자는 제국의 이해가 서로 혼합되었던 유럽의 공동적인 삶을 거의 인식하지 못했다. 반면에 랑케의 말이 암시한 것처럼 행동하는 사람들은 극히 소박하고도 직접적으로 그러한 의식을 지닐 수 있었다. 세력 균형과 연관되어 있는 이해관계에서 출발한 18세기의 역사서술은 확실히 이러한 유럽의 공동적인 삶을 어느 정도 제대로 묘사할 수 있었다.[34]

---

32)『종교개혁사』,『전집』, 제1권, 4쪽.
33)『프로이센사』,『전집』, 제25권, 207쪽.
34) 우리가 푸펜도르프 및 프리드리히 대왕에서 보였던 이해론의 역사서술에 미

그러나—로앙의 저서와 함께 시작된 '군주의 이해'의 문헌적인 발전에서 정점을 이루는—랑케의 『열강론』이 비로소 이해들을 구체적이며 빛나는 개성에까지 높여진 국가 개성의 생활 기능으로 변모시키고, 또한 그 이해들을 태동시키고 있는 그 밖의 모든 경향과 서로 혼합케 하여 더 큰 관련에 생동케 결합시킴으로써, 개개의 국가의 세계를 넘어서 더 높은 서구의 전체 세계—그로부터 또 예측할 수 없을 만큼 먼 정상으로의 전망이 가능하게 되는—를 건설한다. 그리하여 결국, '역사 속의 진정한 삶'으로 나타나는 것은 이제 더는 어떤 지극히 구체적인 개별적 이해가 아니라 '보편적인 움직임'인 것이다.

헤겔이 마키아벨리즘, 국가이성, 권력정책을 인정하고 시인할 수 있었던 것은 그가 세계이성이란 보편적인 움직임으로 출발했기 때문이다. 여기서 우리는 다시 한 번 위대한 두 사상가가 내면적으로 서로 독자적이면서도 서로 접근할 수 있었던 방향을 인식하게 된다. 랑케의 경우에도 역사적 삶의 보편적 움직임이 국가이성을 불러일으키며 정당화하고 있다. 그러나 헤겔의 이론에서 나타나는 범신론적 결론이 랑케는

친 의의를 랑케에 이르기까지 하나하나 규명하고자 하는 이 책 본래의 의도는 국가권력의 이념사 일반에서의 변천을 확인하고자 하는 더욱 중요한 과제로 인해 후퇴하지 않을 수 없었다. 그러나 우리 서술의 구멍은 사실 다른 면에서 캠메러의 훌륭한 연구 『랑케의 강국론과 18세기의 역사서술』(『근대사 연구 및 시론』[Studien und Versuche zur neueren Geschichte], 렌츠 기념논문집, 1910)에 의해 메워졌다.

거기서는 푸펜도르프에서 볼링브루크, 슈마우스, 아헨발, 앙시옹, 헤렌, 그리고 랑케의 정치적 스승인 겐츠에 이르기까지 균형의 이해로 결합된 국제정치 체제의 현실주의적 파악의 발전선이 제시되는 동시에 랑케의 특히 새로운 면이 지적된다. 라이프치히에서 랑케의 최초의 역사교사였던 카를 빌란트(Ernst Karl Wieland)가 『독일 국가이해사의 시론』(Versuch einer Geschichte des deutschen Staatsinteresse, 3권, 1791~94)을 저술했음은 흥미롭다.

그러나 이 철저한 합리주의자의 강의는 거의 영향을 미치지 못하고 랑케 곁을 지나갔다(『전집』, 제53/54권, 28쪽). 이러한 사실은 기계처럼 취급되는 소박한 복지국가의 경향으로 메워진 빌란트의 이해론에서 이해된다. 요아힘젠(Joachimsen, 랑케 저작의 전집 신판, 제1권, 85쪽)도 참조.

참을 수 없었다. 불가해한 것에 대한 숭배, 랑케의 가슴 속에 간직되어 있던 도덕률이야말로 세계사와 그것의 최고 주역격인 국가를 신격화해 국가이성을 전적으로 도덕 위에 올려놓는 방향으로 나아가는 것을 막았던 것이다. 이처럼 애매모호하고 흔들리는 이원론으로는 이 문제를 해결할 수 없었음이 분명하다.

제4장 트라이치케

　이제 우리의 연구는 제1차 세계대전으로 독일이 경험하게 되는 운명의 역사적 중요성에 관해 살펴보고자 하는 지점에 접근한다. 사람들은 우리가 권력과 국가이성에 대한 숭배에 지나치게 헌신했다는 근거에서 우리를 비난하고, 그리하여 정복자들은 독일을 명예스럽게 패배한 민족으로 다루기보다는 범죄자로 다룰 수 있는 권리를 갖고 있다고 가정한다. 이러한 규탄은 확실히 그들 자신의 권력정책과 국가이성에 대한 가면이기는 하나, 우리 자신이 이미 헤겔과 피히테, 랑케에 대한 분석에서 바로 음미한 사실에서 흥미를 끌고 있다.

　라틴 민족의 토양에서 발생해 그 국가 세계에서 처음으로 전개되었던 마키아벨리 사상이 19세기가 시작된 이후 어떻게 하여 다름 아닌 독일의 토양 위에서 새롭게 꽃필 수 있었을까. 이제껏 이 문제에 대해서 우리가 언급했던 모든 사항을 계속해서 다루고 보충함으로써 외국의 여러 나라들이 독일이 권력에 대한 숭배를 향해 나아가도록 유혹한 주요 인물로 보았던 하인리히 폰 트라이치케를 적절히 이해해야 한다.

　국가에 대해서 독일이 본래부터 지니고 있던 사고는, 일반적으로 볼 때 국가이성과 마키아벨리즘에 특수한 권리를 인정하는 경향을 전혀 띠지 않았다. 루터는 그리스도 교도는 그리스도의 국가를 건설해야 한다고 요구했다.[1] 16세기 독일에서는 마키아벨리 같은 사람은 생각조차 할 수 없었다. 이국적인 사상으로 느껴지던 국가이성론은 30년전쟁의 경고적 경험 아래 17세기경 독일에 침투해 들어왔다.

그것은 이제 일어나고 있던 독일 제후국의 대외적인 권력 확대보다는 내부적으로 권력을 다지는 문제에 더 많은 관심을 기울였다. 그러나 브란덴부르크, 프로이센 국가의 위대한 창시자들이 권력정책으로 실천한 것은 프리드리히 빌헬름 1세가 국내적으로 행했던 활동을 제외하고는, 리슐리외와 루이 14세가 행했던 정책을 모방한 것에 불과했다.

프리드리히 대왕은 철학자뿐만 아니라 권력 정치가로도 프랑스의 기술을 배울 수 있었다. 권력이 없는 무기력한 위치로부터 권력과 독립을 향한 노력—이것이야말로 독일에서 마키아벨리의 사상과 방법을 받아들이도록 한 가장 내면적인 자극이었다. 이미 우리는 피히테와 헤겔의 경우에서 이러한 동기들이 직접 작용하고 있음을 살핀 바 있다. 그러나 칸트, 피히테의 그 밖의 이론이나 폰 슈타인 남작*의 국가 이상을 살펴볼 때, 국가에 관한 독일의 진정한 사상들은 철저히 비마키아벨리즘적이었다는 점을 간파할 수 있다.[2]

슈타인은 루터와 유사하게 도덕적인 인간은 도덕적인 국가를 세워야 한다는 견해를 갖고 있었다. 독일의 사고가 사실 다른 길로 인도되기 위해서는 두 가지 사항이 발생해야만 할 것이다. 우선 첫째로, 국민적

---

1) 이 책의 비평가들은 이 한 구절을 읽으면 내가 이 책에서 왜 루터를 다루지 않았는가 하는 그릇된 의문을 제기하지 않을 것이다. 나의 논문 「그리스도 교회 및 그리스도교 국가에 관한 루터의 견해」(Luther über christl. Gemeinwesen u. christl. Staat, 『역사잡지』, 제121권)도 참조.

* 독일(프로이센)의 정치가(1757~1830). 프로이센 수상으로서 내정개혁을 추진해 농민의 해방, 도시 조령(條令) 등 근대적 국가 건설에 노력했다. 그의 프로이센 개혁안은 장애로 인해 전면적으로는 실현되지 않았으나 하르덴베르크 등에 이어져 프로이센 근대국가의 기초가 되었다.

2) 힌체, 「독일의 국가사상」(Der deutsche Staatsgedanke, 『정치학잡지』, 제13권, 128쪽 이하).

통일과 독립을 향해 점증하는 열망이 권력욕을 더 분명하게 강조해야 했다. 나아가 18세기와 19세기의 전환기에 독일에서 발생했던 정신혁명이 더욱 광범위한 영향을 발휘해야 했다. 그런데 또 독일정신이 이제 걸음을 시작한 그 독특한 방향은 그것이 일방적인 에너지로써 추구되었을 때 독일과 유럽의 그 밖의 국가들 사이에 내면적인 불화를 일으킬 수 있는 것이었다.

동일성의 이념과 개성의 이념이 그 새로운 발효소였다. 동일성의 이념은 역사적 삶의 원초적인 어두운 면을 완화시켰으며, 개성의 이념은 거대한 개성인 국가에게 내적인 자기 결정권, 즉 자신의 법칙인 국가이성에 따라서 자유롭게 움직일 수 있는 권리를 부여한 새롭고도 개성적인 윤리와 역사고찰을 이끌어주었다.

이 두 개념, 그중에서도 특히 개성의 이념은 다른 민족의 사고에도 스며들어, 거기서 또 유사한 요구와 만났다. 이제 모든 면에서 자신의 개성을 자각하기 시작한 국민, 그리고 각기 나름대로 보편적 생활이상과 개성적 생활이상, 다시 말해 세계시민주의와 국민국가 간의 거대한 대결을 시작한 국민이 있었다. 독일에서 이러한 과정이 어떠했는지는 이미 앞에서 설명한 바 있다.

독일과 그 밖의 민족을 비교해보면, 사상운동에 관한 한 독일이 서구적 사고보다 훨씬 급진적이고 자의식이 강했음을 알 수 있다. 독일이 달랐던 것은 사고일 뿐 행동에서는 아니었다. 이 지상의 모든 강대한 국민과 국가는 지난날이나 지금이나 새로운 국민적 충동에 따라 행동해왔으며, 더욱더 국가 이기주의에 따라 행동했다. 그리고 그 모두가 자신의 앞길을 가로막는 다른 국가나 민족의 기존의 소유권을 무자비하게 침해해왔다.

그러나 독일 이외의 모든 민족에게서 마키아벨리 시대 이래 세계에 널리 퍼져 있던 윤리적 규범과 정치적 행동 간의 이원론이 대체로 존재했다. 그런 까닭에, 정치적 실천은 되풀이해서 동시대의 저명한 도덕적 이데올로기로 교묘히 장식된 데 대해, 독일에서는 이러한 이원론을 극복하고 정치와 도덕 사이의 충돌을 어떤 높은 종합으로 해결하려는 특수한 독일적 욕구가 존재했다. 이 욕구는 더욱 다양한 도덕적 임무가 근대국가에 가해지고, 일반적으로 개인이 더욱 열성적으로 국사(國事)에 몰두하게 됨에 따라 점점 강해졌다. 비록 피히테, 셸링, 그리고 헤겔의 동일성 체계가 붕괴되더라도 동일성 자체에 대한 욕구, 즉 모든 생활법칙이나 생활과정의 내적인 통일과 조화를 찾으려는 깊은 욕구는 독일정신 속에서 여전히 강력하게 유지되고 있었다.

심연을 응시하는 그 몽상적인 성향이 독일 정신으로 하여금 그러한 조화를 이룩하기 가장 어렵게 하며, 원칙들이 산산이 분열되어 있는 삶의 바로 그 문제점에서 좀처럼 떠나지 못하게 했던 것이다. 항상 독일의 사고를 매료시켰던 것은 바로 모든 사물이 가진 원칙의 이러한 요소였다.

만약 그 원인적인 것이 끝내 통일될 수 없는 경우에는 해결할 수 없다고 느껴졌던 과제에 대한 자연스러운 반동으로, 독일적인 강건성과 거침이 그 자체를 드러내어 느끼는 대로 솔직하게 표현하고, 냉소적인 태도를 보이든 안 보이든 이 분열을 인정하며, 활기에 찬 강한 현실에 가장 가까이 서 있는 원칙에 편을 들어 결정을 내리는 일이 있었던 것이다. 그것은 마치 파우스트가 근본적으로 추구하면서도 찾을 수 없었던 정신적인 것에 대한 절망감에서 거친 관용의 세계로 빠져들고자 한 것과 같은 것이었다.

이미 프리드리히 대왕조차 이 점에서 완전히 독일적인 특성을 보여주었으니, 그는 자신의 내면에 마키아벨리와 반마키아벨리를 함께 지니면서 그때그때 솔직하고 확신에 넘쳐 마키아벨리를, 혹은 반마키아벨리를 신봉한다고 고백할 정도로 무분별했다. 이러한 무분별은 앵글로색슨과 라틴 민족의 정신에는 일반적으로 이질적이었다. 이와 같이 무분별한 진실이야말로 독일인의 관심을 끄는 데 비해 서유럽인들은 무의식적인 합목적성 때문에 적나라하면서도 위험스러운 진실보다는 관습을 때때로 더 선호하기 때문이다.

그것은 최근 들어, 마키아벨리나 노데가 적나라한 정치인의 진짜 모습을 폭로한 이전의 시대보다 더 수치스럽게 여기지 않게 되었다. 영국에서도 프랜시스 베이컨은 마키아벨리가 "사람들이 보통 행하고 있는 일을 거짓 없이 말하고 있을 뿐, 인간이 해야 할 일을 말하고 있는 것은 아니다"라는 이유로 마키아벨리를 감히 칭송한 일이 있었다.[3]

그러나 베이컨 역시 국가이성이라는 위험스러운 정신이 자신을 완전히 지배하게 되는 것은 바라지 않았으며, 국가의 자연적인 충동을 도덕적·법률적으로 정당화하고자 했다. 베이컨 이후 17세기의 종교운동을 통해서 개조된 영국 정신은 영국이 항상 추구했던 노골적인 권력정책의 검을 법의 집행자——그 집행자가 신에게서 부름을 받았건, 법과 도덕에게서 부름을 받았건 간에——의 검으로 달리 해석하는 경향을 나타내었다. 사실 이것이야말로 자주 말했듯이 가장 효과적인 마키아벨리즘이었으니, 자기 자신을 의식하지 않도록, 또 타인뿐만 아니라 자기자신 앞에서도 전적으로 인도(人道)나 성실, 그리고 신성한 것으로서 모습을 보이도록 한 민족의 권력정책의 의지가 추진한 마키아벨리즘이었다.

일반적으로 정치 행동에서의 무의식적 합목적성, 다시 말해 정치적인 본능이 독일인들에게는 결핍되어 있다. 비스마르크와 같이 뛰어난 인물은 드문 예외였다. 한편 그도 역시 그리스도교적·게르만적인 친구들의 세계주의적 사고의 속박에서 벗어난 연대(年代)에서는 특히 생각하는 바를 솔직히 말하고, 전체적으로 국가에 대한 깊은 책임감에서 아무런 부끄러움 없이 권력정책의 국가적 필요를 외면적으로 신랄하게, 내면적으로는 냉소적이지 않은 태도로 인정한다는 독일적 성향에

---

3) 『지식의 증대에 관해』(De augmentis scientiarum, 제1권, 제7부 제2장). 이 책의 초판에서 토머스 모어를 영국에서 '위선적인 말투'를 쓴 최초의 대표자라고 했다. 나의 지적은 이제 취소되어야 한다. 그에 대한 옹켄의 논증(『하이델베르크 학사원회보』[Sitzungsberichte d. Heidelberger Akad.], 1922; 『정치고전』[Klassiker der Politik], 제1권, 서문)이 의심스러워졌기 때문이다.

따르고 만다. 그의 본능적인 확신은 여기서 우리의 관심을 끌고 있는 문제와 심연을 넘어 그를 도취시켰다.

비스마르크는 정치와 도덕의 갈등에 신경을 쓰지 않고 국가이성에 기초를 둔 자기의 활동을 언제나 동시에 지극히 윤리적 의무로 생각했다. 따라서 그의 모든 행동, 가장 대담하고 무자비한 행동에 대해서조차 프리드리히 대왕이 처했던 도덕과 정치 사이에서의 갈등에 관한 랑케의 말을 인용하는 것이 타당할 것이다. 즉 "영웅은 최소한 자신에 대해서는 정당화되어야 한다."

그러나 헤겔의 시대 이래, 독일인들 사이에서는 세계관이라는 견지에서 권력정책의 문제를 보려는 경향이 증대하고 있었다. 이미 이 점에서 헤겔이 미친 영향에 관해서는 지적한 바 있는데, 헬러의 연구에서 과장되어 있기는 하나 더욱 상세히 언급되고 있다. 랑케의 역사서술의 모범과 그가 창시한 역사학파는 더욱 차분하고 느리면서도 장기적으로는 점점 더 크나큰 영향력이 발생했다. 이것은 권력정책의 모든 무절제를 무차별하게 정당화시키지 않고, 국가의 유기적인 생활기능으로 이해하는 데 영향을 끼쳤다.

동시에 국가의 위신은 근대적 입헌국가로의 개혁을 둘러싼 투쟁이 시작되었을 때, 모든 당파에서 대체로 전면적으로 증대되고 있었다. 그때 사람들은 때때로 한층 더 독일의 국가사상에 따라서 권력정책적 과제보다는 내정적·문화적 혹은 도덕적 과제를, 즉 국가의 힘보다는 오히려 도덕 쪽으로 향했다. 그러나 전자 역시 국민적 통일이라는 요구에서 강력한 교사가 있었다. 1849년 1월 22일 달만(Dahlmann)*은 프랑크푸르트 의회에서 외쳤다.

---

* 달만(F.C. Dahlmann, 1785~1860): 독일의 역사가, 정치가. 하노버국 헌법 폐지에 항의하여 추방된 괴팅겐 대학의 일곱 교수 가운데 한 사람이다. 프랑크푸르트 국민의회에서 자유주의적 입장에서 활약했다. 트라이치케는 그의 제자이다.

"권력의 길은 자유를 향해 뒤끓는 충동을 충족시키고 달랠 수 있는 유일한 길이다. 현재 독일인이 생각하고 있는 것은 단지 자유뿐만 아니라 대부분 권력, 이제껏 독일인에게는 거부되고 독일인이 열망하고 있는 권력이기 때문이다."

권력을 지니고 있지 못하다는 의식에서, 이 상태는 열강에 대립하고 있기 때문에 옹호되고 있는 약소국민보다는 대국민의 편이 한층 더 느끼고 있었던 이유로 하여——사람들은——권력국가를 갈망하고 있었다. 1848년 권력과 통일에 대한 희망이 좌절되자 사려 깊은 사람들은 더욱더 이 목표로 향했다. 1853년, 폰 로하우는『독일의 국가사정에 적용된 현실주의적 정치의 여러 원칙』을 출판했다. 이 책은 현실정책이라는 새로운 슬로건을 유행시켰으며, 그 책은 다음과 같은 말로 절정을 이루었다.

"통치한다는 것은 권력을 행사한다는 것을 의미하며, 권력은 권력을 소유하고 있는 사람만 행사할 수 있다. 통치와 권력 간의 이와 같은 직접적인 관련이 모든 정책의 기본적인 진리를 이루고 있으며, 역사 전체에 열쇠를 제공한다"(2쪽).

1858년 볼만(Karl Bollmann)은 매우 특징적이며 솔직한 내용의『마키아벨리즘에 대한 변명』을 저술했는데, '모든 것에 앞선 조국'이란 모토를 내세우며 옛 국가이성에서 "오늘날까지 그의 미덕이 악덕과 접촉함으로써 더럽혀지지 않았던 사람은 존재하지 않았다"라는 문구를 인용하기도 했다. 그 당시 많은 젊은이들에게 로하우의 저작은 트라이치케가 자신의 경험에서 증언하고 있듯이,[4] 마치 청천벽력과 같았다. "어떤 원칙이나 이념, 협정도 독일 내의 분열된 힘을 결합시키기에는 충분치 않으니, 단지 다른 것들을 집어삼키는 압도적인 힘만이 이들을 결합할 수 있다."

로하우의 이와 같은 주장으로 트라이치케의 젊은 마음속에는 오로지

---

4)『논집』, 제4권, 193쪽.

프로이센의 대군만이 독일을 통일할 수 있다는 명백한 이론이 싹텄다. 트라이치케는 『문학중앙신문』에서 불만의 저작을 냉소하며 거부하는 소개를 했으나,[5] 트라이치케 자신은 그의 개인적인 서신을 통해 알 수 있듯이[6] 불만의 저작의 근본사상에 결코 무관심하지는 않았다. 당시 트라이치케를 가장 감동시켰으며, 그를 "위대한 피렌체 인이 지니고 있던 불쾌하고도 끔찍스런 많은 견해와 화해시켰던 것"은 마키아벨리가 열렬한 애국자로서 권력을 위대한 이념에 봉사케 했다는 사실이었다.

트라이치케는 로하우 속에서 이념에 의해 유지되는 권력만이 승리를 얻는다고 예언하는 이상주의자의 모습을 발견하고, 로하우의 저 조잡한 자연주의 색채가 풍기는 그의 명제를 보충하기도 했다. 이념의 우위 아래 권력의 세계와 이념의 세계를 결합한다는 것, 이것이야말로 트라이치케의 애국심이 언제나 지닌 더 높은 목적이었다. 19세기 말엽의 권력정책에 관한 독일의 사상운동의 모든 것이 트라이치케 속에 집중되어 있으므로, 그의 권력정책의 요강과 그가 어떻게 국가이성의 이념을 발전시켜나갔는가 하는 점을 살펴보아야 할 것이다. 여기서 무엇보다도 우리는 트라이치케가 권력의 세계와 이념의 세계를 조화시키는 데 성공을 했는가, 만약 성공했다면 어느 정도였는가 하고 묻는 과제를 지니게 된다.

우리는 우선 독일의 적대국가가 트라이치케의 권력론을 어떻게 인식했는가 하는 점에서 출발해보도록 하자. 1914년 옥스퍼드 대학의 교수들이 쓴 논쟁적 저서 『왜 우리는 전쟁을 맞았는가』는 특별한 장으로 트라이치케가 주창한 새로운 독일 국가론을 다루고 있다. "현재 영국이 독일에 맞서 벌이는 이 전쟁은 기본적으로 두 개의 서로 다른 원칙, 즉 국가이성과 법의 지배 원리 간의 전쟁이다."

이 저술에 의하면 트라이치케가 갱신가 국가는 곧 힘이라는 마키아

---

5) 『논집』, 제4권, 500쪽.
6) 『서간집』(*Briefe*), 1856, 제1권, 352쪽.

벨리의 이론이나, 국가가 지닌 최고의 도덕적 의무는 권력을 배양하는 것이라는 그의 이론은 언젠가는 국제적 의무의 궁극적 성격을 파괴하게 되고, 결국 군사적인 영광에 대한 찬사로 나아가게 된다는 것이다. 트라이치케에 따르면 권력은 문화의 높은 목적에 기여해야 하는 것이지만, 그와 그의 추종자들에게 그것은 결국 최고의 문화로 간주되는 독일 문화가 전 세계적으로 보급되어야 한다는 것이다.

그 저술에 따르면 트라이치케는 국제적인 협약이란 국가에 편리한 한에서만 그 구속력을 지닌다고 했다 한다. 또한 그는 전쟁을 이기주의적인 개인주의에 빠져버릴 위험에 처해 있는 병든 국민을 위한 유일한 치유책으로 여기고 있다고 지적했다. 그 모든 철학은 사교(邪敎)나 도덕으로 그럴듯하게 겉치레를 한 야만이라는 것이다.

영국인들은 그들을 전쟁으로 인도한 그들 자신의 정책을 그럴듯한 겉치레가 없는, 다시 말해 조약에 대한 순전한 신의나 적법성이라는 견고한 재목으로 칭찬할 만큼 단순했다. 그들이 보기에 독일의 신이론은 "우리의 이해가 곧 우리의 정의이다"라고 말하는 반면, 대단히 오래된 영국의 이론은 "정의가 곧 우리의 이해이다"라고 한다. 이 말은 평균적인 영국인들의 생각이 실제적인 본능에서 권력정책의 문제성을 규명하고자 원하지 않으므로 그 문제성을 규명할 수 없다는 사실을 확인하고 있다.[7]

그러나 적의 날카로운 안목은 트라이치케의 이론의 어떤 취약점을 간파해내지 않았을까? 영국인이 묘사한 형상은 풍자적인 면을 띤 것이었으나 경우에 따라서는 그러한 풍자로부터도 무엇인가를 배울 수 있다. 우리는 무엇이 그러한 희화를 가능하게 했는가를 규명해보자.

---

7) 그러나 제1차 세계대전 이전, 몇몇 솔직한 영국인은 이 점을 인정했다. 존 피셔 제독은 1899년 하거 회담에서 "나 자신은 힘이 곧 정의라는 단 하나의 원칙밖에 모른다"고 말했다(『유럽 제정부의 대정책』[Gr. Politik der europ. Kabinette], 1871~1914)』, 제15권, 230쪽).

트라이치케는 명령법으로 생각했다고 대체로 말할 수 있을 것이다. 혹자는 그의 문장에서 오로지 어떤 사실을 내적인 명백한 증거로 입증시키는 명령과도 같다는 인상을 받게 된다. 따라서 그의 논증에는 어떤 격렬함과 폭발성, 성급한 면까지 있다. 그가 원한 것에 대한 증명, 그가 사물에 대해서 내린 명령은 마치 제우스의 머리에서 뛰쳐나온 미네르바와도 유사하게 언제나 준비를 갖추고 나서 뛰쳐나온 것이었다. 그의 명령은 사물에 대한 가장 활기 있는, 가장 풍요하고 가장 힘찬 그의 '직관에서 나온 것으로' 도덕적으로 높고 순수한 의지가 그의 예술적 안목이 통찰한 갖가지 형상에 그 형상을 논증케 한 견실함과 압도적인 명확성을 부여했다.

가장 고귀한 도덕적인 힘과 가장 다채로운 감각 및 활력 간의 이러한 결합이 모든 사상에 막대한 영향을 미쳤음은 당연했다. 한 세대가 넘도록 트라이치케는 국민, 즉 권력과 자유의 증여자로서의 국민 국가의 설립과 보존을 원했던 국민 각 계층의 지도자가 되었다. 그러나 트라이치케는 욕망을 사상보다 높게 여기며, 확신에 넘친 문장과 명령 속에서 모든 사고노력에 대한 대용물을 발견한 사람들을 그릇된 방향으로 인도하는 자가 되었다. 엄격하고도 장중한 성실성은 비록 그의 이상이 역사적인 가변성을 대단히 확신했을지는 모르나, 자신의 모든 이상을 단단하고 확고하며 절대적인 것으로 만들 위험이 있었다.

1866년의 위기는, 그 당시까지만 해도 유동적이었던 그의 국가사상을 고정하는 데 결정적인 역할을 했다. 당시 국민국가에 대한 그의 그리움을 충족시킨 갖가지 힘에 대해 깊이 감사하는 마음은 정말 대단했다.[8] 확실히 권력국가와 보수적인 프로이센의 군국적 군주정의 권력정책은 독일 국민국가의 형성에서 불가결한 것이었다. 그러나 이 새로운 국가는 사회적이고 경제적 변화와 발을 맞추기 위해 여러 제도의 내적

---

8) 그 결과에 관해서는 『역사잡지』, 제123권, 315쪽 이하에서 트라이치케의 편지에 관한 나의 소개 참조.

개혁과 발전이 필요했다.

그런데 그러한 개혁과 발전은 트라이치케의 영향으로 역시 정체된 프로이센의 군국적 군주정의 성공에 대한 신념에서 방해를 받았던 것이다. 동시에 성공에 대한 이러한 신념은 일반적으로 확대되어 국가생활 일반에서의 권력의 성공에 대한 확고한 신념으로 변했다. 권력이 국가의 본질에 속한다는 것은 우리가 맨 처음부터 강조해왔던 것으로, 바로 이 사실을 더 깊이 규명하는 데 있다.

그러나 우리의 연구는 이 경우 국가권력 사상의 내면적 문제성이나 한계 및 위험에 대해서도 밝히고자 한다. 언제나 권력이란 국가의 본질이다. 그러나 권력만이 국가의 본질을 이루는 것은 아니므로, 법과 도덕, 그리고 종교 또한 불가결한 부분을 이루고 그 본질에 함께 관여해, 적어도 국가가 강력해지는 맨 처음의 기본적 전제조건을 달성하게 되면 곧바로 관여하기를 요구한다. 이들을 비롯해서 국민의 생활에서 연관이 있는 그 밖의 증대되고 있는 모든 정신적인 힘들은 국가의 본질 속으로 흡수 동화되기를 원하나, 동시에 그 모든 것이 가령 그 자체의 본질에 속하는 자기의 자유성을 결코 포기할 수 없으며 또 포기하고자 하지 않는다고 할지라도, 19세기 동안 날로 증대된 국가의 위신은 바로 사람들이 더 풍부한 문화적 · 도덕적 과제를 국가에 부과한 점에 근거한 것이다.

그러므로 이렇게 말할 수 있을 것이다. 권력이야말로 확실히 국가의 본질에서 근원적이며 필연적인 요소이기는 하나 그것만이 유일한 것은 아니다. 스스로 본질적인 모든 것을 실현하고자 하는 국가의 보이지 않는 타수(舵手)이며 형성자인 국가이성은 더 높은 단계로 발전해 나아감에서, 권력이라는 이 기본적인 필요조건을 획득하기 위해서 전력을 다할 뿐만 아니라 그 밖의 삶의 갖가지 힘의 요구까지 충족시키고자 노력해야 한다──권력 그 자체의 더 심오하며 영구적이고 정신적인 기반을 찾기 위해서 트라이치케는 계속 권력만이 국가의 본질이라고 선언했다.[9] 그리하여 그는 국가의 본질을 제한시켜 버렸고, 삶의 투쟁 속에서 단순하면서도 함축성 있는 격언을 열망하는 수많은 사람을 단지 권력을 과대평가하고 숭배하게끔 오도했으며, 국가의 근본문제를 조잡하게 만들었다.

이와 같은 것은 예를 들어 트라이치케의 아류인 디트리히 셰퍼(D. Schäfer)가, 1922년 『국가와 세계』라는 저서에서 이 문제를 바로 이와 같은 식으로 묘사하고 있는데, 그는 일면적으로 이해된 진리에 너무나도 완고하게 집착했다.

그런데 트라이치케는 국가의 본질을 오로지 권력에만 제한시켜, 결국 그 자신과도 모순을 보이게 되었다. 인간의 생활 형성의 본질은 그것이 기초로 하고 있는 실체뿐만 아니라, 실체가 이바지하고 있는 목적들 역시 포함하기 때문이다. 그러나 트라이치케는 국가의 권력을 자기목적으로 생각하지는 않았다. 그는 마키아벨리를 비난했다.

"마키아벨리 이론의 무서운 점은 그가 권하고 있는 방법의 부도덕성이 아니라, 오로지 존재하기 위해서 존재한다는 국가의 공허함이다. 겨우 어렵게 얻은 권력을 제일 먼저 정당화하는, 지배의 모든 도덕적인 목적에 관해 거의 논의된 바 없다."[10]

---

9) 이것을 가장 뚜렷하게 표현한 글은 「연방국가와 통일국가」(Bundesstaat und Einheitsstaat, 『논집』, 제2권, 152쪽) 속의 다음과 같은 말이다. "국가의 본질은 첫째도 권력, 둘째도 권력, 셋째도 권력이다."

10) 『논집』, 제4권, 428쪽; 『정치학』, 제1권, 91쪽과 제2권, 544쪽; 「독일의 투쟁 10년간」(Zehn Jahre deutscher kämpfe, 『선집』, 178쪽) 참조. 그러므로 마키아벨리에 대한 트라이치케의 해석은 청년시대 이래 변화된다. 훗날 그는 1856년처럼, 즉 『군주론』이 외세로부터 이탈리아를 해방시키기 위해 애국적 목적으로 씌어졌다는 것을 더 이상 믿지 않게 되었다. 독일 문화를 전 세계에 확산시키는 것을 국가권력의 목적으로 삼는다는 옥스퍼드 대학의 트라이치케 해석을 트라이치케가 결코 받아들이지 않았다는 것은 증명할 필요조차 없겠다.

비독일 역사에 관한 그의 논문들을 보면 외국문화의 독특한 생명에 대해 크나큰 존경을 표하고 있으며, 전쟁에 대해서도 "전쟁은 단순히 국가 간의 적대적인 접촉만을 초래하지 않는다. 그것을 통해 민족은 서로 독특한 자질을 인식하고 존경하기 때문이다"라고 말하기도 했다(『정치학』, 제1권, 73쪽).

『정치학』에서는 다음과 같이 말하고 있다. "국가란 자기 목적으로서의 물질적인 힘이 아니라, 더 높은 인간의 재산을 보호하고 증진시키기 위한 권력이다." 그에게 순수한 권력론이란 내용이 없는 동시에 부도덕한 것으로 생각되었다.

권력에 관한 트라이치케 자신의 이론을 이해하기 위해 우리는 더욱 언급해야 할 것이다. 그 자신 내면의 가장 깊숙한 동기와 그가 관련된 근대 독일의 정신적 · 정치적 사상세계에 관심을 기울여야 할 것이다.

랑케와 트라이치케의 역사서술에서 국가의 권력의지와 국가이성이 맡고 있는 역할을 비교하면, 사람들은 다름 아닌 국가의 대외적 권력투쟁이 취급되고 있는 마음가짐이 양자에게서 전혀 상이하다는 데 놀라지 않을 수 없을 것이다. 트라이치케는 랑케의—그가 그때 강조했듯이—괴테를 상기시키는 학문적 기본 입장, 즉 "모든 역사적 형성을 보편적인 세계 상황과 자유로운 개인적인 힘의 협동작용에서 설명한"[11] 점에 전폭적으로 찬동함을 공언했다.

그런데 이때 랑케는 보편적인 세계 상황에 역점을 두고 트라이치케는 자유로운 개인적인 힘에 역점을 두었다. 랑케는 정치가는 그의 입장에서 보편적인 움직임, 즉 역사에서 진정한 생명을 촉진하는 한에서만 진정한 의의를 지닌다고 극단적으로 생각했다. 보편적인 움직임은 그 속에서 정치가가 활동해야 할 국가이성의 전개와 상호작용을 초래하기 때문이다. 그 결과 이와 같은 국가 이해의 상호작용이 랑케의 역사 서술이다. 그 경우 보았던 '보편적인 움직임'의 거대한 흐름은 분명히 이러한 이해(利害)의 움직임 이상을 포괄하고 그 움직임과 융합된 보편적이고 정신적인 힘, 철저하게 개인적인 힘까지 수용했다.

이들 힘은 랑케의 마음을 각별히 이끈 것, 거대한 국가 개성의 삶의 전개와 그로부터 유래되고 그 개성들 위에 감도는 '세계사의 이야기'에 이바지했다. 이처럼 그의 역사서술은 우리가 말한 바와 같이 본래 국가

---

11) 『독일사』(*Deutsche Geschichte*), 제4권, 466쪽.

이성과 국가이해에 관한 이론을 바로 정신적으로 심화한 것이었다.

그에 대해 트라이치케의 역사서술은 다음과 같다고 할 것이다. 위대한 역사적 전통의 가장 오래 되고 직접적이며 가장 인간적인 형태의 영웅서사시라는 극히 정신화된 새로운 큰 가능성을 창출한 것이다. 인물이 역사를 만든다. 이것은 그의 말이다. 그가 독일 역사주의의 문하로서 얻은 역사의 초개인적인 정신적 실재에 관한 그 모든 지식에도 불구하고, 그의 역사상을 지배하고 있는 것은 정신적 실재가 아니라 이러한 실재의 형상을 분명히 자기 속에 지니며 그로부터 인도되는, 그러나 무엇보다 먼저 그 자신의 책임 있는 행위가 문제가 되는 개개의 개인이다. 트라이치케의 역사상에서는 혈육이 있는 인간의 힘찬 윤곽이 도처에서 빛나고, 역사는 이러한 인간의 극히 개인적인 의욕으로 나타난다.

보편적인 움직임, 즉 초개인적 이념이나 경향의 윤곽은 그 배후에 결여되어 있지는 않으나, 결코 랑케에게서와 같이 지배적으로 나타나지는 않는다. 우리를 감동시키는 것은 "파도에 밀리는 한이 있더라도 결코 파도에 지배당하지 않는다"는 광경이 아니라, 파도 속에서 분투하는 수영자의 모습이다. 그리하여 랑케의 '보편적인 움직임'은 싸우는 영웅들의 개별적 전투로 해체되고 권력투쟁의 서술은 언제나 행동하는 개인에 대한 도덕적 비판으로 변하게 된다. 예를 들어 여기서 한 세계정치 정세, 즉 1830년 유럽의 위기*의 총괄을 생각해보자.[12]

즉 "냉정한 지성의 말……맹목적인 증오……독재자의 큰소리치는 오만……혁명의 탐욕스러운 열망"이 서로 충돌하고 있다. 초개인적인 광경, 즉 이러한 개인적인 힘이나 격정과 거대한 사실적 필연성의 지배와의 관련, 또 여기저기 국가이성의 지도적 정신의 관련은 그로 인해 소멸되지 않으나 퇴색해서 더 이상 주목을 끌지 않는다. 대외정책을 이

---

* 1830년 프랑스에서 7월혁명이 일어나 유럽에 큰 충격을 주었다.
12) 『독일사』, 제4권, 56쪽.

해하는 것을 배우고자 하는 자는 트라이치케보다 랑케로부터 더욱 많은 것을 얻게 될 것이다.

그러므로 국가이성 그 자체는 트라이치케의 역사상(歷史像)에서는 제1급의 역할을 다하고 있지 않으나, 사상가로서 그가 국가를 고찰하는 경우에는 '기쁘게' 마키아벨리와 손을 잡고 마키아벨리가 "극히 투철한 사고로써 처음으로 모든 정치의 와중에, 국가는 권력이라는 위대한 사상을 자리 잡게 했다"라며 칭찬하고 있다.[13] 주목할 만한 결론이며—트라이치케가 강한 의심을 가지면서도 본래의 더욱 풍요로운 국가의 본질에 대한 그의 직관과는 무의식적으로 모순되어, 국가의 본질을 그에 응집시키고 있는 권력은 그에게서는 발전되지 않은 채 정체되고, 국가이성의 지배에서 독특한 전개를 이루지 못하고 있다. 그러므로 그는 마키아벨리에게서 위대하고 훌륭하다고 생각한 것을 자기 속에 반드시 수용하지 않았다. 그것은 사람들이 기대할 만큼 충분한 결실을 거두지 못했던 것이다.

여러 가지 개념의 단순한 발전이나 비교만으로는 설명할 수 없는 모순에 빠질 위험이 있는 이러한 경우에는, 세계관점 개념에 대한 별견(瞥見)이 궁여지책이 될 수도 있다.

랑케가 대규모 권력정책을 그처럼 관심과 애정을 갖고 논하고, 그것을 트라이치케보다도 더욱 훌륭하고 깊이 이해한 것은, 결코 권력에 대한 각별한 기쁨이나 독특한 정치적 권력의지에 뿌리를 둔 것은 아니었다. 아니 정치에 관한 그의 실제적인 시도가 뒷받침하듯이, 그에게는 그러한 권력의지가 결여되어 있었다. 랑케의 세계관의 기본 방향은 오히려 그를 국가의 성좌 및 그 궤도의 압도적 광경, 즉 세계의 보편적이고 신적인 밑바닥에서부터 정신적이면서 현실적인 거대한 개성적 생명체가 전개하는 압도적인 광경 앞으로 데리고 갔던 것이다.

우리는 여기서 다시 딜타이가 이상주의의 두 주요 경향을 구별해, 세

---

13) 『정치학』, 제1권, 91쪽.

계 전체가 신으로 충만해졌다는 것에서 출발하는 객관적 이상주의와, 세계를 자유로운 개성에 종속시키고 정신을 자주적인 것으로 취급한 주관적 이상주의가 있다고 했음을 상기해보자. 철저한 동일성 체계로 높여진 헤겔의 객관적 이상주의는 국가이성과 권력정책을 세계 창조자의 도구로서, 신에 의해 충만한 세계과정 전체 속에 별 생각 없이 삽입할 수 있었다.

한편 랑케의 객관적 이상주의는 동일성과 이론의 요구를 서로 결합하면서, 적어도 우리가 가까이 할 수 있는 신적 세계 과정의 측면에서 국가이성을 인류의 정신적이면서도 현실적인 생활의 전개에 대한 지극히 강한 추진력으로 시인할 수 있었다. 피히테는 주관적 이상주의의 철학자였다. 세계를 정신에 의해 구성하고 독일 민족을 그 쇠사슬로부터 해방하고자 하는 도덕적 의지에서 그는 가혹한 국가이성까지 정신의 해방을 위한 도구로서 이용할 수 있었다.

헤겔에 대한 랑케의 관계는, 어느 점에서 트라이치케가 피히테에 대해 지닌 관계와 같았다. 트라이치케는 피히테의 이상주의를 이었으나 순수하거나 무조건적이 아니라 객관적 이상주의의 요소—이것은 결국 피히테와도 전혀 관계가 없었던 것은 아니다—를 융합시킨 것이었다. 철저한 철학적 입장이란 본래 근대 역사가 좋아하지 않을 것이다. 그러므로 사람들은 그를 절충적이라고 비난하기도 할 테지만, 그의 과제는 인간적 사물에 대한 사색적 고찰에 의해 자기 마음에 스며드는 갖가지 동기의 다양함, 아니 모순까지도 충실하게 재현하고 그 자신의 본질의 각별한 특징 아래 결합하는 데 있다.

우선 우리는 트라이치케에게서 주관적 이상주의의 각별한 특징을 추궁해보자. 랑케에게서처럼 세계사가 아니라 국민사가 그의 의욕과 능력에 알맞았다. 국민에 알맞은 국가, 즉 국민의 이상적인 복리를 포괄하고 옹호하는 국가를 둘러싼 국민의 투쟁이 트라이치케의 역사서술과 정치의 핵심 사상이었기 때문이다. 그러나 그 배후에, 또 그의 개성의 중심사상이 있어 그것은 국민과 국가 속에 자유로운 도덕적 개성을 발전시키기 위해 자연이 제시한 불가결한 수단을 보았던 것이다. "개인의 자유에 대해 강한 감각으로 충만한 민족만이 정치적 자유를 획득하고 유지할 수 있다. 또한 정치적 자유의 옹호 아래에서만 진정한 개인의 자유가 꽃필 수 있다."[14]

개인의 자유라는 이러한 각별한 특징 속에 고전적 시대의 이상주의적 개인주의가 강력한 영향을 남기고 있었다. 이러한 특징은 트라이치케가 독일인의 국민적 긍지를 진작시키고자 했음에도 결코 자유로운 세계 시민적 감각을 잃지 않으려고 한 사실에서도 분명하다. 널리 알려진 바와 같이 그는 말년에 오직 국민사상을 함양함으로써 자기가 지나치게 억제되어버린다고 한탄했다.[15] 그는 국민적이고 국가적인 구속의 한복판에서도 어디까지나 마음을 열고 있는 자유로운 개인이 되고자 원했다.[16]

그러나 이러한 구속이 자유로운 개성의 생활에서 불가결한 것임을 그에게 가르친 것은 단지 청소년의 영혼을 강하게 붙잡은 국민국가에 대한 민족의 강한 충동뿐만 아니라, 그가 만나고 스스로 흡수한 새로운 역사적이고 이상주의적인 사유방법이었다. 역사법학*의 '심오한' 근본

---

14) 「자유론」(Die Freiheit), 『논집』(*Aufsätze*), 제3권, 19쪽.

15) 『정치학』, 제1권, 31쪽; 『서간집』, 제3권, 373쪽 및 513쪽; 『정치학』, 제1권, 273쪽 참조.

16) 이미 트라이치케의 본질 및 국가론을 학문적으로 파악하고자 하는 최초의 주요한 시도는 베이유가 정당하게 트라이치케에 관한 논문(『독일평론』, 1896년 10월, 109쪽)에서 다음과 같이 말하고 있다. "트라이치케가 국가를 아무리 높이 평가하더라도 그에게는 역시 언제나 개성이라는 귀중한 것, 도덕적 자유가 더욱 높은 가치를 지녔다." 헤르츠펠트의 근래의 연구 「트라이치케에서의 국가와 개성」(Staat und Persönlichkeit bei H. v. Treitschke, 『프로이센 연감』, 1923년 12월)에도 훌륭한 지적이 많다. 나에게 헌정된 기념논문집 『독일 국가와 독일의 제당파』(*Deutscher Staat und deutsche Parteien*, 1922)에 실린 베스트팔(O. Westphal)의 「트라이치케의 국가개념」(Der Staatsbegriff H. v. Treitschkes)이 귀중한 관찰을 제공하고 있다.

* 19세기 초 사비니를 중심으로 독일에서 일어난 학파. 이 학파에 따르면 법은 민족정신의 발로이며 민족의 역사적 발전과 더불어 발전하는 것이지 자연법

사상에 대한 그의 신앙고백은 그의 모든 저작 속에 흐르고, "생존하고 있는 모든 것은 개성적이다"[17]라는 이론은 분명히 그의 예술가적 기질, 즉 세계의 갖가지 형태나 색채에 대해 그의 감수성이 예민한 감각이 기꺼이 스스로 받아들일 수 있는 것이었다.

국가는 개성적이지만 국가 자체는 원초적인 것이며, 인간의 본질 자체와 더불어 주어진 것이다. 트라이치케는 이와 같은 인식 위에—그는 이러한 인식이 19세기에 비로소 재발견되었음을 보고, 또 모든 정치이론의 스승인 아리스토텔레스가 이미 논술한 바 있음을 알게 되었으며—이제 말하자면 다시 평안을 찾았다. 거기에는 절대적인 것에 대한 그의 강렬한 요구가 작용하고 있었기 때문이다. 이러한 요구는—랑케와도 같이 더욱 엄격히 의지적인 형태로—트라이치케 또한 역사주의의 위험에서, 즉 진리가 전적으로 상대적 진리에 융합되는 것에서 지켰던 것이다.

그가 생각한 바, 확실히 역사가의 과제는 대체로 상대적인 진리만을 발견하는 데 국한되어 있으나, 다행히 약간의 절대적 진리도, 예를 들어 국가는 권력이라는 진리도 역사가에게는 확증된 것이었다.[18] 그에 따르면 이미 실현되어 있는 절대적 진리인 도덕 이념도 존재한다. 여기서 분명한 것은 트라이치케의 권력론이 역사라는 파도가 넘실거리는 바다에서 절대적인 정박지를 찾는 그의 윤리적 요구와 얼마나 밀접하게 관련된 것이었던가 하는 점이다.

그러나 과연 국가의 본질은 영구히, 절대적으로 권력이라는 인식이 절대적 가치를 지니는 도덕적 진리로 발견되었던 것일까 하고 사람들은 물을 것이다. 그것은 우선 인간 생활의 자연적 부분을 이루는 조잡

적인 추상적 사유로 인위적으로 만들어내는 것이 아니다. 이러한 역사법학파의 입장은 국가통일이 부진했던 독일의 특수상황을 전제로 하는 것으로서 독일 이외에서는 크게 영향을 주지 못했다.

17) 『정치학』, 제1권, 4쪽.
18) 앞의 책, 제1권, 11쪽.

하고 원초적인 사실을 인식한 것에 지나지 않았다. 국가는 사람이 먹는 것을 찾는 듯이, 아니 그뿐만 아니라 인간보다 더 탐욕스럽게 권력 획득에 노력하며, 오직 국가이성에 의해서만 억제할 수 있다. 그런데 이 국가이성은 분명히 윤리적 영역에 침투하기도 하나 언제나 그런 것은 아니다. 우리는 이러한 이원론적 인식에서 출발했다.

우리는 국가를 양서류(兩棲類)로 생각해왔다. 여기까지는 19세기 말기의 자연주의적이고 경험주의적인 경험론을 시인해도 좋고 또 시인해야 할 것이다. 즉 인간 생활의 자연적인 면과 암흑적인 면의 모든 사실, 근대의 실증주의가 일면적이기는 하나 풍부한 성과를 올리면서 언제나 강조하고 있는 기계적·생물적 인과연관이라는 모든 사실을 시인해도 좋고 또 시인해야 한다. 그런데 이제 여기서 밝혀지게 되는 것은, 트라이치케가 정신사적으로 바로 19세기 초기와 말기의 중간 시대에 위치하고 있다는 사실이다.

한편에는 정신과 자연의 동일성, 신적 자연의 통일, 아름다움, 깊이에 대한 만족스러운 신념이 있고, 다른 한편에는 인간은 비속한 것에서 만들어지고, 습관은 그 유모(乳母)라는 가혹한 인식—즉 분명히 19세기 초의 위대한 이상주의자들이 자주 본의 아니게 누설하였으나—끊임없이 인간성의 고귀함과 역사에서의 이성에 대한 이 두 입장이 서로 격심하게 대립되고 있었다. 바로 그로 인해 그의 역사서술은 자주 역풍에 나부끼어 부드러운 빛과 폭풍의 검은 구름이 갑자기 바뀐 듯이 보인다.

트라이치케의 판단에 따르면 헤겔의 역사철학은 행복한 낙관주의에 물들어 중대한 양심의 문제—왜 개개인은 인류의 영원한 진보에서 언제나 그러했듯이 약하고 죄 많은 채 있는 것일까 하는 문제—에 결코 답하지 않는다.[19] 트라이치케는 랑케의 역사관을 지나치게 낙천적이라고 생각했다. 인간 생활의 야수적인 격정, 마적(魔的)인 힘에 별로 관

---

19) 『독일사』, 제3권, 719쪽.

심을 갖지 않았기 때문이다.[20] 인간 본성의 근원적인 깊은 죄악에 대한 그리스도교의 이론은 트라이치케에게는 더없이 진실한 것으로 여겨졌다.

이미 고대 그리스도교의 전통에 의해 함양된 인간의 악에 대한 강한 도덕적 감각이 그를 순수한 동일성의 분위기나 범신론적 열정에서 벗어나게 만들어, 19세기 말기의 엄한 현실감각에 가까이하게 했다. 이러한 현실감각을 그가 신봉하고 있음은 자주 공언된 것으로서, 또 그것은 무미건조한 실증주의나 유물론 등에 빠지지 않고 획득할 수 있었던 것이다. 그리하여 그는 헤겔이 전(全) 역사과정을 신격화한 것뿐만 아니라 국가를 신격화한 것에도 동의하지 않았다.[21]

그가 강조하기를, 국가 속에 실현된 도덕적 이념을 헤겔처럼 보아서는 안 된다. 국가는 높은 차원의 자연적 필연성이며, 그 본성은 조잡하고 강인하며 전적으로 인간 생활의 외면적 질서에 속한다. 국가는 무엇보다도 우선 자기의 지위를 유지하기 위한 권력이며, '폭력이 폭력에 공격을 가함'은 모든 국가의 역사 전체에 침투되고 있다.[22]

그런데 이제 중요한 점은 그가 국가의 권력투쟁이 갖는 이러한 원초적인 동태를 자연 그대로 철저하게 방치하지 않고 그에 윤리적인 빛을 주입하여 그것을 인정했다는 사실이다. 그리하여 객관적 이상주의로부터의, 헤겔의 동일성 철학에서의 차용이 시작된다. 그러한 작용은 1874년 사회주의에 관한 슈몰러(Schmoller)*와의 주목할 만한 대결에서 분명하게 나타난다. 슈몰러는 경제적 계급 구성은 부정과 폭력에서 발생

---

20)『독일사』, 제4권, 467쪽;『정치학』, 제1권 144쪽;「독일의 투쟁 10년간」(『선집』, 98쪽).
21)『정치학』, 제1권, 32쪽 및 62쪽; 베스트팔의 앞의 책, 162쪽도 참조.
22)『정치학』, 제1권, 20쪽, 32쪽, 35쪽.
　* 슈몰러(1838~1917): 독일의 경제학자. 경제학에서 역사적 방법을 주장해 신역사학파를 창시했다. 사회정책학회를 창립해 이른바 강단 사회주의를 주장했는데, 그의 영향은 독일의 재정, 사회문제, 공업정책 등에 광범위하게 미쳤다.

하고, '이른바 비극적 죄악'은 세대 간에 계승되어 수천 년 뒤에야 겨우 서서히 각성된 상층계급의 정의감으로 결코 충분치는 않지만 속죄를 찾을 수 있다고 주장했다.

계급투쟁에 관해 말한 것은 국가의 권력투쟁에도 물론 적용된다. 국가의 권력투쟁도 부정이나 폭력과 더불어 생기고 거기서도 비극적인 죄악이 세대 간에 이어지나, 오직 다른 점은 그 죄가 계급투쟁보다도 적게 속죄된다는 것이다. 어떠한 법무관도 국가를 재판하지 않기 때문이다. 이러한 것은 우리가 출발점으로 한 기본 입장이다. 그러나 트라이치케는 슈몰러의 「사회적 원죄와 타죄(墮罪)에 관한 설」을 신랄하게 비난했다.

트라이치케에 의하면, 이 경우 확실히 폭력에 대해서는 말할 수 있으나 부정에 관해서는 말할 수 없다는 것이다. "힘과 힘은 싸운다. 약자가 강자의 방해가 될 때에는 약자는 배제된다. 이 필연적 행위에서만큼 부정이나 비극적인 죄악은 따르고 있지 않다. 강자가 약자를 정복하는 것은 인류의 유년시대의 이성이다."[23]

"밝은 세기에서도 우리가 언제나 민족의 생존 경쟁에 직면하는 곳에서는……반드시 동일한 도덕적 법칙, 즉 속된 것은 고귀함을 섬기고 낡은 것은 젊음에 섬겨야 하며 이러한 예속을 통해서만 존속할 권리를 얻는다는 도덕적 법칙이 풍요한 생성, 투쟁에 가득 찬 생성을 조용히 지배하고 있다."

여기서 갑자기 들리는 것은 헤겔의 울림이다. 원초적인 일들은 '이성'으로 높여지고 '도덕적 법칙'의 작용으로 받아들여진다. 트라이치케는 이 점에 관해 '이성적인 것이 존재한다'는 사상이 없으면 모든 철학적 사유는 유희가 된다고 말하고, 언젠가는 외경의 마음으로 헤겔의 '이성적인 것의 실재에 관한 심오한 명제'에 관해 언급했다.[24]

---

23) 「독일의 투쟁 10년간」(Zehn Jahre deutscher Kämpfe), 『선집』, 99쪽 이하.
24) 『독일사』, 제4권, 484쪽.

오늘날 우리는 말한다. "이성적인 것은 과연 존재할 것이지만 곧바로 존재하지는 않는다." 존재와 당위 간의 분열은 이전의 독일 이상주의보다도 우리에게서 더욱 큰 것으로 생각되며, 권력투쟁의 비극적인 죄악은 한층 더 무거운 것으로 생각된다. 이전의 독일 이상주의는 역사에서의 신의 계기를 아무리 크고 강하며 포괄적인 것으로 생각해도 그에 만족하지 않았으며, 삶의 심연도 이 계시가 비추어주고 있다고 생각했다. 바로 여기에 이성의 간지에 관한 헤겔의 이론이 영향을 남기고 있다.

그러나 약자에 대한 강자의 승리를 도의적으로 정당화하는 일은 이제 트라이치케의 깊은 도덕적 진지함과 동시에 정신적 넓이를 지니지 못했던 사람들이 자칫 남용하고 진화론적 자연주의에 의해 대치되고 조잡해졌다. 니체의 초인론으로 나타났을 때 바로 그러했다.

트라이치케 자신은 정치와 도덕 간의 관계의 문제에 대한 그의 근본 사상의 귀결을 과연 대담하고도 명쾌하게 도출했지만 지극한 책임감의 결과였다.[25] 우리는 여기에서도 주관적 이상주의와 객관적 이상주의가 뒤섞여 있음을 알게 된다.

그는 주관적 이상주의의 뜻에서 고대나 헤겔의 극단적인 국가 개념을 비난했으며, 우리가 이미 본 바와 같이 그가 내용이 없는 것으로 본 마키아벨리의 순수한 권력론에 대해서는 더욱더 비난했다. 도덕은 국가 속에서 소멸되지 않으며 국가는 만능이 아니다. 그리스도교 세계는 양심의 권리를 승인했다. 인류를 교육하는 대규모의 시설로서의 국가는 도덕률 아래 놓여 있다. 그런데 이제 객관적 이상주의가 침입해 독일 정신의 동일성 사상과 개체성 사상을 주장하기 시작했다.

트라이치케는 주장한다. 정치와 실정법 사이에는 무수한 갈등이 존재한다. 실정법은 불합리한 것이거나 혹은 불합리한 것이 될 수 있다. 그러나 도덕과 정치 간의 갈등에 대해 간단하게 말하는 것은 어리석은 일이다. 정치에는 개개인 누구나 경험할 수밖에 없는 도덕적 의무의 갈

---

25) 『정치학』, 제1권, 87쪽 이하; 『독일사』, 제3권, 718쪽도 참조.

등만이 존재한다. 그러므로 국가에 절대적으로 타당한 도덕률을 발견하는 것이 중요하다. 개인의 자유에 대한 강조도 그리스도교적 의미에서 완전한 도덕에 속한다.

결국 그때 생기는 의무의 충돌을 판정할 때 언제나 문제가 되는 것은, 어느 누군가 자기의 가장 독자적인 본질을 인식하고 그것을 자기가 실현할 수 있는 최상의 완성에까지 발전시켰는가 하는 문제이다. 그런데 국가의 본질은 권력이므로 권력에 유의하는 것도 국가 최고의 도덕적 의무이다. "자기 자신을 주장하는 일이야말로 국가에서 절대적으로 도덕적이다."

이렇듯 여기서 개체의 완성에 대한 도덕적 권리가 곧바로 개인에서 국가로 옮겨졌다. 이것은 뒤에 상세히 언급될 것이지만 그 자체로 당연한 것이었다. 그러나 트라이치케는 이때 한 가지를 간과했다. 국가와 같은 초개인적인 집단적 개성에서 도덕적 행위는 개인적 개성에서보다 훨씬 불충분하고 복잡하며 문제성을 지닌다.[26]

도덕적 책임은 개인의 영혼 속에 집중되지 않고 오히려 전체와—이 전체는 개개의 정치가라는 수단에 의해서만 행동할 수밖에 없지만—더불어 담당되어야 한다. 이러한 딜레마는 개인의 도덕적 행위와 국가의 도덕적 행위의 본질적으로 상이한 구조를 밝힌다. 집단적 일이나 목적을 위해 행동할 필요가 있을 때 순도덕적 감각은 약해진다. 이처럼 애매한 경우 사람들은 도덕적 책임을 거의 지지 않는다. 개인이 자기를 위해 행동하지 않을 것이며 또 해서는 안 되도록 '사태'가 그러한 행동을 요구한다고 생각하고 있기 때문이다. 이것은 상인이 상거래를 위해 개인적인 도덕적 요구보다도 상업이성을 앞세울 때 이미 시작되고 있다. 그리하여 초개인적 목적을 위한 모든 행동은 즉사실성(卽事實性)의 경향을 지니지만 그와 더불어 무정한 잔인성으로 기울어질 무서운

---

26) 이것을 지적했음은 에른스트 트룉치, 「개인도덕과 국가도덕」(Privatmoral und Staatsmoral, 『독일의 미래』[*Deutsche Zukunft*], 1916)의 공적이다.

경향도 없지 않다.

우리가 이처럼 말하는 것은 감상(感傷)에서가 아니라 역사적 삶의 비극성을 해명하기 위해서이다. 그런데 트라이치케도 또—그는 당연히 그렇거니와—이 비극성을 시인하고, 비극적인 죄악에 관해 모든 행위는 그것이 없이는 있을 수 없다고 말했다. 그러나 그는 개인적 행위와 집단적 행위의 구별을 배제함으로써, 다름 아닌 초개인적 존재의 행위 위에 드리워진 어두운 그림자를 지나치게 완화했다.

그 까닭은 '즉사실성'이라는 구실 아래 초개인적 실재를 위해 행동함을 사명으로 하는 자의 갖가지 개인적인 격정이나 충동도 남몰래 스며들어 횡포를 서슴없이 부릴 수도 있으며, 또 우리가 서문에서 논의한 바와 같이 권력정책적인 행동은 그러한 유혹에 빠지기 쉽기 때문이다. 그런데 여기서 국가의 본질을 일면적으로 권력에 국한시켰음이 트라이치케 자신에게 얼마나 화가 되었던가가 분명해진다.

그가 국가에 관해 더욱 포괄적인 본질 개념을 지녔더라면, 국가권력에 대한 배려가 '절대적으로 윤리적'이며 도덕적 과제로서 모든 다른 의무에 선행한다는 따위의 극단적 주장을 전개하지 않았을 것이다. 권력에 대한 배려는 오히려 근본적으로는 생활과 국가의 원초적이고 자연적인 측면에 속한다. 국가 그 자체는 권력을 얻고자 노력할 경우, 원래 도덕적으로는 행동하지 않고 오히려 원초적으로 완전히 불가피한 자연적 필연성에서 행동한다. 만약 권력이 도덕적으로 좋은 것의 보호에 도움이 된다면 도덕적이 될 수 있으나, 그 경우에도 자연적인 근본 성격에서 결코 완전히 탈피하지는 못한다.

그런데 트라이치케가 강조한 이처럼 특수한 공공도덕은 국가의 더 높은 차원의 윤리성에 관한 헤겔의 이론이나 정신과 자연의 동일성에 대한 헤겔의 요구의 영향 이외에 무엇이었을까. 트라이치케의 권력론의 약점은 모두 그가 자연적 사물이나 사건을 지나치게 성급하게 윤리적인 것으로 해석을 수정하고 윤리적인 술어를 지나치게 남용한 점에 있다. "전쟁의 정당성은 전적으로 도덕적 필연성이라는 의식에 뿌리박혀 있다"[27]라고 한 것은 극단적이고도 위험스럽기도 했다.

사람들은 우리와 마찬가지로 전쟁의 필연성과 불가피성을 확신하면서도, 약한 인간 본성이 적어도 가능한 범위 내에서 그러한 필연성을 억제하고 감소시키는 것이 도덕적 의무라고 생각할 수 있다. 국가이성과 도덕률의 갈등에 대해서도 똑같이 말할 수 있다.

트라이치케는 극히 도의적 인물이었으므로 그 위험스러운 이론에도 불구하고 이러한 고귀하고 엄격한 책임을 지니고 있었다. 그는 전쟁이라는 것이 없어지기를 결코 바라지 않았지만, '어쩔 수 없는 도덕적·경제적 이유'에서 전쟁의 감소를 희망했다. 그는 파렴치한 전쟁을 파렴치한 조약 파기나 정치에서의 비양심성과 마찬가지로 비난했다. "원칙적으로 성실과 신앙을 경시하고자 한 국가는 언제나 적의 위협에 놓이고, 그럼으로써 물질적 세력이 되고자 하는 그 목적을 결코 이루지 못할 것이다."[28]

그가 원치 않게 선호한 정치권력 투쟁의 도덕화는 권력을 위한 권력이 아니라 권력이 봉사해야 할 도덕적 목적을 위한 것이었다는 사실, 또 그가 되풀이해 말한 이 이론은 그의 본질의 밑바닥까지 이르는 것이었다. 이때 그가 기도한 국가 권력정책의 극단적인 윤리화는 우리가 이미 피히테의 경우에서 본 바와 같이, 다름 아닌 주관적 이상주의가 행하기 쉬운 의지 결정에서 유래하고 있었다. 피히테에게서는 그를 마키아벨리에게로 인도한 의지 결정이 갑작스럽고 일시적으로 조국의 위급한 난국 때문에 생겨난 것이었다.

한편 트라이치케의 경우 그 의지 결정은 항구적이며 본질적인 것이되었다. 그 배경이 된 것은 그가 성장한 세기의 발전과 모두 관련이 있다. 역사에서의 신적 이성에 대한 깊은 신념으로 충만한 한 세대가 조

27) 『정치학』, 제2권, 553쪽.
28) 『정치학』, 제2권, 544쪽; 「침략정책에 대한 비난」(Verurteilung der Eroberungspolitik) 기타; 『논집』, 제1권, 83쪽; 제3권, 473쪽 이하.

국을 오랜 난국에서 영구적으로 구하고 국민적인 권력국가를 창건한다는 과제 앞에 서게 되었다. 이 신념은 국가에서의 권력 위에도 한줄기 빛을 던졌거니와, 그 빛은 권력을 신격화했다. 그러나 만약 그것이 하나의 과오였다면 그것은 외경의 마음을 일으킬 오류였다. 물론 이 오류의 아류, 트라이치케의 이상주의적 패턴을 조잡한 자연주의나 생물학주의로 바꾸어놓은 아류에 대해서는 외경의 마음이 결코 일어나지 않는다.

제5장 회고와 현대

국가이성이라는 표어는 19세기에는 별로 입에 오르내리지 않았으며, 오늘에 이르러서도 마찬가지다.[1] 사람들은 때때로 이 말에 역사적으로 한정된 의미만을 부여하고, 17세기의 특수한 권력정책을 표현하고 있다. 국가이성이라는 중심개념을 가장 필요로 하는 것으로 생각되는 학문, 즉 일반국가학이 오히려 그 말을 가장 적게 사용하는 상태이다. 그럼에도 다른 술어 속에서 이 불멸의 문제 자체는 실제적으로나 이론적으로도 생명을 지속했다.

권력 문제, 권력정책, 권력국가 사상 등은 오늘날 즐겨 쓰는 표현인데, 그것으로 문제의 가장 깊은 내면의 본질, 자연적이면서도 동시에 합리적인, 자연적인 것에서 정신적인 것으로 발전하는 국가 생명의 동

---

1) 근대국가 사상의 거장인 비스마르크에게서도 어쩌다 이 말이 나오지만, 이 말이 사용될 때에는 충분한 의미로 쓰인다. 황제 빌헬름이 1877년 곤토 비론에 대한 경솔한 정치적 발언으로 비스마르크의 불만을 초래해, 군주는 아무도 외국인과의 대화를 구속받지 않는다고 변명했을 때, 비스마르크는 난외(欄外)에 기입했다. "그러나 국가이성에 의해"라고(『유럽 제정부의 대정책』, 제1권, 321~322쪽). 하리 폰 아르님의 정책을 그는 "국가이성에 의해서라기보다" 자기에 대한 개인적 계략으로 인한 것으로 설명했다(같은 책, 제3권, 407쪽). 오히려 비스마르크는 자주 정치의 용수철로서의 여러 국가의 '이해'에 관해 말하고 있다.

맥은 그다지 뚜렷이 표시되지 않으나 어떻든 그것으로 만족할 수밖에 없을 것 같다. 이러한 본질을 끊임없이 계속해 의식한다는 전제로 우리도 권력국가 사상이라는 표어를 써왔던 것이다.

우리는 19세기 독일 권력국가 사상의 가장 저명한 대표자들에 관한 특징을 말했으며, 그 사상이 제2류의 인물이나 일반 여론에서 어떻게 작용했던가를 서술하는 것은, 그것이 아무리 바람직하다고 하더라도, 이 책의 계획상 단념하는 바이다. 그 저술을 위해서는 별개의 저작이 필요할 것이며, 19세기에 외국 사상의 동향을 논하기 위해서는 그러한 저작이 더욱더 필요할 것이다.[2]

거기서는 단지 화근에 찬 전(全) 독일주의 운동*이나 그에 상응하는 인접 국민의 광신적 배외주의뿐만 아니라 니체의 주목할 만한 매혹적 영향도 서술되어야 할 것이다. 니체에게 국가는 바로 잔인한 괴물임에 틀림없었으나, 그는 권력과 권력적 인간을 찬미했다. 이들 모두는 한편에서는 근대생활의 변화나 정신적 움직임, 특히 근대 국민주의의 전반적 문제와 관련된다.

이 근대 국민주의의 포괄적 연구에 의해서만, 비로소 트라이치케 · 니체 · 베른하르디의 3중주가 악의에 찬 전통적인 설명 가운데에서 역사적 진리의 빛으로 옮겨질 것이다. 사람들은 불행한 발전 전체의 테마를 '마키아벨리즘에서부터 내셔널리즘으로'라고 명명할 수 있을 것이다. 그러한 발전의 비교적 명확하고 주요한 단계를 밝히는 일이 우리의 의도였다. 세계대전의 파국은 그 갖가지 결과와 더불어 역사적 사고를 불가피하게 새로운 길로 향하게 만든다.

우리는 적어도 과거를 현재와 비교하며 얻어지는 새로운 통찰 가운

---

2) 뷔셔(G. Büscher), 『전쟁 및 혁명의 원인으로서의 정신의 중독』(*Der Vergiftung des Geistes als Ursache des Krieges und der Revolution*, 1922)은 이 주제를 현란하나 불충분하게 취급하고 있다.
* 19세기 말 독일에서는 민족주의적 움직임이 활발히 전개되어 적극적인 대외정책, 식민정책이 추진되었다. 그 운동의 대표적 조직은 '전(全) 독일협회'였다.

데 몇 가지를 지적해보자.

우리가 마지막 몇 장에서 다룬 독일의 이론은 국가이성을 이상주의적으로 관찰된 역사상 속에 자리 잡게 하고, 그 무서운 귀결인 마키아벨리즘, 즉 법과 도덕률을 배반하는 것을 완화하고자 했으나 근본적으로 거부하지는 않았다. 이들 독일의 이론은 동시에 독일정신이 국민국가를 건설하기 위해 단련한 무기이기도 했다. 또 그것은 결국 낙관적인 세계 감정, 즉 언제나 악을 욕망하면서도 언제나 선을 창출하는 힘을 적절히 작동케 하는, 우리가 그 특징을 말한 동일성의 욕구로부터 출발한 것이었다. 역사의 간계에 관한 이론은 역사적 삶의 심연 위에서 평안을 누렸던 것이다.

역사적으로 사색하는 우리는 제1차 세계대전의 전야와 초기까지 이미 이러한 세계감정 위에 짙은 그림자가 드리워지고 있었음에도 그 감정의 영향 아래 살아왔다. 생활 상태의 전체, 국가와 사회, 경제, 기술 및 정신은 19세기 후반 이래 근본적으로 변화되고 더욱더 급속히 발전했다.

그때 발전은 사람들이 말하는 문명을 더욱더 추진했으나 문화라고 부르는 것에는, 그뿐만 아니라 직접 국가나 사회에 대해서까지도—그 생활의 전개가 외견상 빛나는 진보에도 불구하고 급격히 내려앉을 위험이 있었다. 그에 의해 국가의 권력의지와 생활 의지로서 이해된 국가이성은 완전히 새로운 환경으로 들어가고, 그 환경 속에서 모든 국가생활의, 시간을 초월한 동반자이자 지도자인 이 국가이성은 아주 새로운 뜻밖의 작용까지 전개하게 되었다.

그런 까닭에 우리는 국가이성의 종래의 작용을 돌이켜보자. 그것은 언제나 건설적이면서도 해체적이었다. 단지 권력뿐만 아니라 근대국가의 합리적 대경영까지 쌓아올렸다. 그리고 근대정신에 기여하고 근대적 인간의 자유사상가적 성격이나 공리주의, 합리화를 촉진했다. 그러나 이때 이미 국가이성은 도덕의 절대적 한계를 약화시키고 인간을 내면적으로 냉혹하게 하여, 그 건설적 기준은 해체적 기능으로 옮겨졌다.

이러한 마력적인 기능에 대해서는 언제나 다른 이상적인 힘이 대항하게 마련이었다.

그것은 이전에는 교회적·종교적 이념이며, 후에는 인도주의적 계몽주의의 이념이고, 새로운 윤리적 내용을 지닌 근대 개인주의이며 18세기 이래의 새로운 국가사상, 즉 국가에 대해 한층 더 내용이 풍부한 새 과제를 지시하고 비국가적인 문화가치를 존경할 것을 교시한 국가이상이었다. 이때 합리적 이해정책과 권력 확장이라는 예로부터의 움직임은 끊임없이 계속되었으나 동시에 이전 여러 세기의 현실 상황으로 제한을 받았다.

분명히 국가이성은 언제나 사회적·경제적·기술적 상태가 제공하는 권력수단에 의존했다. 우리는 여기서 시기를 구별한다. 제1기는 대략 17세기 중반까지 생성되던 절대주의의 시기이며, 제2기는 프랑스 혁명에 이르는 성숙된 절대주의의 시기이며, 제3기는 비스마르크의 몰락으로 끝나는 근대 국민국가 생성의 시기이다. 이때 권력수단은 시대의 진전에 따라 강화되고 증대되었다. 그러나 이들 세 시기 모두에 공통적인 것은 주로 농업적 기초이며, 그것은 제3의 시기에서 근대적인 산업주의나 자본주의로 높여지기 시작한 도시의 산업경영으로 보충되었다.

봉건적·장원적 체제의 농업국가는 생성되고 있는 절대주의의 불안정한 기초였다. 국가는 대외적으로는 아직도 미약하고, 국내에서는 봉건적·신분적 자치의 정신이나 국내 반대파가 국가의 적과 결부하는 위험에 대해 아직도 안전하지 않았다. 적과 내통한 바 있던 로앙은 훗날 여러 도시를 요새화하지 않도록 충고했다. 그렇게 하면 도시가 오만해지고 신뢰할 수 없게 되기 때문이었다.

또 귀족들의 야심을 없애기 위해 대외 전쟁을 하도록 권했다. 전쟁을 계속하기 위해 겨우 징집되는 소규모의 용병대가 수행하는 이들 전쟁은, 신속하고도 결정적인 성과를 거두어 정치적 분위기를 일신할 수 있었던 일이 결코 없었다. 그 결과 전쟁은 평시에도 계속되고, 전쟁과 평화가 서로 명확히 구별되지 않은 채 오히려 서로 내부적으로 혼돈되어 버렸다.

그리하여 16세기와 17세기에 다음과 같이 주목할 만한 현상이 생겨났다. 결정적인 평화 대신에 때때로 몇 해 동안 휴전이 체결되거나, 평시인데도 이웃 나라의 반대파와 남몰래 음모를 꾸민다거나 전쟁포고 없이 전쟁이 일어나 국교 단절 없이도 그러한 전쟁상태가 계속되거나, 사절은 자신이 파견된 국가의 평화에 맞서 전쟁포고 뒤에도 때때로 그 나라에 계속 머물러 전시에는 평화를 위해 평시에는 전쟁을 위해 노력했던 것이다. 전쟁이라는 큰 결정만으로는 목적을 이룰 만큼 힘이 충분하지 못했으므로 실로 갖가지 수단을 택했다. 이와 같이 전쟁은 평시에도 진정되지 않았으며, 공공연한 전쟁은 몇 해 동안 지속되는 경우가 있어도 한편에서는 갖가지 평화적 교류도 평행하게 행해질 수 있었다.[3]

가령 전쟁터에서는 복수의 여신이 그 땅의 주민들에게 어떠한 타격을 주더라도, 이들 모든 것을 통해서 사람들은 전쟁에 익숙해지고 그것을 견딜 수 있게 되었다. 세상 전체의 안전도는 더욱 감소했지만 그만큼 위험에 대한 익숙함도 더욱 커지고, 평화상태가 전반적으로 침해되는 것에 대한 감수성도 더욱 덜해졌다. 물론 제멋대로 중립지대를 군대가 통과하거나 거기에서 숙영하는 데 대해 사람들은 불평을 토로했으나 그러한 일들은 보상받지도 못한 채 자주 일어났다—특히 이웃 나라에 의해 그 약점이 남용된 독일 제국의 국토에서는 그러했다.

국가의 권력수단이 더욱 취약해진 결과인 이러한 전쟁과 평화의 혼란은 국제법적 의무의 신성함의 감소, 또 그와 동시에 국가이성 및 마치 이 시대에 전개된 마키아벨리즘에 의해 더욱 심해진 듯한 비양심, 야만스럽고 명백한 죄악을 설명하고 있다. 그런데 마키아벨리의 출현

---

3) 이 모든 것에 대한 전형적인 실례를 보여주는 것은 세계적 분쟁 발발 전의 엘리자베스와 펠리페 2세 치하의 영국과 스페인의 관계, 대전 중의 네덜란드와 스페인의 관계이다.

이 이 시기의 시초의 특징이었듯이 후고 그로티우스가 등장해 전쟁과 평화의 법을 한층 더 명확하게 구별하고 국제법을 더욱 신성한 것으로서 인상 깊게 했음은 이 시대의 마지막 특징이다.

우리가 이미 그로티우스에 관한 글에서 말했듯이 그때 언제나 그리스도교적 서양적인 연대성의 전통이 생생하게 지속되고 있었다. 그 전통은 정치가의 잠재의식 속에 여전히 살고 있었다. 어디에도 세계왕국을 창건함으로써 열강의 균형을 파괴할 만한 현실의 권력수단은 존재하지 않았기 때문이다.

그뿐만 아니라 그 전통은 성숙한 절대주의의 시대에 국가의 권력수단이 극히 증대되었을 때에도 밑바닥에서 여전히 지속되고 있었다. 이 권력수단이 증대한 것은 상비군이 창설되었기 때문이며 한편에서는 봉건적·신분적 저항의 진압이나 중상주의적 경제정책과 그것이 의해 새로이 획득한 과세의 가능성과 깊이 관련되었다. 전쟁상태와 평화상태는 그것에 의해 비로소 국가의 내부에서 더욱 명확하게 구별된다. 국내는 더욱 엄하게 다스려지고 그와 더불어 세상 전체의 주민의 안전도는 증대된다.

한편에서는 직업적 군대와 병정 직종, 다른 한편에서는 평화로운 국민, 이 양자 사이의 분업은 더욱더 엄밀해지고, 군대로의 자유 징집이 하층 주민층의 강제 징병으로 보충되기 시작했을 때에도 그러했다. 징병된 자는 직업 군인으로 변모되었기 때문이다. 제국 상호관계에서도 전쟁과 평화의 혼동현상은 희박해지고, 아직 중립국의 권리는 일반적으로 존중되지 않았다고 하더라도 더욱더 좋아져갔다. 특히 중요한 것은 개개 국가 간의 권력정책상의 거리가 증대되고, 비교적 강대한 국가나 가장 강대한 국가가 상대적으로 더욱더 강하게 성장했다는 사실이다.

이탈리아 제국의 세계는 이제 일군의 작은 사화산들과 비슷하며, 더는 강력한 국가이성을 작용하지는 못했다. '상비군'이 상설된 이 시대의 초기에는 사실 일군의 작은 새 활화산들이 독일의 이른바 무장한 제국 신분 속에서 나타났지만, 그것들은 그 가운데 가장 활동적이며 가장 장래성이 있는 국가, 즉 브란덴부르크. 프로이센 국가가 강국이 되기 시작한 18세기 초 이래 다시 쇠퇴했다. 권력정책적인 대경영이 상황을 더욱더 지배했다.

그와 더불어 국가의 통치 수단도 변했다. 국가이성의 핵심은 결코 더 도덕적이지도 더 양심적이지도 않았으나 마키아벨리즘에 따른 더욱더 소규모의 조잡한 처방은 별로 쓰이지 않는다. 사람들은 더 좋고 강력한 권력수단을 갖고 있기 때문이다. 우리는 강대국이 자기의 명성을 소중히 하지 않을 수 없으므로 약소국보다 조약을 잘 지킨다는 리슐리외의 관찰을 상기한다. 더욱 강대한 국가는 조약을 지키는 신의를 더욱 쉽게 지킬 수 있었다고 우리는 덧붙여 말해야 할 것이다.

만약 프리드리히 대왕이 유럽 최강의 군주였다면 그도 아마 조약 이해의 가장 엄한 이론이나 실천을 발전시켰을 것이다. 그 시대 말에는 전쟁과 평화, 군사와 국민생활, 권력정책과 평화적·시민적 문명 간의 분업과 분화가 전적으로 교묘하게 균형이 잡힌 상태가 나타났다. 그것들은 본질적으로 서로 접촉하거나 방해하거나 하지 않고 병존하는 듯이 보였다. 군주가 전쟁을 하더라도 시민은 거의 알아차리지 못했다. 군기가 엄격한 군대에는 징발이 금지되었다. 일반적으로 섬멸전이 아니라 소모전이 행해졌다.

전략은 혈전을 피하고 참담한 유혈을 피하는 기도전력을 쓰고자 노력했다. 그 이전 시대에는 평화가 전쟁 속으로 침식했듯이 전쟁이 평화 속에 침투했는데, 이제 전쟁과 평화는 각각 그러한 것으로서 한층 더 명확히 구분되었다. 그러나 전쟁은 국정과 전략에 의해 억제되고, 어느 정도 평화의 색채를 띠게 되었다. 합리주의자들은 시민생활에 쾌적한, 몇 세기 이전의 야만상태를 극복한 것을 찬미했다. 프리드리히 대왕의 정치적 사고에서 이원론은 규제된 국가이성의 영역과 보편적·인간적인 이성 영역이 교묘히 분리된 병존상태를 실로 충실하게 반영하고 있다.

그러나 이와 같은 국정과 전략의 승리는 단지 화를 복으로 이전한 데 지나지 않았다. 근본적으로는 국가의 수단이 언제나 아주 제한된 한계를 지니고 불가피하게 검소하게 처리하게 했으므로, 권력정책은 그 자신에게 인위적이며 편의적인 울타리를 주었던 것이다.

이제까지 민중을 권력정책에 관여시키지 않게 닫혀 있던 문이 갑자기 열렸을 때 이상 사태는 분명해질 것이다. 혁명시대의 사회 변혁은 전혀 새로운 권력정책적 가능성을 창출했다. 성숙된 절대주의가 정치적으로 제어하기는 했으나 사회적으로는 존속된 사회의 신분적 구성은, 바로 그것이 지속해 존재함으로써 내외에 대해 국가권력을 그 이상 전개하는 것을 억제했던 것이다. 사회의 신분적 구성으로는 그때 프랑스 혁명의 태내에서 태어난 국민개병과 징병을 통한 민중군대를 만들 수 없었다. 그 민중군대에 의해, 이제 나폴레옹 1세의 권력정책은, 루이 14세나 프리드리히 대왕에게서는 이룰 수 없었던 목표를 세울 수 있었으며, 또 자신의 한없는 권력의지가 동시에 최고의 자기 의식으로 높여진 국민의 권력의지가 되었던 것이다.

어느 동시대인은 1789년 이래의 발전 전체를 요약해 마키아벨리가 무서운 부활을 축하한 시기였다[4]고 말했으니, 그것은 이해된다. 전쟁과 평화는 나폴레옹 1세의 시대에는 제1의 시대에서와 같이 다시—단지 더 큰 차원에서였으나—혼합되었다. 그러나 그것은 이제 한층 더 풍부한 수단이 극단적인 권력 행사를 허용했기 때문이다.

그러나 전쟁과 평화는 종래 국제정치 체제가 부활하자 다시 분리되었다. 국가이성은 이후 더욱 겸허하고 조심스럽게 통치했다. 사람들이 이전에 쇠사슬에서 해방되는 것을 본 적이 있는 심연의 마신적(魔神

---

4) 마제르(Mazères), 『마키아벨리 및 혁명기의 프랑스의 여론 · 풍습 정치에 대한 그의 이론의 영향』(*De Machiavel et de l'influence de sa doctrine sur les opinions, les moeurs et la politique de la France pendant la Révolution*), 1816.

的)인 힘을 통치자들은 두려워하지 않을 수 없었기 때문이다. 보수적 연대의 이해는 이전의 저서에서 논의한 바와 같이 일부는 순수한 권력 충동을 의식적으로 억제한 그리스도교적 · 세계주의적 그리고 윤리적 이데올로기와 깊이 결부되어 있었다. 사람들은 새로운 국민적 · 자유주의적 · 민주주의적인 경향과 대결하는 것에 전적으로 전념했다. 이제 대규모의 세계적 갈등을 회피하기로 마음먹은 유럽의 대외적 평화정책은 지나치게 불안에 겁먹는 국내의 반동정책과 대체로 보조를 맞추었다.

그러나 이들 경향 속에 존재한 새로운 권력충동과 그것을 연 새로운 권력의 원천은 여전히 생명을 지니고 비스마르크 시대에 유럽의 대변혁을 초래했다. 비스마르크에게서 관방(官房)의 낡은 국가이성과 새로운 대중의 힘이 가장 훌륭하고 가장 성공적으로 통합되었다. 비스마르크는 이 대중의 힘을 프로이센 국가의 권력 욕구를 위해 이용하고, 입헌적인 국민국가를 건설하여 그것을 만족시키고, 그러한 대중의 힘과 동시에 자신의 권력정책에 대해 역시 깊이 생각되고 빈틈없이 실행된 확고한 제한을 부여했던 것이다.

마키아벨리즘적 가혹함과 아주 주도면밀한 계산, 충분한 권력수단을 이용해 비스마르크는 독일 국가를 창건했으며, 바로 이 계산은 그가 독일에 가능한 권력의 한계까지도 인식하게 했다. 그때 의회적 · 민주주의적인 경향에 대한 그의 탄압과 항상 유럽의 평화를 지향한 신중하고도 중도적인 1871년 이래 그의 권력정책 사이에는 내적 연관이 존재했다. 국정이 의회에 의존하게 되면 어렵게 된다고 비스마르크는 깊이 믿었다.[5]

1871년에 획득된 강국으로서의 지위를 넘어서는 독일의 권력정책을

---

5) 『유럽 정부의 대정책』이라는 간행물의 많은 증언 중에서 여기서는 단지 1887년의 한 증언만을 든다(제5권, 195쪽). "한 강대국의 대외정책이 의회의 다수파에 이용되면 반드시 잘못된 길로 밀린다."

그는 모험적이라고 생각했다. 한편 그는 의회가 정부를 감독하는 점에 국가의 권력정책을 가장 독자적으로 적절하게 이해된 이익의 유지에만 국한하는, 유익한 자의을 시인할 수 있었다.[6] 비스마르크가 특히 대외 정책상 행한 자유주의와 사회주의에 대한 억압이 상승일로에 있던 발전력을 무리하게 막아버린, 비극적이며 쌍방에 함께 불리한 필연성으로 그를 몰아넣었음은 분명하다.

그러나 그는 또한 근대 군주제 국가의 권력정책이 이전의 여러 세계와는 전혀 다른 훨씬 위험한 토대 위에서 움직이고 있다는 사실, 또 국정이 일단 그릇되면 지하의 힘이 폭발할 기회를 엿보고 있다는 사실 등에 대해 극히 섬세하고 천재적인 감정을 갖고 있었다.

비스마르크는 1887년 11월 18일의 역사적 회담에서 러시아 황제에게 말했다. "오늘날에는 전쟁을 회피하는 것이 역사상의 다른 어느 시대보다도 강대한 군주국가의 이익이다."[7] 그것은 러시아의 전제군주에 대한 전략적 호소였을 뿐만 아니라 그의 유기적 원칙이기도 했다. 그는 복고시대의 메테르니히 정책의 건전한 핵심을 다시 채택했으나, 메테르니히 정책의 융통성 없는 편협함과 소심함에는 빠지지 않았다. 비스마르크가 없었다면 낡은 유럽 세계는 아마도 이미 수십 년 전에 붕괴되었을 것이다.[8]

그러므로 전쟁과 평화는 1815년과 1914년 1세기 동안 더욱 명확히 구분되고 있었다. 전쟁이 일어났을 때 그것은 결코 전반적인 유럽 세계의 전쟁으로 확산되지 않았으나, 국가의 국민화와 국민개병이 제공한

---

6) "모든 제국의 의회 현상에 미루어 공공책임에 대한 배려가 대륙 제국에서조차 권력자를 이전보다 더 신중하게 만들고, 또 정부 멋대로 자국민의 이해와는 다른 이해를 위해서도 국력을 소비하는 가능성을 제한한다." 「하츠펠트가 내린 훈령」(Erlaß an Hatzfeldt), 1885년 12월 9일자, 앞의 책, 제4권, 142쪽.

7) 앞의 책, 제5권, 323쪽.

8) 이러한 사실을 야코프 부르크하르트는 『프렌에게 보낸 서간집』(*Briefe an Preen zeigen*)이 보여주듯이 어느 정도 느끼고 있었다. 225쪽 및 259쪽 참조.

더욱 강력한 수단으로 철저하게 싸우게 되었다. 그러므로 전쟁은 보통 장기에 걸친 소모전이 아니라 단기간의 신속하고 격렬한 섬멸전이었다. 전쟁은 지난날보다 더욱 격렬해졌으나 평화 또한 전보다 더욱 견고하고 완전해졌다.

국가의 국경이 제1차 세계대전 전의 최근 반세기만큼 서로 자유로이 개방되거나 국제적 교류가 편리해지고, 세계 여행자의 안전이 증대한 일은 이제까지 결코 없었다. 국제협정의 그물은 더욱더 세밀해져서 국제법의 완성에 도움이 되고, 최근의 수세기를 국가이성의 이념과 이른바 대극(對極)을 이루는 경쟁자로 지내온 국제법의 이념이 대체로 강화되었다.

이렇게 하여 그 시대의 다른 모든 경제적·기술적 성과에 직면해, 전쟁이 그 광폭한 성격을 잃은 듯이 보였던 구제도의 말기와 같은 문명적인 낙관주의, 즉 날로 전진하는 '개량·진보'에 대한 희망이 펼쳐졌다. 이러한 문명적 낙관주의는 이상주의적인 낙관주의, 즉 동일성에 대한 독일정신의 욕구에서 비롯되어, 그 철학의 붕괴 뒤에도 독일의 역사적 사고를 대체로 지배한 낙관주의와는 전혀 다른, 더욱더 평범한 종류의 것이었다.

그러나 어떻든 이 두 개의 낙관주의는 함께 작용해 서양인의 건전하고 평화스러운 발전에 대한 확신과 신뢰감을 창출할 수 있었던 것이다. 그러나 이 신뢰감은 한편—사람들은 그것을 반드시 자각하지는 않았으나—다음과 같은 전제에 기초를 두고 있었다. 바로 열강의 권력정책이나 국가이성은 분명 언제나 평화의 길을 걷는다고는 할 수 없으나, 그것이 전쟁을 결심할 경우에는 과거처럼 미래에도 이성적 한계를 엄격히 지키고 자기 자신을 제어해 서양의 문화나 문명의 생활조건을 존중하리라는 것이었다.

그러나 우리가 암시했듯이, 이 깊은 신뢰의 분위기 위에는 이미 오래 전부터 어두운 그림자가 드리워져 있었다. 여기서는 근대문화 전체가 내포하고 있는 모든 문제성이 상기되어야 할 것이다. 우리는 여기서 그것을 개별적으로 논의할 필요는 없으며, 단지 그 주요한 점을 상기하는 것에 만족할 것이다.

농업국에서 무산계급의 대중을 지닌 대자본주의적인 공업국가를 만들어낸 경제혁명이 결국 인류에게 행복보다는 불행을 초래한 것은 아닐까. 인간은 생활을 더욱더 합리화하고 기술화함으로써 본연의 인간성을 빼앗기고, 영혼이 없는 기계가 될 위험에 빠지지는 않았을까. 근대적 대경영이 낳은 공리주의는 진정하고 생명 있는 정신문화의 원천을 고갈시키지는 않았을까. 정신문화는 또 평균화되는 민주주의나 기계화된 대중의 존재의 모든 압력에 의해서도 위협받지 않았을까.

이상과 같은 문제는 일찍부터 보수 반동 진영에서 관심이 표출되기 시작하고, 야코프 부르크하르트와 같은 자주적인 역사사상가가 논의하고 깊이 있게 다루었던 문제이자 의혹이었다. 근대적 발전을 비판하는 이들 모든 비평가가, 그들이 편견이 있든 없든 제지할 수 없는 원초적인 과정을 막기 위해 적어도 단 하나의 방법이라도 교신했으면 좋았을 것을. 귀족제적 사회구조를 지닌, 적당하게 공업화된 농업국 편이 민주화된 대자본주의적 공업국보다 정신문화를 생생하게 유지하는 데 더 좋은 조건을 제공했다고 생각한 점에서 그들은 물론 정당했다. 그러나 농업국과 옛날의 좋은 시대를 유지할 수 있기 위해서는 인구증가가 방지되었어야 했을 것이다.

생산적이 되고자 하는 사고는 모두 원초적이며 변함없이 우리에게 정해진 운명과 맞서 이성의 무기를 들고 어떻게 대항할 수 있을 것인가, 또 어떻게 정신적인 것을 통해 자연적인 것을 변하게 할 수 있을 것인가—그것이 성취되건 안 되건 조금도 두려워하지 말고—하는 문제에 관심을 지녀야 했다. 그것은 서양인이 이제 지극히 거대한 차원에서 다시 쟁취해야 했던, 저 자유와 필연, '덕성'과 '운명'의 예로부터 있었던 투쟁이었다.

자연적인 것을 주어진 것으로 시인하는 것, 그것을 뒷받침하고 배양하고 있는 어두운 밑바닥을 시종 의식하는 일, 그러나 그 자연적인 것을 인간정신이 자기의 자율적인 깊숙한 곳에서 요구하는 형식으로 발전시키는 일, 그때 그 자연적인 것이 다시 나타나서 문화 작품을 파괴하리라고 언제나 예상하면서도 또한 언제나 정신의 새로운 계시를 그에게서 체험하는 일, 이 일이야말로 우리가 몇 세기 동안 추구한 국가이성이란 문제의 결론이기도 했다. 이제 국가이성은 그것을 둘러싼 가장 근대적인 생활력의 새로운 환경의 한복판에서 어떠한 상태에 있었던가. 생활상태의 변질은 국가이성에 어떠한 작용을 했을까.

19세기에 대체로 지배적이었으며 비스마르크에게서 최고이자 최선의 표현을 발견한 국가이성은, 우리가 본 바와 같이 전쟁과 평화를 한층 더 명확히 구분하고, 전쟁의 발발과 화평의 긴 휴지기를 삽입함으로써 19세기의 갖가지 역사적 힘이 정말 자유로이 전쟁할 여지를 허용할 수 있었다. 이러한 전개에서 권력수단이 국가이성 자체에 주어지고, 그것을 사용해 국가이성은 수행되어야 했던 전쟁에 신속하게 승패를 결정지을 수 있었던 것이다. 그 세기의 내부로부터 유래되었든가 혹은 적어도 그 세기가 근본적으로 변질시키고 강화하여 대국가의 권력정책에 도움을 준 것은 세 가지의 강력하고 유용한 힘이었다.

이 강력한 힘이란 군국주의, 국민주의 및 자본주의다. 이것들은 처음에는 강대국을 일찍이 없었던 권력이나 능력의 절정으로 인도했으나, 그것을 통해 마침내 더욱 겸허한 권력수단으로써 활동한 이전 시대의 국가이성은 알지 못했던 욕망을 불러들였다. 바로 권력수단의 한계가 유럽 사람들과 국가 자체에 행운을 가져다주었으며, 권력의 팽창을 끊임없이 억제했던 것이다. 그러나 이제 권력의 외견상의 무한성은 불길한 운명이 되었다. 그러한 사실을 총괄적으로 제시해보자.

세 가지 힘 중에서 가장 낡은 군국주의는 국민개병을 실시하여 국민생활 속으로 깊이 확산됨으로써 예측할 수 없는 물질적이고 도덕적인 힘을 획득했다. 이 국민개병으로 권력은 날로 팽창했으며, 마침내 제1차 세계대전에서 일어났듯이 국민에게서 최대한의 것들을 흡수하게 되었다. 그런데 긴장이 심하면 심할수록 반동도, 특히 패자나 물질적으로 착취된 자들에게서 더욱 강해졌다.

전쟁의 패배는 강국에서는 이전과는 다른 의미를 지니게 되었다. 18세기나 19세기의 강화 체결은―나폴레옹 1세의 촌극을 도외시해―모두 오늘날의 관점에서 볼 때 협조적 강화의 성격을 띠고 있다. 넘을 수도 없었고 또 넘고자 원하지 않았던 일정 한도의 긴장도에 이르면 강화가 체결되었다. 지역은 상실되었으나 강대국의 성격은 비교적 방대한 영토와 인구를 지닌 국가에는 여전히 유지되었다. 그러나 이제 강대국의 지위의 존망이 문제가 되었다.

보이엔*이 국민개병의 이념을 프로이센에서 1814년에 항구적으로 조직하였을 때, 본래는 원래 더 혜택 받은 우세한 강국에 대한 약소국의 자위수단이자 방어적 이념이었다. 이 이념이 성공을 거두자 유럽 대륙에서 널리 받아들여지고, 전반적 군비경쟁을 초래하고, 정치를 위한 공격적 수단으로 높여졌다.

그런데 이렇게 공격적 수단으로 높여졌다는 사실은 다른 발전 계열과의 관련에서만 이해될 수 있다. 국민개병을 수반한 전쟁은 국민전쟁, 민족전쟁으로 불렸다. 국민 전체의 본능과 정열이 이제 전쟁과 정치 속으로 침투된 것이다. 국가는 국민개병과 그 밖의 자유주의적 성과에 의해 국민국가가 되고, 이제 그러한 국민국가로서 지배자나 정부에 좌우된 지난날 몇 세기의 강대국보다 더 광범위하고 풍부한 목표를 세울 수 있었으며 또 세울 수밖에 없었다. 국민과 국가의 통일이 내셔널리즘이라고 불리는 것으로 높여지는 국민적 이상의 목표가 되었다. 이것은 유럽 정치의 갈등 측면이 무서우리 만큼 증대되었음을 의미하는 것이었다.

국민에 의한 국가생활의 참여에서, 혹은 칸트가 말한 바와 같이 여러 나라의 공화주의화에서 전쟁의 감소를 기대한 사람들은 그야말로 크게

---

* 보이엔(1771~1848): 프로이센의 군인이자 원수. 샤른호르스트 밑에서 프로이센의 군제 개혁에 참여해 의무병역법을 제정했다.

잘못 생각했던 것이다.[9] 이전에 패배한 국가는 지역 손실을, 즉 계산할 수 있는 권력수단의 감소를 체념하는 데 그쳤다. 그러나 사람들은 앞으로 잃은 형제나 동포를 위해 슬퍼해야 했으며, 그 상실은 계산할 수 없는 것이었다. 동방문제는 19세기 중엽까지는 단지 강대국 사이의 권력문제였으며 정치적인 타산문제에 지나지 않았으므로 되풀이해 진정되었으나, 이 문제는 자의식을 갖게 된 발칸 민족의 더 이상 제어할 수 없는 국민적 열망에 의해 유럽에 대해 지극히 해롭고 위험한 것이 되었다.

이러한 민족주의적 영토회복운동을 향한 국민의 정열은 본질적으로 국민개병을 본래의 방위적 무기로부터 세계평화를 위협하는 공격적 무기로 변화시켰다. 원래 국민개병의 전반적 실시가 단지 전쟁의 가능성뿐만 아니라 평화의 가능성까지도 포함했음은 분명히 이해되어야 한다. 독일 정부가 1871년과 1914년 사이에 군비를 증강할 때마다 그러한 평화적 의도뿐만 아니라 평화적 기능까지도 강조하고 강력한 군비야말로 평화의 최선의 보장이라고 주장했을 때, 결코 거짓 수작이 아니었다.

자력으로 자기를 보존할 능력이 없는 모든 약소국이——그 약체의 기초가 미개발에 있건, 물질적 기반의 결핍에 있건, 혹은 국내의 혼란에 있건——수동적 대상, 수렵장, 또는 권력의 바람이 인접지역에서 유입

---

9) 스피노자는 이미 그것을 믿었다. 『신학정치론』, 제18장 및 『국가론』, 제7장, 제5절. 대전 뒤의 평화주의까지 이러한 환상에 집착했다. 노르웨이인 랑게는 『국제주의의 역사』(제1권, 1919, 483쪽)에서 말하였다. "민주주의에는 평화에 대한 보장이 있다. 인민들 사이에는 이해의 연대감이 존재해, 왕조가 결코 소수의 독재정치로 몰고 가지 않게 하고, 또 몰고 가는 것을 절대 불가능하게 하기 때문이다." 이에 대해 부르크하르트, 『프렌에게 보낸 서간집』의 다음 구절 참조. 117쪽(1878) "정치가 국민의 정신적 흥분을 기초로 한 이래 모든 안전은 종말을 고했다" 및 218쪽(1887) "이제 이른바 민중이 하는 일, 즉 자기들의 신문을 지닌 과격화한 소수자가 하는 일은 옛날 관방정치(官房政治)가 행하는 전쟁과 다름없이 악이다."

되어 폭풍을 일으킬 대정책의 저기압권이 될 두려움이 있음은 권력정책의 원칙이다. 불안정한 약소국은 모두가 그것보다 한 단계 강한 이웃 나라의 욕망을 자극한다. 야만적 정복욕뿐만 아니라, 순화된 국가이성이나 자국의 안전과 미래에 대한 냉철한 고려나 균형에 대한 욕구도 더욱 강한 이웃 나라들이 그들 사이에 놓인 환자의 운명에 마음을 뺏게 하거나 그 유산 분배에 참여케 하기도 한다.

그런데 독일과 이탈리아가 19세기에 이르러 세력이 왕성해져 강대국 대정책의 객체에서 주체가 됨으로써, 유럽은 1871년과 1914년 사이 근 대사상 일찍이 없었을 만큼 국가적으로 견고해지고 평화가 유지되었다. 가령 세계 도처에서 강자들이 어깨를 나란히 하고 그들 사이에 취약한 부분이 하나도 없다면 그것은 사실 세계평화를 크게 보장하는 것이 될 것이다. 그러나 물론 모든 곳에서 균등한 권력 발전의 표준은 결코 동시에 실현되지 않으며, 또 가령 달성될 듯이 보이더라도 도도히 흐르는 삶은 그것을 다시 교란시킬 것이다.

서유럽과 중부 유럽은 수세기에 걸친 투쟁 뒤에 마침내 평화를 손에 넣은 듯하며, 또 거기서는 더욱 약소한 나라들도 서로 맞서는 열강의 균형의 혜택으로 보호를 받고 있는 데 대해, 한편 민족정신이라는 전염병균으로 인해 발칸의 옛 병상에 더해 오스트리아-헝가리라는 큰 병상이 생겨났다.

이러한 병발증을 통해 비로소 열강의 군국주의적 군비경쟁이 세계평화에 극히 위험한 것이 되었다. 그리고 비로소, 일부는 이미 유착되고 일부는 서서히 유착되고 있었던 그 밖의 유럽의 병상—폴란드, 남티롤, 알자스 로렌, 벨기에—도 또다시 같은 통증을 일으키고 염증을 재발시켰다.

그러므로 군인적 직업정신을 국민개병과 결부하는 근대 군국주의가 전 유럽에 대해 전쟁의 현실적 위험이 된 것은 그 자신뿐만 아니라 근대 국민주의와 국민주의가 만들어낸 새로운 저기압군에서 비로소 그렇게 되었다. 그러나 이러한 군국주의와 국민주의를 높이고, 동시에 열강과 민족의 경쟁을 위한 아주 새로운 수단과 과제를 만들어내기 위해 제3의 요인이 가미되었다. 근대 자본주의가 그것이다.

군국주의와 내셔널리즘만으로도 사실, 예를 들어 나폴레옹 전쟁과 같이 한층 더 격렬한 힘으로 행해진 유럽 전반의 전쟁을 일으킬 가능성이 있었다. 하지만 그로 인해 오스트리아-헝가리의 제국이 붕괴되었다고 하더라도, 유럽 국가체제의 종래의 성격은 충분히 유지되었을 것이다. 독일과 러시아는 아마도 강국으로서의 자국의 지위를 유지할 수 있었을 것이며 유럽은 다름없이 세계의 강력한 중심이었을 것이다.

그런데 이제 근대 자본주의는 유럽과 그 열강이, 최초에는 분명히 한 번도 체험한 바 없는 거대한 물질적 능력을 자신 속에 전개한 데 이어 활기에 넘쳐 싸우게 되고, 그들 모두 힘을 소모해 마침내 유럽의 모든 체제를 완전히 붕괴시키기에 이르렀다. 군국주의·국민주의·자본주의 이 삼자 중 어느 하나를 떼어서, 그것이 우리의 화근이 되었다고 비난할 수는 없다. 단지 이 삼자가 운명적으로 병존함으로써만, 유럽 열강은 처음에는 그 권력의 높이에, 이어서 그들 사이의 유럽의 패자에게도 화근이 되는 파멸로 인도되었던 것이다.

자본주의는 대공업의 자질을 자극함으로써 권력정책에 새롭고 강력한 기술적 전쟁수단을 제공했다. 그 수단에 힘입어 공수 양면에서 일찍이 없었던 성과를 올릴 수 있게 되었다. 종래에는 하루의 회전(會戰)이 전쟁의 운명을 결정할 수가 있었으므로 단 하루의 회전이 지니고 있던 힘이 소모되었다. 그러나 오늘날에서는 회전이 많이 거듭되고, 또 계속 패배한 쪽도 진지전(陣地戰)의 기술적 효능으로 만회할 수 있는 희망을 거듭 가질 수가 있었다. 그러나 이러한 희망이 바로 총물량에서 더욱 열세한 편에 대해서 사람을 혹하게 하는 도깨비불이며, 그들을 오도해 점차로 전 자산을 모험적인 기도에 투입시키고 마침내 파멸로 몰았던 것이다.

종래에는 전쟁수단이 더욱 한정되어 있었고 그리하여 자주 되풀이되어 말하듯 정치 또한 국한되어 있었다. 그런데 전쟁수단이 풍부한 것이

화가 되었던 것이다. 산 전쟁수단, 즉 국민개병의 확대에도 자본주의가 작용했다. 대공업과 수출산업만이 그만큼 거대한 인간집단을 낡은 유럽의 토양 위에 산출할 수 있었기 때문이다. 유럽은 한 개의 숨처럼 부와 사람들을 넘치도록 흡수하고, 그리하여 일단 전쟁이 발발하면 마지막 피 한 방울까지 흘린다는 위험한 유혹에 빠져들었던 것이다.

자본주의는 또 사람들이 그것을 위해 싸운 새 목표의 대부분까지도 창출했다. 낡은 유럽 내부에 세워진 국민주의적 목표에 더해 유럽 외부에서의 자국 자본주의의 팽창, 결국에는 인구과잉이 된 유럽의 팽창에 뿌리를 둔 제국주의적 목표가 가세되었다. 이 인구과잉은 군사적 붕괴가 사회적 붕괴로 통하는 동시에 낡은 군주정의 종말로 통할 수밖에 없을 만큼 민감한 사회구조를 만들었다.

대체로 전쟁, 즉 이 국가이성의 최종적이고 최강의 수단은 이제 국가이성이 종래 생각한 것이 아니라, 억제하는 모든 국가이성을 무시해 그 기사를 파멸 속으로 끌어들이는 마력이 되었다. 권력은 그 벼랑을 넘어 버렸다. 새로운 유혹적 전쟁수단과 결합한 국민의 격정과 야망은 파괴를 잉태한 분위기를 만들고, 그 속에서 순수하고 배려된 국정은 더 이상 행해질 수 없었다.

대전 중의 정부와 통수부 간의 파벌 다툼, 즉 베트만 홀베크, 퀼만 및 루덴도르프 간의 싸움*은 근대전에서 지도적 정치가가 가령 베트만보다 더 강인한 인물이었다고 하더라도, 어찌할 수 없이 약한 입장을 상징한다. 가장 강력한 지도적 정치가라고 할지라도, 자기가 선동하고 앙양할 수는 있어도, 사태를 좌우할 수 없는 힘의 아래에 선다. 필자는 1923년 전후의 프랑스의 강경책을 비난한 어느 영국의 저명한 역사가에게 다음과 같은 질문을 했다. 즉 로이드 조지가 독일을 완전히 무력

---

* 제1차 세계대전 중 독일 수상이었던 베트만과 외무대신이었던 퀼만은, 참모차장으로서 사실상 군의 실권을 장악한 루덴도르프에 의해 실각하는 등 정부는 군부독재 아래 놓였다.

화한 일은 영국의 전통적 균형정책에 반하는 중대한 과실을 범한 것이 아니었던가. 그 역사가는 말하기를 "그러나 영국 국민의 당시 분위기로서는 로이드 조지는 그처럼 행동할 수밖에 없었다." 혼탁한 국민의 필요가 맑은 국가의 필요를 이긴 것이다. 돌이켜보면, 지금이야말로 80년대 비스마르크가 세운 업적의 진정한 위대성이 우리에게 명백히 보인다. 그때 비스마르크는 가장 어려운 상황 속에서 세계의 다양한 국민주의에 대해 순화된 국가이성의 효과적 투쟁을 다해 유럽이 직면한 파국을 막았던 것이다.

모든 국가의 권력수단이 약화되자 근대사의 초기에는 전쟁과 평화가 애매하게 뒤섞여졌다. 프랑스가 베르사유 강화조약으로 손에 넣은 권력수단의 강화로 인해, 나폴레옹 시대 및 일시적으로는 이미 루이 14세의 시대처럼 또다시 전쟁이 평화 속에서도 진행되고, 전쟁과 평화가 애매하게 혼합되는 무서운 사태가 벌어졌다. 그 배후에는 프랑스의 독선적인 국가이성이 존재했으며, 그것은 자력만으로 승리를 얻은 것이 아님을 알고, 자기 이웃인 6천만 국민을 두려워하고, 그 밖의 2천만을 우리 국민과 국가의 조직에 대한 일련의 타격으로 제거하고자 했다. 자국이 맞이할 미래의 안전에 대한 극도의 불안은 야심적인 국민이 품는 우월에 대한 끊임없는 욕구와 결부했지만, 이제 프랑스 자신에게 화가 될는지도 모르는 새롭고 중대한 세계적 위기마저 초래할 두려움이 있었다.

1924년 5월 11일의 국회선거*와 더불어 시작된 더욱 냉정하고 중도적인 경향의 반대 움직임이 지속될 것인지는 지금으로서는 예측할 수 없다. 그러나 최근의 한 예에서도 다시 국가이성 속에서 작용하는 마력을 볼 수 있다. 그 힘은 아주 능숙하고 공리적인 국정의 기술과 함께 작용할 수 있었다.

---

* 프랑스의 총선거에서 좌익연합이 승리한 결과, 대독 강경파인 수상 푸앵카레는 실각해 급진사회당의 엘리오 내각이 등장했다.

바로 프랑스야말로 가장 의식적으로 외교 기술에 배양하는 한편, 성 (聖) 바르텔미의 밤, 영토 병합, 9월 학살, 나폴레옹 1세가 여러 민족의 생활에 대해 보인 간섭 등 국가이성 최악의 사태를 낳았다. 그리고 이제 군국주의, 국민주의 및 자본주의라는 근대적 힘들이 프랑스 포앵카레의 국가이성의 배후에서 그 국가이성을 흥분의 절정에 얼마나 높이 올려놓고 있는지는 명백하다.

이와 같이 서양문화의 극히 다른 이념과 마찬가지로 오늘날 국가이성의 이념은 대단히 중대한 위기에 놓여 있다. 우리가 「서문」에서 자세히 논한 바와 같이 국가이성이 지니고 있는 원초적 격정이라는 자연적인 밑바닥은, 국가이성의 공리적 중간지대만으로 억제할 수 없는 것이거니와, 오늘날 이전보다도 더욱 무서운 형태로 나타나고 있다. 근대의 문명적 성과는 그 자연적 밑바닥에 억제보다 자극을 주고 있다. 자유주의적 · 민주주의적 · 국민적 · 사회적인 세력이나 이념이 쉴새없이 밀려옴으로써 근대국가가 경험한 풍요로움은 우리가 이전에는 순전한 풍부로움이고 증대라고 보기 쉬웠던 암흑면을 서서히 드러내고 국가이성이 더 이상 억제할 수 없는 힘에 국가이성을 결부시켰다.

랑케가 직관했듯이 국가이성은 이제 형성적 원리, 즉 그것이 투쟁으로 그 적을 굴복시킬 때에도 새 생명을 불러일으키든가, 혹은 적어도 그것을 허용하든가 하는 국가생활의 지도자이며 조직자는 아니다. 그 파괴적 작용은 오히려 이전에 나폴레옹 1세 아래에서 체험된 모든 것을 능가할 정도였다. 위험한 존재였던 적이 단지 존재하는 것조차 참을 수 없고, 그것을 어디까지나 멸망시키는 것을 자기의 최대 과제로 내세운 고대 공화국의 무자비한 국가이성이 소생한 것 같다.

물론 그로 인해 고대의 공화국 자체도 멸망했다. 이제 그처럼 근대 유럽의 국가생활의 본질, 즉 자유 독립과 동시에 스스로를 대가족이라고 자각하고 있는 국가 간의 언제나 재건된 균형도 바로 무산될 위기에 있다. 만약 그렇게 되면 그와 함께 유럽의 역사적 역할도 종말을 고하고 서양문화는 사실상 몰락할 것이다.

이상의 것들은 비대한 근대 국가이성이 초래한 가능성 중 최악이다. 이러한 최악의 가능성이 필연적이고 절대적으로 언젠가는 현실화된다고 예언하는 것은 대담하다고 할 것이다. 그러나 또 랑케의 무조건의 낙관주의, 즉 그가 『열강론』에서 "유럽을 모든 일면적이고 압제적인 지배로부터 지켜준" 수호신에 대해 표명한 신뢰를 오늘날 우리는 더 이상 지닐 수 없다.

랑케나 역사에서의 이성의 승리를 믿었던 여러 세대가 본 것보다도 역사적 세계는 더욱 어둡고, 또 그의 앞으로의 진전의 성격도 더욱 불확실하며 위험한 것으로 우리의 눈앞에 놓여 있다. 역사적 세계의 자연적 측면과 암흑적인 측면은 우리의 사색이나 경험에 대해 한층 더 큰 영향력이 있음이 명백해졌기 때문이다.

그러나 정신은 그에 대해 저항을 멈추어서는 안 된다. 그리하여 우리의 마지막 과제는 국가이성의 한계를 묻는 낡은 문제를 다시 논의하고, 정치와 도덕과의 바람직한 관계를 역사 연구와 시대 경험과의 협력으로 밝혀지는 대로 제시하는 일이다. 우리는 그를 통해 순수한 관조적인 역사의 한계를 극복하며, 그것은 관조적 역사에 순수하고도 절대적으로 봉사하기를 시도한 뒤에 비로소 가능한 것이다.

* * *

세계대전 중에, 바로 이 오랜 문제는 독일을 깊은 사색으로 이끌어 새로운 검토를 행하게 하지 않을 수 없게 만들었다. 이 문제에 관해서는 당시 특히 에른스트 트뢸치 및 알프레드 피어칸트[10]의 성실하고도

10) 트뢸치, 「개인도덕과 국가도덕」(『독일의 미래』, 1916); 피에르칸트, 『권력관계와 권력도덕』, 1916.
  강한 도덕적 · 종교적 감정이 뒷받침된 오토 바움가르텐의 저서 『정치와 도덕』(1915) 및 우리가 생각하기에는 지나치게 부자연스럽고 궤변적인 견해를 말하고 있는 숄츠(H. Scholz), 『정치와 도덕』(*Politik u. Moral*, 1915)이 있

중요한 논의가 있었으며, 이들 사상가의 제의는 우리의 연구에도 수용되고 있다. 그러나 세계대전의 분위기는 아직도 독일에서 권력정책의 전통 및 우리가 헤겔에서부터 트라이치케에 이르기까지 추구한 바 있는 권력의 이상주의적 시인에 대해 내면적 자유를 충분히 갖고 태도를 결정하기를 허용하지 않았다.[11]

그런데 또 이러한 장애가 없는 반대의 그리스도교적 평화주의의 문제 해결의 시도, 프리드리히 빌헬름 푀르스터가 그의 『정치윤리학』(1918)에서 기도한 시도도 실패할 수밖에 없었다. 그와 논의를 함은 불가능하다. 그는 독일 역사주의가 만들어낸 정신적 언어가 아니라, 낡은 그리스도교적·중세적인 자연법의 언어로 말하고 있기 때문이다.

그는 역사적 인식이라는 금단의 나무열매를 먹지 않았으므로, 에른스트 트뢸치나 이 책의 필자도 포함한 우리 모두가 그 속에 휩쓸렸다고 생각되는 저 죄인 됨을 함께하지 않았다. 그는 국가는 전적으로 도덕적인 힘에 의지하고 있으므로 그로 인해 피해를 당하더라도 예외 없이 도덕률에 따라야 한다는 가르침을 극히 도덕적인 열정으로, 광신적 자부심을 갖고 역설했다. 그러나 국가는 유감스럽게도 반드시 도덕적인 힘

다. 에리히 프란츠(Erich Franz), 『정치와 도덕』(*Politik und Moral*, 1917)과 파울젠(F. Paulsen)의 이전의 논고 『정치와 도덕』(*Politik und Moral*, 1899) (『강연·논설집』[*Gesammelten Vorträgen und Aufsätzen*], 제2권)은 우리가 주장한 사상에 더욱 가깝다.

이 주제에 관한 가장 오래된 독일 연구 중 가장 중요한 구스타프 뤼멜린(Gustav Rümelin)의 「명예총장 취임연설」(Kanylerrede, 『연설·논설집』[*Reden und Aufsätze*] 및 『명예총장 취임 연설집』[*Kanzlerreden*])은 트라이치케도 찬사를 보냈다(『정치학』 제1권, 95쪽). 이것은 세계대전 중 나온 문헌보다 더욱 헤겔의 영향, 즉 자연적인 과정을 성급하게 시인하고 도덕화하는 경향을 띤다.

11) 나는 당시 나의 시론 「독일과 세계대전」(Deutschland und der Weltkrieg) 및 『19·20세기의 프로이센과 독일』[*Preußen und Deutschland im 19. und 20. Jahrh.*]에 게재한 「문화·권력정책 및 군국주의」(Kultur, Machtpolitik und Militarismus)에 관해서도 오늘 말해야 할 것이다.

에 의지하지 않으며, 그뿐만 아니라 우리가 제시한 바와 같이, 국가는 개개인보다 자연적인 생활법칙 아래 서 있다.

또 퓌르스터의 충고에 의하면, 책임 있는 정치가는 현재의 국가를 '수난의 길'에 내놓고 그 운명을 하늘에 맡기는 것으로 되어 있으나, 어떠한 정치가도 그 희생이 '때가 되면 영원한 법칙에 따라서' 그 열매를 맺으리라(257쪽)는 묵시적 위안을 충분한 것으로 생각하지 않을 것이다.

그럼에도 정신과 자연 간의 어떠한 타협도 모르는 순수한 그리스도교적 이상주의의 말은 언제나 엄숙함과 존경의 마음, 또 이 세계는 그러한 말 따위로 변하지 않는다는 고뇌를 가지고 경청되어야 할 것이다. 철저한 절대성도 양심을 불러일으키고 단순한 상대주의의 결함을 드러내어 밝히는 까닭에, 이 문제에서는 내면적 정당성을 지닌다. 물론 이 절대성에도 어디까지나 결함은 있으며, 사물의 진리를 위해 지불되는 희생을 바침으로써만 역사주의의 부정할 수 없는 불변의 인식이 이 절대성에 인도될 것이다. 이미 종전 몇 세기의 경험론이 인식하고 역사주의가 확인한 국가이성의 강제력은 어디까지나 부정할 수 없다.

그러나 그로 인해 서방 민족이 굳게 유지해온 자연법적 사유방법과의 결별이나 독일의 정신적 고립이 생겨났으므로, 역사주의의 자기 음미는 심각한 요청이요 의무이다. 이 책 또한 그러한 자기 음미에 도움이 되고자 하는 것이며, 또 그러한 음미는 이 책이 그분의 회상에 바쳐진 벗(트뢸치를 말함―옮긴이)이 놀랄 만한 정신력으로 제일 앞장서서 시작한 것이었다.

역사주의의 문제에 관한 그의 저서와 작고하기 얼마 전인 1922년에 행한 세계정치에서의 자연법과 인간성에 관한 그의 강연은 독일적 역사사유와 서방 민족의 사유 간의 정신적인 양해에 도달하기 위한 길을 열었다. 그러나 그것은 장래에 속한다. 트뢸치가 잘 알고 있었듯이, 몇 세대에 걸친 노고가 비로소 그 심연에 다리를 놓을 수 있기 때문이다.

그러한 분열이 어떻게 일어났는지 상기해보자. 자연법적 그리고 정치적·경험적 사유방법이라는 두 가지 비유기적인 이원론은 18세기 말에 이르기까지 서양 전체에 존속했으나, 독일에서 사유의 훌륭한 유기적 통일 아래 극복되었다. 동일성의 이념과 개체성의 이념이 손을 잡고 새로운 이상주의와 역사주의를 창출한 것이다. 이 이상주의와 역사주의는 천국과 지옥, 역사적 삶에서의 현실과 이상을 동시에 서로 필연적으로 필요한 것으로서 통괄했다. 천국의 존재로 인해 이 세상에서 지옥의 존재까지 견딜 수 있게 되었다. 그러나 역사적인 개체성의 이념이 더욱 나아가서 정신적·자연적인 현상을 이해하기 위한 불가결의 열쇠로서 확인되었지만, 일원적인 동일성의 이념이 해체되기 시작했을 때이 통일도 다시 해체되었다.

이러한 통일을 우리는 포기해서도 안 되고, 포기할 수도 없지만, 분명히 우리는 동일성 이념의 지극한 영향을 멀리 할 것을 결의함으로써 새로운 이원론에 이를 수 있을 것이다. 그런데 이 이원론은 서구에서와 같이 두 개의 사유방법의 단순한 비유기적 병존이 아니라, 원리적으로는 이원론이면서도 통일적인 사유방법이어야 한다. 이때 우리는 아무것도 상실하지 않으면서도 서구에게 이론적·실제적인 양해를 얻을 수도 있다. 우리는 오직 우리 자신의 정신적 발전의 타다 남은 찌꺼기만을 제거해 타오르는 불을 유지한다. 이제 그것이 제시되어야 할 것이다.

서구적인 자연법적 사유방법의 중대한 결함은, 그것이 현실의 국가생활에 적용되면 단순한 허구에 그쳐 정치가들을 사로잡지 못하고 국가이성의 근대적 팽창을 막지 못하며, 결과적으로는 방향을 잃은 한탄이나 공론적(空論的) 요구로 끝나지 않으면, 내적 허위나 공염불로 끝나는 데 지나지 않았다는 점이다. 한편 독일적인 역사적 사유의 큰 결함은, 권력정책이 더욱 고차적인 윤리성과 일치한다는 이론으로 그것을 분석해 이상화한 점이었다. 그리하여 모든 도덕적·이상주의적인 유보에도 불구하고, 조잡한 자연주의적·생물학적인 힘의 윤리가 성립될 여지가 주어졌던 것이다.

권력정책과 국가이성을 그 현실적인 문제성과 분열성에서 보고자 결의함으로써만, 사람들은 더욱 진실할 뿐만 아니라 더욱 훌륭하고 더욱 도덕적인 작용을 할 이론에 도달할 것이다. 국가이성에 의한 행동의 내부에는 원초적 사건과 도덕적 사건이 점차 혼합되는 한없이 많은 단계가 있을 수 있다. 그런데 트뢸치와 같은 인물까지 1916년에는 아직 심하다고 말한 특수한 국가도덕에 관한 이론은 사람들을 현혹시키고 있는 것이다. 왜냐하면 그것은 더욱더 보편적인 일들, 즉 개인적 윤리와 일반적 윤리 간의 갈등이라는 특수한 경우에만 관련되는 것이기 때문이다.

칸트의 세대와 대비해 윤리적 행동 속에 개체적인 것을 발견하고 그것을 시인한 것은 슐라이어마허 세대의 위대한 발견이었다. 모든 사람들에게, 또 그 사람들의 행동의 모든 순간에, 도덕의 보편적이며 순수하고 엄격한 이상이 자연적 요소와 정신적 요소가 혼합된 전적으로 개체적인 세계에 맞선다. 그로부터 반드시 명백하고 확연히 해결되리라고는 생각되지 않는 모든 종류의 갈등이 생겨난다. 독자적인 개체를 보호하고 유지하는 것은, 만약 그것이 개성에서 정신적 요소를 보호하는 것에 도움이 되는 경우에는, 분명히 도덕적 권리이며 도덕적 요청이기도 할 것이다. 그러나 그때 자주 일인데다가 일이거니와 그러한 일이 보편적 도덕률을 희생하면서 행해진다면 그것은 비극적인 죄악이다.

그러한 보호와 유지는 위선을 지니지 않고, 인간적으로 자유로우며 위대하기는 하나 보편적 도덕률을 엄격히 지킴으로써 판단되어야 한다. 일반적 윤리에 대해 자기를 주장하고자 하는 개체적 윤리는─사람들이 간과하지 않을 것인데─결코 일반적 윤리처럼 순수한 윤리가 아니라, 언제나 본질적으로 이기주의적인 자연적 요소, 즉 힘에 대한 욕구와 혼합되어 있기 때문이다. 즉 개체는 자기를 주장하기 위해서는 최소한의 힘을 필요로 한다. 힘은 개체의 정신적·도덕적인 완성에 봉사해야 한다─이것이 개체적 윤리의 욕구이다─그런데 봉사자가 순수하게 봉사자로 머무는 일은 극히 드물고, 더불어 지배하고자 하여 개체적 규범에 근거한 모든 행동을 지상적·자연적인 색채로 물들이게 된다.

우리는 특히 국가이성, 즉 국가의 개체적인 생활 법칙에서 이러한 어두운 자연적 밑바닥이 어떻게 정치가 행동의 최고의, 가장 도덕적인 전개 속에까지 미쳤던가를 제시한 바 있다. 그런데 그것을 개체적 규범에 근거한 모든 개인적 행동에서도 보여줄 수 있는 것이다.

윤리에서 개체적인 것을 인식하게 된 것은 도덕적 생활을 더욱 풍요롭게 만들었지만, 또 위태로울 만큼 풍요롭게 만들었다. 복잡한 윤리는 칸트의 단언적 명령에 이르기까지 낡고 단순한 윤리보다 더욱 많은 유혹을 제공한다. 낡고 단순한 윤리, 일반적인 윤리, 보편적으로 구속력이 있는 도덕률에서는 인간에서의 신적인 것이 순수하고 가식 없이 인간에게 말을 건다.

개체적인 윤리에서 인간은 자연의 어두운 울림과 결부된 신적인 것의 소리를 듣는다. 일반적인 윤리는 더 신성하고 엄격하며, 개체적인 윤리는 더 활성적이다. 삶이란 인과적으로는 서로 결합되어 있으면서도 본질적으로는 서로 나뉘어 있는 정신과 자연, 이 양자의 불가사의한 결합이기 때문이다.

그것은 근대의 사유가, 1세기에 걸친 극히 어려우면서도 풍요로운 경험 뒤에, 즉 이상주의적이고 자연주의적인 일원론과 동일성 철학이나 실증주의로 세계상을 밝히는 헛된 노력이 행해졌음을 본 뒤에 도달한 이원론적 귀결이다. 이 이원론도 밝히지는 못했으나 아마도 어느 일원론보다 드러나게, 올바르게 사실을 제시할 수는 있을 것이다. 규명할 수 없는 것에 대한 외경의 마음과 가슴 속의 도덕률은 랑케의 인도의 별이었으며, 그것은 또한 어디까지나 근대적 사유의 인도의 별이어야 할 것이다. 그러나 랑케가 그에 기대어 삶의 암흑면을 덮어 감추어버린 은폐된 이원론은 그 덮개를 벗겨버려야 한다.

어느 특수한 국가 도덕에 관해 논하게 되면 자칫 헤겔의 발자취를 따라 국가 도덕을 더욱 높은 것으로 취급할 유혹에 빠지게 된다. 정치와 도덕의 갈등에서 도덕을 희생해 국가의 개체성을 구제해야 한다고 믿는 정치가는 특수한 국가 도덕에 따라서 행동하는 것이 아니라, 더 포괄적인 개체의 윤리에 근거해 행동한다. 이때 바로 집단적 개체성을 위한 행동의 편이 자기의 개체성을 위한 행동보다도 더욱 큰 유혹을 필연적으로 수반함은 우리가 앞에서 트라이치케에 대해 제시한 바 있다.

사람들이 국가의 이해(利害)를 위해 내리는 그 결정을 도덕적 행위로 불러도 좋은지, 또 랑케가 말했듯이 영웅은 자기 자신에 대해 결백을 증명하고 있는지의 여부는 정치가가 그 경우에 자기 내부에서의 도덕률과 국가 이해 간의 갈등을 어떻게 해결하고 있는가라는 개인적인 방법에 달려 있다. 그러나 그래도 그의 행동은 어디까지나 비극적인 죄를 짊어지고 있다.

그런데 우리 문제의 역사 전체를 회고해보면, 이 문제의 발전 속에 있는 주목할 만한 리듬, 내적 변증법이 명백해진다. 마키아벨리는 그 핵심에서는 소박한 일원론적 세계관에 근거해 무제한의 국가이성을 주장했다. 국가이성의 마성적인 자연력에 대해 한계를 찾고자 하는 요구는 실제적·경험적 원리와 그리스도교적·자연법적인 원리와의 불완전하고 비유기적인 이원론을 초래했다. 그리고 무제한의 국가이성에 가장 날카롭게 대립한 그리스도교적 윤리는 그 자체 또한 본래부터 이원론적이었다.

헤겔의 일원론적이며 범신론적인 동일성 철학은 종래 이원론의 미비함을 극복해 마키아벨리 이론의 핵심의 명예를 회복했다. 동일성 철학의 영향 아래 독일에서는 권력 사상의 독특한 수용이 생명을 지속했다. 오늘날 우리는 이러한 수용의 일면성과 위험을 자각함으로써, 무의식중에—'파도에 실릴지언정 결코 지배는 되지 않는'—바로 새로운 이원론, 이전의 이원론보다 더 안전하며 유기적이 되고자 노력하는 이원론에 도달한다. 이 이원론은 일원론적 사유가 지닌 부정할 수 없는 정당한 점, 즉 정신과 자연의 불가분의 인과적 통일을 물려받으면서도 동일하게 부정할 수 없는 정신과 자연과의 본질적인 차이를 굳게 지키고 있다.

이러한 통일과 이러한 대립을 동시에 밝히는 미지의 것은 해결할 수 없는 것이므로 해명하지 않은 채 덮어두자. 다음 세대는 다시 새로운 동일성 철학에 도달하고자 시도할는지도 모른다.[12] 그렇게 하여 이원론적 세계관과 일원론적 세계관 사이의 흔들림이 끊임없이 되풀이될 것이다. 어떻든 다음의 것은 분명하다. 가령 그것이 소박한 것이건 혹은 반성을 거친 것이건, 또 이상주의적인 것이건 혹은 자연주의적인 것이건 간에 일원론은 무제한의 국가이성의 모체가 되어서는 안 되나, 그렇게 될 가능성이 있지만, 다른 한편으로 이러한 한계는 오직 이원론적인 방법에 의해서만—그 방법이 의식적으로 추구되건 혹은 무의식적으로 추구되건—찾을 수 있다는 사실이다.

이제 그 이외의 결론을 서둘러서 끄집어내야 할 것이다. 국가이성, 권력정책, 마키아벨리즘과 전쟁 그 모두가 국가생활의 자연면과 불가분으로 합쳐져 있으므로 결코 배제될 수 없을 것이다. 또 역사학파가 언제나 역설한 것도 권력정책과 전쟁은 단지 파괴적 작용뿐만 아니라 창조적인 작용도 지닐 수 있으며, 그리고 악에서부터 선이, 원초적인 것에서 정신적인 것이 도처에서 발생된다는 것 또한 시인된다. 그러나 이러한 사실을 이상화하는 것은 절대 회피되어야 한다. 거기서는 이성의 계략이 아니라 이성의 무력이 나타난다. 그것이 그 자신의 힘으로 승리할 수는 없다. 이성이 제단에서 순결한 불을 가져온다고 하더라도 그것을 점화한 것은 순수한 불꽃은 아니다.

나는 나 스스로를 저주하면서도 흔들리지 않는다.

---

12) 그러한 경향은 새로운 자연과학적 발견에 기초해 오늘날 이미 만들어지고 있다. 리츨러(Kurt Riezler)의 흥미로운 논문 「타당한 자연법칙의 경이에 관해」 (Über das Wunder gültiger Naturgesetze, 『디오스쿠텐』[*Dioskuren*], 제2호) 및 「물리학적 세계 개념의 위기와 역사의 자연상(自然像)」(Die Krise d. physikal. Weltbegriffs u. das Naturbild der Geschichte, 『독일 문예학·정신사 계간지』[*Deutsche Vierteljahrsschr. f. Literaturwissensch. u. Geistesgesch.*], 제6권, 제1호) 참조.

괴테는 그에 대해 이렇게 말했다. 그는 신적 자연의 어떠한 계시에 관해서도 그 어두운 마성적 심연을 잊는 일이 결코 없었다. 괴테는 "행동하는 자는 언제나 비양심적임"을 알고 있었다.

헤겔 이래 권력 정책의 그릇된 이성화와 더불어 그릇된 국가 숭배도 그에 대한 트라이치케의 이의에도 불구하고 독일의 사유 속에 영향을 남기고 있는데, 그것은 없어져야 한다. 이것은 국가가 요구할 수 있는 높은 차원의 생활 가치로부터 국가를 배제함을 의미하지 않는다. 국민의 모든 귀중한 것을 총괄하고 보호하는 국가를 위해 생명을 바치고 국가의 정신화를 위해 일하는 것, 자기 개인의 존재를 국가와 맺게 함으로써 그 존재를 내면적으로 높이는 것, 이러한 숭고한 요구들은 독일이 번성하던 시대 이래 독일 정신을 인도해온 것이었다. 독일 국가가 외국의 손과 자기 자신의 손에 의해 곤욕을 당하고 땅에 엎드려져 있는 오늘날 더 타당하다. 보편적인 도덕률과의 조화는 국가에게는 도저히 완전히 실현될 수 없으며, 가혹한 자연적 필연성에 강요되어 국가는 끊임없이 죄를 범하기 마련임을 알고 있다고 하더라도, 국가는 윤리적이어야 하며 그러한 조화를 얻고자 노력해야 한다.

근대문명이야말로 우리가 본 바와 같이, 국가이성에 근거한 행동에서 더 무섭고 위험한 존재가 되었으므로, 그만큼 더욱더 근대의 정치가는 국가와 도덕률에 대한 그 분열된 책임감을 실감해야 할 것이다. 공리적 동기와 윤리적 동기가 협력해 국가의 행동에서 세 가지 강력한 것의 우세한 힘에 반대해 비스마르크가 지녔던 것과 같은, 순화되고 진정 현명한 국가이성을 통한 행동의 자유와 독립을 정치가에게 돌려주어야 한다. 그 자유와 독립은 대중의 격정으로 움직이는 현대의 민주주의보다 예로부터 굳어진 군주정이 훨씬 획득하기 쉬웠다.

예로부터 군주정은 일단 무너진 뒤에는 재건될 수 없거나, 혹은 적어도 국가의 장래를 한없이 위태롭게 함으로써만 겨우 재건될 뿐이다. 1918년 11월 9일에 독일 국가이성의 불꽃은 부득이 군주정에서 공화정으로 옮겨졌다.[13] 그런데 이제 민주주의적인 공화정의 적절히 이해된 국가이성도 인민투표의 기초에 근거한 국가권력에 그러한 기초와 겨우 양립할 정도의 독립성과 자주성을 부여하는 것을 필요로 했다. 인민 투표로 강력한 대통령 지위를 창설하는 것은 순화된 국가이성에 의한 통치에 대해 의회정치보다 더 많은 보장을 제공한다.

의회정치는, 과연 1923년 11월 23일의 슈트레제만의 실각에 즈음해 『전진』지가 언급했듯이, 정당에게 '시정(施政)의 어려움을 맛보게' 하고, 또 "다음 선거에서 정당의 유언비어 공작을 어렵게 한다." 즉 의회정치는 당파의 지도자들이 통치하는 한, 그들을 일시적으로 국가이성으로써 충만시키기는 하나 오래 가지 못하며, 흡수된 국가이성의 공기도 선거민에 대한 걱정으로 곧바로 소멸된다.

또 적절하게 이해된 국가이성에서도 국가이성과 국가 이기주의의 한계를 더욱 의식적으로 인정할 필요가 있다. 국가이성은 그것이 자기를 억제하고 순화하고 자기 내부에 있는 자연적인 것을 억제함으로써 비로소 최선의 지속적인 효과를 올릴 수 있다. 세계의 객관적 권력 관계가 국가이성에 한계를 과해줄 경우에는, 국가이성에서 형편이 좋다고 할 것이다. 권력수단의 과소는 우리가 본 바와 같이, 국가 상호간의 생활에서 권력수단의 과잉과 마찬가지로 위험하다.

특히 과도한 권력수단이 한 곳에 축적되어, 갖가지 힘을 건전한 긴장상태와 동시에 건전한 한계 속에 유지하는 균형상태를 창출하는 대항

---

13) 당시 힌덴부르크가 인민위원의 지배에 따랐을 때, 그는 마음을 크게 바꾸어 독일의 국가이성의 지배권에 굴복했던 것이다. 혁명 당시와 혁명 뒤의 사건은 대체로 국가이성을 연구하기 위한 고급학교가 될 수 있는 것이었다.

쿠르트 아이스너가 바이에른의 국가이성의 바로 공허한 용기(容器) 속으로 들어갔을 때 그 작용은 희비극적이었다. 바이에른은 프로이센과 더불어 어느 정도는 특수한 국가이성의 화산적(火山的) 생명을 지닌 독일의 유일한 개별 국가이다. 같은 사회주의 당원이 프로이센의 대신이 되었을 때에는 프로이센의 국가이성으로써 생각하고, 독일 제국의 대신이 되었을 때에는 제국의 국가이성으로써 생각한 과정은 꼭 같이 교훈적이었다. 제1차 세계대전 초인 1914년 8월에 독일군은 벨기에의 중립을 침범했다.

세력이 전혀 없든가, 혹은 단지 불충분하게 존재할 때에는 위험하다. 강국은 이해를 위해 자국 곁에 강대한 여러 국가가 존재하기를 희망하게 될 것이다. 그럼으로써 각국은 서로 구속을 받으나, 동시에 자국을 강력하게 유지하게 마련일 것이다. 대체로 사물에서 중용이 최선임은 권력 생활에서도 타당하다고 해야 할 것이다.

그러한 사실은 특히 책임 있게 행동하는 정치가가 조국의 구제를 위해 마키아벨리의 무기를 들지 않을 수 없다고 확신할 경우에도 타당하다. 그러한 결의는 근대문명의 교육 과다의 애매모호한 상황에서는 이전보다도 더욱더 자타 공히 상처를 받게 된다. 벨기에 침공은 우리에게 이익보다 상처를 주었다. 프랑스가 종래 행한 억제를 모르는 국가 이기주의는 서양을 휩쓴 파국을 걷잡을 수 없는 것으로 만들고 있다. 국가의 가족적 공동체에서만이 개개의 국가도 항구적으로 융성할 수 있다. 그러므로 개개의 국가는 상대방도 내면적인 생활권을 지니며, 타당하게 이해된 진정한 이해는 국가의 사이를 분리시킬 뿐만 아니라 또 결합도 시킨다는 인식 위에 자국의 권력정책을 세워야 한다.

랑케가 유럽의 권력투쟁에 대해 평가한 전제였으며, 또 '그리스도교 세계'라는 바로 중세적 이념의 훌륭하고 축복에 찬 영향이었던 저 유럽적 공동감정이 재생되어야 한다. 트뢸치가 1922년의 연설에서 밝혔듯이 "세계사적 사고와 생활 감정으로 복귀"가 필요하다. 진정한 국제연맹이 언제 현실이 될 것인가 하는 문제는 역사적 삶에서 자연의 힘과 이성의 힘을 대조하고 청산해보면 회의적으로 생각된다. 국제연맹은 개개의 가맹국의 주권이 어느 정도 희생됨을 요구한다. 그 희생은 모든 가맹국이 어디까지나 동지적 지향과 동등하게 순화된 국가이성에 충만할 경우에만 참고 견딜 수 있을 것이다.

그런데 그에 대한 보장은 어디에 있을까. 즉 누가 그것을 감시하면 좋을까. 가장 강대한 국가가 그 과제를 떠맡으면, 국제연맹은 곧 그 나라의 권력이나 이해의 수단으로 타락될 위험이 있다. 그럼에도 그렇게 하지 않으면 무제한의 마키아벨리즘의 희생이 된다는 오늘날 세계가 빠져 있는 무서운 딜레마에서는 진지하게 진정한 국제연맹을 만들고자 노력하고, 적어도 그 방법으로 세계를 구제하고자 시도하는 것 이외에 다른 길은 없다.

아마도 그 경우, 진정한 국제연맹이 아니라 수중에 이미 지구상의 가장 강력한 물질적 힘이 집중되고 있는 앵글로색슨 세력의 세계적 패권이야말로 자유로운 민족의 투쟁, 즉 평화주의자가 말하는 '국제적 무정부 상태'의 시대에 종말을 가져올는지 모른다.[14] 그러한 '앵글로색슨적 평화'는 결코 이상적인 것은 아니나 프랑스의 대륙 패권의 재해보다는 국민의 독립생활에서 참을 수 있으리라.

그러나 권력투쟁의 소멸과 더불어—이것이 마지막으로 제출될 물음이거니와—제국의 내면적 활기나 조형력, 인간의 영웅적 정신이나 희생적 정신도 소멸되는 것은 아닐까. 그렇게 되면 여러 국가는 사화산, 혹은 슈펭글러가 각별히 적절하게 표현했듯이, 아랍 제국의 토착적인 가난한 농민의 나라와도 같이 몰락하지 않을까.

모든 문화는 야만이라는 일종의 영양소를 필요로 하며, 모든 합리적인 것은 비합리적인 것을 필요로 할 만큼 정신과 자연은 불가분의 것이 아닐까. 도대체 국민과 국가의 생활을 완전히 합리화하는 것은 일반적으로 행복할까. 국제평화는 인간의 전체성에서 배양되는 진정한 문화의 승리이기보다는 오히려 외면적 문명의 승리가 아닐까.

이러한 생각은 이미 헤겔에게서 나오기 시작했으며, 이어서 트라이치케의 전쟁론에서도 역할을 다하고, 슈펭글러에 이르기까지 순수한 권력 사상의 신봉자에 의해 더욱 조잡하거나 세련된 형태로 주장되었으며, 그것을 역사적으로 반드시 부정할 수만도 없다.

현존하는 외국의 가장 뛰어난 사상가의 한 사람으로 국가사상이 마키아벨리와 헤겔의 정신에 의해 동시에 배양된 베네데토 크로체는 대

---

14) 『혁명 이후』(Nach der Revolution, 1919) 속 나의 논문 「우리 상황의 세계사적 비교」(Weltgeschichtliche Parallelen unserer Lage) 참조.

전 뒤 다음과 같이 말했다.

"지난날 전쟁이 기도된 것은 더욱 완벽하고 훌륭하며, 더욱 높고 힘
찬 생활을 하려는 이유가 아니었던가. 우리는 승자도 패자도 정신적으
로 전쟁 전보다도 분명히 더욱 높은 생활을 하고 있다."[15]

우리 패자는 내면적으로는 동요하면서도 이러한 주장이 정당함을 실
제로 인정한다. 그러나 우리는 이제 인생의 밝은 측면에 서 있는 승자
보다도 윤리적 이성의 이상과 역사의 사실적 과정이나 인과관계와의
강력한 모순을 더욱 통감한다. 우리는 승자보다도 한층 더 어려움에 처
해 있으므로 우리가 서 있는 특수한 역사적 순간의 위험, 즉 전쟁과 권
력정책의 재화(災禍)가 이 전쟁과 권력정책이 전개할 수 있는 축복을
압도할 듯함을 더욱 분명하게 인식한다.

전쟁과 권력정책에 유리한 어떠한 논의에도 국제연맹의 이상은 근절
되지 않는다. 자연을 극복하고자 그러한 이상을 설계하는 것은 이성의
본질이기 때문이다. 시대의 강한 요청은 그 점에서 이성을 강화하고,
몇 세기에 걸쳐 헛되이 그것을 얻고자 노력한 국가이성의 한계를 새삼
진지하게 찾고 있다. 이러한 요구는 불완전하게만 충족되나, 도달할 수
없는 이상에 접근하는 것만 해도 얻는 것이 있다고 할 것이다.

역사적 삶의 자연적 힘이 지상의 평화가 곧바로는 오지 않을 듯이 그
렇게 충분히 보증하고 있는데, 그 자연적 힘을 권력투쟁과 전쟁을 찬미
하는 이론으로 더욱 강화하고, 그럼으로써 정치가를 더욱더 마키아벨
리즘으로 몰고 갈 이유는 조금도 없는 것이다. 우리가 언제나 역설했
듯이 국가 생활에서 정신과 자연의 해명할 수 없는 인과관계를 사람들
은 항상 인정해야 하나 찬미해서는 안 된다.

또 그것을 주어진 운명으로 참고 견디어야 하나, 가령 모든 역사적
행동이나 우리를 인도하는 모든 이념이 우리 스스로를 해치는 것일지

---

15) 『세계대전에 관한 한 철학자의 평주(評註)』(*Randbemerkungen eines Philoso-*
phen zum Weltkriege), 슐로세(J. Schlosser) 옮김, 1921, 289쪽.

라도 그 운명과 맞서기도 해야 한다.

근대정신은 삶의 파탄이나 모순, 불가사의한 문제를 이전의 시대보다도 더욱 날카롭고 더욱 비통하게 관찰하고 느낄 것이다. 역사주의의 상대화적 영향과 회의적 기분으로 만드는 근대의 역사과정의 경험에 의해 인간 이상의 명백함과 절대성을 믿고 위안을 주는 신념이 근대정신에서 상실되었기 때문이다. 그러나 절대적인 것이 존재한다는 신념을 도로 찾는 일은 이론적·실제적 요청이기도 하다. 순수한 명상은 그러한 신념이 없다면 단지 사물과의 놀이에 지나지 않을 것이며, 또 실제적 행동은 절망적으로 역사적 삶에서의 모든 자연적 힘의 손에 넘겨질 것이기 때문이다. 그런데 절대적인 것은 근대적 인간이 개관하는 시야 속에서도 단지 두 가지 점, 한편에서는 단순한 도덕, 다른 한편에서는 예술의 최고의 업적에서이다.

근대인은 분명히 이 절대적인 것이 그 밖의 도처에서 작용함을 느끼나 그것을 뒤덮고 있는 시간적인 무상한 덮개로부터 끄집어낼 수 없다. 우리는 역사 속에서 신을 보는 것이 아니라, 단지 신을 덮은 구름 속에서 신을 예감하는 데 불과하다. 그러나 신과 악마가 결합되고 있는 사물이 너무나 많다. 바로 국가이성이야말로, 보칼리니가 처음으로 보았듯이, 무엇보다도 우선 그러한 사물의 하나이다. 국가이성은 근대사 초기 다시 인류의 의식 속에 되살아난 뒤, 수수께끼와도 같이, 인도하듯이 또 유혹하듯이 삶을 쳐다보고 있다. 그에 대한 고찰은 국가이성 속에 스핑크스의 얼굴을 발견하고 그칠 줄 모르지만, 그래도 결코 그 본질을 완전하게 파악하지는 못한다. 그러나 그 고찰은 행동하는 정치가에 대해, 그대는 국가와 신을 동시에 가슴에 품고 아무리 노력해도 손을 완전히 끊지 못하는 마신(魔神)에 압도되지 않도록 해야 한다고 호소하는 것만을 허용한다고 할 것이다.

옮긴이의 말

프리드리히 마이네케가 저술한 *Die Idee der Staatsräson*(1924)을 우리말로 직역하면 『근대사에서 국가이성의 이념』이라고 지칭해야 할 것이다. 그러나 'Staatsräson'을 뜻하는 '국가이성' '국가존재의 이유' (raison d'état)는 일반 독자들에게는 낯선 용어이므로 책명을 『국가권력의 이념사』로 하였다.

랑케 이후 독일 역사가로서 최고의 명성을 누려온 마이네케의 이념사의 본질과 사학사상의 위상 및 『국가권력의 이념사』의 사상사적 의의에 관해서는 발터 호퍼의 「편집자의 서문」에 충분히 서술되어 있으며 역자가 쓴 해제도 독자에게 도움이 되었으면 하는 바람이다.

돌이켜보면 마이네케는 부르크하르트, 하위징아와 더불어 역자가 서양사학에 입문할 무렵부터 나를 인도해준 큰 별이었다. 뛰어난 두 문화사가가 문화의 아름다움과 고귀함에 눈뜨게 한 멘토였다면 마이네케는 국가권력과 정치적 세계의 '빛과 그림자'의 이중구조, 특히 그 마키아벨리즘적인 속성을 인식하게 해준 마에스트로였다. 역자의 처녀 출판본도 그의 『독일의 비극』(을유문화사, 1968)〔*Die deutsche Katastrophe, Betrachtungen und Erinnerungen*, 1946〕 번역본이었다.

마이네케는 제2차 세계대전이 끝난 다음 해인 1946년에 소련군 점령하의 베를린 대학(훔볼트 대학)에 초빙받아 교수직에 취임했다. 47년에는 독일 아카데미에서, 랑케를 정점으로 하는 전통적인 독일 정치사학과 결별하고 새로운 역사학의 방향을 알리는 기념비적인 논문「랑케와 부르크하르트」를 발표했다. 48년에는 소련군의 베를린 봉쇄로 베를린 대학이 소련의 점령 아래에 놓이자 서베를린 지구에 새로 세워진 자유대학의 초대 총장으로 추대되었으며, 49년에는 같은 대학의 명예총장이 되었다. 이때 나이 87세였다. 1954년에 서거하자 세계의 역사학계가 애도를 표했으며, 57년에는『마이네케 저작집』(전6권)의 첫 권으로 이 책『국가권력의 이념사』가 간행되었다.

역자가 1990년에 대우학술총서(민음사 간행)로 번역한 일이 있는 이 명저가 '한길그레이트북스'의 한 권으로 새로운 모양새를 갖추어 출간됨을 기쁘게 생각한다. 역사학과 정치학에 뜻을 지닌 학도는 물론 이 땅의 모든 독서인에게 필독을 권한다. 번역 텍스트로는 *Friedrich Meinecke Werke*, Band I(München Wien[1946])을 저본으로 삼았으며 영역판 *Machiavellism*(translated by D. Scott[1984])도 참조했다.

마지막으로 이 책을 만드는 데 애써준 한길사 여러분의 노고에 대해 고마움을 표한다.

2010년 5월
이광주

찾아보기

지은이 프리드리히 마이네케

마이네케는 독일의 역사가로 베를린 대학에서 수학했다.
『세계시민주의와 국민국가』(1904), 『국가권력의 이념사』(1924) 및
『역사주의의 성립』(1936)의 3대 저서를 통해 이념사의 새 영역을 개척,
랑케 이후 독일 최대 역사가로 명성을 얻었다.
슈트라스부르크 대학과 프라이부르크 대학의 교수를 거쳐 1914년부터
베를린 대학의 교수로 재직하였고, 세계적인 역사학술지인
『역사잡지』(Historische Zeitschrift)의 편집책임자로 오랫동안 활동했다.
제2차 세계대전 이후에는 신설된 베를린 자유대학의 초대 총장에 취임했다.
전후의 저술로는 『독일의 비극』(1946), 『랑케와 부르크하르트』(1947) 등이 있다.

옮긴이 이광주

이광주(李光周)는 고려대학교 사학과와 같은 학교 대학원을 졸업했다.
그 뒤 지성사를 중심으로 유럽 문화 전반에 대해
폭넓은 연구를 해오고 있으며, 지금은 인제대학교 명예교수로 있다.
저서로는 한길아트와 한길사에서 각각 펴낸 『아름다운 지상의 책 한권』
『동과 서의 차 이야기』 『윌리엄 모리스, 세상의 모든 것을 디자인하다』
『편력: 내 젊은 날의 마에스트로』 『아름다운 책 이야기』
『교양의 탄생: 유럽을 만든 인문정신』을 비롯해,
『정념으로서의 역사』 『지식인과 권력: 근대 독일 지성사 연구』
『유럽사회 풍속산책』 『대학사』 등이 있다.

국가권력의 이념사

지은이 • 프리드리히 마이네케
옮긴이 • 이광주
펴낸이 • 김언호
펴낸곳 • (주)도서출판 한길사

등록 • 1976년 12월 24일 제74호
주소 • (413-756) 경기도 파주시 교하읍 문발리 520-11
www.hangilsa.co.kr
E-mail: hangilsa@hangilsa.co.kr
전화 • 031-955-2000~3
팩스 • 031-955-2005

상무이사 · 박관순 | 영업이사 · 곽명호
편집 · 배경진 서상미 신민희 정미선 | 전산 · 한향림 김현정
경영기획 · 김관영 | 마케팅 및 제작 · 이경호 박유진
관리 · 이중환 문주상 장비연 김선희

CTP 출력 · 알래스카 커뮤니케이션 | 인쇄 · 현문인쇄 | 제본 · 경일제책

제1판 제1쇄 2010년 6월 30일

값 30,000원

ISBN 978-89-356-6401-6 94160

• 이 도서의 국립중앙도서관 출판시도서목록(CIP)은
e-CIP 홈페이지(http://www.nl.go.kr/cip.php)에서 이용하실 수 있습니다.
(CIP제어번호: CIP2010002097)

한길그레이트북스 인류의 위대한 지적 유산을 집대성한다